"十三五"国家重点出版物出版规划项目
现代机械工程系列精品教材
普通高等教育"十五"国家级规划教材
面向21世纪课程教材

汽 车 构 造

（上册）

第4版

主编	姚为民			
参编	高 莹	董 伟	苏 岩	刘玉梅
	玄圣夷	谢 飞	马天飞	付 尧
	王建华	王鹏宇	赵 健	冯 原
	吴 坚	朱 冰		

机械工业出版社

本书通过对活塞式内燃机汽车各总成、部件典型结构实例的分析，系统阐述了现代汽车的构造和工作原理。本套书分上、下册，包括总论及六篇二十九章。本书为上册，内容有总论和第一篇汽车发动机；下册为其余五篇，内容有汽车传动系统，汽车行驶系统，汽车转向系统与制动系统，汽车车身、仪表、照明及附属装置等的构造和工作原理，以及智能网联汽车与车载网络等。

本书为高等院校车辆工程、汽车服务工程、汽车运用与维修等专业的教材，也可作为高职高专、职大、成教等汽车工程类专业教材，并可供汽车工业部门、汽车运输部门的工程技术人员参考，还可供具有中等以上文化和科技理论基础的汽车修理人员及驾驶人参考。

图书在版编目（CIP）数据

汽车构造. 上册/姚为民主编. —4 版. —北京：机械工业出版社，2021.8（2026.1 重印）
"十三五"国家重点出版物出版规划项目　现代机械工程系列精品教材
普通高等教育"十五"国家级规划教材　面向 21 世纪课程教材
ISBN 978-7-111-68357-5

Ⅰ. ①汽… Ⅱ. ①姚… Ⅲ. ①汽车-构造-高等学校-教材　Ⅳ. ①U463

中国版本图书馆 CIP 数据核字（2021）第 103498 号

机械工业出版社（北京市百万庄大街 22 号　邮政编码 100037）
策划编辑：冯春生　责任编辑：冯春生
责任校对：潘　蕊　责任印制：李　昂
天津嘉恒印务有限公司印刷
2026 年 1 月第 4 版第 8 次印刷
184mm×260mm · 20.75 印张 · 521 千字
标准书号：ISBN 978-7-111-68357-5
定价：64.80 元

电话服务　　　　　　　　　网络服务
客服电话：010-88361066　　机　工　官　网：www.cmpbook.com
　　　　　010-88379833　　机　工　官　博：weibo.com/cmp1952
　　　　　010-68326294　　金　书　　　网：www.golden-book.com
封底无防伪标均为盗版　　　机工教育服务网：www.cmpedu.com

前　言

本书是"十三五"国家重点出版物出版规划项目——现代机械工程系列精品教材、普通高等教育"十五"国家级规划教材、面向 21 世纪课程教材和普通高等教育"九五"部级重点教材。

本书全面系统地阐述了汽车总体及其各系统、总成及部件的结构和工作原理，以及其功用、组成及分类等，可以作为高等院校汽车类专业的教材，也可以供汽车设计制造、汽车运用及修理、汽车运输管理等相关方面的工程技术人员，以及具有中等以上文化和科技理论基础的汽车修理人员及驾驶人参考。

汽车结构复杂、类型繁多，本书通过对国内外部分汽车结构和工作原理的分析，力求使读者能深入系统地掌握汽车结构的一般规律，以期取得举一反三、触类旁通的效果。在讨论整车及其各个组成系统或部件时，特别注意阐述整体功能要求，以及各组成部件之间在结构和功能上的有机联系。在介绍各种不同结构形式时，首先通过一种比较常见的、具有代表性的典型实例，说明在一般使用条件下，为了满足主要功能而采用的一般结构措施，然后再介绍在某种特定条件和要求下发展而来的某些形式的结构及功能特点。

当前，汽车技术日新月异，正朝着"电动化、网联化、智能化、共享化"的方向飞速发展，编者顺应新形势的需要，在本书中增加了智能网联汽车、车载网络以及纯电动汽车和混合动力电动汽车等新能源汽车的相关内容，在保持原有体系、风格的基础上，对本书内容做了进一步的修改、补充和完善。

编者按照教育部、工业和信息化部、中国工程院联合发布的《关于加快建设发展新工科实施卓越工程师教育培养计划 2.0 的意见》的要求，深入开展了汽车构造课程的教育、教学方面的探索与实践，着力提升学生解决复杂工程问题的能力，推广实施案例教学、项目式教学等研究性教学方法，注重学生综合能力的培养及汽车文化的熏陶，培养以造福人类和可持续发展为理念的现代工程师。本书可拓宽读者的视野，体现汽车行业和技术的最新发展，并探索建立工程教育的新理念、新标准、新模式、新方法、新技术及新文化。

本书名词术语和计量单位符合国家相关标准和规范的要求，力求做到文字准确、简练、流畅，插图清楚、正确，文稿、图稿配合合理，内容阐述条理清晰，富有启发性，便于读者自学。

本套书内容主要包括总论及六篇二十九章，由姚为民担任主编。编写成员及分工为：姚为民（总论、第二十章、第二十一章、第二十二章、第二十三章）、高莹（第一章、第二章、第三章、第八章、第九章）、董伟（第四章、第十二章）、苏岩（第五章、第六章、第七章）、刘玉梅（第十章、第十一章）、玄圣夷（第十三章）、谢飞（第十四章）、马天飞

(第十五章、第二十四章)、付尧 (第十六章)、王建华 (第十七章、第十八章)、王鹏宇 (第十九章)、赵健 (第二十五章)、冯原 (第二十六章、第二十七章)、朱冰 (第二十八章)、吴坚 (第二十九章)。全书分上、下两册，上册为总论、第一篇 (第一章~第十二章)；下册为第二篇~第六篇 (第十三章~第二十九章)。

  本书的编写得到了许多同行的指导和支持，在此深表感谢。对参考文献的作者表示感谢，同时对许多老师和研究生、本科生的无私帮助表示深深的谢意。

  在此还要对大力支持本书出版工作的机械工业出版社、吉林大学及吉林大学汽车工程学院表示衷心的感谢。

  最后，竭诚欢迎使用本书的高校师生和其他读者对书中的误漏之处提出批评指正，以便再版时进行修改和补充。

吉林大学
《汽车构造》编写组

目　录

前言

总论 ·· 1
　　思考题 ·· 13

第一篇　汽车发动机

第一章　发动机的工作原理和总体构造 ·· 15
　　第一节　发动机的分类 ·· 15
　　第二节　四冲程发动机的工作原理 ·· 16
　　第三节　发动机的总体构造 ·· 21
　　第四节　发动机主要性能指标与特性 ·· 27
　　第五节　内燃机产品名称和型号编制规则 ·· 32
　　思考题 ·· 34

第二章　曲柄连杆机构 ·· 35
　　第一节　概述 ·· 35
　　第二节　机体组 ·· 37
　　第三节　活塞连杆组 ·· 48
　　第四节　曲轴飞轮组 ·· 64
　　思考题 ·· 72

第三章　配气机构 ·· 73
　　第一节　气门式配气机构的布置及传动 ·· 73
　　第二节　配气定时 ·· 82
　　第三节　配气机构的零件和组件 ·· 86
　　思考题 ·· 96

第四章　汽油机燃油供给系统 ·· 97
　　第一节　汽油机供给系统的组成及燃料 ·· 97
　　第二节　简单化油器与可燃混合气的形成 ·· 101
　　第三节　进气道喷射与可燃混合气的形成 ·· 103
　　第四节　缸内直喷与可燃混合气的形成 ·· 105
　　第五节　可燃混合气成分与要求 ·· 107
　　第六节　汽油供给装置 ·· 109
　　第七节　电控汽油喷射系统 ·· 113
　　思考题 ·· 119

第五章　柴油机燃油供给系统 ·· 120
　　第一节　柴油及其使用性能 ·· 120
　　第二节　柴油机燃油供给系统的组成 ·· 121
　　第三节　机械式喷油器 ·· 125
　　第四节　机械柱塞式喷油泵 ·· 130
　　第五节　分配式喷油泵 ·· 144
　　第六节　泵喷嘴与单体泵系统 ·· 151
　　第七节　共轨供油系统 ·· 160
　　第八节　柴油机燃油滤清装置 ·· 165
　　思考题 ·· 166

第六章　进排气系统与增压系统 ·· 168
　　第一节　发动机的进气系统 ·· 168
　　第二节　发动机的排气系统 ·· 173
　　第三节　增压技术 ·· 175
　　第四节　机械增压 ·· 177
　　第五节　涡轮增压 ·· 180

第六节　气波增压 …………………………………… 186
　　思考题 ………………………………………………… 188

第七章　发动机有害排放物控制系统 ……………… 189
　　第一节　汽车发动机的有害排放物 …………………… 189
　　第二节　汽油机排放控制系统 ………………………… 190
　　第三节　柴油机排放控制系统 ………………………… 195
　　思考题 ………………………………………………… 200

第八章　发动机冷却系统 …………………………… 201
　　第一节　冷却系统的功用及组成 ……………………… 201
　　第二节　冷却液 ………………………………………… 203
　　第三节　散热器 ………………………………………… 203
　　第四节　冷却风扇 ……………………………………… 207
　　第五节　节温器 ………………………………………… 211
　　第六节　水泵 …………………………………………… 213
　　思考题 ………………………………………………… 215

第九章　发动机润滑系统 …………………………… 216
　　第一节　润滑系统的功用及组成 ……………………… 216
　　第二节　润滑剂 ………………………………………… 218
　　第三节　机油泵 ………………………………………… 220
　　第四节　机油滤清器 …………………………………… 225
　　第五节　机油冷却器 …………………………………… 227
　　思考题 ………………………………………………… 228

第十章　发动机点火系统 …………………………… 229
　　第一节　概述 …………………………………………… 229
　　第二节　点火时刻 ……………………………………… 231
　　第三节　传统点火系统组成与工作原理 ……………… 232
　　第四节　点火系统主要元器件的结构 ………………… 235
　　第五节　电子点火系统 ………………………………… 245
　　第六节　微机控制点火系统 …………………………… 255
　　第七节　汽车电源 ……………………………………… 268
　　思考题 ………………………………………………… 280

第十一章　发动机起动系统 ………………………… 281
　　第一节　概述 …………………………………………… 281
　　第二节　起动机 ………………………………………… 286
　　第三节　减速起动机和永磁起动机 …………………… 293
　　第四节　发动机自动起停系统 ………………………… 297
　　思考题 ………………………………………………… 300

第十二章　新型车用发动机 ………………………… 301
　　第一节　转子发动机 …………………………………… 301
　　第二节　燃气涡轮发动机 ……………………………… 311
　　第三节　代用燃料发动机 ……………………………… 317
　　思考题 ………………………………………………… 324

参考文献 ……………………………………………… 325

总　论

汽车自 19 世纪末诞生至今 130 余年期间，汽车工业从无到有，以惊人的速度发展，写下了人类近代文明史的重要篇章。汽车是数量最多、普及最广、活动范围最广泛、运输量最大的重要的现代化陆地交通工具。目前，全世界有十几亿辆汽车在陆地上行驶，并且以每年几千万辆的速度增长。可以断言，没有哪种机械产品像汽车那样对人类社会产生如此广泛而深远的影响。

一、汽车工业的发展概况

（一）国外汽车工业的发展

19 世纪末 20 世纪初，欧美一些主要资本主义国家相继完成了工业革命。随着生产力的大幅度提高，要求交通运输工具也要有相应的发展。石油工业和机械工业的发展已能提供足够的燃料和先进的加工设备。因此，继**德国人卡尔·本茨和哥德里普·戴姆勒分别于 1886 年先后成功地发明世界上第一辆三轮内燃机汽车和第一辆四轮内燃机汽车**以后，法国于 1890 年、美国于 1893 年、英国于 1896 年、日本于 1907 年、俄罗斯于 1910 年，相继制造出了汽车，使世界汽车工业产生了日新月异的变化。

汽车虽然诞生在欧洲，但美国依靠优越的资源和自然条件以及宽松的政策，又利用欧洲遭受第一次世界大战破坏的时机，使汽车工业迅速崛起，并超过了欧洲。从 20 世纪初至 70 年代的几十年间，美国的汽车产量一直遥遥领先。日本汽车工业在第二次世界大战前规模较小，但在 20 世纪 60~70 年代，依靠引进国外的先进技术和科学的经营管理方法，使汽车工业迅猛发展，后来者居上，先后逐个超过意大利、英国、法国、德国等一些老牌的汽车工业国，并曾于 1980~1993 年期间，汽车年产量超过美国而跃居世界第一位。

目前，全世界汽车年产量已超过 9000 万辆，总保有量超过了 13.5 亿辆。据资料介绍，2019 年汽车总产量排名全球前 10 的国家依次是中国、美国、日本、德国、印度、墨西哥、韩国、巴西、西班牙、法国。

汽车工业发展的初期，曾有过百家争鸣的纷乱局面，经过激烈地竞争、优胜劣汰和兼并改组，逐渐趋于集中垄断。美、日、欧洲等发达国家发展汽车工业的特点是资本集中垄断，利用高科技优势进行自主开发，采取大批量和规模经济的生产方式。例如，美国的通用、福特、克莱斯勒三家汽车公司垄断了美国 90% 以上的汽车生产；通用、福特、丰田等世界上 20 家主要的汽车公司垄断了全球 80% 以上的汽车生产。汽车工业在 20 世纪 50~60 年代迅速发展的势头已减缓，企业之间竞争激烈，有些企业生产不景气、严重亏损，导致股权转让和兼并改组。各大汽车公司为了在激烈的竞争中生存，一方面采取频繁换型的增强竞争力的手段，采取"动态报废"刺激购买力的方法；另一方面采取将产品输出变为资本输出的对策，寻求多样化的合作方式,实现跨国经营,进行合资入股、渗透兼并,使汽车生产渐趋国际化。

与此同时,在一些新兴工业国家和发展中国家,由于人民生活水平的提高,致使汽车需求量迅速增长。但由于工业基础薄弱和缺乏自主开发能力,这些国家往往用优惠政策吸引外资,引进先进的技术和装备,进口全拆散(CKD)或半拆散(SKD)零件装车,逐步提高零件的国产化率,进而使零部件自给,以满足国内市场的需求,并以此模式发展自己的汽车工业。韩国和西班牙的汽车工业就是采取这种模式成功地发展起来的,在逐步增强自主开发能力之后,其汽车产品已开始打入国际市场参与竞争。此外,巴西和墨西哥亦采取这种模式使汽车工业飞跃发展。

(二) 我国汽车工业的发展

1. 20 世纪 50 年代新中国第一辆汽车的诞生

1949 年 12 月 21 日,毛泽东在莫斯科参观了斯大林汽车厂。在看到生产线上一辆辆崭新的汽车时,他就对随行人员感慨称:"我们也要有这样的汽车大工厂。"随后,在 1950 年 2 月 14 日,中苏两国政府签订了《中苏友好同盟互助条约》,确定了一批苏联援助中国建设的重点工业项目,第一汽车制造厂就是 156 项重点工业建设项目之一。第一汽车制造厂于 1953 年 7 月在长春动工兴建,1956 年 7 月 13 日,装配出了新中国第一辆国产解放牌汽车。国产解放牌汽车的诞生,标志着中国已经结束了不能制造汽车的历史。

2. 20 世纪 60~70 年代的艰难成长

早在 1952 年底,在一汽建设方案确定之后,毛泽东就做出了"要建设第二汽车厂"的指示。但直到 1969 年才开始动工兴建,1975 年开始投产,1976 年开始出车。第二汽车制造厂经历了前后 17 年的漫长波折。同时在这个时期,由于依赖国家按计划供应原材料和包销全部产品,汽车企业缺乏自主开拓的活力,只重视中型货车,而对轿车认识不足,造成我国汽车工业"缺重少轻"和"轿车基本空白"的缺陷。从 1966 年开始汽车产量开始滑坡,此后连续 8 年(1970~1977 年)几乎停滞不前。1977 年我国汽车产量为 12.54 万辆。

3. 20 世纪 80~90 年代"改革开放"为中国汽车带来了新的曙光

在"改革开放"的正确方针指引下,我国汽车工业进入了大发展阶段。1978 年 10 月,美国通用汽车公司董事长汤姆斯·墨菲亲自率领代表团来华,访问了在十堰的二汽。在双方探讨重型货车技术引进项目时,他用了"joint venture"这个方式描述,建议中国最好采用"中外合资"的形式来经营。邓小平在简报中美国通用汽车公司建议搞合资经营的内容旁,写下了"合资经营可以办"的重要批示。这就是中国"合资企业"的由来。1979 年 7 月,《中华人民共和国中外合资经营企业法》获全国人大五届二次会议审议通过。1980 年 4 月,国家外国投资管理委员会批准成立第一批中外合资企业。正是邓小平的一句话,改变了中国汽车工业的命运。20 世纪 80 年代初期,我国汽车行业以各个大型骨干厂为主,联合一批相关的中、小企业组建了企业集团。"六五"计划期间,我国汽车工业加快了主导产品更新换代的步伐,注重提高产品质量和增添新品种。1985 年,中央在"七五"计划《中共中央关于制定国民经济和社会发展第七个五年计划的建议》中,提出了要把汽车工业作为支柱产业的方针,1987 年国务院又确定了发展轿车工业来振兴我国汽车工业的战略。这两项决定确立了我国汽车工业在国民经济中的重要地位以及汽车工业的发展重点。在此期间,我国汽车工业有重点、有选择地引进国外先进技术 100 多项,其中前期引进的整车项目 10 余项。各个引进项目在合资协作、基本建设、产品产量和国产化等方面均取得了很大成绩。为了发

展轿车生产,我国确定了长春、十堰、上海、天津、北京、广州等轿车生产基地。我国汽车产量连年大幅度增加,从1978年的14.9万辆猛增到1993年的129.7万辆,产量跃居世界第12位。在此期间,国家为了保护轿车工业的发展,对进口轿车及汽车产品采取高关税的保护政策,但因此而造成国内轿车的价格上涨。由于市场对轿车的迫切需求,致使一些急功近利的小企业不择手段地搜罗进口散件装车牟利,或以低劣的生产技术推出质差价廉的轿车滥竽充数,形成了"散、乱、差"的弊病,干扰了我国汽车工业健康发展的主流。

4. 新世纪开启了中国汽车的新篇章

1994年2月,国家经济计划委员会颁布了《汽车工业产业政策》,作为指导我国汽车工业发展的纲领。国家引导汽车工业企业充分运用国内外资金,努力扩展和开拓国内国际市场,采取大批量多品种生产方式发展;重点支持2~3家汽车企业集团迅速成长为具有相当实力和竞争力的大型企业,改革生产厂家过多、投资分散、生产规模过小和效益低的不合理状况;解决重复引进低水平产品的问题,着力于增强汽车产品的自主开发能力,提高产品质量和技术装备水平,迅速赶上国际先进水平;随着人民生活水平的提高以及对轿车需求量的增长,需要制定政策鼓励个人购买汽车,并为轿车的普及做好准备。2001年10月,"十五"规划把"鼓励轿车进入家庭"纳入其中。2001年12月11日中国正式加入世界贸易组织(WTO),中国的车市迎来了前所未有的大发展。中国逐步由计划经济体制转变为市场经济体制,是保证今天汽车工业能够有飞跃发展的一个根本的因素。大门打开,大量的跨国车企带来了许多先进的理念和技术,与本土车企产生了激烈的竞争,而竞争又带来了技术和管理的突飞猛进,使得本土车企迅速成长成熟,汽车厂商如雨后春笋般出现。2001年,吉利汽车成为首家获得轿车生产资格的民营企业。2002年4月,加入WTO后第一家合资企业"北京现代"成立。2003年,长城成为国内首家在香港H股上市的民营车企;比亚迪收购西安秦川汽车,进入汽车制造与销售领域。2009年1月,国务院通过了《汽车产业调整和振兴规划》。2009年11月,长安汽车并购哈飞、昌河。据中国汽车工业协会统计资料显示,由于国内汽车热的持续升温,2003年我国轿车产量达到创纪录的201.89万辆,比2002年净增加91.71万辆。轿车产量的大幅度增长,带动了我国汽车年产量首次突破400万辆,达到444.37万辆,其中客车年产量为119.52万辆,载货汽车年产量为122.96万辆。随着轿车产量的迅猛增加,我国的汽车车型结构不断优化,2003年轿车产量占汽车总产量的45%,客车和货车各占27%和28%。2009年,我国(不含港、澳、台地区)汽车产量达到1379.10万辆,同比增长率为47.57%,首次成为世界第一汽车生产和消费国。高达近五成的同比增速,也超过了历史最高的井喷时期。

5. 2010年至今车企艰难转型

2012年7月9日,由工信部牵头制定的《节能与新能源汽车产业发展规划(2012—2020年)》(简称《规划》)正式发布。《规划》中指出,为应对日益突出的燃油供求矛盾和环境污染问题,世界主要汽车生产国纷纷加快部署,将发展新能源汽车作为国家战略,加快推进技术研发和产业化,同时大力发展和推广应用汽车节能技术。以纯电驱动为新能源汽车发展和汽车工业转型的主要战略取向,当前重点推进纯电动汽车和插电式混合动力电动汽车产业化,推广普及非插电式混合动力电动汽车、节能内燃机汽车,提升我国汽车产业整体技术水平。

2015年5月19日,国务院印发《中国制造2025》,其中将节能与新能源汽车列入大力推动突破发展的十大重点领域之一,此后工信部根据这项政策,提出了汽车行业四个发展方向,即"纯电动汽车和插电式混合动力电动汽车""燃料电池电动汽车""节能汽车"和"智能网联汽车"。

从2019年年初特斯拉在上海的超级工厂选址开工，到2019年年末国产Model3车型正式交付，特斯拉国产化给国内的新能源汽车行业带来了巨大的冲击，促使国内车企必须在技术上进行革新、在软件上不断升级，否则就难以在新能源领域站稳脚跟。

在汽车电动化、智能化、网联化、共享化的汽车"新四化"的驱动下，我国汽车工业面临着第三次造车浪潮的冲击。这一浪潮不仅席卷了中国汽车产业，在全球范围内也形成了不小的冲击，特别是我国政府对于我国汽车产业转型升级的支持，为我国车企实现换道超车提供了前所未有的动力。表0-1所示为近年来我国（不含港、澳、台地区）汽车产销量情况统计表。

表0-1 近年来我国（不含港、澳、台地区）汽车产销量情况统计表

年度	产量/万辆	同比增长率（%）	销量/万辆	同比增长率（%）	世界排名
2008	934.51	5.21	938.05	6.70	2
2009	1379.10	47.57	1364.48	45.46	1
2010	1826.47	32.44	1806.19	32.37	1
2011	1841.89	0.84	1850.51	2.45	1
2012	1927.18	4.63	1930.64	4.33	1
2013	2211.68	14.76	2198.41	13.87	1
2014	2372.29	7.26	2349.19	6.86	1
2015	2450.33	3.29	2459.76	4.71	1
2016	2811.88	14.76	2802.82	13.95	1
2017	2901.54	3.19	2887.89	3.04	1
2018	2780.92	-4.16	2808.06	-2.76	1
2019	2572.10	-7.51	2576.9	-8.23	1

二、汽车在现代化社会中的作用

汽车问世百余年来，特别是从汽车产品的大批量生产及汽车工业的大发展以来，汽车对世界经济的发展和人类进入现代生活产生了无法估量的影响，为人类社会的进步做出了不可磨灭的贡献。

2019年，全世界汽车年产量已超过9000万辆，总保有量超过了13.5亿辆。汽车已普及到千家万户，促使社会生活发生了巨大的变化。汽车普及率最高的是美国，平均每1000人拥有837辆汽车；澳大利亚平均每1000人拥有747辆汽车；意大利平均每1000人拥有695辆汽车。2019年年底，我国私家车保有量首次突破2亿辆。2020年我国汽车保有量达2.7亿辆，全国66个城市汽车保有量超过百万辆，30个城市超过200万辆。其中，北京、成都、重庆、苏州、上海、郑州、深圳、西安、武汉、东莞、天津等11个城市超过300万辆。汽车之所以如此普及，皆因它是"最适宜"的交通工具。有了自己的汽车，就可以不受公共交通工具行驶路线和时刻表的限制，可随意在任何时间驾车到任何地方，亦即汽车完全能够便利地与个人活动紧密合拍，大大提高了工作效率，加快了生活节奏。汽车扩大了人的活动范围，增加了人与人之间的相互交流，使社会生活变得丰富多彩；汽车还促进了公路建设和运输繁荣，改变了城市的面貌和布局，有助于各地区经济文化的交流和偏远落后地区的开发。

社会对汽车不断增长的要求，促使汽车工业生产日益繁荣。一辆汽车由上万个零件组

成,由钢铁、有色金属、工程塑料、橡胶、玻璃、纺织品、木材、涂料等众多材料制成;应用冶炼、铸造、锻造、机械加工、焊接、装配、涂装等许多工艺和技术;涉及冶金、机械制造、化工、电子、电力、石油、轻工等工业部门;汽车的销售和营运还涉及金融保险、商业、运输、旅游、服务等第三产业。可以断言,没有哪个行业与汽车完全无关。汽车工业的发展无疑会促进各行各业的繁荣兴旺,带动整个国家国民经济的快速发展。

汽车也是科学技术发展水平的标志。汽车已从"没有马的马车"的雏形经过无数次精心雕琢而演化成精妙绝伦的高新科技产品。近年来,计算机技术、现代设计理论、现代测试手段、新材料、新工艺、新技术等诸多方面的成就,不但改变了汽车工业的面貌,而且也使汽车产品的结构和性能焕然一新。汽车产品的现代化首先体现在应用现代化的微电子技术对汽车实行控制操纵,大大地提高了汽车的性能。汽车上几乎每一个系统都可采用电子控制装置来改善性能和实现自动化。例如,电子控制的发动机点火系统和燃油供给系统、变速器的电子控制系统、牵引力控制系统(TCS)、防抱制动系统(ABS)、智能悬架、速度感应式转向系统(SSS)、电子车厢温度调节系统、电控防撞安全系统、电子防盗系统、全球卫星导航系统(GNSS)等。汽车产品的现代化还表现在汽车结构的变革上。汽车发动机结构变革的主要目的是提高工作效率、降低燃油消耗和减少污染,如双上置凸轮轴(DOHC)、多气门、可变进气涡流、可变和/或复合增压、提高压缩比分层进气、余能回收等新结构和子系统。汽车底盘趋于采用多档位或无级变速器,以利于按照汽车各种工况选择合适的传动比,从而提高汽车的性能和进一步降低燃油消耗。先进的轮胎结构主要表现在子午化、扁平化、无内胎化和轻量化等方面。先进的车身结构轻巧并具有优良的防撞安全性,其造型已从20世纪70年代那种由大曲面与急剧转折所构成的基调,转化为空气动力性能优异的浑圆而光顺的"平滑化"形体;汽车产品的现代化还体现在汽车整车的轻量化上。整车轻量化,除了运用先进的设计方法使汽车尺寸更紧凑而合理外,更重要的是采用了新型材料。现代汽车上所采用的新材料主要是工程塑料、轻质铝合金、高强度合金钢、碳纤维等。工程塑料在汽车上的用量迅速增长,1969年平均每辆轿车为10kg,现在大多数轿车的用量已超过100kg。轻质铝合金不但已广泛应用于铸造发动机和底盘各种壳体和车轮上,而且越来越多地用于车身零件,全铝车身亦已投入批量生产。高强度合金钢不但用于发动机和底盘的重要零件,也用于车身钣金件以减小其厚度,从而使车身大幅度轻量化。碳纤维首先广泛使用在赛车领域,近年来开始应用在民用汽车中。碳纤维是一种力学性能优异的新材料,它的密度不到钢的1/4。碳纤维树脂复合材料的抗拉强度一般都在3500MPa以上,是钢的7~9倍;抗拉弹性模量为23000~43000MPa,也高于钢。此外,一些新型化学材料,如防锈剂、胶黏剂和密封剂等,对汽车的防腐、防松、防渗漏也具有举足轻重的作用。

现代化的汽车产品出自现代化的设计手段和生产手段。目前,在汽车工业上已广泛应用全球信息网络、计算机辅助造型(CAS)、计算机辅助设计(CAD)、计算机辅助工程(CAE)、计算机辅助制造(CAM)、计算机辅助试验(CAT)、计算机集成制造系统(CIMS)、虚拟现实(VR)等一大批先进技术,促成了并行工程(CE)的实施,真正做到了技术数据和信息在网络中准确地传输与管理,实现了无图样化生产和制造柔性化,不但大大提高了工作效率,缩短了开发周期,而且提高了产品的精度和质量,降低了生产成本。毫无疑问,汽车是一种高科技产品,足以体现一个社会的科学技术水平。汽车工业的发展必将促进科学技术的繁荣昌盛。

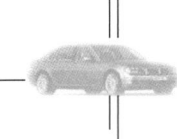

与此同时，汽车也给社会带来了一些难题：汽车数量增多导致交通堵塞和停车场短缺；每年全世界有 120 万人死于道路交通事故，使得道路交通伤害成为全球主要的死亡原因之一；我国汽车行业对石油的消耗量已经高达其总消耗量的 1/3 以上；我国机动车四项污染物排放总量为 1603.8 万 t，其中汽车是污染物的主要产生者，其排放的 CO、HC、NO_x 和 PM 超过机动车污染物排放总量的 90%，严重污染了环境。由此可见，行车安全、节约能源和环境保护已成为当前汽车技术亟待解决的三大重要课题。近几年，国家越来越重视汽车安全，大力支持新能源汽车的研发，发布"国六"排放标准，同时经过科技人员不懈的研究和努力，治理排放污染等工作已取得明显的成效。

汽车是作为一种交通工具而产生的，但发展到今天，已经不能把它单纯地理解为"行"的手段。人类社会及人们生活的"汽车化"改变了当代社会的面貌，汽车已经成为当代物质文明与进步的象征及文明形态的一种代表。

三、汽车类型

汽车是由自身的动力装置驱动，具有 4 个或 4 个以上车轮的非轨道承载车辆，其主要用途是载运人员和（或）货物、牵引载运人员和（或）货物。

汽车的类型较多，分类方法也很多，通常可按其用途、动力装置类型、行驶道路条件、行驶机构的特征、发动机位置及驱动形式、乘客座位数及汽车总质量等进行分类。

（一）按用途分类

现行国家标准（GB/T 3730.1—2001）《汽车和挂车类型的术语和定义》将汽车分为乘用车和商用车。

所谓乘用车是指在设计和技术特性上主要用于载运乘客及其随身行李和/或临时物品的汽车，包括驾驶人座位在内最多不超过 9 个座位，它也可以牵引一辆挂车。乘用车包括普通乘用车、活顶乘用车、高级乘用车、小型乘用车、敞篷车、仓背乘用车（这 6 种俗称轿车）、旅行车、多用途乘用车（MPV）、短头乘用车、越野乘用车以及专用乘用车（旅居车、防弹车、救护车和殡仪车）等。

所谓商用车是指在设计和技术特性上用于运送人员和货物的汽车，并且可以牵引挂车。商用车包括客车（小型客车、城市客车、长途客车、旅游客车、铰接客车、无轨电车、越野客车、专用客车）、半挂牵引车、货车（普通货车、多用途货车、全挂牵引车、越野货车、专用作业车、专用货车）等。

（二）按动力装置类型分类

1. 内燃机汽车

（1）活塞式内燃机汽车　活塞式内燃机可按活塞的运动方式分为往复活塞式和旋转活塞式等类型。

目前，汽车几乎都采用往复活塞式内燃机作为动力装置。按照燃料的不同，内燃机汽车又分为汽油机汽车、柴油机汽车和代用燃料汽车。目前，代用燃料主要有合成液体石油、液化石油气（LPG）、压缩天然气（CNG）、醇类、氢气等。

（2）燃气轮机汽车　燃气轮机汽车是一种涡轮式内燃机汽车。与活塞式内燃机相比，燃气轮机功率大，质量小，转矩特性好，对燃油没有严格限制；但耗油量较多，噪声较大，制造成本较高。

2. 电动汽车

电动汽车一般是指以电机为驱动机械,并有自身供电能源的车辆(不包括依靠架线供电行驶的车辆)。根据《电动汽车术语》(GB/T 19596—2017),下述汽车总称为电动汽车(EV)。

(1) 纯电动汽车(BEV) 纯电动汽车是指驱动能量完全由电能提供的、由电机驱动的汽车。电机的驱动电能来源于车载可充电储能系统或其他能量储存装置。虽然纯电动汽车对环境的影响比传统汽车小、前景广,但是由于车载电源(如铅酸蓄电池、镍镉蓄电池、镍氢蓄电池或锂离子蓄电池等)的质量大、价格高、充电时间长、寿命短、易燃等缺点,使得纯电动汽车的普及还需要很长的一段时间。

(2) 混合动力电动汽车(HEV) 混合动力电动汽车是指能够至少从可消耗的燃料、可再充电能或能量储存装置,这两类车载储存的能量中获得动力的汽车。这种车辆通常装有内燃机-发电机组以及蓄电池。汽车低负荷时,发电机组除向驱动汽车的电动机供电外,多余的电能存入蓄电池;汽车高负荷时,蓄电池也参与供能。这种车辆的优点是发电机组的内燃机的排量小,而且可调节至恒定的最佳工作状态,其油耗和排放仅为同级别内燃机汽车的1/3,而且克服了纯电动汽车动力性差、续驶里程短的主要缺点。

可见,混合动力汽车是纯电动汽车和内燃机汽车两者扬长避短的折中式车型。虽然混合动力汽车结构复杂,但如能大批量生产以降低成本,则会有较好的发展前景。

(3) 燃料电池电动汽车(FCEV) 燃料电池电动汽车是指以燃料电池系统作为单一动力源或者是以燃料电池系统与可充电储能系统作为混合动力源的电动汽车。其技术问题已基本解决,但汽车的性能仍不及内燃机汽车,而且价格较昂贵。

3. 喷气式汽车

喷气式汽车是依靠航空发动机或火箭发动机以及特殊燃料,并以喷气反作用力驱动的轮式汽车。普通汽车和竞赛汽车都不允许采用这种结构形式,这种汽车只能用于创造速度纪录。1997年10月,英国的安迪·格林在美国内华达州黑岩沙漠驾驶"推力SSC"喷气式汽车,速度达到了1227.73km/h(超过声速)。

4. 太阳能汽车(Solar Car) 太阳能汽车是一种以太阳能为动力的汽车。相比于传统的内燃机汽车,太阳能汽车能够达到真正的"零排放",绿色环保。由于太阳能是大自然"取之不尽、用之不竭"的清洁能源,所以太阳能汽车被很多国家所提倡。但是由于太阳能汽车成本过高、行驶里程不长,所以还没有实用化。

(三) 按行驶道路条件分类

1. 公路用汽车

公路用汽车是指适于公路和城市道路上行驶的汽车。这种汽车的外廓尺寸(总长、总宽、总高)和单轴负荷等均受交通法规的限制。

根据交通量及其使用任务、性质,我国的公路划分为高速公路和一、二、三、四级公路。在公路网中起骨架作用的公路称为干线公路,起连接作用的称支线公路。经国家确定的具有全国性政治、经济、国防意义的公路称为国家干线公路(国道)。国道采用3位数字编号,首位数字为1的,是指以北京为中心的国道;首位数字为2的,是指南北方向(纵向)的国道;首位数字为3的,是指东西方向(横向)的国道。

2. 非公路用汽车

非公路用汽车分为两类:一类是其外廓尺寸和单轴负荷等参数超过公路用汽车法规的限

制,只能在矿山、机场、工地、专用道路等非公路地区使用;另一类是能在无路地面上行驶的高通过性汽车,称为越野汽车。越野汽车可以是轿车、客车、货车或其他用途的汽车。

(四)按行驶机构的特征分类

1. 轮式汽车

通常按驱动情况分为非全轮驱动和全轮驱动两种类型。汽车的驱动形式常用符号"$n \times m$"表示,其中 n 是车轮总数(装在同一个轮毂上的双轮胎仍算1个车轮),m 是驱动轮数。例如,普通轿车和大多数汽车通常属于 4×2(非全轮驱动)类型,而越野汽车属于全轮驱动类型,有 4×4、6×6、8×8 等。

2. 其他类型行驶机构的车辆

这种类型包括履带式、雪橇式车辆,从广义上讲还可包括气垫式、步行式等无车轮的车辆。

(五)按发动机位置及驱动形式分类

按发动机位置及驱动形式分,轿车可分为前置发动机前轮驱动轿车、前置发动机后轮驱动轿车、后置发动机后轮驱动轿车及四轮驱动轿车;客车可分为前置发动机后轮驱动客车、中置发动机后轮驱动客车和后置发动机后轮驱动客车;货车基本上都采用前置发动机后轮驱动形式。

(六)按座位数及汽车总质量分类

国家标准 GB/T 15089—2001 按座位数及汽车总质量对汽车进行了分类,见表0-2。

表0-2 机动车辆及挂车分类(GB/T 15089—2001[①])

汽车类型		座位数[②]	最大设计总质量/t	说 明
M类	至少有四个车轮并且用于载客的机动车辆			
	M_1 类	≤9	—	包括驾驶人座位在内,座位数不超过9座的载客车辆
	M_2 类	>9	≤5.0	包括驾驶人座位在内,座位数超过9个,且最大设计总质量不超过5.0t的载客车辆
	M_3 类	>9	>5.0	包括驾驶人座位在内,座位数超过9个,且最大设计总质量超过5.0t的载客车辆
N类	至少有四个车轮并且用于载货的机动车辆			
	N_1 类	—	≤3.5	最大设计总质量不超过3.5t的载货车辆
	N_2 类	—	>3.5~12	最大设计总质量超过3.5t,但不超过12t的载货车辆
	N_3 类	—	>12	最大设计总质量超过12t的载货车辆
O类	挂车(包括半挂车)			
	O_1 类	—	≤0.75	最大设计总质量不超过0.75t的挂车
	O_2 类	—	>0.75~3.5	最大设计总质量超过0.75t,但不超过3.5t的挂车
	O_3 类	—	>3.5~10	最大设计总质量超过3.5t,但不超过10t的挂车
	O_4 类	—	>10	最大设计总质量超过10t的挂车

① 该标准还包括两轮或三轮机动车辆(L类)和满足特定要求的M类、N类的越野车(G类)的分类。
② 包括驾驶人在内的座位。

四、汽车总体构造

(一)汽车总体构造的组成部分

汽车是由成千上万个零件所组成的结构复杂的交通工具。根据其动力装置、使用条件等不同,汽车的具体构造可以有很大的差别,但总体结构通常由发动机、底盘、车身以及电器与电子设备四大部分组成。典型轿车的总体构造如图0-1所示。

总论

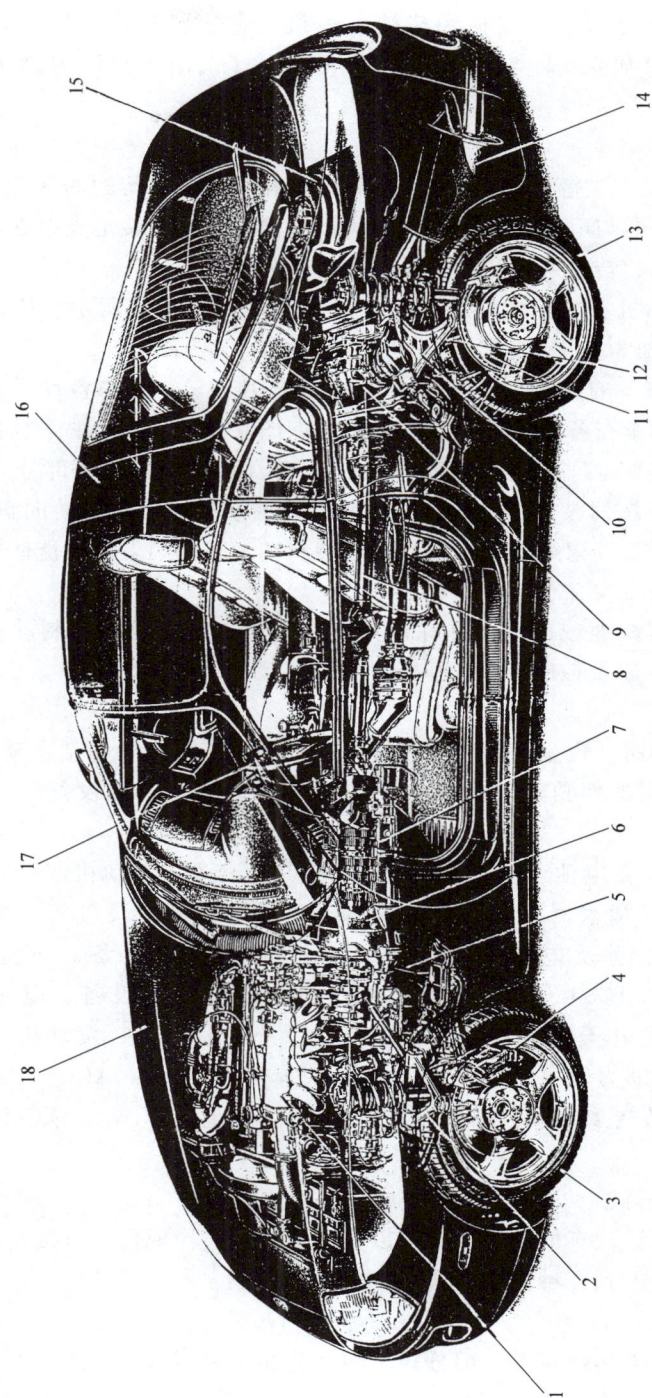

图 0-1 典型轿车的总体构造

1—发动机 2—前悬架 3—前轮 4—前轮制动器 5—副车架 6—离合器 7—变速器 8—传动轴 9—主减速器及差速器 10—后悬架 11—后轮制动器 12—半轴 13—后轮 14—消声器 15—油箱 16—车身 17—转向盘 18—发动机舱盖

1. 发动机

发动机是使输送进来的燃料燃烧而发出动力的部件,是汽车的动力装置。在现代汽车上广泛应用的发动机是往复活塞式汽油和柴油内燃机,它一般是由曲柄连杆机构、配气机构、燃油供给系统、冷却系统、润滑系统、点火系统(仅用于汽油内燃机)和起动系统等组成的。

2. 底盘

底盘是接受发动机的动力,使汽车运动并按驾驶人的操纵而正常行驶的部件。它是汽车的基体,发动机、车身、电器与电子设备及各种附属设备都直接或间接地安装在底盘上。它主要由传动系统、行驶系统、转向系统和制动系统四大部分组成。

(1) **传动系统** 将发动机 1 的动力传给驱动轮后轮 13。如图 0-1 所示,传动系统包括离合器 6、变速器 7、传动轴 8、主减速器及差速器 9 和半轴 12 等部分。

(2) **行驶系统** 支承整车的质量,传递和承受路面作用于车轮上的各种力和力矩,缓和冲击,衰减振动,保证汽车在各种条件下正常行驶。如图 0-1 所示,行驶系统包括支承全车的承载式车身 16 及副车架 5、前悬架 2、前轮 3、后悬架 10 和后轮 13 等部分。

(3) **转向系统** 使汽车按驾驶人选定的方向行驶。转向系统通常由带转向盘 17 的转向操纵机构、转向器和转向传动机构组成,有的汽车还装有动力转向装置、吸能防伤装置、转向减振器等。

(4) **制动系统** 使汽车减速或停车,并保证汽车可靠地长时间停驻。制动系统包括前轮制动器 4、后轮制动器 11 以及控制装置、供能装置和传动装置等。

3. 车身

车身是驾驶人工作的场所,也是装载乘客和货物的部件。车身主要包括发动机舱盖 18、车身本体 16 等,还包括货车的驾驶室和货箱以及某些汽车上的特种作业设备。

4. 电器与电子设备

电器设备包括电源组(蓄电池、发电机)、发动机点火设备、发动机起动设备、照明和信号装置、仪表、空调、刮水器、音像设备、门窗玻璃电动升降设备等。电子设备包括导航系统、电控燃油喷射及电控点火设备、电控自动变速设备、防抱制动系统(ABS)、牵引力控制系统(TCS)、车门锁的遥控及自动防盗报警设备、电子稳定系统(ESP)、倒车雷达等。先进电子控制系统有胎压监测系统(TPMS)、发动机自动起停系统(START&STOP)、电动助力转向系统(EPS)、自适应巡航系统(ACC)、高级驾驶辅助系统(ADAS)、自动泊车系统(APS)、前方碰撞预警系统(FCW)等各种人工智能系统。

(二)汽车的总体布置形式

为满足不同的使用要求,汽车的总体布置可以有不同的形式。现代汽车按发动机相对于各总成的位置不同,通常有下列几种布置形式:

1. 发动机前置后轮驱动(FR)

这是传统的布置形式。大多数货车、部分轿车和部分客车采用这种形式。

2. 发动机前置前轮驱动(FF)

这是在现代大多数轿车中盛行的布置形式,具有结构紧凑、整车质量小、地板高度低、高速行驶时操纵稳定性好等优点。

3. 发动机后置后轮驱动（RR）

这是在目前大、中型客车中盛行的布置形式，具有车内噪声小、空间利用率高等优点。少数轿车也有采用这种形式的。

4. 发动机中置后轮驱动（MR）

这是方程式赛车和大多数跑车采用的布置形式。将功率和尺寸很大的发动机布置在驾驶人座椅与后轴之间，有利于获得最佳的轴荷分配，提高汽车的性能。少数大、中型客车也采用这种布置形式，把卧式发动机安装在地板下面。

5. 全轮驱动（AWD）

这是越野汽车常采用的布置形式。通常发动机前置，通过变速器之后的分动器将动力分别输送给全部驱动轮。目前，部分轿车也采用四轮驱动形式，以提高整车的性能。

五、汽车行驶基本原理

要使汽车行驶，必须具备两个基本的行驶条件：驱动条件和附着条件。

（一）驱动条件

汽车必须具有足够的驱动力，以克服各种行驶阻力，才能得以正常行驶。这些阻力包括滚动阻力、空气阻力、坡度阻力和加速阻力。

1. 驱动力

汽车的驱动力来自发动机。驱动力的产生原理如图 0-2 所示。发动机发出的转矩经过汽车传动系统施加给驱动轮的转矩为 M_t，它力图使驱动轮旋转。在 M_t 的作用下，驱动轮与路面接触处对地面施加一个作用力 F_0，其方向与汽车行驶方向相反，其数值为 M_t 与车轮滚动半径 r_r 之比。

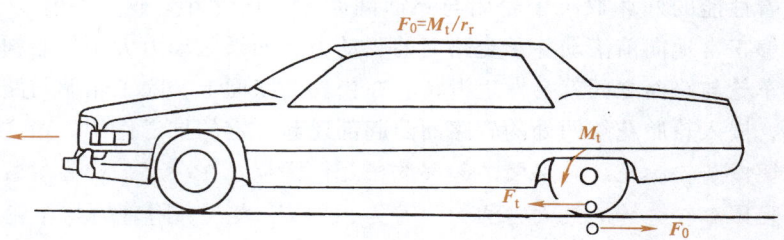

图 0-2 驱动力的产生原理

由于车轮与路面的附着作用，在驱动车轮对路面施加力 F_0 的同时，路面对车轮施加一个大小相等、方向相反的反作用力 F_t，这就是使汽车行驶的驱动力，即 $F_t = M_t/r_r$。为便于理解，图中把 F_0 与 F_t 绘在不同的物体上，其实它们应在同一直线上。

2. 滚动阻力

滚动阻力是由于车轮滚动时轮胎与路面两者在其接触区域发生变形而产生的。车轮在硬路面上滚动时，驱动汽车的一部分动力消耗在轮胎变形的内摩擦上，而路面变形很小；车轮在软路面（松软的土路、沙地、雪地等）上滚动时，路面变形较大，所产生的阻力就成为滚动阻力的主要部分。滚动阻力以 F_f 表示，其数值与汽车的总质量、轮胎的结构与气压以及路面的性质有关，它等于车轮负荷与滚动阻力系数之积。

3. 空气阻力

汽车在空气中向前行驶时,前部承受气流的压力而后部抽空,产生压力差。此外,空气与车身表面以及各层空气之间存在着摩擦,再加上引入车内冷却发动机和室内通风以及外伸零件引起气流的干扰,就形成空气阻力。空气阻力以 F_w 表示,它与汽车的形状、汽车的正面投影面积、汽车与空气相对速度的平方成正比。可见,汽车速度很高时,空气阻力相当可观,并将成为总阻力的主要部分。

4. 坡度阻力

汽车在坡道上行驶时,其总重力沿坡道方向的分力称为坡度阻力,以 F_i 表示。汽车只有在上坡时才存在坡度阻力,但汽车上坡所做的功并没有白白耗费,而是转化为重力势能。当汽车下坡时,重力势能促使汽车下坡并转化为动能。

5. 加速阻力

汽车加速行驶时,需要克服其自身质量加速运动的惯性力,即加速阻力,以 F_j 表示。

6. 驱动力与总阻力的关系

汽车的驱动力 F_t 与上述各项阻力之和(总阻力)存在如下关系

$$F_t = F_f + F_w + F_i + F_j$$

当 $F_j = 0$ 时,汽车在坡道上匀速行驶;当 $F_j > 0$ 时,汽车在坡道上加速行驶,但随着速度的增加,空气阻力也随之增加,在某个较高的车速处达到新的平衡,然后匀速行驶;当 $F_j < 0$ 时,汽车将减速行驶或停驶。当汽车在平直的路面上以最高车速行驶时,只需克服滚动阻力和空气阻力。

(二) 附着条件

汽车能否充分发挥其驱动力,还受到车轮与路面之间附着作用的限制。在平整的干硬路面上,汽车附着性能的好坏取决于轮胎与路面间摩擦力的大小。这个摩擦力阻碍车轮的滑动,使车轮能够正常地向前滚动并承受路面的驱动力。如果驱动力大于轮胎与路面间的最大静摩擦力时,车轮与路面之间就会发生滑转。在松软的路面上,除了轮胎与路面间的摩擦阻碍车轮滑转外,嵌入轮胎花纹凹处的软路面凸起部还起一定的抗滑作用。通常把车轮与路面之间的相互摩擦以及轮胎花纹与路面凸起部的相互作用综合在一起,称为附着作用。由附着作用所决定的阻碍车轮滑转的最大力称为附着力,用 F_φ 表示。附着力与车轮所承受垂直于路面的法向力 G(称为附着重力)成正比,即 $F_\varphi = G\varphi$。式中,φ 称为附着系数,其值与轮胎的类型及路面的性质有关;附着重力 G 是指汽车总重力分配到驱动轮上的那部分。

由此可知,汽车所能获得的驱动力受附着力的限制,一般可表达为

$$F_t \leq F_\varphi$$

此公式即为汽车行驶的附着条件。

在冰雪或泥泞路面上,由于附着力很小,汽车的驱动力受附着力的限制而不能克服较大的阻力,导致汽车减速甚至不能前进。即使加大节气门开度,或变速器换入低档,车轮也只会滑转而驱动力仍不能增大。为了增加车轮在冰雪路面的附着力,可采用雪地胎或在普通轮胎上绕装防滑链,以提高其对冰雪路面的抓着能力。非全轮驱动汽车的附着重力只是分配到驱动轮上那部分汽车总重力;而全轮驱动汽车的附着重力则是全车的总重力,因而其附着力较前者显著增大。

思 考 题

0-1 汽车成为最受青睐的现代化交通工具的原因何在？试与火车、轮船、飞机等进行对比分析。

0-2 为什么世界各发达国家几乎无一例外地把汽车工业作为国民经济的支柱产业？为什么我国汽车工业要以发展轿车生产为重点？

0-3 特斯拉国产化给国内的新能源汽车行业带来哪些冲击？汽车行业该如何解决这些问题？

0-4 什么是汽车"新四化"？汽车"新四化"给汽车行业带来了哪些机遇和挑战？

0-5 谈谈 2010 年之后汽车在现代化社会中的作用。

0-6 与内燃机汽车和纯电动汽车相比，混合动力汽车具有哪些优势？

0-7 选取一个应用在汽车上的人工智能系统，说说它的功用和原理。

0-8 为什么绝大多数货车都采取前置发动机后轮驱动的形式？

0-9 对于在良好的硬质坡道上上坡行驶的汽车，其驱动力、各种阻力、附着力与在水平路面上行驶有何异同？

0-10 为什么汽车依靠车轮驱动行驶时，其速度不能无限制地提高？

第一篇

汽车发动机

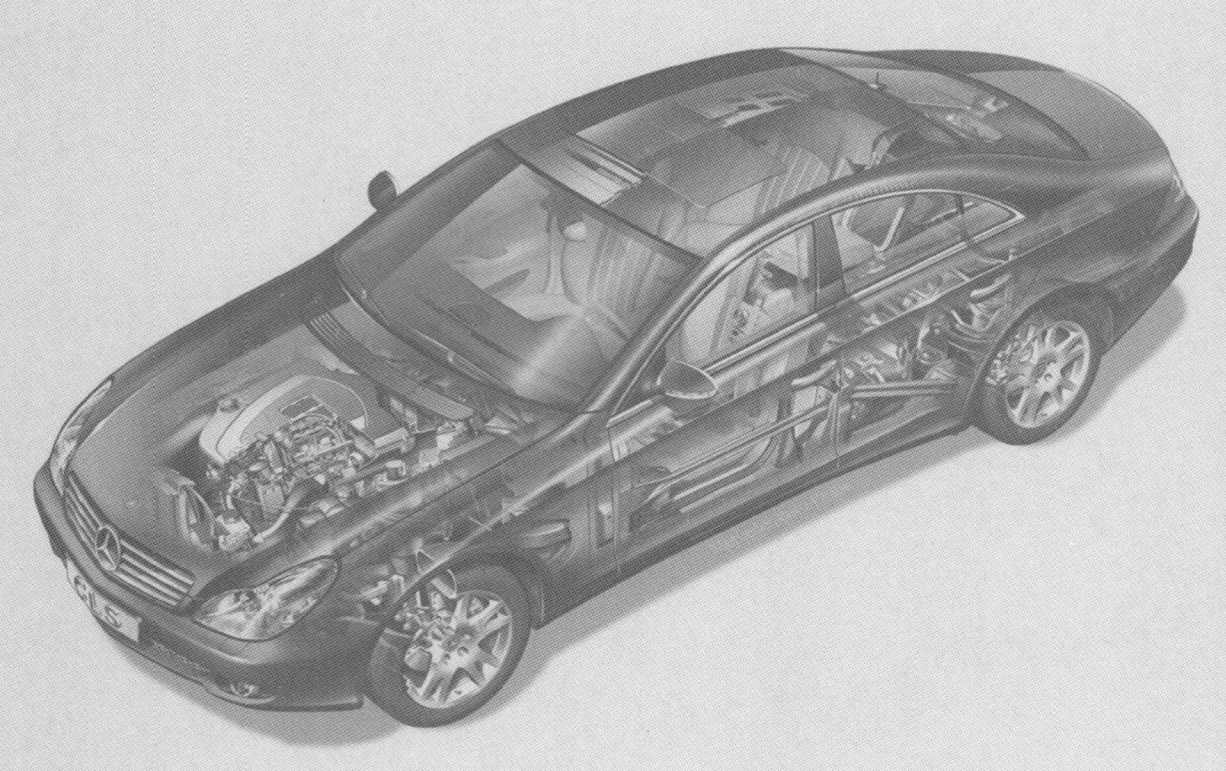

第一章

发动机的工作原理和总体构造

第一节 发动机的分类

发动机是将自然界某种能量直接转换为机械能并拖动某些机械进行工作的机器。将热能转化为机械能的发动机，称为热力发动机（简称热机），其中的热能由燃料燃烧产生。内燃机是热力发动机的一种，其特点是液体或气体燃料和空气混合后，直接输入机器内部燃烧而产生热能，然后再转变成机械能。另一种热机是外燃机，如蒸汽机、汽轮机等，其特点是燃料在机器外部燃烧以加热水，产生高温、高压的水蒸气，输送至机器内部，将所含的热能转变为机械能。

内燃机与外燃机相比，具有热效率高、体积小、质量小、便于移动、起动性能好等优点，因而广泛应用于飞机、船舶以及汽车、拖拉机、坦克等各种车辆上。但是内燃机一般要求使用化石燃料，虽然燃烧产生的废气包含有害气体成分，但经过排气净化技术，完全可以达到超低排放的法规要求。

根据车用内燃机将热能转化为机械能的主要构件形式的不同，可分为活塞式内燃机和燃气轮机两大类。前者又可按活塞运动方式不同，分为往复活塞式和旋转活塞式两种。往复活塞式内燃机在汽车上应用最广泛，是本书的主要讨论对象。汽车发动机（指汽车用活塞式内燃机）可以根据不同的特征分类。

（1）按着火方式分类　可分为压燃式与点燃式发动机。压燃式发动机为压缩气缸内的空气或可燃混合气，产生高温，引起燃料自燃的内燃机；点燃式发动机是将压缩气缸内的可燃混合气，用点火器点燃的内燃机。

（2）按使用燃料种类分类　可分为汽油机、柴油机、气体燃料发动机、煤气机、液化石油气发动机及多种燃料发动机等。

（3）按冷却方式分类　可分为水冷式、风冷式发动机。以水或冷却液为冷却介质的称作水冷式发动机；以空气为冷却介质的称作风冷式发动机。

（4）按进气状态分类　可分为非增压（或自然吸气）和增压发动机。非增压发动机是指进入气缸前的空气或可燃混合气未经压气机压缩的发动机，仅带扫气泵而不带增压器的二冲程发动机亦属此类；增压发动机是指进入气缸前的空气或可燃混合气已经在压气机内压缩，从而增大进气充量密度的发动机。

（5）按冲程数分类　可分为二冲程和四冲程发动机。在发动机内，每一次将热能转变为机械能，都必须经过吸入新鲜充量（空气或可燃混合气）、压缩（当新鲜充量为空气时还要输入燃料），使之着火燃烧放热，继而膨胀做功，然后将生成的废气（已燃气体）排出气缸这样一系列连续过程，称为一个工作循环。对于往复活塞式发动机，可以根据每一工作循环所需活塞行程数来分类。凡活塞往复四个单程（或曲轴旋转两转）完成一个工作循环的称为四冲程发动机；活塞往复两个单程（或曲轴旋转一转）完成一个工作循环的称为二冲程发动机。

（6）按气缸数及布置分类　仅有一个气缸的称为单缸发动机，有两个以上气缸的称为多缸发动机；根据气缸中心线与水平面垂直、呈一定角度和平行的发动机，分别称为立式、斜置式与卧式发动机；多缸发动机根据气缸间的排列方式可分为直列式（气缸呈一列布置）、对置式（气缸呈两列布置，且两列气缸之间的中心线呈 180°）和 V 形（气缸呈两列布置，且两列气缸之间夹角为 V 形）等发动机。

第二节　四冲程发动机的工作原理

一、四冲程汽油机工作原理

现代汽油发动机的构造如图 1-1 所示。气缸内装有活塞 10，活塞通过活塞销、连杆 11 与曲轴 12 相连。活塞在气缸内做往复运动，通过连杆推动曲轴转动。为了吸入新鲜充量和排除废气，设有进、排气系统等。

图 1-2 所示为发动机示意图，活塞往复运动时，其顶面从一个方向转为相反方向的转变点位置称为止点。活塞顶面离曲轴中心线最远时的止点，称为 上止点（Top Dead Center，TDC）；活塞顶面离曲轴中心线最近时的止点称为 下止点（Bottom Dead Center，BDC），活塞运动的上、下两个止点之间的距离 S 称为 活塞行程。曲轴与连杆大头的连接中心至曲轴中心的垂直距离 R 称为曲柄半径。活塞每走一个行程相应于曲轴旋转 180°。对于气缸中心线与曲轴中心线相交的发动机，活塞行程 S 等于曲柄半径 R 的两倍。

在一个气缸中，活塞运动一个行程所扫过的容积称为 气缸工作容积，可用符号 V_s 表示。一台发动机全部气缸工作容积的总和称为 发动机排量，用符号 V_{st}（L）表示，即

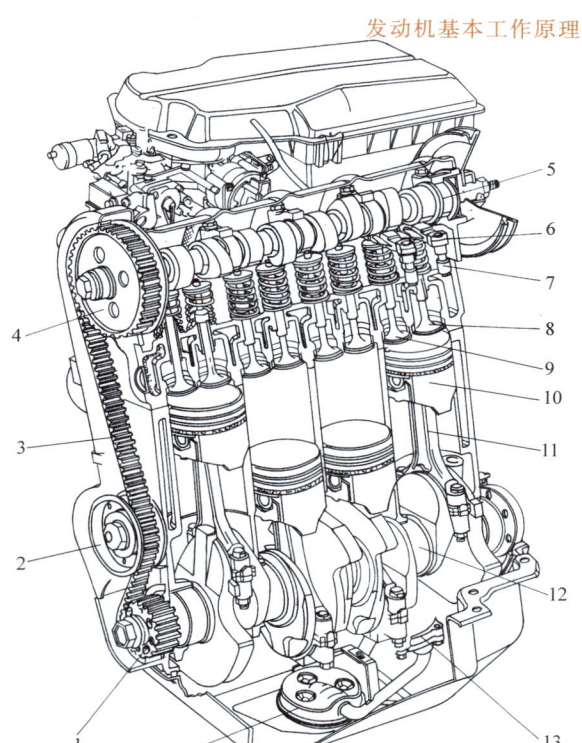

发动机基本工作原理

图 1-1　现代汽油发动机的构造

1—曲轴同步带轮　2—定时同步带张紧轮　3—定时同步带
4—凸轮轴同步带轮　5—凸轮轴　6—摇臂　7—液压挺柱
8—进气门　9—排气门　10—活塞　11—连杆
12—曲轴　13—机油泵　14—机油集滤器

$$V_{st} = V_s i = \frac{\pi D^2}{4 \times 10^6} Si$$

式中，D 为气缸直径（mm）；S 为活塞行程（mm）；i 为气缸数。

四冲程发动机的工作循环包括四个活塞行程，即进气行程、压缩行程、膨胀行程（做功行程）和排气行程，如图 1-3 所示。同时采用气缸中气体压力 p 随气缸容积 V（活塞顶部以上、气缸盖底部以下的容积）变化的示功图定量描述工作循环过程，如图 1-4 所示。

（1）**进气行程**（图 1-3a）　汽油机将气缸外配好的空气与燃料的可燃混合气或纯空气（燃料直接喷入气缸内形成可燃混合气）吸入气缸。

进气行程中，进气门开启，排气门关闭。随着活塞从上止点向下止点移动，活塞上方的气缸容积增大，气缸内的压力下降。当压力降低到大气压以下时，即在气缸内形成真空吸力。这样，可燃混合气便经进气门被吸入气缸。由于进气系统有阻力，进气终了时气缸内的气体压力约为 0.075~0.09MPa。

流进气缸内的可燃混合气，因为与气缸壁、活塞顶等高温部件表面接触，并与前一循环留下的高温残余废气混合，所以温度可升高到 370~400K。

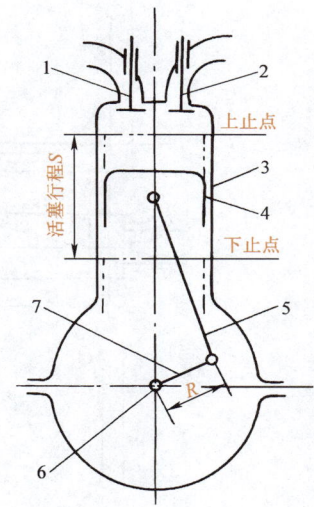

图 1-2　发动机示意图

1—进气门　2—排气门　3—气缸
4—活塞　5—连杆　6—曲轴
中心　7—曲柄

在示功图（图 1-4）上，进气行程用曲线 ra 表示。曲线 ra 的大部分位于大气压力线下面，这部分与大气压力线纵坐标之差即表示气缸内的真空度。

（2）**压缩行程**（图 1-3b）　为加速气缸的可燃混合气燃烧，产生高压，从而增加发动机输出功率，必须在燃烧前将可燃混合气压缩，使其容积缩小，密度加大，温度升高，故需要有压缩过程。在这个过程中，进、排气门全部关闭，曲轴推动活塞由下止点向上止点移动一个行程，称为压缩行程。在示功图上，压缩行程用曲线 ac 表示。活塞到达上止点时压缩终

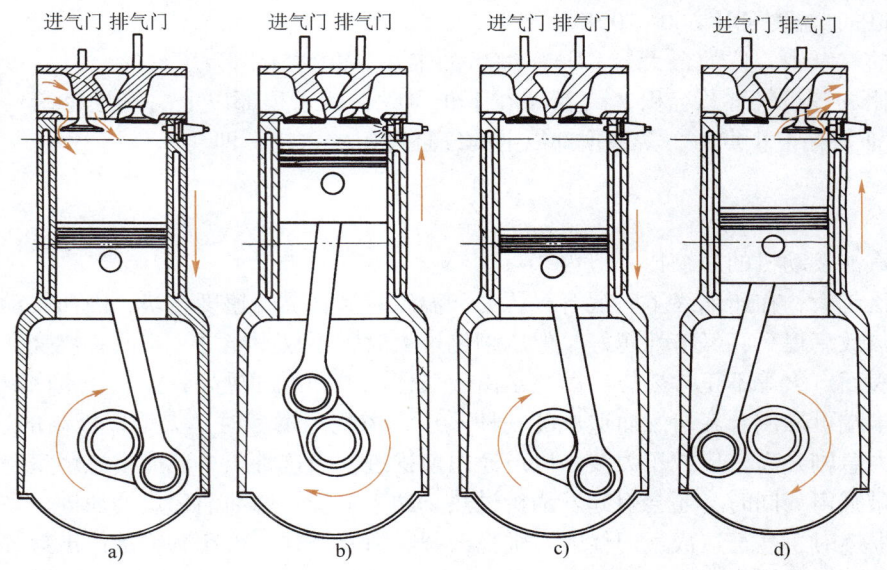

图 1-3　四冲程发动机工作原理示意图

a）进气行程　b）压缩行程　c）膨胀行程（做功行程）　d）排气行程

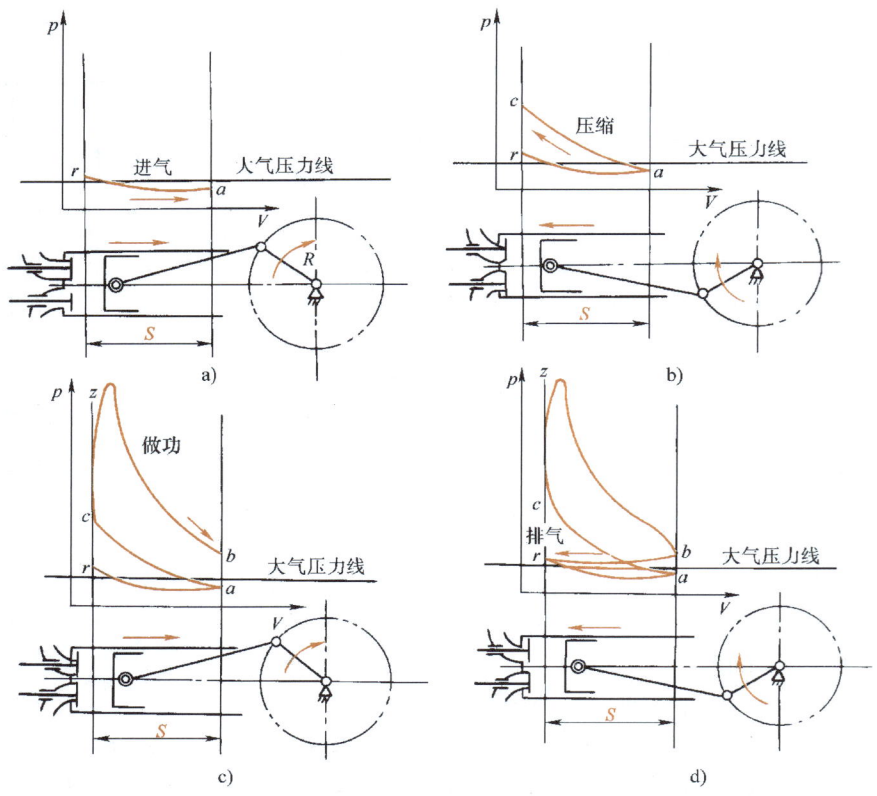

图 1-4 四冲程发动机的示功图
a) 进气行程 b) 压缩行程 c) 膨胀行程（做功行程） d) 排气行程

了，此时，混合气被压缩到活塞上方很小的空间，即燃烧室中。气缸中气体压力 p_c 升高到 0.6~1.2MPa，温度可达 600~700K。

压缩前气缸中气体的最大容积与压缩后的最小容积之比称为压缩比，以 ε 表示。换言之，压缩比 ε 等于气缸总容积 V_a（活塞在下止点时，活塞顶部以上的气缸容积）与燃烧室容积 V_c（活塞在上止点时，活塞顶部以上的气缸容积）之比，即

$$\varepsilon = \frac{V_a}{V_c}$$

现代汽油发动机的压缩比一般为 8~11。

压缩比越大，在压缩终了时混合气压力和温度越高，燃烧速度增快，因而发动机输出功率增大，热效率提高，经济性越好。但压缩比过大时，不仅不能进一步改善燃烧，反而会出现爆燃和表面点火等不正常燃烧。爆燃是由于气体压力和温度过高，在燃烧室内离点燃中心较远处的末端可燃混合气自燃而造成的一种不正常燃烧。爆燃时，火焰以极高的速率传播，温度和压力急剧升高，形成压力波，以声速向前推进。当这种压力波撞击燃烧室壁面时就发出尖锐的敲缸声。同时，还会引起发动机过热、功率下降、燃油消耗量增加等一系列不良后果。严重爆燃时，甚至造成气门烧毁、轴瓦破裂、活塞烧顶、火花塞绝缘体击穿等部件损坏现象。表面点火是由于燃烧室内炽热表面（如排气门头、火花塞电极、积炭）点燃混合气产生的另一种不正常燃烧。表面点火发生时，也伴有强烈的敲击声（较沉闷），产生的高压

会增加发动机部件承受的机械负荷，降低寿命。因此，在提高发动机压缩比的同时，必须注意防止爆燃和表面点火的发生。

（3）**做功行程**（图1-3c） 在这个行程中，进、排气门仍旧关闭。当活塞接近上止点时，装在气缸盖上的火花塞发出电火花，点燃被压缩的可燃混合气。可燃混合气燃烧后，放出大量热能，其压力和温度迅速增加，最高压力 p_z 可达到 3~5MPa，相应温度则为 2200~2800K。高温、高压燃气推动活塞从上止点向下止点运动，通过连杆使曲轴旋转并输出机械能，用于对外做功和维持自身旋转。示功图上曲线 zb 表示活塞向下移动时，气缸容积增加，气体压力和温度都降低，在做功行程终了的 b 点，压力降至 0.3~0.5MPa，温度则降为 1300~1600K。

（4）**排气行程**（图1-3d） 可燃混合气燃烧后生成的废气，必须从气缸中排除，以便重新开始下一个工作循环。

当膨胀接近终了时，排气门开启，靠废气的压力进行自由排气，活塞到达下止点后再向上止点移动时，继续将废气强制排到大气中。活塞到上止点附近时，排气行程结束。这一行程在示功图上用曲线 br 表示。在排气行程中，气缸内压力稍高于大气压力，约为 0.105~0.115MPa。排气终了时，废气温度约为 900~1200K。

由于燃烧室占有一定的容积，因此在排气终了时，不可能将废气排尽，留下的废气称为残余废气。

综上所述，**四冲程汽油机经过进气、压缩、燃烧做功、排气四个行程，完成一个工作循环。这期间活塞在上、下止点间往复移动了四个行程，曲轴旋转了两周**。

二、四冲程柴油机工作原理

现代柴油发动机的构造如图1-5所示。

四冲程柴油机（压燃式发动机）的每个工作循环也经历进气、压缩、做功、排气四个行程。但由于柴油机的燃料是柴油，其黏度比汽油大，而其自燃温度却较汽油低，故可燃混合气的形成及着火方式都与汽油机不同。

图1-6所示为四冲程柴油机工作原理示意图。柴油机在进气行程吸入的是纯空气。在压缩行程接近终了时，柴油机喷油泵将油压提高到10MPa以上，将柴油通过喷油器喷入气缸，在很短时间内与压缩后的高温空气混合，在气缸内部形成可燃混合气。

由于柴油机的压缩比高（一般为16~22），所以压缩终了时气缸内的空气压力可达 3.5~4.5MPa，同时温度高达 750~1000K，大大超过柴

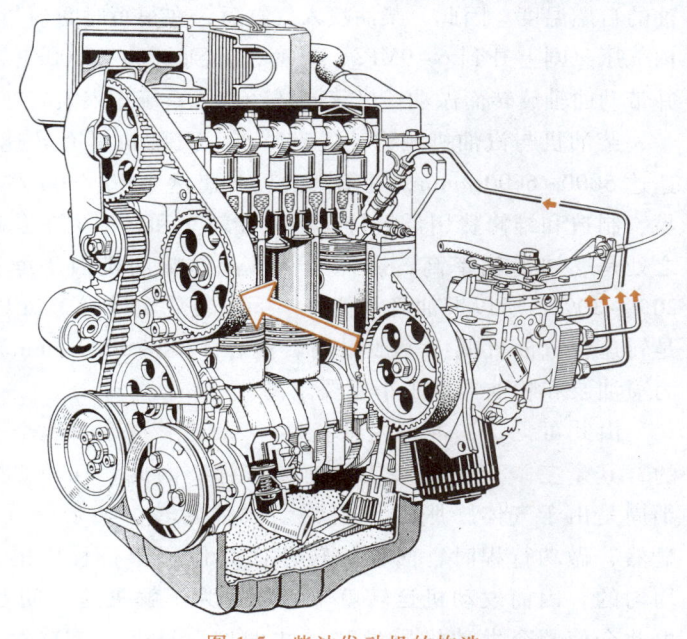

图1-5 柴油发动机的构造

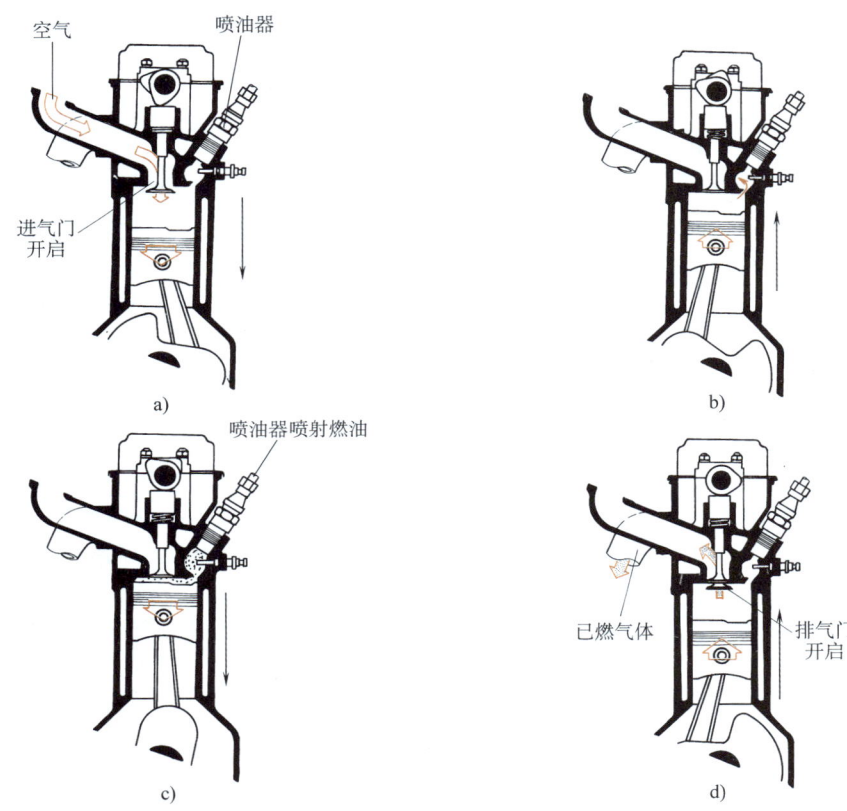

图 1-6 四冲程柴油机工作原理示意图
a）进气行程　b）压缩行程　c）膨胀行程（做功行程）　d）排气行程

油的自燃温度。因此，柴油喷入气缸后，在很短时间内与空气混合便立即自行着火燃烧。气缸内气压急剧上升到 6～9MPa，温度也升到 2000～2500K。在高压气体推动下，活塞向下运动，并带动曲轴旋转而做功。废气同样经排气系统排入大气中。

柴油机与汽油机相比较各有特点。汽油机具有转速高（目前轿车四冲程汽油机最高转速达 5000～6600r/min，货车汽油机转速达 4000r/min 左右）、质量小、工作噪声小、起动容易、制造和维修费用低等特点，故在轿车和轻型货车及越野汽车上得到广泛的应用；其不足之处是燃油消耗率高，燃油经济性差。柴油机因压缩比高，燃油消耗率平均比汽油机低 20%～30%，所以燃油经济性好。一般装载质量为 3.5t 以上的货车大都采用柴油机；其缺点是转速较汽油机低（一般最高转速在 1700～3000r/min）、质量大、制造和维修费用高（因为喷油泵和喷油器加工精度要求高）。

由此可见，四冲程发动机在一个工作循环的四个活塞行程中，只有一个行程是做功的，其余三个行程是做功的辅助行程。因此，在单缸发动机内，曲轴每转两周中，只有半周是由于气体膨胀的作用驱动曲轴旋转，其余一周半则依靠飞轮惯性维持曲轴转动。显然，做功行程时，曲轴的转速比其他三个行程内的曲轴转速要高，所以曲轴转速是不均匀的，因而发动机运转就不平稳。为了解决这个问题，飞轮必须具有很大的转动惯量，由此会使整个发动机质量和尺寸增加。显然，单缸发动机工作振动大。采用多缸发动机可以弥补上述缺点。因此，现代汽车上基本不用单缸发动机，采用最多的是4缸、6缸、8缸发动机。

在多缸四冲程发动机的每一个气缸内，所有的工作过程是相同的，并按工作循环次序进行，但所有气缸的做功行程并不同时发生。例如，在4缸发动机内，曲轴每转半周便有一个气缸在做功；在8缸发动机内，曲轴每转1/4周便有一个做功行程。气缸数越多，发动机的工作越平稳。但发动机气缸数增多，结构会更加复杂，尺寸及质量会增加。

第三节　发动机的总体构造

发动机是一部由许多机构和系统组成的复杂机器。现代汽车发动机的结构形式很多，即使是同一类型的发动机，其具体构造也是不同的。下面通过一些典型汽车发动机的结构实例来分析发动机的总体构造。

下面以轻型货车用典型汽油机为例，介绍四冲程汽油机的一般构造（图1-7）。

（1）**机体组**　该典型发动机的机体组包括气缸盖14、气缸体7及油底壳37。有的发动机将气缸体分铸成上下两部分，上部称为气缸体，下部称为曲轴箱。机体组的作用是作为发动机各机构、各系统的装配基体，而且其本身的许多部分又分别是曲柄连杆机构、配气机构、供给系统、冷却系统和润滑系统的组成部分。气缸盖和气缸体的内壁共同组成燃烧室的一部分，是承受高温、高压的部件。在进行结构分析时，常把机体组列入曲柄连杆机构。

（2）**曲柄连杆机构**　曲柄连杆机构包括活塞13、连杆10、带有飞轮28的曲轴5等。它是将活塞的直线往复运动变为曲轴的旋转运动并输出动力的机构。

（3）**配气机构**　配气机构包括进气门19、排气门15、摇臂45、气门间隙调节器46、凸轮轴25以及凸轮轴定时带轮20（由曲轴定时带轮6驱动）等。其作用是使可燃混合气及时充入气缸并及时从气缸排除废气。

（4）**供给系统**　供给系统包括汽油箱、汽油泵、汽油滤清器、化油器38、空气滤清器、进气管39、排气管53、排气消声器等。其作用是把汽油和空气混合为成分合适的可燃混合气供入气缸，以供燃烧，并将燃烧生成的废气排出发动机。

（5）**点火系统**　点火系统的功用是保证按规定时刻点燃气缸中被压缩的混合气。其中包括供给低压电流的蓄电池和发电机以及分电器、点火线圈与火花塞等。

（6）**冷却系统**　冷却系统主要包括水泵、散热器、风扇22、分水管以及气缸体和气缸盖里铸出的空腔——水套等。其功用是把受热部件的热量散到大气中去，以保证发动机正常工作。

（7）**润滑系统**　润滑系统包括机油泵50、机油集滤器51、限压阀、润滑油道、机油滤清器等，其功用是将润滑油供给做相对运动的零件，以减少它们之间的摩擦阻力，减轻部件的磨损，并部分地冷却摩擦零件，清洗摩擦表面。

（8）**起动系统**　起动系统包括起动机及其附属装置，用以使静止的发动机起动并转入自行运转。

车用汽油机一般都由上述两个机构和五个系统组成。

图1-8所示为某轿车发动机的构造，其结构特点是凸轮轴安装在气缸盖上方，由凸轮轴

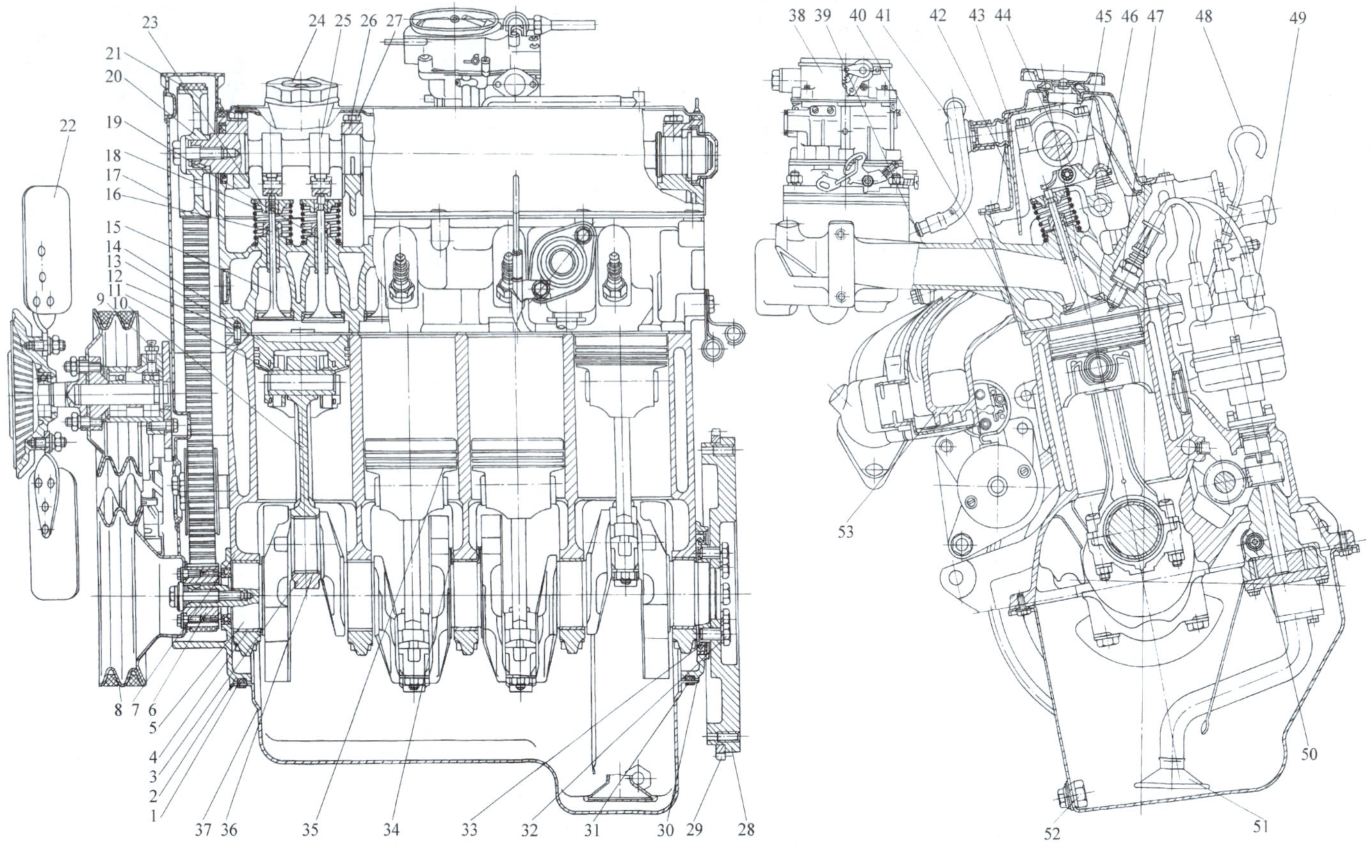

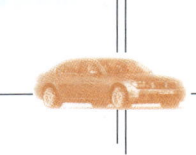

图 1-7 轻型货车用典型汽油机的构造
a) 纵剖面图 b) 横剖面图

1、31、33—密封件 2—连杆盖 3—曲轴 4—轴瓦 5—曲轴 6—曲轴定时带轮 7—气缸体 8—曲轴带轮 9—油塞 10—连杆 11—活塞销 12—定位销 13—活塞 14—气门 15—排气门 16—气门导管 17—定时齿带罩 18—气门弹簧 19—进气门 20—凸轮轴定时带轮 21—同步带 22—风扇 23—气门弹簧座 24—机油加油口罩 25—凸轮轴 26—凸轮齿盘 27—螺栓 28—飞轮 29—飞轮齿圈 30—后轴承盖 32—压紧螺栓 34—止推轴承 35—油环 36—连杆轴瓦 37—油底壳 38—化油器 39—进气管 40—挡油罩板 41—通风罩 42—通风管 43—气缸盖罩 44—轴承 45—密封 46—气门间隙调节器 47—火花塞 48—油标尺 49—分电器 50—机油泵 51—机油集滤器 52—放油螺塞 53—排气管

第一章 发动机的工作原理和总体构造

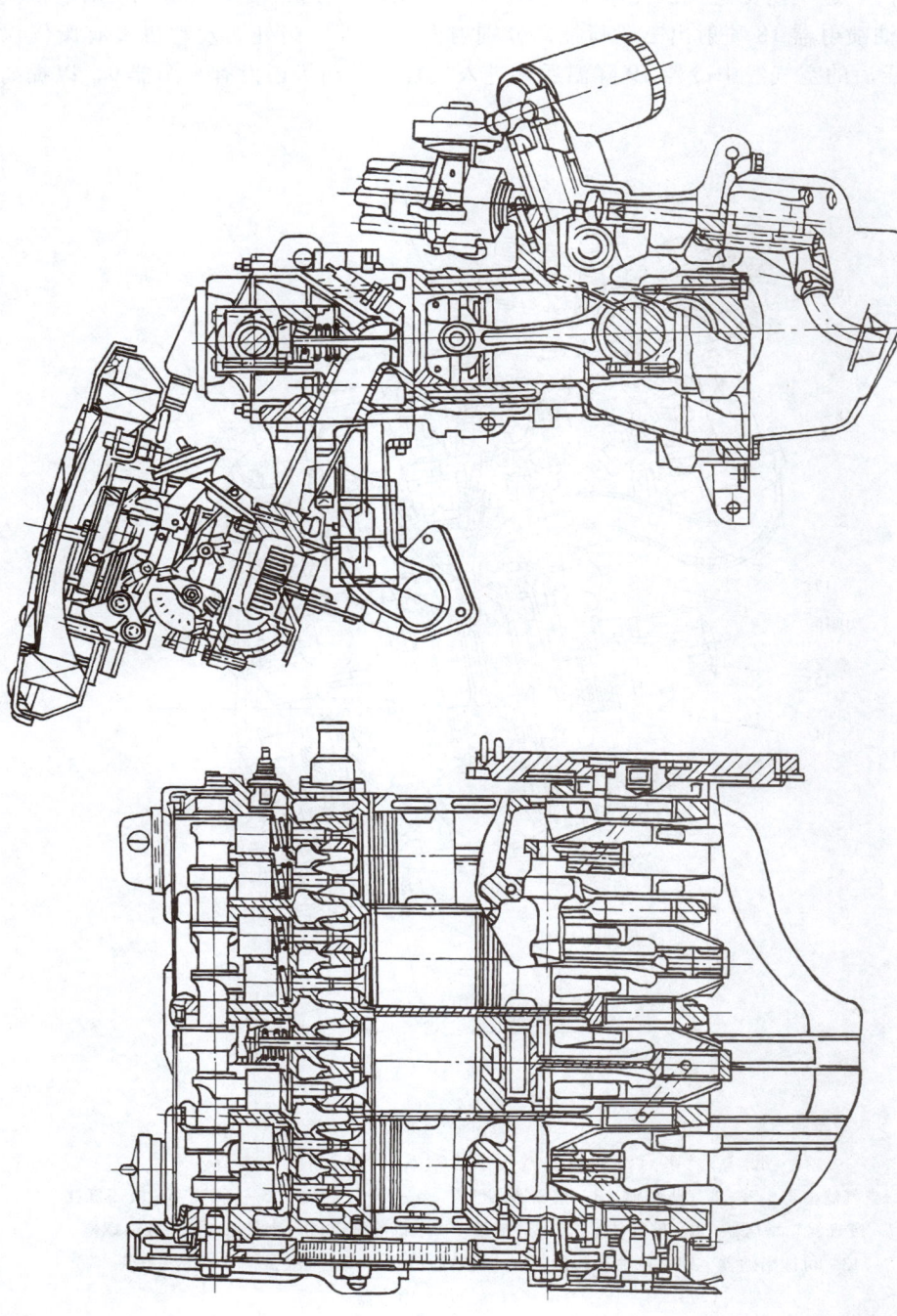

图 1-8 某轿车发动机的构造

23

直接驱动气门，省去了摇臂，简化了配气机构的传动。这种布置形式最适用于高速发动机。

图 1-9 所示为多点汽油喷射增压中冷型 5 气门汽油机的构造。5 个气门包括 3 个进气门和 2 个排气门。进气门由进气凸轮轴 2 驱动，排气门由排气凸轮轴 4 驱动。采用电控汽油喷射机构，汽油喷射器 18 喷射出三股喷柱，分别射向三个进气门处。发动机设有废气涡轮增压器 7，增压后的空气经中冷器 19 降温后再进入气缸。发动机还设有平衡器 9，以提高发动机的平衡性。

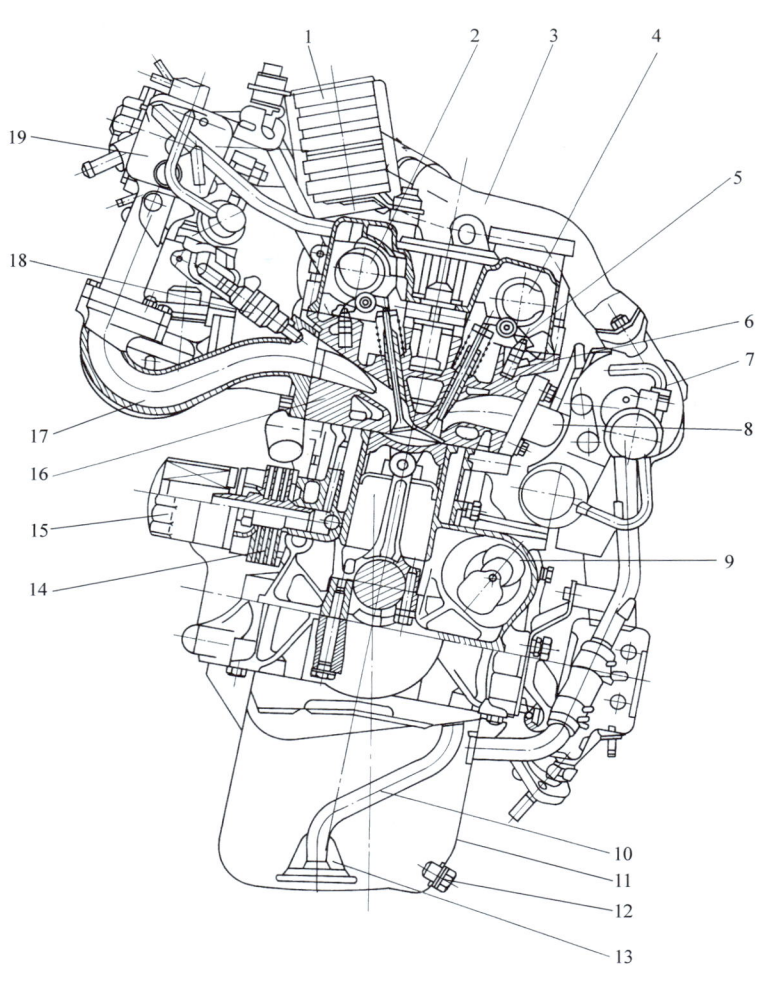

图 1-9 多点汽油喷射增压中冷型 5 气门汽油机的构造
1—空气滤清器 2—进气凸轮轴 3—增压器出气管 4—排气凸轮轴 5—摇臂 6—液压挺柱
7—废气涡轮增压器 8—排气歧管 9—平衡器 10—机油管 11—油底壳 12—放油螺塞
13—机油集滤器 14—机油冷却器 15—机油滤清器 16—气缸盖 17—进气歧管
18—汽油喷射器 19—中冷器

图 1-10 所示为汽车用 6 缸四冲程柴油机的构造。该柴油机与一般柴油机相比，其结构特点是曲轴为组合式；曲轴的主轴承采用滚动轴承，其摩擦损失小；气缸体采用隧道式结

第一章 发动机的工作原理和总体构造

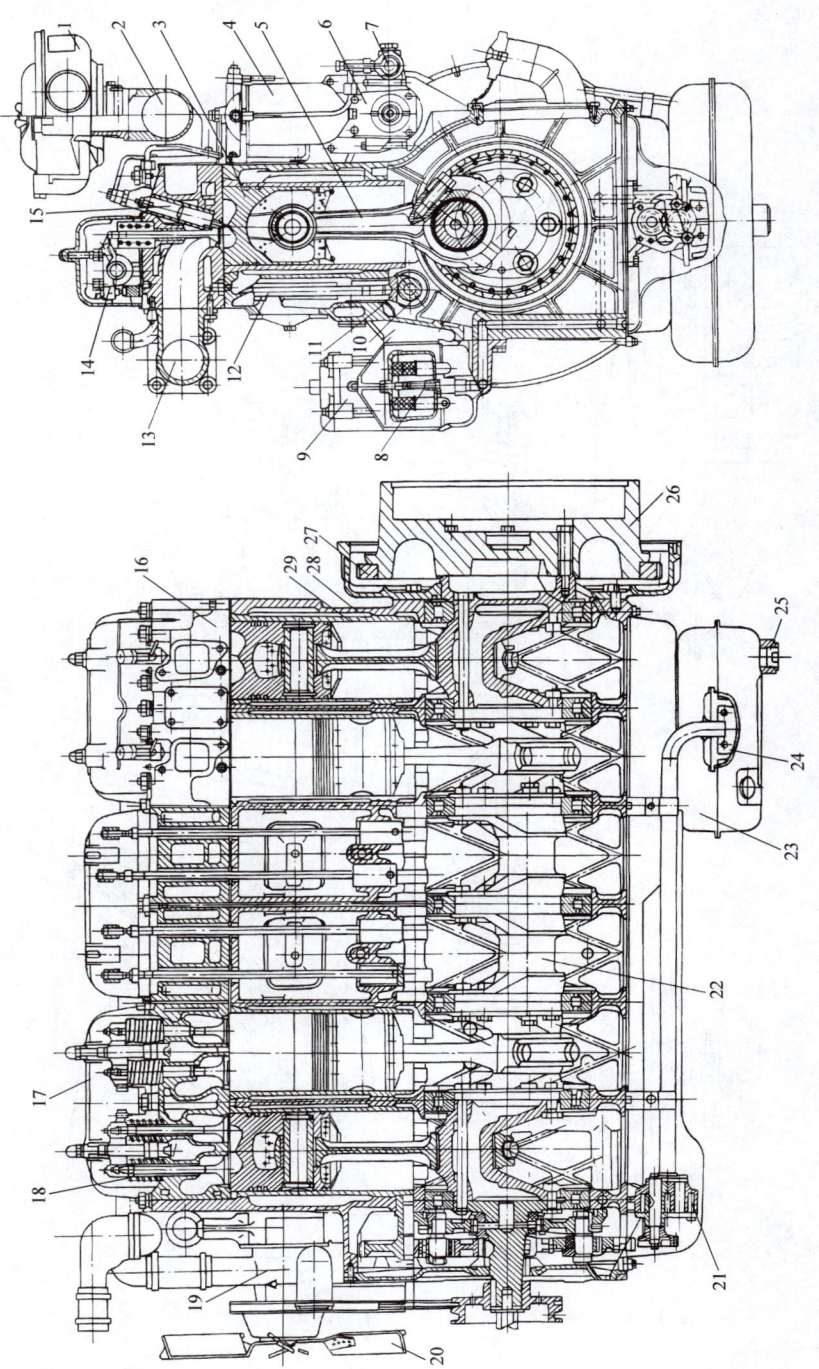

图1-10 汽车用6缸四冲程柴油机的构造

1—空气滤清器 2—进气管 3—活塞 4—柴油滤清器 5—连杆 6—喷油泵 7—输油泵 8—机油粗滤器 9—机油细滤器 10—凸轮轴 11—挺柱 12—推杆 13—排气管 14—摇臂 15—喷油器 16—气缸盖 17—气门室罩 18—气门 19—水泵 20—风扇 21—机油泵 22—曲轴 23—油底壳 24—机油集滤器 25—放油螺塞 26—飞轮 27—齿圈 28—机体 29—气缸套

构,刚度很大;与油底壳接合面的密封简单。

图 1-11 所示为轻型货车用柴油机的横剖面图。该柴油机是一种轻型的高速高性能的 4 缸、直喷式、ω 型燃烧室、自吸式水冷的柴油机,采用了顶置凸轮轴及同步带,降低了噪声,在最大功率时转速可高达 4200r/min。

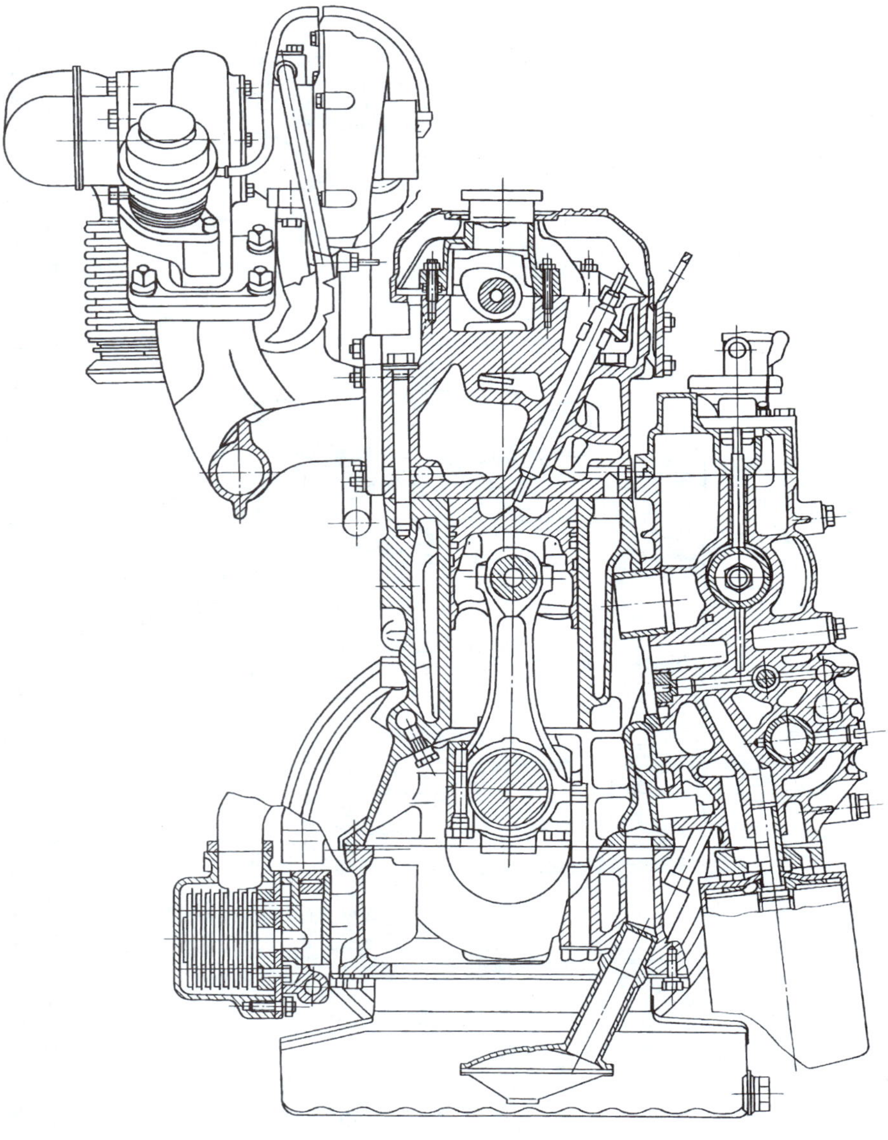

图 1-11 轻型货车用柴油机的横剖面图

图 1-12 所示为重型汽车四冲程直列 6 缸增压中冷、直接喷射式柴油机的横剖面图。它采用 ω 型燃烧室,并对喷油系统与燃烧室做了较好的匹配与调整,能使燃料在较短的时间内喷入燃烧室,使发动机具有良好的燃料经济性与低速转矩特性。

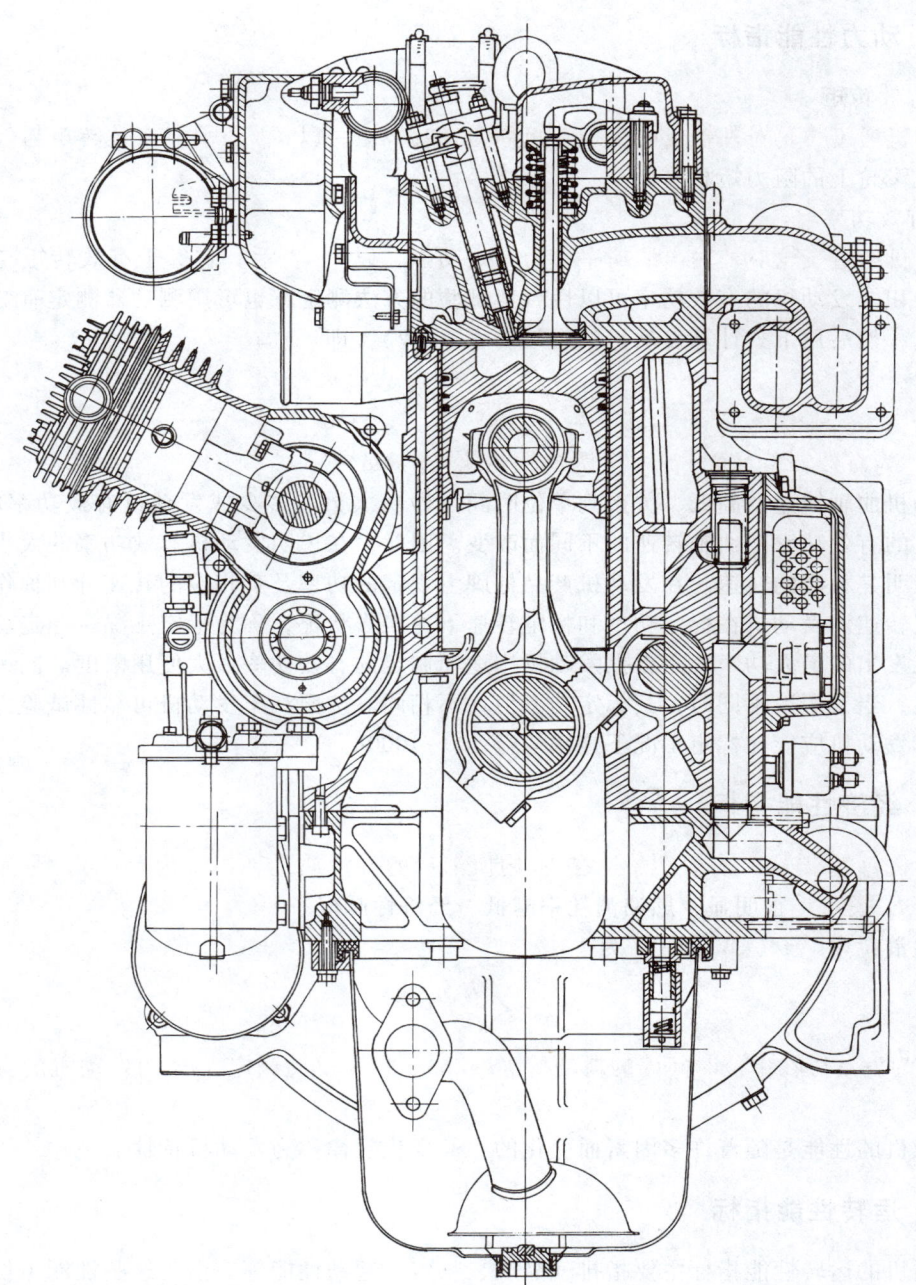

图 1-12 重型汽车四冲程直列 6 缸增压中冷、直接喷射式柴油机横剖面图

第四节　发动机主要性能指标与特性

发动机的主要性能指标有动力性能指标（有效转矩、有效功率、转速等）、经济性能指标（燃油消耗率）和运转性能指标（排气品质、噪声和起动性能等）。

一、动力性能指标

1. 有效转矩

发动机通过飞轮对外输出的平均转矩称为有效转矩，以 T_{tq} 表示。有效转矩与外界施加于发动机飞轮上的阻力矩相平衡。

2. 有效功率

发动机通过飞轮对外输出的功率称为有效功率，以 P_e 表示。它等于有效转矩与曲轴角速度的乘积。发动机的有效功率可以用台架试验的方法测定，也可用测功器测定有效转矩和曲轴转速，然后用下式计算发动机的有效功率（kW），即

$$P_e = T_{tq} \frac{2\pi n}{60} \times 10^{-3} = \frac{T_{tq} n}{9550} \tag{1-1}$$

式中，T_{tq} 为有效转矩（N·m）；n 为曲轴转速（r/min）。

发动机曲轴转速的高低，关系到单位时间内做功次数的多少或发动机有效功率的大小，即发动机的有效功率随曲轴转速的不同而改变。因此，在说明发动机有效功率的大小时，必须同时指明其相应的转速。在发动机产品标牌上规定的功率及其相应的转速分别称作标定功率和标定转速。发动机在标定功率和标定转速下的工作状况，称为标定工况。标定功率是发动机所能发出的最大功率，是根据发动机用途而制定的有效功率最大使用限度。同一种型号的发动机，当其用途不同时，其标定功率值并不相同。按照汽车发动机可靠性试验方法的规定，汽车发动机应能在标定工况下连续运行 300~1000h。

二、经济性能指标

发动机每发出 1kW 有效功率，在 1h 内所消耗的燃油质量（以 g 为单位），称为燃油消耗率，用 b_e 表示。很明显，燃油消耗率越低，经济性越好。

燃油消耗率［g/(kW·h)］为

$$b_e = \frac{B}{P_e} \times 10^3 \tag{1-2}$$

式中，B 为发动机在单位时间内的耗油量（kg/h），可由试验测定；P_e 为发动机的有效功率（kW）。

发动机的性能是随着许多因素而变化的，其变化规律称为发动机特性。

三、运转性能指标

发动机的运转性能指标主要指排气品质、噪声、起动性能等。由于这些性能不仅与使用者利益相关，更关系到人类的健康，因此必须制定共同遵守的统一标准，并进行严格控制和监管。

1. 排气品质

发动机的排气中含有对人体有害的物质，这些有害物质对大气的污染已形成公害。为此，各国采取了许多对策，并制定了相应的排放法规。发动机排出的有害排放物，主要有氮氧化合物（NO_x）、碳氢化合物（HC）和一氧化碳（CO）等以及排气颗粒物。我国制定的发动机排放法规是日趋严格的，其中最新颁布的《轻型汽车污染物排放限值及测量方法

（中国第六阶段）》（GB 18352.6—2016）中对常温下冷起动后排气污染物排放试验（Ⅰ型试验）的排放限值规定见表 1-1 和表 1-2。

表 1-1　Ⅰ型试验排放限值（6a 阶段）

车辆类别		测试质量（TM）/kg	限值						
			CO/ (mg/km)	THC/ (mg/km)	NMHC/ (mg/km)	NO$_x$/ (mg/km)	N$_2$O/ (mg/km)	PM/ (mg/km)	PN[①]/ (个/km)
第一类车		全部	700	100	68	60	20	4.5	6.0×10^{11}
第二类车	Ⅰ	TM ≤ 1305	700	100	68	60	20	4.5	6.0×10^{11}
	Ⅱ	1305 < TM ≤ 1760	880	130	90	75	25	4.5	6.0×10^{11}
	Ⅲ	1760 < TM	1000	160	108	82	30	4.5	6.0×10^{11}

① 2020 年 7 月 1 日前，汽油车过渡限值为 6.0×10^{12} 个/km。

表 1-2　Ⅰ型试验排放限值（6b 阶段）

车辆类别		测试质量（TM）/kg	限值						
			CO/ (mg/km)	THC/ (mg/km)	NMHC/ (mg/km)	NO$_x$/ (mg/km)	N$_2$O/ (mg/km)	PM/ (mg/km)	PN[①]/ (个/km)
第一类车		全部	500	50	35	35	20	3.0	6.0×10^{11}
第二类车	Ⅰ	TM ≤ 1305	500	50	35	35	20	3.0	6.0×10^{11}
	Ⅱ	1305 < TM ≤ 1760	630	65	45	45	25	3.0	6.0×10^{11}
	Ⅲ	1760 < TM	740	80	55	50	30	3.0	6.0×10^{11}

① 2020 年 7 月 1 日前，汽油车过渡限值为 6.0×10^{12} 个/km。

《重型柴油车污染物排放限值及测量方法（中国第六阶段）》（GB 17691—2018）的试验限值见表 1-3 ~ 表 1-5。

表 1-3　发动机标准循环排放限值

试验	CO/[mg/ (kW·h)]	THC/[mg/ (kW·h)]	NMHC/ [mg/ (kW·h)]	CH$_4$/[mg/ (kW·h)]	NO$_x$/[mg/ (kW·h)]	NH$_3$(10^{-6})	PM/[mg/ (kW·h)]	PN/ [#/(kW·h)]
WHSC 工况（CI[①]）	1500	130	—	—	400	10	10	8.0×10^{11}
WHTC 工况（CI[①]）	4000	160	—	—	460	10	10	6.0×10^{11}
WHTC 工况（PI[②]）	4000	—	160	500	460	10	10	6.0×10^{11}

① CI—压燃式发动机。
② PI—点燃式发动机。

表 1-4　发动机非标准循环（WNTE）排放限值

试验	CO/[mg/(kW·h)]	THC/[mg/(kW·h)]	NO$_x$/[mg/(kW·h)]	PM/[mg/(kW·h)]
WNTE 工况	2000	220	600	16

表 1-5　整车 PEMS 试验排放限值[①]

发动机类型	CO/[mg/(kW·h)]	THC/[mg/(kW·h)]	NO_x/[mg/(kW·h)]	PN[②]/[#/(kW·h)]
压燃式	6000	—	690	$1.2×10^{12}$
点燃式	6000	240(LPG) 750(NG)	690	—
双燃料	6000	1.5×WHTC 限值	690	$1.2×10^{12}$

① 应在同一次试验中同时测量 CO_2 并同时记录。
② PN 限值从 6b 阶段开始实施。

2. 噪声

噪声会刺激人的神经，使人心情烦躁、反应迟钝，甚至造成耳聋，诱发高血压和神经系统的疾病，因此也必须用法规形式进行限制。汽车是城市中主要的噪声源之一，发动机又是汽车的主要噪声源（见表 1-6），故必须给予控制。在我国制定的标准《汽车加速行驶车外噪声限值及测量方法》（GB 1495—2002）中，对不同分类的汽车以及同一分类中不同总质量及发动机不同额定功率的汽车，详细制定了噪声限值。例如，对 2005 年 1 月 1 日以后生产的 M_1 类汽车，在加速行驶时，车外最大的允许噪声为 74dB(A)。

表 1-6　轿车各部分噪声的比例

发动机	排气管系统	冷却系统	轮胎	其他
46%	8%	14%	18%	14%

3. 起动性能

起动性能好的发动机在一定温度下能可靠而迅速地起动，起动消耗的功率小，起动期磨损少。发动机起动性能的好坏除与发动机结构有关外，还与发动机工作过程相联系，它直接影响汽车机动性、操作者的安全和劳动强度。我国标准规定，不采用特殊的低温起动措施，汽油机在 -10℃、柴油机在 -5℃ 以下的气温条件下起动发动机时，15s 以内发动机要能自行运转。

四、发动机的速度特性

当燃料供给调节机构位置固定不变时，发动机性能参数（有效转矩、功率、燃油消耗率等）随转速改变而变化的曲线，称为速度特性曲线。这个特性可以通过发动机在试验台上（如测功器试验台）进行试验而求得。试验时先保持一定的燃料供给调节机构位置（汽油机为节气门开度、柴油机为齿条位置），同时用测功器对发动机曲轴施加一定的阻力矩。当发动机运转稳定后，即阻力矩与发动机发出的有效转矩相等时，可用转速表测出此时的稳定转速 n；同时在测功器上测出该转速下的发动机有效转矩 T_{tq}；根据式（1-1）即可计算出有效功率 P_e。另外，可测出消耗一定量燃油所经历的时间，用以换算出发动机每小时耗油量 B，从而按式（1-2）计算出燃油消耗率 b_e。改变测功器的阻力矩数值，用与上述相同的方法，又可以得到相应于另一转速 n 的一组 T_{tq}、P_e、b_e 数值。如此重复若干次，即可得到一定燃料供给调节机构位置下的一系列 n、T_{tq}、P_e、b_e 的数值。根据这些数据可画出 T_{tq}、P_e、b_e 随 n 变化的关系曲线，即相应于这一燃料供给调节机构位置下的速度特性曲线。

如果改变燃料供给调节机构的位置又可得到另外一组特性曲线，则当燃料供给调节机构位置达到最大时，所得到的是总功率特性，也称 发动机外特性（图1-13）；而把燃料供给调节机构其他位置下得到的特性称为 部分速度特性。

发动机的外特性代表了发动机所具有的最高动力性能。以下对外特性曲线进行初步分析。

由图1-13可以看出，当曲轴转速为 n_2 时，发动机发出最大有效转矩。当转速小于 n_2 时，发动机燃烧不良。另外，转速降低，每个工作循环的时间增长，燃烧气体与气缸壁接触更久，由于冷却而产生的热量损失就更大，因而有效转矩略为减小。转速由 n_2 不断增加时，也由于进气行程时间短，气流速度高，阻力大，充气量降低，而且摩擦损失又大，故 T_{tq} 也随之减小。

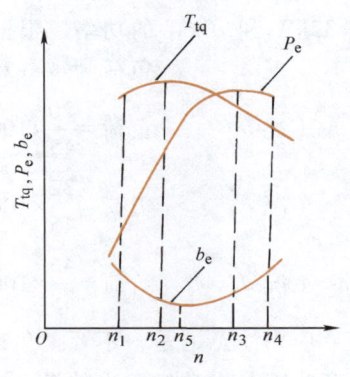

图1-13　发动机外特性

当转速达到 n_3 时，有效功率 P_e 达最大值。功率是有效转矩与转速的乘积。在 $n_1 \sim n_2$ 范围内，T_{tq} 与 n 都是逐渐增加，其乘积也增加，故在转速 $n_1 \sim n_2$ 范围内，P_e 随 n 的增加而增加。在 $n_2 \sim n_3$ 范围内，n 虽然增加，但 T_{tq} 却逐渐降低，不过降低较缓慢，故 P_e 是缓慢地增加，到 n_3 时 P_e 达到最大值。转速超过 n_3 时，虽然 n 是增加的，但由于 T_{tq} 下降很快，故 P_e 也逐渐下降。

由图1-13还可看出，发动机最小燃油消耗率的相应转速为 n_5，它的数值一般是介于最大有效转矩时转速和最大功率时转速之间。

外特性曲线上标出的发动机最大功率和最大有效转矩及其相应的转速，是表示发动机性能的重要指标。要联系汽车使用条件，诸如道路情况所要求克服的阻力数值、最高车速等，来分析发动机外特性曲线是否符合要求。

五、发动机工作状况

发动机运转状态或工作状况（简称发动机工况）常以功率和转速来表征，有时也用负荷与转速来表征。

发动机负荷是指发动机驱动从动机械所耗费的功率或有效转矩的大小；也可表述为 发动机在某一转速下的负荷，就是当时发动机发出的功率与同一转速下所可能发出的最大功率之比，以百分数表示。

图1-14所示为某汽油发动机的一组特性曲线。Ⅰ表示相应于燃料供给调节机构位置最大时的外特性曲线，Ⅱ、Ⅲ分别表示燃料供给调节机构位置依次减小的位置Ⅱ和位置Ⅲ所得到的部分负荷速度特性曲线。

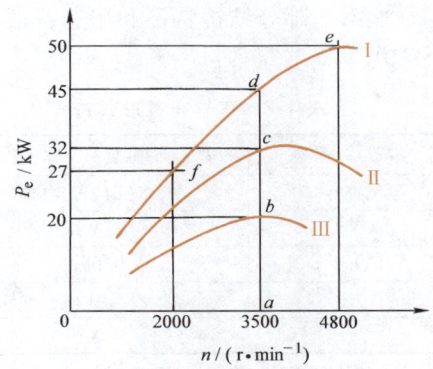

图1-14　汽油发动机的特性曲线

由图 1-14 可知，在 $n=3500\text{r/min}$ 时，若燃料供给调节机构位置最大，可得到该转速下可能发出的最大功率 45kW；但如果燃料供给调节机构位置为 Ⅱ 和 Ⅲ，则同样转速下只能发出 32kW 和 20kW 的功率。根据上述定义，可求出 a、b、c 和 d 四个工况下的负荷值：

工况 a　　　负荷为零（称为发动机空载工况）

工况 b　　　负荷 $=\dfrac{20}{45}\times 100\%=44.4\%$

工况 c　　　负荷 $=\dfrac{32}{45}\times 100\%=71.1\%$

工况 d　　　负荷 $=\dfrac{45}{45}\times 100\%=100\%$（即发动机全负荷）

应当注意的是，不要把负荷和功率的概念相混淆。如某一转速时全负荷（如 d 点），并不意味着是发动机发出的最大功率。发动机的最大功率，应当是工况 e 的功率。又如，在工况 f 下，虽然功率比工况 c 小，但却是全负荷。就是说，功率的大小并不代表负荷的大小。

此外，在外特性曲线上的各点都表示在各转速下的全负荷工况，但在同一条部分负荷速度特性曲线上的各点的负荷值却并不相同。在同一转速下，燃料供给调节机构位置越大表示负荷越大，但是两者并不成比例。

第五节　内燃机产品名称和型号编制规则

为了便于内燃机的生产管理和使用，我国对《内燃机产品名称和型号编制规则》（GB/T 725—2008）重新进行了审定和颁布。该标准的主要内容如下：

1) 内燃机产品名称应符合 GB/T 1883.1—2005 的规定，均按所采用的燃料命名，如柴油机、汽油机、天然气机。

2) 内燃机型号由阿拉伯数字、汉语拼音字母或国际通用的英文缩略字母组成。

3) 内燃机型号由下列四部分组成：

① 第一部分由制造商代号或系列符号组成。本部分代号由制造商根据需要选择相应 1~3 位字母表示。

② 第二部分由气缸数、气缸布置形式符号（表 1-7）、冲程形式符号和缸径符号（宜可用发动机排量或功率数表示，其单位由制造商自定）组成。

③ 第三部分结构特征和用途特征符号，分别按表 1-8 和表 1-9 中的规定。燃料符号参见表 1-10。

表 1-7　气缸布置形式符号

符　号	含　义
无符号	多缸直列及单缸
V	V 形
P	卧式
H	H 形
X	X 形

注：其他布置形式符号见 GB/T 1883.1—2005。

表 1-8　结构特征符号

符　号	结构特征
无符号	冷却液冷却
F	风冷
N	凝气冷却
S	十字头式
DZ	可倒转
Z	增压
ZL	增压中冷

第一章　发动机的工作原理和总体构造

表 1-9　用途特征符号

符号	用途	符号	用途
无符号	通用型及固定动力(或制造商自定)	D	发电机组
T	拖拉机	C	船用主机,右机基本型
M	摩托车	CZ	船用主机,左机基本型
G	工程机械	Y	农用三轮车(或其他农用车)
Q	汽车	L	林业机械
J	铁路机车		

注:内燃机左机和右机的定义按 GB/T 726—1994 的规定。

表 1-10　内燃机常用燃料符号

符号	燃料名称	备注
无符号	柴油	
P	汽油	
T	天然气(煤层气)	管道天然气
CNG	压缩天然气	
LNG	液化天然气	
LPG	液化石油气	
Z	沼气	各类工业化沼气(农业有机废弃物、工业有机废水物、城市污水处理、城市有机垃圾)允许用 1~2 个字母的形式表示,如"ZN"表示农业有机废弃物产生的沼气
W	煤矿瓦斯	浓度不同的瓦斯允许用 1 个小写字母的形式表示,如"Wd"表示低浓度瓦斯
M	煤气	各类工业化煤气如焦炉煤气、高炉煤气等。允许在 M 后加 1 个字母区分煤气的类型
S SCZ	柴油/天然气双燃料 柴油/沼气双燃料	其他双燃料用两种燃料的字母表示
M	甲醇	
E	乙醇	
DME	二甲醇	
FME	生物柴油	

注:1. 一般用 1~3 个拼音字母表示燃料,亦可用成熟的英文缩写字母表示。
　　2. 其他燃料允许制造商用 1~3 个字母表示。

④ 第四部分区分符号。同系列产品需要区分时,允许制造商选用适当符号表示。
型号编制示例:
1) 柴油机型号
a) G12V190ZLD——12 缸、V 形、四冲程、缸径 190mm、冷却液冷却、增压中冷、发电用（G 为系列代号）；
b) R175A——单缸、四冲程、缸径 75mm、冷却液冷却（R 为系列代号、A 为区分符号）；
c) YZ6102Q——6 缸、直列、四冲程、缸径 102mm、冷却液冷却、车用（YZ 为某柴油机厂代号）；
d) 8E150C-1——8 缸、直列、二冲程、缸径 150mm、冷却液冷却、船用主机、右机基本型（1 为区分符号）；

e) JC12V26/32ZLC——12 缸、V 形、四冲程、缸径 260mm、行程 320mm、冷却液冷却、增压中冷、船用主机、右机基本型（JC 为某柴油机股份有限公司代号）；

f) 12VE230/300ZCZ——12 缸、V 形、二冲程、缸径 230mm、行程 300mm、冷却液冷却、增压、船用主机、左机基本型；

g) G8300/380ZDZC——8 缸、直列、四冲程、缸径 300mm、行程 380mm、冷却液冷却、增压可倒转、船用主机、右机基本型（G 为系列代号）。

2) 汽油机型号

a) IE65F/P——单缸、二冲程、缸径 65mm、风冷、通用型；

b) 492Q/P-A——4 缸、直列、四冲程、缸径 92mm、冷却液冷却、汽车用（A 为区分符号）。

3) 燃气机型号

a) 12V190ZL/T——12 缸、V 形、四冲程、缸径 190mm、冷却液冷却、增压中冷、燃气为天然气；

b) 16V190ZLD/MJ——16 缸、V 形、四冲程、缸径 190mm、冷却液冷却、增压中冷、发电用、燃气为焦炉煤气。

4) 双燃料发动机

a) G12V190ZLS——12 缸、V 形、缸径 190mm、冷却液冷却、增压中冷、燃料为柴油/天然气双燃料（G 为系列代号）；

b) 12V26/32ZL/SCZ——12 缸、V 形、缸径 260mm、行程 320mm、冷却液冷却、增压中冷、燃料为柴油/沼气双燃料。

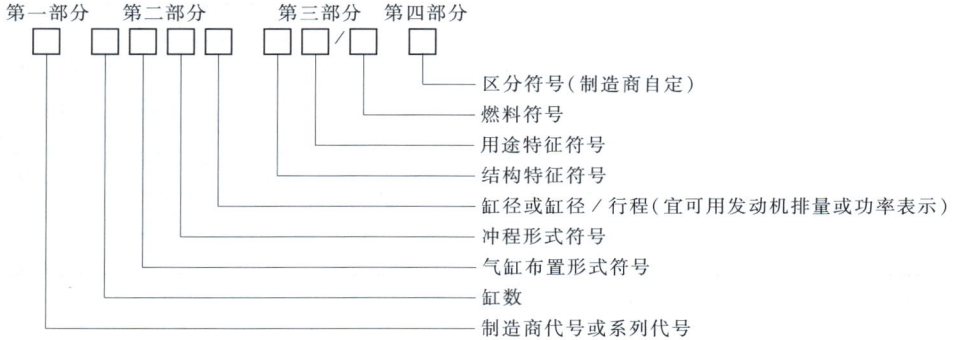

思 考 题

1-1 汽车发动机通常是由哪些机构与系统组成的？它们各有什么功用？

1-2 柴油机与汽油机在可燃混合气形成方式与着火方式上有何不同？它们所用的压缩比为何不一样？

1-3 四冲程汽油机和柴油机在总体构造上有何异同？

1-4 某汽油机有 4 个气缸，气缸直径为 87.5mm，活塞行程为 92mm，压缩比为 8.1，试计算其气缸工作容积、燃烧室容积及发动机排量（容积以 L 为单位）。

第二章
曲柄连杆机构

第一节 概 述

曲柄连杆机构的功用是把燃气作用在活塞顶上的力转变为曲轴的转矩，从而向从动机械输出机械能。曲柄连杆机构的主要零件可以分成三组：机体组、活塞连杆组以及曲轴飞轮组。

第一章已经述及，在发动机做功时，气缸内最高温度可高达2500K以上，最高压力可达 5~9MPa，现代汽车发动机最高转速可达 3000~6600r/min，则活塞每秒钟要行经约 100~200 个行程，可见其线速度很大。此外，与可燃混合气和燃烧废气接触的部件（如气缸、气缸盖、活塞组等）还将受到化学腐蚀的作用。因此，曲柄连杆机构工作条件的特点是高温、高压、高速和化学腐蚀。

平衡轴

平衡轴链传动

由于曲柄连杆机构是在高压下做变速运动，因此它在工作中的受力情况很复杂。其中有气体作用力、运动质量惯性力、摩擦力以及外界阻力等。摩擦力主要取决于运动零件的制造质量与润滑情况，其数值相对较小，在对机构进行受力分析时可以忽略不计。

（1）气体作用力 在每个工作循环的四个行程中，气体压力始终存在。但由于进气、排气两个行程中气体压力较小，对部件影响不大，故这里主要研究做功和压缩行程中的气体作用力。

在做功行程中，气体压力是推动活塞向下运动的力。这时，燃烧气体产生的高压直接作用在活塞的顶部（图2-1a）。设活塞所受总力 F_p 传到活塞销上，可分解为 F_{p1} 和 F_{p2}，分力 F_{p1} 通过活塞销传给连杆，并沿连杆方向作用在曲柄销上，F_{p1} 还可进一步分解为两个分力 F_R 和 F_S。分力 F_R 沿曲柄方向使曲轴主轴颈与主轴承间产生压紧力；与曲柄垂直的分力 F_S 除了使主轴颈和主轴承之间产生压紧力外，还对曲轴形成转矩 T，推动曲轴旋转。分力 F_{p2} 把活塞压向气缸壁，形成活塞与缸壁间的侧压力，有使机体翻倒的趋势，故机体下部的两侧应支承在车架上。

在压缩行程中，气体压力是阻碍活塞向上运动的阻力。这时作用在活塞顶的气体总压力 F'_p 也可以分解为两个分力 F'_{p1} 和 F'_{p2}（图2-1b），而 F'_{p1} 又分解为 F'_R、F'_S。F'_R 使曲轴主轴颈与主轴承间产生压紧力；F'_S 对曲轴造成一个旋转阻力矩 T'，企图阻止曲轴旋转。分力 F'_{p2} 则将活塞压向气缸的另一侧壁。

在工作循环的任何行程中，气体作用力的大小都是随着活塞的位移而变化的，再加上连

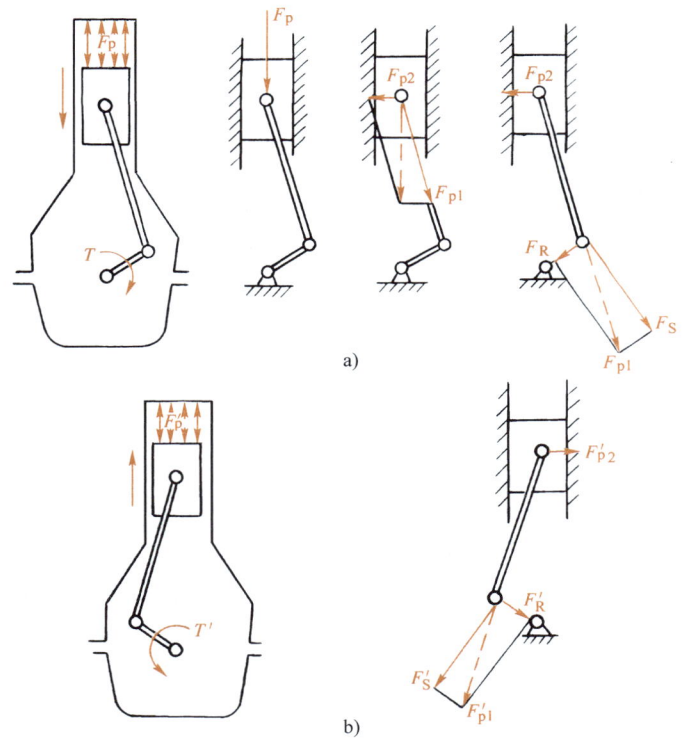

图 2-1 气体压力的作用情况
a) 做功行程 b) 压缩行程

杆在左右摇摆，因而作用在活塞销和曲轴轴颈的表面以及两者支承表面上的压力和作用点不断变化，造成各处磨损不均匀。同样，气缸壁沿圆周方向的磨损也不均匀。

（2）往复惯性力与离心力　往复运动的物体，当运动速度变化时，就要产生往复惯性力。物体绕某一中心做旋转运动时，就会产生离心力。这两种力在曲柄连杆机构的运动中都是存在的。

活塞和连杆小头在气缸中做往复直线运动时，平均速度很高，瞬时速度不断变化。当活塞从上止点向下止点运动时，其速度变化规律是：从零开始，逐渐增大，临近中间达到最大值，然后又逐渐减小至零。也就是说，当活塞向下运动时，前半行程是加速运动，惯性力向上，以 F_j 表示（图 2-2a）；后半行程是减速运动，惯性力向下，以 F_j' 表示（图 2-2b）。同理，当活塞向上时，前半行程惯性力向下，后半行程惯性力向上。

活塞、活塞销和连杆小头的质量越大，曲轴转速越高，则往复惯性力也越大。它使曲柄连杆机构的各零件和所有轴颈受周期性的附加载荷，加快轴承的磨损；未被平衡的变化着的惯性力传到气缸体后，还会引起发动机的振动。

偏离曲轴轴线的曲柄、曲柄销和连杆大头绕曲轴轴线旋转，产生旋转惯性力，即离心力。其方向沿曲柄半径向外，其大小与曲柄半径、旋转部分的质量及曲轴转速有关。曲柄半径长，旋转部分质量大，曲轴转速高，则离心力大。如图 2-2 所示，离心力 F_c（F_c'）在垂直方向的分力 F_{cy}（F_{cy}'）与往复惯性力 F_j（F_j'）方向总是一致的，因而加剧了发动机的上、下振动；而水平方向的分力 F_{cx}（F_{cx}'）则使发动机产生水平方向的振动。离心力使连杆大头的轴瓦和曲柄销、曲轴主轴颈及其轴承受到又一附加载荷,增加了它们的变形和磨损。

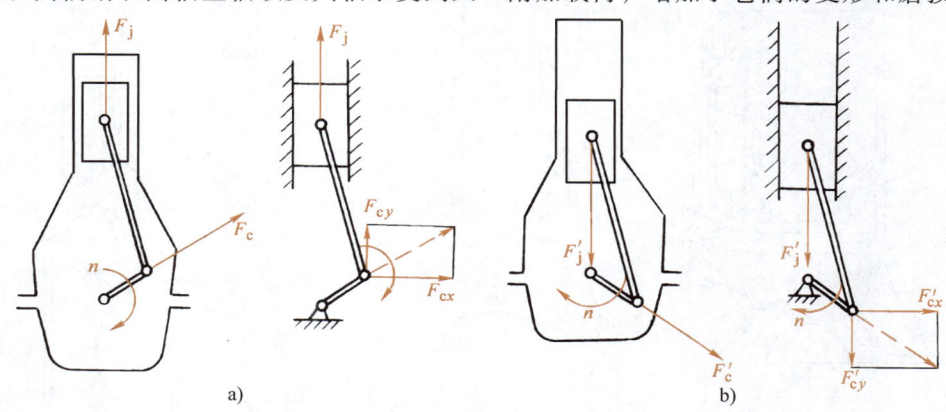

图 2-2　往复惯性力和离心力的作用情况
a)活塞在上半行程时的惯性力　b)活塞在下半行程时的惯性力

（3）摩擦力　在任何一对互相压紧并做相对运动的零件表面之间,必定存在摩擦力,其最大值取决于上述各种力对摩擦表面形成的正压力和摩擦因数。

上述各种力作用在曲柄连杆机构和机体的各有关零件上,使它们受到压缩、拉伸、弯曲和扭转等不同形式的载荷。为了保证工作可靠、减少磨损,在结构上必须采取相应的措施,详见以下各节。

第二节　机 体 组

现代汽车发动机机体组主要由气缸体、气缸盖、气缸盖衬垫以及油底壳等组成。机体组是发动机的支架,是曲柄连杆机构、配气机构和发动机各系统主要零件的装配基体。各运动件的润滑和受热部件的冷却也都要通过机体组来实现。因此,可以说机体组把发动机的各种机构和系统组成为一个整体,保持了它们之间必要的相互关系。

一、气缸体

水冷发动机的气缸体和曲轴箱通常铸成一体,可称为气缸体-曲轴箱,也可简称为气缸体。气缸体上半部有一个或若干个为活塞在其中运动导向的圆柱形空腔,称为气缸;下半部为支承曲轴的曲轴箱,其内腔为曲轴运动的空间。作为发动机各个机构和系统的装配基体,气缸体本身应具有足够的刚度和强度。其具体结构形式分为三种,如图 2-3 所示。

发动机曲轴轴线与气缸体下表面在同一平面上的为一般式气缸体（图 2-3a）,这种气缸体便于机械加工;有的发动机将气缸体下表面移至曲轴轴线以下（图 2-3b）,称为龙门式气缸体,这种气缸体的刚度和强度较好,但工艺性较差;还有些发动机,为了安装用滚动主轴承支承的组合式曲轴,采用了如图 2-3c 所示的隧道式气缸体,其结构刚度比龙门式的更高。

气缸工作表面经常与高温、高压的燃气接触,且活塞在其中做高速往复运动,所以必须耐高温、耐磨损、耐腐蚀。为了满足以上要求,一般可从气缸的材料、加工精度和结构等方面采取措施。例如,采用优质合金铸铁作为气缸体的材料,气缸内壁按 2 级精度并经过珩磨

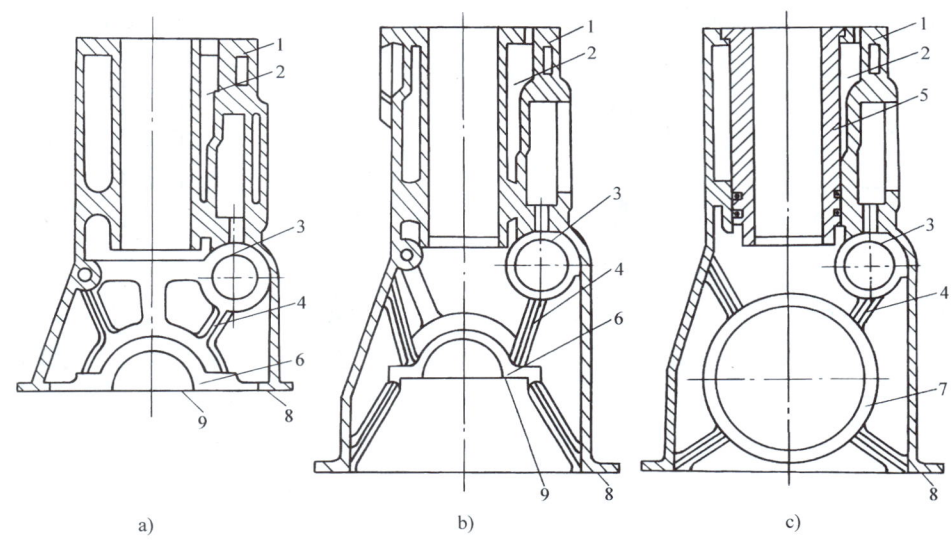

图 2-3 气缸体的结构形式
a) 一般式 b) 龙门式 c) 隧道式
1—气缸体 2—水套 3—凸轮轴孔座 4—加强肋 5—湿缸套 6—主轴承座
7—主轴承座孔 8—安装油底壳的加工面 9—安装主轴承盖的加工面

加工,使其工作表面的表面粗糙度、形状和尺寸精度都达到比较高的要求。

为了保证气缸表面能在高温下正常工作,必须对气缸和气缸盖随时进行冷却。冷却方式有两种:一种用冷却液来冷却(水冷);另一种用空气来冷却(风冷)。汽车发动机上采用较多的是水冷却。发动机用水冷却时,气缸周围和气缸盖中均有充入冷却液的空腔,称为水套,如图 2-4 所示。气缸体和气缸盖上的水套是相互连通的。

发动机用空气冷却时,在气缸体和气缸盖外表面铸有许多散热片,用来增加散热面积,保证散热充分,如图 2-5 所示。一般风冷发动机的缸体与曲轴箱是分开铸造的。

对于多缸发动机,气缸的排列形式决定了发动机外形结构,对于发动机气缸体的刚度和强度也有影响,并关系到汽车的总体布置情况。汽车发动机气缸排列基本上有以下三种形式:①**单列式(直列式)发动机**的各个气缸排成一列,

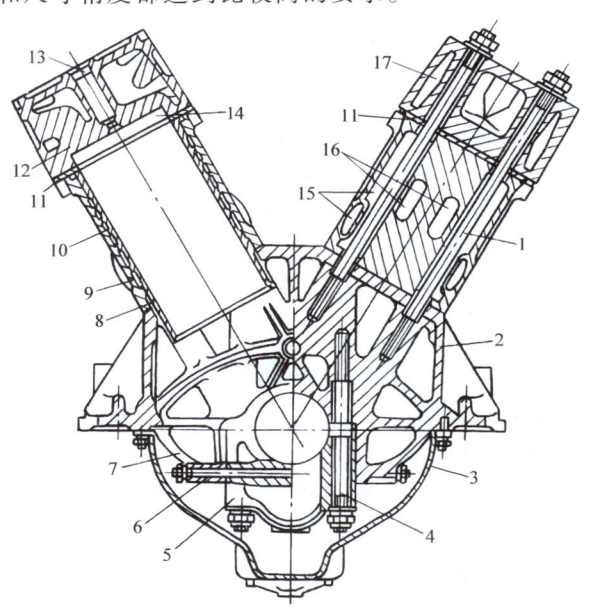

图 2-4 V形发动机的气缸体与气缸盖
1—气缸螺柱 2—上曲轴箱 3—下曲轴箱 4—主轴承盖螺柱
5—主轴承盖 6—横拉力螺柱 7—侧支承板 8—密封圈
9—气缸套 10—气缸水套 11—气缸衬垫 12—气缸盖
13—装喷油器的孔 14—燃烧室 15、16、17—气缸盖与气缸体上的水腔

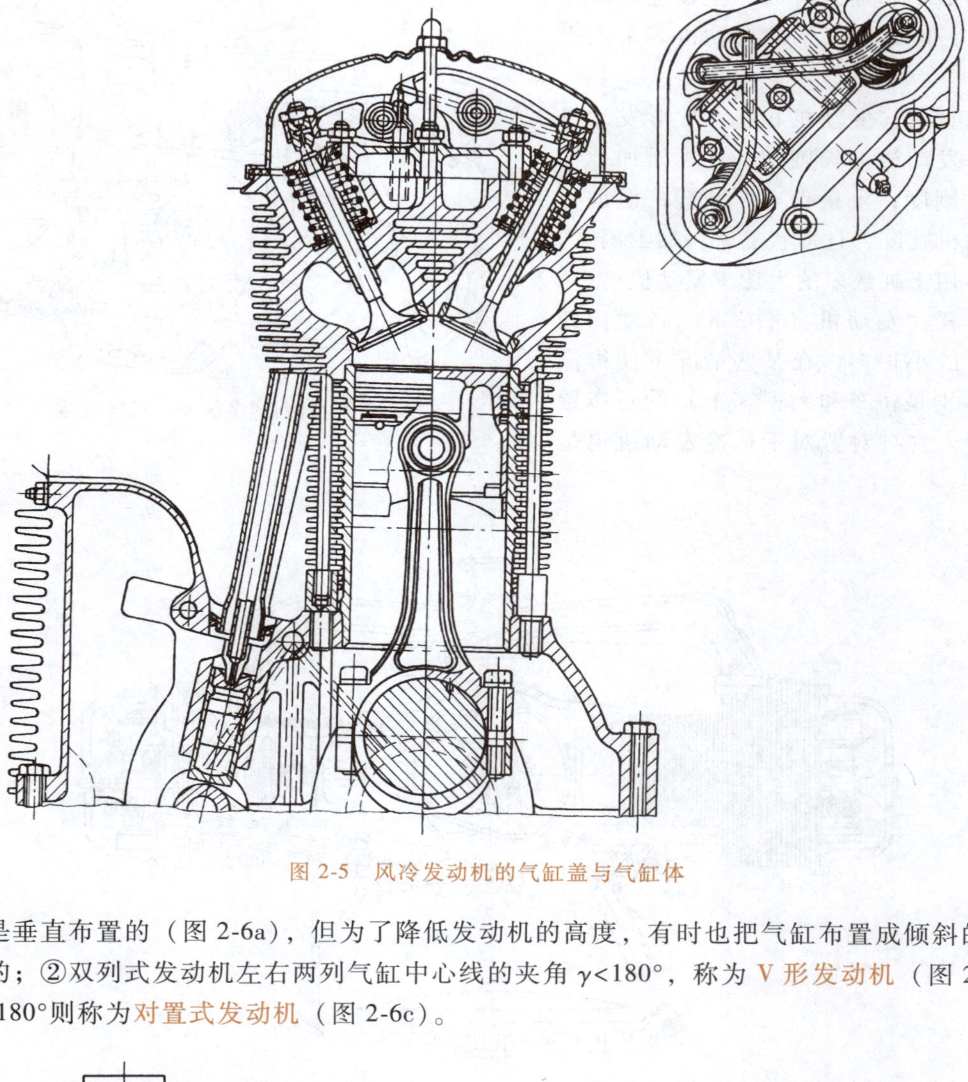

图 2-5 风冷发动机的气缸盖与气缸体

一般是垂直布置的（图 2-6a），但为了降低发动机的高度，有时也把气缸布置成倾斜的甚至水平的；②双列式发动机左右两列气缸中心线的夹角 $\gamma<180°$，称为 V 形发动机（图 2-6b）；③$\gamma=180°$ 则称为对置式发动机（图 2-6c）。

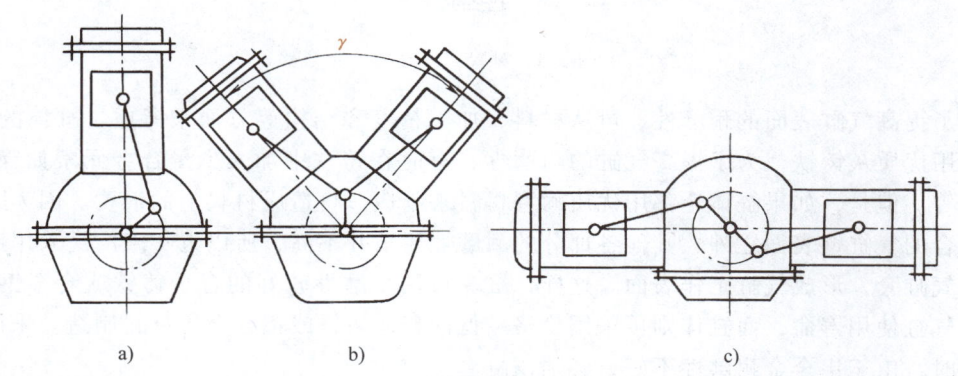

图 2-6 多缸发动机的排列形式
a) 直列式　b) V 形　c) 对置式

直列式多缸发动机气缸体（图 2-7）的结构简单、加工容易，但长度和高度较大。一般 6 缸以下的发动机多采用直列式。

与直列式发动机相比，V 形发动机缩短了发动机的长度和高度，增加了气缸体的刚度，重量也有所减轻；但加大了发动机宽度，且形状复杂，加工困难，一般多用于缸数多的大功率发动机上。

对置式发动机（图 2-8）高度比其他形式的小得多，在某些情况下使得汽车（特别是轿车和大型客车）的总布置更方便。气缸对置对于风冷发动机也是有利的。

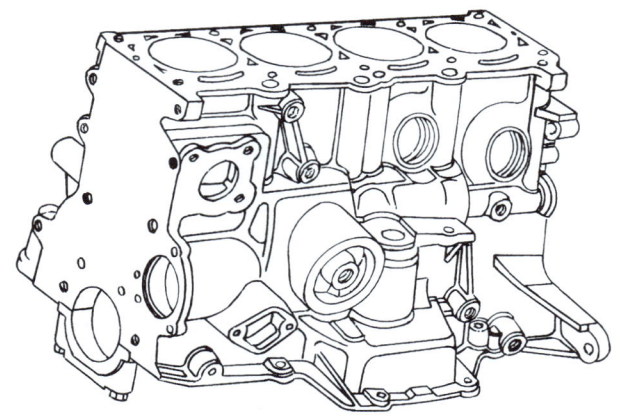

图 2-7　直列式多缸发动机气缸体

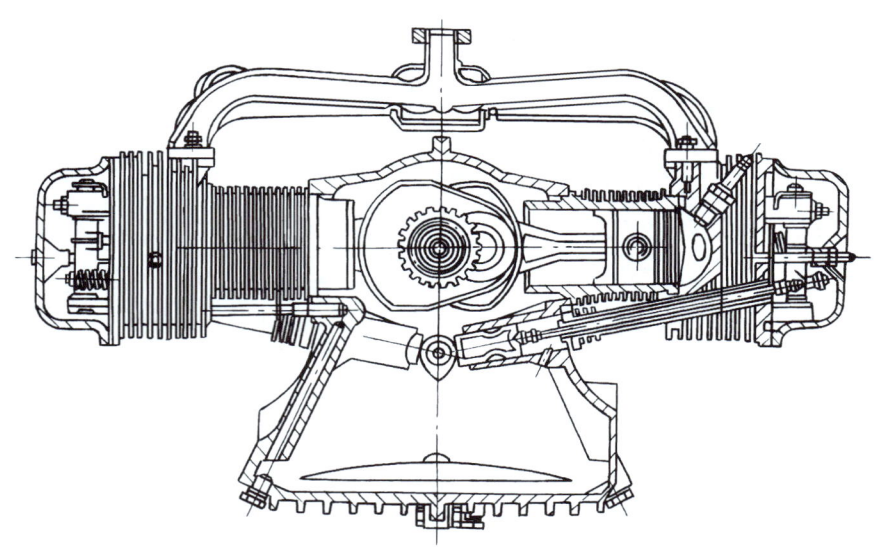

图 2-8　对置式发动机

为了提高气缸表面的耐磨性，可从材料、加工精度和结构等方面来考虑。缸体的材料，一般是用优质灰铸铁，为了提高气缸的耐磨性，有时在铸铁中加入少量合金元素如镍、钼、铬、磷等。但是，如果缸体全部用优质耐磨材料来制造，将造成材料上的浪费。因为除了与活塞配合的气缸壁表面之外，其他各部分的耐磨性要求并不高，所以近年来广泛采用镶入缸体内的气缸套，形成气缸工作表面。这样，缸套可用耐磨性较好的合金铸铁或合金钢制造，以延长气缸使用寿命，而缸体则可采用价格较低的普通铸铁或铝合金等材料制造。采用铝合金缸体时，由于铝合金耐磨性不好，必须镶缸套。

气缸套有干缸套和湿缸套两种，如图 2-9 所示。

干缸套（图 2-9b、c）不直接与冷却液接触，壁厚一般为 1~3mm。干缸套的外圆表面

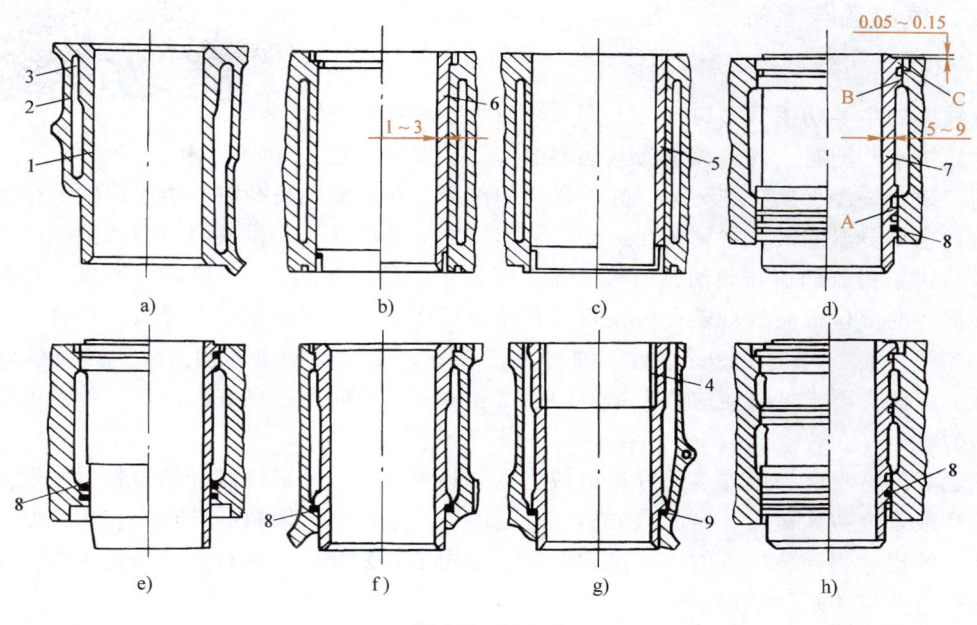

图 2-9 气缸套

1—气缸壁 2—冷却水套壁 3—冷却水套 4—上置半截缸套 5—干缸套 6—可卸式干缸套
7—可卸式湿缸套 8—橡胶密封圈 9—铜密封圈

和气缸套座孔内表面均须精加工，以保证必要的形位精度和便于拆装。干缸套的优点是气缸体刚度大，气缸中心距小；缺点是传热性较差、温度分布不均匀、容易发生局部变形，同时加工面多、加工要求高、拆装要求也高。

湿缸套（图 2-9d~h）与冷却液直接接触，壁厚一般为 5~9mm。缸套的外表面有两个保证径向定位的凸出圆环带 B 和 A（图 2-9d），分别称为上支承定位带和下支承密封带。缸套的轴向定位是利用上端的凸缘 C（图 2-9d）。为了密封气体和冷却液，有的缸套凸缘 C 下面还装有纯铜垫片。

缸套的上支承定位带直径略大，与缸套座孔配合较紧密。下支承密封带与座孔配合较松，通常装有 1~3 道橡胶密封圈来密封冷却液。常见的密封结构形式有两种：一种形式是将密封环槽开在缸套上，将具有一定弹性的橡胶密封圈 8 装入环槽内（图 2-9d）；另一种形式是安置密封圈的环槽开在气缸体上（图 2-9e），这种结构对缸套的削弱很小，但气缸体的工艺性较差，因此不如第一种结构应用广泛。

缸套装入座孔后，通常缸套顶面略高出气缸体上平面 0.05~0.15mm。这样，当紧固气缸盖螺栓时，可将气缸盖衬垫压得更紧，以保证气缸的密封性，防止冷却液和气缸内的高压气体窜漏。

湿缸套的优点是在气缸体上没有密闭的水套，因而铸造方便，容易拆卸更换，冷却效果也较好；其缺点是气缸体的刚度差，易于漏气、漏水。湿缸套广泛应用于汽车柴油机上。

在某些负荷比较小、缸径又不大的柴油机中，为使结构紧凑，可以不另外安装气缸套，而是直接在气缸体上加工出气缸内壁（图 2-9a）。

二、气缸盖与气缸盖衬垫

1. 气缸盖

气缸盖　　气缸盖罩

气缸盖的主要功用是密封气缸上部，并与活塞顶部和气缸一起形成燃烧室。同时，气缸盖也为其他零部件提供安装位置。气缸盖的燃烧室一侧直接受到高温、高压燃气的作用。在承受热负荷时，由于形状复杂，冷却不均匀，各部分温差大，特别是在进、排气门口之间，以及进、排气门口与汽油机的火花塞之间（或进、排气门口与柴油机的喷油器之间）的所谓"鼻梁区"，热应力很高，是容易出现裂纹损坏的部位；而气缸盖在机械负荷和热负荷作用下产生的变形会导致进、排气门密封被破坏和气缸盖密封（气封、水封、油封）被破坏，影响发动机的动力性、经济性和工作可靠性。因此，要求气缸盖应具有足够的强度和刚度，同时通过良好的冷却，使温度分布尽可能均匀。

气缸盖的材料应当用导热性好、机械强度和热强度高、铸造性能好的材料，一般采用优质灰铸铁或合金铸铁铸成。有的汽油机气缸盖用铝合金铸造，因铝的导热性比铸铁好，有利于提高压缩比。铝合金缸盖的缺点是刚度低，使用中容易变形。也有的发动机采用铜钼低合金铸铁铸造的整体式气缸盖。

发动机的气缸盖形状复杂，对于常见的水冷发动机，其气缸盖上有进、排气门座孔，气门导管孔和进、排气通道，冷却水套及其进、出口，润滑油路及其进、出口，气缸盖螺栓孔及安装摇臂或配气机构凸轮轴座的螺栓孔等（图2-10）。汽油机气缸盖还设有火花塞座孔，而柴油机则设有安装喷油器的座孔。

在多缸发动机的一列中，只覆盖一个气缸的气缸盖，称为单体气缸盖（图2-10d）。单体气缸盖刚度大，且在备件储存、修理及制造等方面都比较优越。但是采用单体气缸盖在缩小气缸中心距方面受到一定的限制，同时气缸盖冷却液的回流需装设专门的回水管，使结构复杂，一般气缸直径≥140mm的发动机采用单体气缸盖；能覆盖部分（两个以上）气缸的，称为块状气缸盖（图2-10c）；能覆盖全部气缸的气缸盖，则称为整体气缸盖（图2-10a、b）。图2-10a所示为某汽油机的整体气缸盖，由于凸轮轴下置，因此气缸盖高度较小，结构比较简单。图2-10b所示为采用凸轮轴上置的整体气缸盖，由于在气缸盖上设置五道凸轮轴承孔，使气缸盖高度增加，刚度增大。采用整体气缸盖可以缩短气缸中心距和发动机的总长度；其缺点是刚性较差，在受热和受力后容易变形而影响密封，损坏时必须整个更换。这种形式的气缸盖多用于缸径小于105mm的发动机。缸径较大的发动机常采用单体气缸盖或块状气缸盖。

汽油机的燃烧室由活塞顶部及缸盖上相应的凹部空间组成。燃烧室形状对发动机的工作影响很大，所以对燃烧室有两点基本要求：一是结构尽可能紧凑，表面积要小，以减少热量损失及缩短火焰行程；二是使混合气在压缩终了时具有一定的气流运动，以提高混合气燃烧速度，保证混合气燃烧的充分性和及时性。

汽油机常用燃烧室形状有以下几种（图2-11）：

1）楔形燃烧室（图2-11a）。其结构较简单、紧凑，在压缩终了时能形成挤气涡流；但存在较大的激冷面积，对HC排放不利。

2）半球形燃烧室（图2-11b）。其结构较前种更紧凑，但因进、排气门分别置于缸盖两

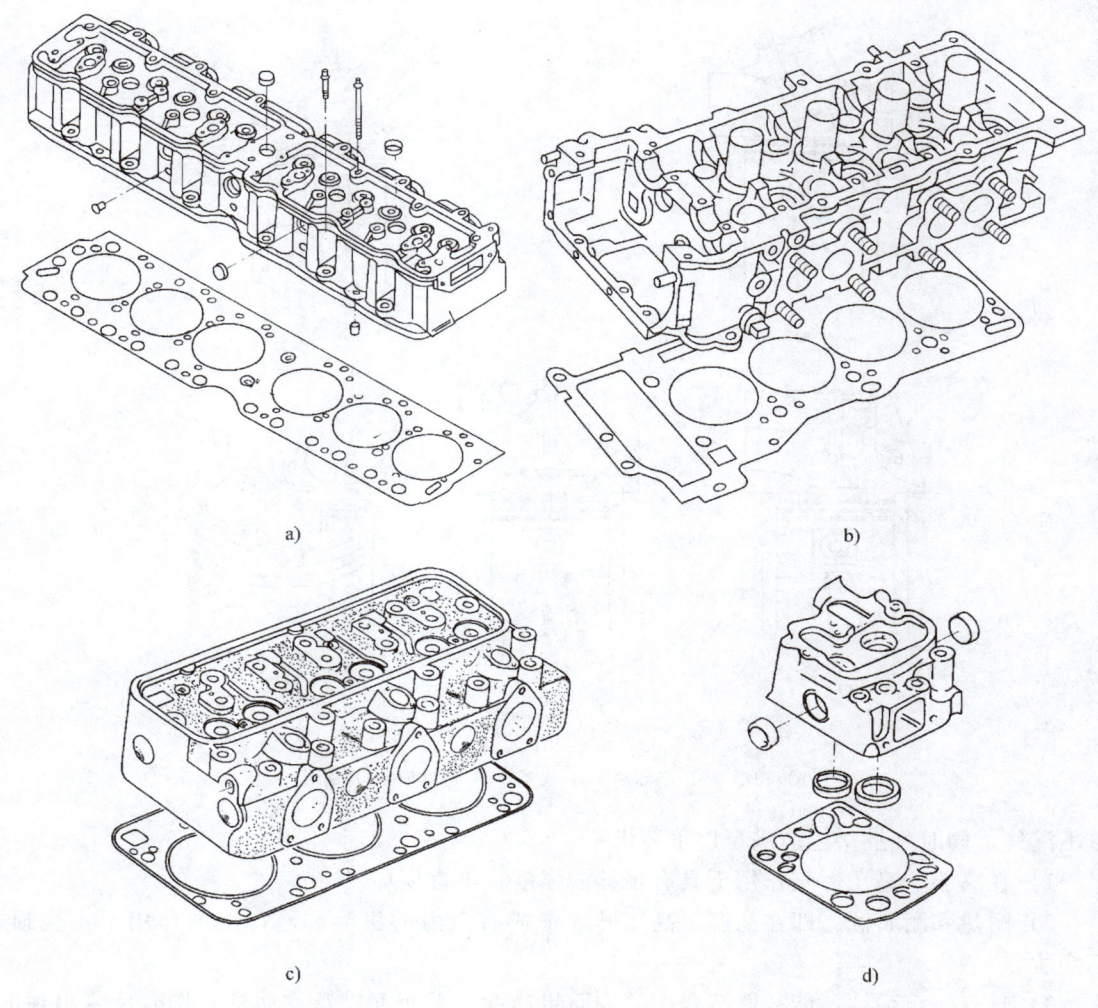

图 2-10 几种形式的气缸盖

a)、b) 整体气缸盖　c) 块状气缸盖　d) 单体气缸盖

侧,故使配气机构比较复杂。由于其散热面积小,有利于促进燃料的完全燃烧和减少排气中的有害气体,故现代发动机上用得较多。

3) **碗形燃烧室**（图 2-11c）。碗形燃烧室是布置在活塞中的一个回转体,采用平底气缸盖,工艺性好;但燃烧室在活塞顶内使活塞的高度与质量增加,同时活塞的散热性也差。

4) **浴盆形燃烧室**（图 2-11d）。其结构较简单,但不够紧凑。

5) **篷形燃烧室**（图 2-11e）。其性能与半球形相似,组织缸内气流进行挤气运动要比半球形容易,燃烧室也可全部加工。

柴油机燃烧室将在"柴油机燃油供给系统"一章中讨论。

2. 气缸盖衬垫

气缸盖衬垫（简称气缸垫）是气缸盖底面与气缸体顶面之间的密封件,用来保证燃烧

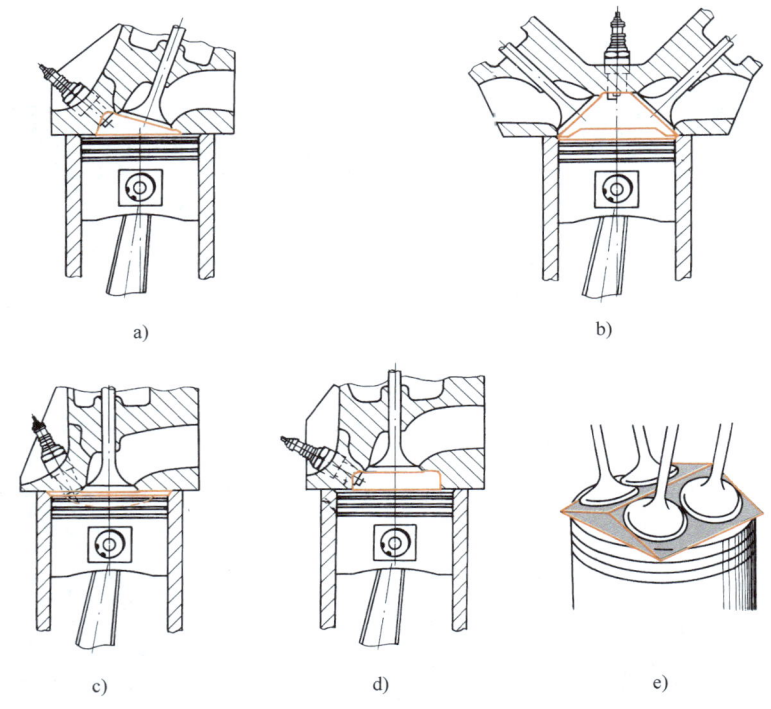

图 2-11 汽油机的燃烧室形状

a) 楔形　b) 半球形　c) 碗形　d) 浴盆形　e) 篷形

室不漏气。同时气缸垫还应满足以下要求：

1) 在高温、高压燃气作用下具有足够的强度，不宜损坏。
2) 耐热和耐腐蚀，即在高温、高压燃气下或有压力的机油和冷却液的作用下不烧损、不变质。
3) 具有一定弹性，能补偿接合面的表面粗糙度、平面度以及发动机工作时反复出现的变形，以保证密封。
4) 拆装方便，能重复使用，寿命长。

目前应用较多的是金属-石棉气缸垫，如图 2-12a、b 所示。石棉之间夹有金属丝或金属屑，而外覆铜皮或钢皮。水孔和燃烧室孔周围另用镶边增强，以防被高温燃气烧坏。这种气缸垫压紧厚度为 1.2~2mm，有很好的弹性和耐热性，能重复使用，但厚度和质量的均一性较差。安装气缸垫时，应注意把光滑的一面朝气缸体，否则容易被气体冲坏。

有的发动机还采用在石棉中心用编织的钢丝网（图 2-12c）或扎孔钢板（冲有带毛刺小孔的钢板）（图 2-12d）为骨架，两面用石棉及橡胶黏接剂压成的气缸垫。近年来，国内还正在试验采用膨胀石墨作为气缸垫的材料。

很多强化的汽车发动机采用实心的金属片作为气缸垫（图 2-12e）。这种气缸垫由单块光整冷轧的低碳钢板制成，在需要密封的气缸孔和水孔、油孔周围冲压出一定高度的凸纹，利用凸纹的弹性变形来实现密封。

某发动机的气缸垫，即采用了这种较先进的加强型无石棉气缸垫。其结构如图 2-12f 所

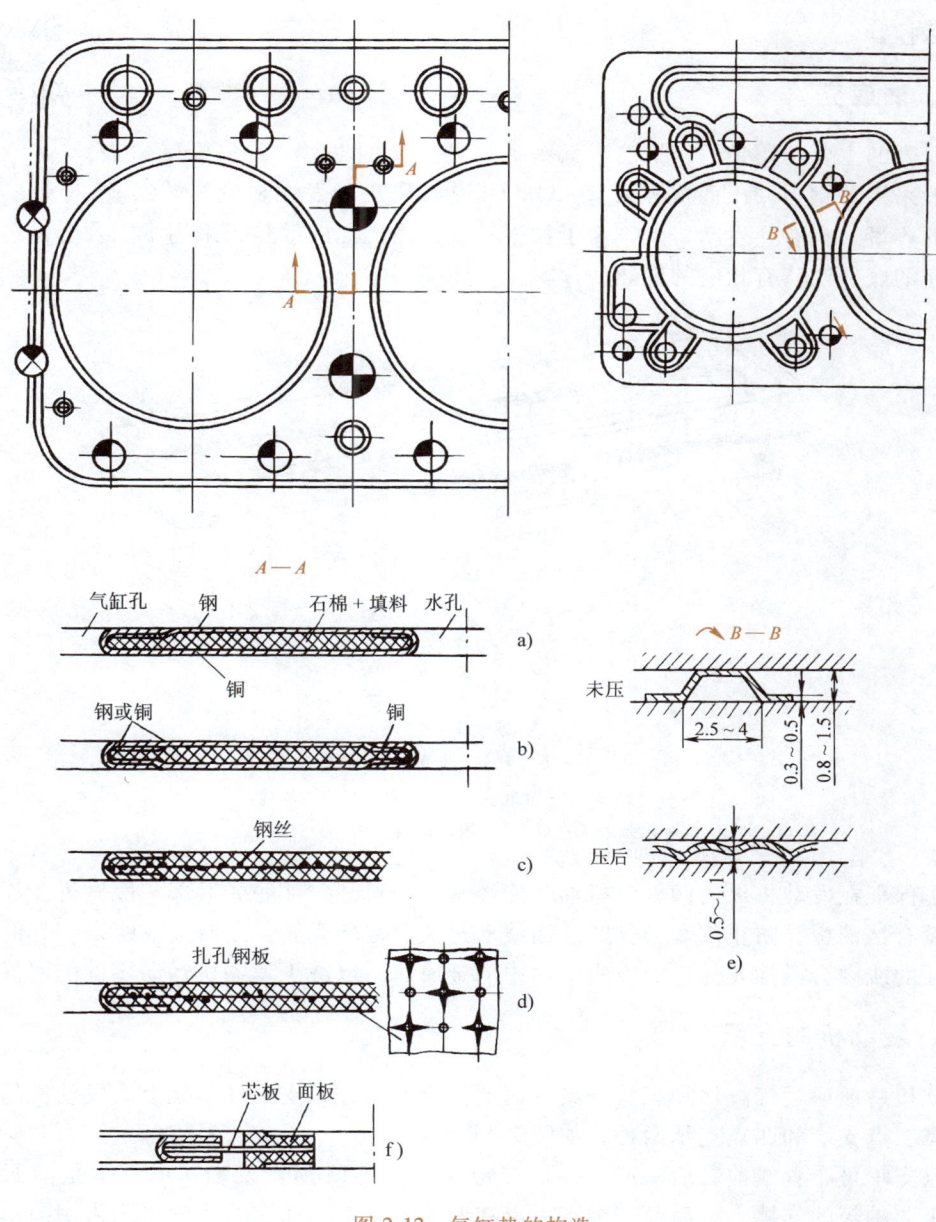

图 2-12 气缸垫的构造

a)、b)、c)、d) 金属-石棉气缸垫　e) 冲压钢板气缸垫　f) 无石棉气缸垫

示,在气缸孔密封部位采用五层薄钢板组成,并设计成圆形,没有石棉夹层,从而消除了气囊的产生,也减少了工业污染。在油孔和水孔周围均包有钢护圈,以提高密封性。

气缸盖用螺栓或螺柱紧固在气缸体上。为了保证气缸垫均匀平整地夹在气缸体和气缸盖之间,避免缸盖翘曲变形造成漏气,拧紧螺栓时,必须按由中央对称地向四周扩展的顺序分几次进行,最后一次要用转矩扳手按工厂规定的拧紧力矩值拧紧,以免损坏气缸垫和发生漏水现象。如果气缸盖由铝合金制成,则最后必须在发动机冷态下拧紧,这样热起来时会增加密封的可靠性,因为铝气缸盖的膨胀系数比钢制的螺栓大;而铸铁气缸盖则可以在发动机热态时最后拧紧。

三、油底壳

油底壳的主要功用是贮存机油（润滑油）并封闭曲轴箱。油底壳受力很小，一般采用薄钢板冲压而成（图2-13）。其形状取决于发动机的总体布置和机油的容量。在有些发动机上，为了加强油底壳内机油的散热，采用了铝合金铸造的油底壳，在壳的底部还铸有相应的散热肋片。

油底壳

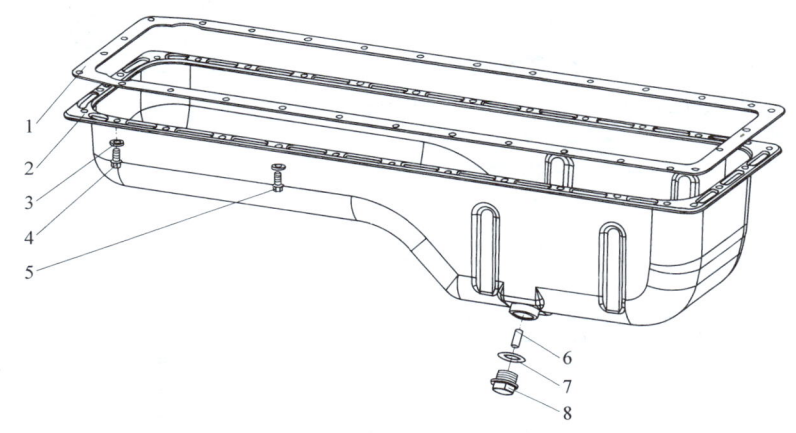

图 2-13　油底壳

1—密封垫　2—油底壳　3—垫圈　4、5—螺栓
6—放油螺塞磁铁　7—组合密封垫圈　8—螺塞

为了保证在发动机纵向倾斜时机油泵能经常吸到机油，油底壳后部一般做得较深。油底壳内还设有挡油板，防止汽车行驶时油面波动过大。油底壳底部装有放油螺塞。有的放油螺塞是磁性的或内含磁性元件，能吸集机油中的金属屑，以减少发动机运动零件的磨损。

四、发动机的支承

发动机一般通过气缸体和飞轮壳或变速器壳上的支撑来支承在车架上。发动机的支承方法一般有三点支承和四点支承两种，如图2-14所示。

三点支承可布置成前二后一或前一后二形式。图2-15所示发动机的支承是前面两个支承点位于曲轴箱的支撑上，后面一个支承点在变速器壳上；而有些汽油机则采用前一后二的三点支承形式。

采用四点支承时，前后各有两个支承点。

发动机在车架上的支承是弹性的，这是为了消除在汽车行驶中车架的扭转变形对发动机的影响，以及减少发动机传给底盘和乘员的振动和噪声。

弹性支承的发动机运转时，特别是在工作不稳定（如低转速或超载荷）时，可能发生横向角振动，因此与发动机相连的各种管子和杆件等结构必须保证在发动机振动时不致破坏它们的正常工作，如采用软管。为了防止当汽车制动或加速时由于弹性元件的变形而产生的发动机纵向位移，有时装用专门拉杆。拉杆的一端与车架纵梁相连，另一端与发动机连接，两端连接处装有橡胶垫。

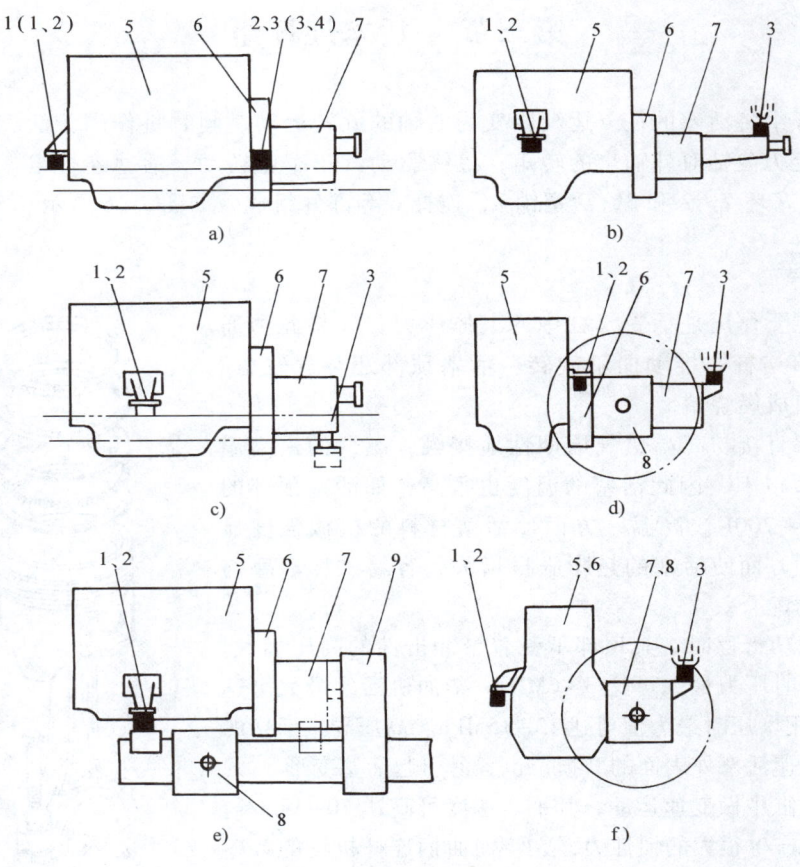

图 2-14 发动机支承示意

a) 三点和四点支承　b)、c)、d)、f) 三点支承　e) 二点支承

1、2、3、4—支承　5—发动机　6—离合器壳　7—变速器　8—主减速器　9—分动器

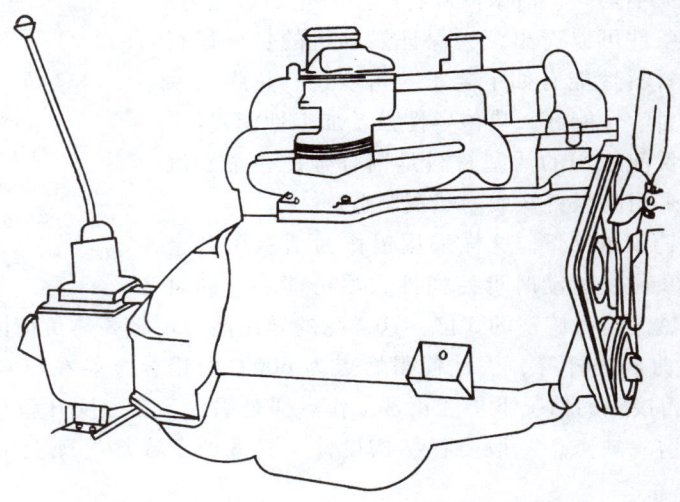

图 2-15 前二后一支承的发动机

第三节　活塞连杆组

活塞连杆组将活塞的往复运动转变为曲轴的旋转运动，同时将作用于活塞上的力转变为曲轴对外输出的转矩，最终驱动汽车车轮转动。活塞连杆组由活塞5、活塞环1、2和3、活塞销4、连杆6等部件组成，如图2-16所示。

活塞和连杆

一、活塞

活塞的主要作用是<u>承受气缸中的气体压力，并将此力通过活塞销传给连杆，推动曲轴旋转</u>。活塞顶部还与气缸盖、气缸壁共同组成燃烧室。

活塞顶部直接与高温燃气周期性地接触，燃气的最高温度可达 2500K 以上，因此活塞的温度也很高，如活塞顶部的温度可达 600～700K。高温一方面使活塞材料的机械强度显著下降，另一方面使活塞的热膨胀量增大，容易破坏活塞与其相关零件的配合。

活塞在做功行程时，其顶部承受着带冲击性的高压燃气。汽油机活塞瞬时压力最大可达 3～6MPa。柴油机活塞最大可达 6～9MPa，采用增压时最大值可达 13～15MPa。高压导致活塞的侧压力大，加速活塞外表面的磨损，也容易引起活塞变形。

活塞在气缸中做变速运动，其平均速度可高达 10～14m/s。这样的高速会产生很大的惯性力，它将使曲柄连杆机构的各零件和轴承承受附加的载荷。

活塞承受的气压力和惯性力是周期性变化的，因此活塞的不同部分会受到交变的拉伸、压缩和弯曲载荷；并且由于活塞各部分的温度极不均匀，活塞内部将产生一定的热应力。

从活塞的工作条件可以看出，为保证发动机的良好运行特性，对活塞合金材料性能有如下要求：密度小、热膨胀系数小、耐磨性高、力学性能好、热传导性强及加工性能优异。为此，汽车发动机目前采用的活塞材料是铝合金，在个别汽车柴油机上的活塞采用高级铸铁或耐热钢制造。

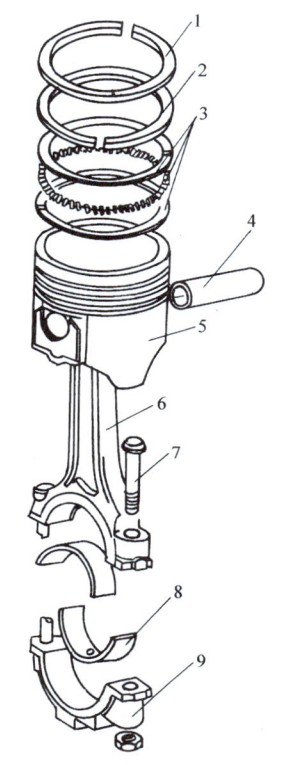

图 2-16　轿车发动机的活塞连杆组

1—第一道气环　2—第二道气环
3—组合油环　4—活塞销
5—活塞　6—连杆　7—连杆螺栓　8—连杆轴瓦　9—连杆盖

铝的密度约为铸铁的 1/3，这样采用铝作为活塞用合金的基本材料，在活塞往复运动时可使惯性力尽可能小。同时活塞用铝合金的导热性约为铸铁的 3 倍，这样高的导热能力可将高热负荷区的热量很快传递给冷却液及气缸和曲柄连杆等，因此使得熔点为 600℃ 的铝合金能在与峰值温度达 2000～2500K 的高温燃气相接触的情况下仍能正常工作。但是铝合金在温度升高时，强度和硬度下降较快。为了克服这一缺点，一般要在结构设计、机械加工或热处理上采用各种措施加以弥补。

铝活塞的成形方法有锻造、铸造和液态模锻等几种。铸造铝活塞在高温时强度下降较小、制造成本低，但容易出现各种气孔、缩松等铸造缺陷。锻造铝活塞的强度比铸造铝活塞高，导热性也较好，适用于强化的发动机上，但制造成本高。液态模锻（又称为高压挤压铸造，简称液锻）是将定量的液体金属浇入金属模具内，用冲头加压，使液体金属以比压铸中低得多的速度充填型腔，并在压力的作用下结晶凝固，从而获得组织致密的无缩孔、缩松等缺陷的活塞。这种工艺兼有锻造和铸造的特点，能达到少切削甚至无切削、提高金属利用率、扩大合金使用范围、消除铸造缺陷和提高毛坯质量等目的。

活塞的基本构造可分为顶部、头部和裙部三部分，如图2-17所示。

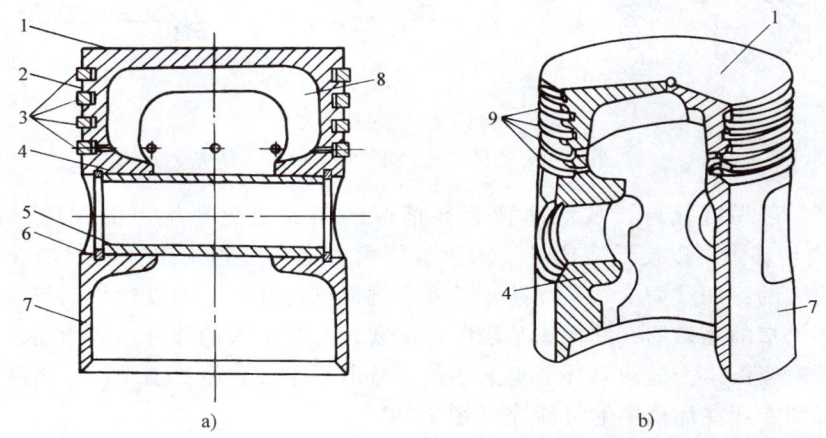

图2-17 活塞结构剖视图
a）全剖 b）部分剖
1—活塞顶 2—活塞头 3—活塞环 4—活塞销座 5—活塞销
6—活塞销卡环 7—活塞裙 8—加强肋 9—环槽

（1）活塞顶部 活塞顶部形状主要取决于燃烧室的选择与设计，而燃烧室的选择取决于活塞直径、发动机的转速、经济性、动力性、功率、可靠性及排放等。汽油机活塞顶部多采用平顶（图2-18a），其优点是吸热面积小，制造工艺简单。有些汽油机为了改善混合气形成和燃烧而采用凹顶活塞（图2-18b），凹坑的大小还可以用来调节发动机的压缩比。二冲程汽油机常采用凸顶活塞（图2-18c）。柴油机的活塞顶部常常设有各种各样的凹坑（图2-18d、e、f），其具体形状、位置和大小都必须与柴油机混合气的形成或与燃烧要求相适应。其具体结构在"柴油机供给系统"一章中介绍。

活塞顶部加工应力求光洁。在有的发动机上，为了减轻活塞顶部的热负荷，在活塞顶部喷镀陶瓷。其镀层厚度为0.2～0.3mm，能起到耐高温、防腐蚀和减少吸热的作用；但陶瓷与铝的接合性能欠佳，高温运转后，陶瓷容易龟裂剥落。因此，这种镀有陶瓷的活塞目前在汽车发动机上还很少应用，尚有待于进一步的研究。

（2）活塞头部 活塞头部是活塞环槽以上的部分。其主要作用有：①承受气体压力，并传给连杆；②与活塞环一起实现气缸的密封；③将活塞顶部吸收的热量通过活塞环传给气缸壁。头部切有若干用以安装活塞环的环槽。汽油机一般有2～3道环槽，上面1～2道安装气环，下面1道安装油环。在油环槽底面上钻有许多径向小孔，被油环从气缸壁上刮下来的多余机油，得以经过这些小孔流回油底壳。

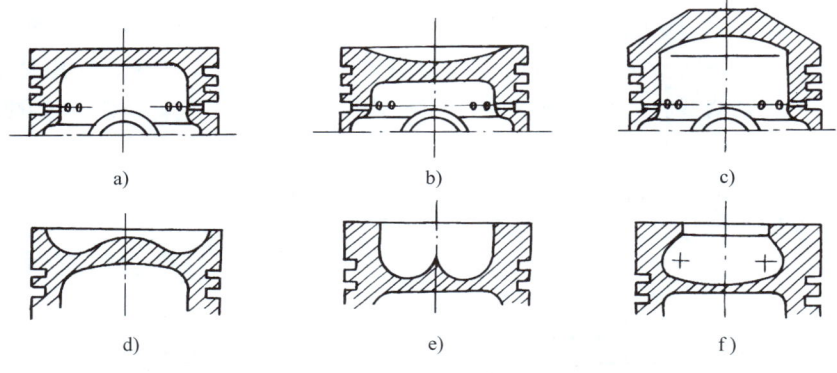

图 2-18 活塞顶部形状
a) 平顶 b) 凹顶 c) 凸顶 d)、e)、f) 凹坑

活塞头部一般做得较厚,从活塞顶到环槽区的断面变化要尽可能圆滑,过渡圆角 R (图 2-19a) 应足够大,以使活塞顶吸收的热量能由各道环分担传走,便于热量从活塞顶经活塞环传给气缸的冷却壁面上,从而防止活塞顶部温度过高。有的发动机活塞在第一道环槽上面车出较环槽窄的隔热槽,其作用是隔断从活塞顶部流下来的部分热流通路,迫使热流方向转折,把原来应由第一道活塞环散走的热量,分散给第二、第三道环,以消除第一道环过热后产生积炭和卡死在环槽中的可能性(图 2-19b)。

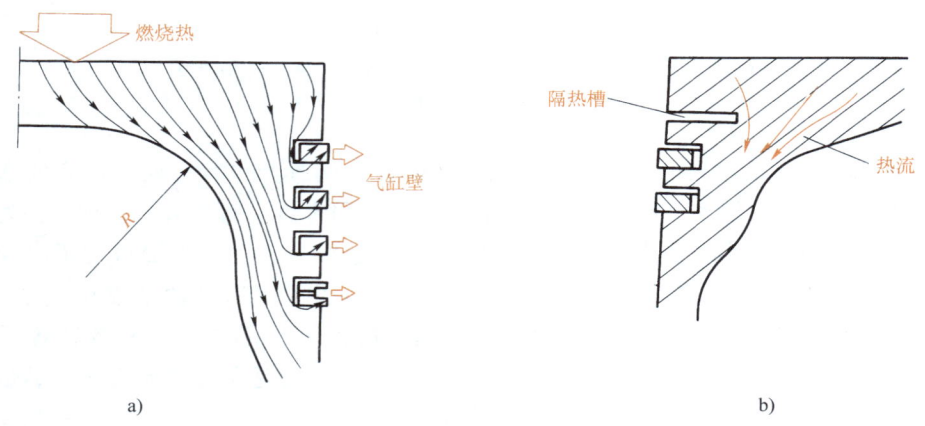

图 2-19 减轻第一道气环热负荷的隔热槽原理
a) 由活塞顶到气缸壁的热流 b) 活塞隔热槽

活塞环槽的磨损常常是限制活塞使用寿命的一个重要因素。在热负荷较高的发动机中,由于活塞的第一道环槽温度较高,铝合金材料硬度下降,再加上活塞环与环槽的相对运动,更加速了环槽的磨损。为了保护和加强活塞环槽,可在铝合金活塞环槽部位铸入由耐热合金钢制造的环槽护圈,如图 2-20a、b 所示。采用奥氏体铸铁护圈后,环槽的寿命可以提高 3~10 倍。在高强化直喷式燃烧室柴油机中,在第一道环槽和燃烧室喉口处均镶嵌耐热护圈(图 2-20c),可以保护喉口不致因为过热而开裂。耐热护圈的材料为热膨胀系数与铝合金接近的镍奥氏体铸铁或高锰奥氏体铸铁。

(3) 活塞裙部 活塞裙部是指自油环槽下端面起至活塞底面的部分。其作用是为活塞在气缸内做往复运动导向和承受侧压力。

活塞工作时，燃烧气体压力 p 均匀作用在活塞顶上，而活塞销给予的支反力则作用在活塞裙部的销座处，由此而产生的变形使裙部直径沿活塞销座轴线方向增大（图 2-21a）。活塞在侧压力 F_N 的作用下，有使圆形裙部压扁的趋势，同时迫使活塞裙部直径沿销座轴同一方向上增大（图 2-21b）。此外，活塞销座附近的金属堆积，受

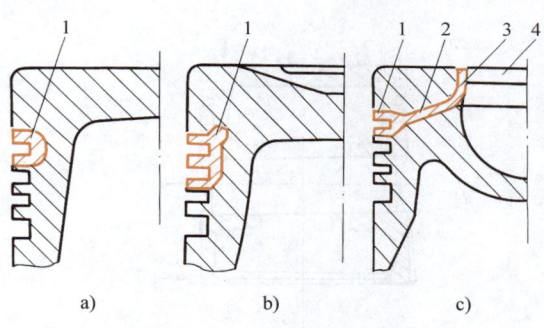

图 2-20 活塞环槽护圈
a) 一道护圈 b) 二道护圈 c) 耐热护圈
1—活塞环槽护圈 2—沿圆周均布的三条连接带
3—燃烧室喉口护圈 4—燃烧室喉口

热后膨胀量大，致使裙部在受热变形时，在沿活塞销座轴线方向的直径增量大于其他方向。所以，活塞工作时产生的机械变形和热变形，使得其裙部断面变成长轴在活塞销方向上的椭圆。

鉴于上述情况，为了使活塞在正常工作温度下与气缸壁间保持比较均匀的间隙，以免在气缸内卡死或引起局部加速磨损，必须在设计时使活塞沿销座方向的金属多削去一些，把活塞销轴线作为活塞裙部椭圆的短轴（图 2-21c）。为了减少销座附近处的热变形量，有的活塞将销座附近的裙部外表面制成下陷 0.5~1.0mm 的形式。

活塞工作时沿高度方向温度分布很不均匀，越接近顶部温度越高，相应各断面的膨胀量也呈现上大下小。为使活塞在工作状况下接近圆柱形，保持小而均匀的间隙，把活塞裙部形状做成变椭圆筒形，即在裙部的不同部位其椭圆度不同，椭圆度由下而上逐渐增大，即裙部横截面越往上越扁，裙部纵向截面呈筒形，其轮廓线为一抛物线，故亦称抛物线形裙部。这种裙部不仅适应活塞的温度分布，而且裙部承受侧压力的一边与缸壁之间容易形成双向"油楔"，活塞无论向上或向下运动时，都能保证裙部有良好的润滑及较高的承载能力。但这种裙部由于形状复杂，需要特殊机床加工。

过去有的旧式汽油机活塞还开有 T 形或 Π 形槽的裙部。

为了减少铝活塞裙部的热膨胀量，有的汽油机活塞在活塞销座中镶铸有热膨胀系数低的"恒范钢片"（镍的质量分数为 33%~36%，线胀系数约为铸铝合金的 1/10），以牵制裙部的热膨胀，如图 2-22 所示。其膨胀控制原理为：由于钢的热膨胀系数远比铝小，而铸入的钢件与铝之间又无金属间结合，因此在铝合金从液态凝固后再冷却到室温的过程中与钢件一起发生不同程度的收缩，钢的收缩比铝小。钢件外侧的铝在收缩时由于受到内层钢件的阻碍而紧抱在钢件上，使两者产生残余应力。当活塞在工作受热时，外层铝首先要消除原有残余应力才会向外膨胀，在膨胀中又受到钢件阻碍，使两者也产生内应力。由于上述双金属效应，这种活塞裙部的热膨胀系数为钢和铝热膨胀系数的综合值。

柴油机铸铝活塞的裙部有的镶铸筒形钢片（图 2-23）；还有的采用镶复式钢片的结构（图 2-24），这种结构在裙部上方受膨胀侧压力的那一面镶入两片比较短的弓形钢片 1，在销座位置铸入相应于裙部圆周形状的筒形钢片 2。两部分钢片的联合作用，保证了整个裙部的

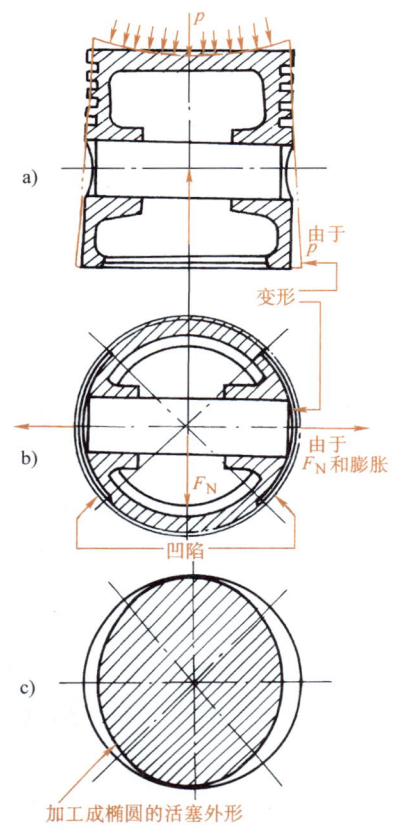

图 2-21 活塞裙部的椭圆变形
a) 由于 p 力的变形 b) 由于 F_N 力的变形
c) 加工形状

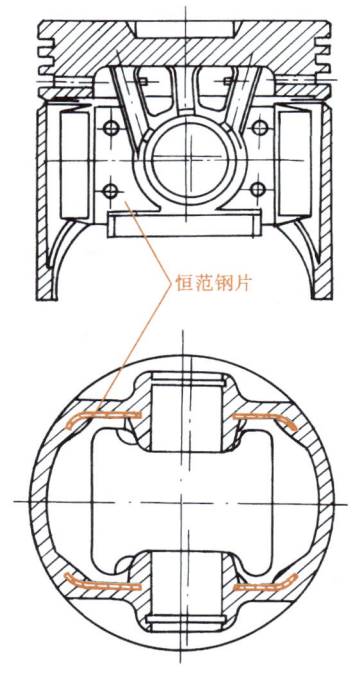

图 2-22 裙部铸有恒范钢片的活塞

膨胀量很小而且很均匀。

活塞裙部采用上述结构措施后，与气缸壁之间的冷态装配间隙便可减小，使之不产生冷"敲缸"现象。

为了改善铝合金活塞的耐磨性，通常对活塞裙部进行表面处理，对汽油机铸铝活塞的裙部外表面进行镀锡；对柴油机铸铝活塞的裙部外表面进行磷化；对于锻铝活塞，在裙部的外表面上可涂以石墨。

随着柴油机强化程度的不断提高，为了适应柴油机的机械负荷和热负荷不断增长的需要，出现了不同结构的油冷活塞（图 2-25）。图 2-25a 所示的一种是利用经过连杆杆身输送到连杆小头的机油喷到活塞顶部底面进行冷却（称为"振荡冷却"）；另一种

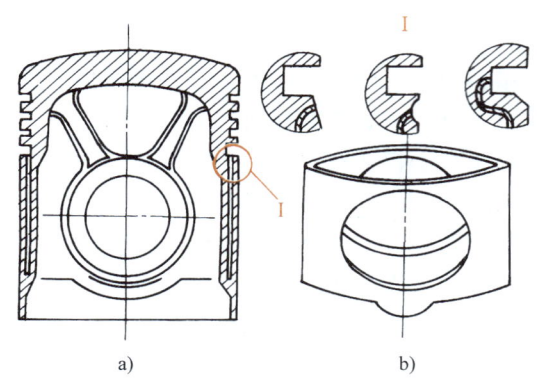

图 2-23 镶铸筒形钢片的活塞
a) 裙部镶筒形钢片 b) 筒形钢片形状

(图 2-25b）是在活塞顶部材料内用失蜡铸造法铸出蛇形管，利用安装在机体上的喷油嘴对蛇形管的一端喷入机油的方法，来带走活塞顶部的大部分热量。温度升高的机油，从蛇形管的另一端流出。

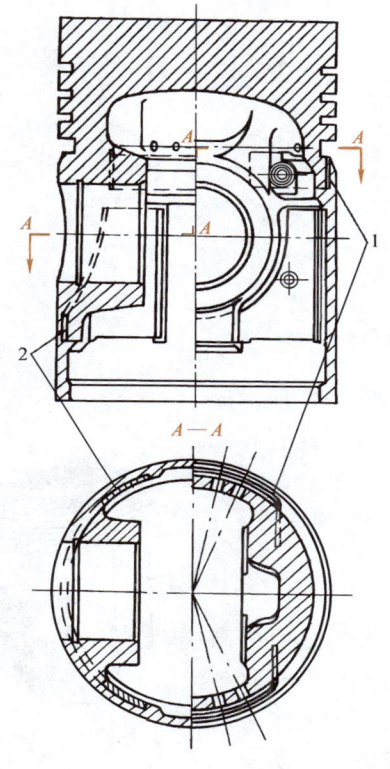

图 2-24 镶复式钢片的活塞
1—弓形钢片 2 个　2—筒形钢片 2 个

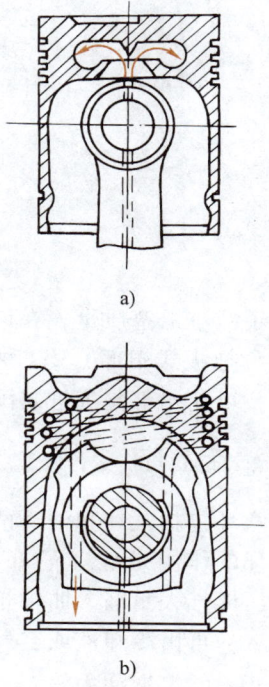

图 2-25 油冷活塞
a）振荡冷却　b）喷油冷却

（4）活塞销座　活塞的销孔与活塞销组成一对摩擦副，它将活塞顶部气体作用力通过活塞销座传给活塞销，然后再传递到连杆和曲轴。因此，销座必须与活塞销有足够的强度、承压面积和耐磨性。销座通常由肋片与活塞内壁相连，以提高其刚度。

销座孔内有安放弹性卡环的卡环槽。卡环用来防止浮式活塞销在工作中发生轴向窜动而擦伤气缸。

销座孔的中心线一般位于活塞中心线的平面内。但也有些高速汽油机的活塞销孔中心线偏离活塞中心线平面，如图 2-26 所示。图中活塞销座轴线向在做功行程中受侧向力的一面偏移了 1~2mm，这是因为如果活塞销对中布置（图 2-26a），则当活塞越过上止点时侧压力的作用方向改变，会使活塞敲击气缸壁面发出噪声。如果把活塞销偏移布置（图 2-26b），则可使活塞较平稳地从压向气缸的一面过渡到另一面，而且过渡时刻早于达到最高燃烧压力的时刻，可以减轻活塞"敲缸"，减小噪声，改善发动机工作的平顺性。但这种活塞销偏置的结构，却带来活塞裙部两端的尖角负荷增大，引起这些部位的磨损或变形增大。这就要求活塞的间隙尽可能的小。

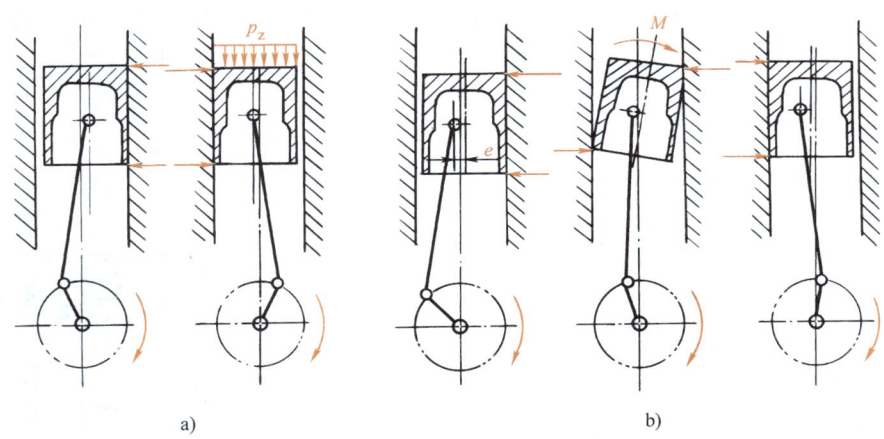

图 2-26 活塞销偏置时的工作情况

a）活塞销对中布置　b）活塞销偏移布置

为了减小活塞质量，在许多高速汽油机上采用了图 2-27 所示的裙部（称拖板式裙部）。这种结构不仅质量小，而且裙部具有较大的弹性，可使裙部与气缸装配间隙减小很多，也不会卡死。

二、活塞环

活塞环包括气环和油环两种。

气环的作用是保证活塞与气缸壁间的密封，防止气缸中的高温、高压燃气大量漏入曲轴箱，同时还将活塞顶部的大部分热量传给气缸壁，再由冷却液或空气带走。油环用来刮除气缸壁上多余的机油，并在气缸壁面上涂布一层均匀的机油膜，这样既可以防止机油窜入气缸燃烧，又可以减小活塞、活塞环与气缸壁的磨损和摩擦阻力。此外，油环也起到封气的辅助作用。

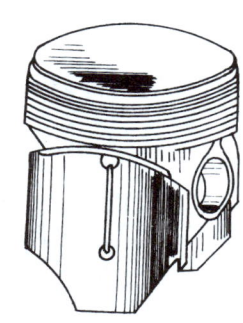

图 2-27 拖板式裙部

1. 气环

气环所起的密封和导热两大作用中，密封是主要的，因为密封是导热的前提，如果气环密封性能不好，高温燃气将直接从气环外圆表面窜入曲轴箱，此时不但由于气环和气缸壁贴合不严而不能很好地散热，相反地气环外圆表面还接受附加的热量，最后必将导致活塞和气环烧坏。

活塞环工作时受到气缸中高温、高压燃气的作用，其温度较高（尤其是第一道环，温度可达 600K）。活塞环在气缸内做高速运动，加上高温下机油可能变质，使环的润滑条件变坏，难以保证液体润滑，因此磨损严重。

总之，在高温、高压、高速以及润滑困难的条件下工作的活塞环，是发动机所有零件中工作寿命最短的。当活塞环磨损到失效时，将出现发动机起动困难，功率不足，曲轴箱压力升高，机油消耗增大，排气冒蓝烟，燃烧室、活塞等表面严重积炭等不良状况。

目前广泛应用的活塞环材料是合金铸铁（在优质灰铸铁中加入少量铜、铬、钼等合金元素）。随着发动机的强化，活塞环特别是第一道环承受着很大的冲击负荷，因此要求材料除耐热、耐磨以外，还应有较高的强度和冲击韧性。

第一道气环的工作表面一般都镀上多孔性铬层。多孔性铬层硬度高，并能贮存少量机油，以改善润滑条件，使环的使用寿命提高2~3倍。其余气环一般镀锡或磷化，以改善耐磨性能。此外，还可用喷钼来提高活塞环的耐磨性。

在高速强化的柴油机上，还可以采用钢片环来提高弹力和冲击韧性。用粉末冶金的金属陶瓷和聚四氟乙烯制造的活塞环，也在国外获得试用。

活塞环有一个切口，且在自由状态下不是圆环形，其外形尺寸比气缸的内径大些，因此，它随活塞一起装入气缸后，便产生弹力而紧贴在气缸壁上。活塞环在燃气压力作用下压紧在环槽的下端面上（图2-28），于是燃气便绕流到环的背面，并发生膨胀，其压力下降。同时，燃气压力对环背的作用力使环更紧地贴在气缸壁上。压力已有所降低的燃气，从第一道气环的切口漏到第二道气环的上平面时，又把这道气环压贴在第二道环槽的下端面上，于是燃气又绕流到这道环的背面，再发生膨胀，其压力又进一步降低。如此继续进行下去，从

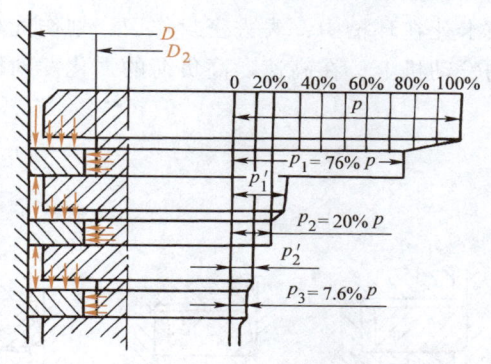

图2-28 各环间隙处的气体压力递减图

最后一道气环漏出来的燃气，其压力和流速已经大大减小，因而泄漏的燃气量也就很少了。因此，为数很少的几道切口相互错开的气环所构成的"迷宫式"封气装置，就足以对气缸中的高压燃气进行有效的密封。一般汽油机设有2道气环，而柴油机由于压缩比高，常设有3道气环。通常在保证密封的前提下，应该尽可能减少环数。

气缸内的燃气漏入曲轴箱的主要通路是活塞环的切口，因此，切口的形状和装入气缸后的间隙大小对于漏入曲轴箱的燃气量有一定的影响。切口间隙过大，则漏气严重，使发动机功率减小；间隙过小，活塞环受热膨胀后就有可能卡死或折断。切口间隙值一般为0.25~0.8mm。第一道气环的温度最高，因而其切口间隙值最大。气环的切口形状如图2-29所示。直角形切口工艺性好（图2-29a）；阶梯形切口的密封性好，但工艺性较差（图2-29b）；图2-29c所示为斜切口，斜角一般为30°或45°，其密封作用和工艺性均介于前两种之间，但其锐角部位在套装入活塞时容易折损。四冲程发动机的活塞环在环槽中一般不予周向定位，稍有周向转动对防止环的偏磨损和卡死是有利的，只是装配时要注意

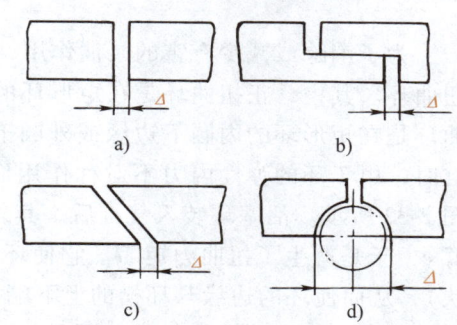

图2-29 气环的切口形状
a) 直角形切口 b) 阶梯形切口
c) 斜切口 d) 带防转销钉槽

使各环的开口位置错开，以减少各开口重叠而使漏气的机会增多。二冲程发动机的缸壁上若开有进、排气口时，要避免活塞环因开口碰到气口边缘而折断，所以利用嵌入活塞的销钉对活塞环进行周向定位，如图2-29d所示，活塞环具有带防转销钉槽的切口。

气环的断面形状有多种（图2-30），其中，矩形环（图2-30a）工艺性好，成本低，工作接触面积大，导热效果较好，但耐磨性、密封性较差。同时矩形断面的气环随活塞做往复

运动时，会把气缸壁上的机油不断送入气缸中，这种现象称为"气环的泵油作用"，其泵油原理如图2-31所示。活塞下行时，由于环与缸壁之间的摩擦阻力以及环本身的惯性，环将压靠在环槽的上端面，缸壁上的机油就被刮入下边隙与背隙内。当活塞上行时，环又压靠在环槽的下端面上，第一道环背隙里的机油经过上边隙就进入气缸中。如此反复，结果就像油泵的作用一样，将缸壁的机油最后压入燃烧室。窜入气缸内的机油会使燃烧室内形成积炭并增加机油消耗，而且还可能在环槽（尤其是温度较高的第一道气环槽）中形成积炭，使环被卡死在环槽中，失去密封作用，划伤气缸壁，甚至使环折断。它一般应用在性能指标不高的发动机上，在高速、高负荷的强化发动机上很少应用。

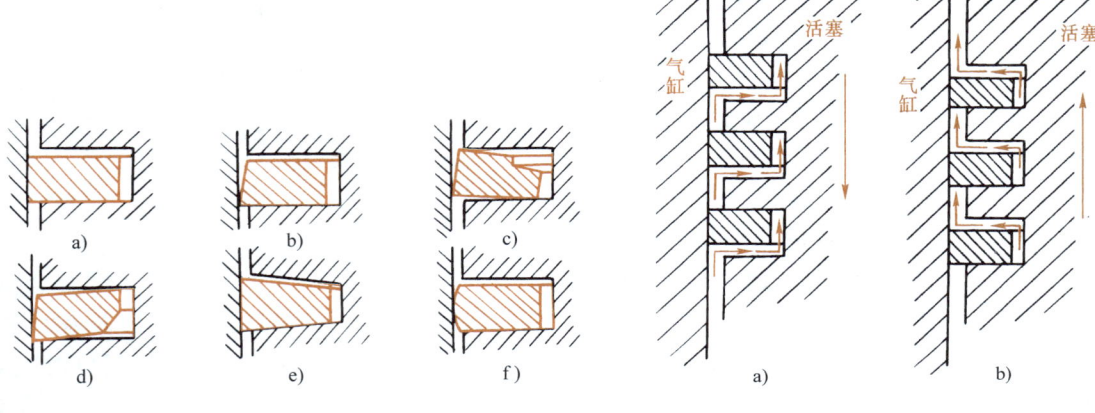

图2-30 气环的断面形状
a) 矩形环 b) 锥形环 c) 正扭曲内切环
d) 反扭曲锥面环 e) 梯形环 f) 桶面环

图2-31 矩形环的泵油作用
a) 活塞下行 b) 活塞上行

为了消除或减少有害的泵油作用，除在气环的下面装有油环外，广泛采用非矩形断面的扭曲环。其中，正扭曲环是在矩形环的内圆上边缘或外圆下边缘切口（图2-30c），而反扭曲环是在矩形环的内圆下边缘或外圆上边缘倒角（图2-30d）。将这两种环随同活塞装入气缸时，由于环的弹性内力不对称作用而产生明显的断面倾斜，其中正扭曲环的作用原理如图2-32所示。活塞环装入气缸后，其外侧拉力的合力F_1与内侧压力的合力F_2之间有一力臂e，于是产生了扭曲力矩M。它使环的断面扭转成盘状（反扭曲环在使用时被扭转成盖子状），从而使环的边缘与环槽的上下端面接触，提高了表面接触应力，防止活塞环在环槽内上下窜动而造成的泵油作用，同时增加了密封性。扭曲环还易于磨合，并有向下刮油的作用。正扭曲环常用于第二、三道气环，反扭曲环由于防窜油能力相对较差而用于油环上面的那道气环。在安装正、反扭曲环时，必须注意环的断面形状和方向，不能装反。

图2-30b所示锥形环上行时能形成油膜，下行有良好的刮油作用，具有良好的磨合性；但不能装反，否则窜机油。它适用于高速柴油机和汽油机的第二、三道气环。

在热负荷较高的柴油机上，第一道环常采用梯形环（图2-30e）。其主要作用是当活塞在侧压力F_N的作用下横动时，环的侧隙δ相应发生变化（图2-33a），能把胶状油焦从环槽中挤出，促使间隙中的机油更新，因此梯形环抗胶结能力特别好，同时避免了环被粘在环槽中而引起折断。做功行程中，作用在梯形环上的燃气作用力F_R的径向分力F_{Rx}，加强了环的密封作用（图 2-33b）。因此，梯形环即使在丧失一些弹性的情况下，仍能与气缸贴合良好，延长了环的使用寿命。它的主要缺点是上、下两面的精磨工艺比较复杂。

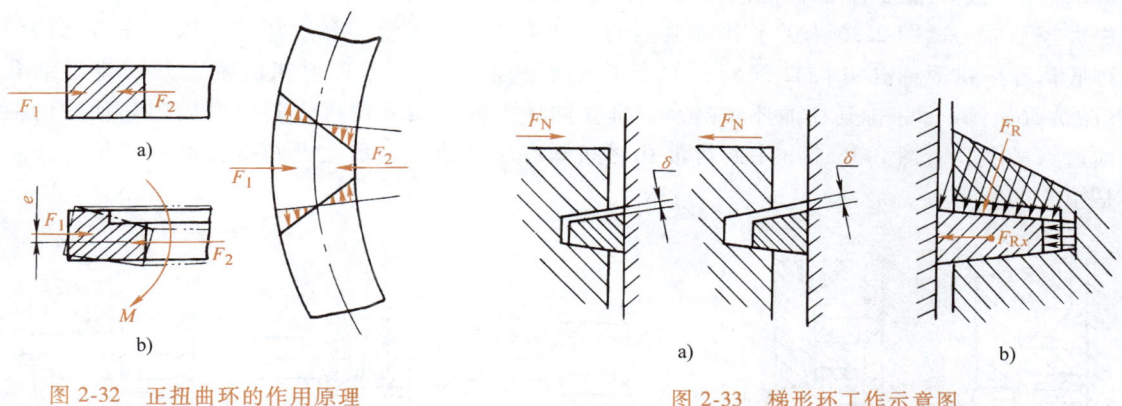

图 2-32 正扭曲环的作用原理
a）矩形断面环　b）扭曲环

图 2-33 梯形环工作示意图
a）间隙变化　b）受力情况

桶面环（图 2-30f）是近年来兴起的一种新型结构，目前广泛地在高速、高负荷的强化柴油机中用作第一道环。其特点是活塞环的外圆面为凸圆弧形。当桶面环上下运动时，均能与气缸壁形成楔形空间，使机油容易进入摩擦面，从而使磨损大为减少。桶面环与气缸是圆弧接触，接触面积小，故对气缸表面和活塞摆动的适应性均较好，密封性提高，磨合性好。它的缺点是凸圆弧表面加工较困难。

2. 油环

油环分为普通油环和组合油环两种。普通单体油环的结构如图 2-34a 所示，一般是用合

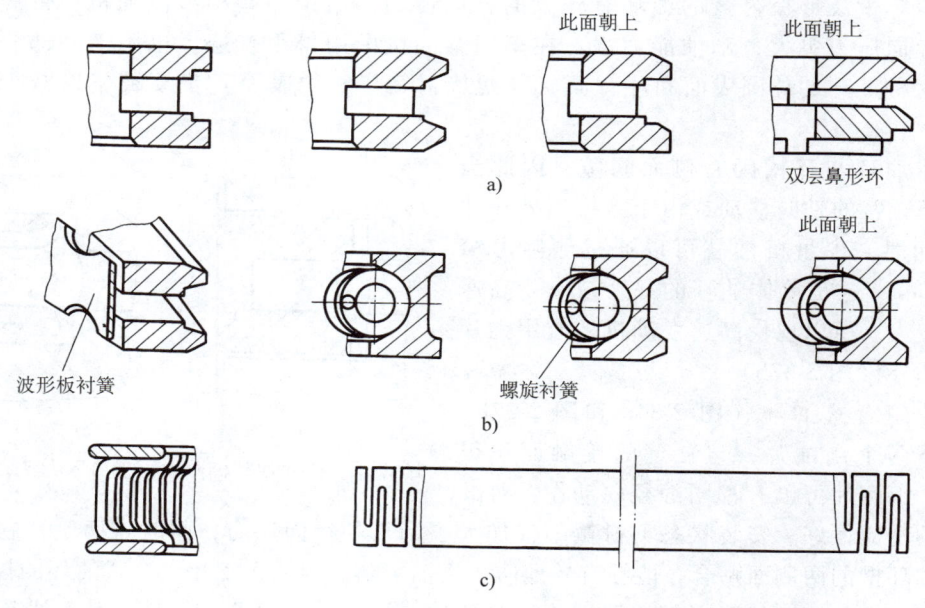

图 2-34 典型的油环结构
a）普通单体油环　b）加衬簧的油环　c）钢片组合式油环

金铸铁制造。其外圆面的中间车有一道凹槽,在凹槽底部加工出很多排油小孔或狭缝。油环的刮油作用如图 2-35 所示。通常油环都要有一道或两道刮油锐边,油环上和活塞上要有足够的泄油通道,使刮下的机油能顺畅地下泄,避免因节流使油压升高,将油环推离气缸壁而失去控油能力。图 2-36 给出了几种典型的泄油通道。对于双层鼻形环,可以只在活塞的油环底槽开一排泄油孔(图 2-36c);对于其他形式的油环,都必须在活塞上开两排泄油孔(图 2-36a、b),一排开在油环底槽,一排在油环下方的活塞裙部,其中有周向集油槽的泄油通路最顺畅。图 2-36a、b 中两排油孔之间画有断裂线,表示上下两排孔的周向位置一般是错开的。

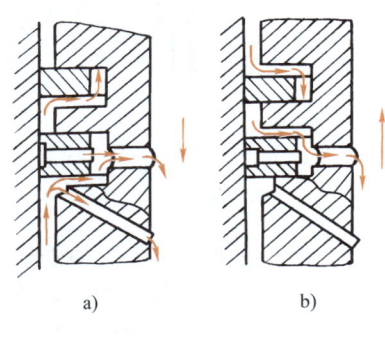

图 2-35 油环的刮油作用

a) 活塞下行　b) 活塞上行

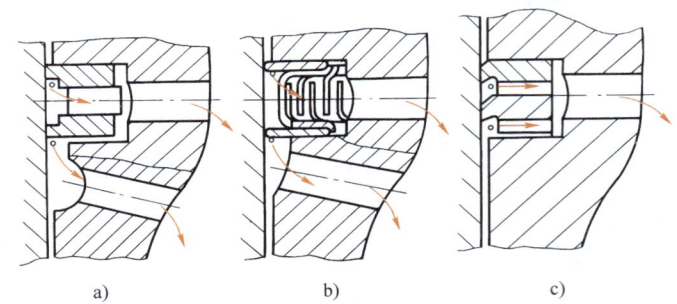

图 2-36 几种典型的泄油通道

油环没有足够的环背气压力使其贴向气缸壁,因此要有足够的弹力和较小的外圆表面,以形成较高的径向单位面积压力。普通单体油环的径向压力最低,刮油能力和耐久性都较差;带波形板衬簧的油环有较大的径向压力,用于一些小型汽油机;带螺旋衬簧的油环径向压力更大,刮油能力强,在车用柴油机中用得很普遍,也用于一部分车用汽油机,这种油环的外圆表面和环背面(与螺旋衬簧接触的表面)都要镀铬以减少摩擦和磨损。

单体油环与环槽间有侧面间隙,因此当油环由于正常的轴向移动或由于颤振而处在油环槽中间时,少量机油就可以通过侧隙上窜(图 2-37a)。这是单体油环的一个缺点,高速时影响较大,所以现代高速发动机多改用钢片组合式油环(图 2-37b)。

钢片组合式油环(图 2-34c 和图 2-37b)有上、下两个刮油片,与缸壁的接触面积很小,上、下两片可以有不同的径向动作,对缸壁变形的适应性好。安装状态下衬簧不仅加大了刮片的径向压力,同时将两刮片在轴向撑开,与油环槽的两侧面贴合,能够有效地防止机油上窜。因此,钢片组合式油环的控油能力最强,不过环和缸壁的磨损都比用螺旋衬簧的油环快一些。目前,这种油环很少用于柴油机,在高速汽油机中应用较普遍。

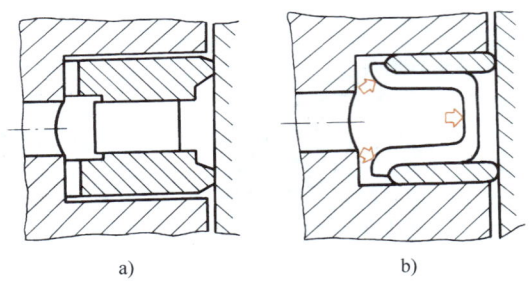

图 2-37 机油通过侧隙上窜的方式及改进结构

三、活塞销

活塞销的功用是<u>连接活塞和连杆小头，将活塞承受的气体作用力传给连杆</u>。

活塞销在高温下承受很大的周期性冲击载荷，润滑条件很差（一般靠飞溅润滑），因而要求有足够的刚度和强度，表面耐磨，质量尽可能小。为此，活塞销通常做成空心圆柱体，如图2-38所示。

活塞销一般用低碳钢或低碳合金钢制造，先经表面渗碳处理，提高表面硬度，从而获得良好的耐磨性，并保证心部有一定的韧性以抗冲击，然后再进行精磨和抛光。

活塞销的内孔形状有圆柱形（图2-38a）、两段截锥形（图2-38c）以及两段截锥与一段圆柱的组合形（图2-38b）等。圆柱形内孔容易加工，但活塞销的质量较大。两段截锥形内孔的活塞销质量较小，又接近于等强度梁的要求（因活塞销所承受的弯矩在中部最大，距中部越远越小），但孔的加工较复杂。组合形内孔的结构则介于两者之间。

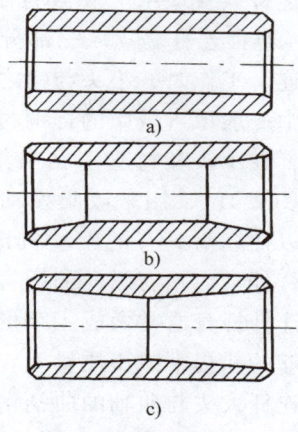

图2-38　活塞销的内孔形状
a）圆柱形　b）组合形
c）两段截锥形

活塞销与活塞销座孔和连杆小头衬套孔的连接配合，一般多采用"全浮式"（图2-39），即在发动机运转过程中，活塞销不仅可以在连杆小头衬套孔内，还可以在销座孔内缓慢地转动，以使活塞销各部分的磨损比较均匀。

当采用铝活塞时，活塞销座的热膨胀量大于钢活塞销。为了保证高温工作时有正常的工作间隙（0.01~0.02mm），在冷态装配时活塞销与活塞销座孔为过渡配合。装配时，应先将铝活塞放在温度为70~90℃的水或油中加热，然后将活塞销装入。为了防止活塞销轴向窜动而刮伤气缸壁，在活塞销两端用卡环嵌在销座孔凹槽中加以轴向定位。

图2-39　活塞销的连接方式
1、3—卡环　2—活塞销

四、连杆

连杆的功用是<u>连接活塞和曲轴，把活塞的往复运动转变为曲轴的旋转运动，并将活塞承受的力传给曲轴</u>。

连杆主要承受活塞销传来的气体作用力和活塞组往复运动时的惯性力。此外，由于连杆变速摆动而产生的惯性力矩，还使连杆承受一定的弯矩。这些力和力矩的大小和方向都是周期性变化的，因此连杆受到的是压缩、拉伸和弯曲等交变载荷。如果连杆在交变载荷作用下发生断裂，则将发生恶性破坏事故，甚至使整台发动机报废；如果连杆刚度不足，也会对曲柄连杆机构的工作产生不良后果。例如，连杆大头变形使连杆螺栓承受附加弯矩，大头孔失圆使轴瓦因油膜破坏而烧损；连杆杆身弯曲，造成活塞与气缸、轴瓦与曲柄销的偏磨、活塞组与气缸间的漏气和窜油等问题。为此，要求连杆在质量尽可能小的条件下有足够的刚度和强度。

连杆一般用中碳钢或合金钢经模锻或辊锻而成，然后再进行机械加工和热处理。

连杆（图 2-40）由连杆小头 2、杆身 3 和连杆大头 5（包括连杆盖 7）三部分组成。连杆小头与活塞销相连。工作时，小头与销之间有相对转动，因此小头孔中一般压入减摩的青铜衬套。为了润滑活塞销与衬套，在小头和衬套上钻出集油孔 12 或铣出集油槽 13（图 2-41），用来收集发动机运转时飞溅上来的机油，以便润滑。有的发动机连杆小头采用压力润滑，在连杆杆身内钻有纵向的压力油通道。

连杆杆身通常做成工字形断面，以求在强度和刚度足够的前提下减小质量。

连杆大头与曲轴的曲柄销相连，一般做成剖分式的，被分开的部分称为连杆盖，借特制的连杆螺栓紧固在连杆大头上。连杆盖与连杆大头是组合镗孔的，为了防止装配时配对错误，在同一侧刻有配对记号。大头孔表面有很小的表面粗糙度值，以便与连杆轴瓦紧密贴合。连杆大头上还铣有连杆轴瓦的定位凹槽。有的连杆大头连同轴瓦还钻有直径为 1~1.5mm 小油孔，从中喷出机油以加强配气凸轮与气缸壁的飞溅润滑。

连杆螺栓连接连杆体和连杆大头盖，为了保证连接的可靠性，必须对其施加相当高的预紧力。它在工作中还要受到往复惯性力产生的交变载荷，特别是当连杆大头因刚度不足而失圆时，还要受到附加的弯曲载荷，所以连杆螺栓是发动机中极重要的强力零件。它一般采用韧性较高的优质合金钢或优质碳素钢锻制或冷镦成形。连杆大头在安装时必须紧固可靠。连杆螺栓必须以工厂规定的拧紧力矩，分 2~3 次均匀地拧紧。还可用防松胶或其他锁紧装置紧固，以防止工作时自动松动。

连杆大头按剖分面的方向可分为垂直于连杆中心线的平切口（图 2-41b）和相对于连杆中心线倾斜 30°~60°的斜切口（图 2-41a）两种。无论从受力情况还是从制造角度看，平切口都优于斜切口，所以绝大多数现代发动机的连杆均采用平切口，只有一部分柴油机和少数强化程度高的汽油机，由于受力较大，相应曲柄销直径尺寸加大，连杆大头尺寸也随之增大，而在装拆活塞连杆组件时无法使平切口连杆大头通过气缸时，才采用斜切口。

为防止连杆体与连杆大头盖装配时错位，破坏连杆轴瓦与曲柄销正确的配合关系，特别是在采用斜切口连杆时，连杆受力拉伸，其沿连杆体与连杆大头盖结合面方向的分力使连杆螺栓承受剪切力。为此，在连杆体与连杆大头盖之间必须有能够承受较大剪切力的定位部分，才能保证工作可靠。平切口连杆大多数是利用连杆螺栓上精加工的圆柱凸台或光圆柱部分，与精加工的螺栓孔来保证的。斜切口连杆上必须采用可靠的定位措施，常用的定位方法有：

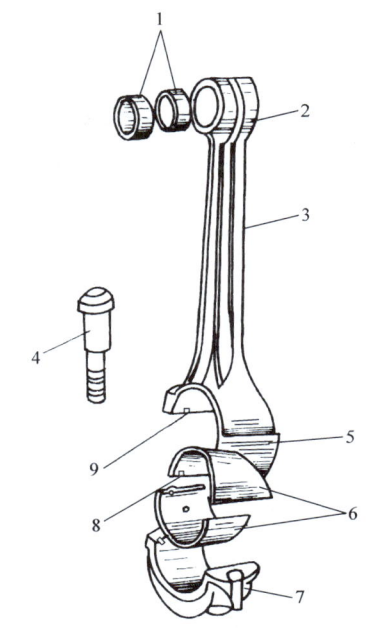

图 2-40　连杆组件分解图

1—连杆衬套　2—连杆小头　3—杆身
4—连杆螺栓　5—连杆大头　6—轴瓦
7—连杆盖　8—轴瓦上的凸键　9—凹槽

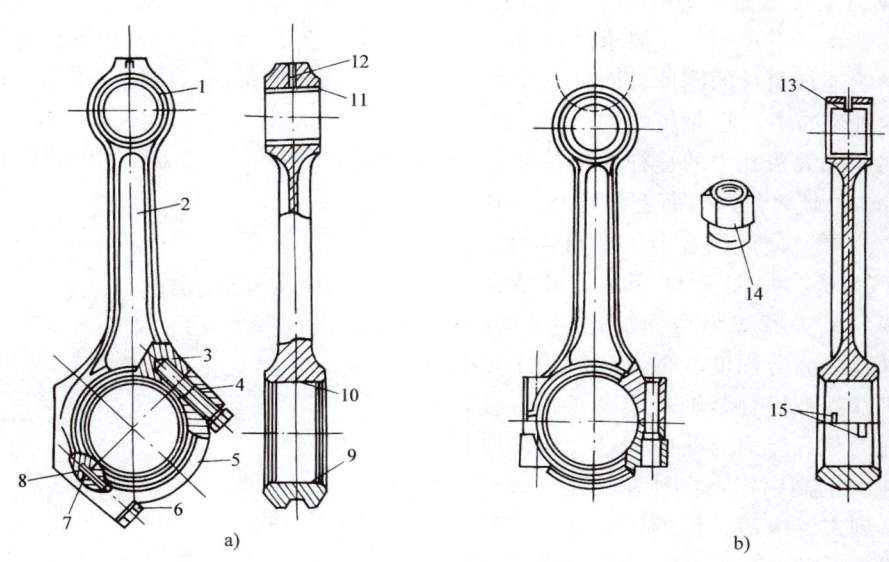

图 2-41 连杆的构造

a）斜切口 b）平切口

1—连杆小头 2—连杆杆身 3—连杆大头 4、6—连杆螺栓 5—连杆盖 7—锯齿
8—定位销 9—连杆下轴瓦 10—连杆上轴瓦 11—连杆衬套 12—集油孔
13—集油槽 14—自锁螺母 15—轴瓦定位槽

（1）止口定位 如图 2-42a 所示，其优点是工艺简单，缺点是定位不大可靠，对连杆盖止口向外变形或连杆大头止口向内变形均无法防止。

（2）套筒定位 如图 2-42b 所示，是在连杆盖的每一个螺栓孔中压配一个刚度大且剪切强度高的短套筒。它与连杆大头有精度很高的配合间隙，故装拆连杆盖时也很方便。它的缺点是定位套筒的工艺要求高，若孔距不够准确，则可能因过定位（定位干涉）而造成大头孔严重失圆，此外，连杆大头的横向尺寸也必然因此而加大。

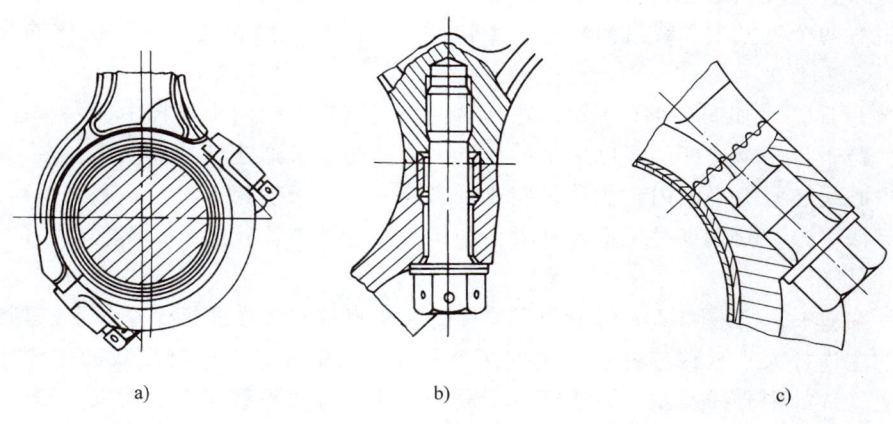

图 2-42 斜切口连杆大头的定位方式

a）止口定位 b）套筒定位 c）锯齿定位

（3）锯齿定位　如图2-42c所示，其优点是锯齿接触面大，贴合紧密，定位可靠，结构紧凑。它的缺点是对齿距公差要求严格，否则连杆盖装在连杆大头上时，中间会有个别齿脱空，不仅影响连杆组件的刚度，而且连杆大头孔也会失圆。如果能采用拉削工艺，保证齿距公差，则这种定位方式还是较好的。

安装在连杆大头孔中的连杆轴瓦是剖分成两半的滑动轴承（图2-40、图2-41），轴瓦是在厚1～3mm的薄钢背内圆面上浇铸0.3～0.7mm厚的减摩合金层（如巴氏合金、铜铅合金、高锡铝合金等）而成，如图2-43所示。减摩合金具有保持油膜、减少摩擦阻力和加速磨合的作用。巴氏合金轴瓦的疲劳强度较低，只能用于负荷不大的汽油机；而铜铅合金轴瓦或高锡铝合金轴瓦均具有较高的承载能力与耐疲劳性。锡的质量分数在20%以上的高锡铝合金轴瓦，在汽油机和柴油机上均得到广泛应用，在铜铅合金和减摩层上再镀一层厚度为0.02～0.03mm的铟或锡，即能用于高强化的柴油机。

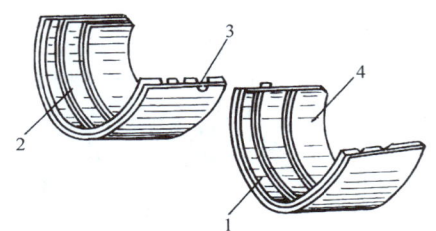

图2-43　连杆轴瓦

1—钢背　2—油槽　3—定位凸键
4—减摩合金层

连杆轴瓦背面的表面粗糙度值应很小。半个轴瓦自由状态下不是半圆形，当它们装入连杆大头孔内时，因有过盈，故能均匀地紧贴在大头孔壁上，具有很好的承受载荷和导热的能力，并可以提高其工作可靠性和延长使用寿命。

为了防止连杆轴瓦在工作中发生转动或轴向移动，在两个连杆轴瓦的剖分面上，分别冲压出高于钢背面的两个定位凸键3。装配时，这两个凸键分别嵌入连杆大头和连杆盖上的相应凹槽中。在连杆轴瓦内表面上还加工有油槽2，用以贮存润滑油，保证可靠润滑。

V形发动机左、右两侧对应的两个气缸的连杆是共同连接在一个曲柄销上的，它有三种形式。

（1）并列连杆　如图2-44a所示，相对应的左右两缸的连杆一前一后地装在同一个曲柄销上，这样布置的优点是连杆可以通用，左、右气缸的活塞连杆组的运动规律完全相同。其缺点是左、右两个气缸中心线沿曲轴轴向要错开一段距离，因而使曲轴、机体的长度增加，刚度降低。

（2）叉形连杆　如图2-44b所示，左、右两个对应气缸的两个连杆中，一个连杆的大头做成叉形，跨于另一个连杆的厚度较小的片形大头两端。叉形连杆的优点是：左、右两个对应气缸的中心线在同一平面内，机体长度比较紧凑，连杆长度相等，左、右两个对应气缸的活塞运动规律一致。其缺点是叉形连杆大头结构和制造工艺比较复杂，而且大头的强度与刚度都较差。

（3）主副连杆　如图2-44c所示，主连杆的大头直接安装在曲柄销全长上。副连杆的大头与对应的主连杆大头（或连杆盖）上的两个凸耳做铰链连接。这种形式的主要优点是左、右两个对应气缸的中心线及主、副连杆位于同一平面内，故不致加大发动机的轴向长度。其缺点是左、右两个对应气缸的活塞连杆组的运动规律不同，主缸活塞与连杆还受到副连杆施加的附加侧向作用力和附加弯矩。此外，主、副连杆不能互换。

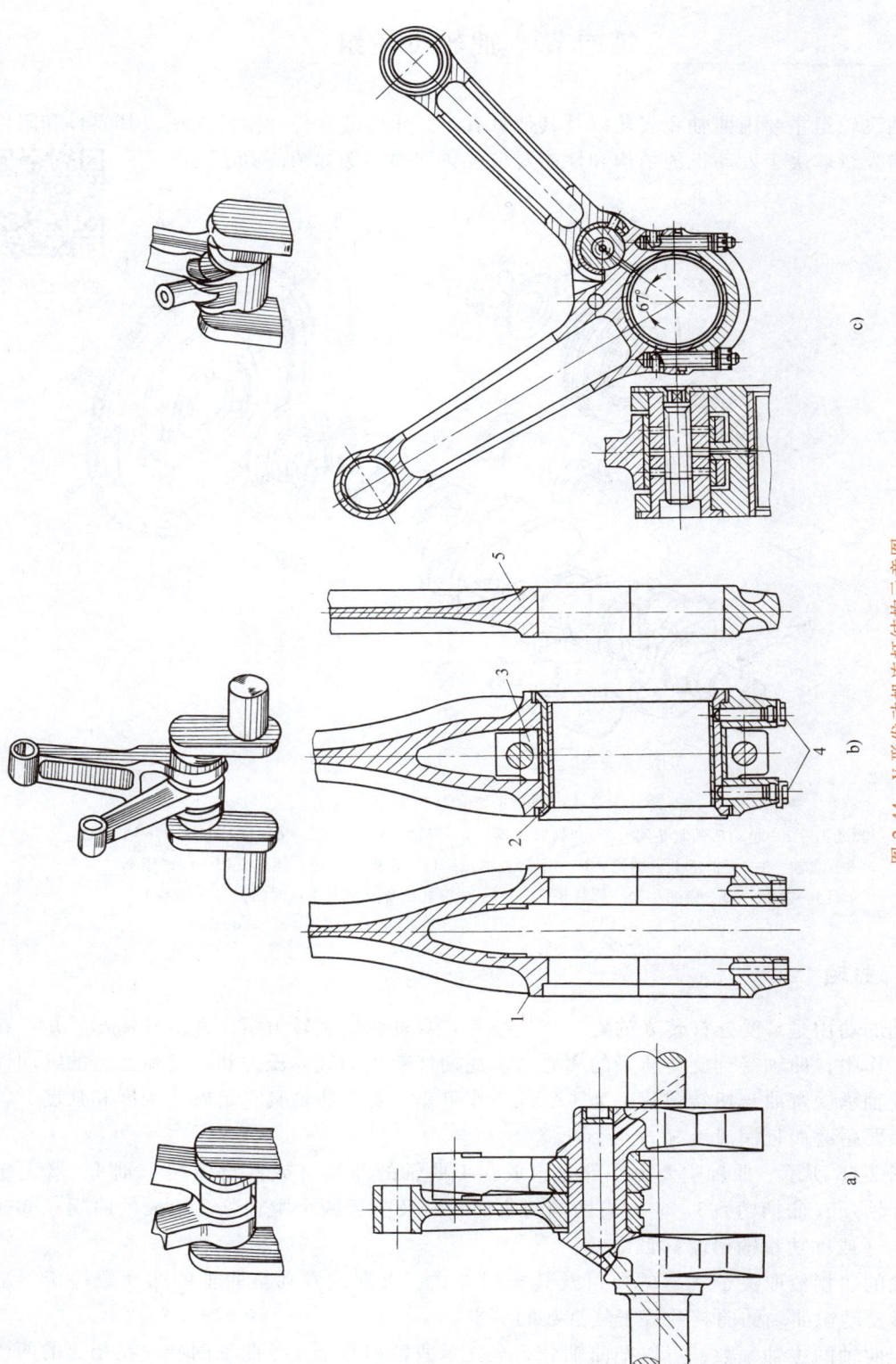

图 2-44 V 形发动机连杆结构示意图
a) 并列连杆 b) 叉形连杆 c) 主副连杆
1—叉形连杆 2—叉形连杆轴承 3—内连杆 4—定位销 5—内连杆

第四节　曲轴飞轮组

曲轴飞轮组主要由曲轴和飞轮以及其他具有不同作用的零件和附件组成。其零件和附件的种类和数量取决于发动机的结构和性能要求，典型的实例如图 2-45 所示。

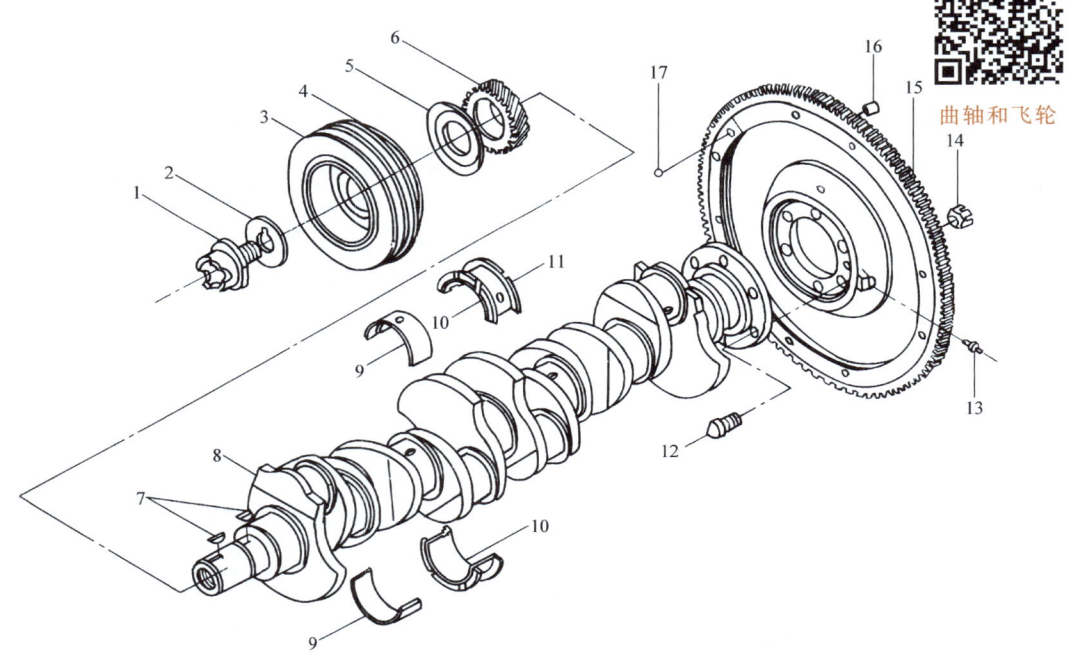

图 2-45　曲轴飞轮组典型实例

1—起动爪　2—起动爪锁紧垫圈　3—扭转减振器　4—带轮　5—挡油片　6—定时齿轮　7—半圆键
8—曲轴　9—主轴承上下轴瓦　10—中间主轴瓦　11—止推片　12—螺柱　13—润滑脂嘴
14—螺母　15—齿圈　16—圆柱销　17——、六缸活塞处在上止点时的记号（钢球）

一、曲轴

曲轴的功用是承受连杆传来的力，产生绕其自身轴线的旋转力矩，并对外输出转矩。在发动机工作中，曲轴受到旋转质量的离心力、周期性变化的气体压力和往复惯性力的共同作用，使曲轴承受弯曲与扭转载荷。为了保证工作可靠，要求曲轴具有足够的刚度和强度，各工作表面要耐磨而且润滑良好。

如图 2-46 所示，曲轴主要由三部分组成：①曲轴的前端（或称自由端）轴 1；②若干个由连杆轴颈（曲柄销）3、它左右两端的曲柄 4 以及前后两个主轴颈 2 组成的曲拐；③曲轴的后端（或称功率输出端）凸缘 6。

曲轴的曲拐数取决于气缸的数目及其排列方式。直列式发动机曲轴的曲拐数等于气缸数；V 形发动机曲轴的曲拐数等于气缸数的一半。

按照曲轴的主轴颈数，可以把曲轴分为全支承曲轴和非全支承曲轴两种。在相邻的两个曲拐之间，都设置一个主轴颈的曲轴，称为全支承曲轴；否则称为非全支承曲轴。因此，直列发动机的全支承曲轴,其主轴颈的总数(包括曲轴前端和后端的主轴颈)比气缸数多一个;V形发动机的全支承曲轴,其主轴颈的总数比气缸数的一半多一个。全支承曲轴的优点是可以提高曲轴的刚度和抗弯强度,并且可减轻主轴承的载荷。其缺点是曲轴的加工表面增多,主轴承增多,使机体加长。这两种形式的曲轴均可用于汽油机,但柴油机多采用全支承曲轴,这是因为其载荷较大的缘故。

多缸发动机的曲轴按曲拐之间连接方式不同,分为整体式和组合式两类。**整体式曲轴**(图2-46)的各个曲拐及前、后端都做成一个整体,一般采用滑动轴承;**组合式曲轴**(图2-47)的各个曲拐分段加工,然后再利用连接件将各个曲拐连成一体,一般采用滚动轴承,并且必须与隧道式气缸体配合使用。

曲轴要求用强度、冲击韧性和耐磨性都比较好的材料制造,一般采用中碳钢或中碳合金钢模锻。为了提高曲轴的耐磨性,其主轴颈和曲柄销表面上均需高频淬火或渗氮,再经过精磨,以达到高精度和较小的表面粗糙度值。在一些强化程度不高的发动机上,还采用高强度的稀土球墨铸铁铸造曲轴。

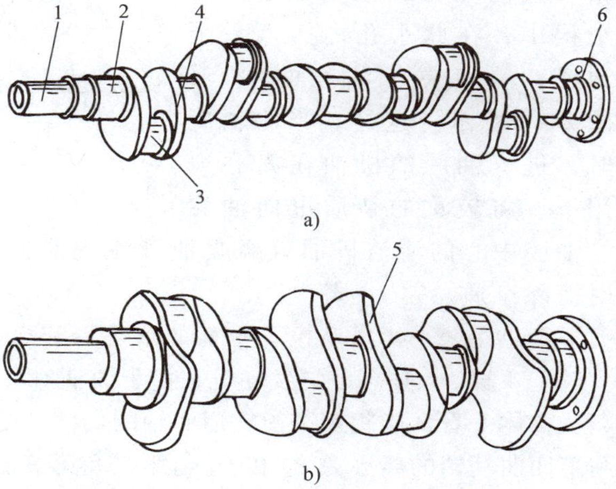

图 2-46 整体式曲轴

a)发动机曲轴1 b)发动机曲轴2
1—前端轴 2—主轴颈 3—连杆轴颈(曲柄销)
4—曲柄 5—平衡重 6—后端凸缘

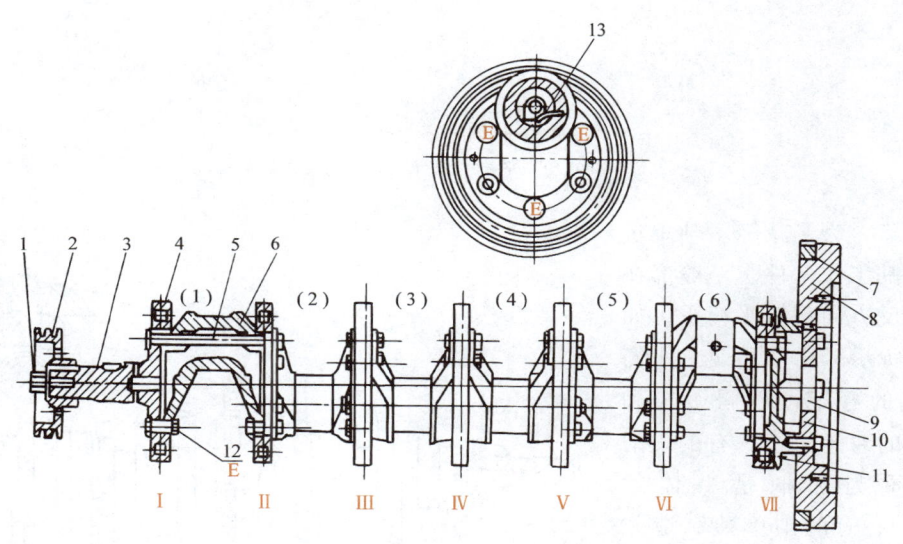

图 2-47 组合式曲轴

1—起动爪 2—带轮 3—前端轴 4—滚动轴承 5—连接螺杆 6—曲柄 7—齿圈
8—飞轮 9—后端凸缘 10—锁片 11—挡油圈 12—定位螺钉 13—油管

曲柄销不少做成空心的，目的在于减小质量和离心力。从主轴颈经曲柄孔道输送来的机油就贮存在此空腔中，曲柄销与轴瓦上钻有径向孔与此油腔相通。有的结构中，在此小孔内插入一个吸油管，管口位于油腔的中心，如图2-48所示。这样，当曲轴旋转时，进入油腔的机油在离心力作用下，将较重的杂质甩向油腔壁，油腔中心的清洁机油就经吸油管流到曲柄销工作表面。为了防止吸油管堵塞，应按时清除杂质。

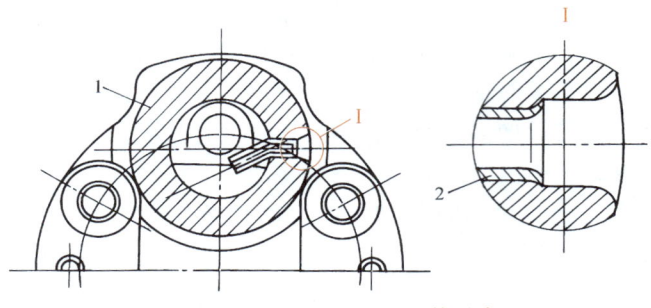

图2-48 空心曲柄销中吸油管示意
1—曲柄销 2—吸油管

平衡重用来平衡发动机不平衡的离心力和离心力矩，有时还用来平衡一部分往复惯性力。对于4缸、6缸等多缸发动机，由于曲柄对称布置，往复惯性力和离心力及其产生的力矩，从整体上看都能相互平衡，但曲轴的局部却受到弯曲作用。从图2-49a中可以看到，第一和第四曲柄销的离心力 F_1 和 F_4 与第二和第三曲柄销的离心力 F_2 和 F_3 因大小相等、方向相反而互相平衡；F_1 和 F_2 形成的力偶矩 M_{1-2} 与 F_3 和 F_4 形成的力偶矩 M_{3-4} 也能互相平衡。但两个力偶矩都给曲轴造成了弯曲载荷。曲轴若刚度不够就会产生弯曲变形，引起主轴颈

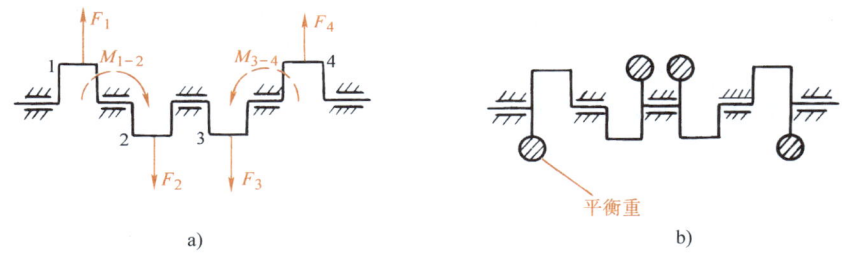

图2-49 曲轴平衡重作用示意
a) 受力平衡 b) 设置平衡重

和轴承偏磨。为了减轻主轴承负荷，改善其工作条件，一般都在曲柄的相反方向设置平衡重，如图2-49b所示。由图可见，平衡重所造成的弯矩可以同 M_{1-2} 和 M_{3-4} 造成的弯矩平衡。有的发动机平衡重与曲柄是一体的（图2-46b），有的则单独制造并用螺钉安装在曲轴上（图2-50）。一般4缸发动机设置4块平衡重；6缸发动机可设置4块、6块、8

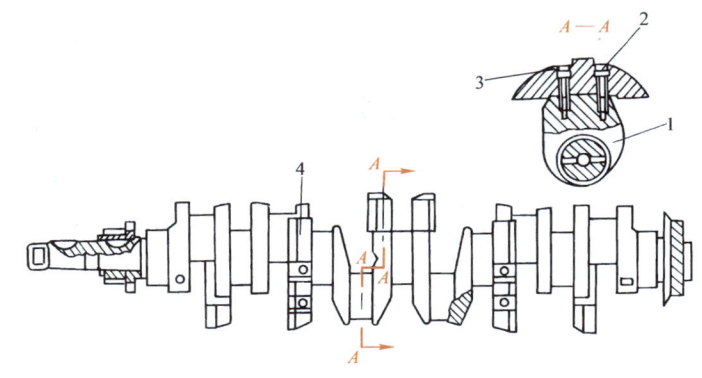

图2-50 汽车发动机曲轴
1—曲柄 2—平衡重紧固螺钉 3—平衡重 4—紧固螺钉焊缝

块平衡重，甚至在所有曲柄下均设有平衡重。加平衡重会导致曲轴质量和材料消耗增加，锻造工艺复杂。因此，曲轴是否加平衡重，要视具体情况而定。如有的汽车发动机的6曲拐曲轴，各曲拐的离心力和离心力矩本身都能平衡，虽然存在弯矩，但由于采用全支承，本身刚度又大，就不设平衡重；而有的汽车6缸发动机曲轴，虽本身也能平衡，但由于采用非全支承，曲轴刚度较差，为了减轻曲轴轴承的负荷，也设置了平衡重。

曲轴前端（图2-51）装有驱动配气凸轮轴的定时齿轮7（或定时链轮、定时齿带轮）、驱动风扇和水泵的带轮2及防止机油泄漏的油封5等。为了防止机油沿曲轴颈外漏，在曲轴前端上有一个甩油盘6随着曲轴3旋转，当被齿轮挤出和甩出来的机油落到甩油盘上时，由于离心力的作用被甩到定时齿轮室盖4的壁面上，再沿壁面流下来回到油底壳中。即使还有少量机油落到甩油盘前面的曲轴轴段上，也会被压配在定时齿轮室盖4上的油封5挡住。甩油盘6的外斜面应向后，如果装错，效果将适得其反。此外，在中、小型发动机的曲轴前端还装有起动爪1，以便必要时用人力转动曲轴，使发动机起动。

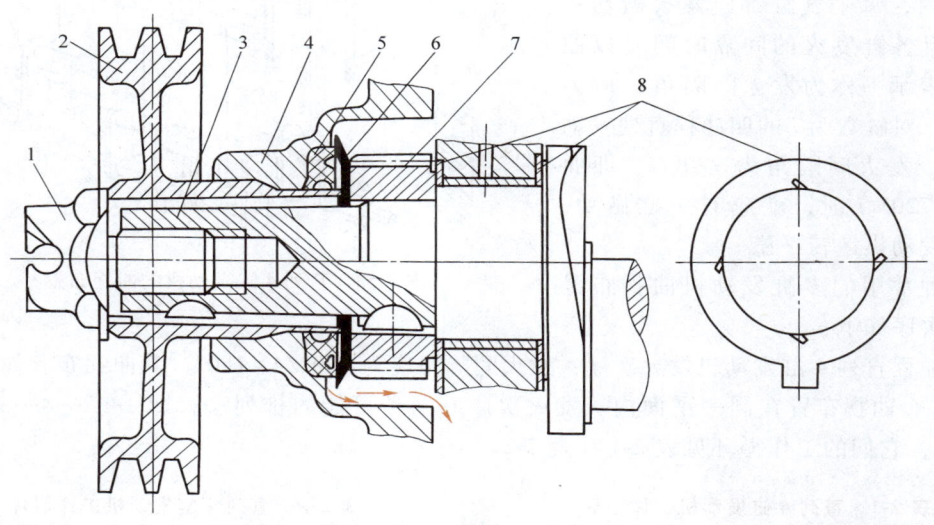

图2-51 曲轴前端的结构

1—起动爪 2—带轮 3—曲轴 4—定时齿轮室盖 5—油封 6—甩油盘 7—定时齿轮 8—止推片

曲轴后端有安装飞轮用的凸缘。为防止机油从曲轴后端漏出，通常在曲轴后端车出回油螺纹或安装其他封油装置。回油螺纹可以是梯形的或矩形的，其螺旋的方向应为右旋，回油螺纹的封油原理如图2-52所示。当曲轴旋转时，流到回油螺纹槽中的机油也被带动旋转。因为机油本身带有黏性，所以受到机体后盖孔壁的摩擦阻力F_r。F_r可分解为平行于螺纹的分力F_{r1}和垂直于螺纹的分力F_{r2}，机油在F_{r1}的作用下顺着螺纹槽被推送向前，流回油底壳。

发动机工作时，曲轴经常受到离合器施加于飞轮的轴向力作用而有轴向窜动的趋势。曲轴的轴向

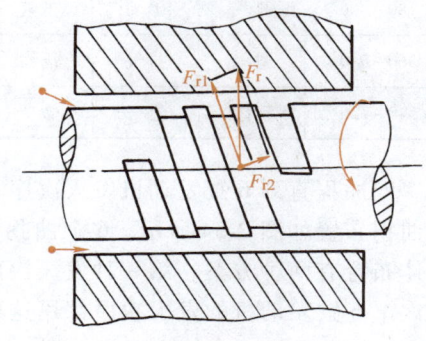

图2-52 回油螺纹的封油原理

窜动将破坏曲柄连杆机构各零件间正确的相对位置，故必须用推力轴承（一般是滑动轴承）加以限制；而在曲轴受热膨胀时，又应允许它能自由伸长，所以曲轴上只能有一处设置轴向定位装置。一般采用的滑动推力轴承的形式有两种：①翻边轴瓦的翻边部分；②单制的具有减摩合金层的止推片 8（图 2-51）。后者应用更为广泛。

曲轴的形状和各曲拐的相对位置，取决于气缸数、气缸排列方式（直列或 V 形等）和发火次序。在安排多缸发动机的发火次序时，应注意：①使连续做功的两缸相距尽可能远，以减轻主轴承的载荷，同时避免进气行程中可能发生的抢气现象（即相邻两缸进气门同时开启）；②做功间隔应力求均匀，也就是说，在发动机完成一个工作循环的曲轴转角内，每个气缸都应发火做功一次，而且各缸发火的间隔时间（以曲轴转角表示，称为发火间隔角）应力求均匀。对缸数为 i 的四冲程直列发动机而言，发火间隔角为 $720°/i$，即曲轴每转 $720°/i$ 时，就应有一缸做功，以保证发动机运转平稳。

几种常用的多缸发动机曲拐布置和发火次序如下：

四冲程直列 4 缸发动机发火次序：发火间隔角应为 $720°/4=180°$。其曲拐布置如图 2-53 所示，4 个曲拐布置在同一平面内。发火次序有两种可能的排列法，即 1—2—4—3 或 1—3—4—2，它们的工作循环见表 2-1 和表 2-2。

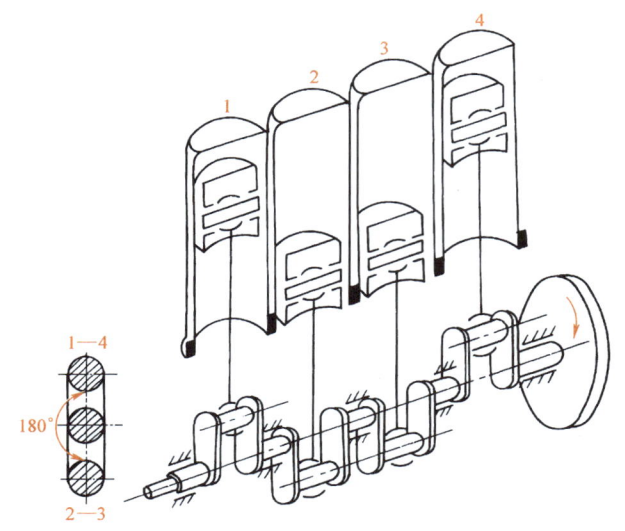

图 2-53　直列 4 缸发动机的曲拐布置

表 2-1　直列 4 缸发动机工作循环
（发火次序：1—2—4—3）

曲轴转角/(°)	第一缸	第二缸	第三缸	第四缸
0~180	做功	压缩	排气	进气
180~360	排气	做功	进气	压缩
360~540	进气	排气	压缩	做功
540~720	压缩	进气	做功	排气

表 2-2　直列 4 缸发动机工作循环
（发火次序：1—3—4—2）

曲轴转角/(°)	第一缸	第二缸	第三缸	第四缸
0~180	做功	排气	压缩	进气
180~360	排气	进气	做功	压缩
360~540	进气	压缩	排气	做功
540~720	压缩	做功	进气	排气

四冲程直列 6 缸发动机发火次序：因缸数 $i=6$，所以发火间隔角应为 $720°/6=120°$。这种曲拐布置如图 2-54 所示。6 个曲拐分别布置在三个平面内，各平面夹角为 120°。曲拐的具体布置有两种方案，第一种发火次序是：1—5—3—6—2—4，这种方案应用比较普遍，国产汽车 6 缸发动机的发火次序都用这种方案，其工作循环在表 2-3 中列出；另一种发火次序是：1—4—2—6—3—5。

第二章 曲柄连杆机构

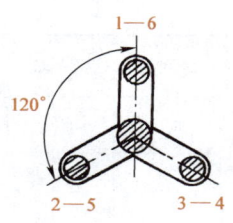

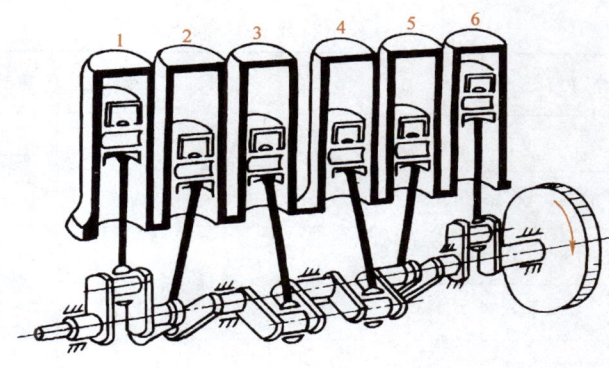

图 2-54 直列 6 缸发动机的曲拐布置

表 2-3 直列 6 缸发动机工作循环
（发火次序：1—5—3—6—2—4）

曲轴转角/(°)		第一缸	第二缸	第三缸	第四缸	第五缸	第六缸
0~180	0~60	做功	排气	进气	做功	压缩	进气
	60~120	做功	排气	压缩	排气	压缩	进气
	120~180	做功	排气	压缩	排气	做功	进气
180~360	180~240	排气	进气	压缩	排气	做功	压缩
	240~300	排气	进气	做功	进气	做功	压缩
	300~360	排气	压缩	做功	进气	排气	压缩
360~540	360~420	进气	压缩	做功	进气	排气	做功
	420~480	进气	压缩	排气	压缩	排气	做功
	480~540	进气	做功	排气	压缩	进气	做功
540~720	540~600	压缩	做功	排气	压缩	进气	排气
	600~660	压缩	做功	进气	做功	进气	排气
	660~720	压缩	排气	进气	做功	压缩	排气

四冲程 V 形 8 缸发动机发火次序：缸数 $i=8$，发火间隔角应为 $720°/8=90°$，V 形发动机左右两列中相对应的一对连杆共用一个曲拐，所以 V 形 8 缸发动机只有 4 个曲拐。当它们之间在空间互呈 $90°$ 时（图 2-55），发火次序一般为：5—1—8—4—2—7—3—6，其工作循环见表 2-4。

二、曲轴扭转减振器

曲轴是具有一定弹性和旋转质量的轴，即是一种扭转弹性系统，本身具有一定的固有频率。在发动机工作过程中，曲轴上各曲

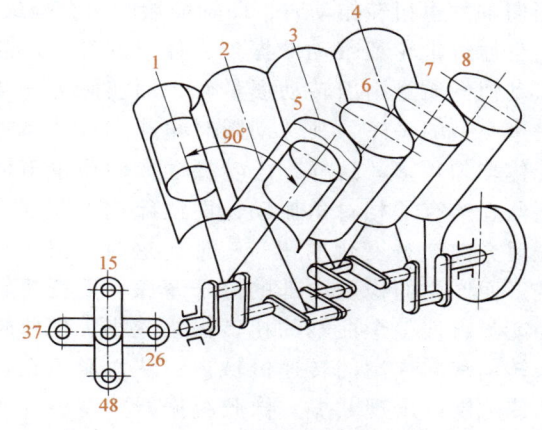

图 2-55 V 形 8 缸发动机的空间曲拐布置

表 2-4 V形8缸发动机工作循环
（发火次序：5—1—8—4—2—7—3—6）

曲轴转角/(°)		第一缸	第二缸	第三缸	第四缸	第五缸	第六缸	第七缸	第八缸
0~180	0~90	压缩	进气	排气	进气	做功	做功	排气	压缩
	90~180	做功	进气	排气	压缩	做功	排气	进气	压缩
180~360	180~270	做功	压缩	进气	压缩	排气	排气	进气	做功
	270~360	排气	压缩	进气	做功	排气	进气	压缩	做功
360~540	360~450	排气	做功	压缩	做功	进气	进气	压缩	排气
	450~540	进气	做功	压缩	排气	进气	压缩	做功	排气
540~720	540~630	进气	排气	做功	排气	压缩	压缩	做功	进气
	630~720	压缩	排气	做功	进气	压缩	做功	排气	进气

拐承受转矩的大小是周期性变化的，而曲轴后端的飞轮具有很大的惯量，转速可以看成是均匀的，所以各曲拐相对于飞轮就会发生大小和方向做周期性变化的相对扭转振动，也就是扭振。扭振时，曲轴前端的角振幅最大，如果扭振的频率与曲轴系的固有频率相等或是它的某一倍数时，就会发生共振。这不仅会引起很大的噪声，而且影响布置在曲轴前端的定时传动系统的传动精度，严重时甚至会造成曲轴断裂。为了消减曲轴的扭振，有的发动机在曲轴前端装有扭转减振器。

汽车发动机常用的曲轴扭转减振器是摩擦式减振器，其工作原理是使曲轴扭转振动能量逐渐消耗于减振器内的摩擦，从而使振幅逐渐减小。

图2-56所示为发动机曲轴上装的橡胶摩擦式扭转减振器。转动惯量较大的扭转振动惯性质量2用一层硫化橡胶层5与减振器壳体1相连。扭转振动惯性质量2和减振器壳体1都与硫化橡胶层5硫化粘接。减振器壳体的毂部用紧固螺栓3固装于曲轴前端的风扇带轮轮毂4上。当曲轴发生扭转振动时，曲轴前端的角振幅最大，而且通过带轮毂带动减振器壳体一起转动。扭转振动惯性质量则因转动惯量较大而实际上相当于一个小型的飞轮，其转动瞬时角速度也比减振器壳体均匀得多。这样，扭转振动惯性质量就同减振器壳体有了相对角振动，而使硫化橡胶层产生正反方向交替变化的扭转变形。这时，由于橡胶变形而产生的橡胶内部的分子摩擦，消耗扭转振动能量，使整个曲轴的扭转振幅减小，把曲轴共振转速移向更高的转速区域内，从而避免在常用转速范围内出现共振。橡胶减振器的主要优点是结构简单、质量小、工作可靠，所以在汽车发动

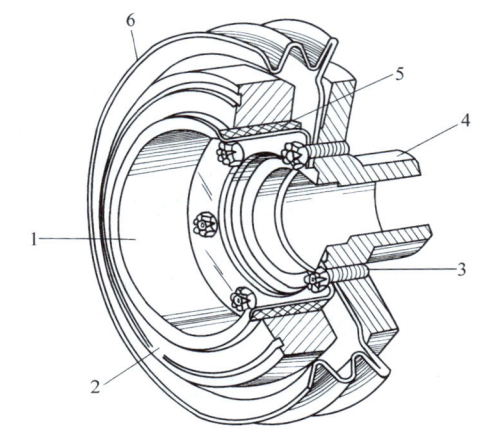

图 2-56 橡胶摩擦式扭转减振器

1—减振器壳体 2—扭转振动惯性质量 3—紧固螺栓
4—带轮轮毂 5—硫化橡胶层 6—带轮

机上应用广泛。其主要缺点是对曲轴扭转振动的衰减作用不够强，而且橡胶由于内摩擦发热升温而容易老化。

图 2-57 所示为一种干摩擦式扭转减振器。两个惯性盘 1 松套在风扇带轮轮毂上，两盘可做轴向相对移动，但不能相对转动。惯性盘的端面与带轮 6 的轮毂和平衡重 4 的端面之间都有摩擦片 5。装在两个惯性盘之间的弹簧 2 使惯性盘紧压摩擦片。在曲轴发生扭转振动时，惯性盘与带轮轮毂及平衡重发生相对角振动，靠它们与摩擦片之间的干摩擦消减振动。

图 2-58 所示为黏液摩擦式减振器示意图。由钢板冲压而成的减振器壳体 2 与曲轴连接。侧盖 3 与减振器壳体组成封闭腔，其中滑套着扭转振动惯性质量 1。惯性质量与封闭腔之间留有一定的间隙，里面充满高黏度的液体——硅油。当发动机工作时，减振器壳体与曲轴一起旋转、一起振动，惯性质量则被硅油的黏性摩擦阻尼和衬套的摩擦力所带动。由于惯性质量相当大，因此它做匀速转动，于是在惯性质量与减振器壳体之间产生相对运动。曲轴的振动能量被硅油的内摩擦阻尼吸收，使扭振逐渐消减。这种减振器的主要优点是减振性能良好，质量和容积均比较小；其主要缺点是硅油散热较差，因而容易升温而降低黏度，对曲轴的扭振衰减作用减弱。

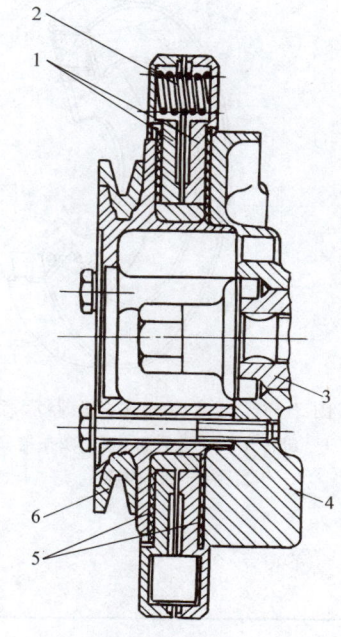

图 2-57 干摩擦式扭转减振器
1—惯性盘 2—弹簧 3—曲轴
4—平衡重 5—摩擦片 6—带轮

三、飞轮

飞轮是一个转动惯量很大的圆盘，其主要功用是将在做功行程中传输给曲轴的一部分功储存起来，用以在其他行程中克服阻力，带动曲柄连杆机构越过上、下止点，保证曲轴的旋转角速度和输出转矩尽可能均匀，并使发动机有可能克服短时间的超载荷；此外，在结构上飞轮又往往用作汽车传动系统中摩擦式离合器的驱动件。

为了保证有足够的转动惯量，并尽可能减小飞轮的质量，应使飞轮的大部分质量都集中在轮缘上，因而轮缘通常做得宽而厚。

飞轮多采用灰铸铁制造，当轮缘的圆周速度超过 50m/s 时，要采用强度较高的球墨铸铁或铸钢制造。

飞轮外缘上压有一个齿圈 15（图 2-45），可与起动机的驱动齿轮啮合，供起动发动机用。飞轮上通常刻有第一缸发火定时记号，以便校准发火时间。如图 2-59 所示，发动机发火定时记号是 $\frac{上止点}{1—6}$，这个记号与飞轮壳上的刻线对正时，即表示 1—6 缸的活塞处在上止点位置。

多缸发动机的飞轮应与曲轴一起进行动平衡，否则在旋转时因质量不平衡而产生的离心力，将引起发动机振动并加速主轴承的磨损。为了在拆装时不破坏它们的平衡状态，飞轮与曲轴之间应有严格的相对位置，因而常用定位销或不对称布置螺栓予以保证。

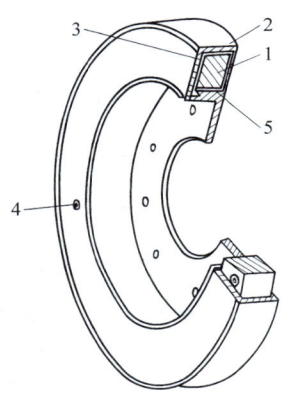

图 2-58　黏液摩擦式减振器示意图
1—扭转振动惯性质量　2—减振器壳体
3—侧盖　4—注油螺塞　5—衬套

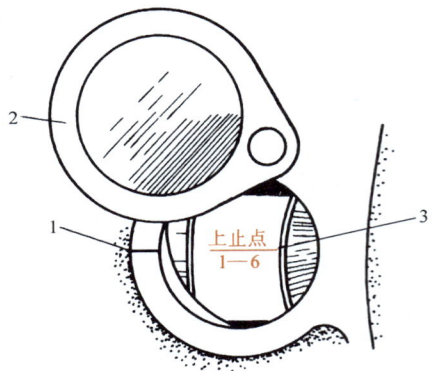

图 2-59　发动机发火定时记号
1—离合器外壳上的记号　2—观察孔盖板
3—飞轮上的记号

思 考 题

2-1　发动机机体镶入气缸套有何优点？什么是干缸套？什么是湿缸套？采用湿缸套时如何防止漏水？

2-2　曲柄连杆机构的组成和功用是什么？

2-3　扭曲环装入气缸中为什么会产生扭曲？它有何优缺点？装配时应注意什么？

2-4　曲轴为什么要轴向定位？怎样定位？为什么曲轴只能有一处定位？

2-5　浮式活塞销有什么优点？为什么要轴向定位？

2-6　曲轴上的平衡重起什么作用？为什么有的曲轴上没有平衡重？

2-7　曲轴扭转减振器起什么作用？

Chapter 3

第三章
配气机构

配气机构的功用是按照发动机每一气缸内进行的工作循环和发火次序的要求，定时开启和关闭进、排气门，使新鲜充量（汽油机为可燃混合气或空气、柴油机为空气）及时进入气缸，而废气及时从气缸排出。

新鲜充量被吸进气缸越多，则发动机可能发出的功率越大。新鲜充量充满气缸的程度，用充量系数（充气效率、容积效率）ϕ_c 表示。所谓充量系数 ϕ_c 就是发动机每一工作循环进入气缸的实际充量（新鲜可燃混合气或空气）M 与进气状态下充满气缸工作容积的理论充量 M_c 的比值，即

$$\phi_c = \frac{M}{M_c}$$

充量系数越高，表明进入气缸内的新鲜空气或可燃混合气的质量越多，可燃混合气燃烧时放出的热量越大，所以发动机发出的功率越大。对于一定工作容积的发动机而言，充量系数与进气终了时气缸内的压力和温度有关。此时压力越高，温度越低，则一定容积的气体质量越大，因此充量系数越高。由于进气系统对气流的阻力造成进气终了时气缸内气体压力降低，又由于上一循环中残留在气缸内的高温废气，以及燃烧室、活塞顶、气门等高温零件对进入气缸内新鲜气体的加热，使进气终了时气体的温度升高，实际充入气缸的新鲜气体质量总是小于在进气状态下充满气缸工作容积的新鲜气体质量。也就是说，充量系数总是小于1，一般为 0.80~0.90。影响发动机充量系数的因素很多，故提高充量系数可以从多方面入手。就配气机构而言，主要是要求其结构有利于减小进气和排气的阻力，而且进、排气门的开启时刻和持续开启时间适当，使进气和排气都尽可能充分。

第一节　气门式配气机构的布置及传动

气门式配气机构由气门组和气门传动组零件组成。配气机构可以从不同角度分类，按气门的布置形式，主要有气门顶置式和气门侧置式；按凸轮轴的布置位置，可分为凸轮轴下置式、凸轮轴中置式和凸轮轴上置式；按曲轴和凸轮轴的传动方式，可分为齿轮传动式、链传动式和带传动式；按每气缸气门数目，有二气门式、四气门式和五气门式等。

气门机构

一、气门的布置形式

1. 气门顶置式配气机构

气门顶置式配气机构应用广泛，其进气门和排气门都倒挂在气缸顶上。在图 3-1 所示的

气门顶置式配气机构中，气门组包括气门3，气门导管2，气门主、副弹簧4和5，气门弹簧座6，锁片7等；气门传动组则由摇臂轴9、摇臂10、推杆13、挺柱14、凸轮轴15和定时齿轮组成。发动机工作时，曲轴通过定时齿轮驱动凸轮轴旋转。当凸轮轴转到凸轮的凸起部分顶起挺柱时，通过推杆和调整螺钉12使摇臂绕摇臂轴摆动，压缩气门弹簧，使气门离座，即气门开启。当凸轮凸起部分离开挺柱后，气门便在气门弹簧力的作用下落座，即气门关闭。

四冲程发动机每完成一个工作循环，曲轴旋转两周，各缸的进、排气门各开启一次，此时凸轮轴只旋转一周。因此，曲轴与凸轮轴转速之比（即传动比）应为2∶1。

现代汽车发动机均采用气门顶置式配气机构。

2. 气门侧置式配气机构

气门侧置式配气机构的进气门和排气门都装置在气缸体的一侧，目前已被淘汰。

气门开启的结构有三种：摇臂驱动（图3-4a）、摆臂驱动（图3-4b）和凸轮轴直接驱动（图3-4c）。

摇臂驱动方式必须在凸轮与气门杆之间布置摇臂，通过选择摇臂两侧的长度比改变气门升程的大小。气门升程较大的发动机可以采用这种驱动方式，其结构优点是气门间隙的调整方便。但是与凸轮轴直接驱动方式相比，摇臂驱动机构比较复杂，使气缸盖总成结构不紧凑，尺寸较大；另外在发动机转速过高时，摇臂还容易产生挠曲变形。

摆臂驱动气门的配气机构比摇臂驱动方式的刚度更好，更有利于高速发动机，因此在轿车发动机上的应用比较广泛。

凸轮轴直接驱动方式不使用摇臂之类的中间机构，由凸轮轴直接驱动气门。由于不用摇臂，减少了零件数量，而且气缸盖上的布置空间比较宽敞，有利于减小气门的夹角布置，没有摇臂传动，也减少了一部分气门机构的摩擦损失。由于提高了气门机构的刚度，对于提高转速十分有利，其不足之处是这种驱动方式的气门升程不能太大，而且气门间隙调整也较困难。

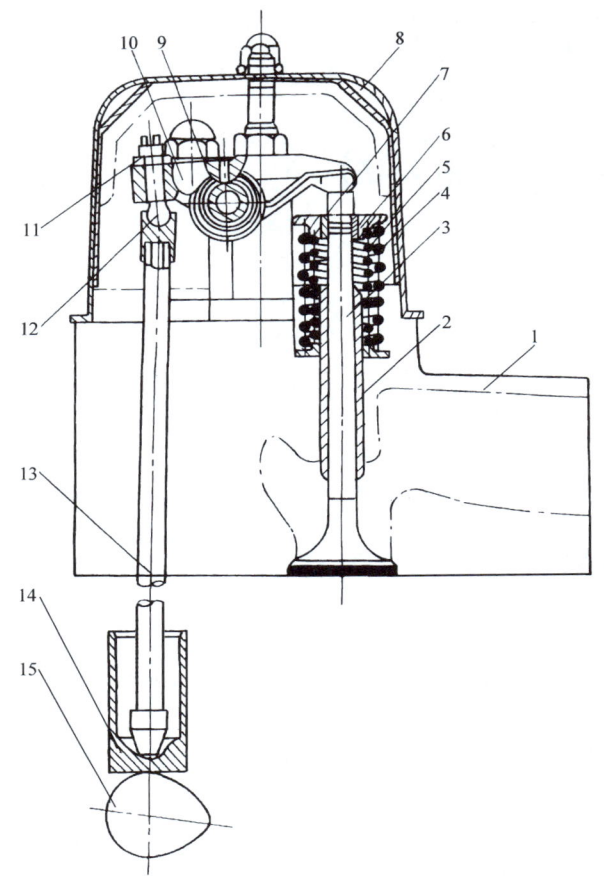

图3-1 气门顶置式配气机构

1—气缸盖 2—气门导管 3—气门 4—气门主弹簧
5—气门副弹簧 6—气门弹簧座 7—锁片 8—气门室罩
9—摇臂轴 10—摇臂 11—锁紧螺母 12—调整螺钉
13—推杆 14—挺柱 15—凸轮轴

二、凸轮轴的布置形式

凸轮轴的布置形式可以分为下置、中置和上置三种。三者都可以用于气门顶置式配气机构。

1. 凸轮轴下置式配气机构

凸轮轴位于曲轴箱内的配气机构称为凸轮轴下置式配气机构,如图3-2所示。凸轮轴下置式配气机构的主要优点是凸轮轴离曲轴近,可以只用一对齿轮传动,因而结构简单。其缺点是零件多,传动链长,整个机构的刚度差;在发动机高速运转时,可能破坏气门的运动规律,使气门无法定时启闭。

2. 凸轮轴中置式配气机构

当发动机转速较高时,为了减小气门传动机构的往复运动质量,可将凸轮轴位置移到气缸体的上部,由凸轮轴经过挺柱直接驱动摇臂而省去推杆。这种结构称为凸轮轴中置式配气机构,如图3-3所示。当凸轮轴的中心线距离曲轴中心线较远时,若仍用一对齿轮来传动,齿轮的直径必然过大。在这种情况下,一般要在中间加入一个中间齿轮(惰轮)。

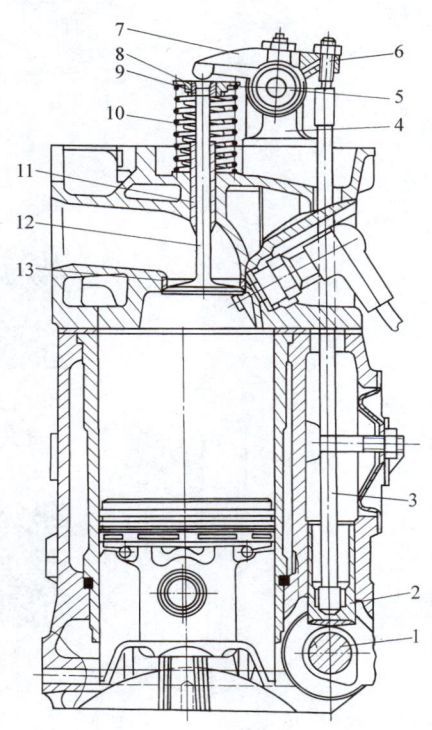

图3-2 凸轮轴下置式配气机构

1—凸轮轴 2—挺柱 3—推杆 4—摇臂轴座
5—摇臂轴 6—气门间隙调整螺钉
7—摇臂 8—气门弹簧座 9—气门锁夹
10—气门弹簧 11—气门导管
12—气门 13—气门座圈

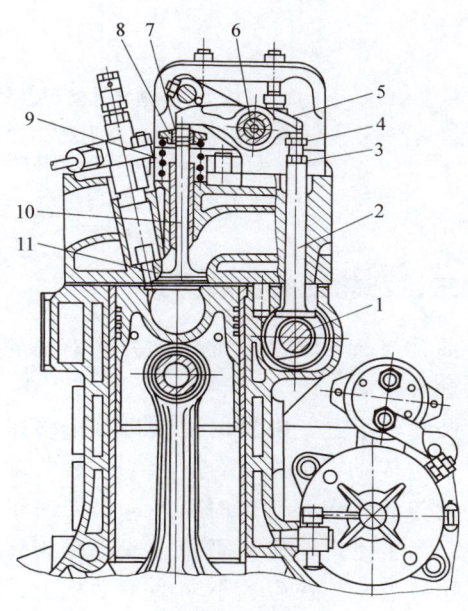

图3-3 凸轮轴中置式配气机构

1—凸轮轴 2—挺柱 3—锁紧螺母
4—气门间隙调整螺钉 5—摇臂 6—摇臂轴
7—气门锁夹 8—气门弹簧座 9—气门弹簧
10—气门 11—气门座圈

3. 凸轮轴上置式配气机构

凸轮轴上置式配气机构中的凸轮轴布置在气缸盖上,如图3-4所示。在这种结构中,凸轮轴通过摇臂、摆臂驱动气门,或直接驱动气门。这种传动机构的往复运动质量小于凸轮轴中置式配气机构,因此适用于高速发动机。但由于凸轮轴离曲轴中心线更远,因此定时传动机构更为复杂,而且拆装气缸盖也比较困难。缸径较小的柴油机的凸轮轴上置时,还会给安装喷油器带来困难。

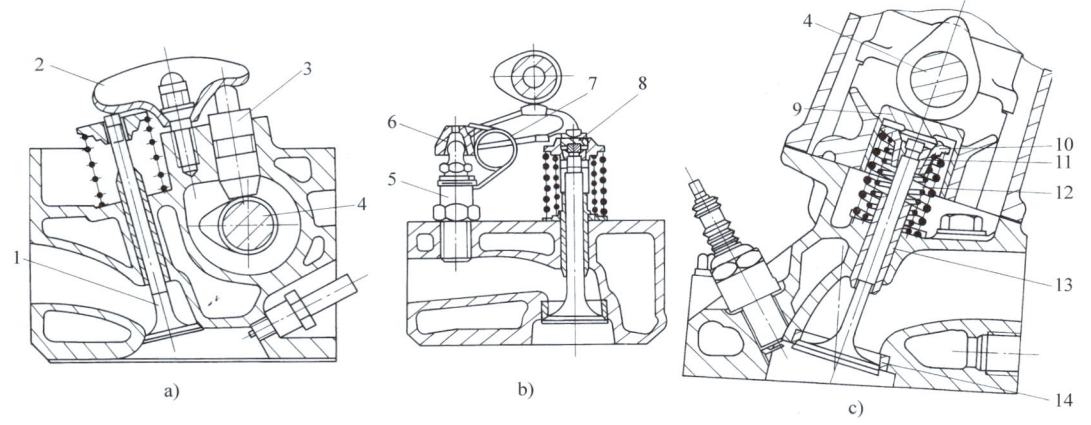

图3-4 凸轮轴上置式配气机构

a)摇臂驱动 b)摆臂驱动 c)凸轮轴直接驱动

1—气门 2—摇臂 3—液力挺柱 4—凸轮轴 5—摆臂支座 6—摆臂 7—弹簧扣
8—气门间隙调整块 9—吊杯形机械挺柱 10—气门弹簧座 11—气门锁夹
12—气门弹簧 13—气门导管 14—气门座圈

三、凸轮轴的传动方式

曲轴与凸轮轴之间的传动方式有齿轮传动、链传动和带传动。

凸轮轴下置、中置的配气机构大多采用圆柱形定时齿轮传动,如图3-5所示。一般曲轴与凸轮轴之间的传动只需一对定时齿轮,必要时可加装中间齿轮。为了使齿轮传动平稳,减小噪声,定时齿轮多采用斜齿轮。在中、小功率发动机上,曲轴定时齿轮用钢来制造,而凸轮轴定时齿轮则用铸铁或夹布胶木制造,以减小噪声。

链条与链轮的传动特别适用于凸轮轴上置的配气机构,如图3-6所示。为使链条在工作时具有一定的张力而不致脱链,装有导链板9和链条张紧器3等。链传动的主要问题是其工作可靠性不如齿轮传动。其传动性能在很大程度上取决于链条的制

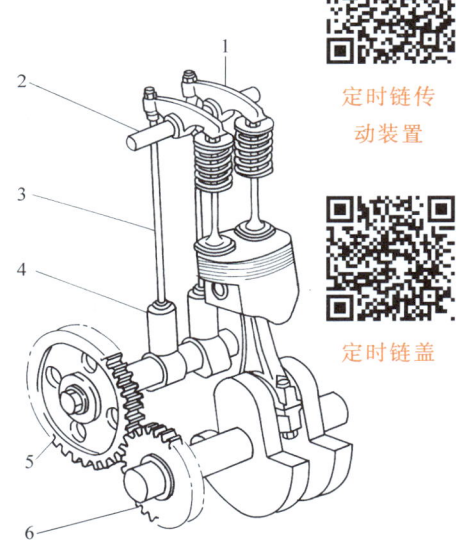

图3-5 凸轮轴的齿轮传动机构

1—摇臂 2—摇臂轴 3—推杆 4—挺柱
5—凸轮轴定时齿轮 6—曲轴定时齿轮

造质量。

近年来，在高速汽车发动机上还广泛地采用传动带来代替传动链，如图 3-7 所示。这种同步带用氯丁橡胶制成，中间夹有玻璃纤维和尼龙织物，以增加强度。采用同步带传动，对于降低噪声、减少结构质量及降低成本都有很大好处。

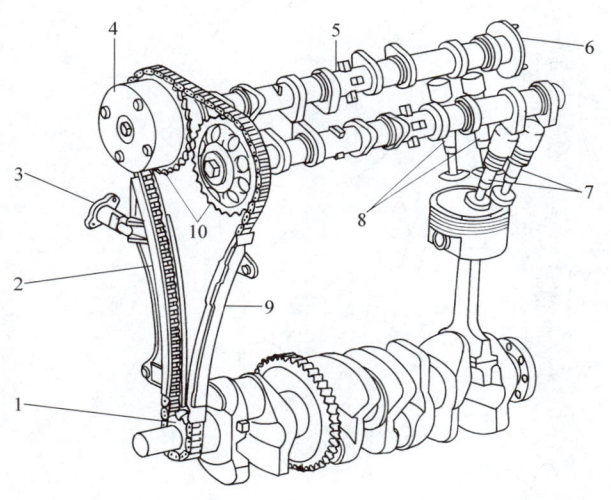

图 3-6 凸轮轴的链传动机构

1—曲轴定时链轮　2—张紧器导板　3—链条张紧器
4—智能型可变配气定时控制器　5—进气凸轮轴
6—定时转子　7—排气门　8—进气门
9—导链板　10—凸轮轴定时链轮

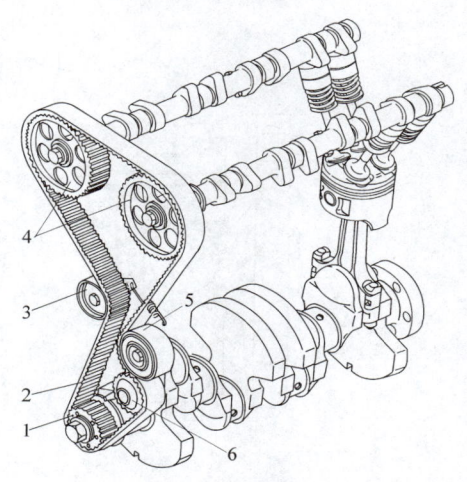

图 3-7 凸轮轴的同步带传动机构

1—曲轴定时同步带轮　2—同步带
3—张紧轮　4—凸轮轴定时同步带轮
5—中间轮　6—水泵传动同步带轮

四、链（带）传动的张紧机构

1. 链传动的机械自动张紧机构

为了防止链条振抖，链传动装置中都设有导链板和张紧装置（链条张紧器）。图 3-8 所示为重型链传动双棘爪式链条自动张紧机构。当链传动机构的相对脉冲负荷较大时，这种形式的链轮张紧器比轨道-摩擦式张紧器可靠。该张紧器包括凸缘安装块 1，其凸出部分为矩形截面；圆柱形的滑动块 2 上开有一个狭长的矩形中心槽与凸缘安装块 1 相配合。滑动块 2 的外圆柱面与链轮的内圆面配合并支撑链轮，其中预紧弹簧 12 安装在凸缘安装块 1 矩形截面一端的孔内。因此，预紧弹簧 12 推动滑动块 2 和链轮 6 紧紧地压靠在链条上，保证其张紧状态。矩形的双棘爪壳体 3 与凸缘安装块 1 的末端用螺钉固定，同时一对弓形棘爪板 5 在双棘爪壳体 3 的两侧被紧固到滑动块 2 上。这样它限制了滑动块 2 和链轮 6 各自的轴向窜动。棘爪 10 在中心撑簧 4 的作用下向外移动，直到它们与弓形棘爪板 5 的齿相啮合。当链条磨损后伸长时，位于凸缘安装块 1 和滑动块 2 之间的预紧弹簧 12 推动滑动块 2 和链轮 6 压向链条，以补偿链条增加的松弛量。当滑动块 2 逐渐移动时，棘爪 10 在弓形棘爪板 5 的齿上前移，直至它们在下一个齿上相啮合。张紧器链轮仅允许朝链条方向移动，防止链条反弹时后退。

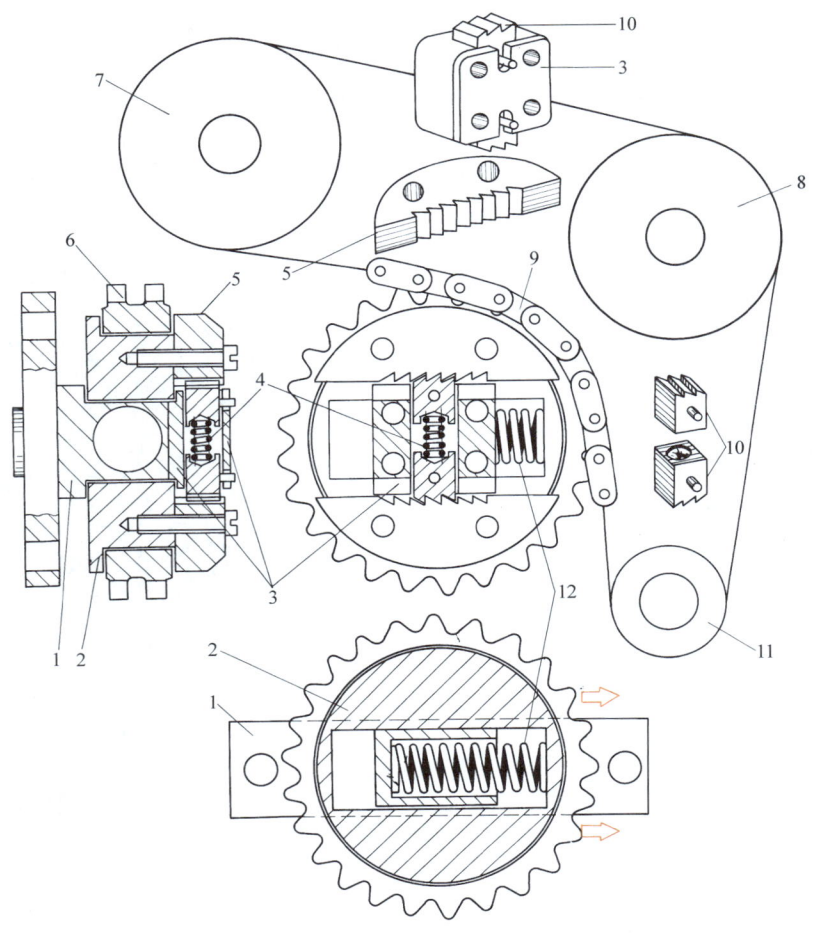

图 3-8 重型链传动双棘爪式链条自动张紧机构
1—凸缘安装块 2—滑动块 3—双棘爪壳体 4—中心撑簧 5—弓形棘爪板
6—链轮 7—凸轮轴链轮 8—喷油泵链轮 9—滚子链 10—棘爪
11—曲轴链轮 12—预紧弹簧

图 3-9 所示为棘齿带-棘齿块式链条自动张紧机构,由固定臂 2 和铰接臂 7、预紧弹簧 5、导向销 6、尼龙棘齿带 1 和棘齿块 4 等组成。棘齿块楔在固定臂 2 和铰接臂 7 之间,预紧弹簧 5 压在棘齿块 4 上。当链条松弛时,预紧弹簧的推力迫使滑块 8 摆动靠向链条,以消除链条的松弛。棘齿块弧线的一侧紧靠着倾斜的固定臂,而另一侧通过棘齿块上的棘齿和铰接臂上的棘齿带啮合。因此,随着链条松弛度的增加,两个臂进一步分离时,棘齿块在固定臂的斜面和铰接臂的棘齿带之间进一步滑下,以啮合下一个邻近的齿。如果链条的反向力试图强迫这两臂聚拢时,紧靠的反力柱 3 使得已经啮合的棘齿块的棘齿与棘齿带的棘齿相互锁紧。这种类型的张紧器不依赖很大的弹簧力就可消除链条的松弛度,因此不会使链条张紧过度。这种张紧器可通过一个橡胶滑块或间接地通过一个铰接的橡胶滑轨自动工作。

2. 链传动的液压自动张紧机构

图 3-10 所示为液压柱塞控制式链条自动张紧机构，其单向柱塞向外的推力以及链条的张紧力可保持常数。该张紧器是由拧进气缸盖中的柱塞套 7、支承单向阀 3 的盖螺母 1、柱塞 6、预紧弹簧 4 及溢流阀 8 等组成。预紧弹簧 4 对柱塞 6 施加的轴向推力迫使它将张紧滑轨 10 轻压到滚子链 11 上。当发动机运行时，来自发动机润滑系统的机油从气缸盖的油道、张紧器的柱塞套和盖螺母 1 并通过单向阀 3 进入柱塞腔。柱塞套 7 内建立的初始机油压力迫使柱塞 6 向右移动，引起张紧滑轨 10 摆动，使链条张紧。当达到最大压力时，溢流阀 8 开启，将多余的机油溅到张紧滑轨 10 上。柱塞 6 与柱塞套 7 之间的润滑，是通过它们之间的滑动间隙内持续不断地泄漏机油实现的。当链条松弛时，通过柱塞逐渐外移使链条的松弛度最小。链条的反向力由柱塞 6 和柱塞套 7 之间存在的机油吸收。位于预紧弹簧内部的减容器 5 可以减小柱塞套 7 和中空的柱塞 6 之间形成的容积，因此，它可以使压力油快速充满。

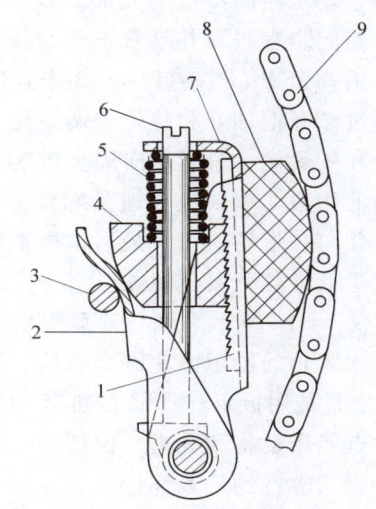

图 3-9　棘齿带-棘齿块式链条自动张紧机构

1—棘齿带　2—固定臂　3—反力柱　4—棘齿块
5—预紧弹簧　6—导向销　7—铰接臂
8—滑块（氯丁橡胶）　9—滚子链

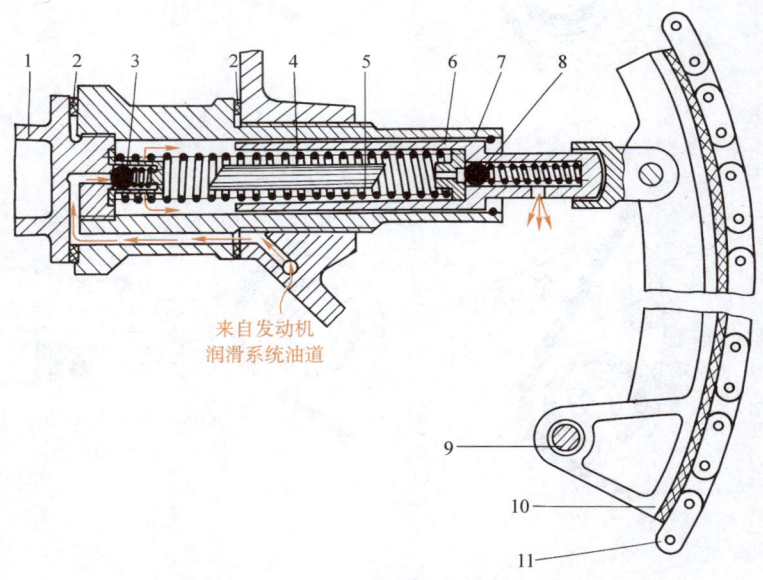

图 3-10　液压柱塞控制式链条自动张紧机构

1—盖螺母　2—密封圈　3—单向阀　4—预紧弹簧　5—减容器　6—柱塞
7—柱塞套　8—溢流阀　9—枢轴　10—张紧滑轨　11—滚子链

3. 同步带传动的张紧机构

图 3-11 和图 3-12 所示为同步带张紧机构。在图 3-11a、b、c 中，弹簧力使调整枢轴板 1

把张紧轮压向同步带的光面,以精确测量带的张紧度,这些弹簧给枢轴板1加上恒定的转矩,使同步带张紧并具有正确的张紧力。产生枢轴摆动的弹簧力可由不同类型的弹簧获得:①压缩弹簧2(图3-11a);②张紧弹簧14(图3-11b);③扭簧9(图3-11c)。同步带8的张紧通过松开枢轴6和狭长的调整孔15内的锁紧螺母7实现。调整时使预紧的弹簧摆动枢轴板1和张紧轮5紧紧靠向同步带8的光面,这样弹簧力通过张紧轮施加到同步带8上,实现正确的张紧。枢轴板被锁紧螺母7紧固,然后将曲轴带轮完整地转过两圈,使同步带8归位,并与各带轮对齐;最后,枢轴板锁紧螺母7应再一次完全放松,然后再拧紧,以使枢轴板位于其最佳张紧位置。

图3-11d所示为偏心轴套调整式张紧器。这时同步带8的张紧是利用偏心轴套11进行的,张紧轮的轴承内座圈套在偏心轴套11上,后者用固紧螺柱和锁紧螺母12固定。同步带8的张紧是用扳手转动偏心轴套11上的六角形轴套头,直至同步带8在曲轴和凸轮轴之间的中点能用食指和大拇指扭转90°,然后偏心轴套被固定在这个调整完毕的位置上,并充分拧紧固紧螺柱的锁紧螺母。

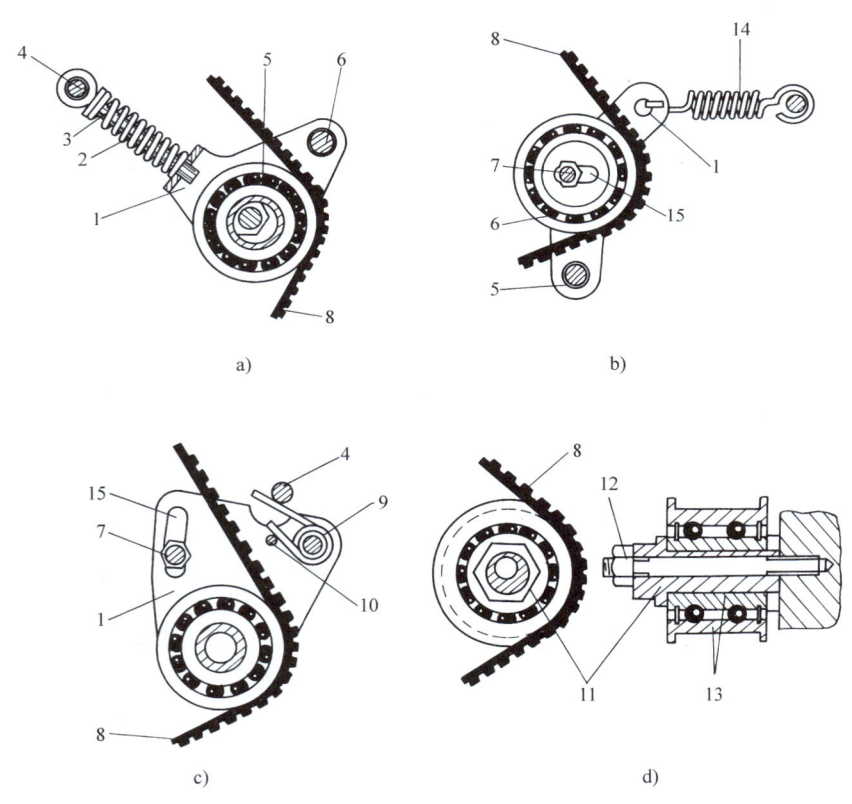

图3-11 同步带张紧机构(1)

a)压缩弹簧预紧式枢轴板张紧器 b)张紧弹簧预紧式枢轴板张紧器
c)扭簧预紧式枢轴板张紧器 d)偏心轴套调整式张紧器

1—枢轴板 2—压缩弹簧 3—导向销 4—反力柱 5—张紧轮 6—枢轴 7—锁紧螺母
8—同步带 9—扭簧 10—反力柱销 11—偏心轴套 12—固紧螺柱和锁紧螺母
13—滚珠轴承内外座圈 14—张紧弹簧 15—狭长的调整孔

图 3-12 所示为弹簧加载的滑板式带传动的张紧机构。其中，图 3-12a 所示张紧器的张紧轮 4 通过一个轴承支柱 2 安装在滑动板 3 上。同步带 5 的张紧是通过松开紧固在狭长调整孔中的螺栓或螺母使预紧的压缩弹簧 6 伸展，直至以预定的力把张紧轮推向同步带 5 的光面，然后再次拧紧锁紧螺母，以使滑动板 3 维持在其调整好的位置上。另一种同步带 5 的张紧轮有一个凸轮 8，在调整之前，释放同步带上的张力，以便它可轻松地滑落或推向带槽的张紧轮而不破坏同步带 5 的纤维结构，如图 3-12b 所示。因此，在拆卸同步带 5 之前，松开三个滑动板螺母，顺时针旋转方头凸轮芯轴 7，直至凸轮 8 压缩预紧的弹簧。与此同时，移动滑动板 3 远离同步带 5，拧紧凸轮芯轴锁紧螺母 9。然后同步带 5 可很容易地从张紧轮 4 上取出。一旦同步带 5 被更换，再次松开方头凸轮芯轴 7 的锁紧螺母 9，逆时针旋转方头凸轮芯轴 7 直至凸轮 8 呈水平位置。这样就释放了预紧的弹簧，以便它能再次使滑动板 3 能自由地朝同步带 5 移动，直至张紧轮 4 对同步带 5 加载并把它张紧。然后应按正常的旋转方向把曲轴完整地转动两周来归位同步带 5。最后松开滑动板锁紧螺母，然后再紧固，以便滑动板和张紧轮总成在同步带重新对齐后有机会重新定位。

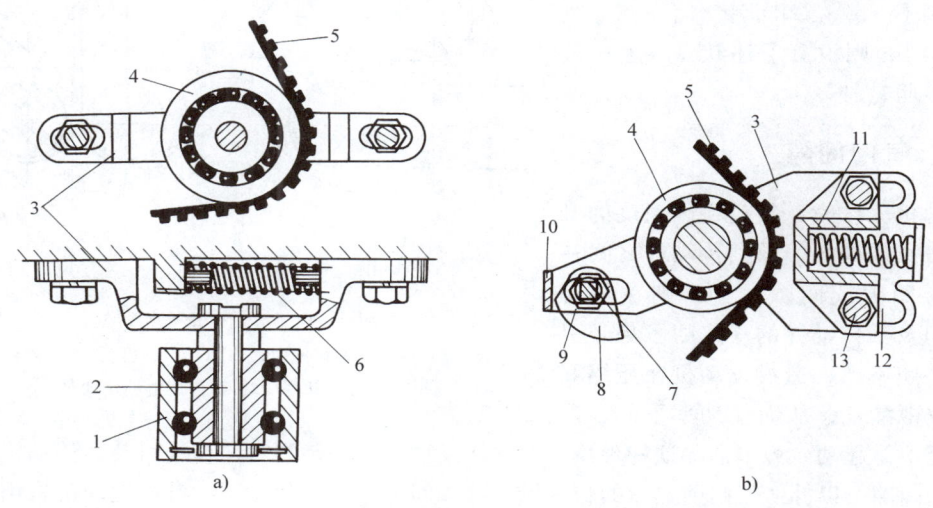

图 3-12 同步带张紧机构（2）
a）压缩弹簧滑板式张紧器 b）凸轮滑板式张紧器
1—张紧轮轴承 2—轴承支柱 3—滑动板 4—张紧轮 5—同步带 6—预紧的压缩弹簧
7—方头凸轮芯轴 8—凸轮 9、13—锁紧螺母 10—凸轮反力片 11—弹簧座 12—狭长调整孔

五、每缸气门数及其排列方式

一般发动机都采用每缸两个气门，即一个进气门和一个排气门的结构。为了进一步改善气缸的换气，在可能的情况下，应尽量加大气门的直径，特别是进气门的直径。但是，由于燃烧室尺寸的限制，气门直径最大一般不能超过气缸直径的一半。当气缸直径较大，活塞平均速度较高时，每缸一进一排的气门结构就不能保证良好的换气质量。因此，在很多新型汽车发动机上多采用每缸 4 气门，甚至 5 气门的结构，即 2~3 个进气门和 2 个排气门。采用这种结构形式后，进气门总的通过面积较大，充量系数较高，排气门的直径可适当减小，使其工作温度相应降低，提高了工作可靠性。此外，采用四气门后，还可适当减小气门升程，

改善配气机构的动力性，多气门的汽油机还有利于改善 HC 与 CO 的排放。

当每气缸用两个气门时，为使结构简化，大多数采用气门沿机体纵向轴线排成一列的方式。这样，相邻两缸的同名各气门就有可能合用一个气道，以使气道简化并得到较大的气道通过截面；另一种是将进、排气门交替布置，每缸单独用一个气道，这样有助于气缸盖冷却均匀。柴油机的进、排气道一般分置于机体的两侧，以免排气对进气加热。老式汽油机的进、排气道通常置于机体的同一侧，以便进气受到排气的预热。

当每缸采用四个气门时，气门排列的方案有两种：①同名气门排成两列（图 3-13a），由一个凸轮通过 T 形驱动杆同时驱动，并且所有气门都可以由一根凸轮轴驱动，两同名气门在气道中的位置不同，可能会使两者的工作条件和工作效果不一致；②同名气门在同一列（图 3-13b），则没有上述缺点，但一般要用两根凸轮轴。

六、气门间隙

发动机工作时，气门将因温度的升高而膨胀。如果气门及其传动件之间在冷态时无间隙或间隙过小，则在热态下，气门及其传动件的受热膨胀势必引起气门关闭不严，造成发动机在压缩和做功行程中漏气，从而使功率下降，严重时甚至不易起动。

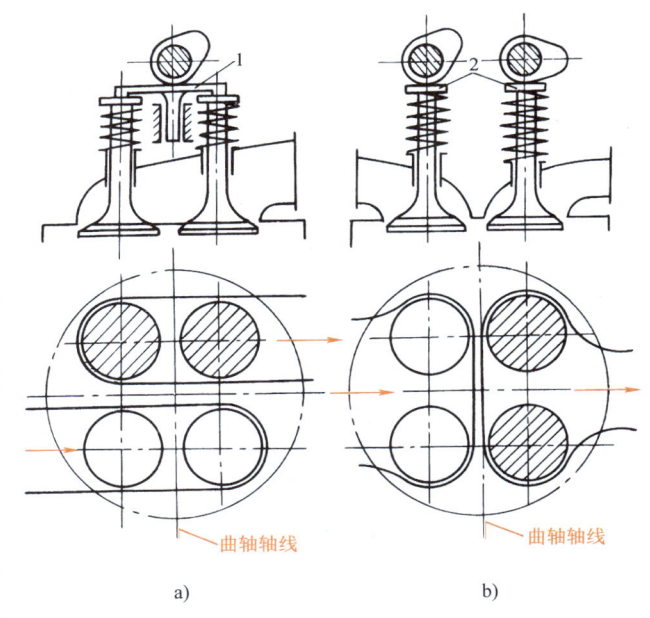

图 3-13　四气门机构的布置
a）同名气门排成两列　b）同名气门排成一列
1—T 形驱动杆　2—气门尾端的从动盘

为了消除这种现象，通常在发动机冷态装配时，在气门及其传动机构中留有一定的间隙，以补偿气门受热后的膨胀量。这一间隙称为气门间隙。有的发动机采用液力挺柱，挺柱的长度能自动变化，随时补偿气门的热膨胀量，故不需要预留气门间隙。某些发动机上设有气门间隙调节器，在安装时要保证摇臂凸耳与气门弹簧座之间的间隙大于 1.25mm。

气门间隙的大小一般由发动机制造厂根据试验确定。在冷态时，进气门的间隙一般为 0.25~0.3mm，排气门的间隙为 0.3~0.35mm。如果间隙过小，发动机在热态下可能发生漏气，导致功率下降甚至气门烧坏。如果气门间隙过大，则使传动零件之间以及气门和气门座之间产生撞击声，而且加速磨损，同时也会使气门开启的持续时间减少，气缸的充气及排气情况变坏。

第二节　配气定时

一、配气定时工作原理

配气定时就是进、排气门的实际开闭时刻，通常用相对于上、下止点曲拐位置的曲轴转角的环形图来表示。这种图形称为配气定时图（图 3-14）。

理论上四冲程发动机的进气门应在曲拐位于上止点时开启，在曲拐转到下止点时关闭；排气门则在下止点时开启，在上止点时关闭。进气时间和排气时间各占180°曲轴转角。但实际发动机的曲轴转速都很高，活塞每一个行程历时都很短，例如，某轿车发动机在最大功率时的转速为5600r/min，一个行程历时仅为60/(5600×2)s＝0.0054s。这样短时间的进气或排气过程，往往会使发动机充气不足或排气不净，从而使发动机的功率下降。因此，现代发动机都采用延长进、排气时间的方法，即气门的开启和关闭时刻并不正好是曲拐处在上止点和下止点的时刻，而是分别提前和延迟一定的曲轴转角，以改善进、排气状况，从而提高发动机的动力性。

如图3-14所示，在排气行程接近终了，活塞到达上止点之前，即曲轴转到曲拐离上止点的位置还差一个角度 α 时，进气门便开始开启，直到活塞过了下止点重又上行，即曲轴转到曲拐超过下止点位置以后一个角度 β 时，进气门才关闭。这样，整个进气行程持续时间相当于曲轴转角 $180°+\alpha+\beta$。α 角一般为 $10°\sim30°$，β 角一般为 $40°\sim80°$。

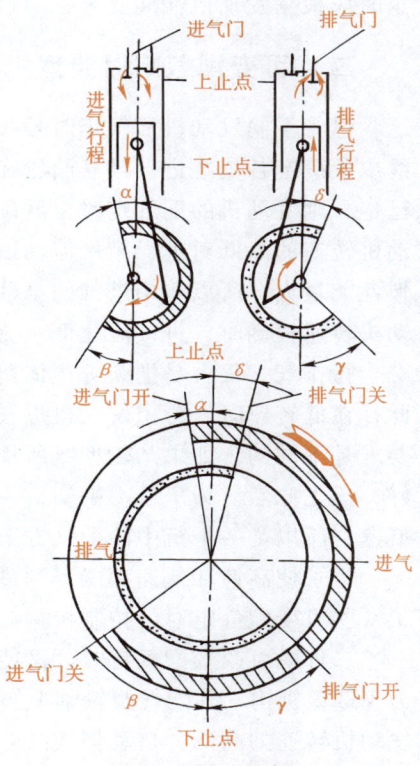

图3-14 配气定时图

进气门提前开启的目的，是为了保证进气行程开始时进气门已开大，新鲜气体能顺利地充入气缸。当活塞到达下止点时，气缸内压力仍低于大气压力，在压缩行程开始阶段，活塞上移速度较慢的情况下，仍可以利用气流惯性和压力差继续进气，因此进气门晚关一点是有利于充气的。

同样，做功行程接近终了，活塞到达下止点前，排气门便开始开启，提前开启的角度 γ 一般为 $40°\sim80°$。经过整个排气行程，在活塞越过上止点后，排气门才关闭，排气门关闭的延迟角 δ 一般约为 $10°\sim30°$。整个排气过程的持续时间相当于曲轴转角 $180°+\gamma+\delta$。

排气提前开启的原因是：当做功行程的活塞接近下止点时，气缸内的气体虽有 $0.3\sim0.4$MPa 的压力，但就活塞做功而言，作用不大，这时若稍开排气门，大部分废气在此压力作用下可迅速自缸内排出；当活塞到达下止点时，气缸内压力已大大下降（约为0.115MPa），这时排气门的开度进一步增加，从而减少了活塞上行时的排气阻力，高温废气迅速排出，还可防止发动机过热。当活塞到达上止点时，燃烧室内的废气压力仍高于大气压力，加之排气时气流有一定的惯性，所以排气门迟一点关，可以使废气排放得较干净。

由图3-14可见，由于进气门在上止点前即开启，而排气门在上止点后才关闭，这就出现了一段时间内排气门和进气门同时开启的现象。这种现象称为<u>气门重叠</u>，重叠时期的曲轴转角称为<u>气门重叠角</u>。由于新鲜气流和废气流的流动惯性都比较大，在短时间内是不会改变流向的，因此只要气门重叠角选择适当，就不会有废气倒流入进气管和新鲜气体随同废气排出的可能性，这对换气是有利的。但应注意，如果气门重叠角过大，当汽油机小负荷运转、进气管内压力很低时，就可能出现废气倒流，使进气量减少。

对于不同发动机，由于结构形式、转速各不相同，因此配气定时也不相同。合理的配气定时应根据发动机性能要求，通过反复试验确定。

二、可变配气定时典型机构

尽管不同发动机配气定时是根据试验而取得的最佳配气定时，从而成为设计配气凸轮型线以及确定各气缸进、排气凸轮在凸轮轴上相对位置的依据，但实际上，当配气凸轮轴设计已定，则发动机的配气定时也就确定下来了，在发动机运转过程中是不能改变的。然而，发动机转速的高低对进、排气流动以及气缸内燃烧过程是有影响的。转速高时，进气流速高，惯性能量大，所以希望进气门早些打开，晚些关闭，尽量多进一些混合气或空气；反之在发动机转速较低时，进气流速低，流动惯性能量也小，如果进气门过早开启，由于此时活塞正在上行排气，很容易把新鲜气体挤出气缸，使进气反而减少，发动机工作更趋于不稳定。因此，在低转速时，希望发动机进气门稍晚些开启。所以，发动机转速不同时，对配气定时的要求是不同的。如果凸轮型线所规定的配气定时适用于高速，那么在低速时，性能就不会太好；反之亦然。为了取得平衡，一般凸轮型线设计时，配气定时既要照顾到高速，又要兼顾低速，所以是一个折中的配气方案，很难达到真正的最佳配气定时。

为了使高速和低速都能得到最佳的配气定时，20世纪80年代后，在轿车发动机上出现了一些可变配气定时的控制机构。

一种既可改变配气定时，又能改变气门运动规律的可变配气定时-升程的控制机构，称为VTEC机构。其配气凸轮轴上布置了高速和低速两种凸轮，采用了设计特殊的摇臂，根据发动机转速的高低，自动切换凸轮，使摇臂分别被高速凸轮或低速凸轮驱动。由于凸轮的更换，从而实现了配气定时和气门运动规律均可变化的目的，其工作原理如图3-15所示。凸轮轴9上的高速凸轮11处在中摇臂2的位置，左右各有一个低速凸轮10和12，分别处在主摇臂8和次摇臂3的位置，在三个摇臂内装有同步柱塞4和5、定时柱塞6以及阻挡柱塞13。在转速低于6000r/min时（图3-15b），同步柱塞不移动，主、次摇臂驱动两个气门。当

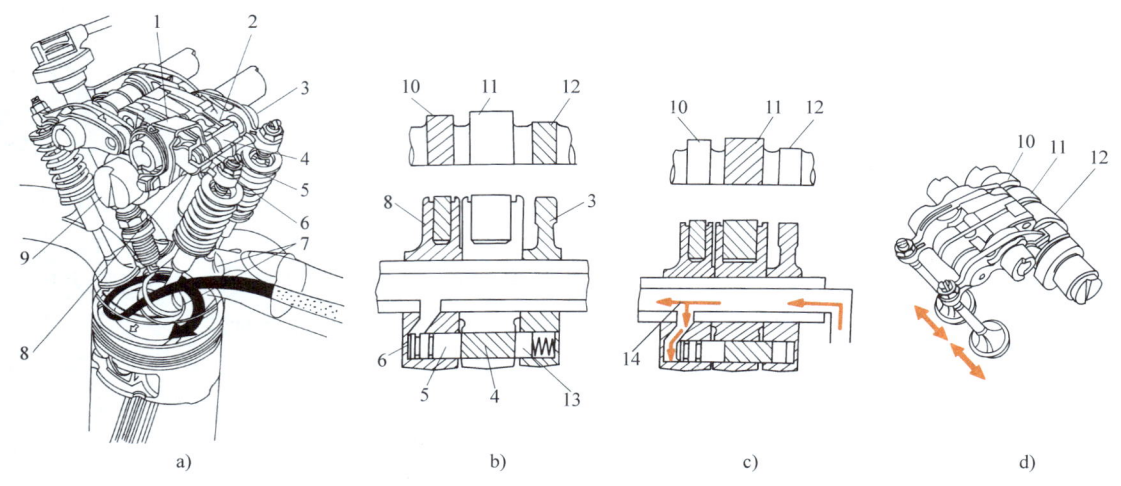

图3-15 VTEC机构工作原理

a) VTEC工作原理 b) 低转速时 c) 高转速时 d) VTEC机构轴测图
1—定时板 2—中摇臂 3—次摇臂 4、5—同步柱塞 6—定时柱塞 7—进气门 8—主摇臂
9—凸轮轴 10、12—低速凸轮 11—高速凸轮 13—阻挡柱塞 14—机油流

转速高于6000r/min时（图3-15c），在压力机油的作用下，定时柱塞6移动，并推动同步柱塞4和5移动，将中摇臂2与主、次摇臂锁在一起，三个摇臂一道在高速凸轮的驱动下驱动气门，而高速凸轮两边的低速凸轮则随凸轮轴空转。这种机构在某汽车品牌的1.8L 4缸直列式轿车汽油机上得到了应用。

另一种配气定时可变机构如图3-16所示。链轮驱动的主要零部件包括外螺旋内直齿花键定时套筒10、外部直齿花键轴2安装在凸轮轴上，以及控制柱塞3和外部控制电磁阀4（图3-16a）。当发动机工作时，电磁阀杆缩回，在压力作用下，发动机润滑机油从轴承座进入凸轮轴，并沿轴向流向凸轮轴的左端，然后被径向转移到花键轴2的外表面以及控制柱塞3的孔内，最终通过柱塞侧面的溢流孔流入油底壳。在某些预定的转速和负荷工况下，电磁阀由电控汽油喷射系统和点火管理系统激励，如图3-16b所示，它使电磁阀杆伸出，推动控

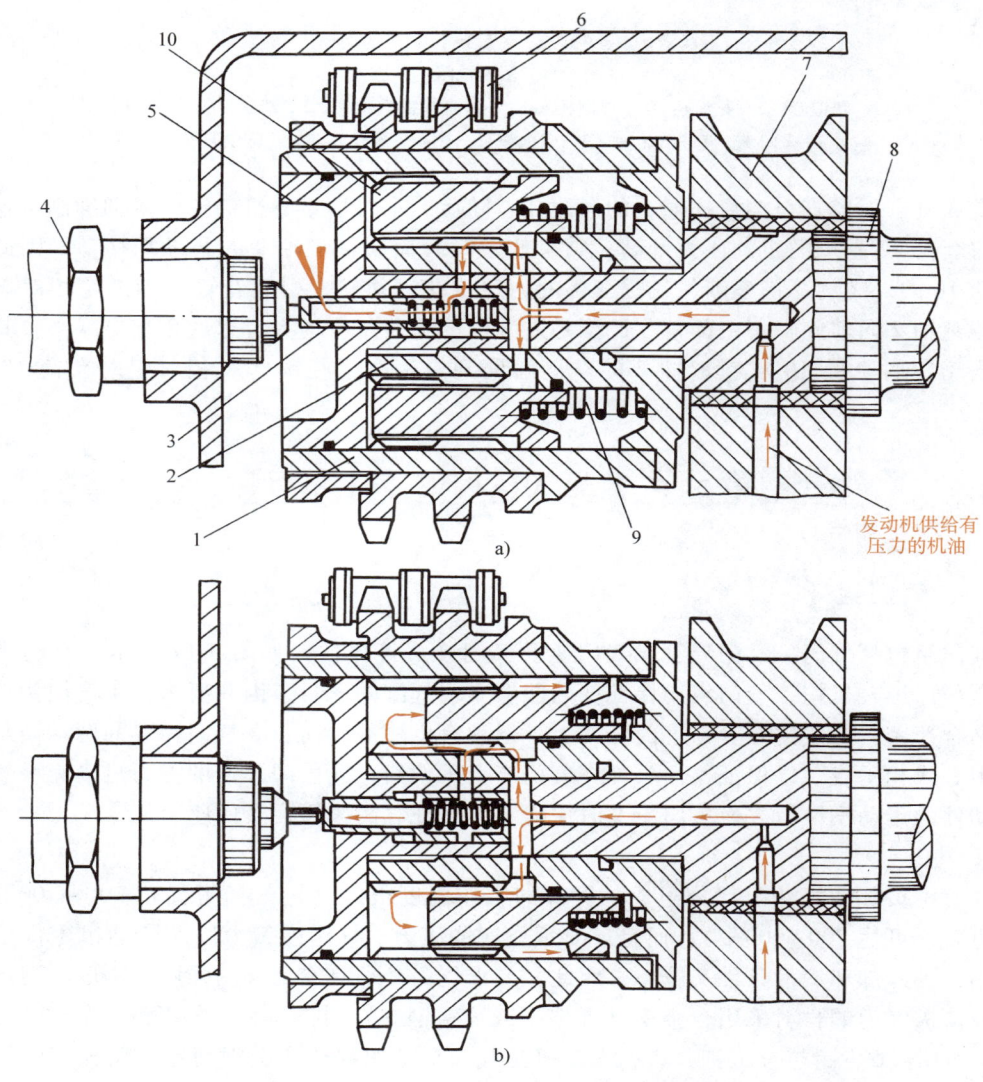

图3-16 可变气门定时机构工作原理
a) 最小重叠位置 b) 最大重叠位置

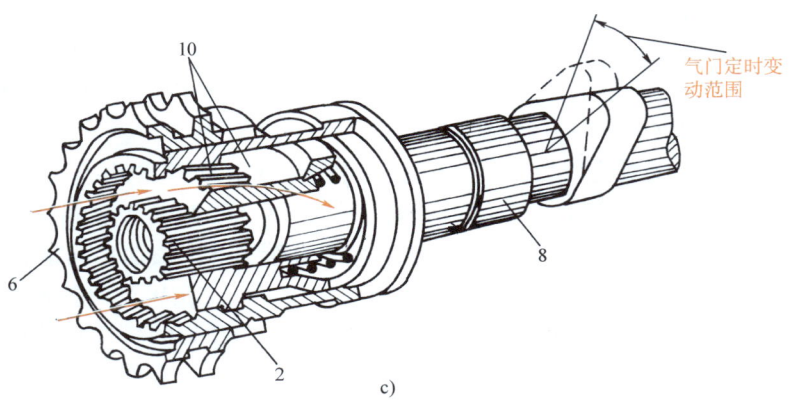

图 3-16　可变气门定时机构工作原理（续）
c）轴测视图
1—花键套　2—花键轴　3—控制柱塞　4—外部控制电磁阀　5—端盖　6—驱动链轮
7—轴承座　8—凸轮轴　9—回位弹簧　10—外螺旋内直齿花键定时套筒

制柱塞 3 进入端盖直至挡住柱塞上的溢流孔。随后，来自柱塞的机油流动受到抑制，这会导致定时套筒 10 左侧的机油压力升高，结果使定时套筒向花键轴 2 的凸缘端移动，因此，定时套筒 10 的外螺旋花键逐渐使花键套 1 的内螺旋花键扭转，引起花键套和链轮相对于凸轮轴的花键轴 2 向前旋转一定的角度。于是进气门的提前角将增大，迟后角相应减小，其增减量相当于定时套筒 10 从花键轴 2 的左侧滑动到右侧时，花键套 1 相对定时套筒 10 的扭转角。

第三节　配气机构的零件和组件

一、气门组

气门组包括气门、气门导管、气门座及气门弹簧等零件，如图 3-17 所示。有的进气门还设有气门旋转机构。气门组应保证气门能够实现气缸的密封，因此要求：①气门头部与气门座贴合严密；②气门导管与气门杆的上下运动有良好的导向；③气门弹簧的两端面与气门杆的中心线相垂直，以保证气门头部在气门座上不偏斜；④气门弹簧的弹力足以克服气门及其传动件的运动惯性力，使气门能及时关闭，并保证气门紧压在气门座上。

1. 气门

气门由头部和杆部两部分组成。头部的工作温度很高（进气门可高达 300~400℃，排气门更高，可达 700~900℃），而且还要承受气体压力、气门弹簧力以及传动组零件惯性力的作用，其冷却和润滑条件又较差，因此，要求气门必须具有足够的强度、刚度、耐热和耐磨能力。进气门的材料采用合金钢（如铬钢或镍铬钢等），排气门则采用耐热合金钢（硅铬钢等）。为了节省耐热合金钢，有的发动机排气门头部用耐热合金钢制造，而杆部则用铬钢制造，然后将两者焊在一起。

气门头部的形状有平顶、球面顶和喇叭形顶等，如图 3-18 所示。目前使用最多的是平

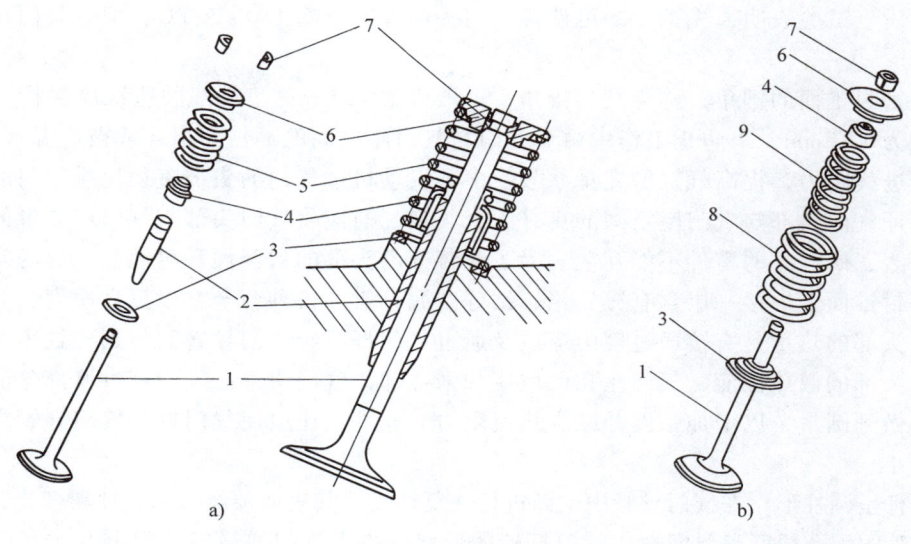

图 3-17 气门组
a) 单气门弹簧 b) 双气门弹簧
1—气门 2—气门导管 3—下气门弹簧座 4—气门油封 5—气门弹簧
6—上气门弹簧座 7—气门锁夹 8—外气门弹簧 9—内气门弹簧

顶气门（图 3-18a）。平顶气门结构简单，制造方便，吸热面积小，质量也小，进、排气门都可以采用。**球面顶气门**（图 3-18c）适用于排气门，因为其强度高，排气阻力小，废气的清除效果好；但球面的受热面积大，质量和惯性力大，加工较复杂。**喇叭形顶气门**（图 3-18b）头部与杆部的过渡部分具有一定的流线型，可以减少进气阻力；但其顶部受热面积大，故适用于进气门，而不宜用于排气门。气门头部的热负荷是相当高的，而且散热条件很差，仅靠与气门座圈的接触来间歇传热，因此一些热负荷非常严重的柴油机，气门采用充钠气门，即气门做成空心，空腔的一半充以熔点为 97.8℃ 的金属钠（图 3-18d），在气门工作温度下钠处于液态，当气门往复运动时钠剧烈晃动，将气门头部的热量迅速传给杆部，再经气门导管传

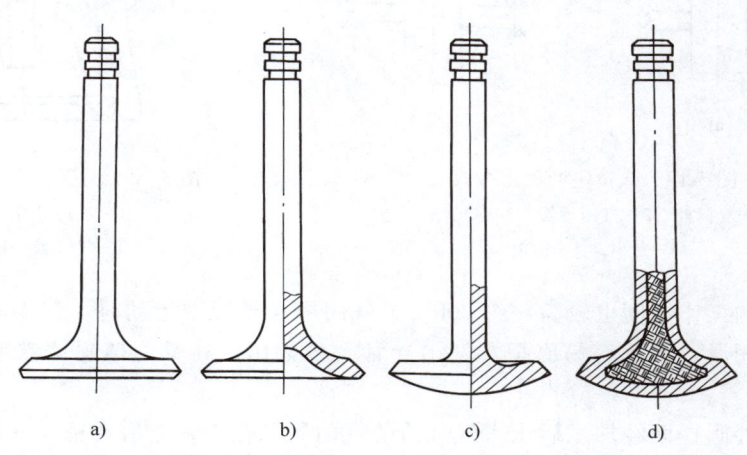

图 3-18 气门头部的结构形式
a) 平顶气门 b) 喇叭形顶气门 c) 球面顶气门 d) 充钠气门

给冷却介质。试验表明，充钠冷却可使排气门头部温度下降150~200℃；但是气门杆温度下降不多。

气门密封锥面的锥角，称为**气门锥角**，一般做成45°。气门头部的边缘应保持一定的厚度，一般为1~3mm，以防止工作中由于气门与气门座之间的冲击而损坏或被高温气体烧蚀。为了减少进气阻力，提高气缸的充量系数，多数发动机进气门的头部直径比排气门的大。

为保证气门头部与气门座之间的良好配合，装配前应将气门头部与气门座二者的密封锥面互相研磨，研磨好的零件不能互换。为了改善气门头部的耐磨性和耐蚀性，有的发动机在排气门密封锥面上焊接一层含有镍、铬、钴等金属元素的特种合金，以提高硬度。

气门头部的热量是直接通过气门座以及通过气门杆，经气门导管而传到气缸盖的。为了提高气门头部的散热性能，气门座孔区域应加强冷却，气门头部向气门杆过渡部分的几何形状应尽量做到圆滑，以增加强度并减少热流阻力。此外，还应使气门杆与气门导管之间的间隙尽可能小。

气门杆呈圆柱形，在气门导管中不断进行往复运动。其表面须经过热处理和磨光，以保证与气门导管的配合精度和耐磨性。气门杆端的形状取决于气门弹簧座的固定方式（图3-19）。常用的结构是用剖分成两半的锥形锁片4来固定弹簧座3（图3-19a）。这时，气门杆1的端部可车出环槽来安装锁片。某些发动机的气门弹簧座用锁销5来固定（图3-19b），故其气门杆端部有一个用来安装锁销的径向孔。

2. 气门导管

气门导管的功用是**起导向作用，保证气门做直线往复运动，使气门与气门座能正确贴合**。此外，气门导管还在气门杆与气缸盖之间起导热作用，其结构如图3-20所示。

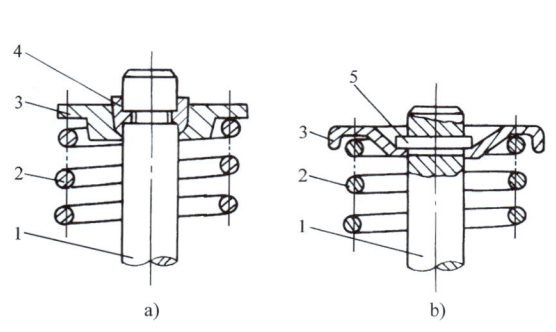

图3-19 弹簧座的固定方式
1—气门杆 2—气门弹簧 3—弹簧座
4—锁片 5—锁销

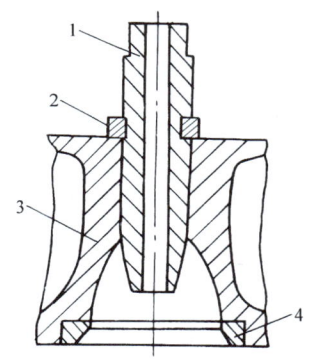

图3-20 气门导管和气门座的结构
1—气门导管 2—卡环
3—气缸盖 4—气门座

气门导管的工作温度也较高，约200℃。气门杆在导管中运动时，仅靠配气机构飞溅出来的机油进行润滑，因此容易磨损。气门导管大多数用灰铸铁、球墨铸铁或铁基粉末冶金制造。

导管内、外圆柱面经加工后压入气缸盖的气门导管孔中，然后再精铰气门导管内孔。为了防止气门导管在使用过程中松落，有的发动机对气门导管用卡环定位（图3-20）。气门杆与气门导管之间一般留有0.05~0.12mm间隙，使气门杆能在导管中自由运动。

3. 气门座

气门座可在气缸盖上直接镗出。它与气门头部共同对气缸起密封作用，并接受气门传来的热量。气门座在高温下工作，磨损严重，故有不少发动机的气门座用较好的材料（合金铸铁、奥氏体钢等）单独制作，然后镶嵌到气缸盖上（图3-20）。

汽油机的进气门座工作温度较低，不易磨损，可以靠从气门导管漏下的机油润滑，故可以在缸盖上直接镗出。但排气门温度高，机油在导管内可能被烧掉，因而排气门座实际上得不到润滑，极易磨损，故多用镶嵌式结构。采用铝合金缸盖的发动机，由于铝合金材质较软，进、排气门座均用镶嵌式。柴油机有的是进、排气门座均用镶嵌式，有的只镶进气门座，这是因为柴油机的排气门与气门座常能得到由于燃烧不完全而夹杂在废气中的柴油、机油以及烟粒等润滑而不致被强烈地磨损；但是柴油机的进气门面临的情况则完全不同，从导管漏入的机油很少，而且柴油机有较高的气体压力，加上进气门的直径大，容易变形，这些因素都将导致进气门座的磨损加剧。

镶嵌式气门座的缺点是导热性差，加工精度要求高。如果座圈的公差配合不当，则工作时镶座易脱落，导致重大事故。因此，当在气缸盖上直接加工出来的气门座能满足工作性能要求时，最好不用镶嵌式气门座。

4. 气门弹簧

气门弹簧的功用是<u>克服在气门关闭过程中气门及传动件的惯性力，防止各传动件之间因惯性力的作用而产生间隙，保证气门及时落座并紧紧贴合，防止气门发生跳动，破坏其密封性</u>。为此，气门弹簧应有足够的刚度和安装预紧力。

气门弹簧多为圆柱形螺旋弹簧（图3-21），其材料为高碳锰钢、铬钒钢等冷拔钢丝，加工后要进行热处理。钢丝表面要光滑，经抛光或用喷丸处理，借以提高疲劳强度，增强弹簧的工作可靠性。此外，为了避免弹簧的锈蚀，弹簧的表面要进行镀锌、镀铜、磷化或发蓝处理。

气门弹簧的一端支承在气缸盖上，而另一端则压靠在气门杆端的弹簧座上，弹簧座用锁片固定在气门杆的末端。为了防止弹簧发生共振，可采用变螺距的圆柱弹簧（图3-21b）。高速发动机多数是一个气门有同心安装的内外两根气门弹簧（图3-21c），这样能提高气门弹簧工作的可靠性，即不但可以防止共振，而且当一根弹簧折断时，另一根还可维持工作。此外，还能使气门弹簧的高度减小。当采用两根气门弹簧时，弹簧圈的螺旋方向应相反，这样可以防止折断的弹簧圈卡入另一个弹簧圈内。

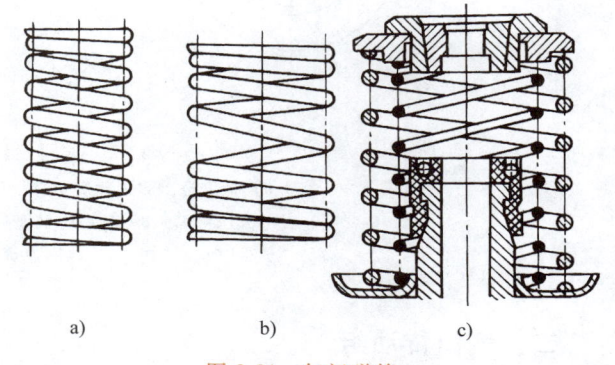

图3-21 气门弹簧

为了改善气门和气门座密封面的工作条件，可设法使气门在工作中能相对气门座缓慢旋转。这样可以使气门头部沿圆周温度均匀，减小气门头部的热变形。气门缓慢旋转时，在密封锥面上会产生轻微的摩擦力，有阻止沉积物形成的自洁作用。

气门旋转机构的实例见图3-22。在图3-22a所示的自由旋转机构中，气门锁片并不直接与弹簧座接触，而是装在一个锥形套筒中，后者的下端支承在弹簧座平面上，套筒端部与弹簧座接触面上的摩擦力不大,而且在发动机运转振动力作用下,在某一短时间内可能为零,这就使气门有可能自由地做不规则运动。

有的发动机采用图3-22b所示的强制旋转机构,使气门1每开一次便转过一定角度。在旋转机构壳体4中,有六个变深度的槽,槽中装有带回位弹簧8的钢球5。当气门关闭时,气门弹簧2的力通过气门弹簧座3与碟形弹簧7直接传到旋转机构壳体上。当气门升起时,不断增大的气门弹簧力将碟形弹簧压平而迫使钢球沿着凹槽的斜面滚动,带着碟形弹簧、气门弹簧和气门一起转过Δα角。在气门关闭过程中,碟形弹簧的载荷减小而恢复原状,钢球即在回位弹簧的作用下回到原来的位置。

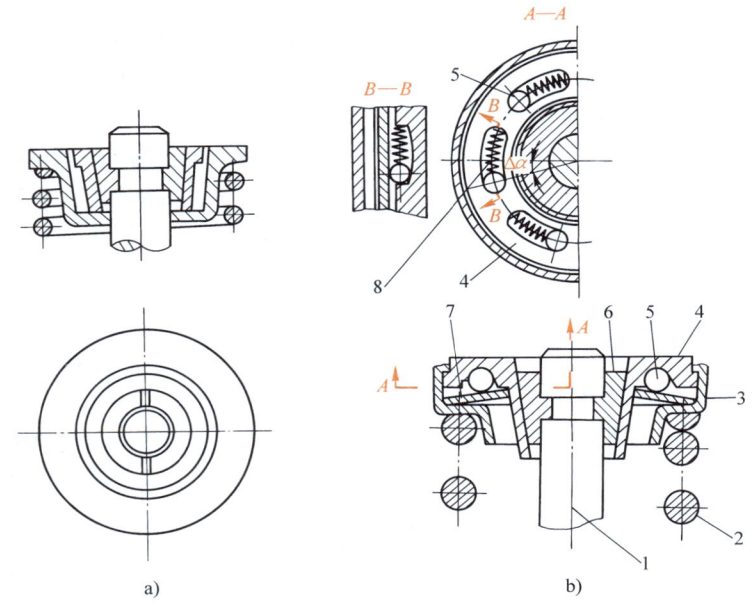

图3-22 气门旋转机构

a)低摩擦型自由旋转机构 b)强制旋转机构

1—气门 2—气门弹簧 3—气门弹簧座 4—旋转机构壳体 5—钢球
6—气门锁夹 7—碟形弹簧 8—回位弹簧

二、气门传动组

气门传动组主要包括凸轮轴、定时齿轮、挺柱,此外还有推杆、摇臂和摇臂轴等。气门传动组的作用是使进、排气门能按配气定时规定的时刻开闭,且保证有足够的开度。

1. 凸轮轴

凸轮轴(图3-23a)上主要配置有各缸进、排气凸轮1,使气门按一定的工作次序和配气定时及时开闭,并保证气门有足够的升程。凸轮受到气门间歇性开启的周期性冲击载荷,因此对凸轮表面要求耐磨,对凸轮轴要求有足够的韧性和刚度。

发动机工作时,凸轮轴的变形会影响配气定时,因此有的发动机凸轮轴采用全支承以减小其变形,如图3-23a所示的发动机凸轮轴有五个轴颈2。但是,支承数多,加工工艺较复杂,所以一般发动机的凸轮轴是每隔两个气缸设置一个轴颈1,如图3-24所示。为了安装方

第三章 配气机构

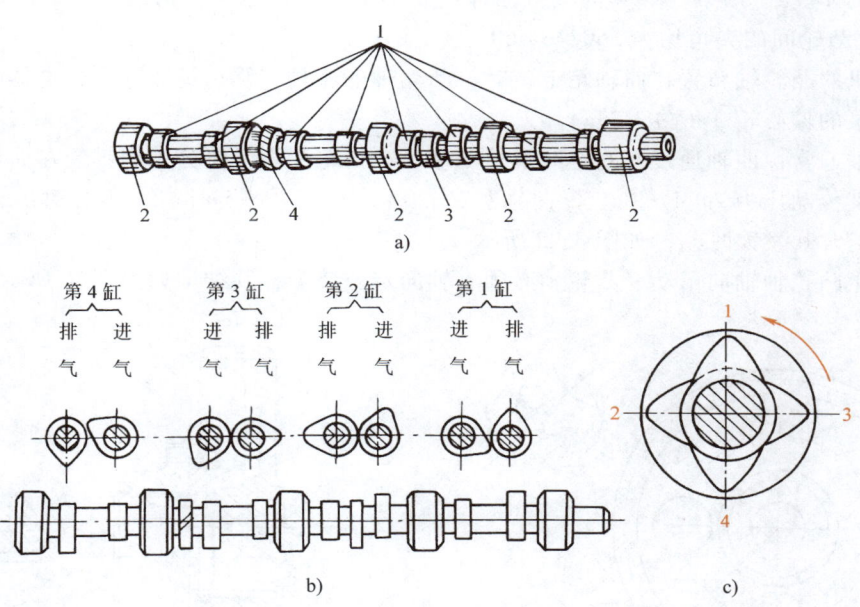

图 3-23 4 缸四冲程汽油机凸轮轴

a) 发动机凸轮轴 b) 各凸轮的相对角位置 c) 进（或排）气凸轮投影
1—凸轮 2—轴颈 3—驱动汽油泵的偏心轮 4—驱动分电器等的螺旋齿轮

便，凸轮轴的各轴颈直径是做成从前向后依次减小的。

凸轮轴的材料一般用优质钢模锻而成，也可采用合金铸铁或球墨铸铁铸造。凸轮轴各轴颈的工作表面一般经热处理后精磨，以改善其耐磨性。

由图 3-23b 可以看出，同一气缸的进、排气凸轮的相对转角位置是与既定的配气定时相适应的。发动机各个气缸的进（或排）气凸轮的相对角位置应符合发动机各气缸的发火次序和发火间隔时间的要求。因此，根据凸轮轴的旋转方向以及各进（或排）气凸轮的工作次序，就可以判定发动机的发火次序。

就 4 缸四冲程发动机而言，每完成一个工作循环，曲轴须旋转两周而凸轮轴只旋转一周，在此期间，每个气缸都要进行一次进（或排）气，且各缸进（或排）气的时间间隔相等，即各缸进（或排）气凸轮彼此间的夹角均为 360°/4 = 90°。由图 3-23c 可见，该 4 缸四冲程发动机的点火次序为 1—3—4—2（凸轮轴旋转方向，从前端向后看，如箭头所示）。图 3-24 所示是

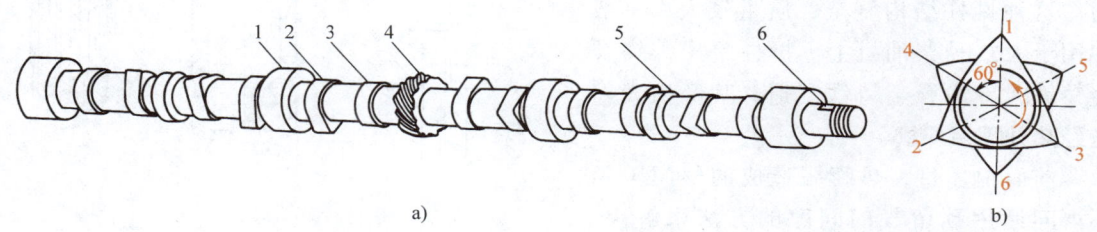

图 3-24 6 缸发动机的凸轮轴

1—轴颈 2—进气凸轮 3—排气凸轮 4—分电器驱动齿轮 5—偏心轮 6—键槽

点火次序为 1—5—3—6—2—4 的 6 缸四冲程发动机的凸轮轴，任何两个相继发火的气缸进（或排）气凸轮间的夹角均为 360°/6 = 60°。

汽油机的凸轮轴布置在曲轴箱上方时，凸轮轴上还具有驱动机油泵及分电器的齿轮 4 和驱动汽油泵的偏心轮 3（图 3-23a）。

凸轮轴通常由曲轴通过一对定时齿轮驱动，小齿轮和大齿轮分别用键装在曲轴与凸轮轴的前端，其传动比为 2∶1。在装配曲轴和凸轮轴时，必须将定时齿轮记号对准，以保证正确的配气定时和发火时刻，如图 3-25 所示。

为防止凸轮轴轴向窜动，凸轮轴必须有轴向定位装置，其结构如图 3-26 所示。

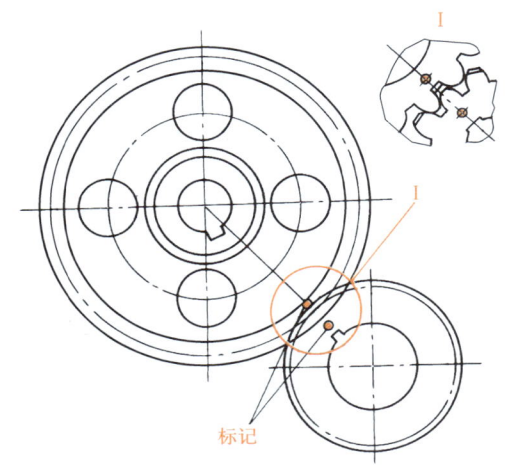

图 3-25 定时齿轮的记号

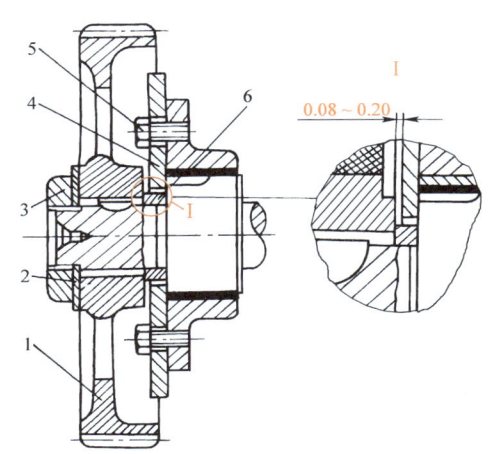

图 3-26 凸轮轴的轴向定位装置的结构
1—定时齿轮 2—锁紧垫圈 3—螺母 4—止推凸缘
5—止推凸缘固定螺栓 6—隔圈

2. 挺柱

挺柱（图 3-27）的功用是将凸轮的推力传给推杆（或气门杆），并承受凸轮轴旋转时所施加的侧向力。挺柱在其顶部装有调节螺钉，用来调节气门间隙。气门顶置式配气机构的挺柱一般制成筒式（图 3-27b），以减轻质量。图 3-27c 所示为滚轮式挺柱，其优点是可以减小摩擦造成的对挺柱的侧向力。这种挺柱结构复杂，质量较大，一般多用于大缸径柴油机上。挺柱常用镍铬合金铸铁或冷激合金铸铁制造，其摩擦表面应经热处理后研磨。

前面阐述过，热膨胀造成的气门关闭不严问题用预留气门间隙的方法来解决。但由于气门间隙的存在，配气机构在工作时将产生冲击而发出响声。为了解决这一

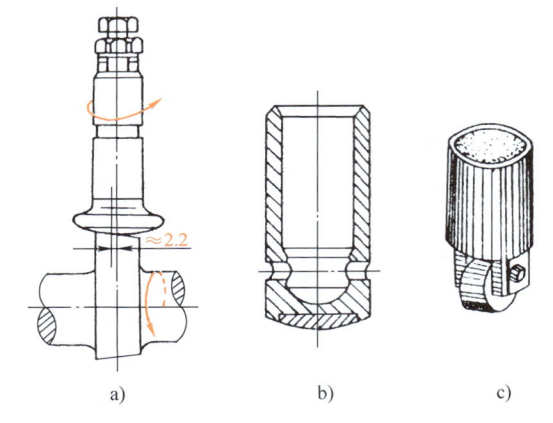

图 3-27 挺柱
a) 菌式 b) 筒式 c) 滚轮式

第三章 配气机构

矛盾，有的发动机上采用了液压挺柱。

图 3-28 所示为一种液压挺柱结构。在挺柱体 6 中装有柱塞 7。在柱塞上端压入支承座 11。柱塞被柱塞弹簧 5 推向上方，其最上位置由卡环 12 限制。柱塞下端的单向阀架 4 内装有单向阀碟形弹簧 14 和单向阀 3。发动机润滑系统中的机油从油道经挺柱体侧面的油孔流入，并充满柱塞内腔 8 及其下面的压力室 2。

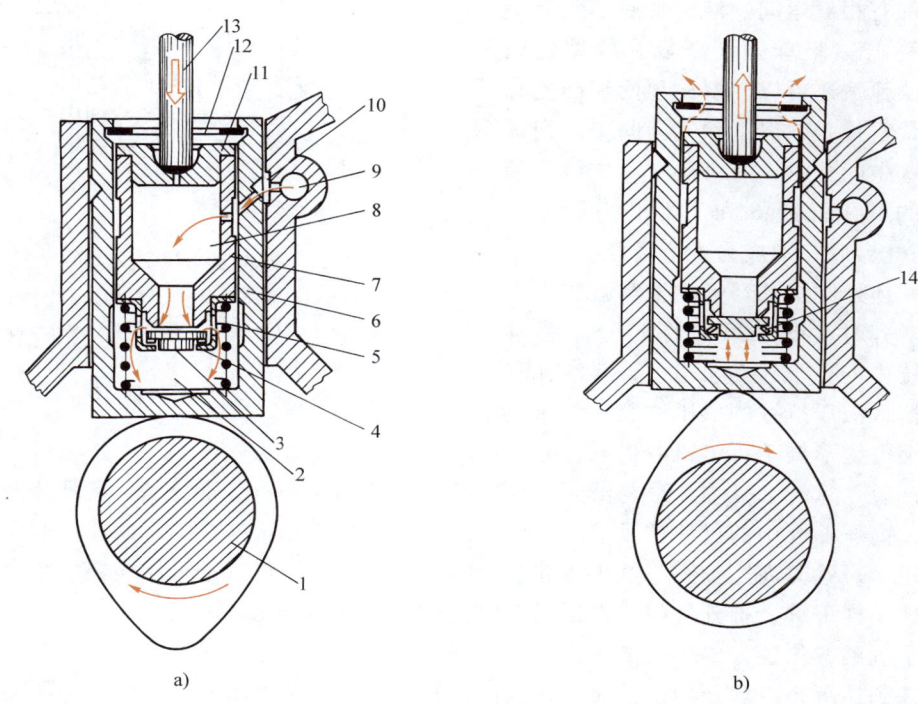

图 3-28 发动机液压挺柱结构

1—凸轮 2—压力室 3—单向阀 4—单向阀架 5—柱塞弹簧 6—挺柱体 7—柱塞
8—柱塞内腔 9—油道 10—油槽 11—支承座 12—卡环
13—推杆 14—单向阀碟形弹簧

当气门关闭时，柱塞弹簧使柱塞连同压合在柱塞中的支承座紧靠推杆 13，此时整个配气机构中不存在间隙。

当挺柱体被凸轮 1 推举向上时（图 3-28b），推杆作用于支承座和柱塞上的反力迫使柱塞克服柱塞弹簧力而相对于挺柱体向下移动，于是柱塞下部压力室内的油压迅速增高，使单向阀关闭。由于液体的不可压缩性，整个挺柱如同一个刚体一样上升，这样便保证了必要的气门升程。当油压很高时，会有少许机油经过柱塞与挺柱体之间的配合间隙泄漏出去，但这不至于影响正常的工作。同样，在气门受热膨胀时，柱塞也因受压而与挺柱体做轴向相对运动，并将机油自压力室经上述间隙挤出。因此，使用液压挺柱时可以不留气门间隙，而保证气门受热膨胀仍能与气门座紧密贴合。

当气门开始关闭或冷却收缩时（图 3-28a），柱塞所受压力减小，由于柱塞弹簧的作用，柱塞向上运动，始终与推杆保持接触。同时柱塞下部的压力室中产生真空度，单向阀被吸开，机油便流入，而再次充满整个柱塞内腔 8。

轿车发动机采用的液压挺柱如图3-29所示。圆筒挺柱体9是由上盖和圆筒经加工后再用激光焊接成一体的薄壁零件。液压缸12的内孔和外圆都要精加工研磨，外圆与挺柱内导向孔相配合，内孔则与柱塞11配合，两者都有相对运动。液压缸底部装有一个补偿弹簧13，把球阀5压靠在柱塞的阀座上，补偿弹簧还可以使挺柱顶面和凸轮轮廓线保持紧密接触，以消除气门间隙。当球阀关闭柱塞中间孔时，可将挺柱分成两个油腔，上部的低压油腔6和下部的高压油腔1。当球阀开启后，则成为一个通腔。

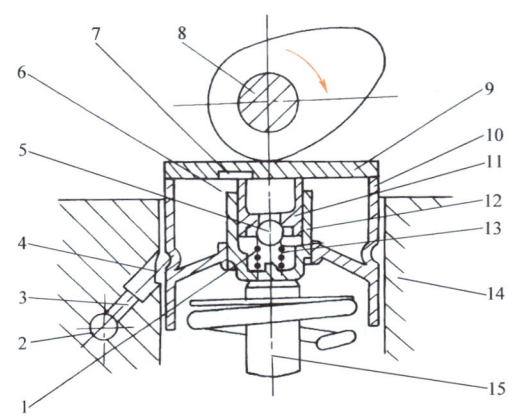

图3-29 轿车发动机的液压挺柱

1—高压油腔 2—缸盖油道 3—量油孔 4—斜油孔
5—球阀 6—低压油腔 7—键形槽 8—凸轮轴
9—挺柱体 10—柱塞焊缝 11—柱塞
12—液压缸 13—补偿弹簧
14—缸盖 15—气门杆

当挺柱体外圆上的环形油槽与缸盖上的斜油孔4对齐时（图3-29中的位置），发动机润滑系统中的机油经量油孔3、斜油孔和环形油槽流入液压挺柱的低压油腔。位于挺柱体背面上的键形槽7可将机油引入柱塞上方的低压油腔，这时缸盖主油道与液压挺柱的低压油腔连通。当凸轮转动，挺柱体和柱塞向下移动时，高压油腔中的机油被压缩，油压升高，加上补偿弹簧的作用，使球阀紧压在柱塞的下端阀座上，这时高压油腔与低压油腔被分隔开。由于液体具有不可压缩性，整个挺柱如同一个刚体一样下移，推开气门并保证了气门应达到的升程。此时，挺柱体外圆上的环形油槽已离开了进油的位置，停止进油。

当挺柱到达下止点后开始上行时，在气门弹簧上顶和凸轮下压的作用下，高压油腔陆续封闭，球阀也不会打开，液压挺柱仍可认为是一个刚性挺柱，直至上升到凸轮处于基圆，使气门关闭时为止。此时，缸盖油道2中的压力油经量油孔、挺柱体环形油槽进入液压挺柱的低压油腔，同时，高压油腔内油压下降，补偿弹簧推动柱塞上行。从低压油腔来的压力油推开球阀而进入高压油腔，使两腔连通充满机油。这时，挺柱体顶面仍和凸轮紧贴。在气门受热膨胀时，柱塞和液压缸做轴向相对运动，高压油腔中的油液可经过液压缸与柱塞间的缝隙挤入低压油腔。因此，使用液压挺柱时，可以不预留气门间隙。

液压挺柱结构复杂，加工精度要求高，而且磨损后无法调整只能更换，所以目前在一般载货车上用得较少，而在较高级的轿车上则应用很广。

3. 推杆

推杆的作用是将从凸轮轴经过挺柱传来的推力传给摇臂。它是气门机构中最易弯曲的零件，要求有很高的刚度。在动载荷大的发动机中，推杆应尽量做得短些。

对于缸体与缸盖都是铝合金制造的发动机，其推杆最好用硬铝制造。推杆可以是实心或空心的。钢制实心推杆（图3-30a），一般是同球形支座锻成一个整体，然后进行热处理。图3-30b所示为硬铝棒制成的推杆，推杆两端配以钢制的支承。图3-30c、d都是钢管制成的推杆，前者的球头是直接锻成的，然后经过精磨加工；后者的球支承则是压配的，并经淬火和磨光，以保证其耐磨性。

4. 摇臂

摇臂实际上是一个双臂杠杆（图 3-1、图 3-31、图 3-32），用来将推杆传来的力改变方向，作用到气门杆端以推开气门。在图 3-31 中，摇臂 1 或 9 的两边臂长的比值（称为摇臂比）约为 1.2～1.8，其中长臂一端是推动气门的。摇臂端头的工作表面一般制成圆柱形，当摇臂摆动时可沿气门杆端面滚滑，这样可以使两者之间的力尽可能沿气门轴线作用。摇臂内还钻有润滑油道和油孔。在摇臂的短臂端螺纹孔中，旋入用以调节气门间隙的调整螺钉 10，螺钉的球头与推杆顶端的凹球座相接触。

摇臂通过摇臂衬套 4 空套在摇臂轴 16 上，而后者又支承在摇臂轴座 2 和 12 上，摇臂上钻有油孔。摇臂轴为空心管状结构，机油从摇臂轴座的油道经摇臂轴内腔和摇臂中的油道流向摇臂两端进行润滑。为了防止摇臂窜动，在摇臂轴上每两摇臂之间都装有定位弹簧 8。

图 3-32a 所示摇臂是由 45 钢冲压而成的。图 3-32b 所示摇臂是用薄板冲压而成的，它与液压挺柱联合使用，所以摇臂上不安装气门间隙调整螺钉。

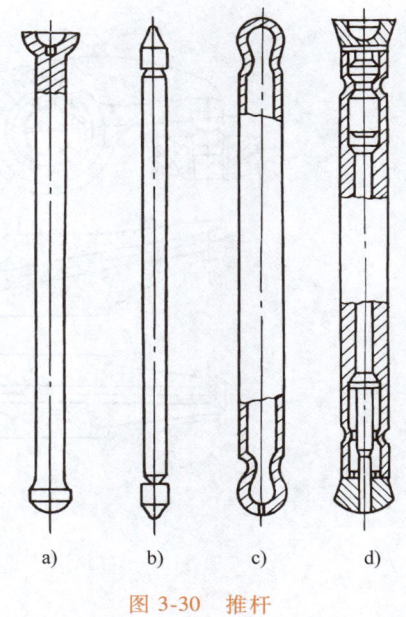

图 3-30 推杆

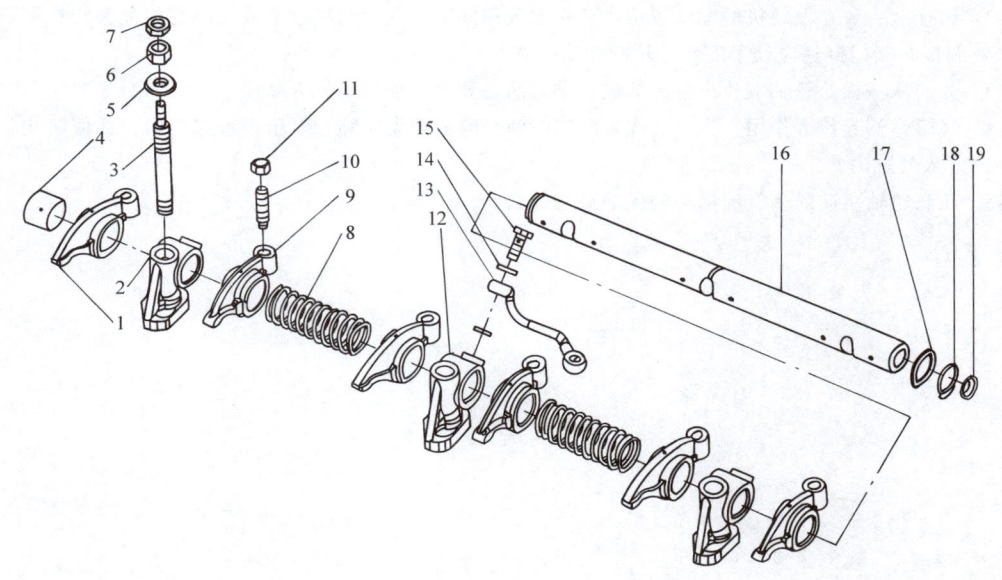

图 3-31 摇臂支架

1—进气门摇臂 2、12—摇臂轴座 3—摇臂轴座固定螺柱 4—气门摇臂衬套 5—垫圈 6、7—螺母 8—定位弹簧 9—排气门摇臂 10—气门调整螺钉 11—锁紧螺母 13—通油管 14—组合密封垫圈 15—接头螺栓 16—摇臂轴 17—摇臂轴垫圈 18—挡圈 19—碗形塞片

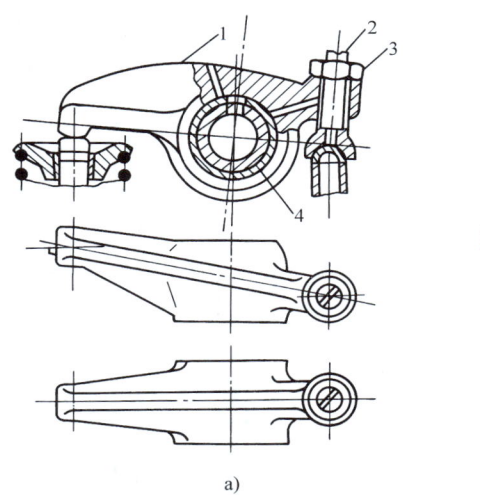
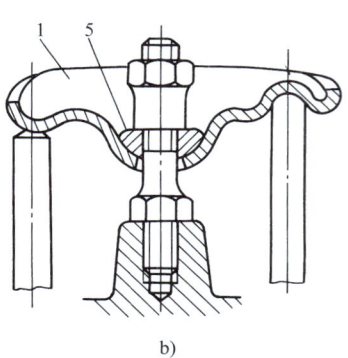

图 3-32 摇臂

1—摇臂 2—气门间隙调整螺钉 3—锁紧螺母 4—摇臂衬套 5—摇臂轴支点球座

思 考 题

3-1 配气机构的功用是什么？顶置式气门配气机构由哪些零件组成？

3-2 为什么一般在发动机的配气机构中要保留气门间隙？气门间隙过大或过小有何危害？在哪里调整与测量？调整时气门挺柱应处于配气凸轮的什么位置？

3-3 如何从一根凸轮轴上找出各缸的进、排气凸轮和该发动机的发火顺序？

3-4 气门弹簧起什么作用？为什么在装配气门弹簧时要预先压缩？对于顶置式气门，如何防止弹簧断裂时气门落入气缸内？

3-5 双凸轮轴驱动的多气门机构的优缺点是什么？

第四章

汽油机燃油供给系统

第一节 汽油机供给系统的组成及燃料

一、汽油机供给系统的组成

汽油机所用的燃料是汽油。汽油在燃烧前，一般需先雾化和蒸发，并按一定的比例与空气混合形成均匀的混合气。汽油与空气混合并处于能着火燃烧的浓度界限范围内的混合气，称为可燃混合气。可燃混合气中燃油含量的多少，称为可燃混合气浓度。

汽油机供给系统的任务是，根据发动机各种不同工况的要求，配制出一定数量和浓度的可燃混合气，供入气缸，使之在临近压缩终了时点火燃烧而膨胀做功。最后，供给系统还应将燃烧产物——废气排入大气中。

一般汽油机供给系统由下列装置组成：

（1）燃油供给系统 包括油箱、汽油滤清器、汽油泵、油管和喷油器等，用以完成汽油的贮存、输送及清洁的任务。

（2）空气供给系统 包括空气滤清器、节气门、空气流量计、进气管、进气道和进气门等，用以完成空气的清洁、调节和输送任务。

（3）排气系统 包括排气门、排气道、排气管、三效催化器和排气消声器等，用以完成燃烧废气的排出、净化和消声的任务。

随着汽车技术的发展，在追求高性能、低污染的前提下，汽油机供给系统经历了三个时期，即传统化油器、气道喷射（包括单点喷射和多点喷射）以及缸内直接喷射。目前车用汽油机的主流产品采用的是电控多点喷射和电控缸内直喷技术。如何根据发动机工作的要求配置出不同浓度、不同数量的可燃混合气，是汽油机供给系统所要解决的主要问题。

二、汽油

汽油是由石油提炼而得的密度小又易于挥发的液体燃料，由多种碳氢化合物组成。按照提炼方法，汽油可分为直馏汽油和裂化汽油等。将石油加热，通常在 $40\sim210℃$ 的温度范围内蒸发出来的轻馏分蒸气冷凝后即成为直馏汽油。汽油的裂化法有热裂化、催化裂化等，目前使用较多的是催化裂化法。催化裂化汽油是在催化剂的作用下使石油中的大分子烃受热裂化为小分子烃并改变其分子结构而得。利用催化裂化法可以从石油中获得更多的优质汽油。

汽油的使用性能指标主要是蒸发性、热值和抗爆性，它们对发动机性能有很大的影响。

1. 汽油的蒸发性

在发动机中,汽油只有先从液态蒸发成蒸气,并与一定比例的空气混合成为可燃混合气后,才能在气缸中燃烧。对于高速发动机,形成可燃混合气过程的时间很短,一般只有百分之几秒。因此,汽油蒸发性的好坏,即容易蒸发的程度,对于所形成的混合气质量有很大的影响。

汽油的蒸发性可通过燃料的蒸馏试验来测定。将汽油加热,分别测定蒸发出10%、50%、90%馏分时的温度及终馏温度(分别称为10%蒸发温度、50%蒸发温度、90%蒸发温度及终馏点)。

10%蒸发温度与汽油机冷态起动性能有关。此温度低,表明汽油中所含的轻质成分低温时容易蒸发,在冷起动时就有可能使较多的汽油蒸气与空气混合形成可燃混合气,发动机就比较容易起动。

50%蒸发温度表明汽油中的中间馏分蒸发性的好坏。此温度低,汽油中间馏分就易于蒸发,从而汽油机的预热时间短,使暖机性能、加速性能和工作稳定性都较好。

90%蒸发温度与终馏点用来判定汽油中难以蒸发的重质成分的含量。此温度越低,表明汽油中重馏分含量越少,越有利于可燃混合气均匀分配到各气缸,同时也可使汽油的燃烧更为完全。因为重馏分汽油不易蒸发,往往来不及燃烧而可能漏到曲轴箱内,使发动机的机油稀释,润滑恶化。这一点在冬季使用时尤为明显。

汽油机工作时,其汽油供给管路可能受热升温。当温度升高到使汽油蒸气压达到饱和值,即等于管路系统压力时,汽油泵和管路中将产生大量汽油蒸气泡,妨碍液态汽油流动,使汽油流量减少到不足以维持发动机正常运转,导致发动机失速。发动机的这种故障称为气阻。发动机所用的汽油蒸发性越强,则越易发生气阻。因此,在国产汽油质量指标中,规定了夏季与冬季要求不同的饱和蒸气压。

从2019年7月1日起,我国部分地区新生产(进口)的轻型汽车和重型燃气车已经开始执行国家第六阶段机动车污染物排放标准(简称国六标准),相应地也推出了第六阶段《车用汽油》国家强制性标准,见表4-1和表4-2(参考GB 17930—2016)。

表4-1 车用汽油(ⅥA)技术要求和试验方法

项 目		质量指标			试验方法
		89	92	95	
抗爆性:					
研究法辛烷值(RON)	不小于	89	92	95	GB/T 5487
抗爆指数(RON+MON)/2	不小于	84	87	90	GB/T 503、GB/T 5487
铅含量[①]/(g/L)	不大于	0.005			GB/T 8020
馏程:					GB/T 6536
10%蒸发温度/℃	不高于	70			
50%蒸发温度/℃	不高于	110			
90%蒸发温度/℃	不高于	190			
终馏点/℃	不高于	205			
残留量(体积分数)(%)	不大于	2			
蒸气压[②]/kPa:					GB/T 8017
11月1日~次年4月30日		45~85			
5月1日~10月31日		40~65[③]			

（续）

项　　目		质量指标			试验方法
		89	92	95	
胶质含量/(mg/100mL)：					GB/T 8019
未洗胶质含量(加入清净剂前)	不大于	30			
溶剂洗胶质含量	不大于	5			
诱导期/min	不小于	480			GB/T 8018
硫含量④/(mg/kg)	不大于	10			SH/T 0689
硫醇(博士试验)		通过			NB/SH/T 0174
铜片腐蚀(50℃,3h)/级	不大于	1			GB/T 5096
水溶性酸或碱		无			GB/T 259
机械杂质及水分		无			目测⑤
苯含量⑥(体积分数)(%)	不大于	0.8			SH/T 0713
芳烃含量⑦(体积分数)(%)	不大于	35			GB/T 30519
烯烃含量⑦(体积分数)(%)	不大于	18			GB/T 30519
氧含量⑧(质量分数)(%)	不大于	2.7			NB/SH/T 0663
甲醇含量①(质量分数)(%)	不大于	0.3			NB/SH/T 0663
锰含量①/(g/L)	不大于	0.002			SH/T 0711
铁含量①/(g/L)	不大于	0.01			SH/T 0712
密度⑨(20℃)/(kg/m³)		720~775			GB/T 1884、GB/T 1885

① 车用汽油中，不得人为加入甲醇以及含铅、含铁和含锰的添加剂。
② 也可采用 SH/T 0794 进行测定，在有异议时，以 GB/T 8017 方法为准。换季时，加油站允许有15天的置换期。
③ 广东、海南全年执行此项要求。
④ 也可采用 GB/T 11140、SH/T 0253、ASTM D7039 进行测定，在有异议时，以 SH/T 0689 方法为准。
⑤ 将试样注入100mL玻璃量筒中观察，应当透明，没有悬浮和沉降的机械杂质和水分。在有异议时，以 GB/T 511 和 GB/T 260 方法为准。
⑥ 也可采用 GB/T 28768、GB/T 30519 和 SH/T 0693 进行测定，在有异议时，以 SH/T 0713 方法为准。
⑦ 也可采用 GB/T 11132、GB/T 28768 进行测定，在有异议时，以 GB/T 30519 方法为准。
⑧ 也可采用 SH/T 0720 进行测定，在有异议时，以 NB/SH/T 0663 方法为准。
⑨ 也可采用 SH/T 0604 进行测定，在有异议时，以 GB/T 1884、GB/T 1885 方法为准。

表 4-2　车用汽油（ⅥB）技术要求和试验方法

项　　目		质量指标			试验方法
		89	92	95	
抗爆性：					
研究法辛烷值(RON)	不小于	89	92	95	GB/T 5487
抗爆指数(RON+MON)/2	不小于	84	87	90	GB/T 503、GB/T 5487
铅含量①/(g/L)	不大于	0.005			GB/T 8020
馏程：					GB/T 6536
10%蒸发温度/℃	不高于	70			
50%蒸发温度/℃	不高于	110			
90%蒸发温度/℃	不高于	190			
终馏点/℃	不高于	205			
残留量(体积分数)(%)	不大于	2			
蒸气压②/kPa：					GB/T 8017
11月1日~4月30日		45~85			
5月1日~10月31日		40~65③			

(续)

项　　目		质量指标			试验方法
		89	92	95	
胶质含量/(mg/100mL)： 　未洗胶质含量(加入清净剂前) 　溶剂洗胶质含量	不大于 不大于		30 5		GB/T 8019
诱导期/min	不小于		480		GB/T 8018
硫含量④/(mg/kg)	不大于		10		SH/T 0689
硫醇(博士试验)			通过		NB/SH/T 0174
铜片腐蚀(50℃,3h)/级	不大于		1		GB/T 5096
水溶性酸或碱			无		GB/T 259
机械杂质及水分			无		目测⑤
苯含量⑥(体积分数)(%)	不大于		0.8		SH/T 0713
芳烃含量⑦(体积分数)(%)	不大于		35		GB/T 30519
烯烃含量⑦(体积分数)(%)	不大于		15		GB/T 30519
氧含量⑧(质量分数)(%)			2.7		NB/SH/T 0663
甲醇含量①(质量分数)(%)	不大于		0.3		NB/SH/T 0663
锰含量①/(g/L)	不大于		0.002		SH/T 0711
铁含量①/(g/L)	不大于		0.01		SH/T 0712
密度⑨(20℃)/(kg/m³)			720~775		GB/T 1884、GB/T 1885

① 车用汽油中，不得人为加入甲醇以及含铅、含铁和含锰的添加剂。
② 也可采用 SH/T 0794 进行测定，在有异议时，以 GB/T 8017 方法为准。换季时，加油站允许有 15 天的置换期。
③ 广东、海南全年执行此项要求。
④ 也可采用 GB/T 11140、SH/T 0253、ASTM D7039 进行测定，在有异议时，以 SH/T 0689 方法为准。
⑤ 将试样注入 100mL 玻璃量筒中观察，应当透明，没有悬浮和沉降的机械杂质和水分。在有异议时，以 GB/T 511 和 GB/T 260 方法为准。
⑥ 也可采用 GB/T 28768、GB/T 30519、SH/T 0693 进行测定，在有异议时，以 SH/T 0713 方法为准。
⑦ 也可采用 GB/T 11132、GB/T 28768 进行测定，在有异议时，以 GB/T 30519 方法为准。
⑧ 也可采用 SH/T 0720 进行测定，在有异议时，以 NB/SH/T 0663 方法为准。
⑨ 也可采用 SH/T 0604 进行测定，在有异议时，以 GB/T 1884、GB/T 1885 方法为准。

2. 燃料的热值

燃料的热值是指 1kg 燃料完全燃烧后所产生的热量。汽油的热值约为 46000kJ/kg。

3. 汽油的抗爆性

汽油的抗爆性是指汽油在发动机气缸中燃烧时，避免产生爆燃的能力，即抗自燃能力，是汽油的一项主要性能指标。

第一章中已经提及，爆燃是汽油机的一种异常燃烧现象，会引起发动机过热、排气冒烟、油耗增大和功率下降等不良后果。发动机选用抗爆性较好的汽油，就可能采用较高的压缩比而不至于发生爆燃。汽油抗爆性的好坏程度一般用辛烷值表示。辛烷值越高，抗爆性越好。

汽油的辛烷值常用对比试验的方法来测定。在一台专用可变压缩比的单缸试验发动机上，先用被测汽油作为燃料，使发动机在一定的条件下运转。试验中逐步提高试验发动机的压缩比，直至试验发动机产生标准强度的爆燃为止。然后，在该压缩比下，换用由一定比例的异辛烷和正庚烷混合而成的标准燃料，异辛烷是一种抗爆燃能力很强的碳氢化合物，规定其辛烷值为100，正庚烷是一种抗爆燃能力极弱的碳氢化合物，规定其辛烷值为0，使发动机在相同的条件下运转，改变标准燃料中异辛烷和正庚烷的比例，直到单缸试验机也产生前述标准强度的爆燃时为止。这样，最后一种标准燃料中异辛烷含量的体积百分数即为被测汽油的辛烷值。例如，用被测汽油和用异辛烷含量为70%的标准燃料的试验结果相同，即可认为该种汽油的辛烷值为70。国产汽油的辛烷值可以从其代号的数字中看出。例如，代号为RQ—92的汽油，其辛烷值不小于92。

为了提高汽油的抗爆性，在汽油中会添加少量的抗爆剂。汽油抗爆剂根据其化学性质可分为不同种类，目前常见的主要有醇类、醚类、金属类、胺类、脂类和复配类。

醇类抗爆剂由于和汽油的互溶性较差、氧含量大和国标限制等原因，目前很少应用于汽油的调和生产。醚类抗爆剂的应用较为普遍，MTBE（甲基叔丁基醚）为其主要代表，但受限于氧含量过高和热值较低，在汽油中的掺兑量通常不超过10%。金属类抗爆剂常见的主要有四乙基铅、二茂铁、MMT（甲基环戊二烯三羰基锰）或CMT（环戊二烯三羰基锰），由于在发动机内部会产生金属沉积物，导致气缸磨损、火花塞点火不良、氧传感器和三元催化器中毒等严重故障，目前已被禁止或限制使用。胺类抗爆剂碱性较强，容易产生腐蚀，同时由于价格较高，较少有市场应用。脂类抗爆剂单独使用抗爆效率较低，多作为抗爆剂组分复配使用。复配类抗爆剂是采用不同高辛烷值物质复配，形成良性协同效应的复合抗爆剂产品，其抗爆效能比金属抗爆剂弱，但比其他几类抗爆剂更强，添加量不受限制，且不对其他质量指标产生负效应，为各类抗爆剂中最具前景的新型抗爆剂。

第二节　简单化油器与可燃混合气的形成

液体燃料必须在蒸发为气态后才能与空气均匀混合。要使混合气能在约为0.01~0.02s这样短的时间内形成，必须先将燃料雾化成极微小的油滴，使蒸发面积大大增加。化油器式混合气形成装置是利用吸入空气流的动能实现汽油雾化的。

图4-1所示为简单化油器的构造原理和可燃混合气形成过程示意图。图中属于化油器的部分是带有浮子机构（由浮子3和针阀2组成）和量孔8的浮子室9、喷管4、带有喉管5的空气管以及节气门6。

浮子室9连同喷管4实际上是一个壶状的容器，其中贮存着自汽油泵输送来的汽油。由于喷管口高于浮子室中的油面约2~5mm，汽油不可能自动流出。浮子室顶部有孔通大气，故若在喷管口处产生足够大的真空度，即可将浮子室中的汽油吸出喷管。

为了在喷管口处形成吸油所需的真空度，空气管的中段做成通道截面积沿轴向变化的细腰管，称为喉管5，其最窄处称为喉部，喷管4即插入喉管5内，并使喷管口位于喉部附近。空气管的两端分别与空气滤清器1和发动机进气歧管7相连。在进气行程中，进气门11开启，活塞由上止点下行，气缸容积增大，缸内压力p_a小于大气压力p_0，在真空度$\Delta p_a = p_0 - p_a$的作用下，空气便经空气滤清器1、化油器空气管及进气歧管7向气缸流动。

从流体力学得知，凡流体在管道中流动时，若管道各处截面积不同，则流体流经各处的流动速度和静压力也是不同的。截面积越小之处，其流速越大，而静压力则越低。由图4-1

可见，喉管 5 的喉部截面积最小，因而喉部的空气流速最大，静压力最低。既然喉部空气流速大于大气中的空气流速，则喉部压力 p_h 小于大气压力 p_0，即喉部存在着真空度 $\Delta p_h = p_0 - p_h$。浮子室因有孔通大气，故浮子室内的压力基本上等于大气压力 p_0。于是，在浮子室内和喷管口处的压力差，即喉部真空度 Δp_h 的作用下，汽油自浮子室经喷管 4 喷入喉管中。喉管处的空气流速大约等于汽油流速的 25 倍，因此由喷管喷出的油流即被高速的空气流冲散，成为大小不等的雾状颗粒，与空气混合，经进气歧管 7 被分配到各个气缸。油雾中的较小油粒，在随空气流动的过程中，一部分立即蒸发成蒸气，而一时尚来不及蒸发的部分则在流经进气管时或在进气行程和压缩行程中在气缸内陆续蒸发。油雾中较大的颗粒跟不上气流，便沉积在进气管壁上而形成油膜。油膜被混合气流带动缓慢地流向气缸，然后在缸内受热蒸发。为加

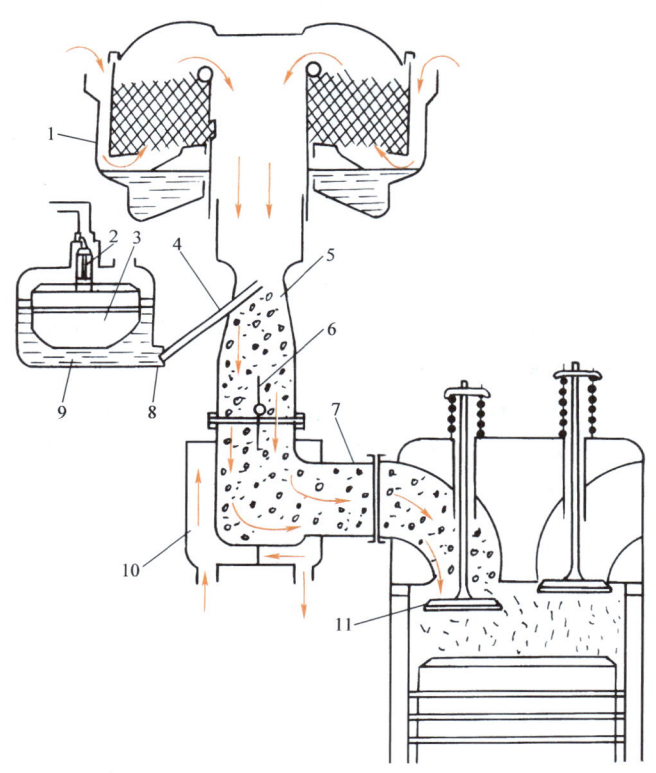

图 4-1 简单化油器构造原理和可燃混合气形成过程示意图
1—空气滤清器 2—针阀 3—浮子 4—喷管 5—喉管 6—节气门
7—进气歧管 8—量孔 9—浮子室 10—进气预热装置 11—进气门

速汽油雾粒的蒸发，通常利用废气的余热对吸入气缸前的可燃混合气进行适当的预热，如图 4-1 中所示的进气预热装置 10，其中箭头表示废气在装置内流动的方向。

由于汽车行驶情况不断变化，所需的发动机功率也应做相应的变化。在汽车行驶过程中，改变发动机功率是通过改变供入可燃混合气的数量来实现的。为此，化油器设有节气门 6。节气门通常是一个椭圆形的片状阀门，可以绕其短轴转动一定角度。节气门与驾驶室内的加速踏板用一系列杆件相连接。驾驶人将加速踏板踩到最低位置，节气门 6 即转到图中所示的垂直位置，此时混合气的通道截面积最大。驾驶人完全放松加速踏板时，节气门便向水平位置转动，将空气管通道截面积减至最小。在发动机转速不变时，节气门开度越大，则整个进气管道中阻力越小，空气管内的流量和流速越大，从而喉部的空气流速、流量和真空度便越大。喉部真空度 Δp_h 增大，就使得流出喷管的汽油流量也随之增加，因而加大了发动机功率。应当指出，对于结构已定的化油器，影响喷管出油量的主要因素是喉部真空度 Δp_h，而影响喉部真空度的因素除节气门开度外，还有发动机转速。当节气门开度一定时，发动机转速越高，则气缸内真空度越大，喉管中的空气流速和真空度也就越高。

为了保证可燃混合气的浓度符合预定数值，有必要精确地控制空气流量和汽油流量。在气缸内真空度一定时，空气流量取决于喉部的形状和尺寸。浮子室中气压和油面高度不变时，喉部真空度一定，汽油流量取决于浮子室底部出油孔 8 的形状和尺寸。这种用以控制流

第四章 汽油机燃油供给系统

量的小孔称为量孔,对其尺寸精度的要求很高。量孔一般不在浮子室上直接钻出,而是开在一个特制的铜塞或铜管上,再装入浮子室。若换装不同尺寸的量孔,即可获得不同的出油量,使化油器能适用于其他发动机。同样道理,喉管5也是单独制成,再镶嵌在空气管中的。

量孔尺寸确定后,出油量便只取决于量孔两端的压力差。量孔每一端的压力都包括与油面高度成正比的油压和油面上的气压两部分。当浮子室9内和喷管4内的油面高度都不变时,如前所述,出油量只取决于喉管真空度 Δp_h。但汽油泵向浮子室输入的油量和浮子室输出的油量总是不平衡的,这将使浮子室中油面高度变化不定。因此,即使喉管真空度保持不变,量孔两端的压力差也会因两端油压差的变化而变化,从而使汽油流量发生变化,这样势必使得精确控制出油量实际上成为不可能,故必须设法保持浮子室中油面高度基本稳定。为此,浮子室中装有由浮子3和针阀2构成的浮子机构。针阀2支靠在浮子3上,两者可一同随油面起落。当浮子室油面达到规定高度时,浮子正好将针阀压紧在浮子室进油口的阀座上,汽油便不能继续流入浮子室。随着汽油的消耗,浮子室油面下降,针阀重又开启,汽油又充入浮子室,直到针阀上升关闭时为止。浮子机构的这种自动调节作用,保证了浮子室油面高度的基本稳定。

如上所述,通过改变节气门的开度,可以改变可燃混合气供入气缸的数量,但节气门开度的变化还会引起可燃混合气浓度的变化。当发动机转速一定,节气门开度逐步增大时,流经喉管的空气流量和流速也逐步增加,因而喉管真空度也随之而逐步增大,结果是汽油流量与空气流量一同增加。试验证明,在节气门小开度的范围内,随着节气门开度的加大,汽油流量的增加比空气流量的增加明显要快,因而可燃混合气明显地逐渐由稀变浓。再继续加大节气门开度,这种趋势仍然存在,但由于汽油流量和空气流量的增长率逐渐接近,因而可燃混合气的浓度也逐渐趋于稳定。在转速不变时,简单化油器所供给的可燃混合气浓度随节气门开度或喉部真空度 Δp_h 变化的规律,称为简单化油器的特性,如图4-2所示。其中纵坐标是表征可燃混合气浓度的无量纲系数——过量空气系数 ϕ_a。ϕ_a 值越大,表示可燃混合气浓度越稀,详见本章第三节。

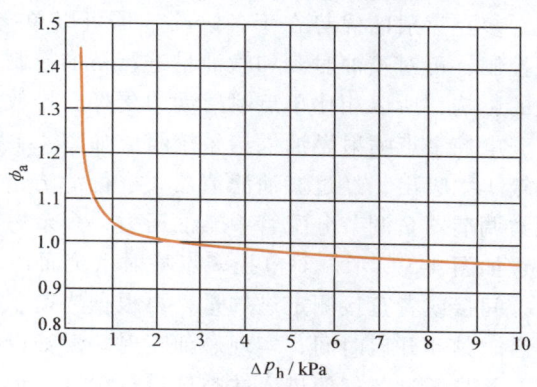

图 4-2　简单化油器的特性

前面已提到,当节气门开度一定时,发动机转速的变化会引起喉管真空度的变化,从而也会引起可燃混合气浓度的变化。但这种变化相对于由节气门开度引起的变化是极微小的。

第三节　进气道喷射与可燃混合气的形成

由于化油器的控制不够精准,在正常驾驶时不能迅速对发动机负荷的改变做出反应,来调整混合气浓度,致使发动机燃烧不充分,尾气排放中的有害物质含量超标,所以现在已经逐渐被淘汰。目前应用较多的是进气道喷射和缸内直喷两种方式。进气道喷射是汽油机燃油供给方式

低压喷射装置

103

的一种，是将燃油喷在进气道内，主要依靠壁面温度促进燃油的蒸发，从而与空气混合形成可燃混合气。

进气道喷射按喷油器的安装位置不同，又分为单点喷射和多点喷射两种，如图4-3所示。

单点喷射（图4-3a），喷油器安装在节气门体上方，由于该处压力低，喷射时只需要0.1MPa的低压就可以喷射了。此时多个气缸共用一个喷油器生成混合气，喷油量大小根据节气门大小而定。其优势在于构造简单、成本较低、维修方便；劣势是由于进气歧管长短和位置不同，所以每个气缸的混合油气的量不一致，导致其工况存在差异，同时排放较差，不受市场欢迎。

多点喷射（图4-3b），是在每缸靠近进气门的进气道处各布置一个喷油器，以0.35MPa的喷射压力将汽油直接喷射到各缸的进气前方，再与空气形成混合气进入气缸。多点喷射的优势在于各缸喷油器可以单

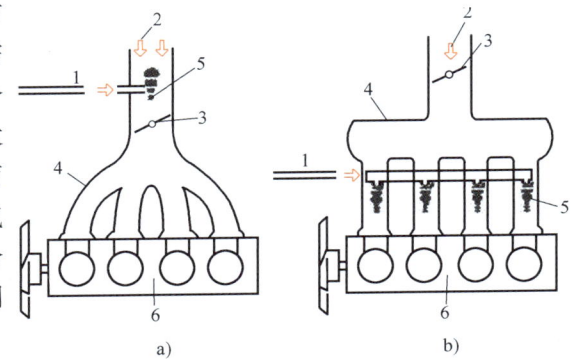

图4-3 单点喷射和多点喷射示意图
a）单点喷射 b）多点喷射
1—燃油流向 2—空气流向 3—节气门
4—进气歧管 5—喷油器 6—发动机

独控制，可对喷油时刻和喷油量进行精准控制，进入各缸的燃油的量不受进气歧管长短和位置的影响，所以相比单点喷射动力更好，排放更优，更经济省油。

电控多点喷射燃油供给系统组成如图4-4所示。在工作过程中，汽油由电动燃油泵2从油箱1中吸出，经过燃油滤清器3进行清洁，然后通过输油管4流入燃油分配管6。由燃油压力调节器7调节分配管中燃油压力，多余燃油通过回油管8流回油箱。各缸喷油器的安装位置如图4-5所示。对电控多点喷射系统而言，通常利用进气管绝对压力传感器或者空气流量计间接或者直接测定进气量，再根据当前工况的目标空燃比确定喷油量，并控制喷油器的开启时刻和开启时间，实现燃油喷射。燃油以一定压力和喷射角度喷入进气道进行蒸发、雾化，并与通过节气门进入的空气进行混合，形成可燃混合气。在进气门打开时可燃混合气进

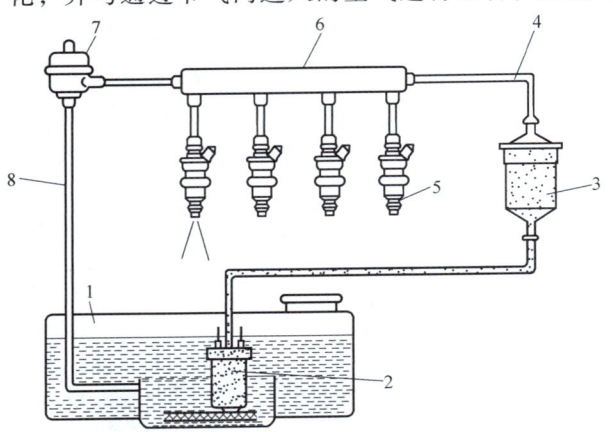

图4-4 电控多点喷射燃油供给系统组成
1—油箱 2—电动燃油泵 3—燃油滤清器 4—输油管
5—喷油器 6—燃油分配管 7—燃油压力调节器 8—回油管

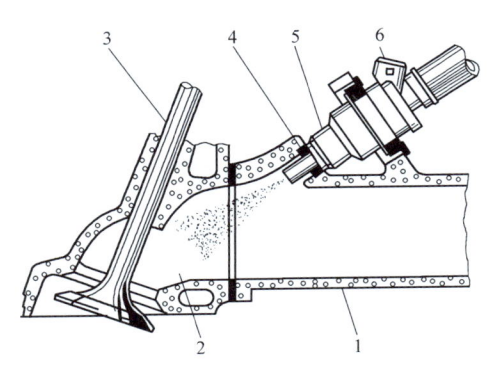

图4-5 电控多点喷射喷油器安装位置示意图
1—进气歧管 2—进气道 3—进气门
4—密封圈 5—喷油器 6—接线柱

入气缸，并经火花塞点火燃烧。

第四节 缸内直喷与可燃混合气的形成

缸内直喷是一种新型的，也是现在比较先进的汽油喷射技术。缸内直喷与进气道多点喷射最大的不同在于燃油喷射位置不同，混合气形成方式不同，如图4-6所示。

进气道多点喷射汽油机，喷油嘴伸入靠近进气门的进气道，用较低的喷油压力将燃油喷射到进气道，并与空气混合，然后进入燃烧室参与燃烧。而缸内直喷汽油机，喷油嘴伸入气缸，用较高的喷油压力将燃油直接喷射到燃烧室内，在缸内形成混合气，并进行点火燃烧。

高压喷射装置

缸内直喷汽油机，根据燃油的喷入及其混合气形成的不同存在三种形式，即壁面导向型、空气导向型和喷束导向型，如图4-7所示。

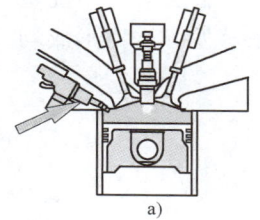 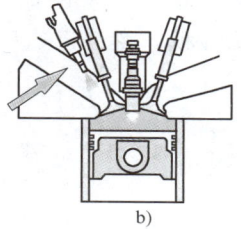 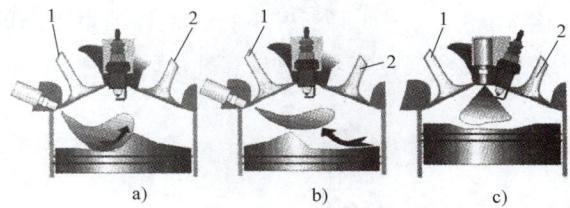

图4-6 缸内直喷与进气道多点喷射对比图
a）缸内直喷 b）进气道多点喷射

图4-7 缸内直喷式汽油机分类
a）壁面导向型 b）空气导向型 c）喷束导向型
1—进气门 2—排气门

市场上第一代缸内直喷汽油机大多是壁面导向型。这种燃烧过程的特点是火花塞与喷油器之间的空间距离相对较大，通过燃油喷束与活塞顶表面有针对性的造型相互作用实现混合气形成，同时将混合气向火花塞输送。由于燃油直接向活塞喷射，在冷起动和暖机工况时，燃烧室壁面温度较低，就会在活塞顶形成明显的壁面油膜，这部分油膜蒸发后，会在近壁面形成浓区，火焰传播到壁面附近进行燃烧会产生大量的未燃HC和微粒排放。

空气导向型是依靠进气侧产生的充量运动将燃油输送到火花塞附近的，与此同时空气与燃油相混合，而且还通过活塞顶面的合适形状促进充量运动。这种方式的特点是活塞顶没有燃油积聚，在输送燃油的同时进行油气混合。其缺点是有针对性的充量运动所必需的涡流或滚流会影响充气系数，会对发动机的动力性带来不利影响。目前空气导向型很少单独使用，通常与壁面引导型组合使用，形成壁面-空气导向型。

第二代缸内直喷汽油机为喷束导向型，喷油器布置在进、排气门之间，喷油器与火花塞布置得十分紧凑。此种喷雾方式，在喷束心部存在非常浓的混合气，在向喷束边缘过渡时，过量空气系数大大增加，但在这两个区域中间存在一个可点燃的混合气区域，火花塞应布置在此区域可实现可靠点火。喷束导向型燃烧方式强烈依赖于喷油器的喷束特性，而喷束特性对各种干扰反应敏感，因此目前实际应用不多。

缸内直喷汽油机根据工况不同，有不同的喷油时刻和燃烧模式。下面以壁面导向型缸内直喷汽油机为例进行说明。

当发动机在中、小负荷运行时，喷油器在压缩行程中后期将燃油喷入燃烧室（图4-8），利用缸内滚流的运动促进油气混合，最后在火花塞电极附近形成适宜点火的油气，并且油气浓度在整个燃烧室内呈现梯度分布，可实现较大的空燃比，进行分层稀燃，从而提高发动机的经济性。同时，分层燃烧模式使燃烧发生在燃烧室的中心区域，燃烧被周边的空气隔绝，降低了热量损失，进一步降低了燃油消耗率。

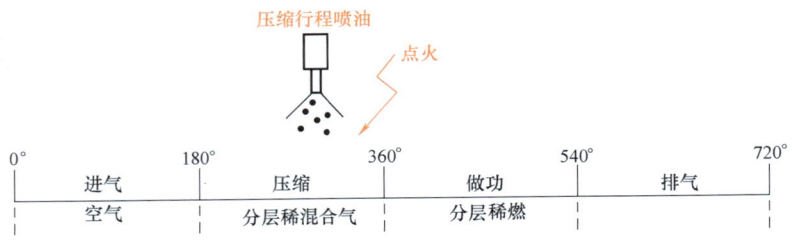

图4-8　压缩行程喷油喷油时刻、点火时刻和燃烧模式示意图

当发动机在大负荷或全负荷工况时，缸内直喷汽油机在进气行程中将燃油喷入燃烧室（图4-9），由于此时活塞下行，使得油束周围的压力较低，燃油迅速扩散蒸发，进而形成均质燃烧混合气，实现均质燃烧模式。

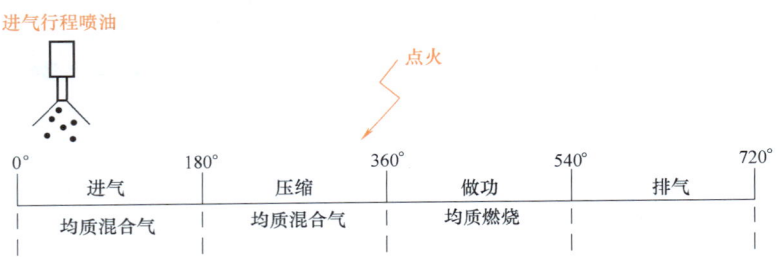

图4-9　进气行程喷油喷油时刻、点火时刻和燃烧模式示意图

缸内直喷汽油机也可采用多次喷射技术，通常用来改变空燃比的大小和对浓度梯度进行调节。以两次喷射为例，如图4-10所示，第一次在进气行程喷入适量燃油，形成均匀稀混合气，第二次在压缩行程后期喷油，形成火花塞附近较浓、周边较稀的层状混合气，再点火燃烧。

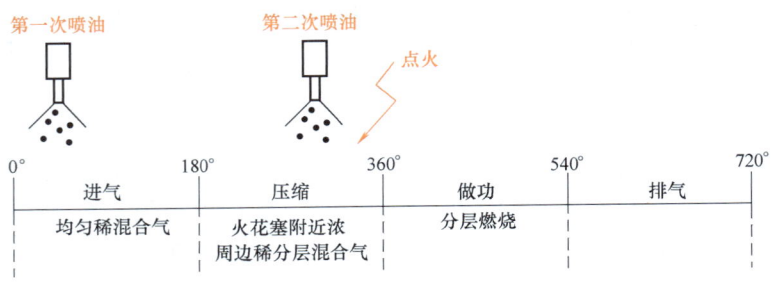

图4-10　两次喷射喷油时刻、点火时刻和燃烧模式示意图

缸内直喷汽油机与进气道喷射汽油机相比具有如下优势：
1）汽油缸内直喷时，油滴从缸内空气中吸收热量进行蒸发，使缸内温度降低，增强了抗爆燃能力，因此缸内直喷汽油机相比进气道喷射汽油机可以用较高的压缩比，提高了汽油机的热效率，压缩比一般可提高至 11~14。同时，由于缸内温度降低，提高了充气效率，可发出较大的功率。

2）汽油缸内直喷时，可在低负荷工况实现稀薄混合气分层燃烧，燃油浓度呈现梯度分布，即在缸壁附近分布的大部分是空气，有效地防止了热量传递给缸体水套，提高了燃烧的热效率。由于汽车发动机经常在低负荷工况下运行，因此分层稀燃可使平均油耗降低 15%~20%。

3）进气道喷射发动机在冷起动过程中，壁面温度低，油气蒸发不完全，因此实际喷油量远远超过了按理论空燃比计算得到的喷油量；而且在冷起动时易出现失火或不完全燃烧现象，使 HC 排放增加。相反，缸内直喷发动机可以精确地控制每个循环的空气与燃油比例，可以降低冷起动时的 HC 排放，瞬态响应好。

第五节　可燃混合气成分与要求

一、可燃混合气成分

可燃混合气是指空气与燃料的混合物，其成分对发动机的动力性、经济性与排放性等都有很大的影响。

对于混合气成分，欧美各国及日本一般都直接以其中所含空气与燃料的质量比——空燃比来表示。理论上，1kg 汽油完全燃烧需要空气 14.7kg。因此，对于汽油机而言，空燃比为 14.7 的可燃混合气可称为**理论混合气**。若可燃混合气的空燃比小于 14.7，则意味着其中汽油含量有余，空气含量不足，可称之为**浓混合气**。同理，空燃比大于 14.7 的可燃混合气则可称为**稀混合气**。应当指出，**对于不同的燃料，其理论空燃比数值是不同的**。

在我国及苏联等国，通用的可燃混合气成分指标是过量空气系数，常用符号 ϕ_a 表示，即

$$\phi_a = \frac{燃烧\ 1kg\ 燃料实际供给的空气质量}{完全燃烧\ 1kg\ 燃料所需的理论空气质量}$$

由上面的定义表达式可知：无论使用何种燃料，凡过量空气系数 $\phi_a=1$ 的可燃混合气即为理论混合气；$\phi_a<1$ 的为浓混合气；$\phi_a>1$ 的则为稀混合气。

二、汽车发动机各种工况对可燃混合气成分的要求

由于汽车在使用中的实际装载质量不是定值，路面性质及道路坡度也是多样化的，路上的车流和人流情况又十分复杂，这就使得汽车的行驶速度和牵引力经常需要做大幅度的变化。因此，作为汽车动力的汽油机工况，不可能如同用作固定动力的汽油机那样稳定，而是要经常在最大可能的范围内变化。例如，汽车在起步前或在红灯信号下短时间停车时，发动机应做怠速运转，此时负荷为零，节气门开度最小，转速最低；在汽车满载爬坡时，节气门应全开，但转速并非最高；在一般道路上行驶时，行驶阻力不大，节气门只需部分开启，即发动机在中等负荷下工作，车速和发动机转速也不一定很高；有时在好路上高速行驶，发动机就可能是全负荷，转速又达到最大值。总之，汽车用汽

油机工作的特点是：

1) 工况变化范围很大，负荷可从 0 变到 100%，转速可从最低稳定转速变到最高转速，而且有时工况变化非常迅速。

2) 在汽车行驶的大部分时间内，发动机是在中等负荷下工作的。轿车发动机负荷经常是 40%~60%，而货车则为 70%~80%。

车用汽油机各种使用工况对混合气成分的要求各不相同，现分述如下。

1. 稳定工况对混合气成分的要求

发动机的稳定工况是指发动机已经完成预热，转入正常运转，且在一定时间内没有转速或负荷的突然变化。稳定工况又可按负荷大小划分为怠速和小负荷、中等负荷、大负荷和全负荷三个范围。

(1) 怠速和小负荷工况　怠速一般是指发动机在对外无功率输出的情况下以最低转速运转，此时混合气燃烧后所做的功，只是用以克服发动机内部的阻力，使发动机保持最低转速稳定运转。为了减少怠速排气中的有害成分，宜采用较高的怠速转速。汽油机怠速转速一般为 800~900r/min。怠速工况时，节气门处于关闭位置，吸入气缸的可燃混合气不仅数量极少，且其中的汽油雾化蒸发也不良，在这种情况下，气缸内残余废气量相对增多，混合气被废气严重稀释，使燃烧速度减慢甚至熄火，因此要求供给 ϕ_a 为 0.6~0.8 的浓混合气。当节气门略开而转入小负荷工况时，新鲜混合气的品质逐渐改善，废气对混合气的稀释作用也逐渐减弱，因而混合气浓度可以减小至 $\phi_a = 0.7~0.9$。

(2) 中等负荷工况　车用汽油机在大部分工作时间内处于中等负荷状态。在此情况下，节气门有足够的开度，废气稀释的影响可以忽略不计。此时燃料经济性要求是首要的，因此应该供给 $\phi_a = 1.05~1.15$ 的经济混合气。

(3) 大负荷和全负荷　当汽车需要克服较大的阻力，如上坡或在艰难的道路上行驶时，需要发动机能发出尽可能大的功率，此时驾驶人往往将加速踏板踩到底，使节气门全开，发动机在全负荷下工作。这时要求能供给相应于最大功率的浓混合气，$\phi_a = 0.85~0.95$。

2. 过渡工况对混合气成分的要求

汽车在运行中主要的过渡工况有冷起动、暖机、加速以及急减速等几种。

(1) 冷起动　发动机在外力驱动下起动时，转速极低，只有 100r/min 左右，温度也较低，汽油不易蒸发汽化，实际进入气缸的汽油蒸气太少，混合气过稀，不易着火。为此，要求供给极浓的混合气，$\phi_a = 0.4~0.6$，以保证进入气缸内的混合气中有足够的汽油蒸气，使发动机得以顺利起动。

(2) 暖机　冷起动后，发动机各气缸开始依次点火而自动继续运转，发动机温度逐渐上升进行暖机，直到接近正常值，发动机能稳定地进行怠速运转为止。在此暖机过程中，混合气的过量空气系数 ϕ_a 值应当随着温度的升高，从起动时的极小值逐渐加大到稳定怠速所要求的数值为止。

(3) 加速　发动机的加速是指负荷突然迅速增加的过程。当加速时，驾驶人猛踩加速踏板，使节气门开度突然加大，以期发动机功率迅速增大。这时，空气流量即时随之增加，但是，液体燃料的惯性远大于空气的惯性，其燃料流量的增长比空气要慢得多，致使混合气暂时过稀。而且，在节气门急开时，进气管内的压力骤然升高，不利于混合气的汽油蒸发，致使燃料的蒸发量相对减少。因此，除非有额外的燃料添加进去，否则将会出现瞬时混合气过稀现象。这不仅达不到使发动机加速的目的，而且还可能发生发动机熄火现象。为了改善汽车发动机的加速性能，在节气门突然开大时，应额外添加供油量，以便及时使混合气加浓到足够的浓度。

（4）急减速　当汽车急减速时，驾驶人急速抬起加速踏板，节气门迅速关闭。此时空气流量迅速减少，液体燃料惯性远大于空气，燃料减少比空气慢得多，致使混合气暂时过浓，HC 排放增加。因此，当汽车急减速时，可以减缓节气门关闭的速度和限制节气门开度，从而避免混合气过浓。

综上所述，车用汽油机在正常运转时，在小负荷和中负荷工况下，要求能随着负荷的增加供给由较浓逐渐变稀的混合气成分；当进入大负荷范围直到全负荷工况下，又要求混合气由稀变浓，最后加浓到能保证发动机发出最大功率。

第六节　汽油供给装置

目前，车用汽油机主要有进气道多点喷射和缸内直喷两种，无论哪一种汽油机，其汽油供给装置均由汽油箱、汽油滤清器、汽油泵及喷油器等组成，其作用是贮存、滤清和输送燃油。

汽油供给装置

一、汽油箱

汽油箱用以贮存汽油，汽油箱的数目及容量随车型而异，普通汽车具有一个汽油箱，越野汽车则常有主、副两个汽油箱，以适应军用要求。一般汽车汽油箱的储备里程，即贮存的燃油可供汽车行驶的里程为 200～600km。

在货车上，汽油箱通常装在车架外侧、驾驶人座位下或货台下面，而轿车的汽油箱则装在车身的后部。

图 4-11 所示为汽油箱构造。汽油箱体是用薄钢板冲压焊接而成的。汽油箱上部设有加

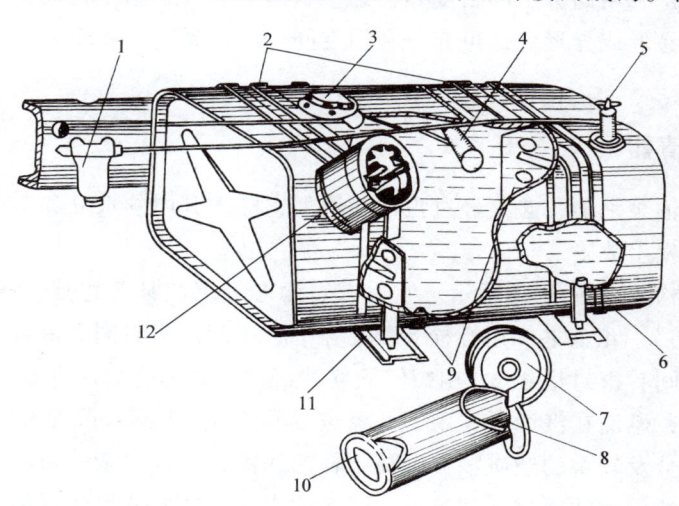

图 4-11　汽油箱构造

1—汽油滤清器　2—固定箍带　3—油面指示表传感器　4—油面指示表传感器浮子　5—出油开关
6—放油螺塞　7—汽油箱盖　8—加油延伸管　9—隔板　10—滤网　11—汽油箱支架　12—加油管

油管12，管内带有可拉出的延伸管8，延伸管底部有滤网10。加油管12用汽油箱盖7盖住。汽油箱上表面装有油面指示表传感器3和出油开关5。出油开关经输油管与汽油滤清器1相通。汽油箱底部有放油螺塞6，用以排除箱内的积水和污物。箱内装有隔板9，可减轻汽车行驶时发生燃油的激烈振荡。

为了防止汽油在行驶中因振荡而溅出和箱内汽油蒸气的泄出，油箱应是密闭的。但在密闭的汽油箱中，当汽油输出而油面降低时，箱内将产生一定的真空度，真空度过大时汽油将不能被汽油泵吸出而影响发动机的正常工作；另一方面，在外界温度高的情况下，汽油蒸气过多，将使箱内压力过大。这两种情况都要求油箱能在必要时与大气相通。为此，一般采用装有空气阀和蒸气阀的汽油箱盖。

图 4-12 所示为汽油箱盖。汽油箱盖内有垫圈，用以封闭加油管口。当箱内汽油减少，压力降低到 0.098MPa 以下时，空气阀1被大气压开，空气便进入汽油箱内，如图 4-12a 所示，使汽油泵能正常供油。当汽油箱内的汽油蒸气过多，其压力大于 0.11MPa 时，蒸气阀2被顶开，汽油蒸气泄到大气中，如图 4-12b 所示，以保持油箱内的正常压力。

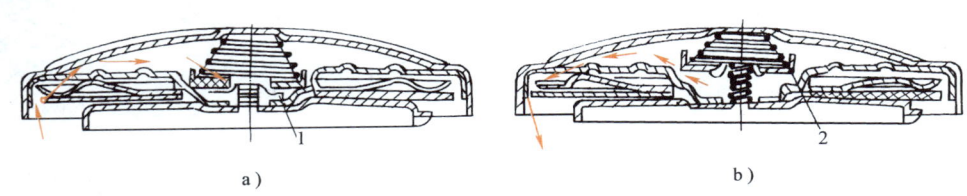

图 4-12　带有空气阀和蒸气阀的汽油箱盖
a）进入空气　b）泄出空气
1—空气阀　2—蒸气阀

也有些汽油箱是采用高分子高密度聚乙烯塑料制成的。采用塑料油箱的优点是油箱的强度高，密封性好，易形成异形件，可充分利用空间，结构紧凑，便于大量生产，质量小及有防爆作用。

二、汽油滤清器

汽油在进入汽油泵之前，必须经过汽油滤清器，除去其中的水分和杂质，否则将使汽油泵、喷油器等部件发生故障。

汽油滤清器的构造如图 4-13 所示。它由盖、滤芯及沉淀杯等组成。盖1上有进油管接头12和出油管接头2。纸滤芯5用螺栓8装在盖上，中间用密封圈3密封。用锌合金制成的沉淀杯9与盖1之间有密封垫4，并用螺钉固联。沉淀杯底部有放油螺塞10。

发动机工作时，燃油在汽油泵作用下，经进油管接头12流入沉淀杯9中。由于水的密度大于汽油，故水分及较重的杂质颗粒沉淀于杯的底部，较轻的杂质随燃油流向滤芯，被粘附在滤芯上，而清洁的燃油通过纸滤芯渗入滤芯的内腔，然后从出油管接头流出。

纸质汽油滤清器如图 4-14 所示，由一个中央多孔筒1、特制折叠纸滤芯2和一个多孔滤纸板外筒3组成。

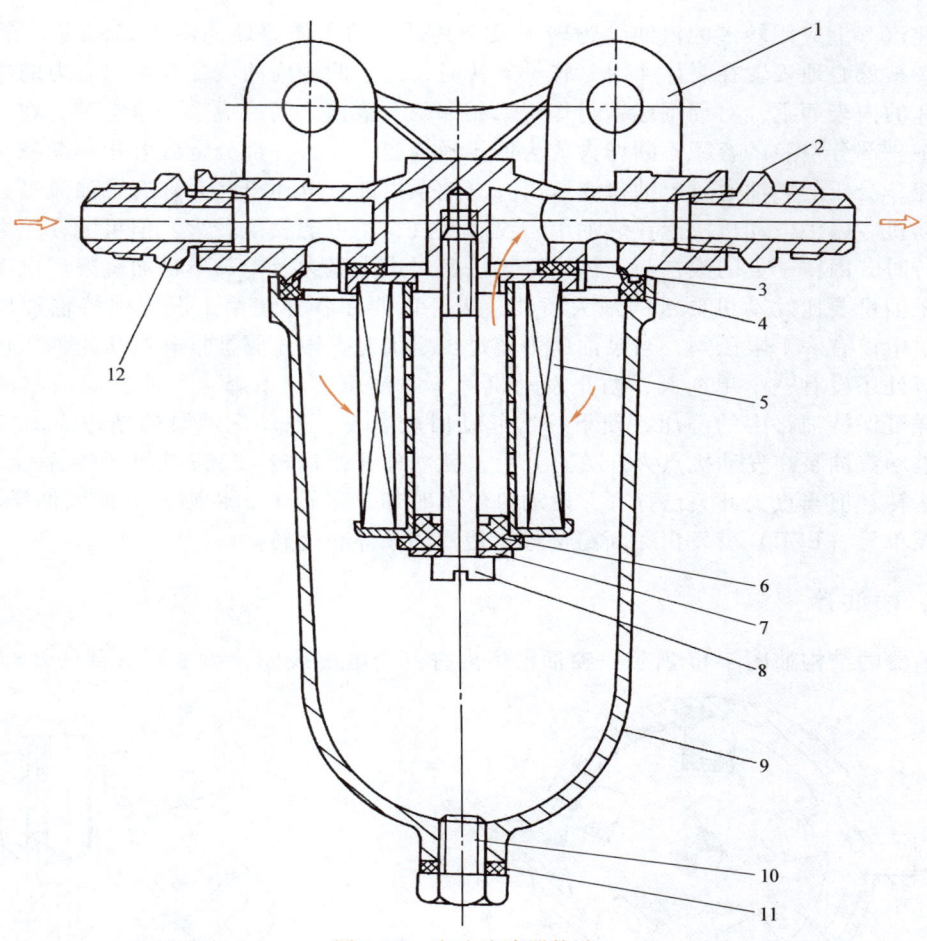

图 4-13 汽油滤清器构造

1—盖 2—出油管接头 3、6—密封圈 4—密封垫 5—纸滤芯 7—平垫圈 8—螺栓
9—沉淀杯 10—放油螺塞 11—密封垫圈 12—进油管接头

汽油滤清器的滤芯形式除纸滤芯外,还有金属片缝隙式和多孔陶瓷滤芯。陶瓷滤芯的特点是结构简单,节省金属,滤清效能高;但清洗滤芯很困难,不易洗净,使用寿命不长。金属片缝隙式滤芯的特点是工作可靠,使用寿命长;但滤清效率低,结构复杂,制造和清洗不便,因此目前应用得较少。纸质汽油滤清器的性能良好,制造和使用方便,故目前广泛采用。

三、汽油泵

汽油泵的作用是**将汽油从汽油箱内吸出**。目前汽车上广泛采用电动汽油泵。

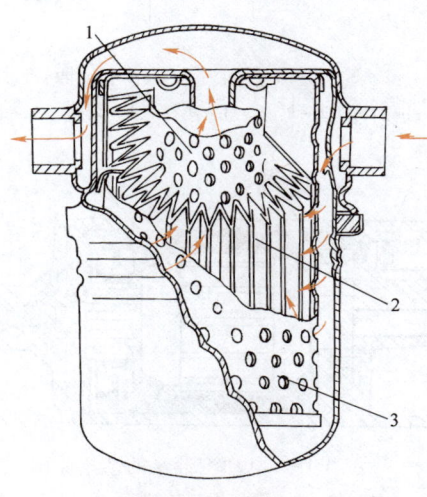

图 4-14 纸质汽油滤清器

1—中央多孔筒 2—折叠纸滤芯 3—多孔滤纸板外筒

目前汽车上应用较多的汽油泵为转子泵,其泵油的工作原理如图4-15所示。装有滚柱的转子2被偏心地安置在泵体4内,转子旋转时,位于凹槽内的滚柱3在离心力的作用下压靠在泵体的内表面上,对周围起密封作用。相邻两个滚柱之间形成了一个空腔,在汽油泵运转过程中一部分空腔的容积不断增大成为低压吸油腔,而另一部分空腔容积不断减小成为高压泵油腔,受压的燃油通过出油口5压出。汽油泵内部有电动机并允许有燃油流过,它称为湿式电动机。因为电动机浸泡在燃油中,没有空气,不可能发生着火。但可能在无燃油而汽油泵旋转时,因转子上的滚柱与壳体内壁无法密封产生吸力及冷却不良而烧毁。电动汽油泵供给的燃油量要比发动机要求的最大喷油量大,以便在各种使用工况下保持输油压力。另外,在泵中设有一个限压阀,当泵油压力超过规定值时,限压阀被推开以防止油压过高。在泵的出口处还设有一个单向阀,防止发动机停车时油压突然下降,可能造成的燃油倒流现象。这样可保持油路中的静压,使下一次起动时较容易。电动汽油泵的结构简图如图4-16所示。电动汽油泵在发动机点火开关打开后,就立即开始运转。待发动机运转后,汽油泵就不停地运转,但当点火开关已打开,发动机停车时却只运转1s,使喷油器的燃油增加压力,随后电控单元(ECU)就发出一断路信号,使汽油泵停止运转。

四、喷油器

喷油器的结构如图4-17所示,喷油器体内有一个电磁线圈,喷油器头部的针阀6与衔

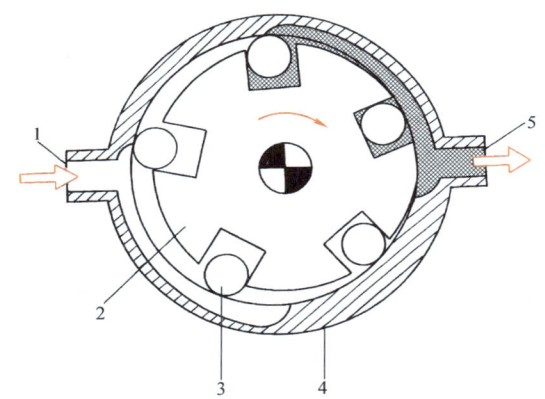

图4-15 电动汽油泵的工作原理

1—进油口 2—转子 3—滚柱 4—泵体 5—出油口

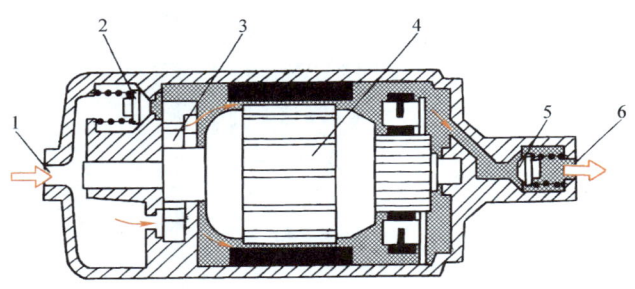

图4-16 电动汽油泵的结构简图

1—进油口 2—限压阀 3—滚子泵 4—电动机
5—出油单向阀 6—出油口

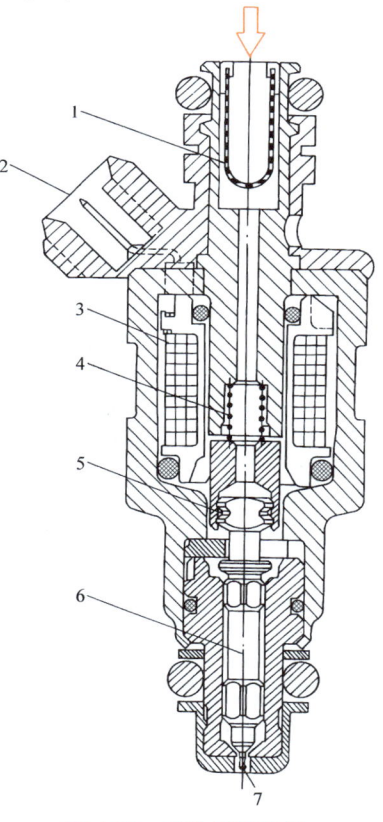

图4-17 喷油器的结构

1—燃油滤网 2—电接头 3—电磁线圈
4—弹簧 5—衔铁 6—针阀 7—轴针

铁5结合成一体。当电控单元送来电流信号，电磁线圈通电后，便产生磁作用力，将衔铁与针阀吸起，使燃油通过精确设计的轴针头部环形间隙，在喷油器头部前端将燃油喷散。针阀的升程量约为0.1mm，喷油器打开的时间每次为2~10ms。时间长、喷油量就多。喷油器阀体的上端有橡胶O形圈起支承与密封作用，同时还可以起绝热作用，防止喷油器内产生燃油蒸气泡，以保持良好的热起动性能。此外，安装橡胶密封圈还能使喷油器免受高频的振动。

第七节 电控汽油喷射系统

目前车用电控汽油喷射系统主要包括电控多点喷射和缸内直喷。

（1）**多点喷射** 每个气缸配备一个喷油器，采用较低的喷油压力（0.2~0.35MPa），直接将燃料喷入各个气缸对应气道的进气门前方。

（2）**缸内直喷** 每个气缸配备一个喷油器，采用较高的喷油压力（20~30MPa），将汽油直接喷入气缸，并与缸内气流运动相结合。

一、L型叶特朗尼克电控多点汽油喷射系统

图4-18所示为目前应用较多的一种L型叶特朗尼克（L-Jetronic）电控多点汽油喷射系

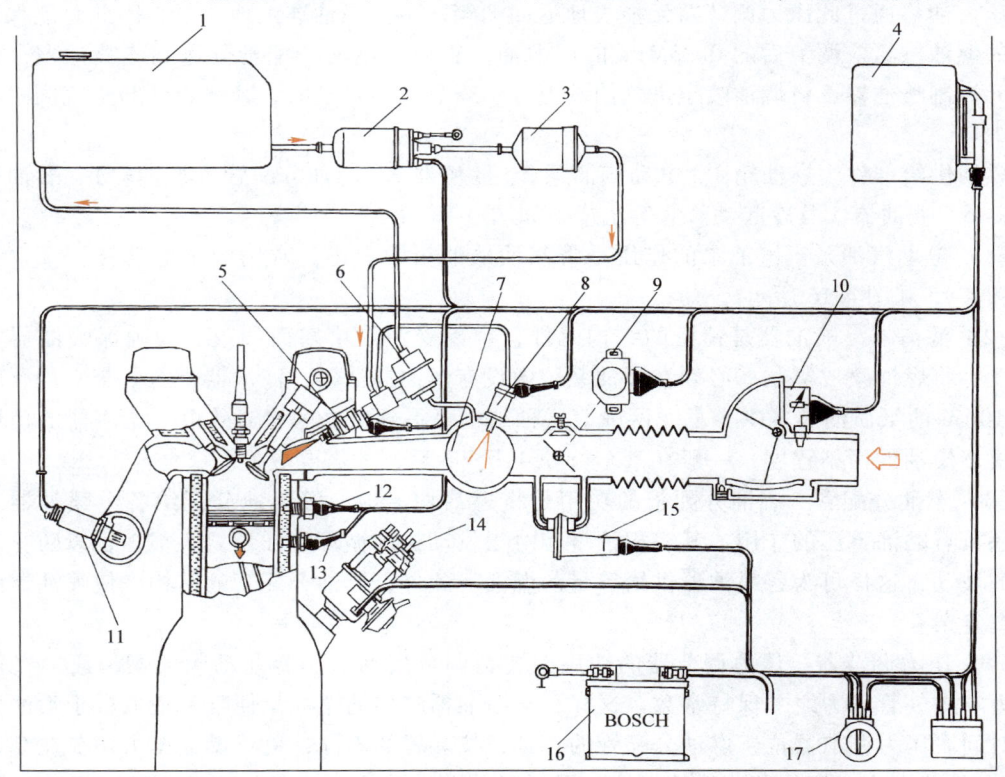

图4-18 L型叶特朗尼克电控多点汽油喷射系统

1—燃油箱 2—电动汽油泵 3—滤清器 4—电控单元 5—喷油器 6—燃油压力调节器 7—进气总管
8—冷起动阀 9—节气门开关 10—空气流量计 11—氧传感器 12—温度时间开关 13—温度传感器
14—分电器 15—辅助空气调节器 16—蓄电池 17—点火起动开关

统。它利用各种传感器测量各种信号并送入一个电控单元中，电控单元根据发动机各种工况的实际要求来控制喷油量。例如，在汽车正常行驶时供给 14.7∶1 空燃比的混合气，在冷车起动与全负荷运行时，需要加浓混合气，供给混合气的空燃比小于 14.7∶1。这种喷射系统利用间歇式的喷油方式，混合气的空燃比用微机控制。当电控单元的电流流经喷油器内的电磁线圈时，喷油器就开启并把燃油喷入进气管内，与吸入的空气混合后进入气缸内燃烧，产生动力。

L 型叶特朗尼克汽油喷射控制系统的特点是：
1）采用空气流量传感器，以空气流量为控制的基础。
2）以空气流量与发动机转速作为控制基本喷油量的因素。
3）接受节气门位置、冷却液温度、空气温度等传感器检测到的表征发动机运行工况的信号作为喷油量的校正，以提高发动机的控制性能。

微机的主要功能是控制喷油器的喷油量，吸入空气量是由节气门的开度确定的。根据上述 L 型电控系统的布置，整个电控喷射系统可以分为燃油供给、空气供给与电路控制等三部分。

1. 燃油供给

燃油从燃油箱经过电动汽油泵以约 0.25MPa 的压力流经燃油滤清器，滤去杂质后，进入燃油分配管，即燃油轨。在分配管的后端有一个压力调节器，它使喷油压力保持恒定。过量的压力油将通过此压力调节器无损失地返回油箱。由于燃油连续地流过，因此总能保证有正常的燃油供给。调节后的 0.25MPa 的压力油，将通过燃油分配管分送到各喷油器，由电控单元控制喷油器，将燃油喷至进气门的上方。当进气门打开时，才将燃油与空气同时吸入气缸中。

燃油供给部件由燃油箱 1、电动汽油泵 2、滤清器 3、燃油分配管（燃油轨）、燃油压力调节器 6、喷油器 5 及冷起动阀 8 等组成，如图 4-18 所示。

（1）电动汽油泵　汽油泵的作用是将汽油从油箱中吸出，常用的是电动转子泵，如前文中图 4-15 和图 4-16 所示。

（2）滤清器　喷油器是精密的结构元件，容易受污染堵塞而失效。为确保喷油器的工作性能，将燃油喷成雾状，必须在喷油系统内设有燃油滤清器。滤清器带有一个平均孔隙直径为 10μm 的纸质滤芯和一个尼龙网筛，这种结构可得到较好的滤清效果。滤清器的使用时间取决于燃油的污染程度，一般在汽车行驶 4 万 km 后，才需要更换。

（3）燃油分配管　燃油分配管的功用是将燃油均匀地、等压地分配给各个喷油器。分配管还具有贮油蓄压的作用，其容积油量相对于发动机的循环喷油量要大很多，以防止燃油压力的波动，这样可为各喷油器供给等量的燃油。此外，燃油分配管的结构应使喷油器的安装不致复杂。

（4）压力调节器　压力调节器的功用主要是调节喷油器和冷起动阀的燃油压力，使燃油压力与进气管压力之差保持常数。这样，从喷油器喷出的燃油量便唯一地取决于喷油器的开启时间。压力调节器位于燃油分配管的一端，按装置的不同，可将燃油压力调节在 0.25～0.3MPa 的范围内。压力调节器的结构如图 4-19 所示，由金属壳体组成的内腔，被一个膜片 5 分成两室。一个室内具有预紧力的弹簧 6 压在膜片上，一个室通燃油。当油压超过预调的压力时，将克服弹簧压力，使膜片向下移动。由膜片操纵的阀门 3 可将回油孔打开，使超压的燃油返回油箱以保持一定的燃油压力。在弹簧室内有一根通气管与发动机节气门后的进气歧管相连，这样燃油系统的压力就取决于进气管内的绝对压力。在节气门不同位置时，通过喷油器的压降也将是相同的。

（5）喷油器 喷油器是喷油系统中最重要的部件，它安装在进气道内进气门口的上方。每个气缸上装有一个喷油器。喷油器是由电磁阀操纵的，电控单元发出的指令信号可将喷油器头部的针阀打开，把准确配剂的一定量的燃油喷入进气门前，与进气歧管内吸入的空气混合后进入气缸内。喷油器结构如前文中图 4-17 所示。

在多点汽油喷射系统中，根据喷油器的不同组合，可以采用同时喷射、分组喷射和顺序喷射等不同的供油方式。

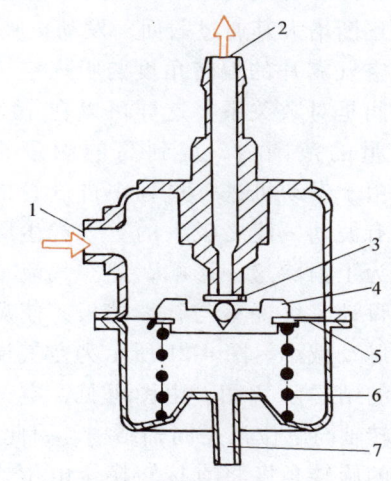

图 4-19 压力调节器的结构
1—进油口 2—回流油口 3—阀门 4—阀支承
5—膜片 6—弹簧 7—进气管接头

2. 空气供给

空气经过空气滤清器，滤去空气中的尘埃等杂质后，流经空气流量传感器，经过计量后，空气流沿着节气门通道流入进气歧管，再分别供给到各个气缸中。汽车行驶时，空气流量是由驾驶人通过加速踏板操纵节气门控制的。

在 L 型电控喷油系统中，确定基本喷油量的参数是发动机转速与吸入的空气流量，由此确定的每循环吸入的空气量，就是发动机负荷的直接度量量。发动机吸入的空气量在发动机不同工况时是变化的，负荷变化时吸入的空气量应能与该负荷下的燃油量正确匹配，以得到正确的混合气成分。进入发动机气缸的空气量由空气流量计测定。

图 4-20 所示为 L 型叶特朗尼克电控汽油喷射系统的空气供给部分示意图。空气从空气滤清器 6 吸入，经空气流量计 2，再通过节气门 1 进入发动机气缸。空气流量计的测量原理是吸入空气的流体动力与作用在空气翼片上弹簧力的平衡。空气翼片实际上就是一个空气流

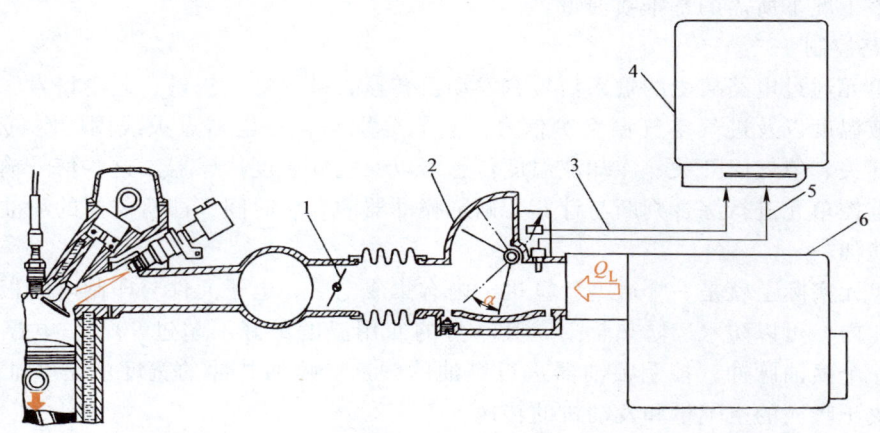

图 4-20 L 型叶特朗尼克电控汽油喷射系统的空气供给部分示意图
1—节气门 2—空气流量计 3—空气流量信号 4—电控单元 5—空气温度信号
6—空气滤清器 Q_L—吸入的空气流量 α—翼片偏转角

通阀，翼片的偏转位置决定其空气通道开启的通过截面。翼片随吸入空气流量的增大向后移动，逐渐增大其通过截面。发动机吸入的空气流量则是由转速与节气门的开度共同决定的。

空气翼片的偏转角度与吸入空气量之间是对数关系，这样可以在小空气流量的范围内，得到高的测量精度。由于发动机进气过程中进气管的压力有波动，使之吸入的空气产生脉动。为了消除这一影响，此空气流量计上设计有缓冲室与补偿挡板，使翼片的脉动减小。图 4-21 所示为空气流量计的结构示意图。由图可见，空气翼片转轴与电位计是同轴结构。因此，翼片的旋转角度将直接转换至电位计 6，随着翼片转角的不同将产生不同的电阻值；同时，此信号便由电位计输入电控单元。电位计应调整为保持吸入空气量与电压之间成反比的关系。

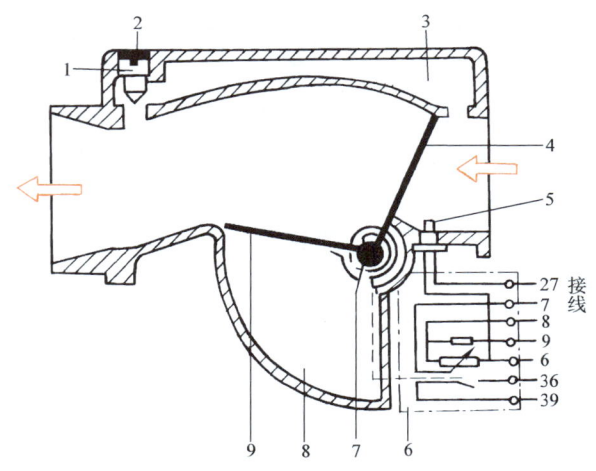

图 4-21　空气流量计结构示意图

1—调节螺钉　2—封口　3—旁通空气道　4—翼片　5—空气温度传感器　6—电位计　7—回位弹簧　8—缓冲室　9—补偿挡板

空气流量计翼片的一侧还设有一个旁通空气道 3，当主空气道内的空气翼片 4 置于关闭时，只允许少量的空气经旁通道流过。在旁通空气道上还设有一个调节螺钉 1，控制旁通通道内的空气流量，以调节控制怠速工况下的混合气成分。

发动机转速的信号取自分电器中经点火线圈送来的脉冲信号。在有触点操纵的点火装置中，转速信号通过分电器中的断电触点得到；在无触点点火装置中，则从点火线圈的接线柱中传给电控单元。

发动机运转时，由空气流量计送来的信号与转速信号同时输入电控单元，经过计算可确定发动机该工况下所需的基本喷油量。

3. 电路控制

电控单元通过电路接受的输入信号有发动机转速、进气空气流量、起动信号、节气门位置、冷却液温度以及进气空气温度等信号。它们分别来自分电器点火线圈、空气流量传感器、起动开关、节气门开关、冷却液温度传感器以及空气温度传感器。这些信号输入电控单元后，由电控单元进行综合判断与计算，确定喷油器的开启时间，即所需要的喷油量，并控制喷油器喷油。

电控单元实际上就是一个微型计算机，内有集成电路、电子元件与印制电路板。它装在一个金属盒内，可以防水、防热辐射，其本身的使用温度最好不超过 90℃。电控单元可以指令输出一个喷油脉冲，控制喷油器进行燃油的配剂。喷油脉冲的宽度就是喷油的持续时间，它取决于吸入的空气量和发动机的转速。

为了使发动机具有最佳的动力性、经济性，还具有较好的排放性能和行驶性能，电控汽油喷射系统应该适应发动机不同工况运行的要求，具有混合气成分校正的功能。它通过各种附加传感器，提供发动机温度、节气门位置等信息输入电控单元，并由此计算得到校正后的喷油量。

冷起动时发动机的温度很低，要求供给很浓的混合气，因此喷射系统将根据发动机的温度喷入一定量的附加燃料。它可以由电控单元指令通过喷油器延长喷油持续时间来实现，也可以通过热控正时开关与冷起动阀来达到加浓的目的。

冷起动之后，发动机就进入暖机状态。由于此时温度可能不高，仍有一部分燃料会冷凝在较冷的缸壁上，因此发动机也需要得到暖机时的加浓，并随时间、温度变化进行不同程度的加浓调节。在系统中设有一个发动机温度传感器，将检测到的发动机温度信息传入电控单元来校正混合气的浓度。发动机温度传感器如图 4-22 所示，其外形如一个螺纹套管，中间装有负温度系数（NTC）电阻。冷却液温度低时，传感器的电阻值较大，此信号传入电控单元后，可以指令喷出油量较多；冷却液温度升高后，电阻值将随之减小，电控单元将由此减小喷油量。若冷却液温度超过60℃，表征此时暖机过程即将完毕，即可停止附加的喷油量。温度传感器安装在发动机的气缸体上，一般插在气缸的冷却水套中。

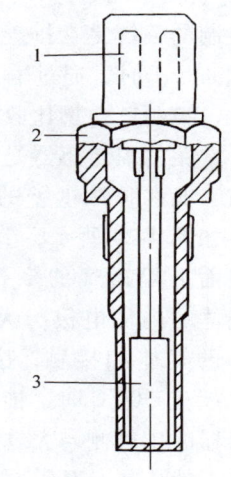

图 4-22　发动机温度传感器
1—电接头　2—壳体
3—NTC 电阻

汽车发动机大部分时间是在中、小负荷下运行，这时供给的混合气是按经济成分供给的，在电控单元中已编制成程序，以保证发动机运行的燃油消耗最少。

发动机全负荷运行时，应发出最大的转矩。相对于部分负荷工况，供给的混合气也有一定的加浓。加浓的多少按不同发动机的混合气调整有所不同，也已经在电控单元中编制程序，发动机负荷状态的信息是由一个节气门开关输入电控单元的。节气门开关如图 4-23 所示，它可以随时记录节气门开启的位置。节气门开关是通过节气门轴来操纵的，它设有怠速触点 4 与全负荷触点 1。触点的开启是通过月形板 2 来控制的，从而把怠速与全负荷的位置信号传入电控单元，以校正喷油量。

汽车发动机加速时，节气门突然打开，可能在短暂的时间内使混合气变稀。为了获得良好的加速过渡，要求喷射系统能短时间地加浓混合气。在电控系统中，节气门突然开大，空气大量地迅速流过空气流量计，短时间内会使空气翼片在其全开的位置上有一定的摆动，此时翼片的上冲量将导致较多的燃料供给，使混合气得以加浓，从而使发动机获得良好的加速性能。

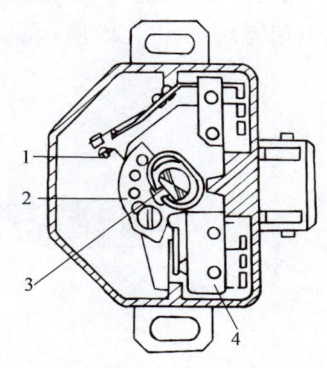

图 4-23　节气门开关
1—全负荷触点　2—月形板
3—节气门轴　4—怠速触点

发动机怠速转速是通过在空气流量计上设置的怠速调节螺钉来调整的。怠速稳定性的调节和机械式汽油喷射系统一样，采用一个补充空气阀，有一个补充空气滑板作为节气门的旁通，根据发动机的温度，不同程度地把补充空气引入发动机中。由于这部分补充空气已经经过空气流量计检测，因此控制单元将分别供给发动机相应的喷油量。

为了严格满足汽车排放法规的要求，在发动机电控汽油喷射系统中，还设有一个闭环混合气成分调节系统，在发动机反馈控制工况下，能精确地将表征混合气成分的过量空气系数

ϕ_a 控制在 1 的附近,并配合使用三元催化转化器,使排气中的有害成分大幅度地降低。闭环控制的关键是在排气管路中安装一个氧传感器,用于测量混合气成分。它在准确的化学混合比 $\phi_a=1$ 时,通过输出电压有一个突变,来提供电控单元一个信号,以确定所供混合气的成分,控制其空燃比收敛于理论值。

常用的氧传感器是氧化锆传感器,氧化锆(ZrO_2)是一种具有氧离子传导性的固体电介质,能在氧浓度差的作用下产生电动势。如图 4-24 所示,氧化锆陶瓷体的两侧表面上用透气的多孔薄铂层作电极,陶瓷体的内侧电极与大气相通,外侧与排出的气体相接触,废气通过氧化锆,温度超过 300℃ 时,能使氧离子化,在传感器的排气侧与大气侧氧分压不同时,氧离子就从氧分压高的大气侧向氧分压低的排气侧流动,从而在两个电极之间形成电动势。这个电动势的大小就作为混合气成分浓或稀的一个度量,该信号反馈输入电控单元以后,电控单元又依此信号,修正喷油器供油量,使混合气得到正确的调节。

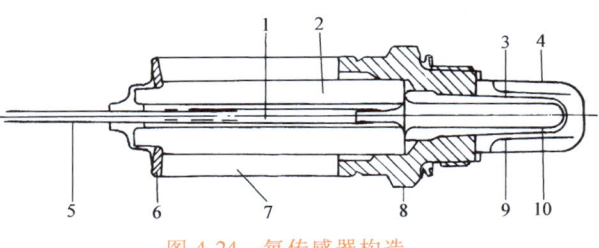

图 4-24 氧传感器构造

1—接触部 2—陶瓷管 3—氧化锆探头 4—保护管 5—电线 6—碟形弹簧 7—保护管 8—壳体 9—负电极 10—正电极

二、博士 MED 型(莫特朗尼克)缸内直喷汽油喷射系统

MED-Motronic 发动机管理系统主要用于缸内直喷发动机的精确控制。典型的 MED 型汽油喷射系统如图 4-25 所示。

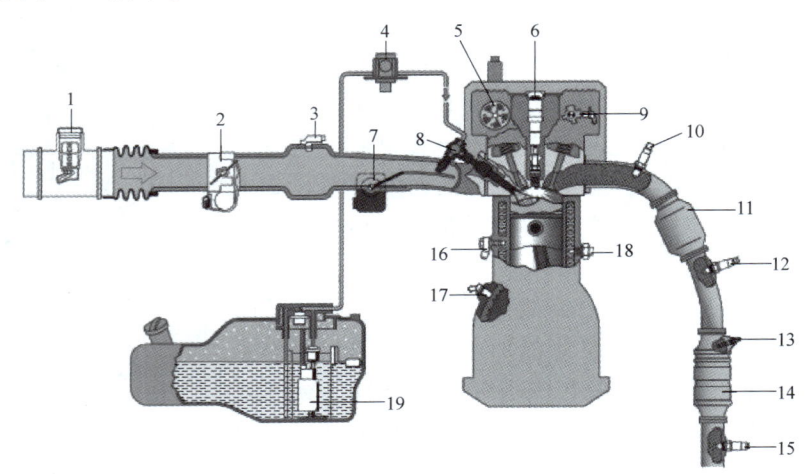

图 4-25 典型的 MED 型汽油喷射系统

1—热膜空气流量计 2—电子节气门 3—进气歧管压力传感器 4—高压燃油电磁阀 5—VVT 6—火花塞 7—滚流阀 8—喷油器 9—凸轮相位传感器 10、12、15—氧传感器 11—前催化器 13—排气温度传感器 14—NO_x 存储器 16—爆燃传感器 17—曲轴转速传感器 18—冷却液温度传感器 19—低压燃油泵

1. 低压油路

低压油路位于系统的油箱一侧。它由电子燃油泵及与之并联的压力调节器组成,并产生

0.35MPa 的压力。通过低压油路将燃油泵给高压泵。

2. 高压油路

高压油路由高压泵、燃油分配器/油轨、压力传感器、压力控制阀和喷油器组成。

1）高压泵对低压燃油加压，最高可使燃油压力从 0.35MPa 升高到 20MPa；燃油分配器/油轨为管状的，由铝制成，要求具有足够的弹性和刚度，它与喷油器、压力控制阀、高压泵相连，油轨压力由压力传感器测定。

2）压力传感器能够测量油轨压力，实现对轨压的闭环精确控制，此压力传感器为高压传感器，采用焊入不锈钢膜片的薄膜技术，在上面装有应变片作为感应元件。

3）压力控制阀的任务是在发动机全部工况范围内，根据其脉谱图来调整油轨压力，经过压力控制阀后多余的燃油并不返回油箱，而是回到高压泵进口，可避免油箱中的燃油被加热和油箱的活性炭罐清洁系统过载。

4）喷油器的开启和关闭用来控制喷油正时和喷油量。

3. 进气系统

通过控制电子节气门的开度控制进气量，通过空气流量计测量进气量，通过进气歧管压力传感器测量进气管压力。

4. 排气系统

由于缸内直喷发动机既可以工作在理论空燃比下也可以进行稀燃，因此在三元催化器的前后各安装一个宽频氧传感器并根据前级氧传感器信号调整喷油量进行空燃比的闭环控制，通过后级氧传感器信号判断三元催化器是否失效，由于稀燃时产生大量的 NO_x，普通的三元催化器对 NO_x 的转换效率低，因此要采用 NO_x 吸藏型催化转换器。

思 考 题

4-1 用框图表示燃料供给、空气供给及废气排出的路线，并注明汽油机燃料供给系统各组成部分的名称。

4-2 说明化油器发动机可燃混合气的形成过程。

4-3 说明进气道喷射汽油机可燃混合气的形成过程。

4-4 说明缸内直喷汽油机可燃混合气的形成过程。

4-5 应用电控汽油喷射系统有何优缺点？它的系统组成有哪些？它的工作情况如何？

4-6 汽油喷射发动机的基本喷油量（或基本喷油时间）是如何确定的？

4-7 何谓闭环控制？三元催化转化器有何作用？

第五章

柴油机燃油供给系统

第一节 柴油及其使用性能

柴油和汽油一样都是石油制品。在石油蒸馏过程中，温度在200~350℃之间的馏分即为柴油。柴油分为车用柴油和重柴油。车用柴油用于高速柴油机，重柴油用于中、低速柴油机。汽车柴油机均为高速柴油机，所以使用车用柴油。

1. 车用柴油的牌号和规格

车用柴油按其凝点分为5、0、-10、-20、-35和-50等几种牌号，其规格见表5-1。

表5-1 车用柴油（Ⅵ）技术要求和试验方法（GB/T 19147—2016）

项 目		质量指标						试验方法
		5号	0号	-10号	-20号	-35号	-50号	
氧化安定性(以总不溶物计)/(mg/100mL)	不大于	2.5						SH/T 0175
硫含量①/(mg/kg)	不大于	10						SH/T 0689
酸度(以KOH计)/(mg/100mL)	不大于	7						GB/T 258
10%蒸余物残炭②(质量分数)(%)	不大于	0.3						GB/T 17144
灰分(质量分数)(%)	不大于	0.01						GB/T 508
铜片腐蚀(50℃,3h)/级	不大于	1						GB/T 5096
水含量③(体积分数)(%)	不大于	痕迹						GB/T 260
润滑性 　校正磨痕直径(60℃)/μm	不大于	460						SH/T 0765
多环芳烃含量④(质量分数)(%)	不大于	7						SH/T 0806
总污染物含量/(mg/kg)	不大于	24						GB/T 33400
运动黏度⑤(20℃)/(mm²/s)		3.0~8.0		2.5~8.0		1.8~7.0		GB/T 265
凝点/℃	不高于	5	0	-10	-20	-35	-50	GB/T 510
冷滤点/℃	不高于	8	4	-5	-14	-29	-44	SH/T 0248
闪点(闭口)/℃	不低于	60			50	45		GB/T 261
十六烷值	不小于	51			49	47		GB/T 386
十六烷指数⑥	不小于	46			46	43		SH/T 0694
馏程： 　50%回收温度/℃ 　90%回收温度/℃ 　95%回收温度/℃	不高于 不高于 不高于	300 355 365						GB/T 6536

（续）

项　目	质量指标					试验方法
	5号	0号	-10号	-20号	-35号 -50号	
密度⑦（20℃）/（kg/m³）	810~845			790~840		GB/T 1884 GB/T 1885
脂肪酸甲酯含量⑧（体积分数）（%）　不大于	1.0					NB/SH/T 0916

① 也可采用 GB/T 11140 和 ASTM D7039 进行测定，结果有异议时，以 SH/T 0689 方法为准。
② 也可采用 GB/T 268 进行测定，结果有异议时，以 GB/T 17144 方法为准。若车用柴油中含有硝酸酯型十六烷值改进剂，10%蒸余物残炭的测定使用不加硝酸酯的基础燃料进行，车用柴油中是否含有硝酸酯型十六烷值改进剂的检验方法见附录B。
③ 可用目测法，即将试样注入100mL玻璃量筒中，在室温（20℃±5℃）下观察，应当透明，没有悬浮和沉降的水分。也可采用 GB/T 11133 和 SH/T 0246 测定，结果有异议时，以 GB/T 260 方法为准。
④ 也可采用 SH/T 0606 进行测定，结果有异议时，以 SH/T 0806 方法为准。
⑤ 也可采用 GB/T 30515 进行测定，结果有异议时，以 GB/T 265 方法为准。
⑥ 十六烷指数的计算也可采用 GB/T 11139。结果有异议时，以 SH/T 0694 方法为准。
⑦ 也可采用 SH/T 0604 进行测定，结果有异议时，以 GB/T 1884 和 GB/T 1885 方法为准。
⑧ 脂肪酸甲酯应满足 GB/T 20828 要求，也可采用 GB/T 23801 进行测定，结果有异议时，以 NB/SH/T 0916 方法为准。

2. 车用柴油的使用性能

为了保证高速柴油机正常、高效地工作，车用柴油应具有良好的发火性、蒸发性、低温流动性、化学安定性、防腐性和适当的黏度等诸多的使用性能。

（1）**发火性**　指柴油的自燃能力，用十六烷值评定。柴油的十六烷值大，发火性好，容易自燃。国家标准规定车用柴油的十六烷值不小于47。

（2）**蒸发性**　指柴油蒸发汽化的能力，用柴油馏出某一百分比的温度范围，即馏程和闪点表示。例如，50%馏出温度即柴油馏出50%的温度，此温度越低，柴油的蒸发性越好。国家标准规定此温度不得高于300℃，但没有规定最低温度限。为了控制柴油的蒸发性不致过强，标准中规定了闪点的最低数值。柴油的闪点是指在一定的试验条件下，当柴油蒸气与周围空气形成的混合气接近火焰时，开始出现闪火的温度。闪点低，蒸发性好。

（3）**低温流动性**　用柴油的凝点和冷滤点评定低温流动性。凝点是指柴油失去流动性开始凝固时的温度；而冷滤点则是指在特定的试验条件下，在1min内柴油开始不能流过过滤器20mL时的最高温度。一般柴油的冷滤点比其凝点高4~6℃。

（4）**黏度**　是评定柴油稀稠度的一项指标，与柴油的流动性有关。黏度随温度而变化，当温度升高时，黏度减小，流动性增强；反之，当温度降低时，黏度增大，流动性减弱。

GB/T 19147—2016 中规定的 10%蒸余物残炭、氧化安定性等指标，是柴油安定性的评定指标。柴油的防腐性则用硫含量、酸度、铜片腐蚀等指标来评定。柴油中的灰分、水含量，是评定柴油清洁性的指标。

汽车柴油机应使用各项指标均符合国家标准的柴油。车用柴油的选择参考各地风险率为10%的最低气温。

第二节　柴油机燃油供给系统的组成

一、柴油机混合气形成特点

柴油机以柴油为燃料。由于柴油的蒸发性和流动性都比汽油差，因此柴油相比汽油在气缸外部形成可燃混合气较为困难。柴油机的混合气只能在气缸内部形成，即在接近压缩行程终点时，通过喷油器把柴油喷入气缸内。柴油油滴在炽热的空气中受热、蒸发、扩散，并与空气混合形成可燃混合气，最终自行发火燃烧。

与汽油机相比，柴油机混合气形成的时间极短，只占15°~35°曲轴转角。燃烧室各处的混合气成分很不均匀，且随时间而变化。虽然柴油机的平均过量空气系数$\phi_a>1$，但是在燃烧室内仍然有的地方混合气过浓，燃烧不完全；有的地方混合气过稀，空气得不到充分利用。

为了改善柴油机的混合气形成与燃烧，燃油系统、燃烧室以及它们之间的相互匹配起着重要的作用。不同形式的燃烧室对喷油始点、喷油持续角、喷油压力、喷油规律、喷注雾化质量及其在燃烧室内的分布等，都有不同的要求。这些喷油参数的变化对柴油机的经济性、动力性、排放性和噪声水平都有直接的影响。

柴油机燃烧室的形状不胜枚举，一般均按其结构形式分为直喷式燃烧室和分隔式燃烧室两大类。直喷式燃烧室的容积集中于气缸之中，且其大部分集于活塞顶上的燃烧室凹坑内（图5-1）。燃烧室凹坑的形状多种多样，极具创造性。其中，有的为回转体（图5-1a），有的则是非回转体（图5-1b、c、d）。分隔式燃烧室的容积则一分为二，一部分位于气缸盖

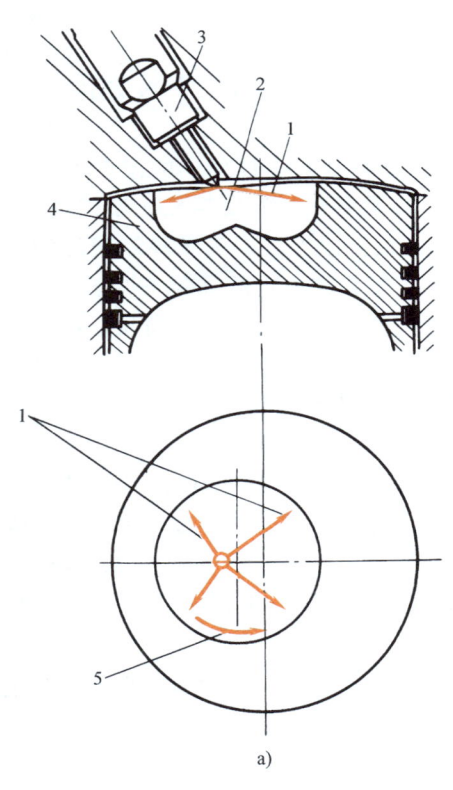
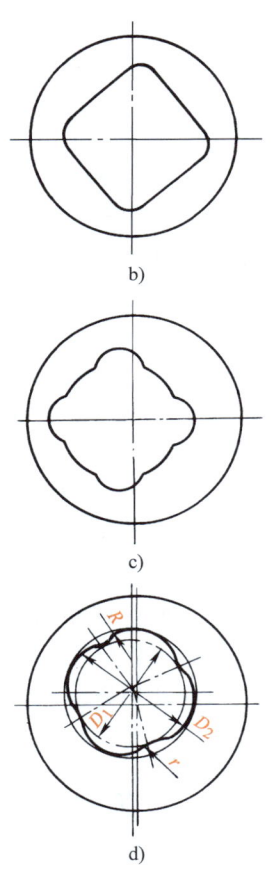

图5-1 直喷式燃烧室

a）回转体燃烧室凹坑　b）四角形燃烧室凹坑　c）四角圆弧形燃烧室凹坑　d）花瓣形燃烧室凹坑

1—燃油喷柱　2—燃烧室凹坑　3—喷油器　4—活塞　5—空气涡流

中，另一部分则在气缸内（图5-2）。在气缸内的那部分称**主燃烧室**，位于气缸盖中的那部分称**副燃烧室**，主、副燃烧室之间用通道连通。分隔式燃烧室又有涡流燃烧室（图5-2a）和预燃燃烧室（图5-2b）之分。涡流燃烧室的副燃烧室又称**涡流室**，预燃燃烧室的副燃烧室则称**预燃室**。

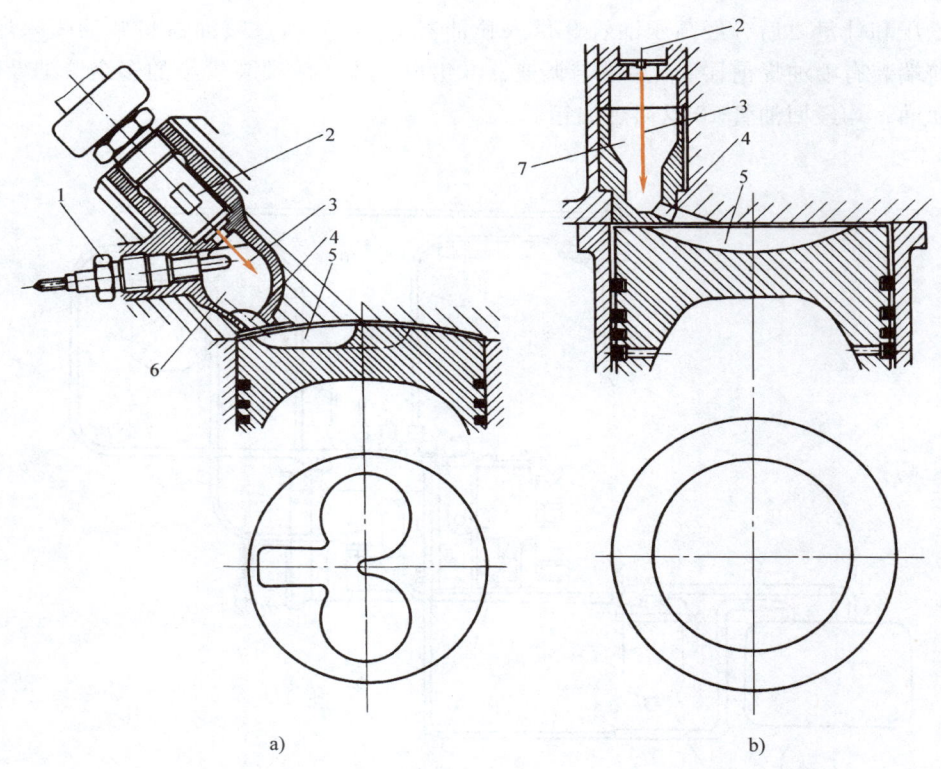

图5-2 分隔式燃烧室
a）涡流燃烧室 b）预燃燃烧室
1—电热塞 2—喷油器 3—燃油喷柱 4—通道 5—主燃烧室 6—涡流室 7—预燃室

二、柴油机燃油供给系统的功用

1）在适当的时刻，将一定数量的洁净柴油增压后以适当的规律喷入燃烧室。各缸的喷油定时和喷油量相同且与柴油机运行工况相适应。喷油压力、喷柱雾化质量及其在燃烧室内的分布与燃烧室类型相适应。

2）在每一个工作循环内，各气缸均喷油一次，喷油次序与气缸工作顺序一致。

3）根据柴油机负荷的变化自动调节循环供油量，以保证柴油机稳定运转，尤其是稳定怠速，同时还具有限制超速的作用。

三、传统机械式柴油机燃油供给系统的组成

传统机械式柴油机燃油供给系统包括喷油泵、喷油器和调速器等主要部件及燃油箱、输

油泵、油水分离器、燃油滤清器、喷油提前器和高、低压油管等辅助装置。

图 5-3 所示为装有直列柱塞式喷油泵的柴油机燃油供给系统示意图。直列柱塞式喷油泵 3 一般由柴油机曲轴的定时齿轮驱动。固定在喷油泵体上的活塞式输油泵 5 由喷油泵的凸轮轴驱动。当柴油机工作时,输油泵 5 从燃油箱 8 吸出柴油,经油水分离器 7 除去柴油中的水分,再经燃油滤清器 2 滤除柴油中的杂质,然后送入直列柱塞式喷油泵 3。在喷油泵内,柴油经过增压和计量之后,经高压油管 9 供入喷油器 1,最后通过喷油器将柴油喷入燃烧室。喷油泵前端装有喷油提前器 4,后端与调速器 6 组成一体。输油泵供给的多余柴油及喷油器顶部的回油,均经回油管 10 返回燃油箱。

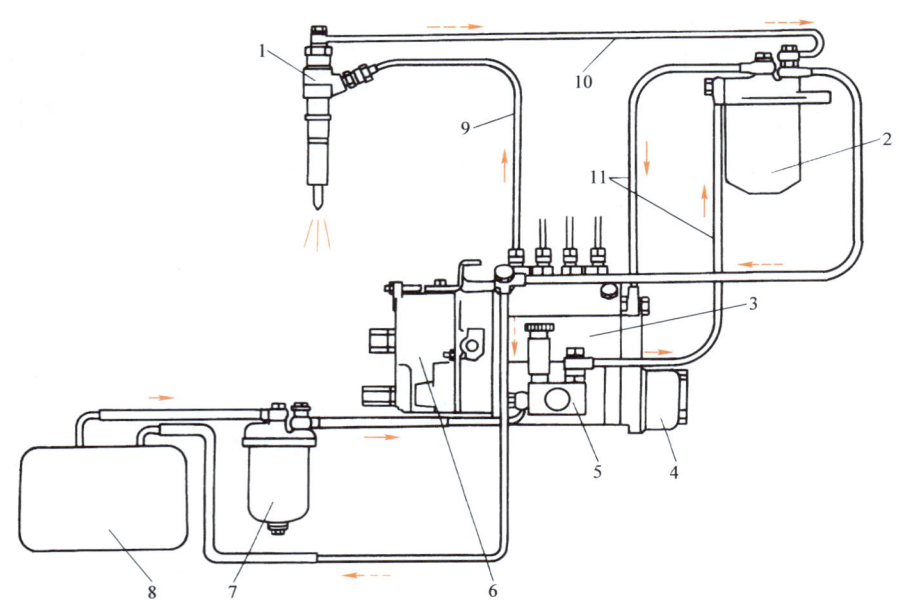

图 5-3 直列柱塞式喷油泵柴油机燃油供给系统示意图

1—喷油器 2—燃油滤清器 3—直列柱塞式喷油泵 4—喷油提前器 5—输油泵
6—调速器 7—油水分离器 8—燃油箱 9—高压油管 10—回油管 11—低压油管

图 5-4 所示为装有分配式喷油泵的柴油机燃油供给系统示意图。当柴油机工作时,一级输油泵 3 将柴油从燃油箱 1 吸出,经油水分离器 2 及燃油滤清器 5,将其送入二级输油泵 4,柴油在二级输油泵中加压后充入密闭的分配式喷油泵体 9 内,再经分配式喷油泵 12 增压计量后进入喷油器 10。

一级输油泵为膜片式泵,由配气机构的凸轮轴驱动。二级输油泵为滑片式泵,装在分配式喷油泵体内,并由分配式喷油泵的传动轴驱动。滑片式输油泵出口油压随其转速而增加,为控制喷油泵体内腔油压保持稳定,在二级输油泵出口设有调压阀 6。当喷油泵体内腔油压超过规定值时,将一部分柴油经调压阀返回输油泵入口。喷油泵体内腔油压一般为 0.3~0.7MPa。

在分配式喷油泵体内还装有调速器和喷油提前器 13。

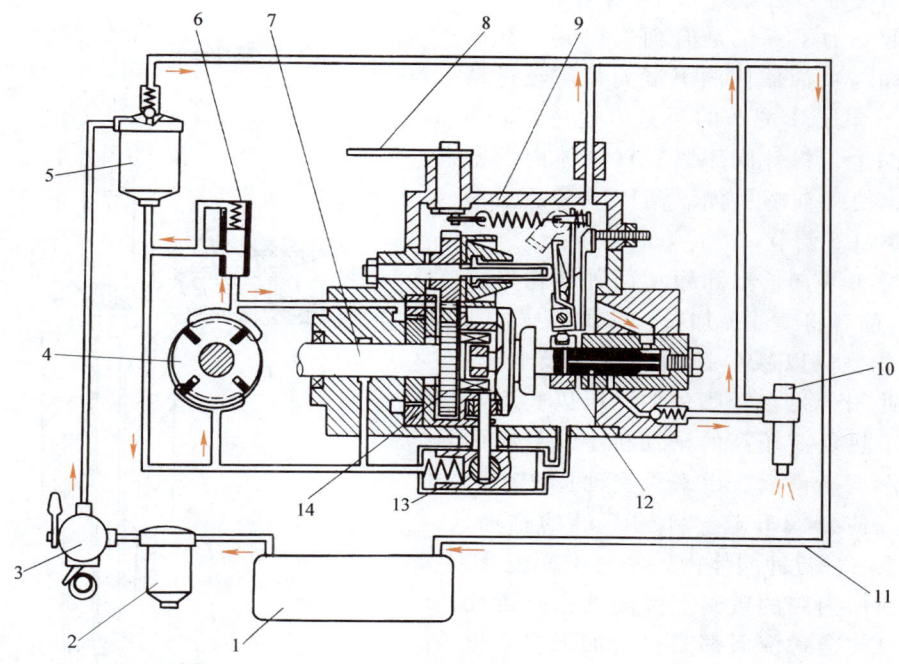

图 5-4 分配式喷油泵柴油机燃油供给系统示意图

1—燃油箱 2—油水分离器 3—一级输油泵 4—二级输油泵 5—燃油滤清器 6—调压阀
7—分配式燃油泵传动轴 8—调速手柄 9—分配式喷油泵体 10—喷油器
11—回油管 12—分配式喷油泵 13—喷油提前器 14—调速器传动齿轮

第三节 机械式喷油器

喷油器是柴油机燃油供给系统中实现燃油喷射的重要部件,其功用是根据柴油机混合气形成的特点,将燃油雾化成细微的油滴,并将其喷射到燃烧室特定的部位。

喷油器应满足不同类型的燃烧室对喷雾特性的要求。一般说来,喷柱应有一定的贯穿距离和喷雾锥角,以及良好的雾化质量,而且在喷油结束时不发生滴漏现象。

汽车柴油机广泛采用闭式喷油器。这种喷油器主要由喷油器体、调压装置及喷油嘴等部分组成。闭式喷油器的喷油嘴是由针阀和针阀体组成的一对精密偶件,其配合间隙仅为0.002~0.004mm。为此,在精加工之后,尚需配对研磨,故在使用中不能互换。一般针阀由热稳定性好的高速钢制造,而针阀体则采用耐冲击的优质合金钢。

根据喷油嘴结构形式的不同,闭式喷油器又可分为孔式喷油器和轴针式喷油器两种,分别用于不同类型的燃烧室。

一、孔式喷油器

1. 孔式喷油器结构

孔式喷油器用于直喷式燃烧室柴油机上,其结构如图 5-5 所示。由针阀 11 和针阀体 12

构成的喷油嘴通过锁紧螺母 10 与喷油器体 9 紧固在一起。为了保证结合面的密封，针阀体的上端面与喷油器体的下端面都需经过精细的研磨。调压弹簧 7 的预紧力通过顶杆 8 作用在针阀上，将针阀压紧在针阀体内的密封锥面上，使喷油嘴关闭。调压弹簧的预紧力由调压螺钉 5 调节。

孔式喷油器有长型和短型两种结构形式（图 5-6）。前者将喷油嘴加长，针阀的导向部分远离燃烧室，以减少针阀的受热及变形，从而避免针阀卡死在针阀体内，所以长型喷油嘴多用于热负荷较高的柴油机上。针阀的上锥面称作承压锥面，用来承受油压产生的轴向推力，使针阀升起。针阀下端的锥面，称作密封锥面，与针阀体内的密封锥面配合，以实现喷油器内腔的密封。针阀的密封锥面与针阀体内的密封锥面都是在精加工之后再配对研磨，以保证其配合精度。孔式喷油器的喷油嘴头部加工有一个或多个喷孔，有一个喷孔的称单孔喷油器，有两个喷孔的称双孔喷油器，有三个以上喷孔的称多孔喷油器。一般喷孔数目为 1~7 个，喷孔直径为 0.2~0.5mm。喷孔直径不宜过小，否则既不易加工，又容易使喷孔在使用中被积炭堵塞。对燃油喷射方向有特定的要求时，需在喷油器体与针阀体之间设有定位销 14（图 5-5）。

图 5-7 所示为某型柴油机使用的长型喷油嘴、调压弹簧下置式五孔孔式喷油器，或称低惯量孔式喷油器。其结构特点是，调压弹簧 8 下置，靠近喷油嘴，使顶杆 7 大为缩短，从而减小了运动件的质量和惯性力，有助于消减针阀的跳动。在喷油嘴与喷油器体之间设置接合座 6，可以简化喷油器体的加工。

2. 孔式喷油器工作原理

当柴油机工作时，来自喷油泵的高压柴油通过高压油管送到喷油器，经进油管接头 16、喷油器滤芯 17 以及喷油器体 9 和针阀体 12 内的油道（图 5-5）进入喷油嘴内的压力室 6（图 5-6）。油压作用在针阀的承压锥面上，产生向上的推力。当此推力超过调压弹簧的预紧力时，针阀升起并将喷孔打开，高压柴油经喷孔喷入燃烧室。针阀升起的最大高度由喷油器体（或接合座）的下端面限制。当喷油泵停止供油时，喷油嘴压力室内的油压迅速下降，针阀在调压弹簧的作用下迅速落座，终止喷油。在喷油器工作期间，有少量柴

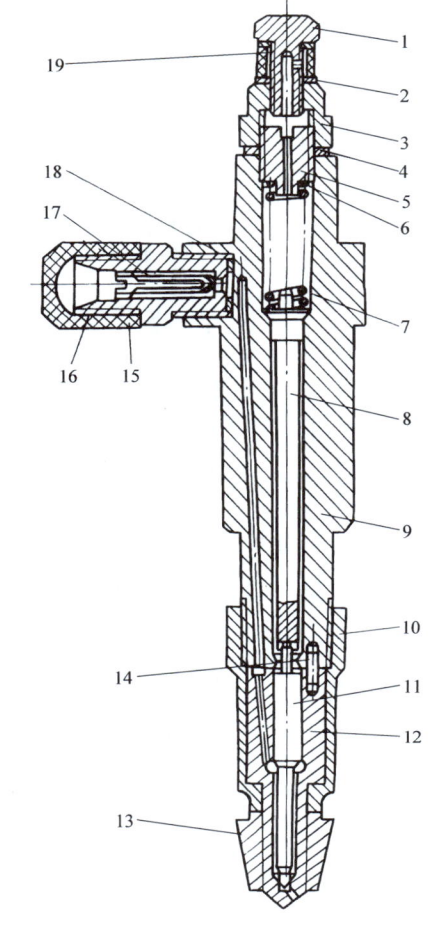

图 5-5 孔式喷油器结构

1—回油管接头 2、18—衬垫 3—调压螺钉保护螺母
4、6—垫圈 5—调压螺钉 7—调压弹簧 8—顶杆
9—喷油器体 10—喷油嘴锁紧螺母 11—针阀
12—针阀体 13—垫块 14—定位销
15—进油管接头保护螺母 16—进油管接头
17—喷油器滤芯 19—保护套

油从针阀与针阀体配合表面之间的间隙中漏出,并沿顶杆周围的缝隙上升,最后通过回油管接头1(图5-5)进入回油管,流回燃油滤清器。这部分柴油在漏过针阀偶件时,对偶件起润滑作用。

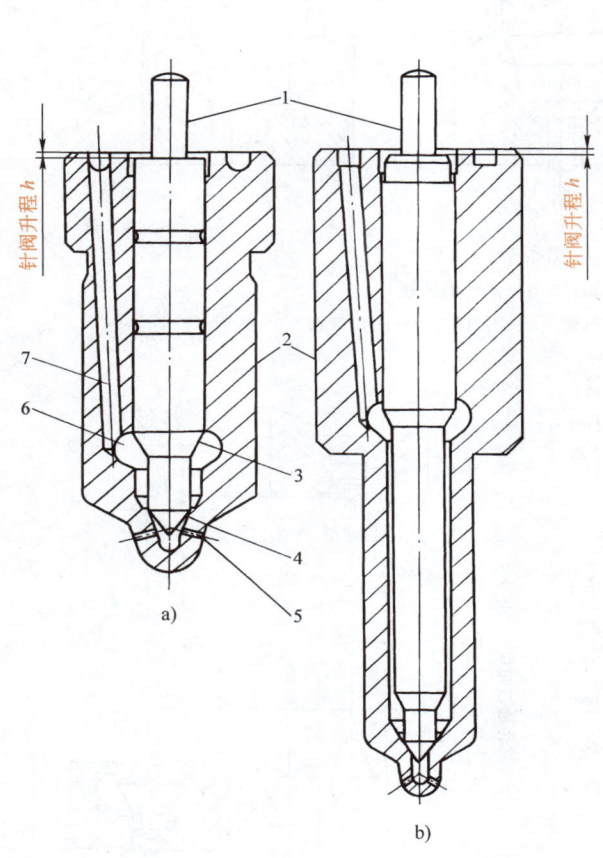

图5-6 孔式喷油器的结构形式
a) 短型　b) 长型
1—针阀　2—针阀体　3—承压锥面　4—密封锥面
5—喷孔　6—压力室　7—进油道

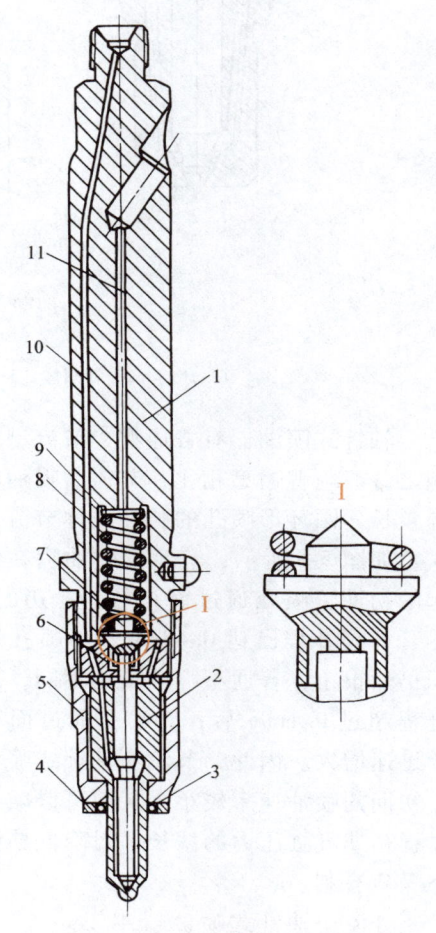

图5-7 低惯量孔式喷油器
1—喷油器体　2—喷油嘴　3—弹性垫圈　4—密封垫圈　5—喷油嘴锁紧螺母　6—接合座　7—顶杆　8—调压弹簧　9—垫圈　10—进油道　11—回油道

二、轴针式喷油器

轴针式喷油器与孔式喷油器的工作原理相同、结构相似,只是喷油嘴头部的结构不同而已。在轴针式喷油器中,针阀密封锥面以下有一段轴针,它穿过针阀体上的喷孔且稍凸出于针阀体之外,使喷孔呈圆环形。因此,轴针式喷油器的喷柱是空心的。轴针可以制成圆柱形或截锥形(图5-8)。圆柱形轴针喷柱的喷雾锥角较小,而截锥形轴针喷柱的喷雾锥角较大。因此,轴针制成不同的形状,可以得到不同形状的喷柱,以适应不同形状燃烧室的需要。

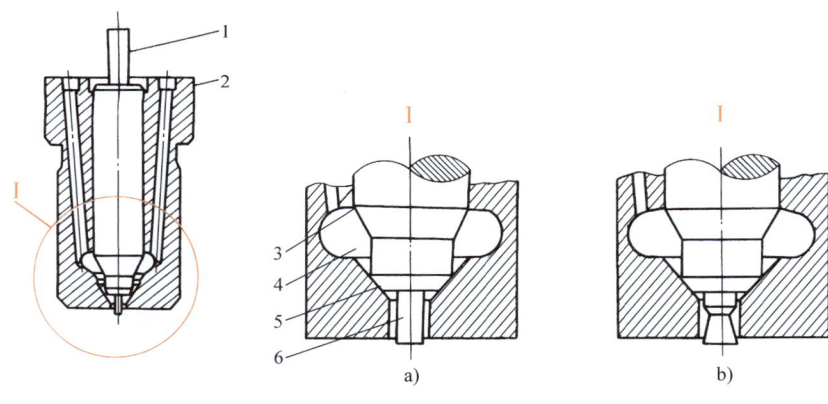

图 5-8 轴针式喷油器的结构形式
a) 圆柱形轴针　b) 截锥形轴针
1—针阀　2—针阀体　3—承压锥面　4—压力室　5—密封锥面　6—轴针

轴针式喷油器有普通型、节流型和分流型之分。与普通型相比,节流型喷油嘴的轴针较长,圆环形喷孔的长度或称节流升程较大。如图 5-9 所示,节流型喷油嘴在针阀升起的初期,喷孔通过面积较小,历时较长。尽管针阀升程已达 0.48mm,但喷孔通过面积仍然很小。普通型喷油嘴则不同,在针阀升程超过 0.1mm 后,其喷孔通过面积就开始迅速增大。因此,节流型轴针式喷油器喷油初期的喷油速率较小,从而可以减缓燃烧过程初期气缸压力的增长,对降低柴油机燃烧噪声有利。

分流型轴针式喷油器用于涡流燃烧室,用来改善涡流燃烧室柴油机的冷起动性。分流型喷油嘴除主喷孔外,还在针阀体的密封锥面上加工有分流孔,孔径一般为 0.2mm,孔中心线与针阀体轴线呈 30°(图 5-10a)。当柴油机起动时,由于转速很低,喷油泵供

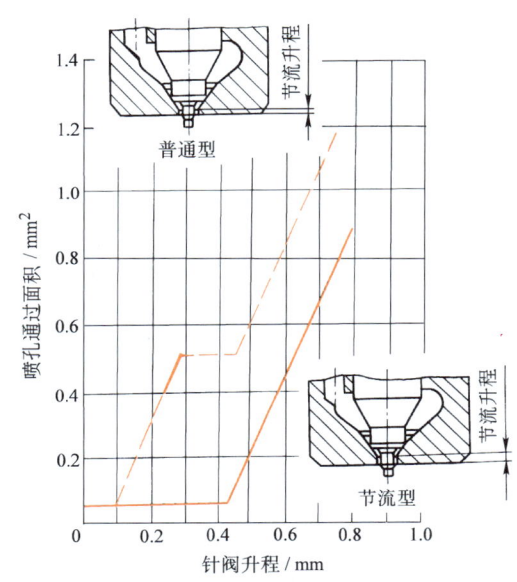

图 5-9 普通型与节流型轴针式喷油器喷油嘴特性的比较

油压力较小,因此喷油器的针阀升程较小,这时大部分柴油经分流孔逆气流方向喷到涡流室中心(图 5-10b)。因为逆气流喷射,燃油雾化好,加上涡流室中心的温度比较高,所以柴油容易着火燃烧,使柴油机在低温下顺利起动。当柴油机起动后,在正常转速下工作时,针阀升程较大,大部分柴油从主喷孔顺气流方向喷入涡流室(图 5-10c)。

轴针式喷油器结构如图 5-11 所示。轴针式喷油器工作时,轴针在喷孔内往复运动,能清除喷孔中的积炭,喷孔不易堵塞,喷油器工作可靠;由于其喷孔较大,一般在 1~3mm 范围内,因此加工方便。

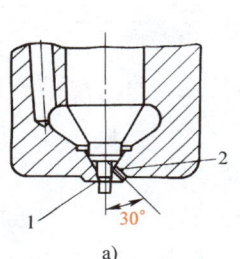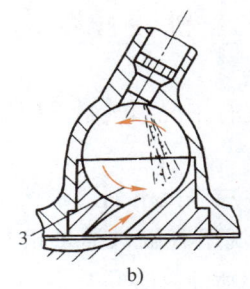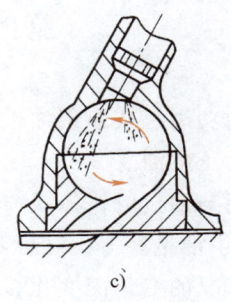

图 5-10 分流型轴针式喷油器的喷油嘴及其喷射情况
a) 分流型轴针式喷油器的喷油嘴　b) 起动时的喷射情况　c) 起动后的喷射情况
1—主喷孔　2—分流孔　3—气流方向

图 5-12 所示为调压弹簧下置的轴针式喷油器,或称**低惯量轴针式喷油器**。在此喷油器轴针的下端,加工有横向孔 13 和中心孔 14。当喷油器工作时,既从环形喷孔喷油,又从中心孔喷油,从而改善了喷柱中燃油的分布。

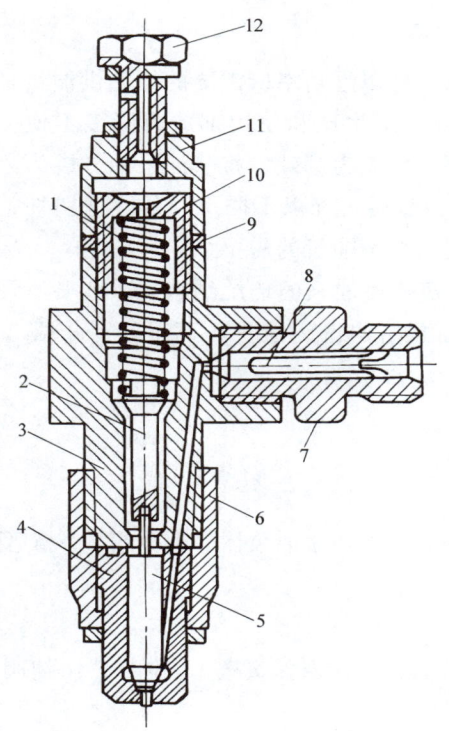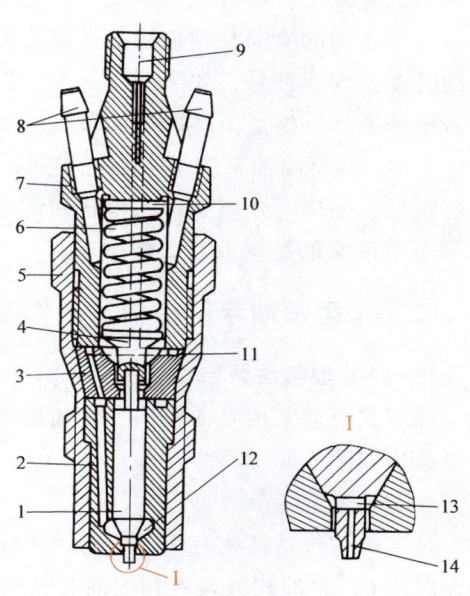

图 5-11 轴针式喷油器结构
1—调压弹簧　2—顶杆　3—喷油器体　4—针阀体
5—针阀　6—喷油嘴锁紧螺母　7—进油管接头
8—滤芯　9—垫圈　10—调压螺钉
11—保护螺母　12—回油管接头

图 5-12 低惯量轴针式喷油器
1—针阀　2—针阀体　3—接合座　4—顶杆　5—隔热套
6—调压弹簧　7—喷油器体　8—回油管接头　9—进油孔
10—调压垫片　11—环形油槽　12—压力室
13—横向孔　14—中心孔

第四节　机械柱塞式喷油泵

喷油泵的功用是按照柴油机的运行工况和气缸工作顺序，以一定的规律适时、定量地向喷油器输送高压燃油。

多缸车用柴油机的机械式喷油泵应满足下列要求：

1）各缸供油量相等。在标定工况下各缸供油量相差不超过 3%~4%。喷油泵的供油量应随柴油机工况的变化而变化，为此喷油泵必须有供油量调节机构。

2）各缸供油提前角相同，误差小于 0.5°~1°曲轴转角。供油提前角也应随柴油机工况的变化而变化，为此应装置喷油提前器。

3）各缸供油持续角一致。

4）能迅速停止供油，以防止喷油器发生滴漏现象。

喷油泵种类很多，有直列柱塞式喷油泵、转子分配式喷油泵，还有泵-喷嘴等。直列柱塞式喷油泵创制、发展和应用的历史比较久远，工作可靠，早期在大多数汽车柴油机上采用。

一、柱塞式喷油泵系列

由于柴油机的单缸功率变化范围很大，若根据每一种单缸功率所需要的循环供油量来设计和制造喷油泵，那么喷油泵的尺寸规格将不可胜数，给生产和使用都造成诸多不便。因此，世界各国的喷油泵制造厂都是以几种不同的柱塞行程作为基础，将喷油泵划分成为数不多的几个系列或型号，如 A 型、B 型、P 型、Z 型等，然后再配以不同尺寸的柱塞偶件，构成若干种循环供油量不等的喷油泵，以满足各种不同功率柴油机的需要。

A 型、B 型喷油泵的基本结构相同，均为直列柱塞式喷油泵的传统结构。P 型喷油泵则另辟蹊径，采用不开侧窗口的箱式封闭泵体，使喷油泵结构得到强化。下面分别介绍 A 型和 P 型喷油泵的结构及其工作原理。

二、A 型喷油泵的结构及工作原理

（一）A 型喷油泵结构

柱塞式喷油泵由泵油机构、供油量调节机构、驱动机构和喷油泵体等部分组成。A 型喷油泵结构如图 5-13 所示。

1. 泵油机构

泵油机构包括柱塞套 7，柱塞 10，柱塞弹簧 14，上、下柱塞弹簧座 13 和 15，出油阀 5，出油阀座 6，出油阀弹簧 4 和出油阀紧座 3 等零件。

柱塞和柱塞套构成喷油泵中最精密的偶件，称作柱塞偶件。正是由于柱塞偶件的精密配合及柱塞的高速运动，才得以实现对燃油的增压。每台喷油泵的柱塞偶件数和与其配套的柴油机气缸数相同。一般柱塞偶件用优质合金钢制造，经过精细加工和配对研磨，使其配合间隙在 0.0015~0.0025mm 范围内。间隙过大，容易漏油，导致油压下降；间隙过小，对偶件润滑不利，且容易卡死。柱塞偶件在使用中不能互换。

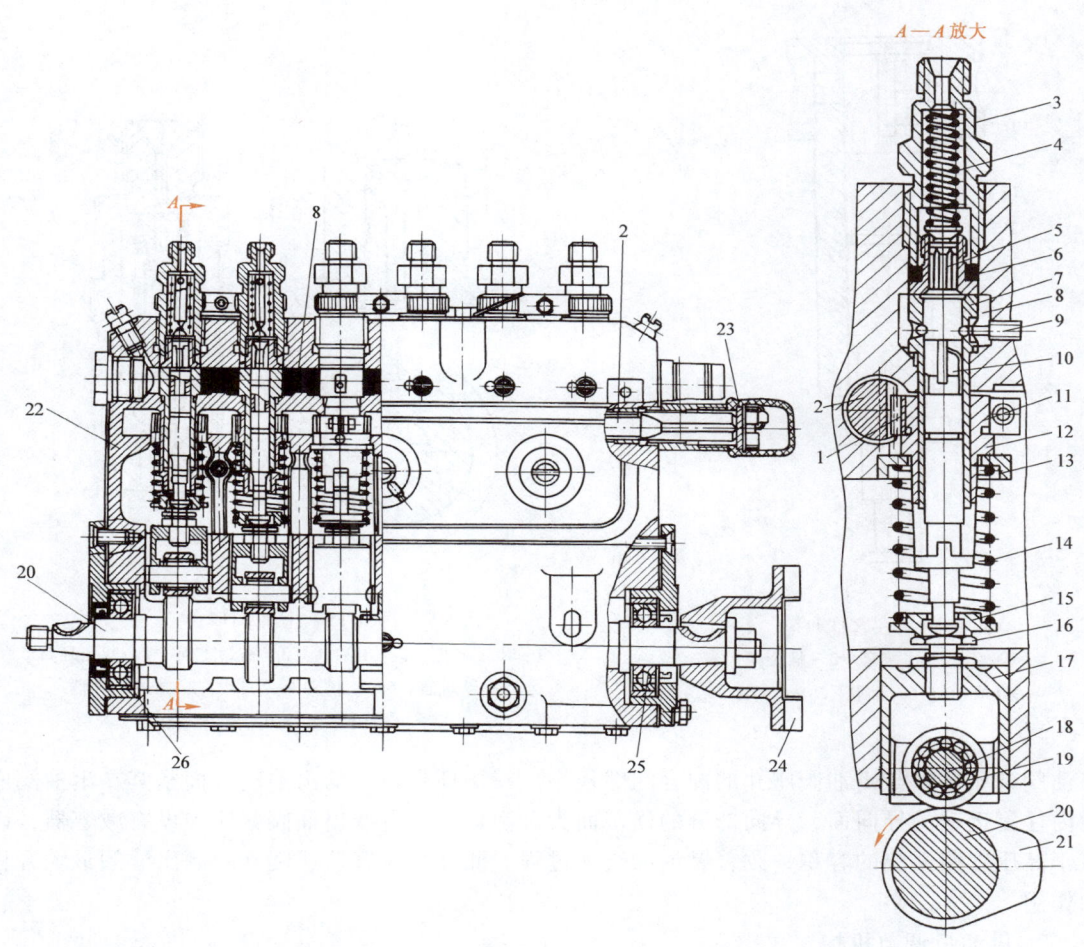

图 5-13 A 型喷油泵结构

1—齿圈 2—供油量调节齿杆 3—出油阀紧座 4—出油阀弹簧 5—出油阀 6—出油阀座 7—柱塞套 8—低压油腔 9—定位螺钉 10—柱塞 11—齿圈夹紧螺钉 12—油量调节套筒 13、15—上、下柱塞弹簧座 14—柱塞弹簧 16—供油定时调节螺钉 17—挺柱 18—滚轮销 19—滚轮 20—喷油泵凸轮轴 21—凸轮 22—喷油泵体 23—供油量调节齿杆保护螺母 24—联轴器从动盘 25、26—轴承

柱塞头部加工有螺旋槽和直槽,柱塞下部加工有榫舌(图 5-14)。柱塞套安装在喷油泵体 22 的座孔中,柱塞套上的油孔与喷油泵内的低压油腔 8 相通。为了防止柱塞套转动,用定位螺钉 9 固定(图 5-13)。

柱塞弹簧 14(图 5-13)的上端通过上柱塞弹簧座 13 支承在喷油泵体上,下端则通过下柱塞弹簧座 15 支承于柱塞尾端。借助柱塞弹簧的预紧力使柱塞始终压紧在挺柱 17 上的供油定时调节螺钉 16 上,同时使挺柱的滚轮 19 始终与喷油泵凸轮 21 保持接触。

出油阀 5 与出油阀座 6 是喷油泵中的另一个精密偶件,称出油阀偶件。出油阀偶件位于柱塞偶件的上方,出油阀座的下端面与柱塞套的上端面接触,通过拧紧出油阀紧座 3 使两者的接触面保持密合。同时,出油阀弹簧 4 将出油阀压紧在出油阀座上。

出油阀偶件如图 5-15 所示。出油阀的密封锥面与出油阀座的接触表面经过精细研磨。

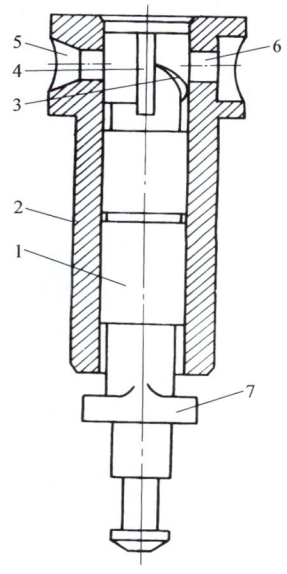

图 5-14 柱塞偶件

1—柱塞 2—柱塞套 3—螺旋槽
4—直槽 5、6—油孔 7—榫舌

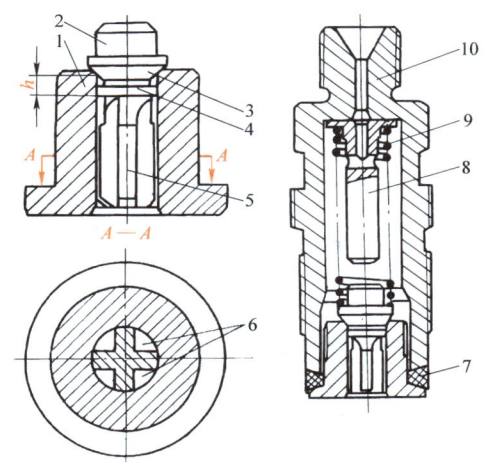

图 5-15 出油阀偶件

1—出油阀座 2—出油阀 3—密封锥面 4—减压环带
5—导向面 6—切槽 7—密封衬垫 8—减容器
9—出油阀弹簧 10—出油阀紧座

出油阀减压环带与出油阀座孔的配合间隙很小。减压环带以下的出油阀表面是其在出油阀座孔内往复运动的导向面，导向部分的横截面为十字形。在有些出油阀紧座中设有减容器，以减小高压管路系统的容积，改善燃油的喷射过程。此外，减容器还起到限制出油阀最大升程的作用。

2. 供油量调节机构

喷油泵供油量调节机构的功用是，根据柴油机负荷的变化，通过转动柱塞来改变循环供油量。供油量调节机构或由驾驶人直接操纵，或由调速器自动控制。

A 型喷油泵采用齿杆式供油量调节机构（图 5-16）。它包括调节齿杆 1、调节齿圈 2 和控制套筒 3 等零件。喷油泵柱塞 4 下端的榫舌嵌入控制套筒 3 的豁口中。控制套筒松套在柱塞套 5 上，其上端装有调节齿圈 2，并用螺钉夹紧，调节齿圈与调节齿杆相啮合。当驾驶人或调速器拉动齿杆时，调节齿圈连同控制套筒带动柱塞相对柱塞套转动，以达到调节供油量的目的。

齿杆式供油量调节机构工作可靠，传动平稳，但制造成本较高，且柱塞偶件之间的中心距较大。

3. 驱动机构

喷油泵的驱动机构包括喷油泵凸轮轴 20 和挺柱 17 组件（图 5-13）。凸轮轴的前、后端通过滚动轴承 25

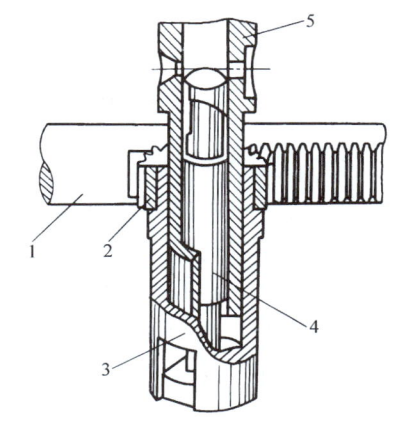

图 5-16 齿杆式供油量调节机构

1—调节齿杆 2—调节齿圈 3—控制套筒
4—柱塞 5—柱塞套

和26支承在喷油泵体22上。凸轮轴上凸轮21的数目与喷油泵的柱塞偶件数相同，各凸轮间的夹角与配套柴油机的气缸数有关，并与气缸工作顺序相适应。凸轮轴一般由曲轴定时齿轮驱动，四冲程柴油机喷油泵凸轮轴的转速是曲轴转速的一半，以实现在凸轮轴一转之内向各气缸供一次油。

挺柱体部件安装在喷油泵体上的挺柱孔内，其结构如图5-17所示。加长滚轮销2的两端插入挺柱孔6的定位长槽5中，使挺柱在挺柱孔中只能做上下往复运动，而不能绕其自身的轴线旋转，以避免滚轮与凸轮卡死。滚轮3在滚轮销2上转动。在滚轮与滚轮销之间镶有滚针轴承4，也可镶衬套。在挺柱的顶端拧入供油定时调整螺钉7和锁紧螺母8。

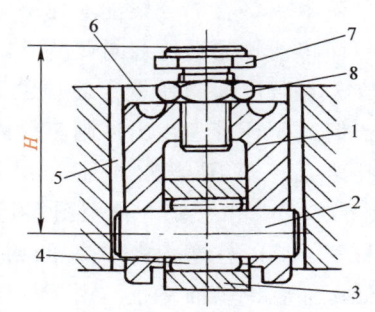

图 5-17 挺柱体部件的结构
1—挺柱体 2—滚轮销 3—滚轮 4—滚针轴承 5—定位长槽 6—挺柱孔 7—调整螺钉 8—锁紧螺母

4. 喷油泵体

泵体是喷油泵的基础零件，泵油机构、供油量调节机构和驱动机构等都安装在喷油泵体上，它在工作中承受较大的作用力。因此，泵体应有足够的强度、刚度和良好的密封性。此外，还应该便于拆装、调整和维修。

A型喷油泵泵体为整体式，由铝合金硬模铸造而成。其结构紧凑、体积小、质量小。泵体侧面开有窗口，底部用盖板封闭，侧盖和底盖均用螺栓固定，如图5-18所示，使喷油泵的拆装、调整和维修极为方便。

(二) A型喷油泵工作原理

1. 运动过程

当喷油泵凸轮轴转动时，若挺柱滚轮在凸轮的基圆面上滚动，则柱塞停在柱塞下止点的位置。若滚轮滚到凸轮的上升段时，则凸轮推动挺柱，挺柱再推动柱塞上移，同时将柱塞弹簧压缩。当

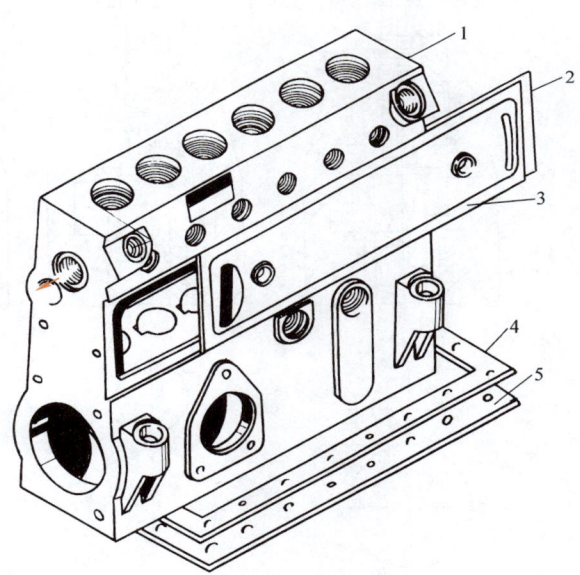

图 5-18 A型喷油泵泵体
1—喷油泵体 2、4—衬垫 3—侧盖 5—底盖

滚轮滚到凸轮的顶弧上时，柱塞到达柱塞上止点。随后滚轮在凸轮的下降段滚动，柱塞弹簧则推压柱塞，柱塞又推压挺柱下移，直到滚轮又滚到凸轮的基圆面上，柱塞又回到柱塞下止点为止。即当喷油泵工作时，随着凸轮轴的转动，挺柱和柱塞在柱塞的上、下止点之间分别在挺柱孔和柱塞套中做往复运动（图5-13）。

2. 泵油过程

当柱塞顶面下移至柱塞套油孔5以下或柱塞停驻在下止点位置时，柴油从喷油泵的低压油腔经柱塞套油孔5充入柱塞顶部的空腔或称柱塞腔（图5-19a）。在柱塞从其下止点上移

的过程中,将有部分柴油从柱塞腔经柱塞套油孔5被挤回低压油腔,这一过程一直延续到柱塞顶面将油孔的上边缘封闭为止(图5-19b)。此后,柱塞继续上移,柱塞腔内的油压骤然增高,克服出油阀弹簧8的预紧力,将出油阀7顶起。当出油阀密封锥面已经离开出油阀座,但减压环带尚在出油阀座孔内时,喷油泵仍然不能供油。仅当减压环带全部离开出油阀座孔之后,高压柴油才能经出油阀上的切槽供入高压油管,并经喷油器喷入燃烧室(图5-19c)。当柱塞上移至图5-19d所示位置时,柱塞上的螺旋槽3将柱塞套油孔5的下边缘打开,此时柱塞腔内的高压柴油经柱塞上的直槽4、螺旋槽3和柱塞套油孔5流回喷油泵的低压油腔,供油终止。由于柱塞腔的油压急剧下降,出油阀在出油阀弹簧和高压柴油的作用下迅速回落。当减压环带的下边缘进入出油阀座孔时,高压油管与柱塞腔的通路被切断,使燃油不能从高压油管流回柱塞腔。当出油阀完全落座之后,高压管路系统的容积因为空出减压环带的体积而增大,致使高压管路系统内的油压迅速降低,喷油器立即停止喷油,从而可以避免喷油器滴漏和其他不正常喷射现象的发生。

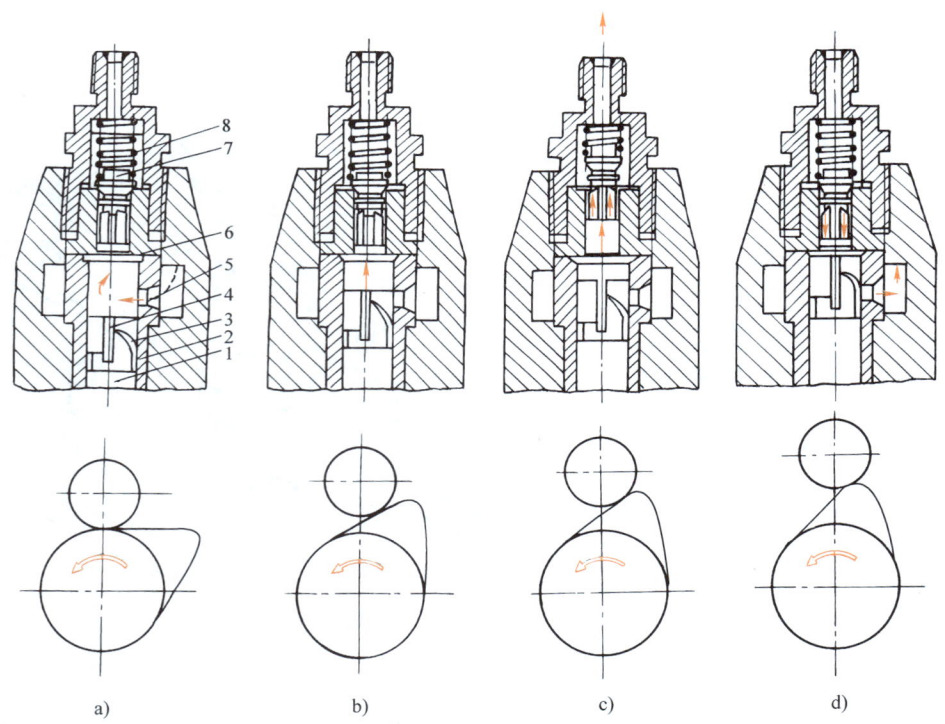

图 5-19 柱塞式喷油泵泵油原理示意图

1—柱塞 2—柱塞套 3—螺旋槽 4—直槽 5—柱塞套油孔 6—出油阀座 7—出油阀 8—出油阀弹簧

柱塞由其下止点移动到上止点所经过的距离称为**柱塞行程**,也就是喷油泵凸轮的最大升程。由上述泵油过程可知,喷油泵并不是在整个柱塞行程内都供油,只是在柱塞顶面封闭柱塞套油孔到柱塞螺旋槽打开柱塞套油孔这段柱塞行程内供油。这段柱塞行程称为**柱塞有效行程**。显然,柱塞有效行程越大,供油的持续时间越长,喷油泵每一次的泵油量即循环供油量便越多。欲改变柱塞有效行程,只需转动柱塞即可。

3. 供油量的调节

当供油量调节机构的调节齿杆拉动柱塞转动时，柱塞上的螺旋槽与柱塞套油孔之间的相对位置发生变化，从而改变了柱塞的有效行程（图5-20）。当柱塞上的直槽对正柱塞套油孔时，柱塞有效行程为零，这时喷油泵不供油（图5-20a）。按照图5-20中箭头所指示的方向拉动调节齿杆6，则调节齿圈11按箭头方向转动，柱塞有效行程增加，喷油泵循环供油量增多（图5-20b、c）。如果朝相反方向拉动调节齿杆，则柱塞有效行程减小，循环供油量减少。

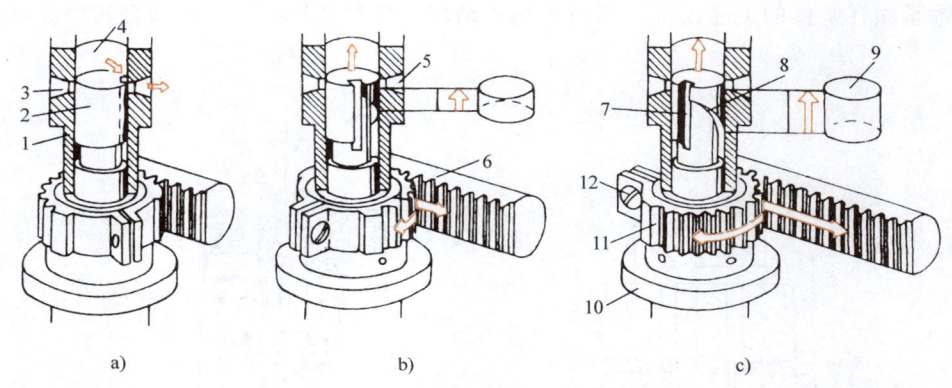

图 5-20　循环供油量的调节

1—柱塞套　2—柱塞　3、5—柱塞套油孔　4—柱塞腔　6—调节齿杆　7—直槽　8—螺旋槽
9—循环供油量容积　10—控制套筒　11—调节齿圈　12—调节齿圈紧固螺钉

利用上述供油量调节原理，可将多缸喷油泵的各缸供油量调匀。其操作步骤为：保持调节齿杆不动，拧松调节齿圈紧固螺钉12，适当地转动控制套筒10，使其带动柱塞在柱塞套内转动，改变柱塞的有效行程，便可使供油量或增或减，然后拧紧调节齿圈紧固螺钉。根据需要再拧松另一个调节齿圈的紧固螺钉，重复上述步骤，直到各缸供油量均匀一致为止。这项工作需在专门的喷油泵试验台上进行。

4. 供油定时的调节

供油定时是指喷油泵对柴油机有正确的供油时刻，而供油时刻用供油提前角表示。供油提前角是指从柱塞顶面封闭柱塞套油孔起到活塞上止点为止，曲轴所转过的角度。已如上述，多缸喷油泵各缸供油提前角或供油间隔角应该相同。各缸供油间隔角取决于喷油泵凸轮轴上各凸轮的相对位置，但由于加工和装配误差而很难达到一致，因此必须进行调节。调节的方法是改变供油定时调整螺钉伸出挺柱体外的高度（图5-17）。旋出调整螺钉，挺柱体的高度H增加，柱塞位置升高，柱塞套油孔提前被封闭，供油提前，即供油提前角增大。拧入调整螺钉，则使供油迟后，供油提前角减小。对各缸的供油定时调整螺钉逐个进行调节之后，可以使各缸供油提前角或供油间隔角达到一致。应该指出，这种调节只是用来补偿加工和装配误差，调节的幅度很小。欲同时或较大幅度地改变各缸供油提前角，须借助于喷油提前器。

三、P型喷油泵结构特点

P型喷油泵的工作原理与A型喷油泵基本相同，但在结构上却脱离了柱塞式喷油泵的传统结构，具有一些明显的特点。

1. 箱形封闭式喷油泵体

P型喷油泵采用不开侧窗口的箱形封闭式喷油泵体，大大提高了喷油泵体的刚度，可以承受较高的喷油压力而不发生变形，以适应柴油机不断向大功率、高转速强化发展的需要。

2. 吊挂式柱塞套

如图5-21所示，喷油泵柱塞5和出油阀偶件3都装在有连接凸缘的柱塞套4内，当拧紧柱塞套顶部的出油阀紧座1之后，构成一个独立的组件；然后用柱塞套紧固螺栓14将柱塞套凸缘紧固在泵体的上端面上，形成吊挂式结构。这种结构改善了柱塞套和喷油泵体的受力状态。

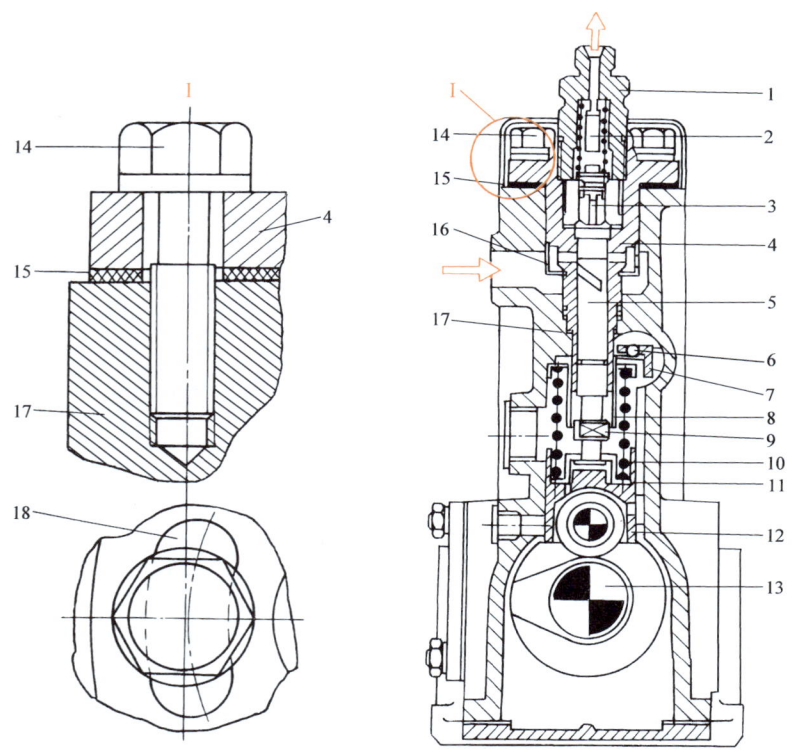

图5-21 P型喷油泵

1—出油阀紧座 2—减容器 3—出油阀偶件 4—柱塞套 5—柱塞 6—钢球
7—调节拉杆 8—控制套筒 9—柱塞榫舌 10—柱塞弹簧 11—弹簧座
12—挺柱 13—凸轮轴 14—柱塞套紧固螺栓 15—调节垫片
16—导流罩 17—喷油泵体 18—柱塞套凸缘上的螺栓孔

另外，柱塞套内孔上端的孔径略大（图5-22），可防止柱塞在上端卡死。柱塞套内孔的中部加工有集油槽2，从柱塞偶件间隙泄漏的柴油集中于此槽内，经回油孔1流回喷油泵的低压油腔。

P型喷油泵的柱塞顶部开有起动槽3。当柱塞处于起动位置时，此槽与柱塞套油孔相对，在柱塞上移到起动槽的下边缘封闭油孔时开始供油。由于起动槽的下边缘低于柱塞顶面，因此供油迟后，供油提前角减小，这时气缸温度较高，柴油喷入气缸容易着火燃烧，有利于柴油机低温起动。

在柱塞套油孔的外面装有导流罩16（图5-21）。当柱塞供油结束时，高压柴油以很高的速度经柱塞套油孔流回低压油腔，并强烈地冲击喷油泵体，使其发生穴蚀。导流罩可以防止喷油泵体穴蚀的发生。

3. 钢球式供油量调节机构

P型喷油泵的供油量调节机构包括调节拉杆7、控制套筒8和嵌入调节拉杆凹槽中的钢球6。柱塞榫舌9嵌入控制套筒的豁口中（图5-21）。移动调节拉杆，通过钢球带动控制套筒使柱塞转动，从而改变供油量。这种供油量调节机构结构简单，工作可靠，配合间隙小。

4. 压力润滑

利用柴油机润滑系统主油道内的机油，可对各润滑部位施行压力润滑。

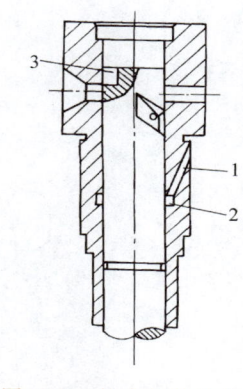

图5-22 柱塞偶件结构
1—回油孔 2—集油槽
3—起动槽

P型喷油泵各缸供油提前角或供油间隔角是利用在柱塞凸缘下面增减调节垫片15（图5-21）的方法来进行调节的。调匀各缸供油量则通过转动柱塞套4来实现。柱塞套凸缘上的螺栓孔是长圆孔（图5-21），拧松柱塞套紧固螺栓14，柱塞套可绕其轴线转动10°左右。当转动柱塞套时，改变了柱塞套油孔与柱塞的相对位置，从而改变了柱塞的有效行程，即改变了循环供油量。

四、喷油提前器

喷油提前器实际上是喷油泵供油提前角自动调节装置。

供油提前角对柴油机性能有很大的影响，供油提前角过大或过小均会使柴油机的动力性和经济性恶化。为了保证柴油机有良好的使用性能，必须在最佳供油提前角下工作。当转速和供油量一定时，能获得最大功率和最小燃油消耗率的供油时刻，称最佳供油提前角。最佳供油提前角随柴油机转速和负荷而变化，转速越高，负荷越大，最佳供油提前角也越大。

汽车柴油机的转速和负荷都在很大范围内变化，所以现代汽车柴油机都装有喷油提前器。这样，当柴油机工况发生变化时，才能自动地进行调节，使喷油泵始终保持最佳供油时刻。

目前广为应用的机械离心式自动喷油提前器，只能响应柴油机转速的变化进行供油提前角的自动调节。其结构形式虽有多种，但工作原理却基本相同，图5-23所示为其中的一种。其整个装置由防护罩9密封，内部包括主动盘6和从动盘1。主动盘凸缘5的外侧有两个传动爪B，它们与喷油泵的驱动轴刚性连接。主动盘凸缘的内侧固定有两个传动销4和7。在传动销的圆柱面上加工有平凹坑，作为提前器弹簧8的支座。从动盘1与喷油泵凸轮轴刚性连接，其上固定有两个飞锤销2，在飞锤销的圆柱面上也加工有平凹坑，作为提前器弹簧8的另一端支座。飞锤3上的销孔套在飞锤销上。提前器弹簧8支承在传动销与飞锤销之间，并使飞锤的圆弧面压紧在传动销上。可见，主动盘与从动盘之间为弹性连接，并能相互转动一定的角度。

当柴油机恒速运行时，喷油泵驱动轴通过主动盘凸缘5、传动销4和7、飞锤圆弧面10、

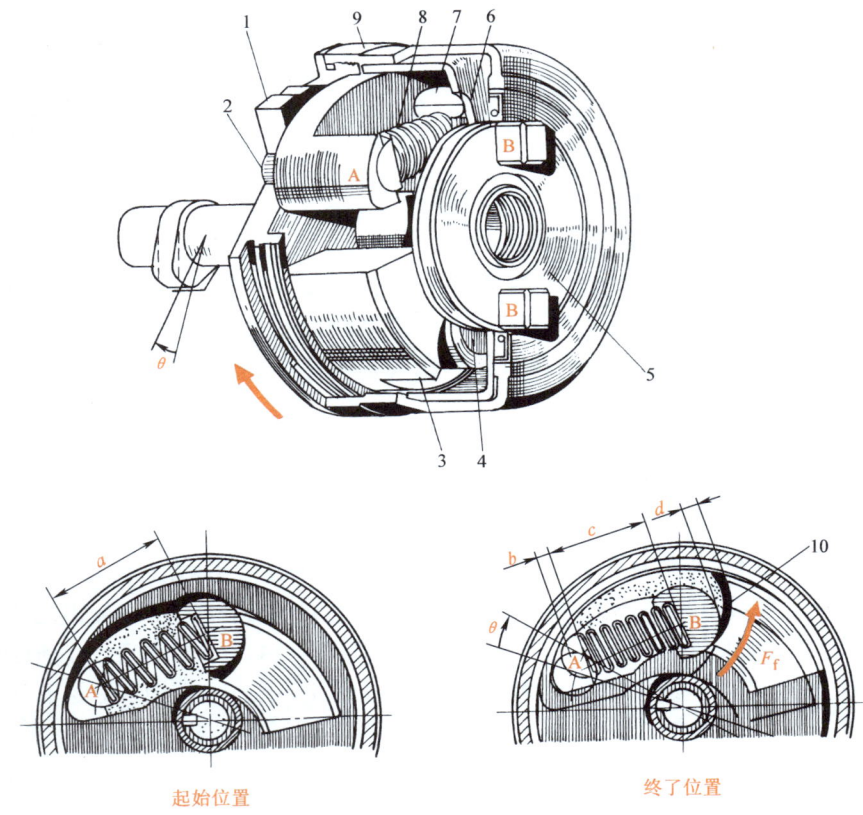

图 5-23 机械式自动喷油提前器

1—从动盘　2—飞锤销　3—飞锤　4、7—传动销　5—主动盘凸缘　6—主动盘
8—提前器弹簧　9—防护罩　10—飞锤圆弧面
a—起始时的弹簧长度　b—终了时飞锤销的移动距离　c—终了时的弹簧长度
d—终了时飞锤的移动距离　θ—提前角调节范围　F_f—飞锤离心力

飞锤销 2 和从动盘 1 来驱动喷油泵凸轮轴。

若转速升高，则飞锤的离心力 F_f 克服弹簧力使飞锤向外张开。当飞锤的圆弧面沿传动销由内向外滑动时，便带动从动盘或喷油泵凸轮轴相对于主动盘或喷油泵驱动轴顺喷油泵旋转方向转过一定角度，从而使供油提前。喷油提前器的调节范围为 0°～10°。

五、调速器

调速器是一种自动调节装置，它根据柴油机负荷的变化，自动增减喷油泵的供油量，使柴油机能够以稳定的转速运行。

在柴油机上装设调速器，是由柴油机的工作特性决定的。汽车柴油机的负荷经常变化，当负荷突然减小时，若不及时减少喷油泵的供油量，则柴油机的转速将迅速增高并远远超出柴油机设计所允许的最高转速，这种现象称"超速"或"飞车"。当发生超速或飞车时，柴油机性能急剧恶化，并可能造成机件损坏。相反，当负荷骤然增大时，若不及时增加喷油泵的供油量，则柴油机的转速将急速下降直至熄火。另外，汽车柴油机还经常在急速下运转。

柴油机怠速时，与汽油机一样也是对外不输出有效转矩的工况，这时喷油泵的供油量很少，柴油机转速很低，气缸内燃烧气体所做的膨胀功全部用来克服柴油机内部的摩擦阻力和驱动外部的附件。在这种情况下，若出现气缸缺火或内部阻力发生变化，也将引起柴油机怠速转速的波动甚至熄火。柴油机超速或怠速不稳，往往出自于偶然的原因，汽车驾驶人难以做出响应。这时，唯有调速器能够对柴油机转速的变化做出快速反应，及时调节喷油泵的供油量，保持柴油机稳定运行。

汽车柴油机调速器按其工作原理的不同，可分为机械式、气动式、液压式、机械气动复合式、机械液压复合式和电子式等多种形式。但目前应用最广的当属机械式调速器，其结构比较简单，工作可靠，性能良好。

按调速器起作用的转速范围不同，又可分为两极式调速器和全程式调速器。中、小型汽车柴油机多数采用**两极式调速器**，以起到防止超速和稳定怠速的作用。在重型汽车上则多采用**全程式调速器**。这种调速器除具有两极式调速器的功能外，还能对柴油机工作转速范围内的任何转速起调节作用，使柴油机在各种转速下都能稳定运转。

两极式调速器只在柴油机的最高转速和怠速时起自动调节作用，而在最高转速和怠速之间的其他任何转速，调速器不起调速作用，而由驾驶人控制柴油机转速的变化。

某公司生产的RQ型调速器是典型的两极式调速器，与A、B、P型等直列柱塞式喷油泵配套。型号中的R表示机械离心式，Q表示可变杠杆比。

（一）RQ型调速器结构

通常把调速器结构分为感应部件、传动部件和附加装置三部分。感应部件用来感知柴油机转速的变化，并发出相应的信号；传动部件则根据此信号进行供油量的调节。RQ型两极式调速器如图5-24所示。感应部件由飞锤3等组成，而传动部件则包括角形杠杆18、调速套筒22、调速杠杆15和连接杆2等杠杆系统组成。

调速器壳体11用螺栓固定在喷油泵泵体的后端面上。喷油泵凸轮轴5通过半圆键4连接一个轴套，轴套上固定两个双头螺柱，在每个螺柱上套装一个飞锤3。飞锤通过角形杠杆18、调速套筒22、调速杠杆15和连接杆2与喷油泵的供油量调节齿杆1连接。飞锤内装有内、中、外三个弹簧，其外端均支承在外弹簧座10上。外弹簧9的内端支承在飞锤的内端面上，称急速弹簧；中间弹簧8和内弹簧7的内端支承在内弹簧座6上，称它们为高速弹簧。当把它们安装在弹簧座上时有一定的预紧力，预紧力的大小可以调节。

摇杆17的一端与调速手柄24连接，另一端与圆柱形的滑块16铰接，滑块在调速杠杆15的长孔中滑动。为了保证滑动销20能灵活移动，设有导向销21为滑动销导向。

在调速器壳体11的侧面装有停油臂12，在连接杆2上固定有挡销13，转动停油臂，拨动挡销，使其向左拉动油量调节齿杆直至停油。

此外，RQ型调速器在调速器盖23上装有急速稳定弹簧14，在滑动销20内装有转矩平稳装置19，还可根据需要在飞锤内安装转矩校正装置等。

（二）RQ型调速器基本工作原理

（1）起动 如图5-25b所示，将调速手柄2从停车挡块1移至最高速挡块4上。在此过程中，调速手柄2带动摇杆3，摇杆3带动滑块5，使调速杠杆6以其下端的铰接点17为支点向右摆动，并推动喷油泵供油量调节齿杆7克服供油量限制弹性挡块9的阻力，向右移到起动油量的位置。起动油量多于全负荷油量，加浓混合气，有利于柴油机低温起动。

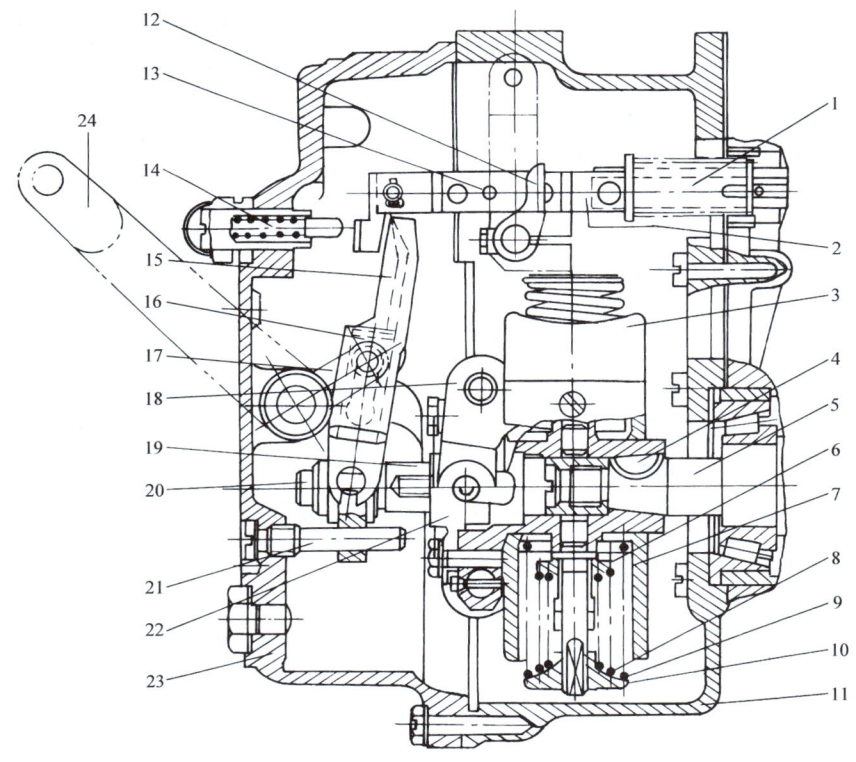

图 5-24　RQ 型两极式调速器

1—供油量调节齿杆　2—连接杆　3—飞锤　4—半圆键　5—喷油泵凸轮轴　6—内弹簧座　7—内弹簧　8—中间弹簧　9—外弹簧　10—外弹簧座　11—调速器壳体　12—停油臂　13—挡销　14—怠速稳定弹簧　15—调速杠杆　16—滑块　17—摇杆　18—角形杠杆　19—转矩平稳装置　20—滑动销　21—导向销　22—调速套筒　23—调速器盖　24—调速手柄

（2）怠速　如图 5-25c 所示，柴油机起动之后，将调速手柄 2 置于怠速位置。这时调速手柄通过摇杆 3、滑块 5 使调速杠杆 6 仍以其下端的铰接点 17 为支点向左摆动，并拉动供油量调节齿杆 7 左移至怠速油量的位置。

怠速时柴油机转速很低，飞锤 11 的离心力较小，只能与怠速弹簧力相平衡，飞锤处于内弹簧座与安装飞锤的轴套之间的某一位置（图 5-26b）。若此时柴油机由于某种原因转速降低，则飞锤离心力减小，在怠速弹簧的作用下，飞锤移向回转中心，同时带动角形杠杆和调速套筒，使调速杠杆下端的铰接点 17 以滑块 5 为支点向左移动（图 5-25c），调速杠杆则推动供油量调节齿杆向右移，增加供油量，使转速回升。反之，当转速增高时，飞锤的离心力增大，飞锤便压缩怠速弹簧远离回转中心，同样通过角形杠杆和调速套筒使调速杠杆下端的铰接点以滑块为支点向右移动，而供油量调节齿杆则向左移动，减小供油量，使转速降低。可见，调速器可以保持怠速转速稳定。

调节螺母 3（图 5-26）用来调节怠速弹簧 4 的预紧力，以达到调节怠速转速的目的。

（3）中速　如图 5-25d 所示，将调速手柄从怠速位置移至中速位置，供油量调节齿杆处于部分负荷供油位置，柴油机转速较高，飞锤进一步外移直到飞锤底部与内弹簧座接触为止（图 5-26c）。柴油机在中等转速范围内工作时，飞锤的离心力不足以克服怠速弹簧和高速弹

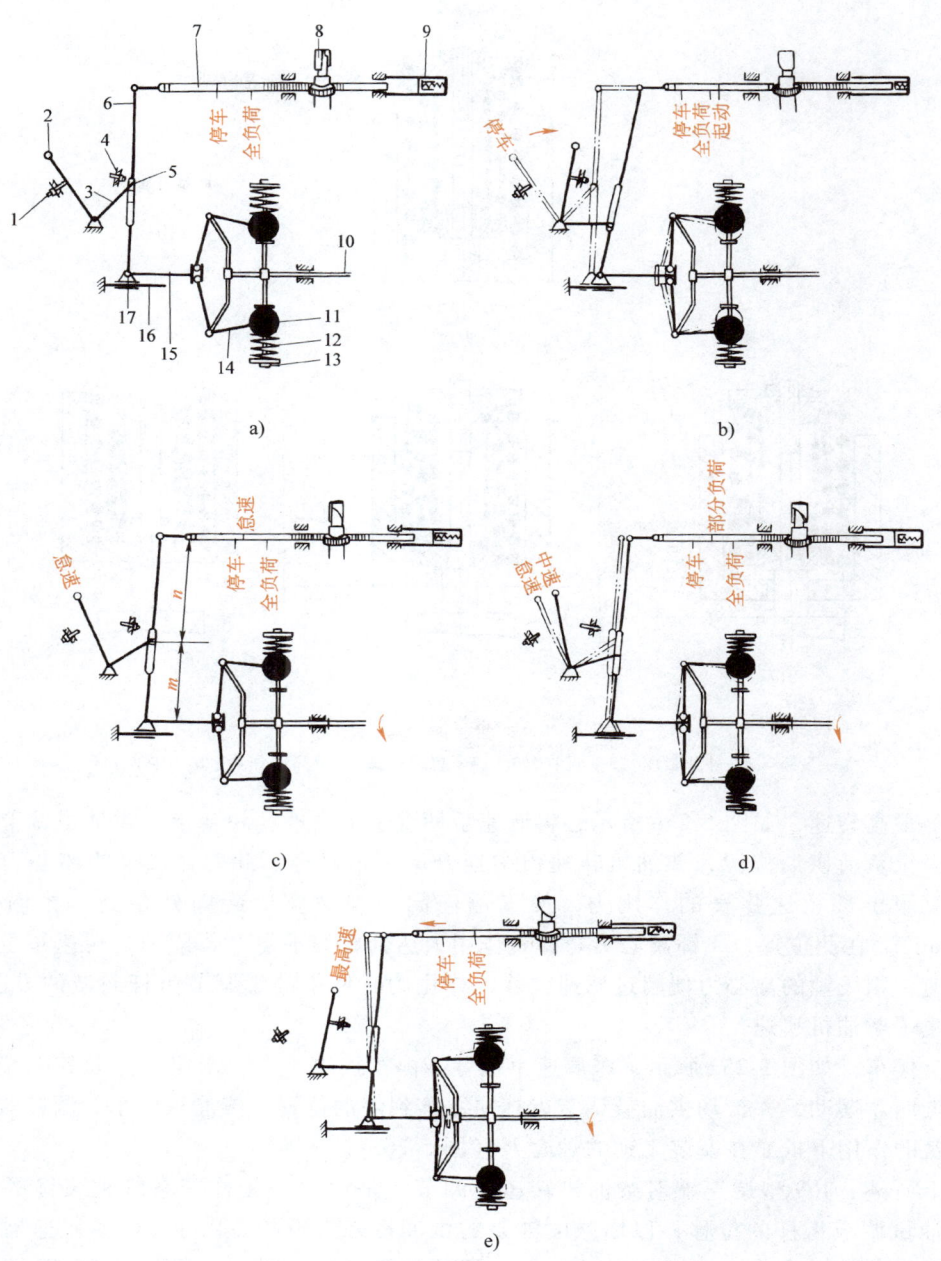

图 5-25 RQ 型调速器工作原理示意图

1—停车挡块 2—调速手柄 3—摇杆 4—最高速挡块 5—滑块 6—调速杠杆 7—供油量调节齿杆 8—喷油泵柱塞 9—供油量限制弹性挡块 10—喷油泵凸轮轴 11—飞锤 12—调速弹簧 13—调节螺母 14—角形杠杆 15—调速套筒 16—导向销 17—铰接点

簧共同的作用力,飞锤始终紧靠在内弹簧座上而不能移动,即调速器在中等转速范围内不起调节供油量的作用。但此时驾驶人可根据汽车行驶的需要改变调速手柄的位置,使调速杠杆以其下端的铰接点 17 为支点转动,并拉动供油量调节齿杆增加或减少供油量。

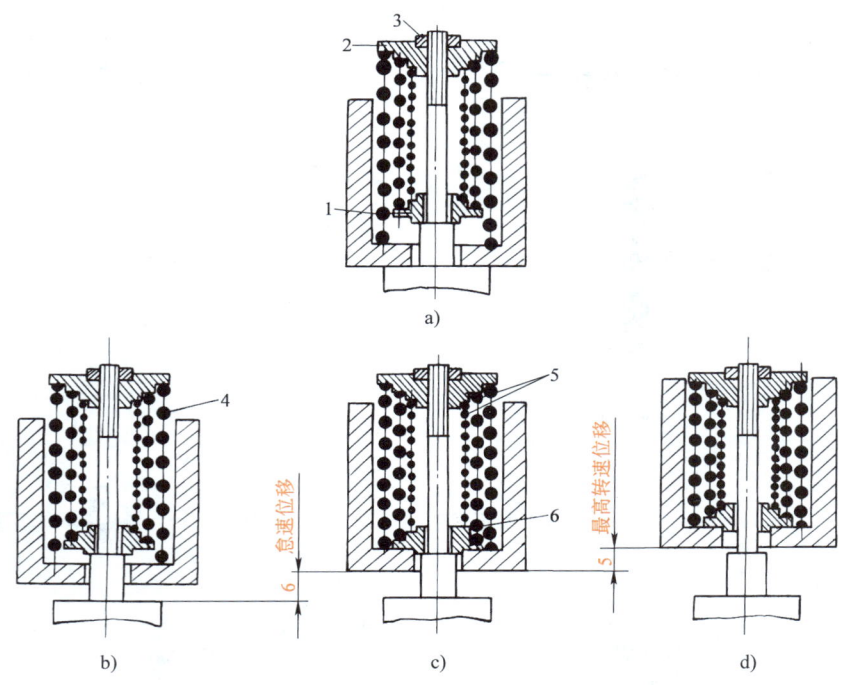

图 5-26 RQ 调速器飞锤的位移
1—飞锤 2—外弹簧座 3—调节螺母 4—急速弹簧 5—高速弹簧 6—内弹簧座

（4）最高转速 如图 5-25e 所示，将调速手柄置于最高速挡块 4 上，供油量调节齿杆相应地移至全负荷供油位置，柴油机转速由中速升高到最高速。此时，飞锤的离心力相应增大，并克服全部调速弹簧的作用力，使飞锤连同内弹簧座一起向外移到一个新的位置（图 5-26d）。在此位置，飞锤离心力与弹簧作用力达到新的平衡。若柴油机转速超过规定的最高转速，则飞锤的离心力便超过调速弹簧的作用力，使供油量调节齿杆向减油方向移动，从而防止了柴油机超速。

（5）停车 如图 5-25a 所示，将调速手柄置于停车挡块 1 上，调速杠杆以其下端的铰接点为支点向左摆动，并带动供油量调节齿杆向左移到停油位置，柴油机停车，调速器飞锤在调速弹簧的作用下抵靠在安装飞锤的轴套上（图 5-26a）。

综上所述，RQ 型调速器对柴油机转速的调节，是通过一套杠杆系统把飞锤的位移转变为供油量调节齿杆的位移，以增减喷油泵的供油量来实现的。由于 RQ 型调速器采用了摇杆和滑块机构，在急速和最高转速时调速器的杠杆比是不同的，因此称 RQ 型调速器为**可变杠杆比调速器**。所谓**杠杆比**是指供油量调节齿杆的位移与调速套筒位移之比，也等于调速杠杆被滑块分成两段后的长度 n 与 m 之比（图 5-25c）。当调速手柄处于急速位置时，杠杆比较小，仅为 1∶1.35。即当调速套筒产生一定位移时，供油量调节齿杆的移动量较小，喷油泵的供油量变化较少，使急速转速不致有较大的波动，可以提高急速的稳定性。另一方面，急速时飞锤的离心力较小，而较小的杠杆比恰好可以在离心力发生较小的变化时就能使油量调节齿杆移动，从而提高了调速器的工作能力。当调速手柄位于最高速位置时，杠杆比为 1∶3.23，这时飞锤的离心力很大，柴油机转速稍有变化，较大的离心力便立即使供油量调节齿杆移动,并产生较大的位移,从而可以迅速地稳定柴油机转速。

为了改善调速器的工作性能,还增加了一些附加装置,如怠速稳定弹簧、转矩平稳装置和转矩校正装置等。

六、输油泵

输油泵的功用是保证足够数量的柴油自燃油箱输送到喷油泵,并维持一定的供油压力,克服管路及燃油滤清器阻力,使柴油在低压管路中循环。输油泵的输油量一般为柴油机全负荷需要量的3~4倍。

输油泵有膜片式、滑片式、活塞式及齿轮式等几种形式。膜片式和滑片式输油泵分别作为分配式喷油泵的一级和二级输油泵,而活塞式输油泵则与柱塞式喷油泵配套使用。

活塞式输油泵安装在柱塞式喷油泵的侧面,并由喷油泵凸轮轴上的偏心轮驱动。其结构如图5-27所示,图5-28为其工作原理示意图。

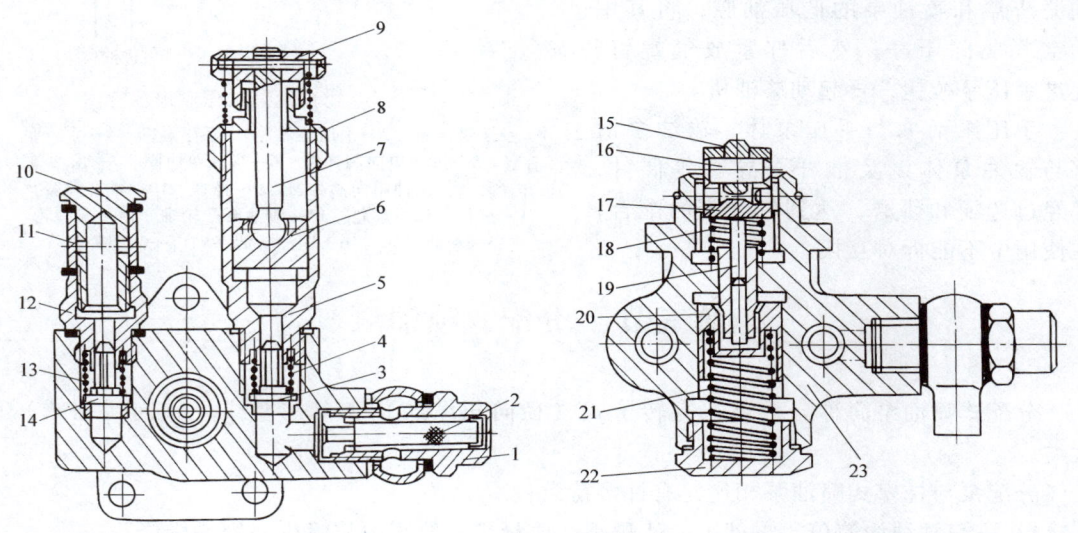

图 5-27　活塞式输油泵结构

1—进油管接头　2—滤网　3—进油单向阀　4—进油单向阀弹簧　5—手压泵体　6—手压泵活塞
7—手压泵杆　8—手压泵盖　9—手压泵拉钮　10—出油管接头　11—保护套　12—接头
13—出油单向阀弹簧　14—出油单向阀　15—滚轮　16—滚轮销　17—输油泵挺柱
18—输油泵推杆弹簧　19—输油泵推杆　20—输油泵活塞
21—活塞弹簧　22—螺塞　23—输油泵体

当喷油泵凸轮轴13(图5-28)转动时,在偏心轮14和活塞弹簧17的共同作用下,输油泵活塞16在输油泵体15内做往复运动。当输油泵活塞在活塞弹簧的作用下向上运动时,A腔容积增大,产生真空,进油单向阀6开启,柴油经进油口被吸入A腔。与此同时,B腔容积缩小,其中的柴油压力增高,出油单向阀7关闭,B腔中的柴油经出油口被压出,送往燃油滤清器。当偏心轮14推动滚轮12、挺柱11和推杆9,使输油泵活塞向下运动时,A腔油压增高,进油单向阀关闭,出油单向阀开启,柴油从A腔流入B腔。

若喷油泵供油量减少，或燃油滤清器阻力过大，则使 B 腔油压增高。当活塞弹簧的弹力恰好与 B 腔的油压平衡时，活塞便滞留在某一位置而不能回到其行程的止点处。在这种情况下，活塞的行程减小，输油泵的输油量自然减少，从而限制了油压的继续增高，即实现了输油量与供油压力的自动调节。

在起动长时间停止工作的柴油机之前，先将燃油滤清器和喷油泵的放气螺钉拧松，再将手压泵拉钮旋出，上下反复拉动手压泵活塞，使柴油自进油单向阀吸入，经出油单向阀压出，并充满燃油滤清器和喷油泵的低压油腔，将其中的空气驱除干净；然后拧紧放气螺钉，旋进手压泵拉钮，再起动柴油机。

手压泵活塞与手压泵体、输油泵活塞与输油泵体以及推杆与导管等偶件，都经过选配和研磨，达到较精密的配合，在使用中不能拆对互换。

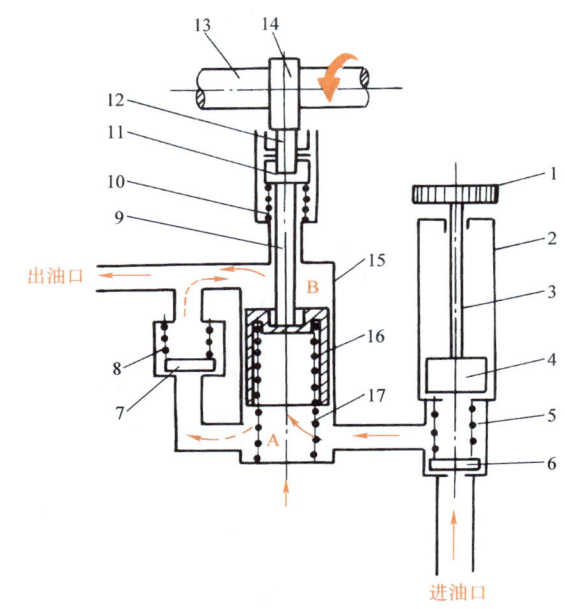

图 5-28　活塞式输油泵工作原理示意图

1—手压泵拉钮　2—手压泵体　3—手压泵杆　4—手压泵活塞　5—进油单向阀弹簧　6—进油单向阀　7—出油单向阀　8—出油单向阀弹簧　9—推杆　10—推杆弹簧　11—挺柱　12—滚轮　13—喷油泵凸轮轴　14—偏心轮　15—输油泵体　16—输油泵活塞　17—活塞弹簧

第五节　分配式喷油泵

分配式喷油泵简称**分配泵**，有转子式（径向压缩式）和单柱塞式（轴向压缩式）两大类。

分配泵与柱塞式喷油泵相比，有许多特点：

1）分配泵结构简单，零件少，体积小，质量小，使用中故障少，容易维修。

2）分配泵精密偶件加工精度高，供油均匀性好，因此不需要进行各缸供油量和供油定时的调节。

3）分配泵的运动件靠喷油泵体内的柴油进行润滑和冷却，因此，对柴油的清洁度要求很高。

4）分配泵凸轮的升程小，有利于提高柴油机转速。

下面以广泛用于轿车和轻型客车柴油机的 VE 型分配泵为例，说明分配泵的结构及其工作原理。

一、VE 型分配泵结构

VE 型分配泵由驱动机构、二级滑片式输油泵、高压分配泵头和电磁式断油阀等部分组成。此外，机械式调速器和液压式喷油提前器也安装在分配泵体内（图 5-29）。

驱动轴 19 由柴油机曲轴定时齿轮驱动。驱动轴带动二级滑片式输油泵 1 工作，并通过

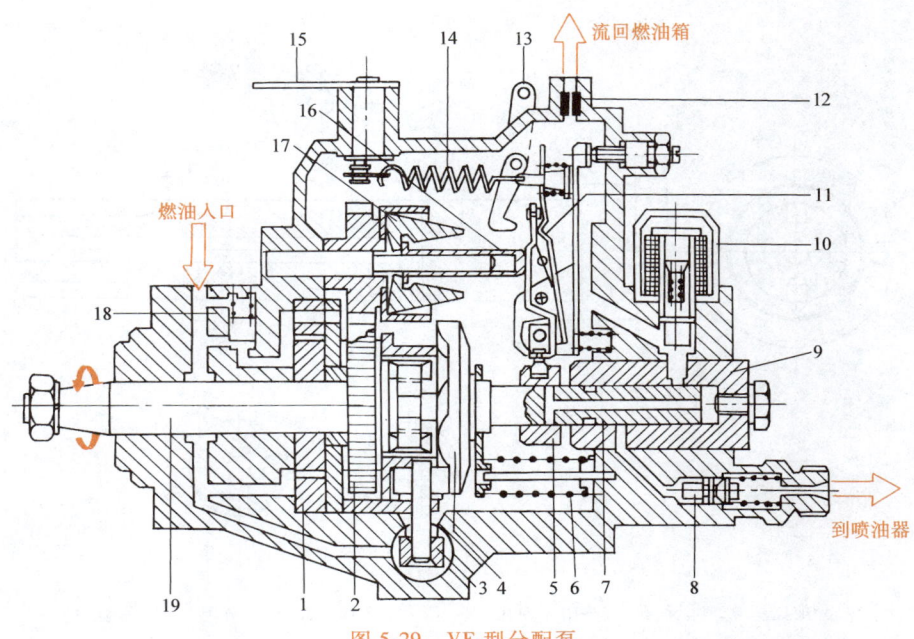

图 5-29　VE 型分配泵

1—二级滑片式输油泵　2—调速器驱动齿轮　3—液压式喷油提前器　4—平面凸轮盘
5—油量调节套筒　6—柱塞弹簧　7—分配柱塞　8—出油阀　9—柱塞套　10—断油阀
11—调速器张力杠杆　12—溢流节流孔　13—停油手柄　14—调速弹簧　15—调速手柄
16—调速套筒　17—飞锤　18—调压阀　19—驱动轴

调速器驱动齿轮 2 带动调速器轴旋转。在驱动轴的右端通过联轴器 21（图 5-30）与平面凸轮盘 4 连接，利用平面凸轮盘上的传动销带动分配柱塞 7（图 5-29）。柱塞弹簧 6 将分配柱塞压紧在平面凸轮盘上，并使平面凸轮盘压紧滚轮 22（图 5-30）。滚轮轴嵌入静止不动的滚轮架 20 上。当驱动轴 19 旋转时，平面凸轮盘与分配柱塞同步旋转，而且在滚轮、平面凸轮和柱塞弹簧的共同作用下，凸轮盘还带动分配柱塞在柱塞套 9 内做往复运动。往复运动使柴油增压，旋转运动则进行柴油分配。

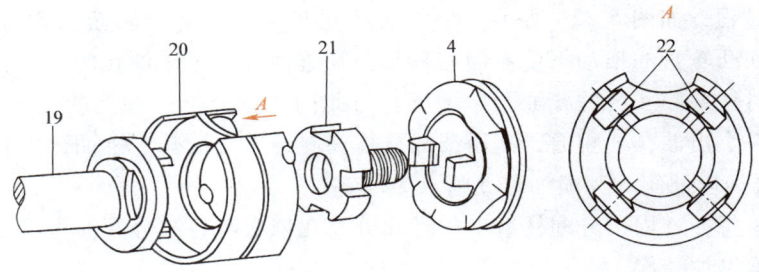

图 5-30　滚轮、联轴器及平面凸轮

20—滚轮架　21—联轴器　22—滚轮

（其余图注同图 5-29）

凸轮盘上平面凸轮的数目与柴油机气缸数相同。分配柱塞的结构如图 5-31 所示。在分配柱塞 1 的中心加工有中心油孔 3，其右端与柱塞腔相通，而左端与泄油孔 2 相通。分配柱

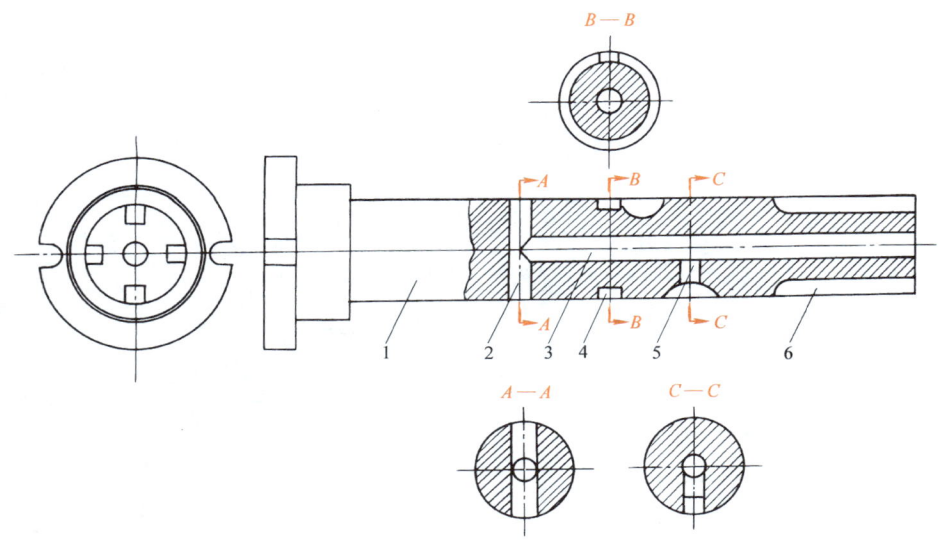

图 5-31 分配柱塞

1—分配柱塞　2—泄油孔　3—中心油孔　4—压力平衡槽　5—燃油分配孔　6—进油槽

塞上还加工有燃油分配孔 5、压力平衡槽 4 和数目与气缸数相同的进油槽 6。

柱塞套 9（图 5-29）上有一个进油孔和数目与气缸数相同的分配油道，每个分配油道都连接一个出油阀 8 和一个喷油器。

二、VE 型分配泵工作过程

VE 型分配泵的工作过程如图 5-32 所示。

（1）进油过程　如图 5-32a 所示，当平面凸轮盘 12 的凹下部分转至与滚轮 13 接触时，柱塞弹簧将分配柱塞 14 由右向左推移至柱塞下止点位置，这时分配柱塞上的进油槽 3 与柱塞套 20 上的进油孔 2 连通，柴油自喷油泵体 19 的内腔经进油道 17 进入柱塞腔 4 和中心油孔 10 内。

（2）泵油过程　如图 5-32b 所示，当平面凸轮盘由凹下部分转至凸起部分与滚轮接触时，分配柱塞在凸轮盘的推动下由左向右移动。在进油槽转过进油孔的同时，分配柱塞将进油孔封闭，这时柱塞腔 4 内的柴油开始增压。与此同时，分配柱塞上的燃油分配孔 18 转至与柱塞套上的一个出油孔 8 相通，高压柴油从柱塞腔经中心油孔、燃油分配孔、出油孔进入分配油道 7，再经出油阀 6 和喷油器 5 喷入燃烧室。

平面凸轮盘每转一周，分配柱塞上的燃油分配孔依次与各缸分配油道接通一次，即向柴油机各缸喷油器供油一次。

（3）停油过程　如图 5-32c 所示，分配柱塞在平面凸轮盘的推动下继续右移，当柱塞上的泄油孔 11 移出油量调节套筒 15 并与喷油泵体内腔相通时，高压柴油从柱塞腔经中心油孔和泄油孔流进喷油泵体内腔，柴油压力立即下降，供油停止。

从柱塞上的燃油分配孔 18 与柱塞套上的出油孔 8 相通的时刻起，至泄油孔 11 移出油量调节套筒 15 的时刻止，这期间分配柱塞所移动的距离为柱塞有效供油行程。显然，有效供

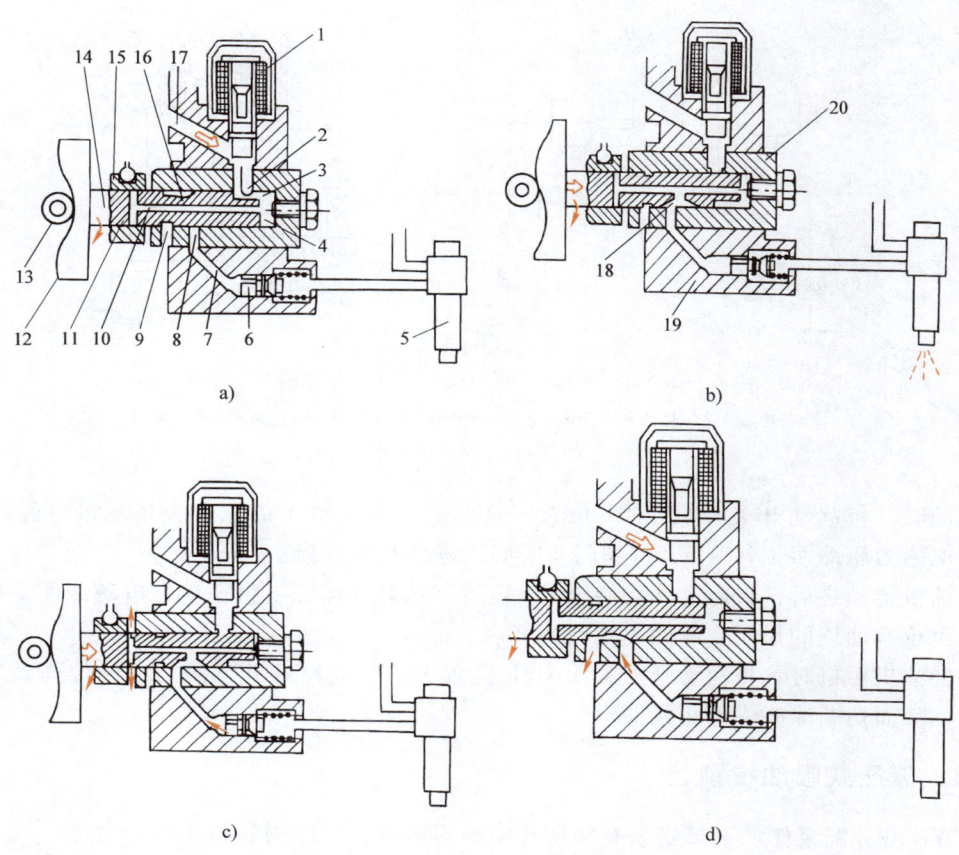

图 5-32 VE 型分配泵的工作过程

a) 进油过程　b) 泵油过程　c) 停油过程　d) 压力平衡过程

1—断油阀　2—进油孔　3—进油槽　4—柱塞腔　5—喷油器　6—出油阀　7—分配油道　8—出孔
9—压力平衡孔　10—中心油孔　11—泄油孔　12—平面凸轮盘　13—滚轮　14—分配柱塞　15—油量
调节套筒　16—压力平衡槽　17—进油道　18—燃油分配孔　19—喷油泵体　20—柱塞套

油行程越大，供油量越多。移动油量调节套筒即可改变有效供油行程，向左移动油量调节套筒，停油时刻提早，有效供油行程缩短，供油量减少；反之，向右移动油量调节套筒，供油量增加。

油量调节套筒的移动由调速器操纵。

（4）压力平衡过程　如图 5-32d 所示，分配柱塞上设有压力平衡槽16，在分配柱塞旋转和移动过程中，压力平衡槽始终与喷油泵体内腔相通。在某一气缸供油停止之后，且当压力平衡槽转至与相应气缸的分配油道连通时，分配油道与喷油泵体内腔相通，于是两处的油压趋于平衡。在柱塞旋转过程中，压力平衡槽与各缸分配油道逐个相通，致使各分配油道内的压力均衡一致，从而可以保证各缸供油的均匀性。

三、电磁式断油阀

VE 型分配泵装有电磁式断油阀，其电路和工作原理如图 5-33 所示。

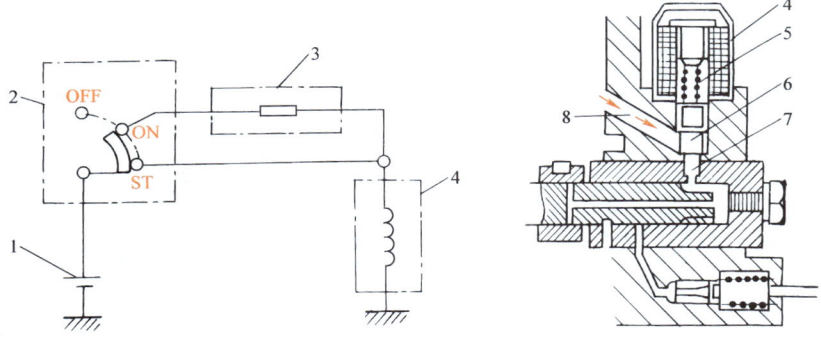

图 5-33 电磁式断油阀电路和工作原理
1—蓄电池 2—起动开关 3—电阻 4—电磁线圈 5—回位弹簧 6—阀门
7—进油孔 8—进油道

起动时，将起动开关 2 旋至 ST 位置，这时来自蓄电池 1 的电流直接流过电磁线圈 4，产生的电磁力压缩回位弹簧 5，将阀门 6 吸起，进油孔 7 开启。

柴油机起动之后，将起动开关旋至 ON 位置，这时电流经电阻 3 流过电磁线圈，电流减小；但由于有油压的作用，阀门仍然保持开启。

当柴油机停机时，将起动开关旋至 OFF 位置，这时电路断开，阀门在回位弹簧的作用下关闭，从而切断油路，停止供油。

四、液压式喷油提前器

在 VE 型分配泵体的下部安装有液压式喷油提前器，其结构如图 5-34 所示。

在喷油提前器壳体 1 内装有活塞 2，活塞左端与二级滑片式输油泵的入口相通，并有弹簧 5 压在活塞上。活塞右端与喷油泵体内腔相通，其压力等于二级滑片式输油泵的出口压力。当柴油机在某一转速下稳定运转时，作用在活塞左、右端的力相等，活塞处于某一平衡位置。若柴油机转速升高，二级滑片式输油泵的出口压力增大，作用于活塞右端的力随之增加，推动活塞向左移动，并通过连接销 3 和传力销 4 带动滚轮架 7 绕其轴线转动一定的角度，直至活塞两端的力重新达到平衡为止。滚轮架的转动方向与平面凸轮盘的旋转方向正好相反，使平面凸轮提前一定角度与滚轮接触，供油相应提前，即供油提前角增大。反之，若柴油机转速降低，则二级滑片式输油泵的出口压力也随之降低，作用于活塞右端的力减小，活塞向右移动，并带动滚轮架向着平面凸轮盘

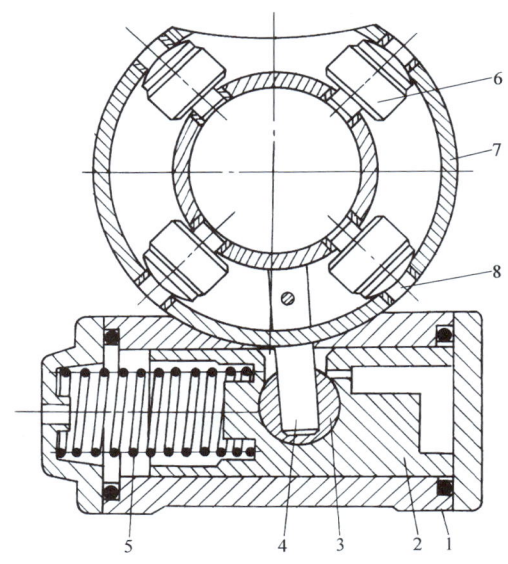

图 5-34 液压式喷油提前器的结构
1—壳体 2—活塞 3—连接销 4—传力销
5—弹簧 6—滚轮 7—滚轮架 8—滚轮轴

旋转的同一方向转过一定的角度,使供油提前角减小。

五、全程式调速器

机械离心全程式调速器的结构形式很多,有与柱塞式喷油泵配套的,也有装在分配泵体内的,但其工作原理基本相同。下面仅以 VE 型分配泵的调速器为例,说明机械离心全程式调速器的基本结构及工作原理。

(一) VE 型分配泵调速器结构

如图 5-35 所示,在飞锤支架 2 上装有 4 个飞锤 3,飞锤通过止推片推动调速套筒 4 移动。张力杠杆 12、起动杠杆 15 和导杆 16 组成调速器杠杆系统。这三个杠杆通过销轴 N 连在一起并可分别绕销轴 N 摆动。导杆 16 通过销轴 M 固定在分配泵体上。起动杠杆 15 的下端是球头销,嵌入供油量调节套筒 21 的凹槽中。当起动杠杆摆动时,球头销将拨动供油量调节套筒,改变其与分配柱塞 19 上的泄油孔 20 的相对位置,从而改变分配柱塞的有效行程。张力杠杆 12 上端通过怠速弹簧 10 与调速弹簧 8 连接,调速弹簧的另一端挂在调速手柄 5 的销轴上。导杆 16 的下端受回位弹簧 17 的推压,使其上端靠在最大供油量调节螺钉 11 上。

此外,在 VE 型分配泵调速器上还装有一些附加装置,诸如增压补偿器和转矩校正装置等,来改善其工作性能。

(二) VE 型分配泵调速器工作原理

全程式调速器的基本调速原理是,由于调速器传动轴旋转所产生的飞锤离心力与调速弹簧力相互作用,如果两者不平衡,调速套筒便会移动。调速套筒的移动通过调速器的杠杆系统使供油量调节套筒的位置发生变化,从而增减供油量,以适应柴油机运行工况变化的需要。

1. 起动

如图 5-36a 所示,起动前,将调速手柄 5 推靠在最高速限止螺钉 7 上。这时调速弹簧 8 被拉伸,弹簧的张力拉动张力杠杆 12 绕销轴 N 向左摆动,并通过板形起动弹簧 13 将起动杠杆 15 压向调速套筒 4,从而使静止的飞锤 3 处于完全闭合的状态。与此同时,起动杠杆下端的球头销将供油量调节套筒 21 向右拨到起动加浓供油位置 C,供油量最大。起动后,飞锤的离心力克服作用在起动杠杆上的起动弹簧的弹力,使起动杠杆绕销轴 N 向右摆动,直

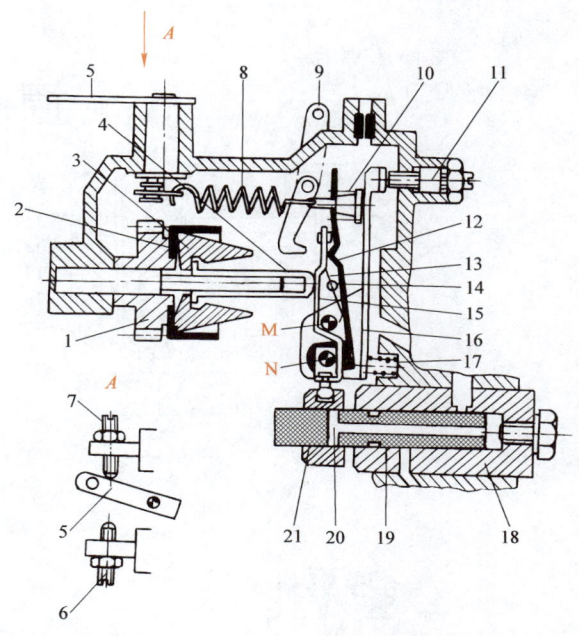

图 5-35 VE 型分配泵调速器结构示意图

1—调速器传动齿轮 2—飞锤支架 3—飞锤 4—调速套筒
5—调速手柄 6—怠速调节螺钉 7—最高速限止螺钉
8—调速弹簧 9—停车手柄 10—怠速弹簧 11—最大
供油量调节螺钉 12—张力杠杆 13—起动弹簧
14—张力杠杆挡销 15—起动杠杆 16—导杆
17—回位弹簧 18—柱塞套 19—分配柱塞
20—泄油孔 21—供油量调节套筒
M—导杆支承销轴(固定)
N—起动杠杆、张力杠杆及导杆支承销轴(可动)

到抵靠在张力杠杆的挡销上。此时，起动杠杆下端的球头销向左拨动供油量调节套筒，供油量自动减少。

2. 怠速

如图5-36b所示，柴油机起动后，将调速手柄5移至怠速调节螺钉6上。在这个位置，调速弹簧8的张力几乎为零，即使调速器传动轴的转速很低，飞锤也会向外张开，推动调速套筒，使起动杠杆和张力杠杆绕销轴N向右摆动，并使怠速弹簧10受到压缩。这时，飞锤离心力对调速套筒的作用力与怠速弹簧及起动弹簧对调速套筒的作用力平衡，供油量调节套筒21处于怠速供油位置D，柴油机在怠速下运转。

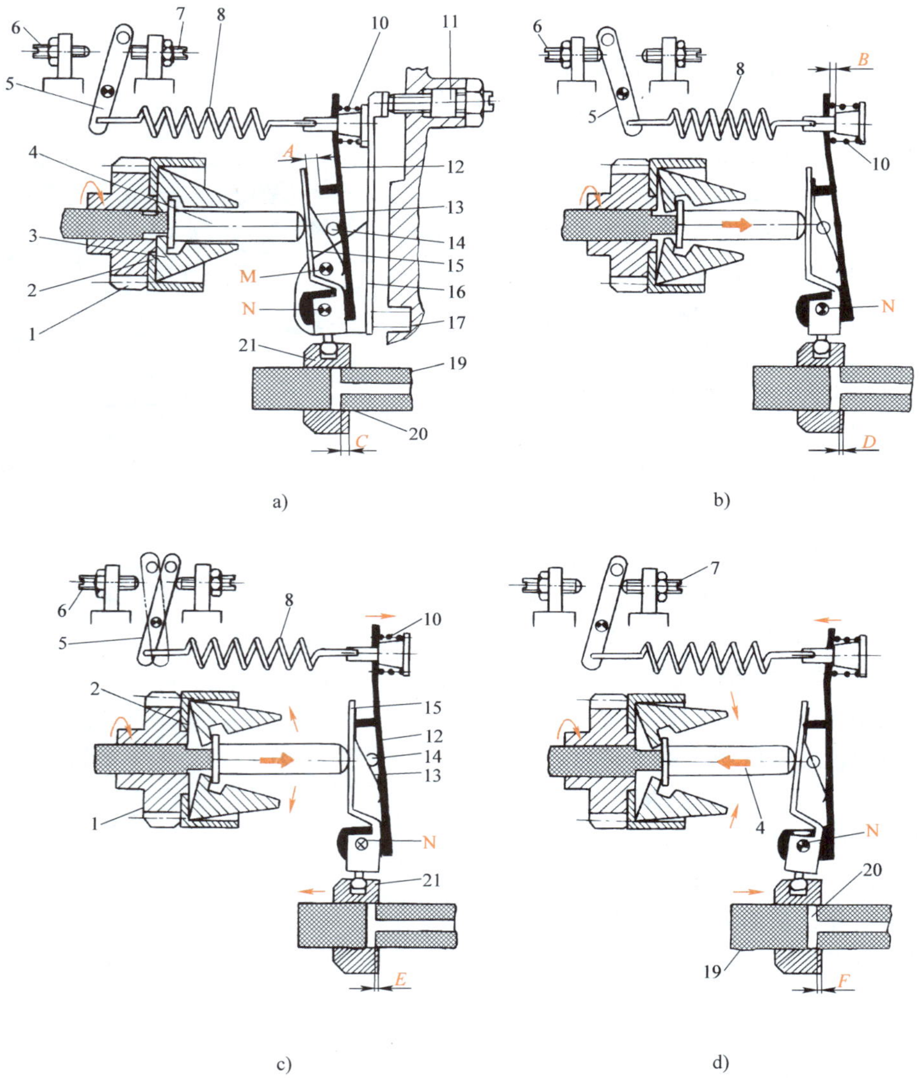

图5-36　VE型分配泵调速器工作原理示意图

A—起动弹簧压缩量　B—怠速弹簧压缩量　C—起动加浓供油位置　D—怠速供油位置
E—部分负荷最高转速供油位置　F—全负荷最高转速供油位置

（图注同图5-35）

若由于某种原因使柴油机转速升高，则飞锤离心力增大，上述的平衡被打破，飞锤推动调速套筒、起动杠杆和张力杠杆进一步压缩怠速弹簧而向右摆动，供油量调节套筒则向左移，供油量减少，转速回落复原。若柴油机转速降低，飞锤离心力减小，怠速弹簧推动张力杠杆和起动杠杆向左摆动，供油量调节套筒则向右移，增加供油量，使转速回升。

3. 中速和最高速

如图 5-36c 所示，欲使柴油机在高于怠速而又低于最高转速的任何中间转速工作时，则需将调速手柄 5 置于怠速调节螺钉 6 与最高速限止螺钉 7 之间某一位置。这时，调速弹簧 8 被拉伸，同时拉动张力杠杆 12 和起动杠杆 15 绕销轴 N 向左摆动，而起动杠杆下端的球头销则向右拨动供油量调节套筒 21，使供油量增加，柴油机遂由怠速转入中速状态。由于转速升高，飞锤离心力增大。当其向右作用于调速套筒上的推力与调速弹簧向左作用于张力杠杆和起动杠杆上的拉力平衡时，供油量调节套筒便稳定在某一中等供油量位置，柴油机也就在某一中间转速稳定运转。

当把调速手柄 5 置于最高速限止螺钉 7 上时，调速弹簧 8 的张力达到最大，供油量调节套筒 21 也相应地移至最大供油量位置，柴油机将在最高转速或标定转速下工作。

不论柴油机在中速还是在最高速工作，若由于负荷发生变化而引起转速改变，则飞锤离心力与调速弹簧力的平衡遭到破坏，调速器将立即动作，通过增减供油量，使转速复原。如果突然全部卸掉柴油机负荷，调速器将把供油量减至最小，以防止柴油机超速。其调速过程与稳定怠速的过程相同。

4. 最大供油量的调节

若拧入最大供油量调节螺钉 11，则导杆 16 绕销轴 M 逆时针方向转动，销轴 N 也随之转动，并带动球头销向右拨动供油量调节套筒 21，这时最大供油量增加。反之，旋出最大供油量调节螺钉 11，则最大供油量减少。改变最大供油量，可以改变柴油机的最大输出及最高转速或标定转速。

六、滑片式输油泵

在采用分配泵的柴油机燃油系统中有两个输油泵，即一级膜片式输油泵和二级滑片式输油泵，前者与汽油机燃油系统中的膜片式输油泵完全相同。分配泵燃油系统采用两级输油泵，是因为分配泵每次进油的时间很短，进油节流阻力较大。为了保证分配泵进油充分，需要提高输油压力，为此在分配泵内增设一个滑片式输油泵。

滑片式输油泵由输油泵体、输油泵盖、转子和滑片等零件构成。输油泵转子由分配泵驱动轴传动。四个滑片分别安装在转子的四个滑片槽内（图 5-4）。转子偏心地安装在输油泵体的内孔中，在转子和输油泵体之间形成弯月形工作腔，并被四个滑片分隔成四个工作室。当转子旋转时，由于工作室的容积不断地由小变大或由大变小，从而产生吸油或压油的作用。

滑片式输油泵出口油压随其转速增高而增大。为了保持油压稳定，在输油泵出口装置了调压阀。

第六节　泵喷嘴与单体泵系统

为了改善柴油机的运转性能，满足日益严格的排放标准以及降低燃油消耗率，从 20 世纪 80 年代初期开始，各种电控柴油喷射系统相继问世。与传统的机械控制柴油喷射系统相比，电控柴油喷射系统有下列优点：

1）机械控制喷射系统的工作主要受柴油机的转速和加速踏板的位置影响，而电控喷射系统能够通过多个传感器检测柴油机的运转工况和环境条件，由电控单元根据控制目标计算出最佳的循环喷油量和喷油时刻等，然后控制执行器完成，从而实现最优控制。

2）机械控制喷射系统会存在调整的误差和机械磨损等，导致喷油量、喷油时刻偏离目标值，而电控喷射系统可以通过反馈控制，提高其控制精度，动态响应快。

3）电控喷射系统取消了机械式调速器和供油提前调整装置，从而大幅度减小了供油系统的尺寸和质量，使柴油机更加紧凑。

4）在电控喷射系统中，只需要改变控制策略和内部存储的数据，就可以改变燃油系统的供油特性，一套燃油系统的机械及电控系统硬件部分可适用于多种型号的柴油机。在柴油机与燃油系统的匹配过程中减少了机械加工，缩短了新产品的开发周期。

柴油机电控喷射系统按照燃油喷射的控制方式可分为位置控制式和时间控制式两大类。**位置控制式**电控系统最早应用到柴油机上，被认为是**第一代电控系统**。其特点是在现有的直列泵或分配泵的基础上，保留了喷油泵主体-高压油管-喷油器这样一种结构方式，取消了机械式调速器，而油量调节机构（齿条或者滑套等）的位置采用电动装置进行控制。这种电控方式不需要对原有柴油机进行结构改变，直接可以对其进行升级换代。但与后来的电控系统相比，存在系统响应慢、控制精度低、控制自由度少、喷油压力不能独立控制等缺点。

时间控制式电控系统的主要特点是通过高速电磁阀来直接控制喷油的起始时刻和喷油量，进一步提高了喷油系统的控制精度。早期的时间控制式柴油机电控供油系统仍保留着传统的柱塞往复运动产生脉动供油的方式，但柱塞只起加压供油作用，而齿杆、齿圈、柱塞斜槽等油量调节装置被取消，采用电磁阀来控制喷油。这类供油系统被认为是**第二代电控系统**，比较典型的是泵喷嘴和单体泵系统。**第三代电控系统**，即**共轨系统**也属于时间控制式，特点是泵油与喷油相互独立，泵油过程中的压力波动不再直接影响喷射过程，喷油在压力稳定的条件下进行。共轨系统的特点及工作原理将在下一节进行介绍，本节主要介绍泵喷嘴和单体泵系统。

泵喷嘴和单体泵同属直列泵系统，两者工作原理相似，喷油特性相差不大。其结构上的差别重点体现在高压系统上，泵喷嘴柱塞采用顶置凸轮驱动，泵油柱塞和喷油油嘴均在泵喷嘴体内；单体泵的柱塞泵由传统的外凸轮驱动，单体泵和喷油器由高压油管连接。低压系统、电子控制系统和外设装置在两种系统中均可通用。

一、泵喷嘴系统

泵喷嘴系统将产生高压的泵油柱塞与喷油的针阀体偶件集成一体，取消了高压油管连接，减少了系统内燃油压力的波动和可压缩性带来的不良影响，使该系统能够提供 200MPa 以上的喷射压力，为改善柴油机各项性能提供了技术条件。泵喷嘴系统在每个气缸上安装一套，由缸盖上的顶置式凸轮轴驱动，定时、定量喷油控制与产生高压均在系统内完成。泵喷嘴系统有**机械式**和**电控式**两类，本节重点介绍时间控制式电控泵喷嘴。

电控泵喷嘴系统仍采用柱塞实现对燃油的加压，喷油量和喷油正时由电磁阀来控制，具有以下结构特点：

1）采用大容量齿轮泵提供燃油。

2）清洁燃油供入气缸盖上的主供油管，通过喷油器的溢油管经调压阀排出气缸盖外部来完成溢油。

3）高压燃油通过凸轮直接或通过摇臂间接驱动柱塞实现升压，电控单元根据发动机转速、曲轴转角和加速踏板位置等信号进行最佳燃油喷射时刻、喷射量的计算，控制溢油电磁阀来完成喷油。

4）实现高压喷射，通过适当组合喷油嘴的喷孔流通截面积和驱动凸轮的形状，可以改变喷油速率的变化规律，先缓后急，减少预混合期间的喷油量，实现控制预混合燃烧的目的。

电控泵喷嘴常见的结构有两种，即一种是 电磁阀内置式电控泵喷嘴，是把电磁阀直接布置在针阀偶件的顶部、泵体内部；另一种是 电磁阀侧置式电控泵喷嘴，是将电磁阀布置在泵喷嘴泵体的侧面，部分还会加装预喷控制阀部件。其他零部件结构则基本相似。

（一）电磁阀内置式电控泵喷嘴

电磁阀内置式电控泵喷嘴如图 5-37 所示，主要由电子控制系统、高压油产生机构、喷油机构三部分组成。衔铁 6、电磁阀线圈 7、电磁阀阀芯 9、电磁阀弹簧 10 等零部件组成电

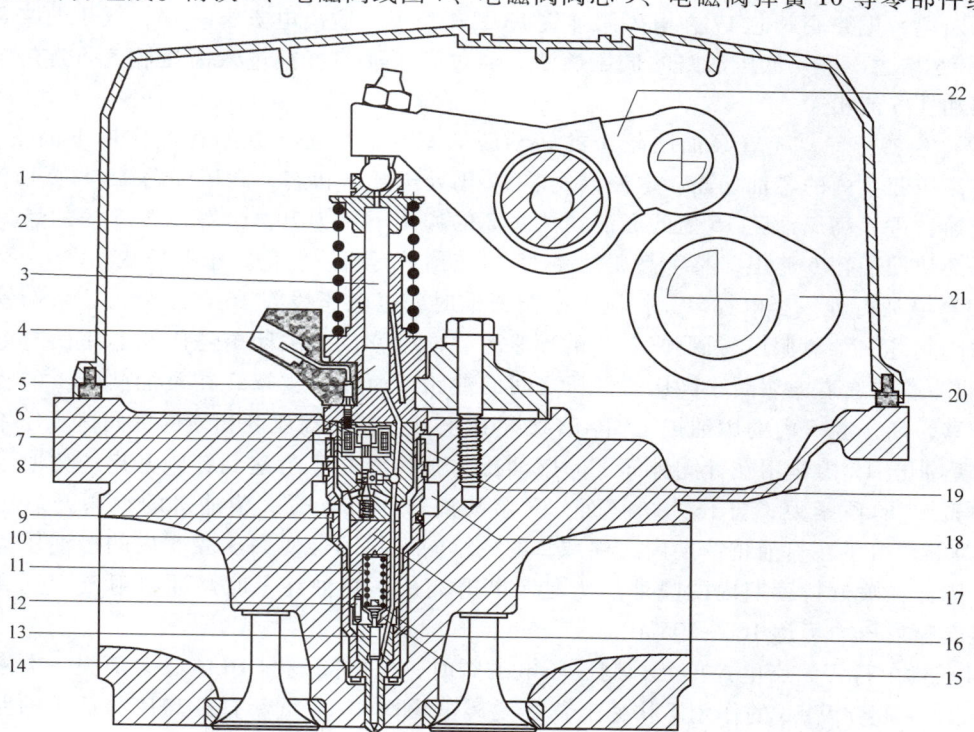

图 5-37　电磁阀内置式电控泵喷嘴结构及安装图

1—球座　2—回位弹簧　3—柱塞　4—线束插头　5—高压腔　6—衔铁　7—电磁阀线圈　8—电磁阀体　9—电磁阀阀芯　10—电磁阀弹簧　11—针阀弹簧　12—定位销　13—针阀偶件　14—喷油器紧帽　15—弹簧座帽　16—针阀弹簧座　17—过渡套　18—进油腔　19—回油腔　20—喷油器压板　21—泵油凸轮　22—摇臂

子控制系统。电控单元通过控制电磁阀实现对喷油正时、喷油量的控制。电磁阀通电时,电磁阀阀芯9与电磁阀体8上的阀座间的密封面关闭,切断高、低压油路之间的燃油通道,然后产生高压,开始供油。电磁阀阀芯密封面关闭的时刻,即为供油始点。泵喷嘴系统取消了泵与喷油器之间的高压油管,使从柱塞泵油到针阀开启喷油之间的时间变得很短,所产生的喷油延迟可略去不计,所以把供油始点近似认为是喷油始点,喷油量的多少取决于电磁阀阀芯座面关闭时间的长短,即供油脉宽。燃油由低压变成高压的过程与机械式泵喷嘴相似,在泵油凸轮21和回位弹簧2的作用下,由柱塞3往复运动完成。喷油器部分由针阀弹簧11、针阀偶件13及喷油器紧帽14等零件组成。

泵喷嘴的泵油凸轮21表面的型线直接决定泵喷嘴内柱塞3的运动规律,而柱塞3的运动速度直接影响喷油延续期内的喷油速率及喷油规律,所以要求凸轮应具有较高的加工精度。为减少各缸泵喷嘴泵油凸轮周期性泵油使凸轮轴产生的扭振影响,在设计过程中应考虑对凸轮轴及各缸驱动机构零部件进行强化,以提高刚度,减少对喷油规律产生不良的影响。

与直列泵的柱塞供油过程类似,电控泵喷嘴系统完成一次喷油需要经过四个过程,如图5-38所示。

(1) 进油行程　凸轮从最大升程位置向基圆位置转动过程中,柱塞2在回位弹簧3的作用下,向上移动,具有一定压力的低压燃油,由进油孔9进入低压油路8。进油行程中,电磁阀断电,电磁阀阀芯17在电磁阀弹簧13的作用下,脱离电磁阀座14,低压油路8与高压油路15相通,进入低压油路的低压燃油,经过高压油路直接进入高压腔5。也有部分燃油从回油孔6流出。

(2) 预备行程　随着泵油凸轮1的转动脱离基圆,柱塞2开始在其作用下向下移动,开始对高压腔5内的燃油加压。电磁阀阀芯17仍处于开启状态,高压油路15与低压油路8仍旧连通,进入高压油路15内的燃油在柱塞2的作用下压力升高。高压腔5内的燃油经低压油路8从回油孔6流出,整个高压油路15内在预备行程阶段仍处于低压状态。

(3) 喷油行程　当电控单元控制电磁阀通电时,电磁阀线圈16产生吸力,由衔铁7带动电磁阀阀芯17,克服电磁阀弹簧13的预紧力,向下移动,关闭电磁阀芯座面与电磁阀座14间的燃油通道,切断了高压与低压之间的油路。而随着柱塞2在泵油凸轮1的驱动下继续下移,高压腔5内的燃油被压缩,压力迅速上升,使与高压腔相通的针阀体承压锥面处针阀体盛油槽12内作用在针阀锥面上的燃油压力很快升高,当达到针阀开启压力时,克服针阀弹簧10的预紧力,打开针阀座面,开始喷油。一般直喷式柴油机的针阀开启压力为25～30MPa。由于在喷油持续期内,柱塞2的持续向下移动会使高压腔5内的燃油压力不断升高,因此在喷油持续期内的喷油压力是不断升高的。喷油终了时燃油喷射压力达到最高值,最高喷射压力可达100～205MPa。

(4) 剩余行程　当电控单元控制关闭电磁阀时,电磁阀线圈16电磁力消失,电磁阀阀芯17在电磁阀弹簧13的作用下快速上移,脱离电磁阀座14重新打开高压与低压油路,使高压油路15内的燃油迅速卸压。与此同时,针阀11在针阀弹簧10的作用下快速落座,关闭阀座面,喷油器停止喷油。泵油凸轮1仍在旋转,柱塞2继续下移。由于此时高压与低压油路相通,柱塞2只能把燃油压回到低压油路8中去,直到泵油凸轮1达到最大升程位置、柱塞2下移到下止点为止。从喷油结束到柱塞2达到下止点位置的这段柱塞行程,称为剩余行程。

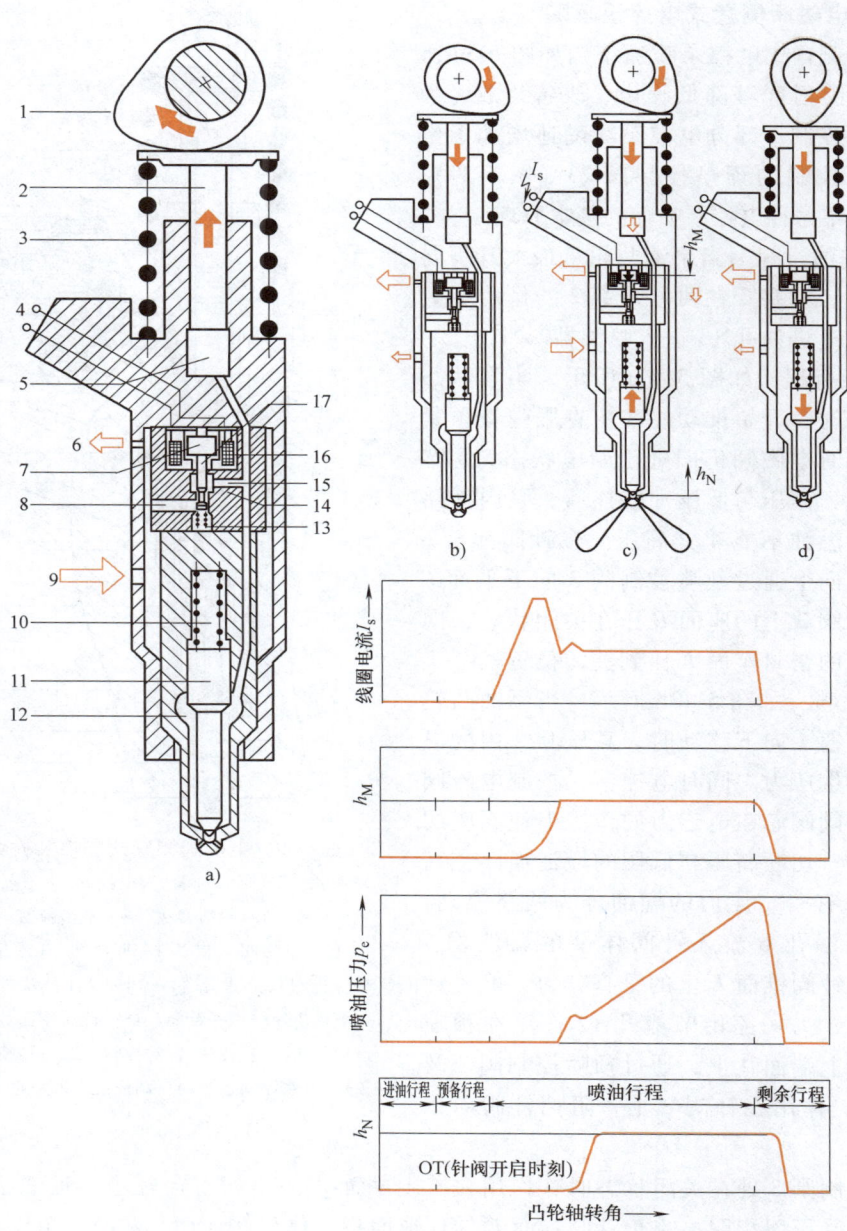

图 5-38 电磁阀内置式电控泵喷嘴工作过程
a）进油行程 b）预备行程 c）喷油行程 d）剩余行程
1—泵油凸轮 2—柱塞 3—回位弹簧 4—电线接头 5—高压腔 6—回油孔 7—衔铁
8—低压油路 9—进油孔 10—针阀弹簧 11—针阀 12—针阀体盛油槽 13—电磁阀弹簧
14—电磁阀座 15—高压油路 16—电磁阀线圈 17—电磁阀阀芯
h_M—电磁阀阀芯行程 h_N—针阀升程

喷油泵在泵油过程中对燃油的压缩会产生热量，而低压油路布置在气缸盖上，可以利用气缸盖冷却水套对高温燃油进行散热冷却，保证喷油系统在工作过程中不致过热。

（二）电磁阀侧置式电控泵喷嘴

电磁阀侧置式电控泵喷嘴结构如图 5-39 所示。柴油预喷射能够降低噪声、改善排放，为了实现预喷控制，部分电控泵喷嘴还增加了由机械、液压控制的预喷控制阀 23（图 5-39）。下面简单介绍这种电控泵喷嘴的基本原理。

（1）进油过程　当泵油凸轮从最大升程向基圆旋转时，柱塞 3 在回位弹簧 2 的作用下上行，燃油通过进油孔 13 进入喷油器。

（2）预行程　如图 5-40a 所示，当泵油凸轮转过基圆时，开始推动柱塞 1 克服弹簧预紧力下行。此时电磁阀仍旧处于断电状态，阀芯密封面开启，高压与低压油路连通，泵内油路及油腔内的燃油不能建立高压。在针阀弹簧 5 的作用下，向上通过预喷控制阀 3 的下平面 C 把预喷控制阀 3 上的座面 B 压在关闭状态，向下把针阀 8 的密封座面 F 压到关闭位置。

（3）预喷　如图 5-40b 所示，当泵油凸轮旋转驱动柱塞 1 向下移动时，高压腔 2 内的燃油受压，产生压力。同时电控单元控制电磁阀通电，电磁阀阀芯在电磁力的作用下使阀座的密封面关闭，切断高压与低压的燃油通路。高压腔 2 内具有一定压力的燃油分为两路流动：一路经高压油孔 6 流入针阀体 9 的盛油槽 7 内，作用在针阀锥面 E 上的垂直分力，能使针阀向上运动；另一路由节流孔 12 作用在预喷控制阀 3 的上端面 A 上，通过预喷控制阀 3 及针阀弹簧 5，作用在针阀 8 上，阻挡针阀向上升起。

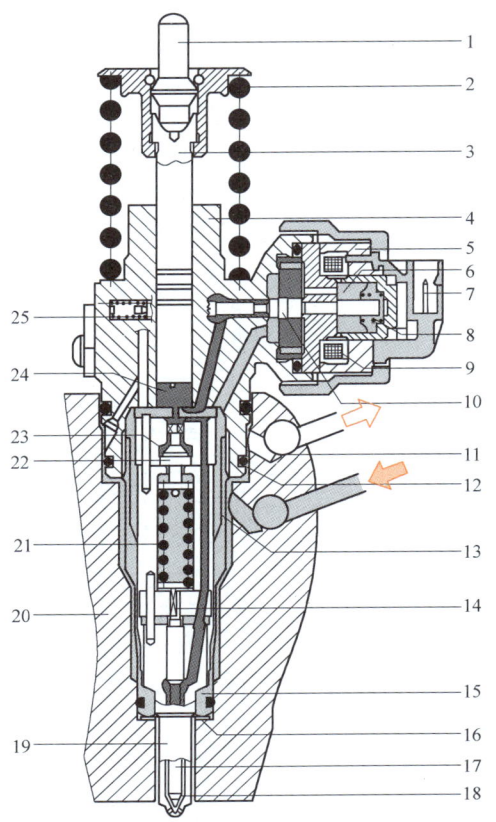

图 5-39　电磁阀侧置式电控泵喷嘴结构

1—球头销　2—回位弹簧　3—柱塞　4—泵体　5—铁心
6—衔铁　7—电线接头　8—平衡弹簧　9—线圈
10—电磁阀阀芯　11—回油孔　12—密封圈
13—进油孔（滤清网）　14—液压挡铁　15—紧帽
16—密封垫片　17—针阀　18—针阀座面　19—针阀体
20—气缸盖　21—针阀弹簧　22—预喷控制阀
23—预喷控制室　24—高压腔　25—电磁阀弹簧

预喷控制阀 3 处在关闭状态时，作用在其上端面 A 的面积直径较小，近似于节流孔 12 的直径，其受压面积明显小于针阀锥面 E 的环形面积。作用在 A 面、E 面上单位面积上的压力均为高压腔 2 内的燃油压力，使针阀升起的作用力要大于阻挡针阀升起的作用力。当高压腔 2 内的燃油压力达到针阀开启压力时，会克服针阀弹簧 5 的预紧力，使具有一定压力的燃油经压力室 10，从喷孔 11 喷入燃烧室，形成针阀第一次升起喷油（图 5-40b），称为预喷。在预喷阶段的预喷控制阀 3 一直处于关闭状态。预喷油量取决于预喷压力和预喷阀的行程。由于喷射压力不高，针阀升程较小等因素，预喷量通常很小。

当电磁阀阀芯切断高压与低压油路时，高压腔 2 内开始产生高压到顶开针阀喷油的这段时间内，柱塞 1 下移行程较小，高压腔 2 内容积变化较小，燃油压力升高不多，使预喷时的压力较低（见图 5-40 中 b 区的波形），到预喷结束时的最高压力也不高。而且当针阀升起开

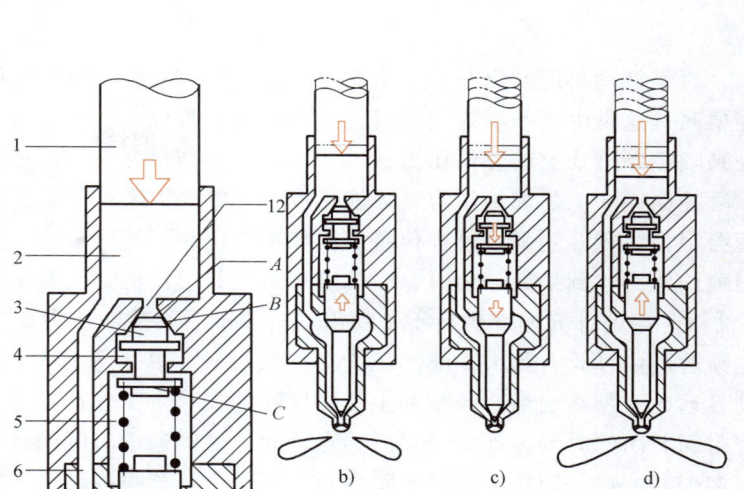

图 5-40　具有预喷功能的电控泵喷嘴工作原理

a）预行程　b）预喷　c）预喷结束　d）主喷

1—柱塞　2—高压腔　3—预喷控制阀　4—预喷控制室　5—针阀弹簧　6—高压油孔
7—盛油槽　8—针阀　9—针阀体　10—压力室　11—喷孔　12—节流孔
A—预喷控制阀上端面　B—预喷控制阀座面　C—预喷控制阀下平面
E—针阀锥面　F—针阀密封座面　p_d—预喷最高压力
p_c—主喷针阀开启压力　p_b—主喷最高压力

始预喷时，盛油槽7内的燃油压力会立即下降，影响针阀继续上升。针阀在上升过程中，受预喷控制阀上端面A上燃油压力的作用，限制了针阀的升起高度。因此，预喷阶段中的最大升程也很小。

（4）预喷结束　如图5-40c所示，由于预喷了一部分燃油，使盛油槽7内的燃油压力迅速下降，作用在预喷控制阀下平面C上的作用力同时减小。而柱塞1在泵油凸轮的驱动下，继续向下移动，高压腔2内的燃油进一步被压缩，燃油压力进一步开始升高，并通过节流孔12作用在预喷控制阀上端面A上。因为预喷后作用在预喷控制阀下平面C的压力减小，而作用在上端面A上的压力由于柱塞1下移却在加大，预喷控制阀3会很快被向下压到机械限位位置，并通过针阀弹簧5把压力传递到针阀上，使针阀快速落座，关闭座面，预喷结束。

预喷控制阀向下移动，座面B就被打开。座面B一旦打开，高压腔2内的高压燃油立即由节流孔12快速进入预喷控制室4。同时预喷控制阀3上承受燃油压力的承压面已经发生改变，使承压面积增加，阻挡针阀升起的作用显著加大。因此，针阀如果要再度升起，需要更高的泵油油压才能打开座面进行喷油。

（5）主喷　如图5-40d所示，随着泵油凸轮的旋转，柱塞1继续下移，高压腔2内的燃油压力不断升高,直至针阀再度开启喷油。由图5-40d可知,主喷时的开启压力比预喷时的最高喷射压力还要高,这是由于预喷控制阀打开压到机械限位位置时,针阀弹簧5压缩量最大,加上作用在预喷控制阀3上的燃油压力加大,因此,必须有更大的开启压力克服针阀弹簧力及作用在预喷控制阀3上的燃油压力,才能再度打开针阀而喷油。这次喷油,由于压力高,使针阀升程会很快由零升到最大升程位置。而柱塞1仍在压油行程中,因此,喷油压力会不断升高。当喷油压力达到最高数值时,喷油速率最快,喷出的燃油数量最多。当高压腔2内的燃油向盛油槽7内的补充速度满足不了喷出量的要求后,喷油压力会开始降低。

由于整个主喷阶段内针阀升程大、喷油压力高、喷射速率快、延续时间长等因素影响,所以主喷的喷油量远大于预喷油量。预喷和主喷两次喷油在一个工作循环内完成。通常电磁阀通电、阀芯密封面关闭的时刻,即为预喷的始点,而电磁阀通电时间的脉宽,决定了单个循环内喷油量的多少。主喷与预喷之间的时间间隔,则取决于预喷控制阀3的行程和发动机转速。

泵喷嘴的工作过程使其具有特有的安全性能:如果电磁阀阀芯持续开启(电磁阀断电),高压油路与低压油路始终导通,不能建立高压,就不能进行喷射;而当电磁阀阀芯一直关闭(电磁阀通电)时,没有燃油进入高压腔,也不能进行下一次喷油。所以当电磁阀出现故障时,喷油就会中断。

二、电控单体泵

单体泵的驱动方式和喷油控制与泵喷嘴类似,不同之处在于单体泵系统的柱塞泵与喷油器是分开的,通过一根高压油管进行连接,又称为泵-管-嘴系统。单体泵的喷油器安装在缸盖上,而柱塞泵则安装在发动机缸体侧面,由凸轮轴上的供油凸轮直接驱动。与泵喷嘴相比,单体泵喷油器体积小,不需要对气缸盖进行重新设计;直接由凸轮驱动,不需要摇臂,易于拆装,维护方便。

单体泵的高压油管需要承受脉动的高压,因此要用无缝钢管制造,设计时长度尽可能短,对于多缸机各个气缸的高压油管长度应该一致。

电控单体泵的基本结构如图5-41所示。在供油前,电磁阀线圈未通电,电磁阀阀芯6在电磁阀弹簧15的作用下,位于最左位置,与限位挡铁5接触,这时电磁阀阀芯6位移量为零,阀芯座面通道最大,为Δa(图5-41的Ⅰ),高压油路与低压油路连通,不能建立高压。

为使电磁阀迅速打开,通常采用"Peak-Hold"的电流控制方式对电磁线圈进行通电控制。在使电磁阀开启过程中,采用高电压、大电流,使线圈电流迅速上升到峰值电流I_a,当电磁阀阀芯6开启后,采用低电流就可以满足维持阀芯开启的需求。对于电控单体泵,通过对电磁阀电流的控制,可以实现喷油压力的"靴形"控制。为了能获得"靴形"喷油规律,使初喷阶段能以较低的喷油压力进行,在供油时,使密封座面间留有一条小间隙Δb(图5-41的Ⅱ)。这样在建立高压时,由于有一定量的燃油从间隙中泄漏到低压油道,使高压油路内的燃油压力升压速度减小。间隙的大小,决定了初始喷油压力的高低。间隙大,高压油泄漏时节流阻力小,泄漏量多,喷油压力低。油泵柱塞11虽然是在压油行程中,但由于有泄漏的存在,所以导致喷射压力只能缓慢上升,并且都是在不高的条件下进行的,这样就能获得靴形喷油规律中初始喷射时低喷射压力、低喷油速率的要求。

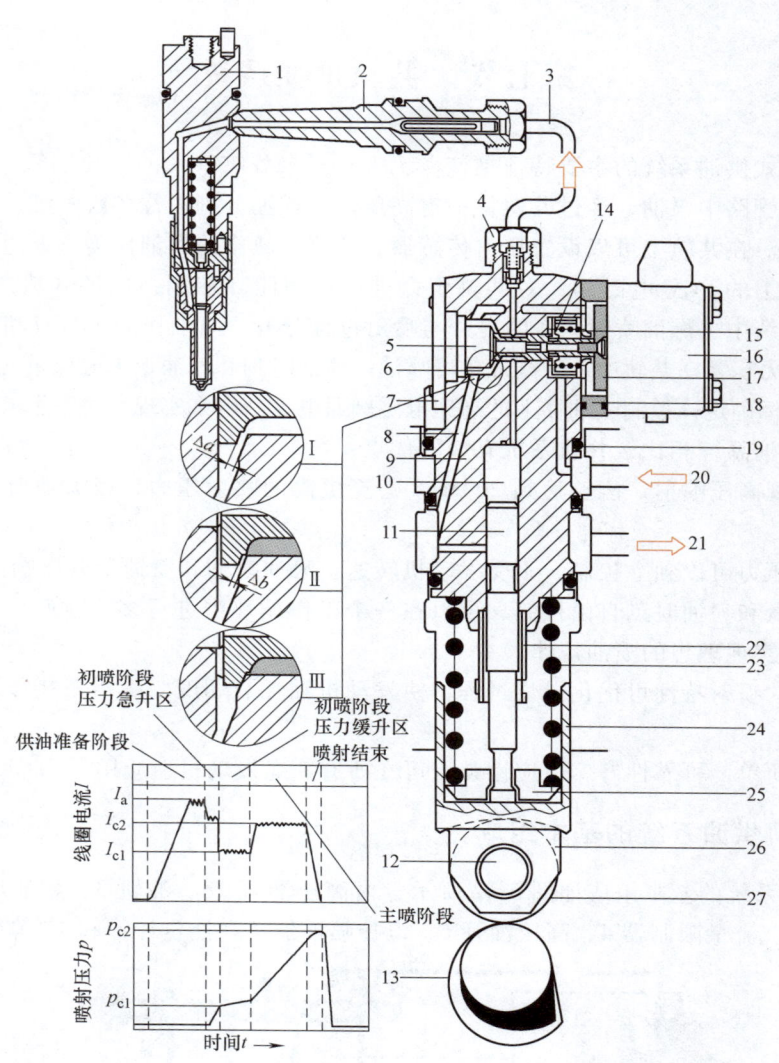

图 5-41 电控单体泵的基本结构图

1—喷油器 2—高压长接头 3—高压油管 4—螺母 5—挡铁 6—电磁阀阀芯 7—盖板 8—低压油路 9—泵体 10—高压腔 11—柱塞 12—滚轮销 13—泵油凸轮 14—弹簧座 15—电磁阀弹簧 16—电磁阀部件 17—衔铁 18—中间板 19—密封圈 20—低压油进油孔 21—回油孔 22—柱塞导向套 23—柱塞弹簧 24—导向筒 25—柱塞弹簧座 26—挺柱体 27—滚轮

为了能获得良好的燃烧过程，喷油规律在主喷区内要求以高喷油速率及高喷射压力喷出。此时需要增加电磁线圈的电流，使电磁力加大，进一步克服电磁阀弹簧15的弹力，使弹簧压缩，电磁阀阀芯6行程移到最大行程位置，从而完全关闭阀芯密封座面。这样就完全切断了高压与低压油路的连通，高压腔10内的燃油压力迅速上升，进入喷油规律中的主喷射区，燃油在高压下以较高的速率喷入燃烧室。

当电控单元控制电磁阀断电后，电磁阀阀芯6在电磁阀弹簧15的弹力作用下左移复位，直至行程恢复为零。电磁阀阀芯座面打开后，高压油路与低压油路恢复导通，喷油压力迅速下降到与低压油路相等的压力，喷油器停止喷油。

第七节　共轨供油系统

高压共轨式供油系统的主要特征是该系统中有一根各缸共用的高压油管（共轨），用高压油泵向共轨管路中泵油，经过共轨将一定高压值的燃油分别送往各缸喷油器，使各缸燃油喷射压力一致。在共轨上可以设置压力传感器，监测共轨中的燃油压力，通过电控单元控制设置在高压泵上的 PCV 电磁阀，对共轨压力进行反馈闭环控制，保证共轨压力为恒定值。在高压共轨系统中，燃油喷射压力的提升与喷射过程分开，喷油压力与发动机转速和喷油量无关，喷油压力积蓄在共轨中，时刻准备着喷油。喷油时刻和喷油量由电控单元根据发动机的工况与控制目标确定，控制喷油器上的高速电磁阀通电、断电来实现在每一个气缸中喷油。

和其他供油系统相比，共轨系统有如下优点：

1）可实现高压喷射，能够达到 200MPa 甚至更高的喷射压力，极大地改善了燃油的喷雾质量。

2）喷射压力可以独立控制，不受发动机转速、喷油时刻和喷油量的影响。

3）喷油量和喷油时刻自由控制，可以在一个工作循环中进行多次预喷、后喷，能够调节喷油速率，实现理想的喷油规律。

4）良好的喷射特性可优化燃烧过程，使发动机油耗、烟度、噪声及排放等性能指标得到明显改善。

5）结构简单，可靠性好，适应性强，可在所有新老发动机上应用。

一、共轨供油系统的基本组成

共轨供油系统的基本组成如图 5-42 所示，由高压油泵 18、油轨 3、燃油压力传感器 1、压力限制阀 2、流量限制器 4、高压油管 6、电控喷油器 7 和油量计量阀 17 等组成。

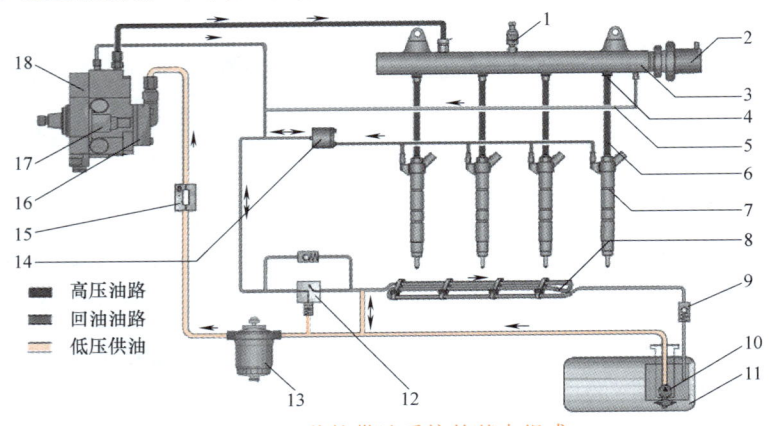

图 5-42　共轨供油系统的基本组成

1—燃油压力传感器　2—压力限制阀　3—油轨　4—流量限制器　5—回油管　6—高压油管　7—喷油器　8—燃油冷却器　9—机械撞车阀　10——级燃油泵　11—燃油箱　12—双金属预热阀　13—燃油滤清器　14—压力保持阀　15—燃油温度传感器　16—二级燃油泵　17—油量计量阀　18—高压油泵

燃油压力传感器 1 向电控单元提供高压油轨的燃油压力信号，电控单元反馈控制油量计量阀 17 来调整油轨内的燃油压力。流量限制器 4 保证在喷油器出现燃油漏泄故障时切断向喷油器7的供油，并可减小共轨和高压油管中的压力波动。压力限制阀2保证高压油轨在出现压力异常时，迅速将高压油轨中的压力进行放泄。

二、高压油泵

高压油泵的供油量必须满足柴油机的喷油量与控制油量之和的需求以及起动、加速时油量急剧变化工况的需求。高压油泵的结构形式有三缸径向柱塞泵（图5-43、图5-44），多适

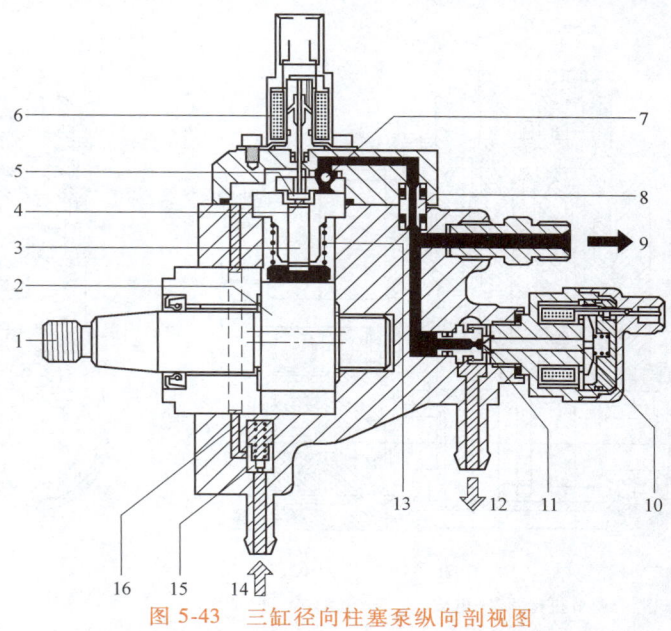

图5-43　三缸径向柱塞泵纵向剖视图
1—传动轴　2—偏心凸轮　3—柱塞　4—高压腔　5—进油阀　6—停油电磁阀　7—出油阀　8—密封件
9—通向共轨的管接头　10—油压控制阀　11—球阀　12—回油孔　13—柱塞弹簧　14—进油孔
15—带节流孔的进油压力控制阀　16—通向高压腔的低压油路

用于乘用车的高转速柴油机、小流量燃油需求；直列双柱塞高压油泵，多适用于商用车低转速柴油机、大流量燃油需求。

高压油泵由曲轴通过齿轮、链条或同步驱动，与曲轴的传动比一般为1∶2或1∶3。高压油泵的供油量与发动机的转速成正比。通过匹配传动比可以调整最大供油量，使其既能满足全负荷最大供油量，同时也能减少过剩油量。

三缸径向柱塞泵可以产生高达135MPa以上的喷油压力。该高压油泵在每个压油单元中采用多个压油凸轮，使其峰值转矩降低为传统高压油泵的1/9，负荷比较均匀，降低了运行噪声。油泵由互相呈120°夹角的三缸径向柱塞组成，三个泵油柱塞由驱动轴上的

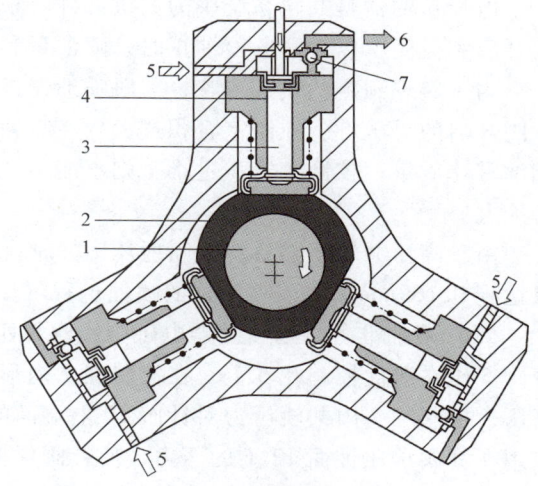

图5-44　三缸径向柱塞泵横向剖视图
1—传动轴　2—偏心凸轮　3—柱塞　4—进油阀
5—进油孔　6—出油孔　7—出油阀

凸轮驱动进行往复运动；三缸径向柱塞式高压油泵每转一圈，有三次供油，使其峰值驱动转矩降低。当柱塞向下运动时，为吸油行程，吸油阀会开启，允许低压燃油进入泵腔；当柱塞到达下止点时，进油阀将会关闭，泵腔内的燃油在向上运动的柱塞作用下被加压后输送到共轨油轨中，为喷油器喷油做准备。为了减小功率损耗，在喷油量较小的情况下，可以关闭三缸径向柱塞泵中的一个压油单元，使供油量减少。

图 5-45 所示的直列双柱塞泵采用机油强制润滑，用滑套调节供油量，对电磁阀要求比较低。

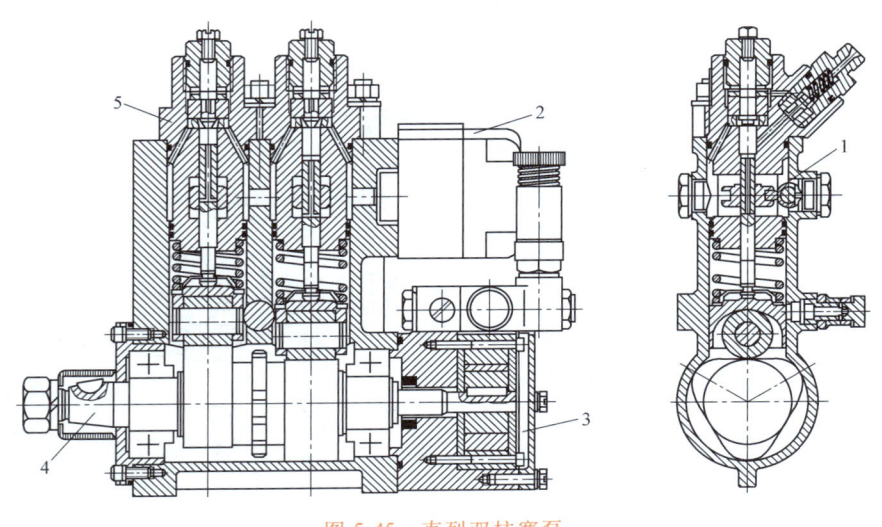

图 5-45 直列双柱塞泵

1—滑套调节机构 2—电磁铁 3—输油泵 4—凸轮轴 5—泵油系统组件

三、电控喷油器

电控喷油器是共轨系统中的关键部件，根据电控单元发出的控制信号，通过控制电磁阀的开启和关闭，以合适的喷油正时、喷油量和喷油速率进行燃油喷射。

为了实现预定的喷油形状，需对喷油器进行合理的优化设计。控制室容积的大小决定了针阀开启的灵敏度。控制室容积过大，在喷油结束时针阀则不能实现快速断油，影响后期的燃油雾化质量；控制室容积过小，则不能给针阀提供足够的有效行程，使喷射过程的流动阻力加大。

由于高压共轨喷射系统的喷射压力非常高，因此其喷油器的喷孔孔径很小，喷孔直径可以达到 0.169mm。电控喷油器的喷油过程（图 5-46）可以划分为以下三个阶段：

（1）喷油准备　当喷油器电磁阀线圈 3 处于断电状态时，电磁阀弹簧 2 将衔铁 4 下方的球阀 5 压在泄油控制孔 6 上，在控制腔 7 内形成共轨高压。同样，高压腔 11 内也形成共轨高压，控制腔 7 内共轨压力对针阀 10 上端面的压力和针阀弹簧 9 压力的合力大于高压燃油作用在针阀承压锥面 12 上的压力，使针阀保持关闭状态。

（2）喷油开始　当电磁阀线圈 3 通电时，衔铁 4 上移，球阀 5 将泄油控制孔 6 打开，燃油从控制腔 7 中流到上方的低压腔 1 中（从低压腔通过回油管道返回油箱），使控制腔 7 内的压力降低，作用在针阀上的压力降低，这时喷嘴针阀上移，喷孔 14 被打开，喷油器开始喷油。

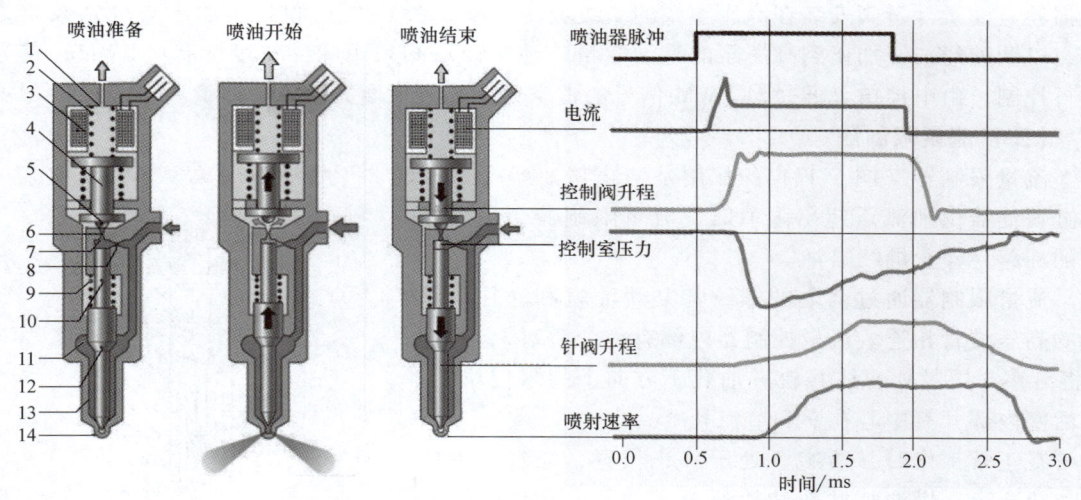

图 5-46　共轨系统电控喷油器喷油过程

1—低压腔　2—电磁阀弹簧　3—电磁阀线圈　4—衔铁　5—球阀　6—泄油控制孔　7—控制腔
8—充油控制孔　9—针阀弹簧　10—针阀　11—高压腔　12—针阀承压锥面　13—针阀体　14—喷孔

（3）喷油结束　电磁阀一旦断电后，电磁阀线圈 3 的磁力消失，电磁阀弹簧 2 会使电磁阀衔铁 4 下压，球阀 5 将泄油控制孔 6 关闭；泄油控制孔 6 关闭后，燃油从进油孔进入控制腔 7 建立起油压（这个压力为油轨压力），作用在针阀承压锥面 12 上，油轨压力加上针阀弹簧力大于针阀承压锥面 12 上的压力，使喷嘴针阀 10 下移，关闭喷孔 14，喷油器停止喷油。

由于柴油机特有的工作特点，超高压喷射、多次喷射能够更大幅度提升柴油机的综合性能，所以汽车零部件厂商又开发了以压电晶体驱动的电控喷油器。与高速开关电磁阀相比，压电晶体控制的喷油器能获得更快的响应速度，更灵活、更精确地进行控制，能满足更多次喷射的要求，充分发挥了高压共轨系统的优势，使柴油机获得良好的综合性能。

四、共轨系统其他零部件

（一）输油泵

共轨供油系统中有两种类型的输油泵，即电动滚子式输油泵和机械驱动齿轮泵。电动滚子式输油泵放置在油箱内部或外部，作为第一级油泵，用以克服滤清器及低压管路的油流阻力，将燃油初始加压从油箱输送到高压油泵处。机械驱动齿轮泵与高压油泵集成在一起，作为第二级油泵，对燃油进行加压，将燃油送往高压柱塞处。

机械驱动齿轮泵在壳体内安装有两个互相啮合的齿轮，一个是主动齿轮，另一个是从动齿轮，利用互相啮合反向转动的齿轮，将齿隙中的燃油从吸油端送往压油端。

（二）油量计量阀

早期出现的高压油泵采用在油轨上或通过高压油泵上安装油压控制阀（图 5-43），将部分高压燃油泄放到回油油路的方式来调整共轨燃油的压力。这种方式浪费了被压缩的高压燃油携带的能量，在一定程度上增加了发动机的机械损失。后来出现了改进的径向柱塞泵，采用油量计量阀在进油侧调整进油量来控制油轨的燃油压力。这种方式减少了高压燃油泵的功率损耗。油量计量阀安装在高压油泵的二级加压油泵（齿轮泵）和高压油泵（柱塞泵）之间，以调整经二级加压到高压泵的燃油数量。油量计量阀采用脉冲宽度调制（PWM）信号进行控制，由电控单元通过对PWM信号的占空比调整实现增大或减少油量。

（三）流量限制器

流量限制器（图5-47）的作用是防止喷油器可能出现常开喷油的现象。当共轨向某一气缸喷油器供油流量超出限值时，流量限制器会关闭相应的油路，停止继续喷油。

流量限制器通过两端的螺纹与共轨油轨和通往喷油器的高压油管相连。流量控制器内部有一个活塞3，弹簧4将活塞3压紧到通往共轨进油孔1方向上的限位块上。在活塞内部开有中心孔9和节流孔8。

在正常工作时，活塞3处于静止位置，靠在上端的限位块2上。燃油从共轨油轨通过进油孔1、中心孔9、节流孔8、座面7流向出油孔6，供给到喷油器。一次喷油过程中，喷油器端的油压下降，活塞3在燃油压差的作用下，克服弹簧的预紧力向下移动，活塞3进入到流量限制器下体的体积补偿了喷油器喷出燃油的容积。喷油终了时，活塞3停止运动，没有达到封闭座面的位置，同时活塞3上方由油轨补充的燃油，经过节流孔8进入

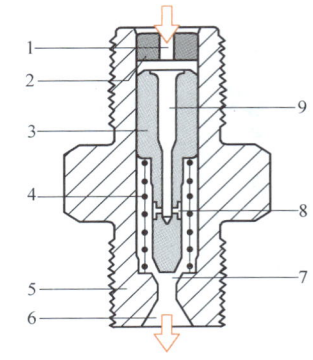

图5-47 流量限制器结构图

1—进油孔（与轨道相通） 2—限位块
3—活塞 4—弹簧 5—螺套 6—出油孔
（与喷油器相通） 7—座面（通道）
8—节流孔 9—中心孔

到座面处，燃油压力恢复后，活塞3在弹簧力的作用下复位到静止位置。喷油量越大，活塞3向下运动的位移越大。合理设计弹簧4和节流孔8的尺寸，可以保证在喷油器喷出最大喷油量（需要考虑安全储备值）后，活塞依然能够回到限位块2处。

由于喷出的油量能及时通过活塞的迅速下移进行补充，因此在喷油后不会产生很大的压降，这样就确保了每循环各个喷油器喷油压力的一致性。

如果出现故障导致油量持续过大时，由于单次喷出油量过多，活塞会由限位块处一直运动到下方的锥面与座面密封的位置，关闭通往喷油器的出油孔，使喷油器停止喷油。如果油路中出现少量泄漏时，由于泄漏使活塞不能完全复位到限位块处，经过几次喷油后，活塞的滞留行程会不断累积，使活塞初始位置下移，直至活塞的下部锥面与座面接触，关闭出油孔，切断燃油通路，停止喷油。

（四）油压控制阀

为防止共轨中燃油压力过高，油轨上装有油压控制阀（图5-48），把轨道瞬时最大压力限制在允许范围之内。油压控制阀进油孔1与轨道内腔相通，轨道内的高压燃油由进油孔1进入油压控制阀内，作用在限压阀2上。在正常工况下最大燃油压力小于设定的最大值时，弹簧5的压力始终能把限压阀2压靠在密封座面上，其座面处于关闭状态，共轨内的高压燃油不能由此流出。但当轨道内燃油压力超过最大允许值后，作用在限

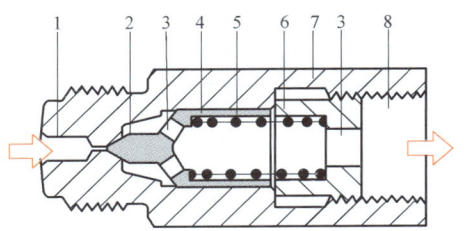

图5-48 油压控制阀结构图

1—高压燃油进油孔 2—限压阀 3—燃油通道
4—移动活塞 5—弹簧 6—限位块
7—阀体 8—回油螺纹接口

压阀 2 上的燃油压力大于弹簧 5 的压力，会顶开限压阀 2，这时轨道内的部分高压燃油从打开的座面处，经燃油通道 3 流回到回油管路，使油轨内燃油压力降低。当压力下降到允许值后，限压阀 2 在弹簧力的作用下会使密封座面再次关闭，油轨内压力不再下降。这样把油轨内的压力控制在许可范围内。

（五）共轨管

共轨管（图 5-49）将供油泵提供的高压燃油蓄存起来，在工作过程中分配到各喷油器中。共轨管起到蓄压器的作用，为所有气缸共有，因此称其为"共轨"。它的容积设计应该能够达到消减高压油泵的供油压力波动和消减每个喷油器由喷油过程引起的压力震荡的目的，使高压油轨中的压力波动控制在一定范围之内。但其容积又不能太大，以保证共轨有足够的压力响应速度，快速跟踪柴油机起动、加速等工况的急剧变化。

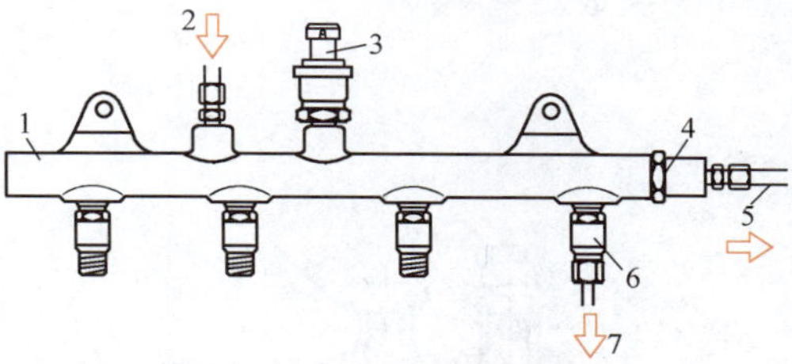

图 5-49 高压共轨管部件图
1—油轨 2—油轨进油孔（来自高压泵）
3—燃油压力传感器 4—压力限制器
5—回油孔（从油轨流回油箱）
6—流量限制阀 7—通向喷油器

高压共轨管上还安装了压力传感器、流量限制器和油压控制阀等。

（六）高压油管

高压油管是连接共轨管和电控喷油器的通道，设计时应保证足够的燃油流量，以减小燃油流动时的压降，并使高压管路系统中的压力波动较小，能承受高压燃油的冲击作用。多缸机的各缸高压油管长度应尽量相等，使各缸喷油器喷油压力一致，从而减少发动机各缸之间喷油量的偏差。高压油管应尽可能短，以减少共轨到喷油嘴的压力损失。

第八节 柴油机燃油滤清装置

一、燃油滤清器

燃油的清洁程度对燃油系统，尤其是对喷油泵和喷油器中精密偶件的工作可靠性和使用寿命有很大的影响。柴油在运输和贮存过程中，不可避免地会混入灰尘、水分和金属容器表面的锈蚀物等杂质。长期贮存之后，柴油还可能氧化变质而结焦。

燃油滤清器的功用是滤除柴油中的任何杂质。对滤清器的基本要求是阻力小，寿命长，过滤效率高。

在采用纸质滤芯的滤清器中，滤芯表面能过滤粒度为 1~3μm 的杂质。若在纸面上刷一层清漆，滤清效果更好。现有纸质滤芯的使用寿命约为 400h。纸质滤芯具有质量小、体积小、成本低、滤清效果好等优点，被广泛用于轻型汽车上。在轿车柴油机上多使用一次性纸质滤芯燃油滤清器。纸质滤芯燃油滤清器如图 5-50 所示。来自输油泵的柴油从进油孔 5 进入滤清器壳体 6 与纸质滤芯 7 之间的空隙，然后经过滤芯过滤之后，由中心杆 8 经出油孔 3 流出。在滤清器盖上设有限压阀 2，当油压超过设定压力（0.1~0.15MPa）时，限压阀开启，多余的柴油自进油孔经限压阀直接返回燃油箱。

在较重型的汽车柴油机上，经常装置粗、精两级滤清器。当两级滤清器串联使用时，粗滤器采用毛毡等纤维滤芯，精滤器仍用纸滤芯。毛毡滤芯可滤除粒度为 5～10μm 的杂质。毛毡具有一定的机械强度和弹性，堵塞以后可清洗再用。

二、油水分离器

为了除去柴油中的水分，一些柴油机在燃油箱和输油泵之间安装了油水分离器。

油水分离器（图 5-51）由手压膜片泵 1、液面传感器 5、浮子 6、分离器壳体 7 和分离器盖 8 等组成。

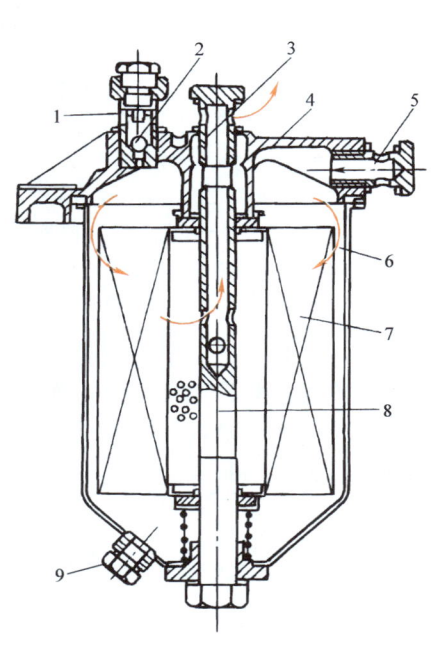

图 5-50　纸质滤芯燃油滤清器

1—旁通孔　2—限压阀　3—出油孔　4—滤清器盖
5—进油孔　6—滤清器壳体　7—纸质滤芯
8—中心杆　9—放油塞

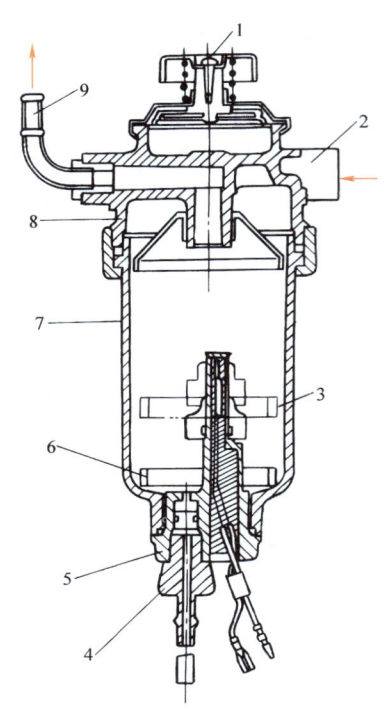

图 5-51　油水分离器

1—手压膜片泵　2—进油孔　3—放水水位　4—放水塞
5—液面传感器　6—浮子　7—分离器壳体
8—分离器盖　9—出油孔

来自燃油箱的柴油经进油孔 2 进入油水分离器，并经出油孔 9 流出。柴油中的水分在分离器内从柴油中分离出来并沉积在分离器壳体 7 的底部。浮子 6 随着积水的增多而上浮。当浮子到达规定的放水水位 3 时，液面传感器 5 将电路接通，仪表板上的警告灯发出放水信号，这时驾驶人应及时旋松放水塞 4 放水。手压膜片泵 1 供放水和排气时使用。

思　考　题

5-1　柴油机混合气形成的特点与汽油机相比有什么不同？

5-2　A 型喷油泵和 P 型喷油泵的各缸喷油量、喷油角度的一致性如何调整？

5-3　为什么分配式喷油泵体内腔油压必须保持稳定？
5-4　泵喷嘴的安全性体现在什么地方？
5-5　共轨供油系统的优点有哪些？
5-6　三缸径向柱塞泵在设计上如何减小供油消耗转矩的峰值？
5-7　油量计量阀与油压控制阀的区别是什么？
5-8　不同类型的油泵断油方式有什么不同？

第六章

进排气系统与增压系统

第一节　发动机的进气系统

进气系统的功用是 尽可能多地和尽可能均匀地向各气缸供给空气与燃油的混合气或纯净的空气。

进气系统主要包括空气滤清器、进气总管和进气歧管。在燃油喷射式发动机中，进气系统还会安装空气流量计或进气歧管压力传感器等，以便对进入气缸的空气量进行计量。

进气歧管

一、空气滤清器

（一）空气滤清器的功用

燃油燃烧需要大量的空气，以普通轿车为例，每消耗 1L 汽油需要消耗 5000~10000L 空气。如此数量的空气进入气缸，若不将其中的杂质或灰尘滤除，必然加速气缸的磨损，缩短发动机使用寿命。实践证明，发动机不安装空气滤清器，其寿命将缩短 2/3。

空气滤清器的功用主要是 滤除空气中的杂质或灰尘，让洁净的空气进入气缸。另外，空气滤清器也有消减进气噪声的作用。

（二）空气滤清器的结构

空气滤清器一般由进气导流管、空气滤清器盖、空气滤清器外壳和滤芯等组成。现在广泛用于汽车发动机上的空气滤清器有多种结构形式。

1. 油浴式空气滤清器

这种滤清器用于在多尘条件下工作的发动机上，如越野汽车发动机。图 6-1 所示为油浴式空气滤清器的分解图，它包括滤清器外壳 1、滤芯 2、密封圈 3 和滤清器盖 4 等。外壳底部是储油池，其中盛有一定数量的润滑油。当发动机工作时，环境空气经外壳与滤清器盖之间的狭缝进入滤清器，并沿着滤芯与外壳之间的环形通道向下流到滤芯底部，再折向上通过滤芯后进入进气管。当气流转弯时，空气中粗大的杂质被甩入润滑油中被润滑油粘附，细小的杂质被滤芯滤除。粘附在滤芯上的杂质被气流溅起的润滑油所冲洗，并随润滑油一起流回储油池。油浴式空气滤清器的优点是滤芯清洗后可以重复使用。

2. 纸滤芯空气滤清器

这种滤清器广泛应用于汽车发动机上，其结构如图 6-2 所示。由经过树脂处理的微孔滤纸制成的滤芯 1 安装在滤清器外壳 2 中，滤芯的上、下表面是密封面，当拧紧蝶形螺母 4 把滤清器盖 3 紧固在滤清器上时，滤芯上密封面 9 和下密封面 8 分别与滤清器盖及滤清器外壳

第六章　进排气系统与增压系统

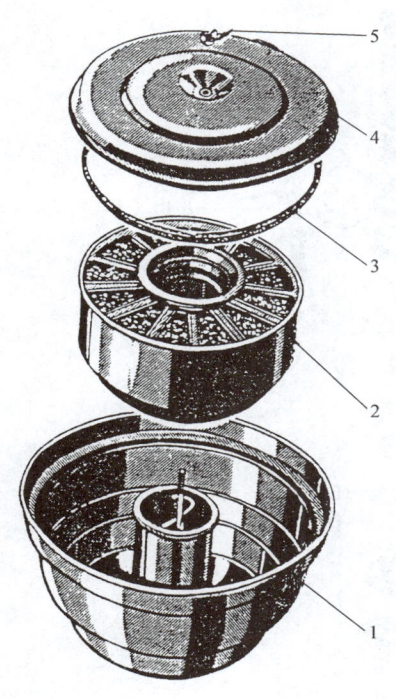

图6-1　油浴式空气滤清器分解图
1—滤清器外壳　2—滤芯　3—密封圈
4—滤清器盖　5—蝶形螺母

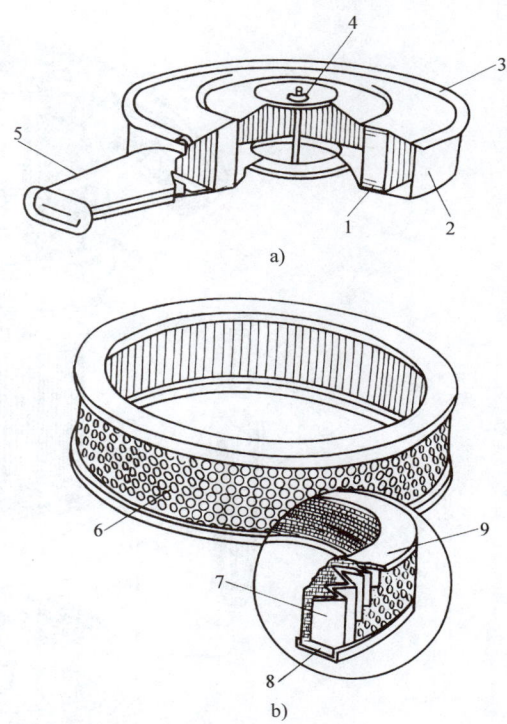

图6-2　干式纸滤芯空气滤清器结构
a）滤清器总成　b）纸滤芯
1—滤芯　2—滤清器外壳　3—滤清器盖　4—蝶形螺母
5—进气导流管　6—金属网　7—打褶滤纸
8—滤芯下密封面　9—滤芯上密封面

底部的配合面贴紧密合。滤纸7打褶，以增加滤芯的滤过面积和减小滤芯阻力。滤芯外面是多孔金属网6，用来保护滤芯在运输和保管过程中不使滤纸破损。在滤芯的上、下端浇上耐热塑料溶胶，以保持滤纸、金属网和密封面相互间的位置固定，并保持其间的密封。在发动机工作时，空气从滤芯的四周穿过滤纸进入滤芯中心，随后流入进气管。杂质被滤芯阻留在滤芯外面。

纸滤芯空气滤清器有质量小、成本低和滤清效果好等优点。纸滤芯有干式和湿式两种。干式纸滤芯可以反复使用。纸滤芯经过浸油处理后即为湿式纸滤芯，其主要优点是使用寿命长、吸附杂质的能力强和滤清效率高。但它不能反复使用，需定期更换。

3. 离心式空气滤清器

这种滤清器多用于大型货车上。在许多自卸车或矿山用汽车上还使用离心式与纸滤芯式相结合的双级空气滤清器（图6-3）。双级空气滤清器的上体是纸滤芯空气滤清器，下体是离心式空气滤清器。空气首先从滤清器下体14周围的进气孔16进入离心式空气滤清器内的旋流管21。由于空气切向地进入旋流管，因此在旋流管内产生高速旋转运动。在离心力的作用下，空气中的大部分灰尘被甩向旋流管壁，空气则从旋流管顶部的出口经接管22进入纸滤芯空气滤清器。空气中残存的细微杂质经纸滤芯 8 滤除。

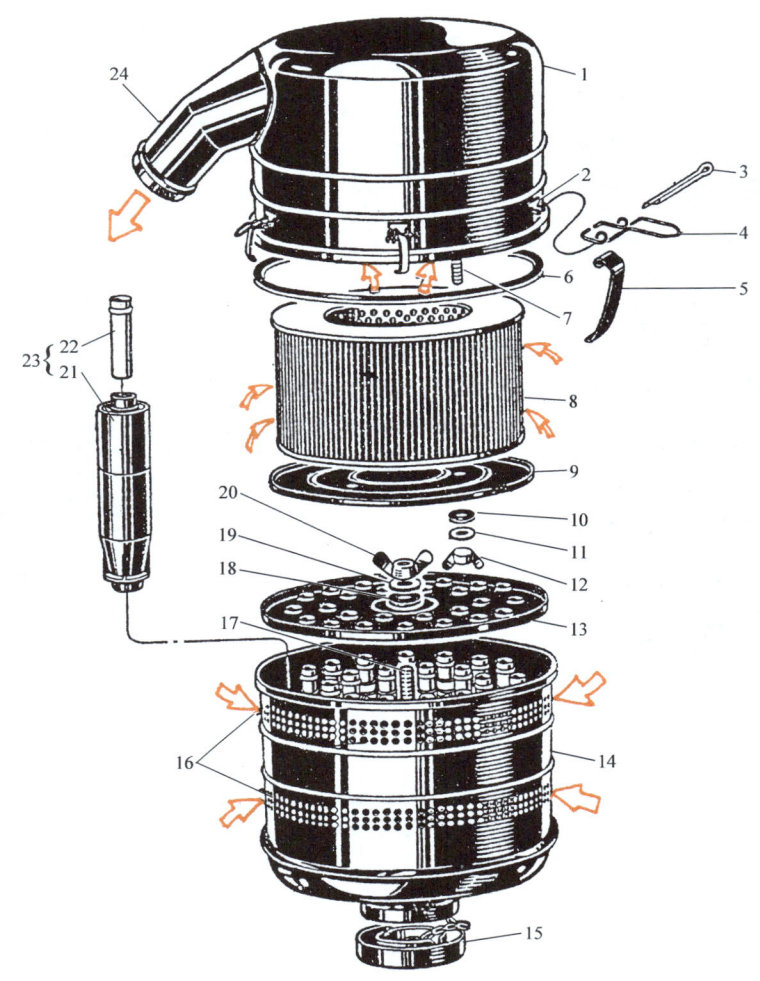

图 6-3 双级空气滤清器

1—滤清器上体 2—卡环座 3—开口销 4—卡环 5—卡簧 6—密封圈 7—螺栓
8—纸滤芯 9—托板 10、18—橡胶垫圈 11、19—平垫圈 12、20—蝶形螺母
13—旋流管支持板 14—滤清器下体 15—灰盘盖 16—进气孔 17—中心螺栓
21—旋流管 22—接管 23—旋流管组件 24—进气管

二、空气滤清器进气导流管

在现代轿车上，为了增强发动机的谐振进气效果，空气滤清器进气导流管需要有较大的容积。但是导流管不能太粗，以保证空气在导流管内有一定的流速。因此，进气导流管只能做得很长，如图 6-4 所示。

三、进气歧管

进气歧管将空气与燃油混合气或洁净空气尽可能均匀地分配到各个气缸，为此进气歧管

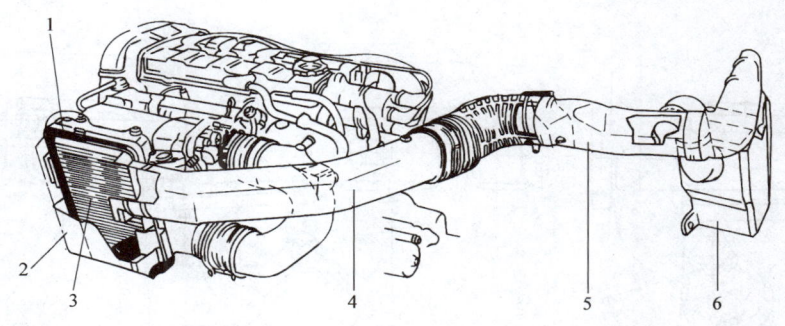

图 6-4 空气滤清器进气导流管

1—空气滤清器外壳 2—空气滤清器盖 3—滤芯 4—后进气导流管 5—前进气导流管 6—谐振室

内气体流道的长度应尽可能相等。为了减小气体流动阻力,提高进气能力,进气歧管的内壁应该光滑。

一般化油器式或节气门体燃油喷射式发动机的进气歧管由合金铸铁制造,轿车发动机多用铝合金制造。铝合金进气歧管质量小、导热性好。气道燃油喷射式发动机除应用铝合金进气歧管外,近来采用复合塑料进气歧管的发动机日渐增多。这种进气歧管质量极小,内壁光滑,无须加工。图 6-5 和图 6-6 所示分别为节气门体燃油喷射式和气道燃油喷射式发动机的进气歧管。

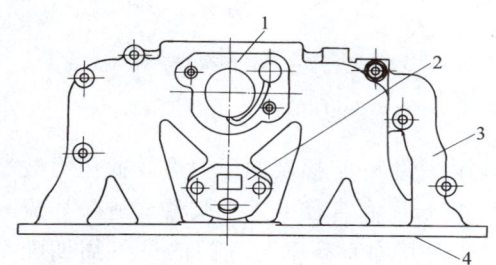

图 6-5 节气门体燃油喷射式发动机进气歧管

1—节气门体安装面 2—排气再循环阀安装面
3—循环冷却液管 4—进气歧管安装面

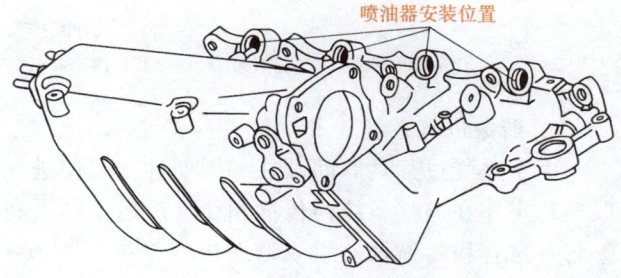

图 6-6 气道燃油喷射式发动机进气歧管

1. 进气歧管加热

早期的化油器式或节气门体燃油喷射式发动机进气歧管的温度很重要。温度太低,汽油将在管壁上凝结。因此,对这类发动机的进气歧管应进行适当的加热,以促进汽油的蒸发。但是加热过度将减少进入气缸的混合气数量,并使发动机功率下降。通常进气歧管利用发动机排气或循环冷却液进行加热。图 6-7 所示为利用排气加热进气歧管的实例。当发动机工作时,高温排气流过进气歧管底部并对其加热。在排气歧管内装有热控阀,根据季节的不同,改变热控阀的位置,可以调节流过进气歧管底部的废气量,即调节对进气歧管的加热程度。利用循环冷却液加热进气歧管需在进气歧管内设置水套,并使其与发动机冷却系统连通,让冷却液在进气歧管的水套内循环流动(图 6-7)。

气道燃油喷射式发动机的进气歧管无须加热。

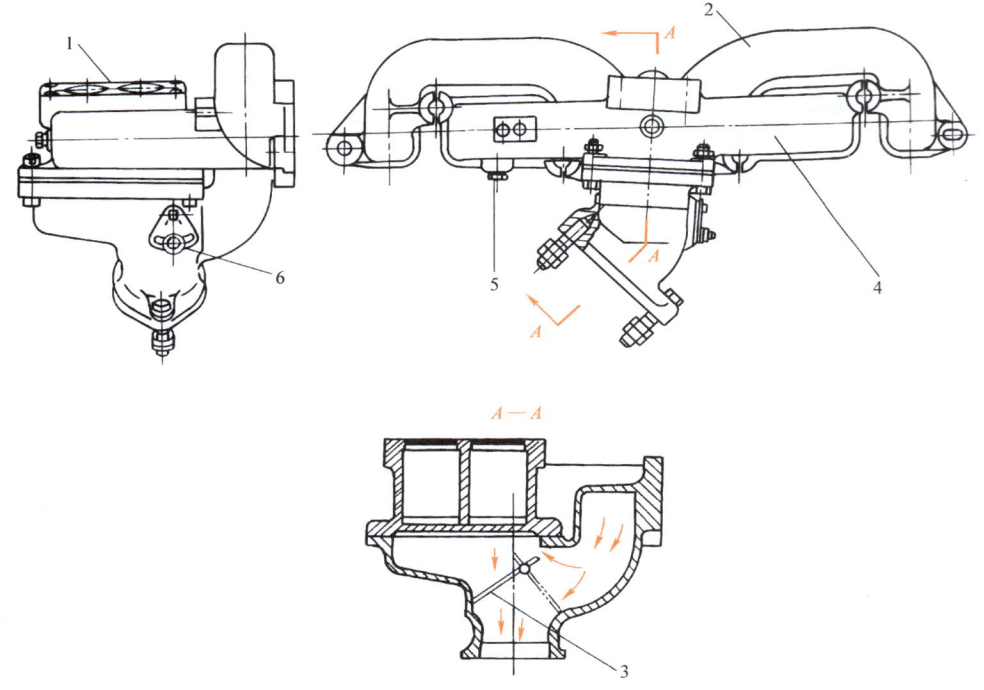

图 6-7 利用发动机排气加热进气歧管
1—化油器安装面 2—排气歧管 3—热控阀 4—进气歧管 5—放油螺塞 6—热控阀调节手柄

2. 谐振进气系统

由于进气过程具有间歇性和周期性,致使进气歧管内产生一定幅度的压力波。此压力波以当地声速在进气系统内传播和往复反射。如果利用一定长度和直径的进气歧管或进气导流管与一定容积的谐振室组成谐振进气系统(图6-4),并使其固有频率与气门的进气周期配合,那么在特定的转速下,就会在进气门关闭之前,在进气歧管内产生大幅度的压力波,使进气歧管的压力增高,从而增加进气量。这种效应称为<u>进气波动效应</u>。

谐振进气系统的优点是没有运动件,工作可靠,成本低。但只能增加特定转速下的进气量和发动机转矩。

3. 可变进气歧管

为了充分利用进气波动效应和尽量缩小发动机在高、低速运转时进气速度的差别,从而达到改善发动机经济性及动力性,特别是改善中、低速和中、小负荷时的经济性和动力性的目的,要求发动机在高转速、大负荷时装备粗而短的进气歧管;而在中、低转速和中、小负荷时配用细而长的进气歧管。可变进气歧管就是为适应这种要求而设计的。

一种能根据发动机转速和负荷的变化而自动改变有效长度的进气歧管,如图6-8所示。当发动机低速运转时,发动机电子控制装置5指令转换阀控制机构4关闭转换阀3,这时空气经空气滤清器1和节气门2沿着弯曲而又细长的进气歧管流进气缸。细长的进气歧管提高了进气速度,增强了气流的惯性,使进气量增多。当发动机高速运转时,转换阀开启,空气经空气滤清器和节气门直接进入粗短的进气歧管。粗短的进气歧管进气阻力小,也使进气量

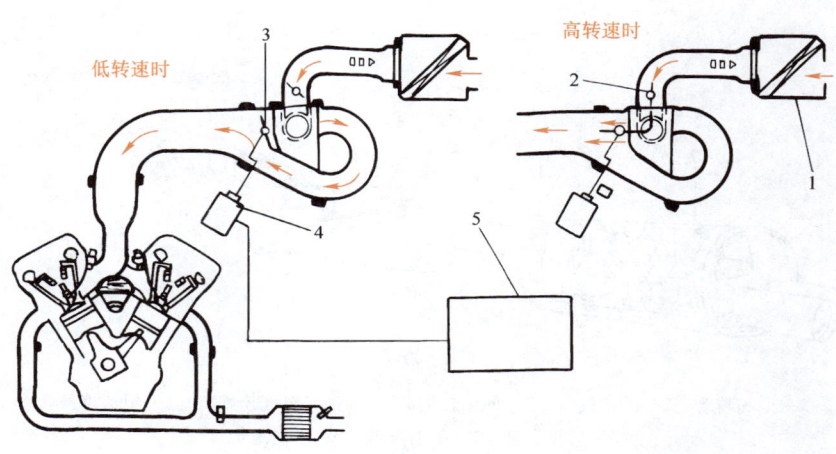

图 6-8 可变长度进气歧管
1—空气滤清器 2—节气门 3—转换阀 4—转换阀控制机构 5—发动机电子控制装置

增多。可变长度进气歧管不仅可以提高发动机的动力性，还由于它提高了发动机在中、低速运转时的进气速度而增强了气缸内的气流强度，从而改善了燃烧过程，使发动机中、低速的燃油经济性有所提高。

另一种双通道可变进气歧管如图6-9所示。其每个歧管都有两个进气通道，一长一短。根据发动机转速的高低，由旋转阀控制空气经哪一个通道流进气缸。当发动机在中、低速运转时，旋转阀将短进气通道封闭，空气沿长进气通道经进气道、进气门进入气缸。当发动机高速运转时，旋转阀使长进气通道一部分短路，将长进气通道也变为短进气通道。这时空气同时经两个短进气通道进入气缸。

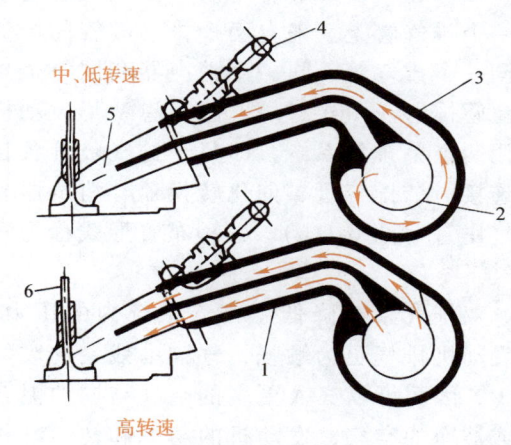

图 6-9 双通道可变进气歧管
1—短进气通道 2—旋转阀 3—长进气通道
4—喷油器 5—进气道 6—进气门

第二节 发动机的排气系统

排气系统的功用是以尽可能小的排气阻力和噪声，将气缸内的废气排到大气中。排气系统主要包括排气歧管、排气管和消声器。

一、单排气系统和双排气系统

直列型发动机在排气行程期间，气缸中的废气经排气门进入排气歧管，再由排气歧管进入排气管、催化转换器和消声器，最后由排气尾管排到大气中。这种排气系统称为单排气系统（图6-10）。

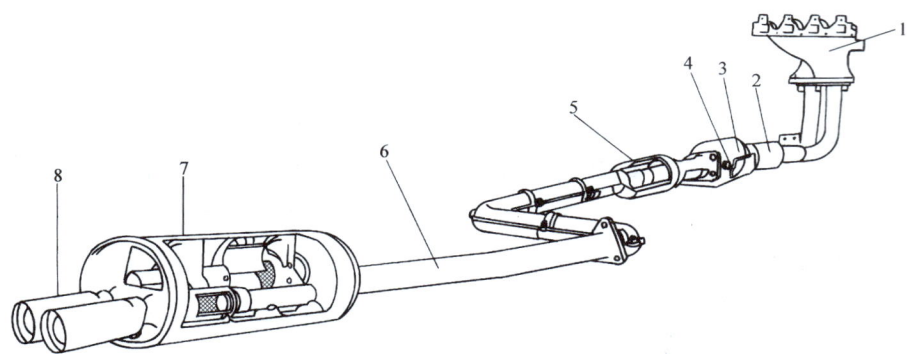

图 6-10 单排气系统的组成

1—排气歧管　2—前排气管　3—催化转化器　4—排气温度传感器　5—副消声器
6—后排气管　7—主消声器　8—排气尾管

V 形发动机有两个排气歧管。在大多数装配 V 形发动机的汽车上，仍采用单排气系统，即通过一个叉形管将两个排气歧管连接到一个排气管上。来自两个排气歧管的废气经同一个排气管、同一个消声器和同一个排气尾管排出（图 6-11a）。但有些 V 形发动机采用两个单排气系统，即每个排气歧管各自都连接一个排气管、催化转换器、消声器和排气尾管（图 6-11b）。这种布置形式称为双排气系统。

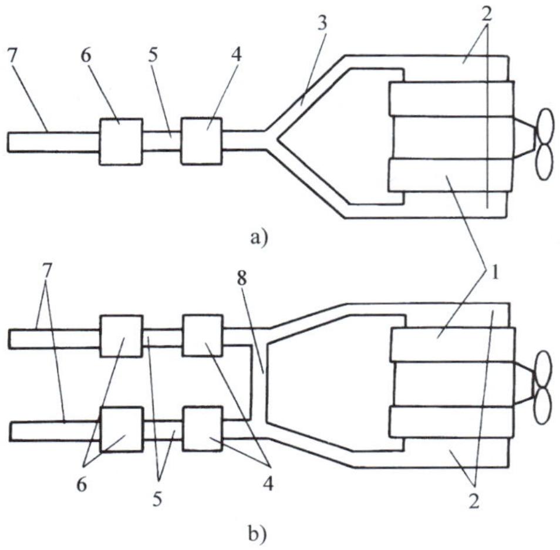

双排气系统降低了排气系统内的压力，使发动机排气更为顺畅，气缸中残余的废气较少，因而可以充入更多的空气与燃油混合气或洁净的空气，发动机的功率和转矩都相应地有所提高。

图 6-11　V 形发动机排气系统示意图

a）单排气系统　b）双排气系统

1—发动机　2—排气歧管　3—叉形管　4—催化转化器
5—排气管　6—消声器　7—排气尾管　8—连通管

二、排气歧管

一般排气歧管由铸铁或不锈钢制造，不锈钢排气歧管质量小，耐久性好，同时内壁光滑，排气阻力小。

为了不使各缸排气相互干扰及不出现排气倒流现象，并尽可能地利用惯性排气，应该将排气歧管做得尽可能长，而且各缸歧管应该相互独立，长度相等。图 6-12 所示的不锈钢排气歧管，其相互独立的各个歧管都很长，而且 1、4 缸排气歧管汇合在一起，2、3 缸汇合在一起，可以完全消除排气干扰现象。

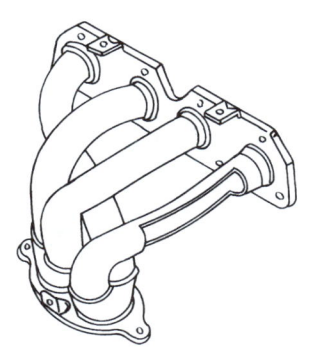

图 6-12　不锈钢排气歧管的结构

三、消声器

发动机的排气压力约为 0.3～0.5MPa，温度约 500～700℃，这表明排气有一定的能量。同时，由于排气的间歇性，在排气管内会引起排气压力的脉动。如果将发动机排气直接排放到大气中，势必会产生强烈的噪声。排气消声器的功用就是通过逐渐降低排气压力和衰减排气压力的脉动来消减排气噪声。

消声器用镀铝钢板或不锈钢板制造。通常消声器由共振室、膨胀室和一组多孔的管子构成。有的还在消声器内充填耐热的吸声材料，吸声材料多为玻璃纤维或石棉。排气经多孔的管子流入膨胀室和共振室，在此过程中排气不断改变流动方向，逐渐降低和衰减其压力和压力脉动，消耗其能量，最终使排气噪声得到消减。图 6-13 所示为主消声器的结构，它包括消声器外壳、内壳、内外隔板和进、出口管等。消声器外壳由双层钢板焊合而成，其间留有夹层。内壳为波纹状并与外壳的内壁形成排气通道。这种结构有利于声压的衰减和声波的漫射，可以增强消声的效果。

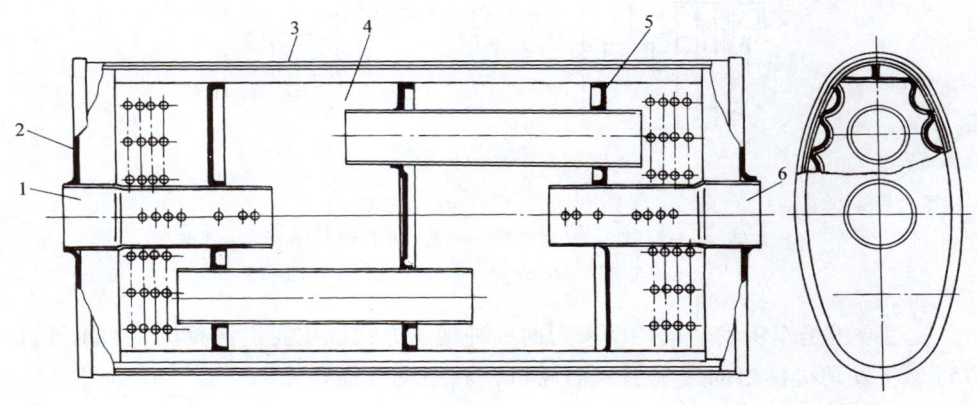

图 6-13 主消声器的结构

1—进口管 2—外隔板 3—外壳 4—内壳 5—内隔板 6—出口管

有时只靠消声器仍达不到汽车排气噪声的标准，这时便需在排气系统中装置类似于小型消声器的谐振器。谐振器与消声器串联，可以进一步降低噪声水平。

消声器安装在催化转换器与排气尾管中间且靠近汽车中心的位置。但有时由于空间的限制，常把消声器安装在汽车尾部。这时由于消声器温度较低，会有较多的水蒸气在消声器内凝结为水，使消声器生锈。

第三节　增压技术

进气增压是将空气在进入气缸之前提高其压力，使空气密度升高从而最终增加进入气缸的空气量的一项技术。由于进气量增加，可相应地增加循环供油量，从而使发动机的最大功率升高，改善车辆的加速性。同时，增压还可以改善燃油经济性，作为控制排放的有效技术手段。

根据驱动压气机的方式不同，增压器可分为机械增压、废气涡轮增压、电机驱动增压和气波增压等类型。

机械增压是一种通过发动机曲轴直接驱动压气机，以提高发动机进气压力的增压方式，如图 6-14 所示。机械增压器 4 由发动机曲轴 1 经齿轮增速器 5 驱动（图 6-14a），或由曲轴同步带轮经同步带 9 及电磁离合器 6 驱动（图 6-14b）。机械增压的特点是能有效地提高发动机功率，与涡轮增压相比，其低速增压效果更好。另外，机械增压器与发动机容易匹配，结构也比较紧凑。但是，由于驱动增压器需消耗发动机功率，因此燃油消耗率比非增压发动机略高。

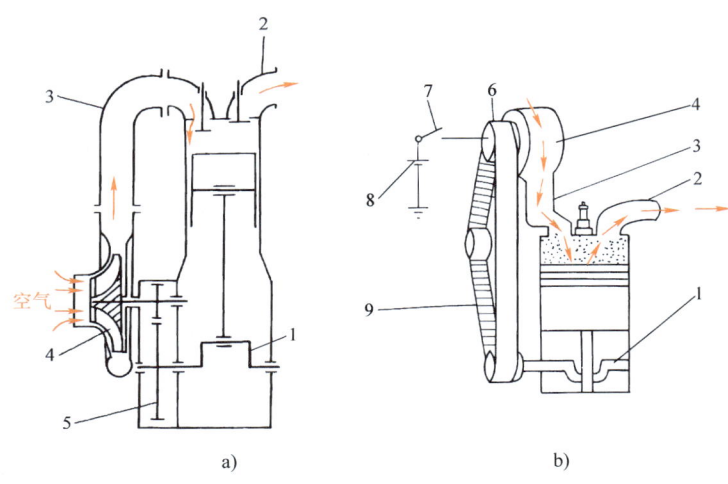

图 6-14　机械增压示意图

1—曲轴　2—排气管　3—进气管　4—机械增压器　5—齿轮增速器
6—电磁离合器　7—开关　8—蓄电池　9—同步带

废气涡轮增压是车用发动机广泛采用的一种增压方式，主要由涡轮机 2 和压气机 3 构成（图 6-15）。将发动机排出的废气引入涡轮机，利用废气能量推动涡轮机旋转，由此驱动与涡轮同轴的压气机实现增压。废气涡轮增压器与发动机无机械联系。这种增压方式能有效地利用排气的能量进行增压，所以经济性比机械增压和非增压发动机都好，并可大幅度地降低有害气体的排放和噪声水平。但缺点是由于涡轮机是流体机械，而发动机是动力机械装置，因此增压发动机低速时的转矩增加不多，而且在发动机工况发生变化时，瞬态响应特性较差，致使汽车加速性，特别是低速加速性较差。

电机驱动增压有两种形式，即电动压气机（eBooster）和电辅助涡轮增压器（eTurbo）。电动压气机是与常规的废气涡轮增压器一起使用，在低负荷范围内可对发动机进行增压，而在高负荷时尽可能由常规涡轮增压器承担增压任务，此时电动压气机则借助于自行调节的旁通阀来实现旁通功能。电动压气机是一个附加部件，安装布置较为灵活，但是附加的空气管路需要更多的结构空间进行布置，并且还需要一个压气机旁通阀。对于普通废气涡轮来说，涡轮迟滞现象是本身固有的缺

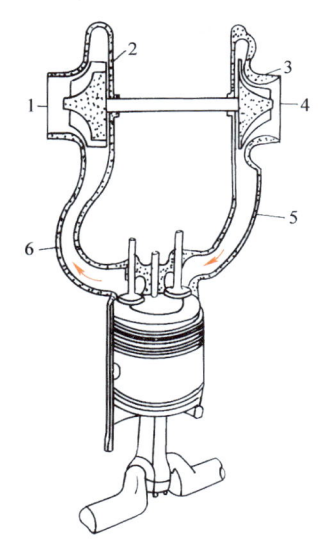

图 6-15　废气涡轮增压示意图

1—排气口　2—涡轮机　3—压气机
4—进气口　5—进气管　6—排气管

点,电动压气机很好地解决了涡轮迟滞现象,而且管路连接安装简单。在发动机低速运转时,排气能量不足以带动涡轮增压器工作时,由电机先驱动电动涡轮介入工作,提供增压。等到排气能量增加后,废气带动涡轮增压器介入工作。在发动机转速较高时,发动机排出的废气足以驱动废气涡轮,此时废气涡轮就可单独工作,电动涡轮可停止转动,以节约电能。

电辅助涡轮增压器是将电驱动集成到常规的涡轮增压器中。电机位于两个轴承之间,而功率电子器件则直接配装于紧靠电机的壳体上。优点是能将电辅助功能集成在部件之中。电辅助涡轮增压器一体化的设计可以简化封装难度和空间布置难度,具备废热能量回收的功能,产生的电能要比消耗的电能多,有助于发动机进一步降低燃油消耗、提升燃烧效率。电辅助涡轮增压器必须设计成可有效覆盖从怠速至全负荷工况的整个发动机运行范围。但在低负荷工况时只能达到中等效率,而在中等转速和较高负荷时才能经济地运行。电动压气机则恰恰相反,在发动机低转速时的运行效果却是最佳的。

气波增压是一种利用排气压力波使空气受到压缩,以提高进气压力的方式。气波增压方式如图6-16所示,内设有一个特殊形状的气波增压器转子3,由发动机曲轴带轮经传动带4驱动。在转子3中发动机排出的废气直接与空气接触,利用排气压力波使空气受到压缩,以提高进气压力。气波增压器结构简单,加工方便,工作温度不高,不需要耐热材料,也无须冷却。与涡轮增压相比,其低速转矩特性好;但是体积大,噪声水平高,安装位置受到一定的限制。目前,这种增压器还只能在低速范围内使用。由于柴油机的最高转速比较低,因此多用于柴油机上。

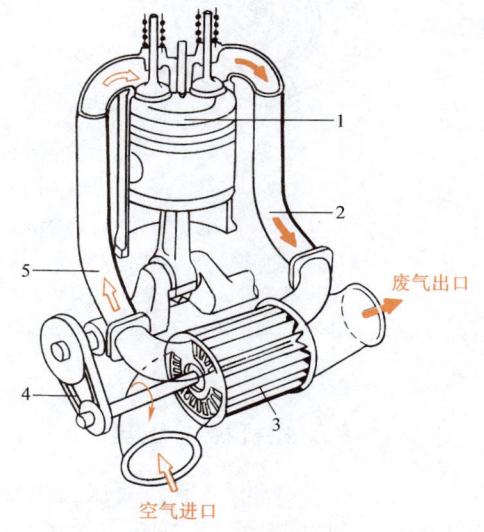

图6-16 气波增压方式
1—活塞 2—排气管 3—气波增压器转子
4—传动带 5—进气管

在车用柴油机上已广泛采用废气涡轮增压技术,但在车用汽油机上应用增压技术比柴油机困难得多,其主要原因是:

1)汽油机增压后爆燃倾向增加。

2)由于汽油机混合气的过量空气系数小,燃烧温度高,因此增压之后汽油机和涡轮增压器的热负荷大。

3)车用汽油机工况变化频繁,转速和功率范围宽,致使涡轮增压器与汽油机的匹配相当困难。

随着汽油直喷和电控技术的发展,以及增压器性能的改善,为普及和发展汽油机增压技术创造了有利条件。小排量增压汽油机应用已经较为普遍。

第四节 机械增压

一、机械增压

机械增压器根据压气机的工作原理分为机械离心式增压器、罗茨式增压器、滑片式增压器、螺旋式增压器和转子活塞式增压器等（图6-17）。

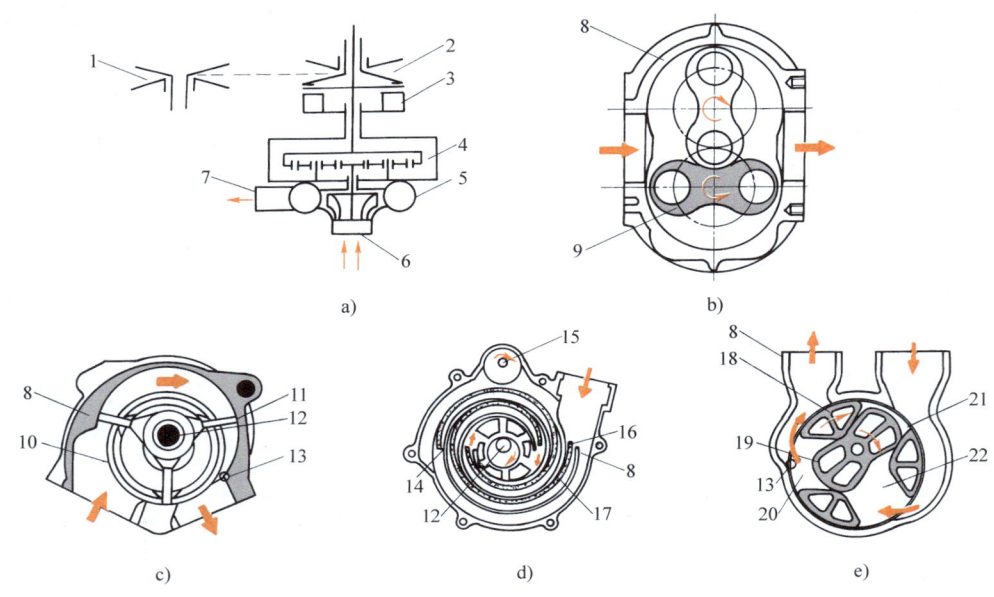

图6-17 机械式增压器的种类

a）机械离心式 b）罗茨式 c）滑片式 d）螺旋式 e）转子活塞式
1—初级变速带轮 2—次级变速带轮 3—电磁离合器 4—增速行星齿轮系 5—压气机 6—进气口
7—排气口 8—外壳 9—旋转活塞 10—转子 11—滑片 12—驱动轴 13—出口边缘
14—二级工作室空气进口 15—抽气导向器 16—第一级工作室空气进口 17—抽气元件
18—外转子 19—内转子 20—工作腔Ⅲ 21—工作腔Ⅱ 22—工作腔Ⅰ

二、罗茨式机械增压器

在机械增压器中，罗茨式压气机最广为人知，其结构如图6-18所示。它由转子3、转子轴4、传动齿轮7、壳体9、后盖5和齿轮室罩8等构成。在压气机前端装有电磁离合器2及电磁离合器带轮1。在罗茨式压气机中有两个转子。发动机曲轴带轮经传动带、电磁离合器带轮1和电磁离合器2驱动其中的一个转子，而另一个转子则由传动齿轮7带动，并与第一个转子同步旋转。转子的前后端支承在滚子轴承10上，滚子轴承和传动齿轮用合成高速齿轮油润滑。在转子轴的前后端装有油封，以防止润滑油漏入压气机壳体内。

罗茨式压气机的转子有两叶的，也有三叶的。通常两叶转子为直线型（图6-19a），而三叶转子为螺旋型（图6-19b）。三叶螺旋型转子有较低的工作噪声和较好的增压器特性。在相互啮合的转子之间以及转子与壳体之间都有很小的间隙，并在转子表面涂敷树脂，以保持转子之间以及转子与壳体间有较好的气密性。转子一般用铝合金制造。

罗茨式压气机的工作原理如图6-20所示。当转子旋转时，空气从压气机入口吸入，在转子叶片的推动下空气被加速，然后从压气机出口压出。出口与入口的压力比可达1.8。

罗茨式压气机结构简单、工作可靠、寿命长，供气量与转速成正比。

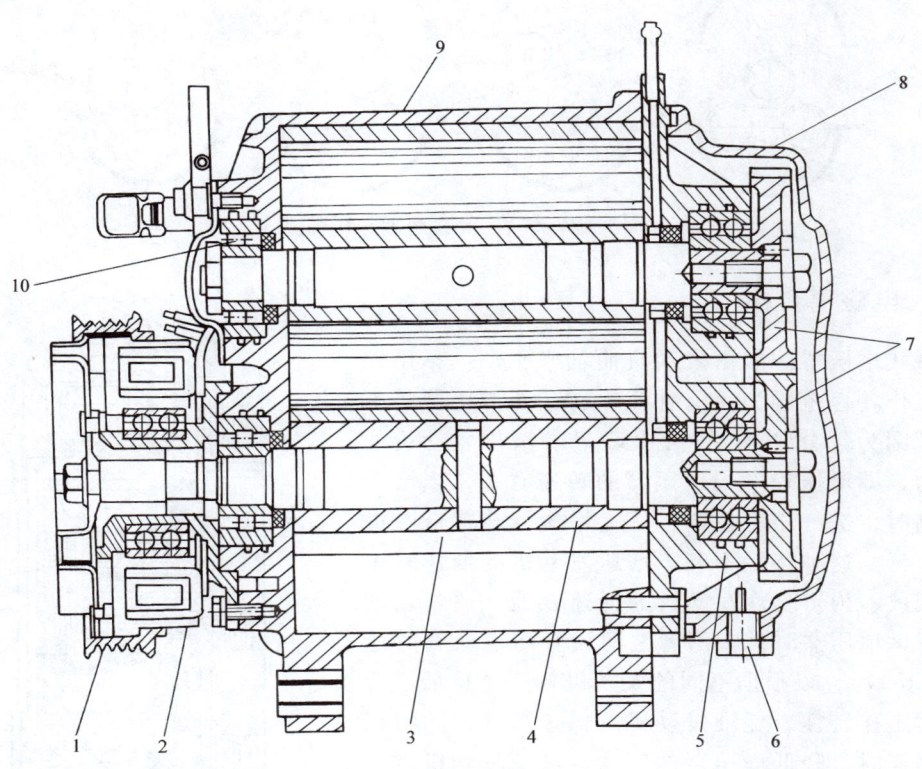

图 6-18 罗茨式压气机结构

1—电磁离合器带轮 2—电磁离合器 3—转子 4—转子轴 5—后盖
6—放油螺塞 7—传动齿轮 8—齿轮室罩 9—壳体 10—滚子轴承

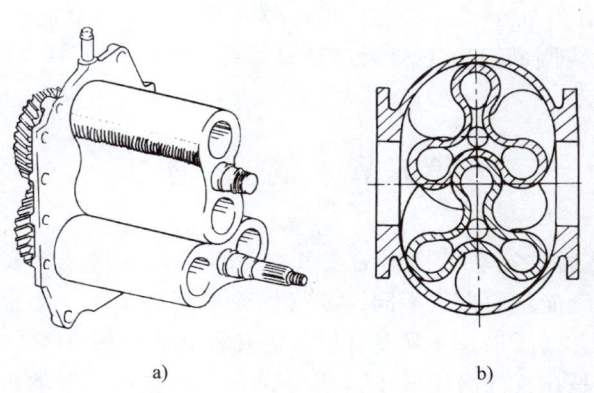

图 6-19 罗茨式压气机类型

a) 两叶转子直线型 b) 三叶转子螺旋型

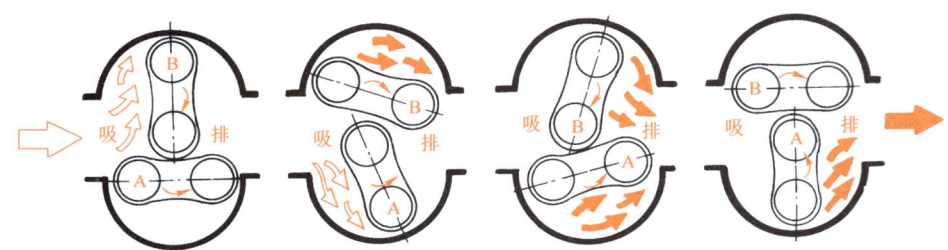

图 6-20 罗茨式压气机的工作原理

三、电磁离合器

机械式增压器一般由发动机曲轴来驱动。车用发动机的工作转速范围为每分钟几千转,而增压器的工作转速范围为每分钟几万～十几万转。增压发动机的进气压力,即增压程度与增压器的转速有关,当增压器转速高时,进气压力也高,反之增压器转速低时进气压力也低。这种特性不利于增压发动机的低速转矩特性。因此,为了改善发动机的低速性能,通过发动机曲轴驱动增压器时,在两者之间设置增速器(变速器)(图 6-17),以根据不同的发动机转速调整最适合的增压器工作转速,保证发动机的低速特性;同时在发动机高速时,降低增压器的转速,以免发动机过增压。为此,常采用离合器来控制。

图 6-21 所示为安装在传动带轮 1 中的一种电磁离合器结构。电控单元根据发动机工况的需要,发出接通或切断电磁离合器电源的指令,以控制增压器的工作。当接通电源时,电磁线圈 3 通电,主动板 2 吸引从动摩擦片 6,使离合器处于接合状态,增压器工作。当切断电源时,电磁线圈断电,主动板与从动摩擦片分开,增压器停止转动。

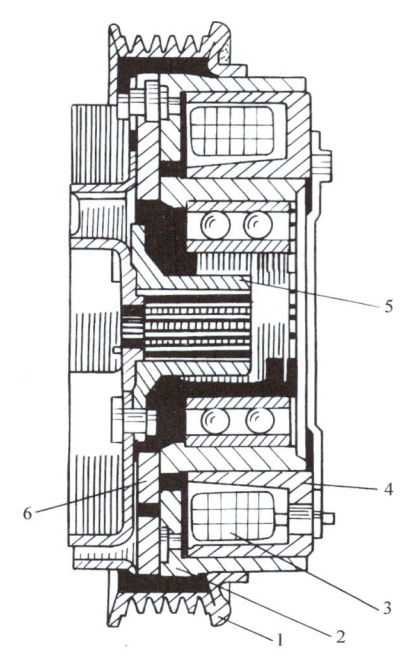

图 6-21 电磁离合器结构
1—传动带轮 2—主动板 3—电磁线圈
4—衔铁 5—花键套 6—从动摩擦片

第五节 涡轮增压

废气涡轮增压是通过发动机排出的废气能量推动涡轮增压器实现增压。根据涡轮回收废气能量的方式不同,废气涡轮增压系统可分为串联前复合增压、串联后复合增压以及并联复合增压等几种方式(图 6-22)。

串联前复合增压是在废气涡轮增压器前串联一个涡轮机,发动机排出的废气先流入前置涡轮机,回收部分能量后再排入涡轮增压器的涡轮机,由此带动压气机进行增压的系统。这种增压系统的特点是,可充分利用废气的能量,因此可提高整机的热效率;同时在增压器前利用涡轮机事先回收废气的部分能量,所以可避免增压

第六章 进排气系统与增压系统

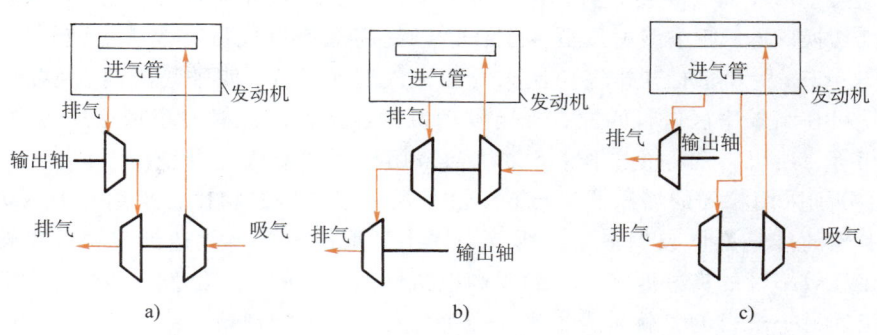

图 6-22 涡轮增压方式
a) 串联后复合增压　b) 串联前复合增压　c) 并联复合增压

器转速过高的现象。

串联后复合增压是在增压器后再串联一个废气涡轮，其主要目的就是进一步回收利用经增压器后排出的废气能量，以便提高整机的热效率。**并联复合增压**是将发动机排出的废气分两路同时排入一个废气涡轮和废气涡轮增压器的涡轮系统。对排量较大的发动机，通过这种复合系统提高废气能量的再回收利用，在提高整机热效率的同时减轻了废气涡轮增压器的工作负担。

这种复合增压系统的共同点是在输出轴上都设置了一个能量回收的涡轮，只是涡轮设置的位置不同。但一般涡轮的转速为 50000~180000r/min，而发动机的转速为 1800~4000r/min，因此均需要减速器和离合器。减速器的减速比约为 1/30。

废气涡轮增压器根据增压器的数量又可分为单级增压和双级增压。普通车型常用**单级增压系统**，即采用一个废气涡轮增压器；而**双级增压系统**采用两个废气涡轮增压器，主要用于大排量车用柴油机。根据两个增压器的连接方式不同，双级增压方式又可分为直列双级复合增压和并列双级复合增压两种系统（图6-23）。直列双级复合增压系统一般由一个小型增

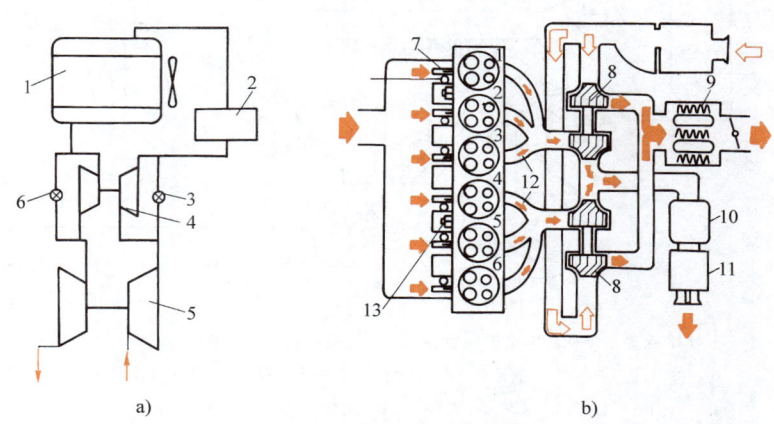

图 6-23 复合增压系统
a) 直列双级复合增压　b) 并列双级复合增压
1—发动机　2、9—中冷器　3—进气切换阀　4—小型增压器　5—大型增压器　6—排气切换阀
7—喷油器　8—增压器　10—催化转化装置　11—消声器　12—排气管　13—爆燃传感器

器4和一个大型增压器5直列布置构成,并根据发动机转速分别使用。低速时关闭进气切换阀3和排气切换阀6,使小型增压器4工作,以提高低速进气量,改善低速转矩特性;中、高速时如图6-23a所示,打开排气切换阀6和进气切换阀3,使排气流向大型增压器5,以便增压发动机在高效率区进行匹配,提高发动机的经济性。此时,小型增压器4涡轮的进、出口压力相等,所以自动停止工作。6缸机常采用并列式双级复合增压系统,1、2、3缸和4、5、6缸分别采用相同的增压器。与6个缸采用一个增压器相比,采用并列双级增压器时流过废气涡轮的排气流量减少一半,所以采用小型增压器,由此达到兼顾低速转矩特性和中、高速在高效率区的良好匹配,达到提高整机性能的目的;多缸发动机采用并列式双级复合增压系统的另一个目的,就是为了避免产生各缸排气干涉现象。

由于废气涡轮增压器是流体机械,而发动机是动力机械,两者属于两种不同类型的机械,所以废气涡轮增压发动机有待进一步解决的课题是:①如何提高发动机的低速转矩;②低速时应避免增压器工作线接近喘振线;③防止高速时进气压力过高或增压器超速;④降低高速时的泵气损失;⑤防止缸内产生过高压力及热负荷增加。

一、涡轮增压器的结构及工作原理

车用涡轮增压器由离心式压气机和径流式涡轮机及中间体三部分组成(图6-24)。增压器轴5通过两个浮动轴承9支承在中间体14内。中间体内有润滑和冷却轴承的油道,还有防止机油漏入压气机或涡轮机中的密封装置等。

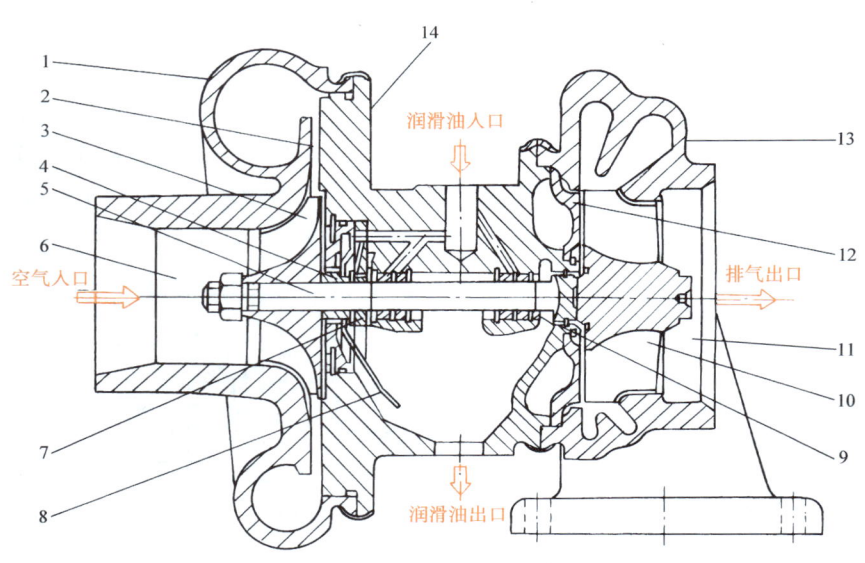

图6-24 涡轮增压器结构

1—压气机蜗壳 2—无叶式扩压管 3—压气机叶轮 4—密封套 5—增压器轴
6—进气道 7—推力轴承 8—挡油板 9—浮动轴承 10—涡轮机叶轮
11—出气道 12—隔热板 13—涡轮机蜗壳 14—中间体

1. 离心式压气机

离心式压气机由进气道6、压气机叶轮3、无叶式扩压管2及压气机蜗壳1等组成(图6-24)。叶轮包括叶片和轮毂,并由增压器轴5带动旋转。

第六章 进排气系统与增压系统

当压气机旋转时，空气经进气道进入压气机叶轮，并在离心力的作用下沿相邻压气机叶片1之间形成的流道（图6-25），从叶轮中心流向叶轮的周边。空气从旋转的叶轮获得能量，使其流速、压力和温度均有较大的增高，然后进入叶片式扩压管3。扩压管为渐扩形流道，空气流过扩压管时减速增压，温度也有所升高，即在扩压管中，空气所具有的大部分动能转变为压力能。

扩压管分叶片式和无叶式两种。无叶式扩压管实际上是由蜗壳和中间体侧壁所形成的环形空间，其构造简单，工况变化对压气机效率的影响很小，适用于车用增压器。叶片式扩压管是由相邻叶片构成的流道，其扩压比大，效率高，但结构复杂，工况变化对压气机效率有较大的影响。

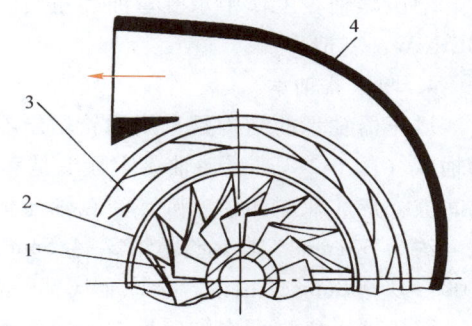

图6-25 离心式压气机示意图
1—压气机叶片 2—叶轮 3—叶片式扩压管
4—压气机蜗壳

蜗壳的作用是收集从扩压管流出的空气，并将其引向压气机出口。空气在蜗壳中继续减速增压，完成其由动能向压力能转变的过程。

压气机叶轮由铝合金精密铸造，蜗壳也用铝合金铸造。

2. 径流式涡轮机

<u>涡轮机是将发动机排气的能量转变为机械功的装置</u>。径流式涡轮机由蜗壳、喷管、叶轮和出气道等组成（图6-26），蜗壳4的进口与发动机排气管相连，发动机的排气经蜗壳引导进入叶片式喷管3。喷管是由相邻叶片构成的渐缩形流道。排气流过喷管时降压、降温、增速、膨胀，使排气的压力能转变为动能。由喷管流出的高速气流冲击叶轮1，并在叶片2所形成的流道中继续膨胀做功，推动叶轮旋转。

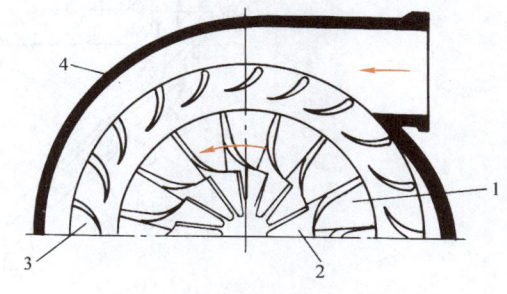

图6-26 径流式涡轮机示意图
1—叶轮 2—叶片 3—叶片式喷管 4—蜗壳

与压气机的扩压管类似，涡轮机的喷管也有叶片式和无叶式之分。现代车用径流式涡轮机多采用无叶式喷管（图6-24）。涡轮机的蜗壳除具有引导发动机排气以一定的角度进入涡轮机叶轮的功能外，还有将排气的压力能和热能部分地转变为动能的作用。

涡轮机叶轮经常在700℃左右高温的排气冲击下工作，并承受巨大的离心力作用，所以采用镍基耐热合金钢或陶瓷材料制造。用质量小并且耐热的陶瓷材料可使涡轮机叶轮的质量大约减小2/3，涡轮增压加速滞后的问题也在很大程度上得到改善。

喷管叶片用耐热和耐腐蚀的合金钢铸造或经机械加工成形。蜗壳用耐热合金铸铁铸造，内表面应该光洁，以减少气体流动损失。

3. 转子

涡轮机叶轮、压气机叶轮和密封套等零件安装在增压器轴上，构成涡轮增压器转子。转子以超过10×10^4r/min，最高可达20×10^4r/min的高转速旋转，因此，转子的平衡是非常重要的。

增压器轴在工作中承受弯曲和扭转交变应力,一般用韧性好、强度高的合金钢 40Cr 或 18CrNiWA 制造。

4. 增压器轴承

增压器轴承的结构是车用涡轮增压器可靠性的关键之一。现代车用涡轮增压器都采用浮动轴承（图 6-27）。浮动轴承实际上是套在轴上的圆环。圆环与轴以及圆环与轴承座之间都有间隙，形成双层油膜。圆环浮在轴与轴承座之间。一般内层间隙为 0.05mm 左右，外层间隙大约为 0.1mm。轴承壁厚约 3~4.5mm，用锡铅青铜合金制造，轴承表面镀一层厚度约为 0.005~0.008mm 的铅锡合金或金属钢。在增压器工作时，轴承在轴与轴承座中间转动。

增压器工作时产生轴向推力，由设置在压气机一侧的推力轴承 1 承受。为了减少摩擦，在整体式推力轴承两端的止推面 6 上各加工有四个布油槽 7；在轴承上还加工有进油孔 5，以保证止推面的润滑和冷却（图 6-27）。

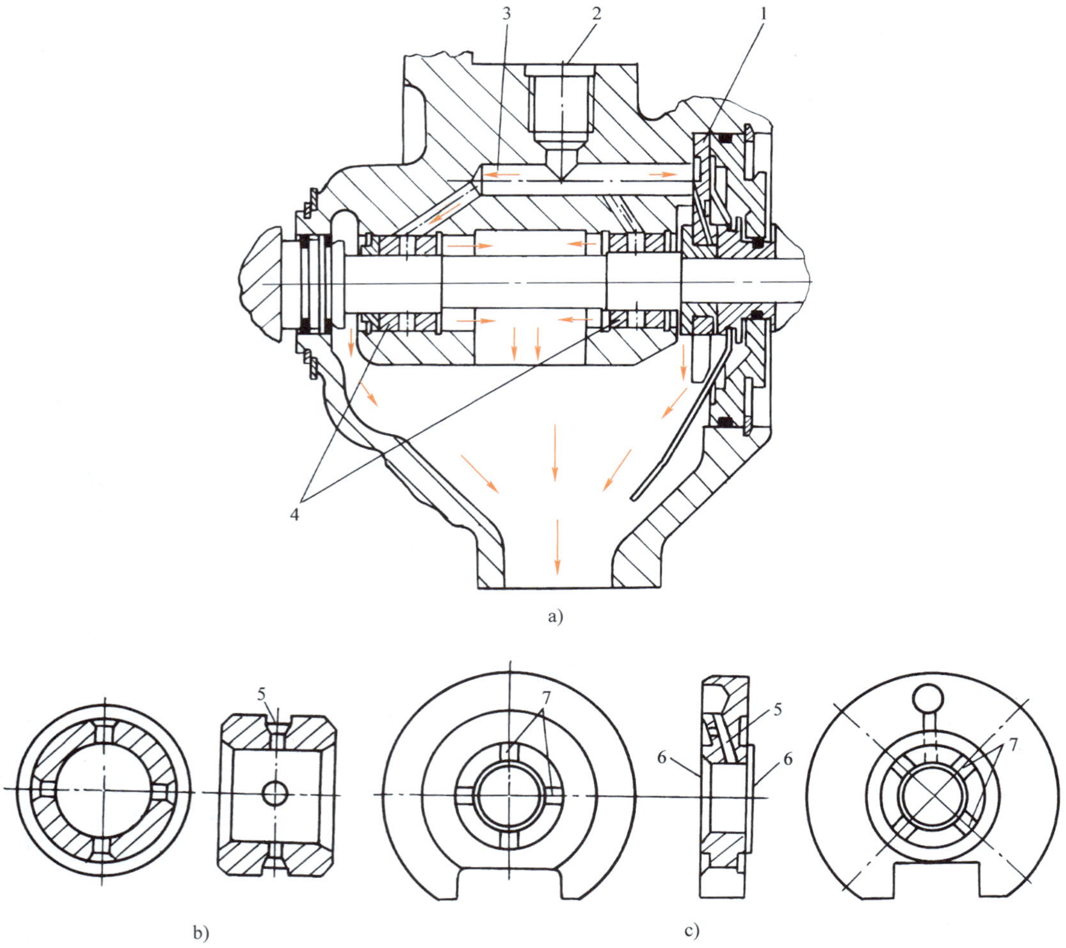

图 6-27 涡轮增压器轴承及其润滑

a）润滑油道 b）浮动轴承结构 c）推力轴承结构

1—推力轴承 2—润滑油入口 3—润滑油道 4—浮动轴承
5—进油孔 6—止推面 7—布油槽

二、增压压力的调节

在涡轮增压系统中都设有进气旁通阀和排气旁通阀,用以控制增压压力。排气旁通阀及其控制装置在增压器上的安装位置如图6-28所示。控制膜盒1中的膜片将膜盒分为左室和右室,右室经连通管11与压气机出口相通,左室设有膜片弹簧作用在膜片上。膜片还通过连动杆2与排气旁通阀3连接。当压气机出口压力,也就是增压压力低于限定值时,膜片在膜片弹簧的作用下移向右室,并带动连动杆使排气旁通阀保持关闭状态。当增压压力超过限定值时,增压压力克服膜片弹簧力,推动膜片移向左室,并带动连动杆将排气旁通阀打开,使部分排气不经过涡轮机而直接排放到大气中,从而达到控制涡轮机转速及增压压力的目的。

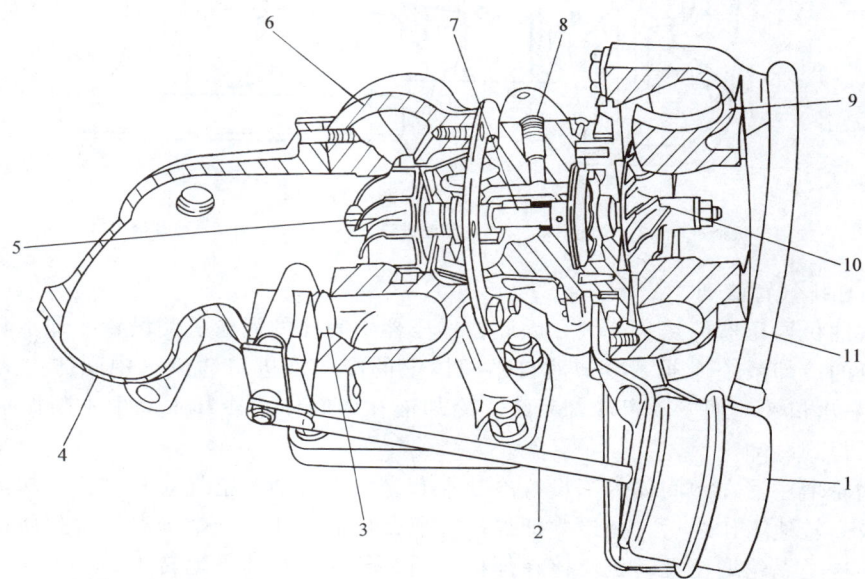

图6-28 排气旁通阀及其控制装置在增压器上的安装位置

1—控制膜盒 2—连动杆 3—排气旁通阀 4—排气管 5—涡轮机叶轮 6—涡轮机蜗壳
7—增压器轴 8—中间体 9—压气机蜗壳 10—压气机叶轮 11—连通管

进气旁通阀的工作原理与排气旁通阀相似。

在有些发动机上,排气旁通阀的开闭由电控单元操纵的电磁线圈控制。电控单元根据压气机出口增压压力的高低,对电磁线圈进行通电或断电控制,以开闭排气旁通阀。有的电控单元还能按照预编程序,在发动机突然加速时,允许增压压力短时间超出限定值,以提高发动机的加速性。

三、涡轮增压器的润滑及冷却

来自发动机润滑系统主油道的机油,经增压器中间体上的机油进口1进入增压器,润滑和冷却增压器轴和轴承。然后,机油经中间体上的机油出口2返回发动机油底壳(图6-29)。在增压器轴上装有油封,用来防止机油窜入压气机或涡轮机蜗壳内。如果油封损坏,将导致机油

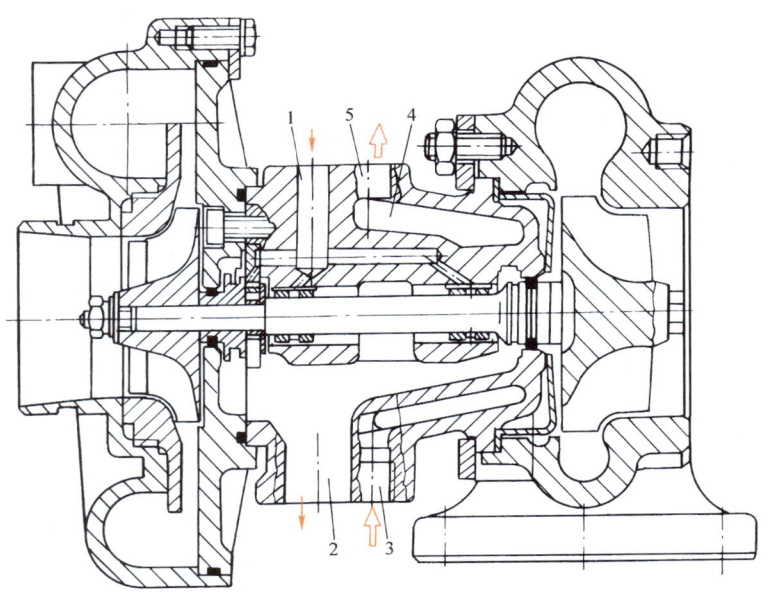

图 6-29 增压器的润滑与冷却

1—机油进口 2—机油出口 3—冷却液进口 4—冷却水套 5—冷却液出口

消耗量增加和排气冒蓝烟。

由于汽油机增压器的热负荷大,因此在增压器中间体的涡轮机侧设置冷却水套,并用软管与发动机的冷却系统连通。冷却液自中间体上的冷却液进口 3 流入中间体内的冷却水套 4,从冷却液出口 5 流回发动机冷却系统。冷却液在中间体的冷却水套中不断循环,使增压器轴和轴承得到冷却。

有些涡轮增压器在中间体内不设置冷却水套,只靠机油及空气对其进行冷却。当发动机在大负荷或高转速工作之后,如果立即停机,那么机油可能由于轴承温度太高而在轴承内燃烧。因此,这类涡轮增压发动机应该在停机之前,至少在怠速下运转 1min。

第六节 气波增压

一、气波增压器构造

气波增压器中有一个转子,沿其轴向开有许多梯形截面的气体流道(图 6-16)。转子 5 悬臂地支承在两个轴承 4 上(图 6-30),与增压器壳 6 以及前后端盖都不接触。一个端盖接低压空气管和高压空气管,称空气端盖 1;另一个端盖接高压排气管和低压排气管,称排气端盖 8。支承转子 5 的两个轴承 4 布置在空气端盖 1 中,以保证轴承得到良好的冷却。

空气端盖用铝合金铸造,排气端盖用铸铁铸造,增压器壳和转子则用低膨胀钢制造。在增压器外面包敷绝热材料,以减少热量的散失。

二、气波增压器工作原理

气波增压器的工作原理基于一种气体动力现象:当压缩波在管道内传播时,在管道的开口端反射为膨胀波，而在管道的封闭端则反射为压缩波；反之亦然，当膨胀波在管道内传播时，在管道的开口端反射为压缩波，而在封闭端则反射为膨胀波。

在气波增压器中，空气增压所需要的能量来自柴油机的排气。空气的压缩过程和排气的膨胀过程均在转子中的气体流道内进行，其工作过程及原理可用图 6-31 所示的转子周向展开图来说明。

首先从图的底部开始。在 A 点，转子的流道中充满来自大气的低压空气，图中的竖直线表示气体处于静止状态。柴油机的排气先流入排气箱 1 中，然后从排气箱以定压流入高压排气管 2。当转子旋转到充满低压空气的气体流道 3 与高压排气管相通时，排气的压缩波立即以当地声速传入流道，并压缩其中的空气，使其向高压空气管 6 加速流动，排气则随压缩波之后流入流道。由于转子沿着方向 U 不停地转动，因此每个流道中压缩波波峰的连线相对转子的转动方向是一条斜线。在流道中被压缩的空气经高压空气管 6 流入空气箱 7，然后进入柴油机气缸。当流道的左端转过高压排气管时，排气不再流入转子，但流道中原有的压缩波继续在传播。当压缩波抵达转子的右端时，转子流道已转过高压空气管，这时排气约充满流道长度的 2/3，前面是排气与空气的混合区，再前面是残留的高压空气。原压缩波的反射波仍为压缩波，在压缩波传播和反射过程中有所衰减，致使封闭流道内的静压力略低于高压排气管内的静压力，但其总压力仍略高于高压空气管内的总压力。在转子继续

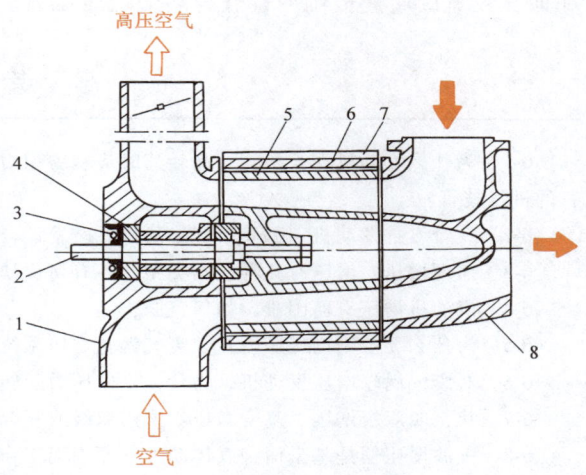

图 6-30 气波增压器结构

1—空气端盖 2—传动轴 3—油封 4—轴承 5—转子
6—增压器壳 7—绝热层 8—排气端盖

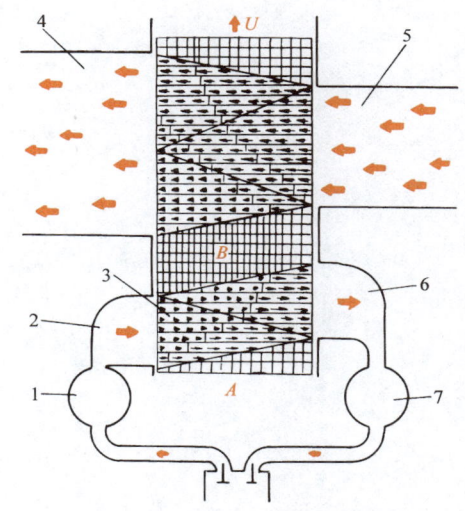

图 6-31 气波增压工作过程及原理

1—排气箱 2—高压排气管 3—气体流道
4—低压排气管 5—低压空气管
6—高压空气管 7—空气箱

转动过程中，流道中的排气在区域 B 内处于静止状态。当转子流道的左端与低压排气管 4 相通时，压缩波反射为膨胀波传入流道，并向流道的右端推进，致使流道内的压力下降。当流道右端与低压空气管相通时，大气中的低压空气从右端流入流道，流道内的排气则加速倒流进低压排气管。当排气及排气与空气的混合气完全从流道中清除出去后，整个工作循环又从 A 点开始。

气波增压器的工作原理很简单，但在实际运用中却遇到许多困难，其中**最大的难题便是**

如何在较宽的转速范围内都获得高的增压压力。

思 考 题

6-1 为什么发动机在大负荷、高转速时应装备粗短的进气歧管，而在低转速和中、小负荷时应装备细长的进气歧管？

6-2 一台6缸发动机，哪几个气缸的排气歧管汇合在一起才能较好地消除排气干扰现象？

6-3 何谓增压？增压有几种基本类型？各有何优缺点？

6-4 汽油机增压有何困难？如何克服？

6-5 为什么要控制增压压力？在废气涡轮增压系统中是如何控制或调节增压压力的？

6-6 对废气涡轮增压发动机，为什么进气压力随转速的增加而增加？这对发动机的动力性有何影响？

6-7 什么叫双级增压、复合增压？采用双级或复合增压有何好处？

6-8 气波增压器是基于何种气体动力学原理而工作的？

第七章

发动机有害排放物控制系统

随着汽车工业的发展和汽车保有量的增加，其排放对大气环境的污染日趋严重。因此，世界各国已相应地制定了汽车排放控制法规标准，而且随着节能和环保意识的提高，对汽车排放控制的法规标准日趋强化。为了适应这种日趋严格的排放法规标准，许多汽车排放控制新技术和新装置不断被研发出来，并已成为目前汽车发动机不可缺少的装置。

第一节　汽车发动机的有害排放物

汽车有害排放物主要包括一氧化碳、碳氢化合物和氮氧化合物三种气体有害排放物和微粒排放。早期的排放法规，对汽油机而言，重点关注的是气体有害排放物。柴油机由于其燃料特性、混合气形成及燃烧方式与传统汽油机截然不同，有害排放物的来源及产生的数量、浓度与汽油机也有很大差异，除了气体排放物以外，微粒排放控制是其重点关注对象。汽车有害排放物除了来自于排气过程以外，还有燃油系统向外界的蒸发、曲轴箱通风系统的排放等。

一、一氧化碳（CO）

CO 是燃料不完全燃烧的产物，是一种无色无臭无味的气体。它与血液中血红素的亲和力是氧气的 300 倍，因此当人吸入 CO 后，血液吸收和运送氧的能力降低，会导致头晕、头痛等中毒症状。当吸入 CO 气体的体积分数达到 0.3% 时，可致人死亡。

生成 CO 的主要原因是碳氢燃料的不完全燃烧，除此之外，在燃烧过程中局部高温热分解也是重要原因。

造成碳氢燃料不完全燃烧的主要原因有：氧气不足，即混合气过浓或局部混合气过浓；燃烧温度过低；燃烧室容积过小而使燃烧滞留时间不充分；空气和燃料混合不充分等。因此，促进混合气的形成，有效控制燃烧温度，都可以有效地降低 CO 的生成。

二、碳氢化合物（HC）

HC 作为燃烧产物，大体上可分为不含氧的 HC 和醛类等含氧的 HC 化合物两大类。

HC 化合物在阳光照射下引起光化学反应，产生臭氧（O_3）、PAH（多环芳香族 HC 化合物）等具有强氧化特性的物质，形成光化学烟雾。它不仅会降低大气能见度，使橡胶开裂，植物受害，刺激人的眼睛和咽喉，而且还含有致癌物质 PAH。

HC 化合物产生的主要原因有未完全燃烧生成的 HC、由燃料供给系统泄漏产生的 HC 以及未燃烧燃料从燃烧室直接排出的 HC 三种。其中引起未完全燃烧的原因有燃烧室内的氧气量不足、燃烧室壁面温度过低，以及混合气形成不充分或燃烧室内局部混合气过浓等。

三、氮氧化合物（NO_x）

NO_x 也是一种燃烧生成物，是 NO 和 NO_2 的总称。其中绝大部分是 NO（约占 95%），在燃烧后期或排气过程中，部分 NO 氧化成 NO_2。

NO_x 对大气环境、植物生长乃至人类身体健康有极大的危害。NO 在大气层中，与 O_3 反应急速氧化成 NO_2，直接破坏大气层。此外，NO_2 是呈红褐色的有害气体，有强烈的刺激味，对肺和心肌等都有很强的损害作用。同时，NO_x 和 HC 一样也是形成光化学烟雾的主要元素之一。

四、微粒

微粒（碳烟）是柴油机的主要有害排放物之一，由可溶性有机成分（SOF）和不可溶成分组成。柴油机排气中的微粒尺寸比较小，可长期悬浮在大气中，不仅会降低大气的能见度，而且易于被人吸入肺部，同时微粒中的 SOF 成分含有致癌物。

碳烟是碳氢系列燃料的燃烧产物，所以其产生与碳氢燃料的燃烧状态直接相关。

第二节　汽油机排放控制系统

汽油机的排放控制包括尾气排放控制、蒸发排放控制和曲轴箱排放控制。目前的尾气排放控制主要采用三元催化转化装置，对主要的三种有害气体排放物进行净化处理。此外，也有车辆装有排气再循环装置来降低 NO_x 排放，采用氧化催化装置或在排气中进行二次空气喷射来减少排气中的 CO 和 HC。

曲轴箱通风装置

一、三元催化转化装置

三元催化转化装置是一种能同时净化汽车尾气排放中的 CO、HC 和 NO_x 三种气体有害排放物的后处理装置。这种催化转化装置的净化效率受空燃比的影响较大，只有在理论空燃比附近很窄的混合气浓度范围内才会对三种有害气体排放物具有非常高的净化效率，因此使用中要求精确控制空燃比。图 7-1 所示为空燃比对三元催化转化装置净化效率的影响。氧传感器和催化转化装置制造技术的日益成熟以及电控技术的快速发展，使三元催化转化技术成本降低、净化效果显著，因此三元催化转化装置得到了广泛应用，成为汽油机排放控制的主要方式。图 7-2 所示为三元催化转化装置的结构，图 7-3 所示为催化剂与载体示意图。

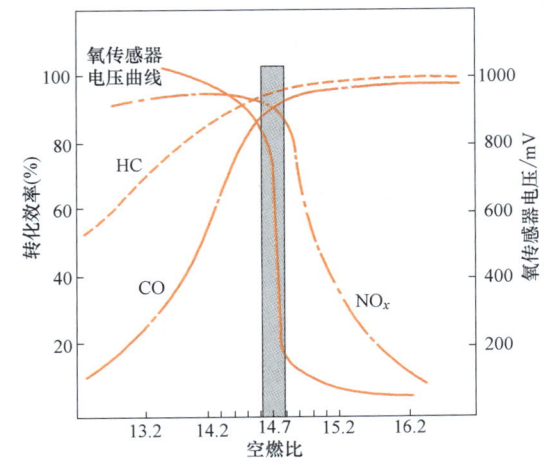

图 7-1　空燃比对三元催化转化装置净化效率的影响

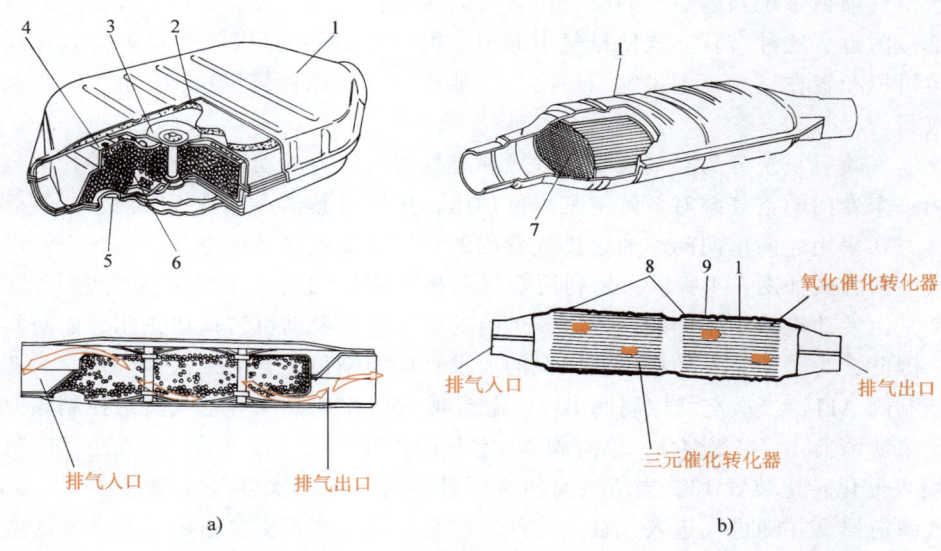

图 7-2 三元催化转化装置的结构
a）颗粒型催化转化装置 b）整体型催化转化装置
1—转化装置外壳 2—隔热层 3—转化装置内壳 4—挡板
5—螺塞 6—陶瓷小球 7—陶瓷块 8—密封件 9—金属网

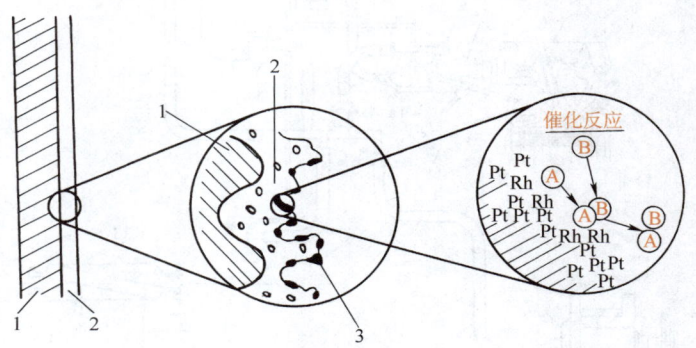

图 7-3 催化剂与载体示意图
1—载体 2—活性层 3—催化材料（如 Pt/Rh）

二、二次空气喷射系统

二次空气喷射系统很早就用在汽车上来降低尾气中的 HC 和 CO 排放。其主要工作原理是在一定工况下，利用空气泵或其他装置将一定量的新鲜空气引入发动机排气管或三元催化转化器中，使排气中的 HC 和 CO 进一步燃烧、氧化，从而降低排气中的 HC 和 CO 的排放。这种装置较多地应用在汽油机上，在起动、加速等混合气偏浓的工况条件下起作用，通过增加排气中氧气的含量来提高三元催化转化器对 HC 和 CO 的净化效率。此外，当发动机刚起动时，二次空气喷射系统再次燃烧的热量还可以缩短氧传感器的加热时间，使三元催化转化器迅速达到工作温度，加快发动机控制系统进入空燃比闭环控制的过程。这种装置也可用于柴油机。

二次空气喷射系统新鲜空气的喷射位置可以布置在排气歧管的根部,即排气歧管与气缸体连接部位附近,这种布置方式使排气中的 HC 和 CO 只能在排气歧管处进行氧化反应;喷射位置也可以布置在气缸盖上排气门后的排气通道内,可以使排气中 HC 和 CO 的氧化反应更早地进行。

二次空气喷射系统分为空气泵喷射方式和排气管内压力脉动进气方式两种。空气泵喷射方式采用一个专门的空气泵对新鲜空气进行加压,然后将其供入到排气管内。排气管内压力脉动进气方式采用逆向单向阀,通过排气管内的负压直接吸入新鲜空气。

空气喷射方式如图 7-4 所示,是利用空气泵按一定压力将一定量的空气喷入排气管内。空气泵 2 是由发动机曲轴驱动的,所以其供给的空气量与发动机转速成正比,而与发动机负荷无关。因此,为了满足发动机不同工况的要求,应控制最适合的二次空气量。为此设置二次空气控制阀 A11、二次空气控制阀 B12、溢流阀 10、单向阀 4 等空气流量控制阀。二次空气经空气泵滤清器 1、空气泵 2、单向阀 4、空气回流管 7 喷入排气管 3,或经二次空气控制阀 B12 喷入催化转化装置 13。当所供给的空气过多时,经二次空气控制阀 A11、溢流阀 10 流入空气滤清器 9 并随进气进入气缸。这种二次空气供给方式主要适用于要求二次空气量较多的 6 缸机以上的大排量发动机。

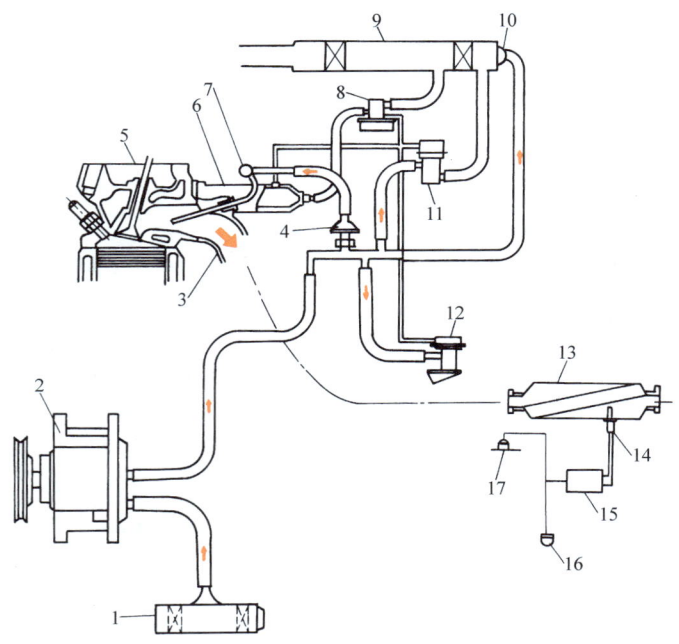

图 7-4 空气喷射方式

1—空气泵滤清器 2—空气泵 3—排气管 4—单向阀 5—气缸盖 6—进气总管
7—空气回流管 8—AB 阀 9—空气滤清器 10—溢流阀 11—二次空气控制阀 A
12—二次空气控制阀 B 13—催化转化装置 14—排温传感器 15—开关单元
16—警报装置 17—温度传感器

同空气泵喷射系统相比,排气管内压力脉动进气系统没有外加空气泵,而是依靠大气与排气管中排气压力的脉动产生的压力差使新鲜空气进入排气系统。因为在发动机工作时,进排气门会周期性地开启和关闭,于是在排气系统中就会产生正负交替的脉冲压力波。每次在排气门关闭的一小段周期内,排气歧管内的某一瞬间就会产生低于大气的压力,从而形成一个真空度,利用这个真空度,就可以使新鲜空气(经过滤清器)被吸入排气管。因为排气系统中的低压脉冲持续时间随发动机转速的升高而缩短,所以排气管内压力脉动进气系统在发动机转速较低时,对排放的改善更为有效。这种系统的结构简单,降低了成本减少了功率消耗。

三、稀薄 NO_x 催化转化装置

随着节标准与法规对汽车(以汽油和柴油为动力)能与排放要求的不断提高,稀薄燃烧技术得到了应用。由于这种燃烧方式的空燃比大于理论空燃比,所以三元催化转化装置不再适用。因此,专门开发出了稀薄混合气燃烧时的 NO_x 催化转化装置。这种催化转化装置主要有 NO_x 直接分解型和 NO_x 吸附还原型两种。

直接分解型催化转化装置是一种在稀薄混合气下以 HC 为还原剂直接净化 NO_x 的方式。这种方式通过 Cu-沸石以及 Pt(铂)系列贵金属催化剂,将 NO_x 吸附在催化剂表面上,然后由 HC 还原消除贵金属表面上所吸附的氧,使 NO_x 直接分解为 N_2 和 O_2。

NO_x 吸附还原型催化转化装置是一种在稀薄燃烧时吸附 NO_x、在浓或者理论空燃比时将吸附的 NO_x 进行还原净化的系统。

NO_x 的吸附及还原机理如图 7-5 所示,在稀混合气时所排出的 NO 在 Pt 表面上氧化成 NO_2,并作为硝酸盐吸附在吸附剂表面上,然后在理论空燃比或浓混合气时,由排气中的 HC、CO、H_2 等气体将吸附的 NO_x 还原净化。

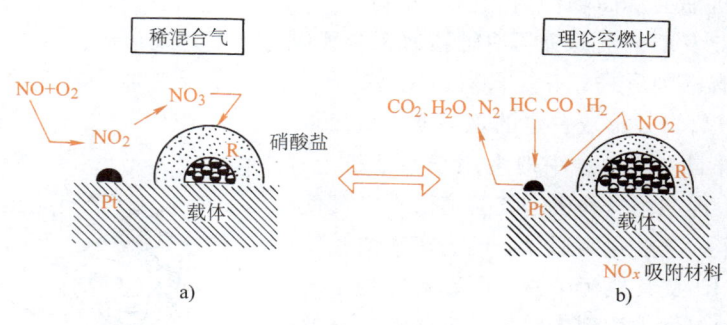

图 7-5 NO_x 的吸附及还原机理
a) 作为硝酸盐吸藏 b) 还原到氮气

四、汽油蒸发控制系统

汽油箱等燃料供给系统中的燃料随时都在蒸发汽化,若不加以回收或控制,则当发动机停机时,汽油蒸发物(HC)将逸入大气,对环境造成污染。汽油蒸发控制系统的作用就是将这些汽油蒸发物收集和储存在炭罐内,当发动机工作时再将其送入气缸烧掉。

典型的汽油蒸发控制系统如图 7-6 所示。炭罐外壳一般由塑料制造,内部填充活性炭颗粒。炭罐顶部设有清洗控制阀,用来控制进入进气歧管的汽油蒸气及空气的量。炭罐 5 内填满活性炭 4,当发动机停机后,汽油箱 1 中的汽油蒸气经单向阀 11 和汽油蒸气滤网 2 进入炭罐 5,汽油蒸气进入炭罐后被其中的活性炭 4 吸附。当发动机起动之后,进气管真空度经真

空软管9传送到清洗控制阀10，在进气管真空度的作用下，清洗控制阀膜片上移而开启。与此同时，新鲜空气自炭罐底部经滤清器3及滤网2向上流过炭罐，并携带吸附在活性炭表面的汽油蒸气，经清洗控制阀和汽油蒸气软管6进入进气管7。

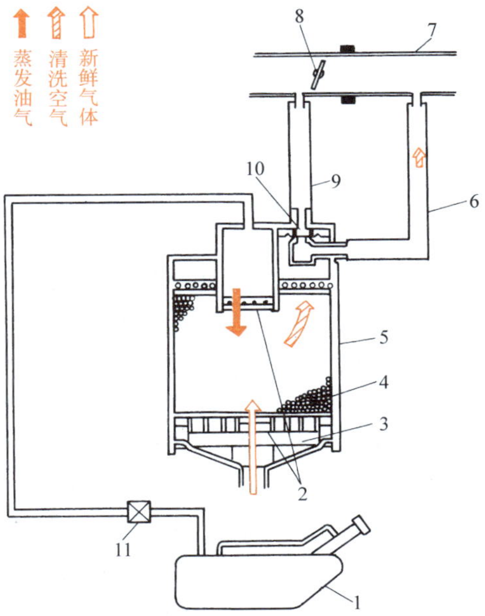

有些发动机为了防止液态汽油流入炭罐，在汽油箱顶部设置气-液分离器，以分离液态汽油和汽油蒸气，使汽油蒸气经汽油蒸气管进入炭罐，分离出来的液态汽油则返回汽油箱。

五、强制式曲轴箱通风系统

在汽油机工作时，由于活塞环开口间隙的存在，总会有一部分可燃混合气与燃烧过的废气由活塞经过活塞环窜到曲轴箱内。这部分气体含有燃油蒸气、水蒸气以及酸性物质等，凝结后将使机油变稀、乳化、性能变差，也会使发动机零件受到腐蚀。如果曲轴箱密闭，则可燃混合气及废气会窜到曲轴箱使其内部的压力持续升高，导致机油会从曲轴油封、曲轴箱衬垫等处渗出。因此发动机上设置了曲轴箱通风装置以防止上述现象的出现。

曲轴箱通风有两种形式：一是自然通风法，即利用汽车行驶时风扇所形成的气流，使与曲轴箱相连的出气管口处形成一定的真空度，从而将气体抽出曲轴箱外自然通风，一般多用于柴油机上；二是强制通风法，即利用发动机进气管道的真空度使曲轴箱内气体被吸入气缸强制通风。因为窜入曲轴箱内的气体中含有HC及其他污染物，所以现在的排放法规不允许把这种气体排放到大气中。现代汽车汽油机广泛采用的是曲轴箱强制通风（PCV）系统。

曲轴箱强制通风系统的组成如图7-7所示。当发动机工作时，进气总管1中的部分气流经通风管2流入气缸盖罩6内产生一定的压力，使气缸盖罩内的油气以及曲轴箱内的油经PCV阀5和回流管4进入进气歧管8，最后经进气门进入燃烧室燃烧。

在PCV系统中，最重要的控制元件是PCV阀，其功用是根据发动机工况的变化自动调节进入气缸的曲轴箱气体的量。当发动机不工作时，PCV阀中的弹簧2（图7-8）将锥形阀3压在阀座4上，关闭曲轴箱与进气歧管的通路（图7-8a）。当发动机怠

图7-6 典型的汽油蒸发控制系统
1—汽油箱 2—滤网 3—滤清器 4—活性炭
5—炭罐 6—蒸气软管 7—进气管 8—节气门
9—真空软管 10—清洗控制阀 11—单向阀

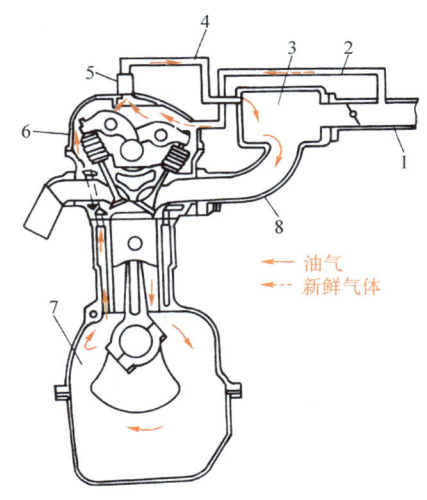

图7-7 曲轴箱强制通风系统的组成
1—进气总管 2—通风管 3—稳压箱
4—回流管 5—PCV阀 6—气缸盖罩
7—曲轴箱 8—进气歧管

速或减速时，进气管真空度很大，真空度所产生的吸力克服弹簧力把锥形阀吸向上端，使锥形阀 3 与阀体 1 之间只有很小的缝隙（图 7-8b）。由于发动机在怠速或减速工作时，窜入曲轴箱的气体很少，所以 PCV 阀开度虽小，但也足以使曲轴箱内的气体流出曲轴箱。

当发动机节气门部分开度时，由于进气管真空度比怠速时还小，所以在弹簧的作用下锥形阀与阀体间的缝隙增大（图 7-8c）。在节气门部分开度下的发动机负荷比怠速时大，窜入曲轴箱的气体较多，所以较大的 PCV 阀开度可以使所有的曲轴箱气体被吸入进气管。发动机在大负荷时节气门开度增大，进气管真空度减小，弹簧将锥形阀进一步向下推移，使 PCV 阀的开度更大（图 7-8d）。发动机大负荷时气缸压力增大，产生更多的曲轴箱气体，因此只有增大 PCV 阀的开度，才能使曲轴箱内的气体全部流进进气管。当进气管发生回火时，进气管压力增高，锥形阀落在阀座上，如同发动机不工作时一样，以防止回火进入曲轴箱而引起发动机爆炸。

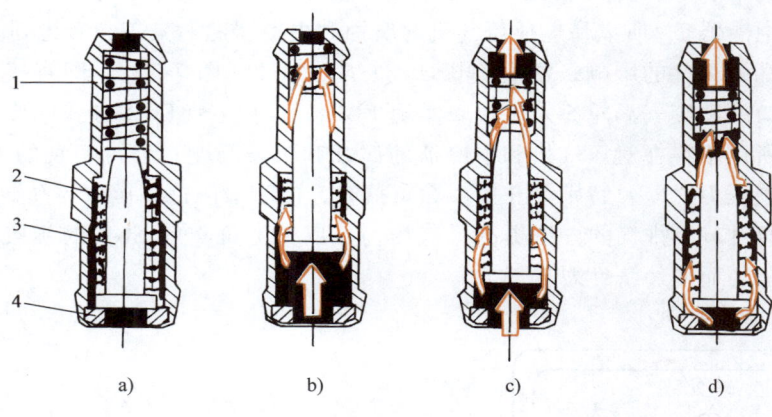

图 7-8 发动机各种工况下的 PCV 阀开度
a）发动机不工作或回火时，PCV 阀关闭　b）怠速或减速时，PCV 阀开度较小
c）中等负荷时，PCV 阀开度较大　d）加速或大负荷时，PCV 阀全开
1—PCV 阀体　2—弹簧　3—锥形阀　4—阀座

当活塞或气缸严重磨损时，将有过多的气缸内气体窜入曲轴箱，这时即使 PCV 阀开度最大也不足以使这些气体都流入进气管。在这种情况下，曲轴箱压力将会升高，部分曲轴箱气体经空气软管进入空气滤清器，再随同新鲜空气一起流入气缸。

第三节　柴油机排放控制系统

柴油机在燃烧过程中多处于混合气浓度偏稀的状态，CO 和 HC 排放量相对汽油机较少。因此对柴油机而言，其主要有害排放物是 NO_x 和微粒，而这两种排放物的生成往往是此消彼长的关系。如何有效控制 NO_x 和微粒排放，是柴油机所面临的重要课题。对于柴油机 NO_x 和微粒排放的控制，除采用燃烧系统优化设计、喷射参数优化匹配等机内控制措施之外，还可以采用排气再循环技术、选择性催化还原技术等。对微粒的控制还可以采用微粒捕集器等后处理装置。

一、排气再循环系统

排气再循环（Exhaust Gas Recirculation，EGR）是指把发动机排出的部分排气回送到进气管，并与新鲜混合气一起再次进入气缸参与燃烧过程。由于燃烧排气中含有大量的 CO_2，而 CO_2 不能燃烧却吸收大量的热，使气缸中混合气的燃烧温度降低；另一方面，排气对新鲜充量的稀释，也相应降低了氧的浓度，从而抑制了 NO_x 的生成。排气再循环是降低燃烧过程中 NO_x 生成的重要措施，既可以应用在汽油机上，也可以应用在柴油机上。

根据 EGR 的回流方式，EGR 系统分为外部 EGR 方式和内部 EGR 方式两种。

外部 EGR 方式又根据进、排气管连接方式的不同分为低压回路方式和高压回路方式，如图 7-9 所示。**低压回路 EGR 方式**是直接连接压气机 7 入口端和废气涡轮 5 出口端来实现 EGR 的方法（图 7-9a）。由于压气机 7 的入口处为负压，而废气涡轮 5 出口压力为正，所以通过连接适当的 EGR 回流管 6，就可以很容易地实现 EGR。但由于这种方式的废气直接流过压气机 7 和中冷器 8，所以易造成压气机的腐蚀和中冷器的污染等。考虑到实施 EGR 后对发动机可靠性和耐久性的影响，常用**高压回路 EGR 方式**（图 7-9b），即直接连接压气机后的中冷器 8 出口端和废气涡轮 5 入口端来实现 EGR。由于这种 EGR 方式的废气不流过压气机和中冷器，所以不存在对压气机和中冷器的腐蚀和污染问题；但可实现的 EGR 率取决于排气压力和进气压力之差。特别是在中、大负荷时，由于增压进气压力提高，所以很难实现 EGR。为此，通过节流排气的方法提高排气压力，以拓宽可实施 EGR 的领域；但这种措施由于泵气损失增加而使经济性恶化。

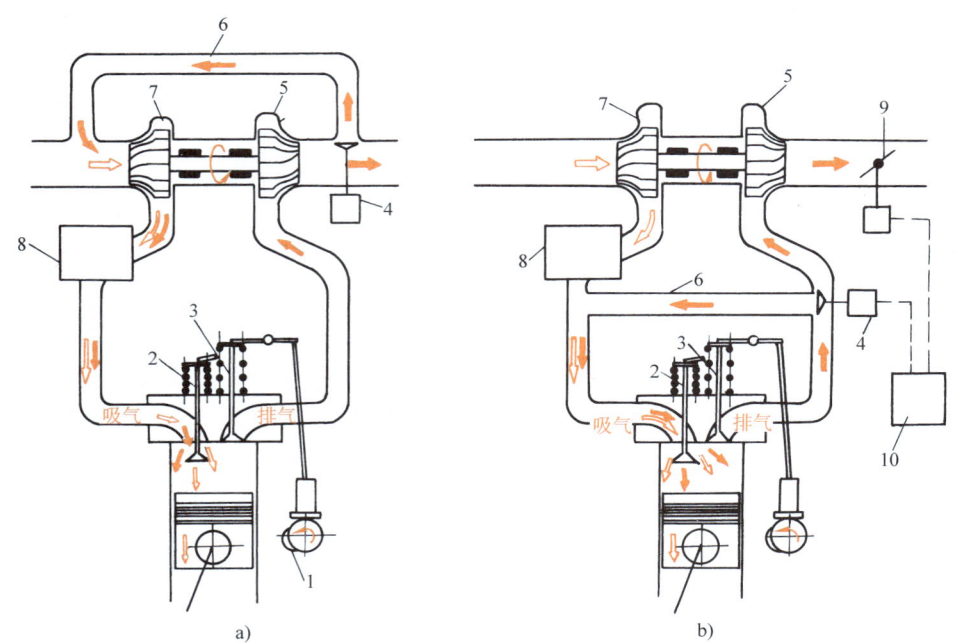

图 7-9 外部 EGR 方式
a）低压回路 EGR 方式　b）高压回路 EGR 方式
1—排气凸轮　2—进气门　3—排气门　4—EGR 阀　5—废气涡轮
6—EGR 回流管　7—压气机　8—中冷器　9—排气节流阀　10—控制单元

内部 EGR 方式是利用进、排气管中的气体脉动进行 EGR 的方式。对于发动机各工作循环，进气管和排气管中气流的压力脉动都很大。在排气行程中，气缸内的压力比较接近排气管压力；在进气行程中，气缸压力与进气管压力相近。而且在进气行程中，排气管内由于其他气缸的排气压力的作用，也存在较大的压力脉动。这种压力脉动使某一缸在进气过程中，其排气门处出现正压波。此时，如果能再次开启排气门，就可实现 EGR。这种 EGR 叫作内部 EGR 方式。为了实现内部 EGR 方式（图 7-10），在排气凸轮中除控制排气所需凸轮 1（主凸轮）以外，又增设内部 EGR 专用凸轮 2（EGR 用凸轮）。通过这种机构，在进气过程中的适当时刻再次开启排气门 3，使排出的气体回流到气缸内部，以实现 EGR。由于内部 EGR 系统不需要排气节流，所以不影响泵气损失，因而对经济性无影响，同时不需要 EGR 阀以及 EGR 管路等，结构比较简单。

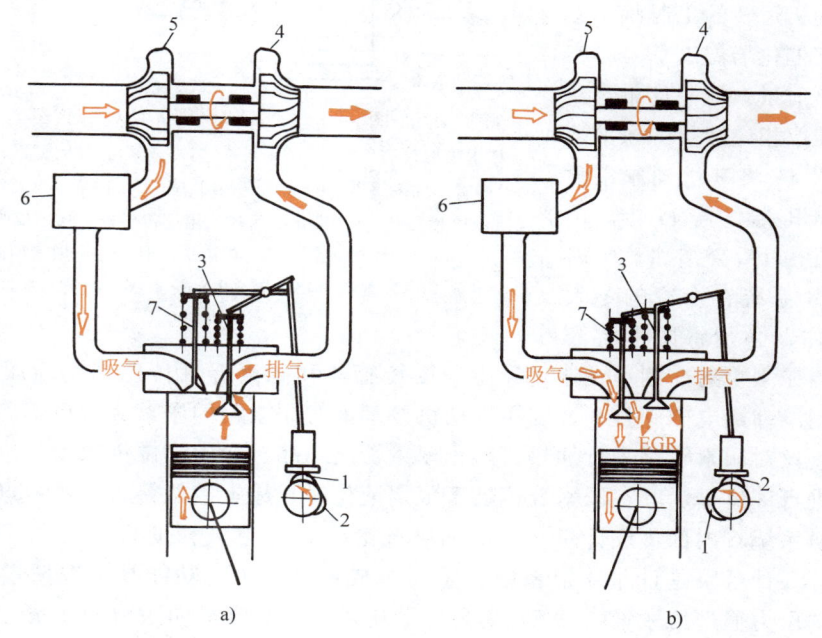

图 7-10 内部 EGR 方式
a）正常排气　b）EGR 凸轮顶开排气门（内部 EGR）
1—主凸轮　2—EGR 用凸轮　3—排气门　4—废气涡轮　5—压气机　6—中冷器　7—进气门

二、尿素喷射系统

选择性催化还原技术（Selective Catalytic Reduction，SCR）是对柴油机尾气中 NO_x 排放进行净化的一项措施，即在排气系统中利用催化剂的作用，喷入还原剂氨或者尿素，通过还原剂 NH_3 与 NO_x 进行反应，把尾气中的 NO_x 还原成 N_2 和 H_2O。柴油机通常使用尿素溶液作为还原剂，其中尿素的含量会直接影响 NO_x 的催化效率和尿素溶液的凝固点。车用尿素溶液中尿素含量为 31.8%～33.2%。在 SCR 系统中将发生复杂的物理化学反应，包括尿素水溶液的喷射、雾化、蒸发等物理过程，尿素的水解和热解气相化学反应，以及 NO_x 在催化剂表面与 NH_3 发生的催化表面化学反应。

尿素喷射排气后处理系统主要由尿素喷射控制单元（Dosing Control Unit，DCU）、尿素罐（尿素液位传感器、加热系统、尿素温度传感器）、计量喷射系统、尿素喷嘴、排气温度传感器、氮氧化物传感器、SCR 催化器、喷射线管路（尿素供液管、尿素回液管、喷射管、集成电加热）、喷嘴冷却管路等组成，如图 7-11 所示。

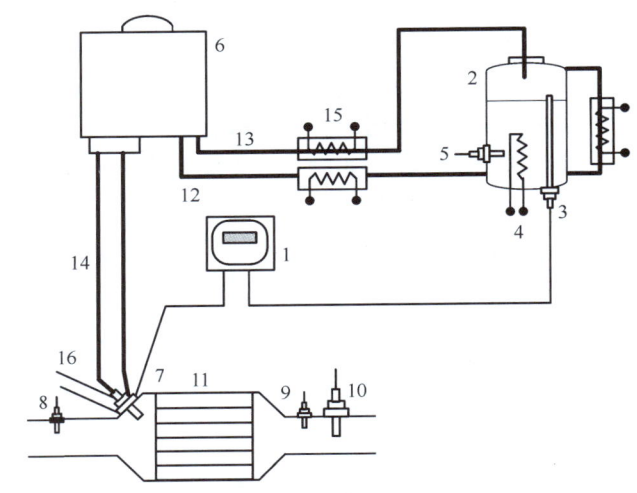

图 7-11　尿素喷射排气后处理系统

1—尿素喷射控制单元　2—尿素罐　3—尿素液位传感器　4—加热系统
5—尿素温度传感器　6—计量喷射系统　7—尿素喷嘴　8—催化器前
排气温度传感器　9—催化器后排气温度传感器　10—氮氧化物传感器
11—SCR 催化器　12—尿素供液管　13—尿素回液管
14—喷射管　15—集成电加热　16—喷嘴冷却管路

尿素喷射控制单元 1 通过 CAN 总线与发动机的控制单元进行通信，获取发动机运转的工况状态参数，同时采集催化器温度信号，实时计算尿素喷射量，控制计量泵从尿素罐 2 中抽取相应数量的尿素溶液，经喷射管 14 将其送到尿素喷嘴 7，喷入 SCR 催化器 11 内。由于尿素溶液在-11℃会结冰，所以为了保证 SCR 系统在寒冷的冬天也能正常工作，必须将尿素溶液加热解冻。当尿素喷射控制单元通过环境温度传感器和尿素温度传感器判断尿素溶液结冰后，将会控制冷却液电磁阀打开，利用发动机冷却液对尿素箱的尿素液进行解冻。同时控制尿素管路加热丝对尿素管路进行加热，防止尿素管路结冰。尿素液位传感器 3 给组合仪表提供液位信号进行液位显示。在尿素液位低于限定液位时，尿素液位警告灯将被点亮。

计量喷射系统 6 内部集成计量泵、压缩空气电磁阀（空气辅助式专用）、压力传感器、温度传感器等。计量泵是计量喷射系统的重要组成部分，主要功能是抽取尿素箱的尿素溶液，以一定的压力输送给尿素喷嘴 7，满足计量喷射系统对流量和压力的要求。尿素喷射控制单元或计量喷射系统也可以增加空气喷射辅助系统，通过控制压缩空气电磁阀向催化消声器喷入压缩空气，提升尿素溶液雾化效果。催化还原反应所要求的最低排气温度为 200℃，所以在催化器的前端和后端各安装一个排气温度传感器 8、9，用于检测催化器是否达到要求的温度，来保证催化还原反应的正常进行。氮氧化物传感器 10 用于检测催化转化器反应后 NO_x 的浓度，并将监测信号反馈给尿素喷射控制单元和发动机电控单元，用以反馈控制尿素喷射量和车载自诊断系统（OBD）监控。

当 SCR 催化剂遇到锂、钠、钾、锰等物质时，会发生中毒反应。SCR 中毒会影响 SCR 催化剂的转化效率，导致 SCR 催化剂使用寿命缩短。为保证 SCR 催化剂的正常使用，尿素溶液从生产、存储到供应过程中的每一个环节的设备使用都应该满足法规要求。

三、微粒过滤器

车用柴油机的微粒主要采用过滤法进行处理。如图 7-12 所示，微粒过滤器（Diesel Particulate Filter, DPF）的滤芯 4 由多孔陶瓷制造，它有较高的过滤效率。排气穿过多孔陶瓷滤芯进入排气歧管1,而微粒则滞留在滤芯上。过滤器工作一段时间后,须及时清除存积在滤芯上的微粒,以恢复过滤器的工作能力和减小排气阻力。为此,在过滤器入口处设置一个燃烧器5,通过喷油器6向燃烧器内喷入少量燃油,并供入二次空气,利用火花塞或电热塞3将其点燃,将滞留在滤芯上的微粒烧掉。

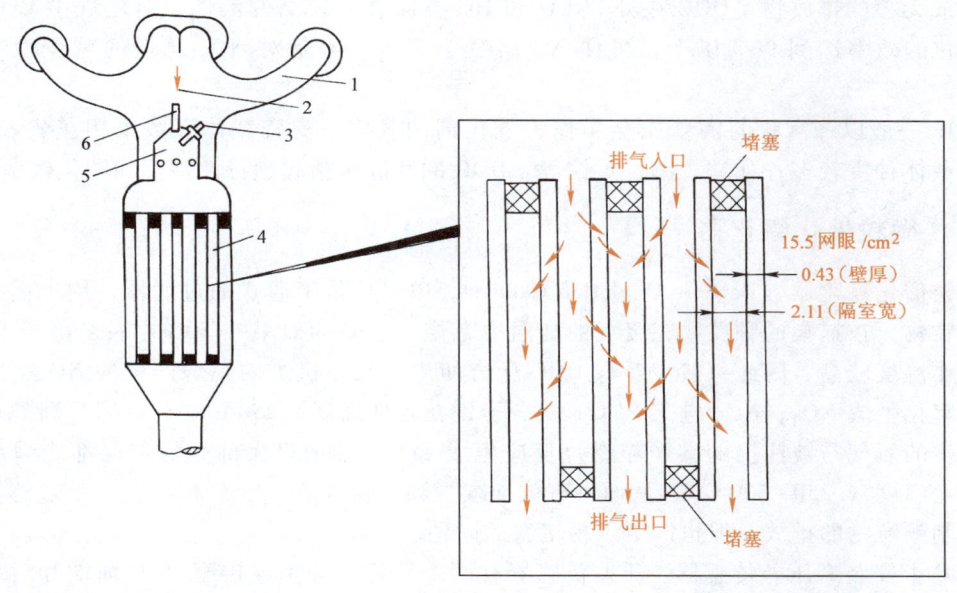

图 7-12　柴油机微粒过滤器

1—排气歧管　2—燃油　3—电热塞　4—滤芯　5—燃烧器　6—喷油器

根据微粒过滤器滤芯的材料及结构,可将滤芯分为陶瓷纤维板、陶瓷泡沫、金属网以及蜂窝状等几种。滤芯应具有高的微粒捕集效率,同时背压低、耐久可靠、易于生产。目前,满足这些要求的微粒过滤器滤芯的结构如图7-13所示,主要由多孔薄壁2和陶瓷孔塞4组合成蜂窝状。

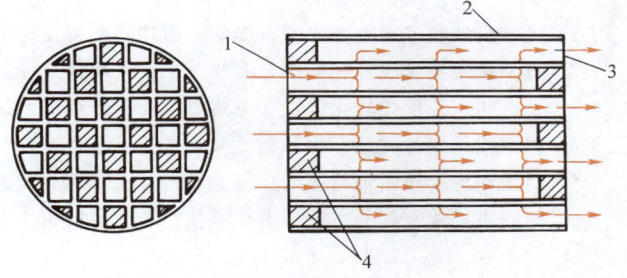

图 7-13　微粒过滤器滤芯的结构

1—入口　2—多孔薄壁　3—出口　4—陶瓷孔塞

微粒过滤器存在的最大问题是再生处理技术,即将滤芯捕集的微粒进行处理的方法。如果不处理掉滤芯捕集的微粒,则滤芯上微粒堆积过多,使排气背压升高。这样不仅影响经济性,严重时还会造成发动机停止工作。

大部分微粒可通过燃烧进行再生处理。由于微粒的着火温度约为600℃,在发动机常规运转状态下,不可能自行燃烧进行再生处理,故需要强制着火燃烧系统。目前所开发研究的再生技术,有燃烧器法、电热塞法、进排气节流法以及对燃料添加催化剂、向滤芯喷射催化剂等几种方法。

四、柴油机氧化催化器

柴油机氧化催化器（Diesel Oxidation Catalyst，DOC）可以将柴油机尾气中的有害排放物包括有机可溶性成分（SOF）、碳氢化合物（HC）、一氧化碳（CO）和颗粒物（PM）等催化转化成无害的排放物。DOC 在处理 CO 和 HC 方面具有较高的活性，对尾气中 CO、HC、SOF 转化的效率达到 90% 以上；可使 NO 转变为 NO_2，但是对 NO_x 总量的减少没有明显效果。

DOC 一般以蜂窝状的陶瓷或金属作为催化剂的载体。陶瓷载体多数采用堇青石材料，而金属载体种类较多，如铁、铜、黄铜等。DOC 的性能包括起燃特性指标和转化效率指标。

五、微粒催化氧化器

微粒催化氧化器（Particle Oxidation Catalyst，POC）是半通式的过滤器，用来捕集尾气中的颗粒物。被捕集的颗粒物在废气的高温中燃烧，去除的效果在 50% 左右，由于 POC 要求的工作温度较高，因此一般需要与 DOC 配合使用。柴油机缸内燃烧产生的 NO 经过 DOC 催化器氧化生成 NO_2；NO_2 进入 POC，其分子键在较低温度（250℃左右）即可断裂产生氧气；产生的氧气与被捕捉的碳颗粒燃烧反应生成 CO_2。柴油机大部分的工况都能满足 POC 中的再生温度（250～500℃），从而可有效地减少颗粒物排放。POC 相当于一个过滤器，能有效控制颗粒物的排放，但也产生了易堵塞的问题。

POC 上安装有压差传感器。压差传感器有两个软管，分别连接至 POC 前端和后端，用来测量 POC 前后的压差。电控单元根据该压差判断捕集器中颗粒的积聚程度。

思 考 题

7-1 内燃机的有害尾气排放物有哪些？简述其危害及产生的原因。
7-2 汽油机主要排放控制措施有哪些？主要采用什么控制原理？
7-3 什么叫三元催化转化装置？主要由哪几部分组成？其工作原理如何？
7-4 什么叫排气再循环？为什么要采用排气再循环系统？
7-5 对发动机实施曲轴箱通风有何意义？
7-6 柴油机排放控制的主要技术有哪些？与汽油机相比有何区别？

第八章

发动机冷却系统

第一节 冷却系统的功用及组成

冷却系统的功用是使发动机在所有工况下都保持在适当的温度范围内。冷却系统既要防止发动机过热,也要防止冬季发动机过冷。冷态下起动发动机之后,冷却系统还要保证发动机迅速升温,尽快达到正常的工作温度。

在发动机工作期间,最高燃烧温度可能高达2500℃;即使在怠速或中等转速下,燃烧室的平均温度也在1000℃以上。因此,与高温燃气接触的发动机零件被强烈地加热。若不及时将这些高温零件上的过多热量散发掉,则将出现下述各种不良现象:润滑油将由于高温而变质,使发动机零件之间不能保持正常的油膜;受热零件由于热膨胀过大而破坏正常的间隙;温度过高促使金属材料的力学性能下降,以致承受不了正常的负载。但冷却会消耗一部分有用的热量,因此必须适度。如果发动机冷却过度,不仅浪费了热量,而且还会引起下述各种不良后果:由于缸壁温度过低会使燃油蒸发不良,燃烧品质变坏;由于润滑油黏度加大,同样不能形成良好的润滑油膜,使摩擦损失加大;由于温度低而增加了气缸的腐蚀磨损。这些不良后果将导致发动机功率下降,经济性变坏,使用寿命降低。

发动机的冷却系统有风冷与水冷之分。以空气为冷却介质的冷却系统称风冷系统,以冷却液为冷却介质的称水冷系统。汽车发动机,尤其是轿车发动机大都采用水冷系统,只有少数汽车发动机采用风冷系统。因此,本章只介绍水冷系统。

汽车发动机的冷却系统为强制循环水冷系统,即利用水泵提高冷却液的压力,强制冷却液在发动机中循环流动。强制循环水冷系统由水泵、散热器、冷却风扇、节温器、补偿水桶、发动机机体和气缸盖中的水套以及其他附属装置等组成(图8-1)。

冷却液在强制循环水冷系统中的循环路径如图8-2所示。冷却液在水泵5中增压后,经分水管10进入发动机的机体水套9。冷却液从水套壁周围流过并从水套壁吸热而升温;然后向上流入气缸盖水套7,从气缸盖水套壁吸热之后经节温器6及散热器进水软管流入散热器2;在散热器中,冷却液向流过散热器周围的空气散热而降温;最后冷却液经散热器出水软管返回水泵,如此循环不已。在汽车行驶时或冷却风扇工作时,空气从散热器周围高速流过,以增强对冷却液的冷却。不论是铜制或不锈钢制的分水管,还是直接铸在机体上的分水道,都沿纵向开有出水孔,并与机体水套相通,离水泵越远,出水孔越大,其数目通常与气缸数相同。分水管或分水道的作用是使多缸发动机各气缸的冷却强度均匀一致。

有些发动机的水冷系统,其冷却液的循环流动方向与上述相反,可称其为逆流式水冷系

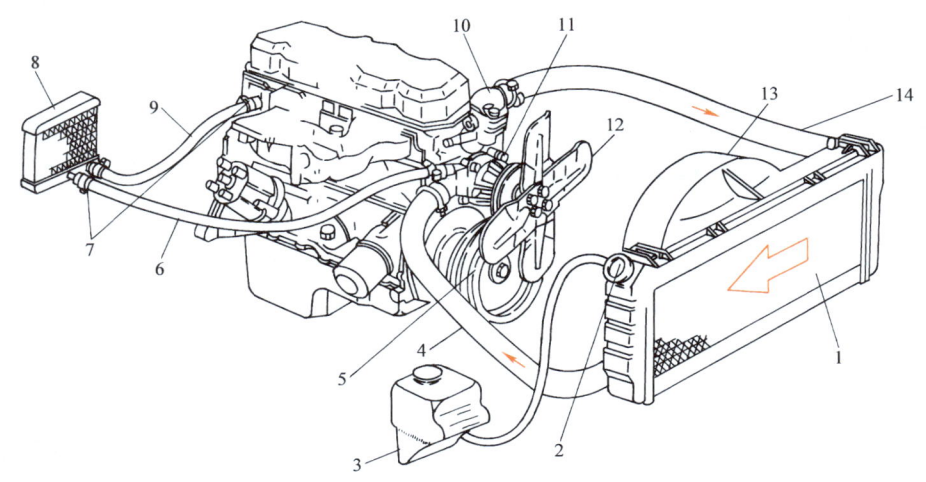

图 8-1 汽车发动机强制循环水冷系统组成

1—散热器 2—散热器盖 3—补偿水桶 4—散热器出水软管 5—风扇传动器
6—暖风机出水软管 7—管箍 8—暖风机芯 9—暖风机进水软管 10—节温器
11—水泵 12—冷却风扇 13—护风圈 14—散热器进水软管

统。在这种水冷系统中,温度较低的冷却液首先被引入气缸盖水套,然后才流过机体水套。由于它改善了燃烧室的冷却而允许发动机有较高的压缩比,从而可以提高发动机的热效率和功率。

大多数汽车装有暖风系统。暖风机是一个热交换器,也可称作**第二散热器**。在装有暖风机的水冷系统中,热的冷却液从气缸盖或机体水套经暖风机进水软管流入暖风机芯,然后经暖风机出水软管流回水泵(图 8-1)。吹过暖风机芯的空气被冷却液加热之后,一部分送到风窗玻璃除霜器,一部分送入驾驶室或车厢。

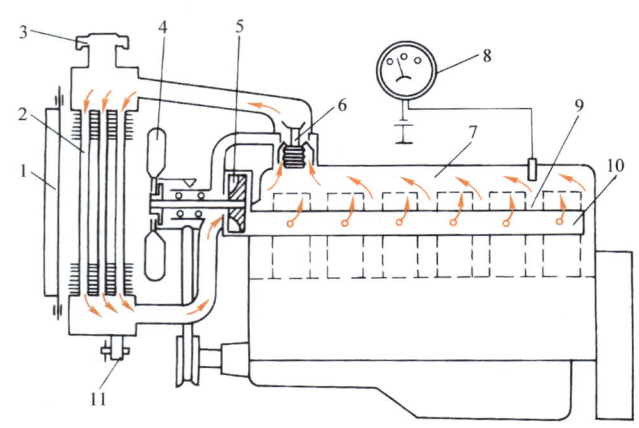

图 8-2 冷却液在强制循环水冷系统中的循环路径

1—百叶窗 2—散热器 3—散热器盖 4—风扇 5—水泵 6—节温器
7—气缸盖水套 8—水温表 9—机体水套 10—分水管 11—放水阀

第二节　冷　却　液

冷却液是水与防冻剂的混合物。 冷却液用水最好是软水，否则将在发动机水套中产生水垢，使传热受阻，易造成发动机过热。

纯净水在0℃时会结冰。如果发动机水冷系统中的水结冰，将使冷却水终止循环而引起发动机过热。更严重的是水结冰时体积膨胀，可能将机体、气缸盖和散热器胀裂。为了适应冬季行车的需要，在水中加入防冻剂制成冷却液，以防止循环冷却水冻结。最常用的防冻剂是乙二醇。冷却液中水与乙二醇的比例不同，其冰点也不同（表8-1）。50%的水与50%的乙二醇混合而成的冷却液，其冰点约为-35.5℃。

表 8-1　冷却液的冰点与乙二醇质量分数的关系

冷却液冰点/℃	乙二醇的质量分数(%)	水的质量分数(%)	密度/(kg·m^{-3})
-10	26.4	73.6	1.0340
-20	36.2	63.8	1.0506
-30	45.6	54.4	1.0627
-40	52.3	47.7	1.0713
-50	58.0	42.0	1.0780
-60	63.1	36.9	1.0833

在水中加入防冻剂还同时提高了冷却液的沸点。例如，含50%乙二醇的冷却液在大气压力下的沸点是103℃。因此，防冻剂有防止冷却液过早沸腾的附加作用。

防冻剂中通常含有防锈剂和泡沫抑制剂。防锈剂可延缓或阻止发动机水套壁及散热器的锈蚀或腐蚀。冷却液中的空气在水泵叶轮的搅动下会产生很多泡沫，这些泡沫将妨碍水套壁的散热。泡沫抑制剂能有效地抑制泡沫的产生。在使用过程中，防锈剂和泡沫抑制剂会逐渐消耗殆尽，因此，定期更换冷却液是十分必要的。

在防冻剂中，一般还要加入着色剂，使冷却液呈蓝绿色或黄色，以便识别。

第三节　散　热　器

一、散热器

发动机水冷系统中的散热器由进水室、出水室及散热器芯等三部分构成（图8-3）。冷却液在散热器芯内流动，空气在散热器芯外通过。热的冷却液由于向空气散热而变冷，冷空气则因为吸收冷却液散出的热量而升温，所以散热器是一个热交换器。

按照散热器中冷却液流动的方向，可将散热器分为纵流式和横流式两种。**纵流式**散热器芯竖直布置，上接进水室，下连出水室，冷却液由进水室自上而下地流过散热器芯进入出水室（图8-3a）。**横流式**散热器芯横向布置，左右两端分别为进、出水室，冷却液自进水室经散热器芯到出水室横向流过散热器（图8-3b）。大多数新型轿车均采用横流式散热器，这可以使发动机机罩的外廓较低，有利于改善车身前端的空气动力性。

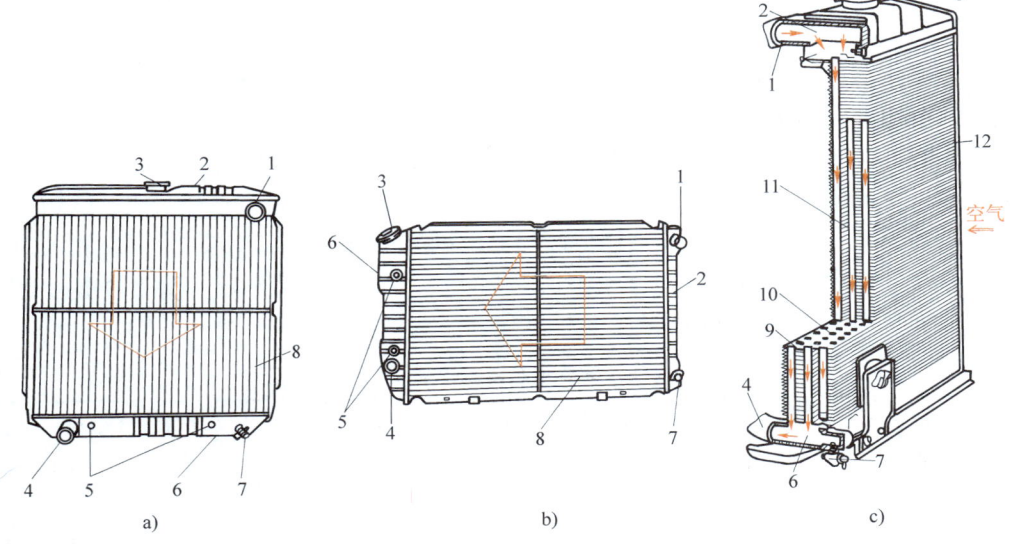

图 8-3 散热器结构

a) 纵流式散热器 b) 横流式散热器 c) 散热器局部剖切轴测图
1—进水口 2—进水室 3—散热器盖 4—出水口 5—自动变速器油冷却器进、出口
6—出水室 7—放水阀 8—散热器芯 9—内部水道 10—横隔板 11—芯部 12—肋片

散热器芯有多种结构形式（图 8-4）。**管片式散热器芯**由散热管和散热片组成。散热管是焊在进、出水室之间的直管，作为冷却液的通道，有扁管也有圆管（图 8-4a、b）。扁管与圆管相比，在容积相同的情况下有较大的散热表面，铝散热器芯多为圆管。在散热管的外表面焊有散热片以增加散热面积，增强散热能力，同时还增大了散热器的刚度和强度。管片式散热器的优点是散热面积大、气流阻力小、结构刚度好及承压能力强等。

管带式散热器芯（图 8-4c）由散热管及波形散热带组成。散热管为扁管并与波形散热带相间地焊在一起。为增强散热能力，在波形散热带上加工有鳍片。与管片式散热器芯相比，管带式的散热能力强，制造简单，质量小，成本低，但结构刚度差。

板式散热器芯（图 8-4d）的冷却液通道由成对的金属薄板焊合而成。这种散热器芯散热效果好，制造简单，但焊缝多，不坚固，容易沉积水垢，且不易维修。

管片式及管带式散热器芯有单列、双列（图 8-4b、c）及三列（图 8-4a）散热管之分。实践证明，双列散热管散热器能在有限的空间内获得最好的散热效果，因此在轿车上获得了广泛的应用。

传统的散热器芯由黄铜制造，但近年来更多的是用铝制造，而且有些散热器的进、出水室由复合塑料制造，使散热器质量大为减小。

二、散热器盖

现代汽车发动机强制循环水冷系统都用散热器盖严密地盖在散热器加冷却液口上，使水冷系统成为封闭系统，通常称这种水冷系统为闭式水冷系统。其优点是：

第八章 发动机冷却系统

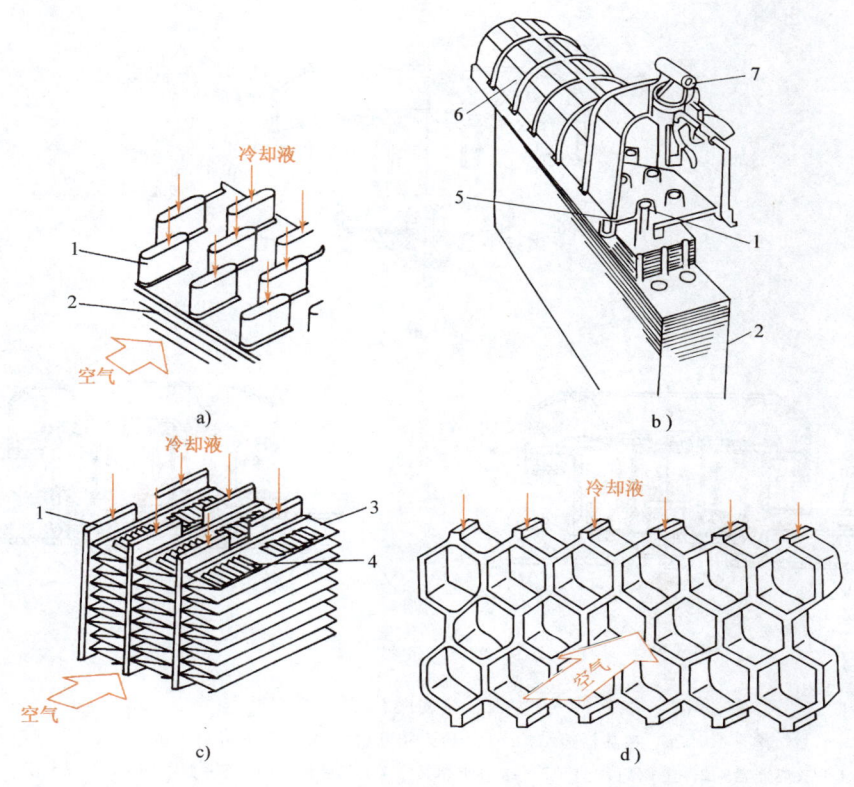

图 8-4 散热器芯结构

a）管片式（扁管） b）管片式（圆管） c）管带式 d）板式

1—散热管 2—散热片 3—散热带 4—鳍片 5—环氧树脂密封 6—进水室（塑料制） 7—放气阀

1）闭式水冷系统可使系统内的压力提高 98～196kPa，冷却液的沸点相应地提高到120℃左右，从而扩大了散热器与周围空气的温差，提高了散热器的换热效率。由于散热器散热能力的增强，可以相应地减小散热器尺寸。

2）闭式水冷系统可减少冷却液外溢及蒸发损失。

散热器盖的作用是密封水冷系统并调节系统的工作压力。当把散热器盖盖在散热器加冷却液口上并锁紧时，散热器盖的上密封衬垫在压力阀弹簧的作用下与加冷却液口的上密封面贴紧，散热器盖的下密封衬垫与加冷却液口的下密封面贴紧，这时水冷系统被封闭。散热器盖的结构及工作原理如图 8-5 所示。

当发动机工作时，冷却液的温度逐渐升高，冷却液容积膨胀，使水冷系统内的压力增高。当压力超过预定值时，压力阀开启，一部分冷却液经溢流管流入补偿水桶，以防止冷却液胀裂散热器。当发动机停机后，冷却液的温度下降，水冷系统内的压力也随之降低。当压力降到大气压力以下出现真空时，真空阀开启，补偿水桶内的冷却液部分地流回散热器，可以避免散热器被大气压力压坏。

三、补偿水桶

补偿水桶由塑料制造并用软管与散热器加冷却液口上的溢流管连接（图 8-1）。其作用

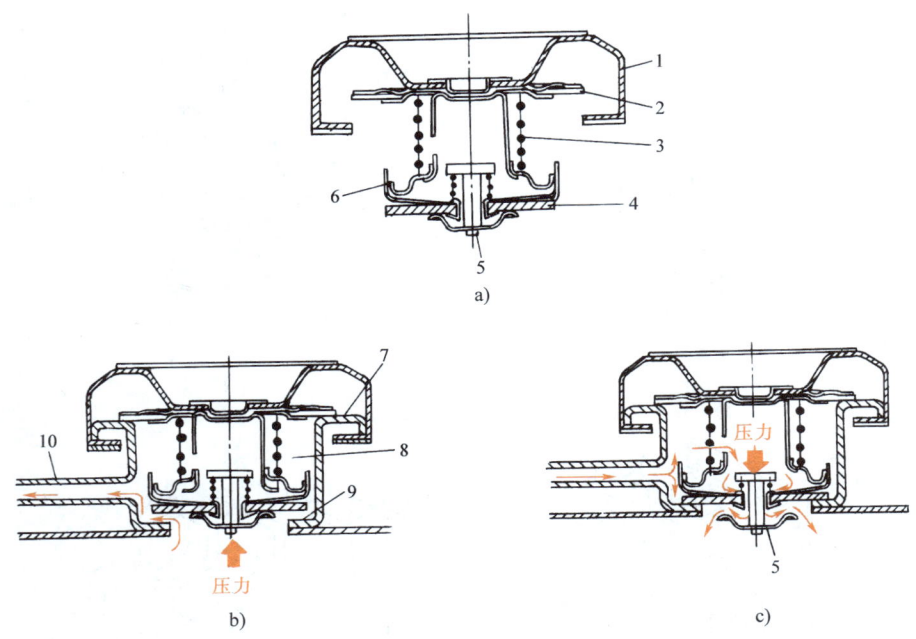

图 8-5 散热器盖的结构及工作原理
a) 散热器盖结构 b) 压力阀开启 c) 真空阀开启
1—散热器盖 2—上密封衬垫 3—压力阀弹簧 4—下密封衬垫 5—真空阀 6—压力阀
7—加冷却液口上密封面 8—加冷却液口 9—加冷却液口下密封面 10—溢流管

已如上述,即当冷却液受热膨胀时,部分冷却液流入补偿水桶;而当冷却液降温时,部分冷却液又被吸回散热器,所以冷却液不会溢失。补偿水桶内的液面有时升高,有时降低,而散热器却总是被冷却液充满,在补偿水桶的外表面上刻有"低"线和"高"线两条标记线,补偿水桶内的液面应位于两条标记线之间。若液面低于"低"线时,应向桶内补充冷却液。在向桶内添加冷却液时,液面不应超过"高"线。

补偿水桶还可消除水冷系统中的所有气泡。不论水冷系统中有空气泡或蒸汽泡,都会降低传热效果。当水冷系统中有空气时,还会增加金属被腐蚀的危险。

四、散热器百叶窗

有些货车和大客车发动机在散热器前面装有百叶窗,其作用是通过改变吹过散热器的空气流量来调节发动机的冷却强度,以保证发动机经常在适当的温度范围内工作。在发动机冷起动或暖车期间,冷却液的温度较低,这时将百叶窗部分或完全关闭,以减少吹过散热器的空气流量,使冷却液的温度迅速升高。

百叶窗可由驾驶人通过驾驶室内的手柄来操纵其开闭,也可用感温器自动控制。图 8-6 所示为货车上使用的散热器百叶窗自动控制系统。控制系统中的感温器 2 安装在散热器 1 的进水管上,用来感受来自发动机的冷却液温度。在发动机冷起动及暖车期间,百叶窗 9 关闭。当发动机达到正常工作温度后,感温器打开空气阀,使制动空气压缩机 3 产生的压缩空气进入空气缸 4,并推动空气缸内的活塞连同调整杆 5 一起下移,带动杠杆 7 使百叶窗开启。

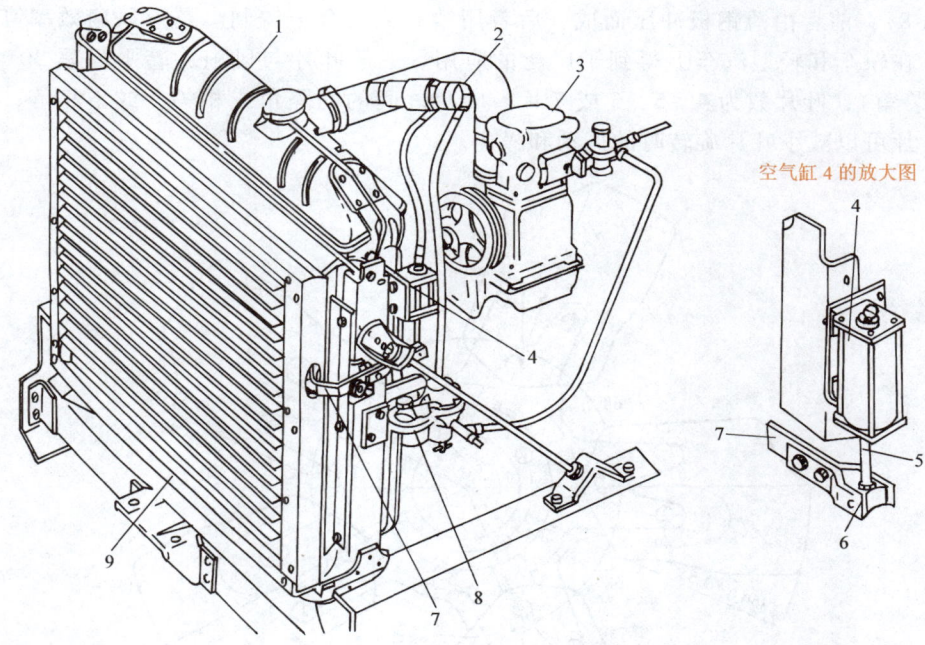

图 8-6 散热器百叶窗自动控制系统

1—散热器 2—感温器 3—制动空气压缩机 4—空气缸 5—调整杆
6—调整螺母 7—杠杆 8—空气滤清器 9—百叶窗

第四节 冷却风扇

一、风扇的功用及结构

冷却风扇置于散热器后面（图 8-7）。当发动机在车架上纵向布置时，风扇一般安装在水泵轴上，并由驱动水泵和发电机的同一根 V 带传动。风扇的功用是：当风扇旋转时吸进空气，使其通过散热器，以增强散热器的散热能力，加速冷却液的冷却。汽车发动机水冷系统多采用低压头、大风量、高效率的轴流式风扇，即风扇旋转时，空气沿着风扇旋转轴的轴线方向流动。在风扇外围装设导风罩 3，使风扇 4 吸进的空气全部通过散热器 1，以提高风扇的散热效率。

风扇的扇风量主要与风扇直径、转速、叶片形状、叶片安装角及叶片数有关。叶片的断面形状有圆弧形和翼形两

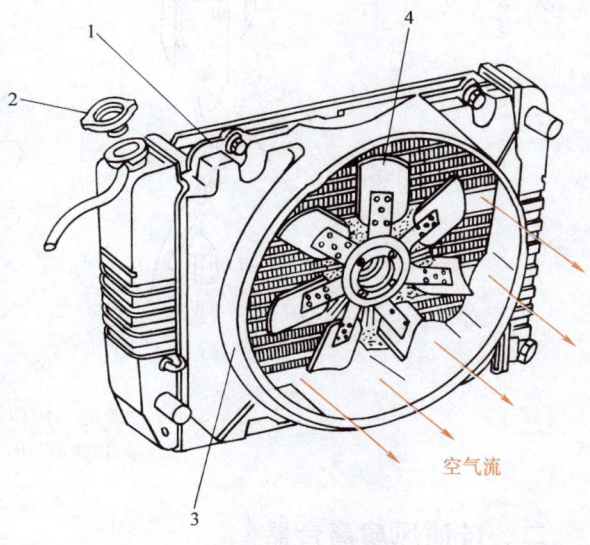

图 8-7 冷却风扇与导风罩
1—散热器 2—散热器盖 3—导风罩 4—风扇

种(图8-8),前者由薄钢板冲压而成,后者用塑料或铝合金铸制。翼形风扇效率高、消耗功率少,在轿车和轻型汽车上得到了广泛的应用。一般叶片与风扇旋转平面呈30°~45°角(叶片安装角),叶片数为4、5、6或7片。叶片之间的间隔角或相等,或不相等,间隔角不等的叶片可以减小叶片旋转时的振动和噪声。

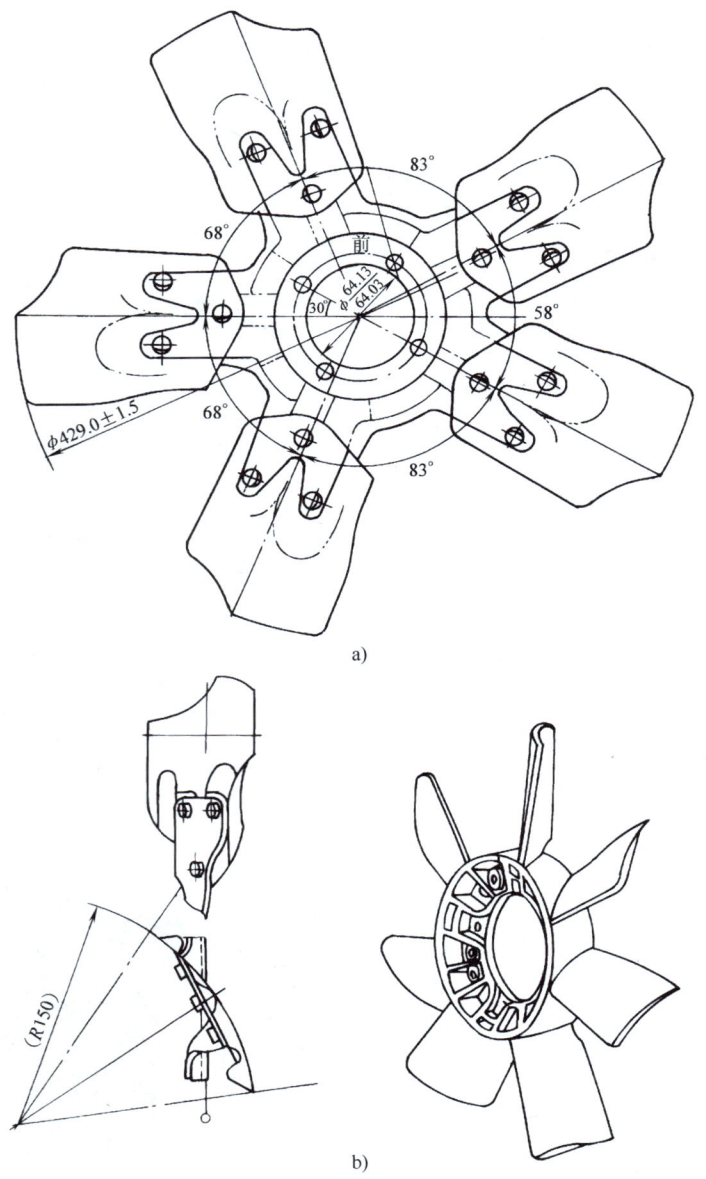

图 8-8 叶片断面为圆弧形和翼形的风扇
a) 圆弧形 b) 翼形

二、硅油风扇离合器

汽车在行驶过程中,由于环境条件和运行工况的变化,发动机的热状况也在改变。因

第八章 发动机冷却系统

此，必须随时调节发动机的冷却强度。例如，在炎热的夏季，发动机在低速、大负荷下工作，冷却液的温度很高时，风扇应该高速旋转以增加冷却风量，增强散热器的散热能力；而在寒冷的冬天，冷却液的温度较低时，或在汽车高速行驶有强劲的迎面风吹过散热器时，风扇继续工作就变得毫无意义了，不仅白白消耗发动机功率，而且还产生很大的噪声。试验证明，水冷系统只有25%的时间需要风扇工作，而在冬季需要风扇工作的时间更短。因此，根据发动机的热状况随时对其冷却强度加以调节就显得十分必要了。在风扇带轮与冷却风扇之间装置硅油风扇离合器，是实现这种调节的方法之一。

图8-9所示为硅油风扇离合器的结构，驱动轴12由发动机带动，在轴的左端装有主动板9，它随驱动轴一起旋转。从动板2固定在离合器壳体8上，从动板与离合器壳体之间的空间为工作腔。前盖7与从动板之间的空间为贮油腔，在贮油腔内装有高黏度的硅油。从动板上的进油孔A在常温时被控制阀片3所关闭，贮油腔的硅油此时不能流入工作腔内。工作腔内没有硅油，主动板上的转矩不能传到从动板上，离合器处于分离状态。驱动轴旋转时，装有风扇叶片的离合器壳体在驱动轴的轴承11上打滑，在密封毛毡圈10和轴承摩擦力作用下，以很低的转速旋转。在前盖7上，装有螺旋形的双金属片感温器5，一端固定在前盖上，另一端嵌在阀片传动销4中。当发动机负荷增大，冷却液温度升高时，通过散热器芯部气流的温度也随之升高。高温气流吹在双金属片感温器上，使双金属片受热变形，带动阀片传动销和控制阀片偏转一个角度。气流温度超过65℃后，从动板上的进油孔A被打开，贮油腔中的硅油通过此孔进入工作腔中。黏性的硅油流进主动板与从动板及主动板与离合器壳体之间的间隙中，将主动板上的

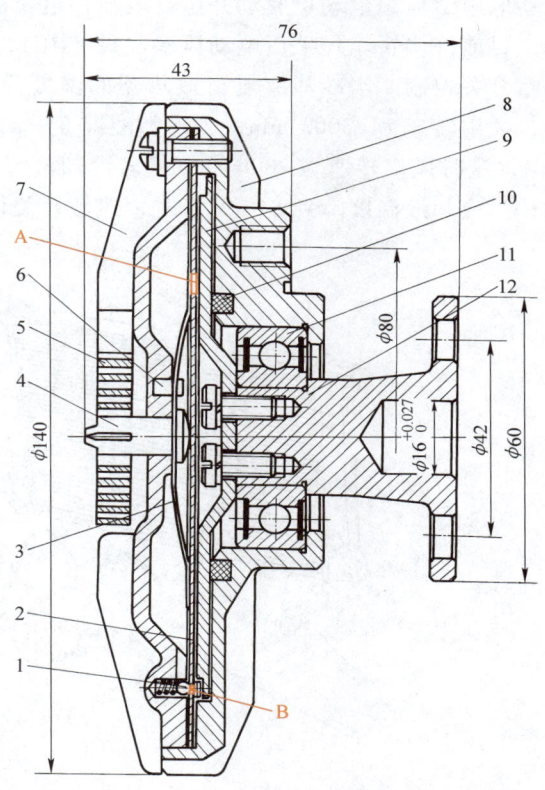

图8-9 硅油风扇离合器的结构

1—单向阀 2—从动板 3—控制阀片 4—阀片传动销
5—双金属片感温器 6—阀片限位销钉 7—前盖
8—离合器壳体 9—主动板 10—密封毛毡圈
11—轴承 12—驱动轴
A—从动板上的进油孔 B—从动板上的回油孔

转矩传给离合器壳体，带动风扇高速旋转，离合器此时处于接合状态。进入工作腔的硅油在离心力的作用下甩向外缘，顶开单向阀1并通过从动板上的回油孔B流回贮油腔，然后再进入工作腔。如此反复，形成循环。硅油在循环时将热量传给铸有散热片的前盖和离合器外壳而得到冷却，以避免工作时硅油温度过高。

当发动机因负荷下降等原因，吹向双金属片感温器的气流温度低于35℃时，控制阀片将进油孔A关闭，硅油不再进入工作腔，而原来在工作腔中的硅油仍不断地在离心力作用

下返回贮油腔,直至排空为止。离合器此时又处于分离状态,风扇空转打滑。

单向阀 1 可防止硅油在发动机不工作时从贮油腔流入工作腔中。

装上这种离合器后,不但可使发动机经常在适宜的温度下工作,而且还可以减小驱动风扇所需的功率,降低风扇噪声。

三、电动风扇

很多轿车发动机的水冷系统采用电动风扇,尤其横置发动机前轮驱动的汽车更是如此。电动风扇由风扇电动机驱动并由蓄电池供电,所以风扇转速与发动机转速无关。

目前许多轿车均采用电动风扇(图 8-10),且风扇转速均为两档。风扇转速由温控热敏电阻开关控制。当冷却液流出散热器的温度为 92~97℃ 时,热敏开关接通风扇电动机的 1 档,风扇转速为 2300r/min;当冷却液温度升高到 99~105℃ 时,热敏开关接通风扇电动机的 2 档,这时风扇转速为 2800r/min;若冷却液温度降到 92~98℃ 时,风扇电动机恢复 1 档转速;当冷却液温度降到 84~91℃ 时,热敏开关切断电源,风扇停转。

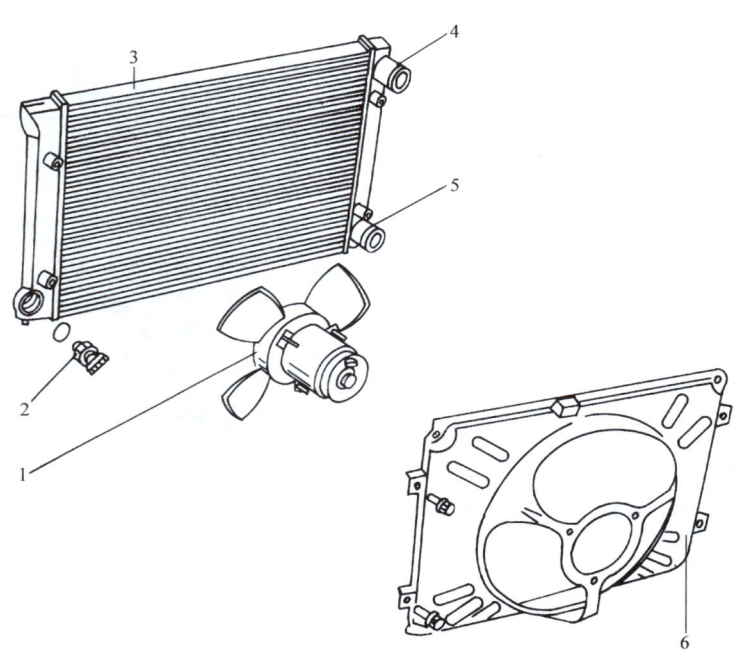

图 8-10 电动风扇、散热器及导风罩

1—电动风扇 2—温控热敏电阻开关 3—散热器 4—散热器进水口
5—散热器出水口 6—导风罩

在有些电控系统中,电动风扇由电控单元控制。冷却液温度传感器向电控单元传输与冷却液温度相关的信号。当冷却液温度达到规定值时,电控单元使风扇继电器接地,继电器触点闭合并向风扇电动机供电,风扇进入工作。

电动风扇的优点是结构简单,布置方便,不消耗发动机功率,使燃油经济性得到改善。此外,由于不需要检查、调整或更换风扇传动带而减少了维修保养工作量。

第五节 节温器

一、节温器的功用

节温器是控制冷却液流动路径的阀门。它根据冷却液温度的高低，打开或关闭冷却液通向散热器的通道。当起动冷态的发动机时，节温器关闭冷却液流向散热器的通道，这时冷却液经水泵入口直接流回机体及气缸盖水套，使冷却液迅速升温。如果不装节温器，那么，温度较低的冷却液经过散热器冷却后返回发动机，其温度将长时间不能升高，发动机也将长时间在低温下运转。同时，车厢内的暖风系统以及用冷却液加热的进气管、预热系统，都在长时间内不能发挥作用。

二、节温器结构及工作原理

1. 传统蜡式节温器

蜡式节温器有单阀型与双阀型之分。单阀蜡式节温器的结构如图 8-11a 所示。推杆 1 的一端紧固在带状上支架 2 上，而另一端则插入感温体 5 内的胶管 6 中。感温体支承在带状下支架 3 及节温器阀 8 之间。在感温体外壳与胶管中间充满精制石蜡。

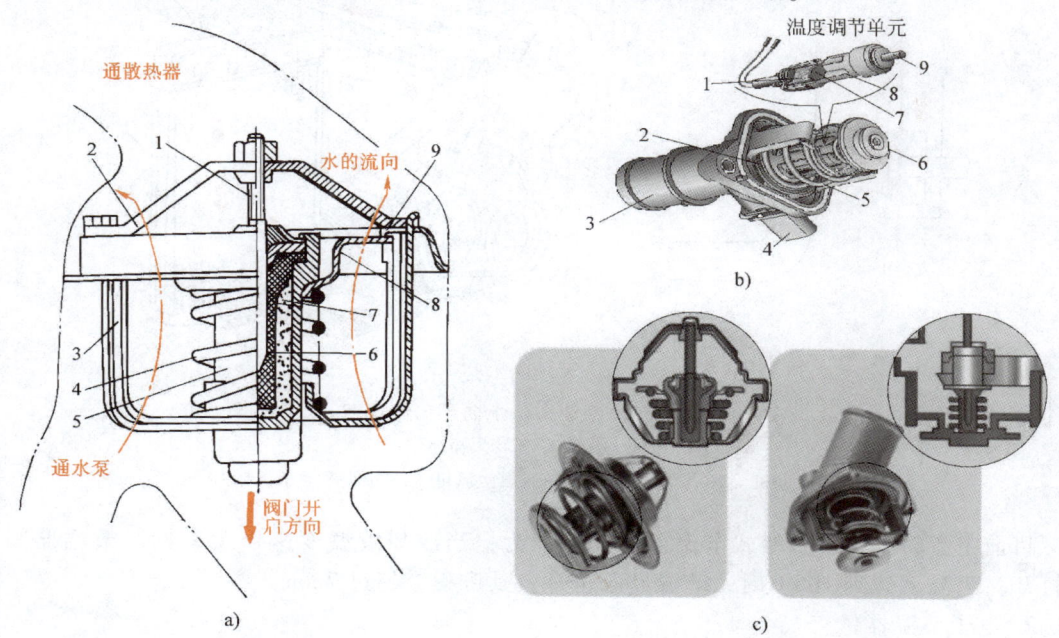

图 8-11 典型节温器结构
a) 单阀蜡式节温器的结构
1—推杆 2—上支架 3—下支架 4—弹簧 5—感温体 6—胶管 7—石蜡 8—节温器阀 9—阀座
b) 电子节温器的结构
1—热敏加热电阻 2—节温器主阀（大循环阀） 3—壳体 4—电子接插件头 5—弹簧
6—节温器副阀（小循环阀） 7—石蜡 8—膨胀元件 9—推杆（升程阀）
c) 蜡式与电子节温器的结构示意对比

当冷却液温度低于规定值时，节温器感温体内的石蜡呈固态，节温器阀在弹簧的作用下关闭冷却液流向散热器的通道，冷却液经旁通孔、水泵返回发动机，进行小循环。当冷却液温度达到规定值后，石蜡开始熔化而逐渐变成液体，体积随之增大并压迫胶管使其收缩。在胶管收缩的同时，对推杆作用以向上的推力。由于推杆上端固定，因此，推杆对胶管和感温体产生向下的反推力使阀门开启。这时冷却液经节温器阀进入散热器，并由散热器经水泵流回发动机，进行大循环（图8-12）。

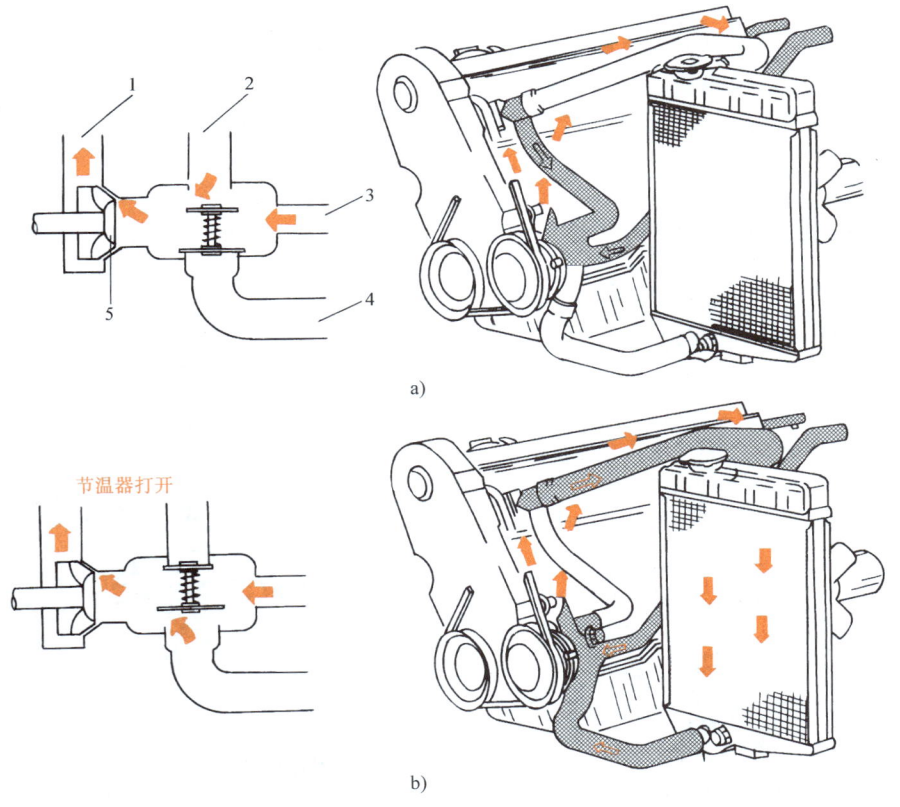

图8-12 冷却液大、小循环工作状态
a) 小循环　b) 大循环
1—通向发动机　2—来自发动机　3—来自暖风机　4—通向散热器　5—水泵

目前主流轿车均采用蜡式节温器。其特性为：当冷却液温度达到85℃时，节温器阀开始打开。当温度达到105℃时，节温器阀全开，其升程应超过7mm。

2. 电子节温器

电子节温器结构如图8-11b所示，区别于传统蜡式节温器的部件为温度调节单元，其中热敏加热电阻1直接接触石蜡7，被膨胀元件8包裹，一端固接于推杆9；热敏加热电阻1的引出线连接到电子接插件头4。蜡式与电子节温器的结构示意对比如图8-11c所示。

发动机电控单元根据传感器信号和控制策略，向石蜡内嵌的热敏加热电阻1提供12V可控占空比（PWM）电压，定量加热石蜡7，开启相应节温器主阀2或副阀6的位移，实现精细调节发动机冷却液温度。

三、节温器的布置

一般水冷系统的冷却液都是由机体流进，从气缸盖流出。大多数节温器布置在气缸盖出水管路中。这种布置方式的优点是结构简单，容易排除水冷系统中的气泡；其缺点是节温器在工作时会产生振荡现象。例如，在冬季起动冷态发动机时，由于冷却液温度低，节温器阀关闭。冷却液在进行小循环时，温度很快升高，节温器阀开启。与此同时，散热器内的低温冷却液流入机体，使冷却液又冷了下来，节温器阀重新关闭。等到冷却液温度再度升高，节温器阀又再次打开。直到全部冷却液的温度稳定之后，节温器阀才趋于稳定不再反复开闭。节温器阀在短时间内反复开闭的现象，称为节温器振荡。当出现这种现象时，将增加汽车的燃油消耗量。

节温器也可以布置在散热器的出水管路中。这种布置方式可以减轻或消除节温器振荡现象，并能精确地控制冷却液温度，但其结构复杂，成本较高，多用于高性能的汽车及在冬季经常高速行驶的汽车上。

第六节　水　泵

一、水泵的工作原理

水泵的功用是对冷却液加压，保证其在冷却系统中循环流动。

汽车发动机广泛采用离心式水泵（图8-13）。其基本结构由水泵壳体1、水泵轴2、叶轮3及进、出水管等组成。水泵壳体由铸铁或铸铝制成。叶轮由铸铁或塑料制造，叶轮上通常有6~8个径向直叶片或后弯叶片（图8-14）。进、出水管与水泵壳体铸成一体。离心式水泵的工作原理如图8-13所示。当水泵叶轮按图示方向旋转时，水泵中的冷却液被叶轮带动一起旋转，并在离心力的作用下被甩向水泵壳体的边缘，同时产生一定的压力，然后从出水管流出。在叶轮的中心处，由于冷却液被甩出而压力下降。散热器中的冷却液在水泵进口与叶轮中心的压差作用下，经进水管流入叶轮中心。

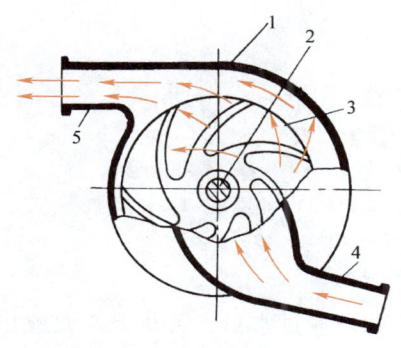

图8-13　离心式水泵的工作原理

1—水泵壳体　2—水泵轴　3—叶轮
4—进水管　5—出水管

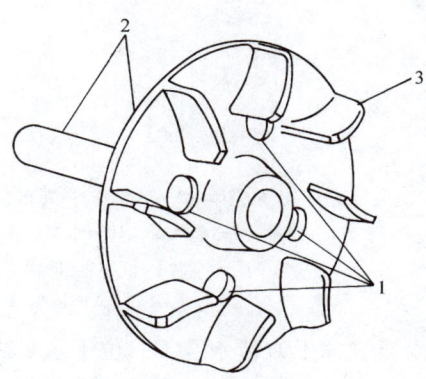

图8-14　有8个后弯叶片的水泵叶轮

1—减压孔　2—叶轮及叶轮轴　3—叶片

二、水泵的典型结构

图 8-15 所示为发动机采用离心式水泵的典型结构。水泵轴 12 的一端用两个轴承 11 支承在水泵壳体 1 内，其伸出壳体以外的部分用半圆键 13 与安装风扇带轮的凸缘盘 14 连接。水泵轴的另一端安装水泵叶轮 2，并用螺栓紧固。在叶轮 2 与轴承 11 之间装有水封，用来防止水泵内的冷却液沿水泵轴渗漏。水封中的弹簧 7 通过水封环 18 将水封皮碗 6 的一端压在水封座圈 10 上，而将皮碗的另一端压在夹布胶木密封垫圈 3 上。夹布胶木密封垫圈在弹簧的压力下与水泵叶轮毂的端面贴合。密封垫圈上有两个凸耳卡在水泵壳体上的槽孔内。因此，在水泵工作时，水封不随水泵轴旋转。

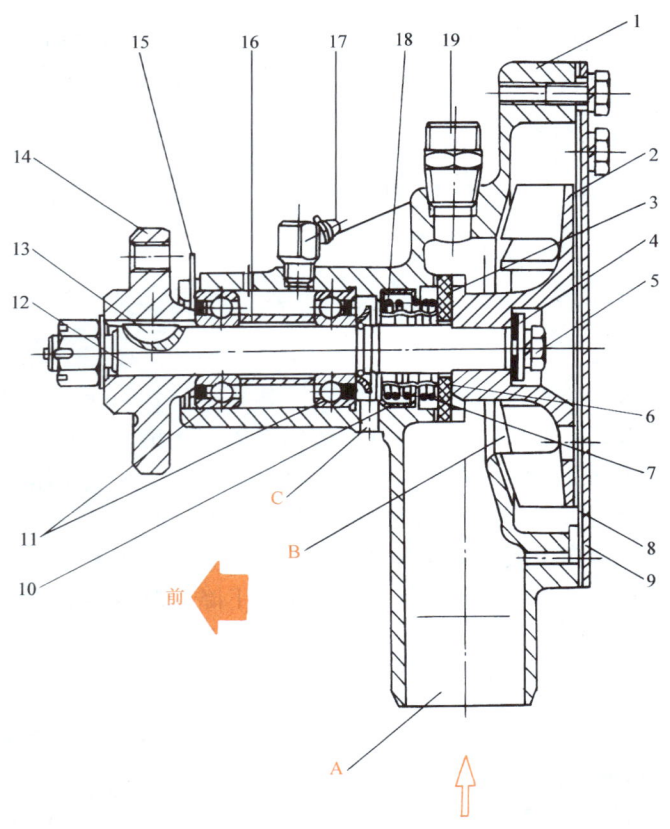

图 8-15 发动机离心式水泵的典型结构

1—水泵壳体 2—叶轮 3—夹布胶木密封垫圈 4、8—衬垫 5—螺栓 6—水封皮碗
7—弹簧 9—水泵盖 10—水封座圈 11—轴承 12—水泵轴 13—半圆键 14—凸缘盘
15—轴承卡环 16—隔离套 17—润滑脂嘴 18—水封环 19—管接头
A—进水口 B—水泵内腔 C—泄水孔

水泵壳体上有泄水孔 C，位于水封之前。一旦有冷却液漏过水封，可从泄水孔泄出，以防止冷却液进入轴承而破坏轴承的润滑。如果发动机停机后仍有冷却液渗漏，则表明水封已经损坏。

离心式水泵结构简单、尺寸小、排量大且工作可靠，因此得到了广泛的应用。

三、水泵的传动

1. 机械水泵

水泵一般由曲轴通过 V 带或带肋的 V 带传动,传动带环绕在曲轴带轮与水泵带轮之间,因此水泵转速与发动机转速成比例。某型轿车发动机的水泵即由曲轴通过 V 带传动,水泵转速为曲轴转速的 1.6 倍。

有些发动机的水泵由凸轮轴直接驱动。

2. 电动水泵

图 8-16 为电动水泵典型结构。常见的有无刷和有刷电动水泵,电控单元按照实际冷却需求,控制电动机 3 驱动水泵轴 4 旋转。

图 8-16 电动水泵典型结构
1—水泵壳体 2—电子接插件头
3—电动机 4—水泵轴 5—叶轮
A—进水口 B—出水口

思 考 题

8-1 冷却系统的功用是什么?发动机的冷却强度为什么要调节?如何调节?

8-2 若发动机正常工作一段时间后停机,冷却系统中的冷却液会发生什么现象?

8-3 何谓纵流式和横流式散热器?横流式比纵流式有何优点?

8-4 为什么在汽车空调系统运行时,电动风扇需连续不停地工作?

8-5 如果蜡式节温器中的石蜡漏失,节温器将处于怎样的工作状态?发动机会出现什么故障?

第九章

发动机润滑系统

第一节　润滑系统的功用及组成

一、润滑系统功用

发动机工作时，很多传动零件都是在很小的间隙下做高速相对运动的，如曲轴主轴颈与主轴承，曲柄销与连杆轴承，凸轮轴颈与凸轮轴轴承，活塞、活塞环与气缸壁面，配气机构各运动副及传动齿轮副等。尽管这些零件的工作表面都经过精细的加工，但放大来看这些表面却是凹凸不平的（图9-1）。若不对这些表面进行润滑，它们之间将发生强烈的摩擦。金属表面之间的干摩擦不仅增加发动机的功率消耗，加速零件工作表面的磨损，而且还可能由于摩擦产生的热将零件工作表面烧损，致使发动机无法运转。

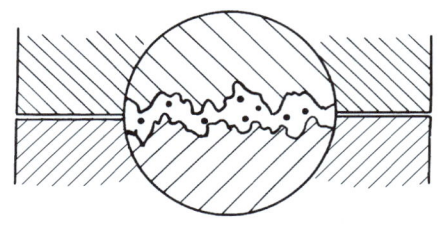

图9-1　干摩擦零件表面局部放大图

润滑系统的功用就是在发动机工作时连续不断地把数量足够的洁净润滑油（或称为机油）输送到全部传动件的摩擦表面，并在摩擦表面之间形成油膜，实现液体摩擦，从而减小摩擦阻力、降低功率消耗、减轻部件磨损，达到提高发动机工作可靠性和耐久性的目的。

二、润滑方式

由于发动机传动件的工作条件不尽相同，因此，对负荷及相对运动速度不同的传动件采用不同的润滑方式。

（1）压力润滑　压力润滑是以一定的压力把润滑油供入摩擦表面的润滑方式。这种方式主要用于主轴承、连杆轴承及凸轮轴轴承等负荷较大的摩擦表面的润滑。

（2）飞溅润滑　利用发动机工作时运动件溅泼起来的油滴或油雾润滑摩擦表面的润滑方式称飞溅润滑。该方式主要用来润滑负荷较小的气缸壁面和配气机构的凸轮、挺柱、气门杆以及摇臂等零件的工作表面。

（3）润滑脂润滑　通过润滑脂嘴定期加注润滑脂来润滑零件的工作表面，如水泵。

三、润滑系统组成

为了实现润滑系统的功用，汽车发动机润滑系统由下列零部件组成：

(1) 机油泵　其功用是保证润滑油在润滑系统内循环流动，并在发动机任何转速下都能以足够高的压力向润滑部位输送足够数量的润滑油。

(2) 机油滤清器　其用来滤除润滑油中的金属磨屑、机械杂质和润滑油氧化物。若这些杂质随同润滑油进入润滑系统，将加剧发动机零件的磨损，还可能堵塞油管或油道。

(3) 机油冷却器　在热负荷较高的发动机上装备机油冷却器，用来降低润滑油的温度。润滑油在循环过程中由于吸热而温度升高，若润滑油温度过高，则其黏度下降，不利于在摩擦表面形成油膜；此外，还会加速润滑油老化变质，缩短润滑油使用期。

(4) 油底壳　它是存储润滑油的容器。

(5) 集滤器　它是用金属丝编织的滤网，是润滑系统的进口，用来滤除润滑油中粗大的杂质，防止其进入机油泵。

除此之外，润滑系统还包括润滑油压力表、温度表和润滑油管道等。

四、润滑系统油路

现代汽车发动机的润滑系统油路大致相同。图9-2所示为汽车发动机润滑系统示意图。在此系统中，曲轴的主轴颈、曲柄销、凸轮轴轴颈及中间轴（分电器和机油泵的传动轴）轴颈均采用压力润滑，其余部分则采用飞溅润滑或润滑脂润滑。

当发动机工作时，润滑油从油底壳4经集滤器3被机油泵2送入机油滤清器7。如果油压太高，则润滑油经机油泵上的溢流阀6返回机油泵入口。全部润滑油经滤清器滤清之后进入发动机主油道8。滤清器盖上设有旁通阀1，当滤清器堵塞时，润滑油不经过滤清器滤清，而由旁通阀直接进入主油道。润滑油经主油道进入五条分油道9，分别润滑五个主轴承。然后，润滑油经曲轴上的斜油道，从主轴承流向连杆轴承润滑曲柄销。主油道中的部分润滑油经第6条分油道供入中间轴11的后轴承。中间轴的前轴承由机油滤清器出油口的一条油道供油润滑。主油道的另一条分油道直通凸轮轴轴承润滑油道，此油道也有五个分油道，分别向五个凸轮轴轴承供油。在

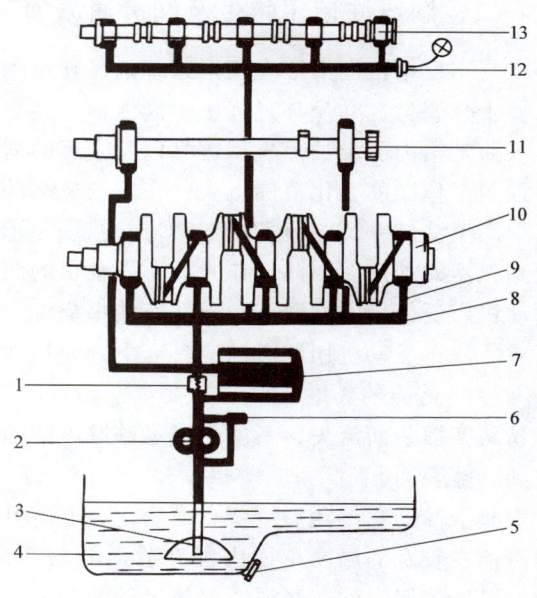

图9-2　汽车发动机润滑系统示意图

1—旁通阀　2—机油泵　3—集滤器　4—油底壳　5—放油塞
6—溢流阀　7—机油滤清器　8—主油道　9—分油道
10—曲轴　11—中间轴　12—限压阀　13—凸轮轴

凸轮轴轴承润滑油道的后端，也就是整个压力润滑油路的终端，装有最低润滑油压力报警开关。当发动机起动之后，润滑油压力较低，最低油压报警开关触点闭合，油压指示灯亮。当润滑油压力超过31kPa时，最低油压报警开关触点断开，指示灯熄灭。另外，在机油滤清器上也装有润滑油压力开关。当发动机转速超过2150r/min时，润滑油压力若低于180kPa，则开关触点闭合，警告灯闪亮，同时蜂鸣器也鸣响报警。

第二节 润滑剂

汽车发动机润滑剂包括润滑油和润滑脂两种。

一、润滑油功用

循环于润滑系统中的润滑油有如下功用：

（1）润滑　润滑油在运动零件的所有摩擦表面之间形成连续的油膜，以减小零件之间的摩擦。

（2）冷却　润滑油在循环过程中流过零件工作表面，可以降低零件的温度。

（3）清洗　润滑油可以带走摩擦表面产生的金属碎末及冲洗掉沉积在气缸、活塞、活塞环及其他零件上的积炭。

（4）密封　附着在气缸壁、活塞及活塞环上的油膜，可起到密封防漏的作用。

（5）防锈　润滑油有防止零件发生锈蚀的作用。

二、润滑油使用特性及润滑油添加剂

汽车发动机润滑油在润滑系统内循环流动，循环次数每小时可达100次。润滑油的工作条件十分恶劣，在循环过程中，润滑油与高温的金属壁面及空气频频接触，不断氧化变质。窜入曲轴箱内的燃油蒸气、废气以及金属磨屑和积炭等，使润滑油受到严重污染。另外，润滑油的工作温度变化范围很大：在发动机起动时，为环境温度；在发动机正常运转时，曲轴箱中润滑油的平均温度可达95℃或更高；同时，润滑油还与180～300℃的高温零件接触，受到强烈的加热。因此，作为汽车发动机的润滑油，必须具备优良的使用性能。目前，汽车发动机广泛使用的润滑油，以从石油中提炼出来的润滑油为基础油，再加入各种添加剂混合而成。汽车发动机用润滑油应具有下列使用性能：

（1）适当的黏度　油的黏度对发动机的工作有很大影响。黏度过小，在高温、高压下容易从摩擦表面流失，不能形成足够厚度的油膜；黏度过大，冷起动困难，润滑油不能被泵送到摩擦表面。

润滑油的黏度随温度变化而变化。温度升高，黏度减小；温度降低，黏度增大。为了使润滑油在较宽的温度范围内都有适当的黏度，必须在基础油中加入增稠剂。添加增稠剂之后，可以使润滑油在高温时保持足够的黏度，而在低温时黏度增加不多。

（2）优异的氧化安定性　氧化安定性是指润滑油抵抗氧化作用不使其性质发生永久变化的能力。当润滑油在使用与储存过程中与空气中的氧气接触而发生氧化作用时，润滑油的颜色变暗，黏度增加，酸性增大，并产生胶状沉积物。氧化变质的润滑油将腐蚀发动机零件，甚至破坏发动机的工作。

汽车发动机，尤其是高性能发动机的润滑油，经常在高温下与氧气接触，这就要求润滑油具有优异的热氧化安定性。为此，要在润滑油中添加氧化抑制剂。

（3）良好的防腐性　润滑油在使用过程中不可避免地被氧化而生成各种有机酸。这类酸性物质对金属零件有腐蚀作用，可能使铜铅和镉镍一类的轴承表面出现斑点、麻坑或使合金层剥落。

为提高润滑油的防腐性，除增加润滑油的精制程度外，还要在润滑油中加入防腐添加剂。

（4）较低的起泡性　由于润滑油在润滑系统中快速循环和飞溅，必然会产生泡沫。如果泡沫太多，或泡沫不能迅速消除，将造成摩擦表面供油不足。控制泡沫生成的方法，是在润滑油中添加泡沫抑制剂。

（5）强烈的清净分散性　润滑油的清净分散性是指润滑油分散、疏松和移走附着在零件表面上的积炭和污垢的能力。为使润滑油具有清净分散性，必须加入清净分散添加剂。

（6）高度的极压性　在摩擦表面之间的油膜厚度小于 $0.3\sim0.4\mu m$ 的润滑状态，称为边界润滑。习惯上，把高温、高压下的边界润滑称为极压润滑。润滑油在极压条件下的抗摩性叫作极压性。现代汽车发动机的轴承及配气机构等零件的润滑，即为极压润滑。为了提高润滑油的极压性，避免在极压润滑的条件下润滑油被挤出摩擦表面，必须在润滑油中加入极压添加剂。极压添加剂与金属表面起化学反应，形成强韧的油膜，借以提供对零件的极压保护。

三、润滑油分类

国际上广泛采用美国 SAE 黏度分类法和 API 使用分类法，而且它们已被国际标准化组织（ISO）确认。

美国工程师学会（SAE）按照润滑油的黏度等级，把润滑油分为冬季用润滑油和非冬季用润滑油。冬季用润滑油有 6 种牌号：SAE0W、SAE5W、SAE10W、SAE15W、SAE20W 和 SAE25W。非冬季润滑油有 4 种牌号：SAE20、SAE30、SAE40 和 SAE50。号数较大的润滑油黏度较大，适于在较高的环境温度下使用。

上述牌号的润滑油只有单一的黏度等级，当使用这种润滑油时，汽车驾驶人需根据季节和气温的变化随时更换润滑油。目前使用的润滑油大多数具有多黏度等级，其牌号有 SAE5W-20、SAE10W-30、SAE15W-40、SAE20W-40 等。例如，SAE10W-30 在低温下使用时，其黏度与 SAE10W 一样；而在高温下，其黏度又与 SAE30 相同。因此，一种润滑油可以冬夏通用。

API 使用分类法是美国石油学会（API）根据润滑油的性能及其最适合的使用场合，把润滑油分为 S 系列和 C 系列两类。S 系列为汽油机油（汽油机用润滑油），目前有 SA、SB、SC、SD、SE、SF、SG 和 SH 共 8 个级别。C 系列为柴油机油（柴油机用润滑油），目前有 CA、CB、CC、CD 和 CE 共 5 个级别。级号越靠后，使用性能越好，适用的机型越新或强化程度越高。其中，SA、SB、SC 和 CA 等级别的润滑油，除非汽车制造厂特别推荐，否则已不再使用。

我国的润滑油分类法参照采用 ISO 分类方法。GB/T 28772—2012 规定，按润滑油的性能和使用场合分为：

1）汽油机油：SE；SF；SG；SH、GF-1；SJ、GF-2；SL、GF-3；SM、GF-4；SN、GF-5 8 个级别。

2）柴油机油：CC、CD、CF、CF-2、CF-4、CG-4、CH-4、CI-4、CJ-4 9 个级别。

每一种使用级别又有若干种单一黏度等级和多黏度等级的润滑油牌号。例如 CC 级润滑油有 3 个单一黏度等级和 6 个多黏度等级的润滑油牌号，它们分别是 30、40 和 50 号及 5W-30、5W-40、10W-30、10W-40、15W-40 和 20W-40。

四、润滑油选用

1) 根据汽车发动机的强化程度选用合适的润滑油使用级。汽油机的强化程度往往与生产年份有关。后生产的汽车比早年生产的汽车强化程度高,应选用使用级较高的润滑油。

柴油机的强化程度用强化系数 K 表示。强化系数为

$$K = p_{me} c_m \tau$$

式中,p_{me} 为平均有效压力(MPa);c_m 为活塞平均速度(m/s);τ 为冲程系数(四冲程 $\tau=0.5$,二冲程 $\tau=1$)。

$K \leq 50$ 时,选用 CC 级润滑油;$K > 50$ 时,应选用 CD 级润滑油。

2) 根据地区的季节气温选用适当黏度等级的润滑油。按当地的环境温度选用润滑油时,可参考图 9-3。

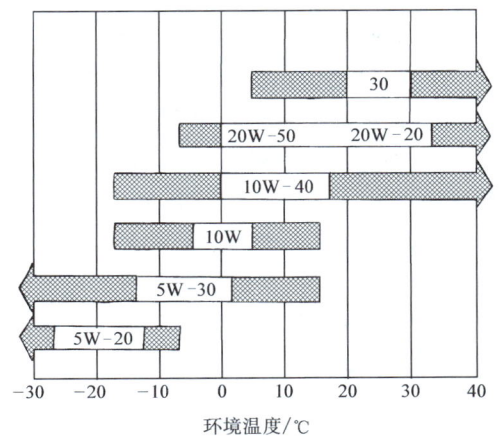

图 9-3 按当地环境温度选用润滑油

五、合成润滑油

合成润滑油是利用化学合成方法制成的润滑剂。其主要特点是有良好的黏度-温度特性,可以满足大温差的使用要求;有优良的热氧化安定性,可长期使用不需更换。使用合成润滑油,发动机的燃油经济性会稍有改善,并可降低发动机的冷起动转速。目前,合成润滑油的价格比从石油提炼出来的润滑油贵。但是,随着生产规模的扩大和制造工艺的改进,合成润滑油的价格将会越来越便宜。未来将是合成润滑油的时代。

六、润滑脂

润滑脂是将稠化剂掺入液体润滑剂中所制成的一种稳定的固体或半固体产品,其中可以加入旨在改善润滑脂某种特性的添加剂。

润滑脂在常温下可附着于垂直表面而不流淌,并能在敞开或密封不良的摩擦部位工作,具有其他润滑剂所不能代替的特点。因此,在汽车的许多部位都使用润滑脂润滑。

目前,进口汽车和国产新车普遍推荐使用汽车通用锂基润滑脂(GB/T 5671—2014)。这种润滑脂具有良好的高低温适应性,可在 -30~120℃ 的较宽温度范围内使用;具有良好的抗水性和防锈性能,可用于潮湿和与水接触的摩擦部位;具有良好的安定性和润滑性,在高速运转的机械部位使用,不变质、不流失,保证良好润滑。它能够满足我国从哈尔滨到海南岛广大地区汽车的使用要求,与使用钙基或复合钙基润滑脂相比,可以延长换油期 2 倍,使润滑和维护费下降 40% 以上。

第三节 机 油 泵

机油泵结构形式可分为齿轮式和转子式两类。齿轮式机油泵又分内接齿轮式和外接齿轮

式，一般把后者称为齿轮式机油泵。

一、齿轮式机油泵

齿轮式机油泵工作原理如图9-4所示。在机油泵体6内装有一对外啮合齿轮2和5，齿轮的端面由机油泵盖封闭，泵体、泵盖和齿轮的各个齿槽组成工作腔。当齿轮按图示方向旋转时，进油腔1的容积由于轮齿逐渐脱离啮合而增大，腔内产生一定的真空，润滑油从油底壳经进油口被吸入进油腔，随后又被轮齿带到出油腔3。出油腔的容积由于轮齿逐渐进入啮合而减小，使润滑油压力升高，润滑油经出油口被压入发动机机体上的润滑油道。在发动机工作时，机油泵齿轮不停地旋转，润滑油便连续不断地流入润滑油道，经过滤清之后被送到各润滑部位。

当轮齿进入啮合时，封闭在轮齿顶隙内的润滑油压力急剧升高，使齿轮受到很大的推力，并使机油泵轴衬套的磨损加剧。如能将顶隙内的润滑油及时引出，油压自然降低。为此，特在泵盖上加工一道卸压槽4，使轮齿顶隙内被挤压的润滑油通过卸压槽流入出油腔。

齿轮式机油泵的典型结构如图9-5所示。进油口A经

机油泵

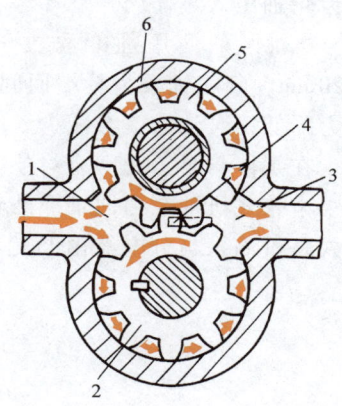

图9-4 齿轮式机油泵工作原理
1—进油腔 2—机油泵主动齿轮
3—出油腔 4—卸压槽
5—机油泵从动齿轮
6—机油泵体

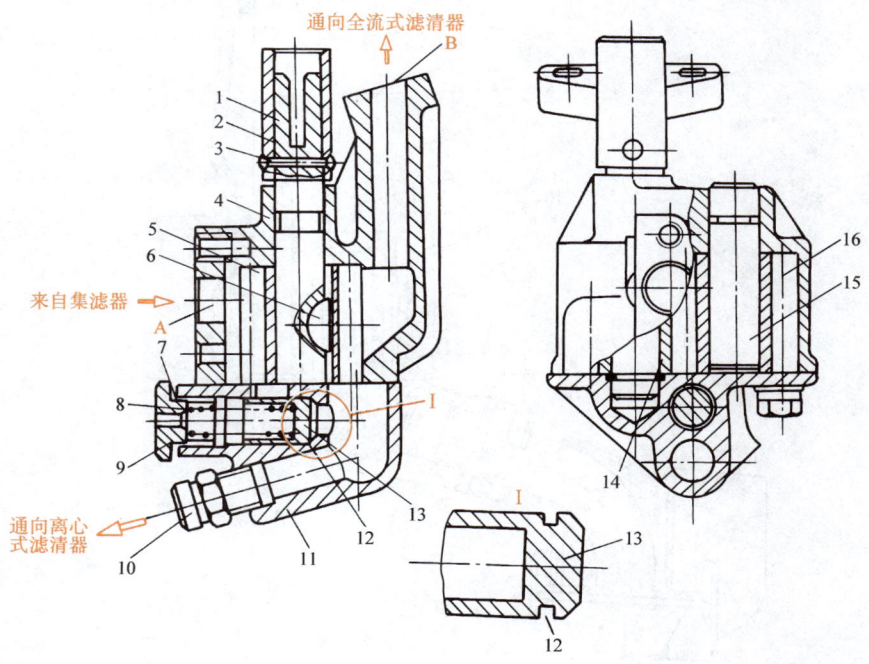

图9-5 齿轮式机油泵的典型结构
1—主动齿轮轴 2—连轴套 3—铆钉 4—机油泵体 5—主动齿轮 6—半圆键 7—垫片 8—限压阀弹簧 9—螺塞
10—管接头 11—机油泵盖 12—集垢槽 13—柱塞式限压阀 14—挡圈 15—从动齿轮轴 16—从动齿轮
A—进油口 B—出油口

进油管与集滤器相连，出油口 B 与机体上的油道及机油滤清器相通，管接头 10 经油管与润滑油细滤器连接。

在机油泵体 4 上装有主动齿轮轴 1，主动齿轮轴上端通过连轴套 2 与机油泵传动轴连接，下端则用半圆键 6 与主动齿轮 5 装配在一起。从动齿轮 16 滑套在从动齿轮轴 15 上，从动齿轮轴压入泵体内。

<u>机油泵的使用性能取决于齿轮与泵体的配合间隙。</u>齿轮与泵体的顶隙一般不超过 0.20mm，新机油泵齿轮端面间隙不超过 0.05，磨损极限值为 0.20mm。间隙过大，润滑油压力降低，泵油量就会减少。

在泵体与泵盖之间有衬垫，既可以防止漏油，又可以用来调整齿轮的端面间隙。

齿轮式机油泵由曲轴或凸轮轴经中间传动机构驱动。汽油机的齿轮式机油泵典型的传动方式是机油泵与分电器由凸轮轴或中间轴上的曲线齿齿轮经同一个传动轴驱动（图 9-6）。

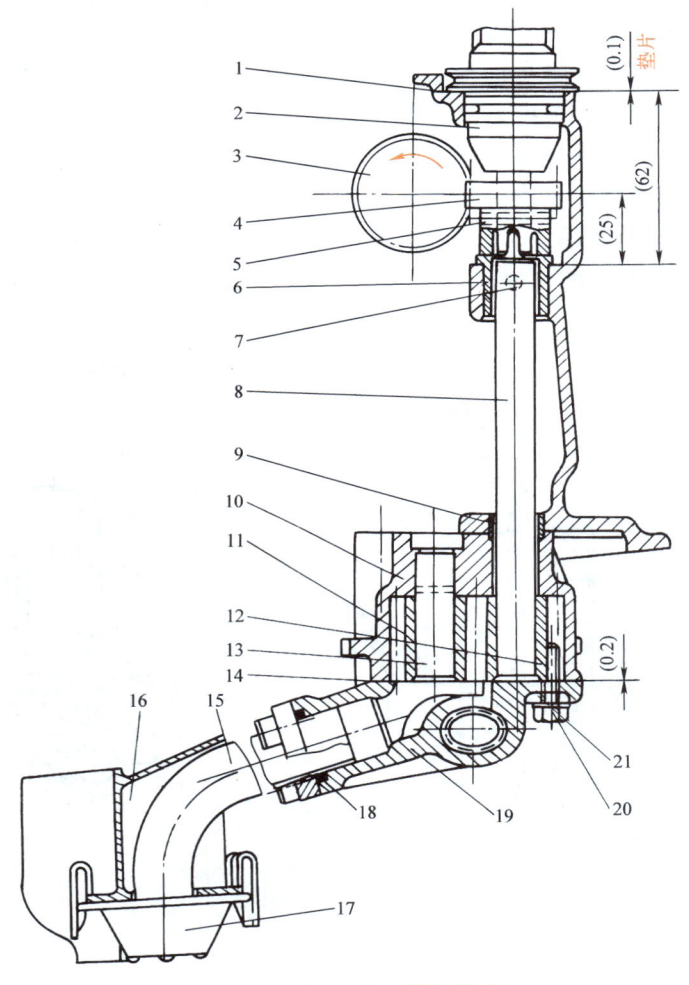

图 9-6　齿轮式机油泵的传动

1—密封衬垫　2—分电器轴　3—中间轴曲线齿齿轮　4—分电器轴从动齿轮　5—定位销　6—机油泵主动轴衬套　7—定位销孔　8—机油泵主动轴　9—定位套　10—机油泵体　11—机油泵从动齿轮　12—机油泵主动齿轮　13—从动齿轮轴　14—衬垫　15—进油管　16—支架　17—集滤器　18—O 形圈　19—机油泵盖　20—螺栓　21—垫圈

齿轮式机油泵的优点是效率高,功率损失小,工作可靠;缺点是需要中间传动机构,制造成本相应较高。

二、内接齿轮式机油泵

内啮合齿轮式机油泵也称内接齿轮泵,其工作原理与外啮合齿轮式机油泵或齿轮式机油泵相同。

内接齿轮式机油泵的结构如图9-7所示。其外齿轮是主动齿轮,套在曲轴前端,通过花键由曲轴直接驱动。内接齿轮是从动齿轮,装在机油泵体内,泵体固定在机体前端。

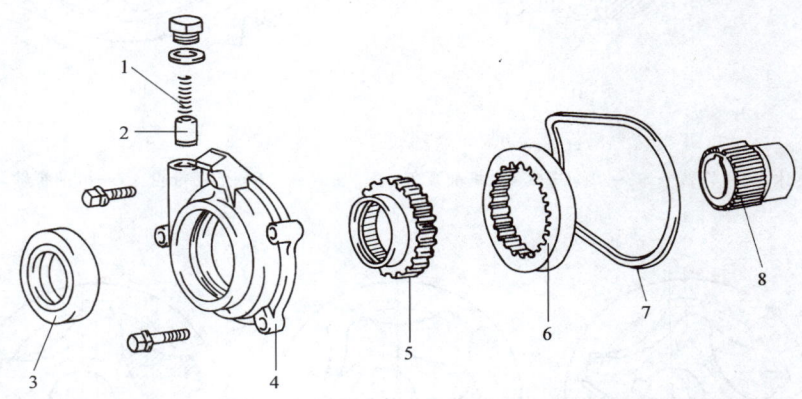

图9-7 内接齿轮式机油泵的结构
1—溢流阀弹簧 2—溢流阀柱塞 3—曲轴前油封 4—机油泵体
5—主动外齿轮 6—从动内齿轮 7—O形密封圈 8—花键套

因为内接齿轮泵由曲轴直接驱动,无须中间传动机构,所以零件数量少,制造成本低,占用空间小,使用范围广。但是这种机油泵在内、外齿轮之间有一处无用的空间,使机油泵的泵油效率降低。另外,如果曲轴前端轴颈太粗,机油泵外形尺寸随之增大,发动机驱动机油泵的功率损失也相应有所增加。

三、转子式机油泵

转子式机油泵主要由内、外转子,机油泵体及机油泵盖等零件组成(图9-8)。内转子固定在机油泵传动轴上,外转子自由地安装在泵体内,并与内转子啮合转动。内、外转子之间有一定的偏心距。一般转子式机油泵的内转子有4个或4个以上的凸齿,外转子的凹齿数比内转子的凸齿数多1个。转子的外廓形状曲线为次摆线。

转子式机油泵工作原理如图9-9所示。当机油泵工作时,主动轴带动内转子旋转,内转子则带动外转子朝同一方向转动。由于内、外转子工作面的轮廓是一对共轭曲线,因此可以保证两个转子相互啮合时既不干涉也不脱离。内、外转子间的接触点将外转子的内腔分成4个工作腔。当某一工作腔转过进油口时,容积增大,产生真空,润滑油经进油口被吸入工作腔内。当该工作腔转过出油口时,容积减小,油压升高,润滑油经出油口被压出。

转子式机油泵的优点是结构紧凑,供油量大,供油均匀,噪声小,吸油真空度较高。因

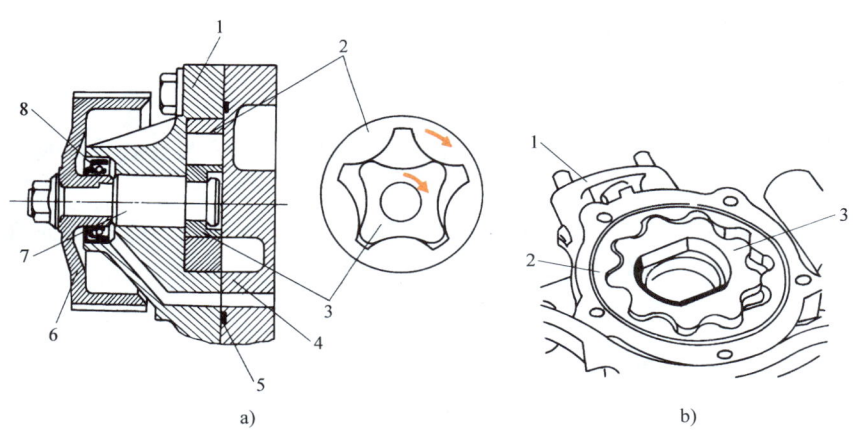

图 9-8 两种转子式机油泵

1—机油泵体 2—外转子 3—内转子 4—机油泵盖 5—密封圈 6—传动带轮 7—机油泵轴 8—油封

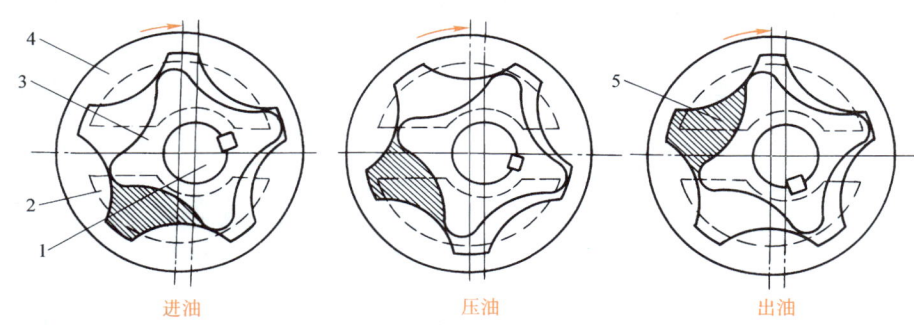

图 9-9 转子式机油泵工作原理

1—机油泵传动轴 2—进油口 3—内转子 4—外转子 5—出油口

此,当机油泵安装在曲轴箱以外或安装位置较高时,采用转子式机油泵比较合适。其缺点是内、外转子啮合表面的滑动阻力比齿轮泵大,因此,功率消耗较大。

四、溢流阀

机油泵必须在发动机各种转速下都能供给足够数量的润滑油,以维持足够的润滑油压力,保证发动机的润滑。机油泵的供油量与其转速有关,而机油泵的转速又与发动机转速成正比。因此,在设计机油泵时,都是使其在低速时有足够大的供油量。但是,在高速时机油泵的供油量明显偏大,润滑油压力也显著偏高。另外,在发动机冷起动时,润滑油黏度大,流动性差,润滑油压力也会大幅度升高。为了防止油压过高,在润滑油路中设置溢流阀或限压阀。一般溢流阀装在机油泵或机体的主油道上。当溢流阀安装在机油泵上时(图9-2),如果油压达到规定值,溢流阀开启,多余的润滑油返回机油泵进口。如果溢流阀安装在主油道上,则当油压达到规定值时,多余的润滑油经过溢流阀流回油底壳。

第四节　机油滤清器

一、机油滤清器

机油滤清器有全流式与分流式之分。全流式滤清器串联于机油泵和主油道之间，因此能滤清进入主油道的全部润滑油。分流式滤清器与主油道并联，仅过滤机油泵送出的部分润滑油。目前，在轿车上普遍采用全流式滤清器，而在货车特别是重型货车上普遍采用双滤清器，其中之一为分流式滤清器作细滤器用，另一个全流式滤清器为粗滤器。粗滤器滤除润滑油中直径为 0.05mm 以上的较大粒度的杂质，而细滤器则用来滤除直径为 0.001mm 以上的细小杂质。经过粗滤器的润滑油进入主油道，经过细滤器的润滑油直接返回油底壳。

1. 全流式滤清器

现代汽车发动机所采用的全流式滤清器构造如图 9-10 所示。纸质滤芯 2 装在滤清器外壳 3 内。润滑油从进油口 A 经纸滤芯的外围进入滤清器中心，然后经出油口 B 流进机体主油道。润滑油流过滤芯时，杂质被截留在滤芯上。

如果滤清器使用时间达到了更换周期，就把整个滤清器拆下扔掉，换上新滤清器。如果滤清器在使用期内滤芯被杂质严重堵塞，润滑油不能通过滤芯，则滤清器进油口油压升高。当油压达到规定值时，滤清器中的旁通阀 12 开启，润滑油不通过滤芯经旁通阀直接进入机体主油道。虽然这时润滑油未经滤清便输送到各润滑表面，但是这总比发动机断油不能润滑要好得多。

有些发动机的机油滤清器除设置旁通阀之外，还加装单向阀。当发动机停机后，单向阀将滤清器的进油口关闭，防止润滑油从滤清器流回油底壳。在这种情况下，当重新起动发动机时，润滑系统能迅速建立起油压，从而可以减轻由于起动时供油不足而引起的零件磨损。

机油滤清器的滤芯有褶纸滤芯和纤维滤清材料滤芯等。褶纸滤芯由微孔滤纸制造。微孔滤纸经酚醛树脂处理后，具有较高的强度、抗腐蚀性和抗水湿性。褶纸滤芯有质量小、体积小、结构简单、滤清效果好、阻力小和成本低等优点，因此得到了广泛的应用。

2. 分流式滤清器

分流式滤清器有过滤式和离心式两种类型。过滤式存在着滤清与通过能力之间的矛盾，而离心式具有滤清能力高、通过能力大且不受沉淀物影响等优点。因此，车用发动机多以离心式机油滤清器作为分流式机油细滤器。

典型离心式机油滤清器构造如图 9-11 所示。在底座 4 上装有进油限压阀 1 和转子轴 9，后者用转子轴止推片 2 锁止。转子体 15 套在转子轴上，在其上下镶嵌两个衬套，以限定转子体的径向位置。转子体可以绕转子轴自由转动，其下端装有两个径向对称水平安装的喷嘴 3。转子体外罩有导流罩 8。紧固螺母 12 将转子罩 7 与转子体紧固在一起，形成一个空腔。用冕形螺母 14 将外罩 6 紧固在底座上。

发动机工作时，从机油泵来的润滑油进入进油孔 D，若油压低于 0.147MPa，进油限压阀 1 不开启，润滑油全部进入主油道，保证发动机可靠润滑；若油压超过 0.147MPa，进油限压阀开启，润滑油沿转子轴 9 的中心油孔，经转子轴油孔 B、转子体进油孔 C 和导流罩油孔 A 流入转子罩 7 的内腔，再经导流罩 8 的引导从两个喷嘴 3 向着完全相反的方向喷出，转

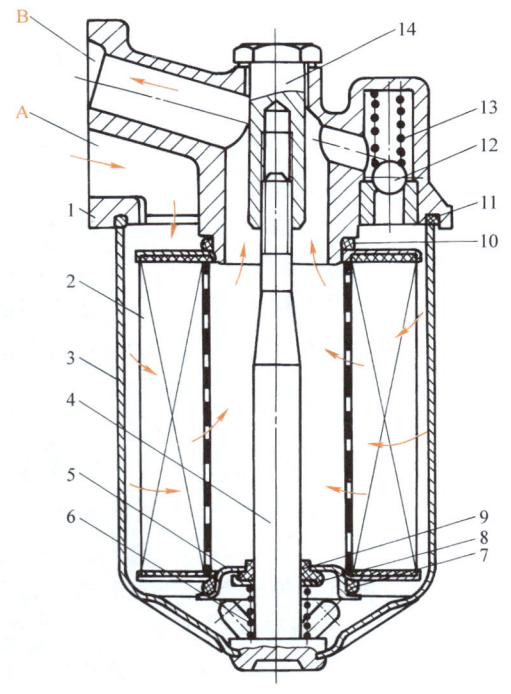

图 9-10 全流式滤清器构造

1—上盖 2—纸质滤芯 3—外壳 4—拉杆 5—托板
6—滤芯压紧弹簧 7、10—滤芯密封圈
8—压紧弹簧垫圈 9—拉杆密封圈
11—外壳密封圈 12—旁通阀
13—旁通阀弹簧 14—螺栓
A—进油口 B—出油口

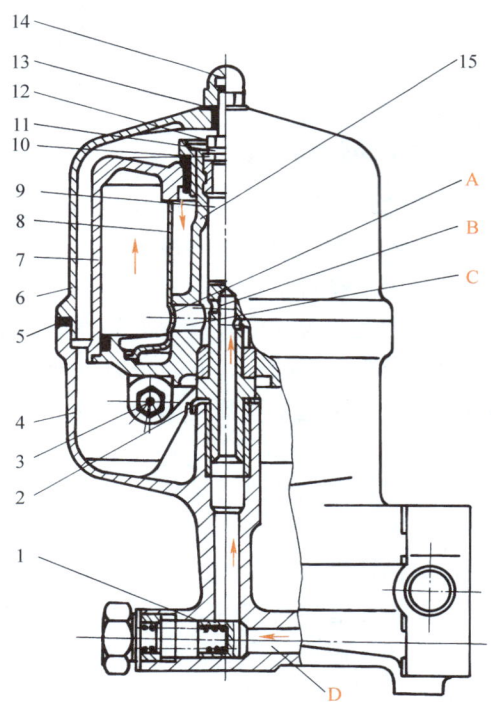

图 9-11 典型离心式机油滤清器构造

1—进油限压阀 2—转子轴止推片 3—喷嘴 4—底座
5—密封圈 6—外罩 7—转子罩 8—导流罩
9—转子轴 10—止推垫片 11、13—垫圈
12—紧固螺母 14—冕形螺母 15—转子体
A—导流罩油孔 B—转子轴油孔 C—转子体进油孔
D—滤清器进油孔

子体在喷射反作用力的推动下高速旋转。当油压为 0.3MPa 时，转子体的转速可高达 5000～6000r/min。润滑油中的杂质在离心力的作用下被甩向转子罩的内壁，洁净的润滑油不断从喷嘴喷出，并经出油口流回油底壳。

二、集滤器

集滤器一般为滤网式，装在机油泵之前。目前，汽车发动机所用的集滤器分为浮筒式和固定式两种。浮筒式集滤器（图 9-12）由浮筒 3、滤网 2、浮筒罩 1 及吸油管 4 等构成。空心的浮筒不论油底壳内的油面如何波动，始终浮在润滑油表面上，以保证机油泵从含杂质较少的上层油面吸入润滑油。滤网有弹性，中央有环口，在一般情况下借助滤网的弹性，环口压紧在浮筒罩上。浮筒罩的边缘有缺口，当浮筒罩与浮筒装合后形成进油狭缝。

当机油泵工作时，润滑油从油底壳经进油狭缝、滤网、吸油管进入机油泵（图 9-12a）。润滑油流过滤网时，其中粗大的杂质被滤除。当滤网被杂质堵塞后，滤网上方的真空度增大，于是克服滤网的弹力，使滤网上升，环口离开浮筒罩，这时润滑油经进油狭缝和环口进入吸油管和机油泵（图 9-12b），以保证润滑油的供给不致中断。

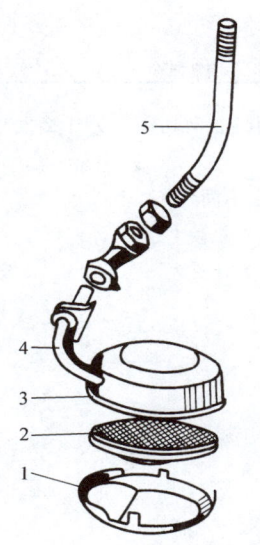
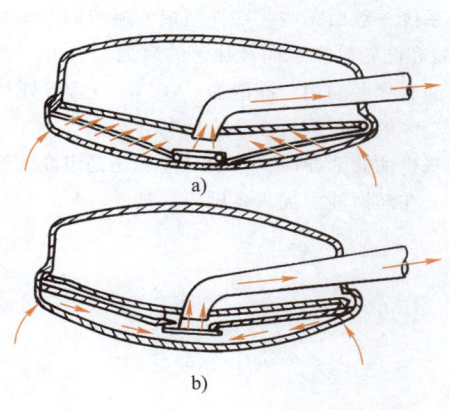

图 9-12 浮筒式集滤器结构及工作情况
1—浮筒罩 2—滤网 3—浮筒 4—吸油管 5—固定油管

主流轻型车均采用深入油面以下的固定式集滤器（图 9-6）。与浮筒式集滤器相比，固定式集滤器虽然吸入润滑油的清洁度稍差，但结构简单，并可防止油面上的泡沫被吸入润滑系统，所以应用广泛。

第五节　机油冷却器

在高性能、大功率的强化发动机上，由于热负荷大，必须装设机油冷却器。机油冷却器布置在润滑油路中，其工作原理与散热器相同。

发动机机油冷却器分为风冷式和水冷式两类。风冷式机油冷却器很像一个小型散热器，利用汽车行驶时的迎面风对润滑油进行冷却。这种机油冷却器散热能力大，多用于赛车及热负荷大的增压汽车上。但是风冷式机油冷却器在发动机起动后需要很长的暖机时间才能使润滑油达到正常的工作温度，所以普通轿车上很少采用。

水冷式机油冷却器外形尺寸小，布置方便，且不会使润滑油冷却过度，润滑油温度稳定，因而在轿车上应用较广。图 9-13 所示为布置在机油滤清器上的水冷式机油冷却器的实例。润滑油经滤清器滤清之后直接进入冷却器，在冷却器芯内流动，从散热器出水管引来的冷却液在冷却器芯外流过。两种流体在冷却器内进行热交换，使高温润滑油得以冷却降温。

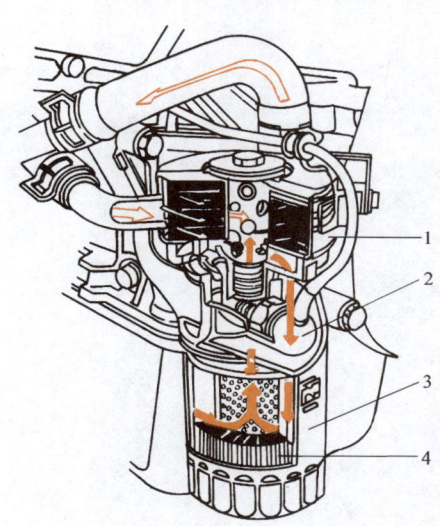

图 9-13 水冷式机油冷却器实例
1—机油冷却器 2—机油压力开关
3—机油滤清器 4—机油滤清器滤芯

思 考 题

9-1 润滑系统一般由哪些零部件组成？溢流阀、旁通阀和单向阀各有何功用？为什么发动机的最低润滑油压力开关装在凸轮轴轴承润滑油道的后端？

9-2 润滑油有哪些功用？润滑油 SAE5W-40 和 SAE10W-30 有什么不同？

9-3 凸齿较多的转子式机油泵有何利弊？

9-4 采用双机油滤清器时，它们是并联还是串联于润滑油路中？为什么？

9-5 为什么在润滑油中加入各种添加剂？

第十章

发动机点火系统

第一节 概　述

一、点火系统的功用

汽油发动机气缸内燃料与空气的混合气，即可燃混合气，在压缩行程终了时采用高压电火花点火。为了在气缸中适时产生足够能量的高压电火花，汽油发动机设置了专门的点火系统，简称发动机点火系统。

发动机点火系统的基本功用是根据发动机不同工况和点火次序的要求，适时地将一定能量的高压电输送到火花塞的两电极，并在两电极间产生电火花，点燃可燃混合气，使汽油发动机实现做功。

二、点火系统的类型

发动机点火系统按其组成和产生高压电方式的不同分为传统点火系统、电子点火系统、微机控制点火系统和磁电机点火系统。

1. 传统点火系统

以蓄电池或发电机作为低压直流电源，利用断电器的触点控制点火线圈一次电路的通断，从而将低压电转变为高压电，再通过分电器将高压电分配到各缸火花塞，使火花塞两电极之间产生电火花，点燃可燃混合气，使汽油机实现做功。传统点火系统由于存在故障率高、高速时工作不可靠、使用过程中需经常检查和维护等缺点，目前已经被电子点火系统和微机控制点火系统所取代。

2. 电子点火系统

以蓄电池或发电机作为低压直流电源，利用电子半导体器件（晶体管）的开关作用控制点火线圈一次电路的通断，从而将低压电转变为高压电，再通过分电器将高压电分配到各缸火花塞，使火花塞两电极之间产生电火花，点燃可燃混合气，使汽油机实现做功。与传统点火系统相比具有结构简单、体积小、重量轻、点火可靠、使用方便等优点，曾经广泛取代传统点火系统。

3. 微机控制点火系统

以蓄电池和发电机作为低压电源，并由微机控制系统根据各种传感器提供的反映发动机工况的信息，确定点火时刻，发出点火控制信号，控制点火线圈一次电路的通断，从而将低压电转变为高压电,再由分电器将高压电分送到各缸火花塞。还可以进一步取消分电器,由微机控制系统直接将高压电分配给各气缸,实现点火。微机控制点火系统具有点火时间控制精准的特点,正被广泛采用。

4. 磁电机点火系统

由磁电机本身直接产生高压电,不需另设低压电源。与蓄电池点火系统相比,磁电机点火系统在发动机中、高转速范围内,产生的电压较高,工作可靠,但在发动机低转速时,产生的电压较低,不利于发动机起动。因此,磁电机点火系统多用于主要在高速、满负荷下工作的赛车发动机,以及某些不带蓄电池的摩托车发动机和拖拉机的起动汽油机上。

三、点火系统的基本要求

点火系统应在发动机各种工况和使用条件下可靠而准确地点火。为此点火系统应满足以下基本要求:

1. 能产生足以击穿火花塞两电极间隙的电压

使火花塞两电极之间的间隙击穿而产生电火花所需要的电压,称为火花塞击穿电压。火花塞击穿电压的大小与电极之间的距离(火花塞间隙)、气缸内的压力和温度、电极的温度、发动机的工作状况等因素有关。

1)电极间隙越大,电极周围气体中的电子和离子距离越大,受电场力的作用越小,越不易发生碰撞电离,因此要求有更高的击穿电压方能点火。

2)气缸内的压力越大或者温度越低,则气缸内可燃混合气的密度越大,单位体积中气体分子的数量越多,离子自由运动的距离越小,越不易发生碰撞电离。只有提高加在电极上的电压,增大作用于离子上的电场力,使离子的运动加速才能发生离子间的碰撞电离,使火花塞电极间隙击穿。因此,气缸内的压力越大或者温度越低,所要求的火花塞击穿电压越高。

3)电极的温度对火花塞击穿电压也有影响。电极的温度越高,包围在电极周围的气体的密度越小,越容易发生碰撞电离,所需的火花塞击穿电压越小。实践证明,当火花塞的电极温度超过混合气的温度时,击穿电压可降低30%~50%。

4)发动机工况不同时,火花塞的击穿电压将随发动机的转速、负荷、压缩比、点火提前角以及混合气浓度的变化而变化。

起动时的击穿电压最高。因为气缸壁、活塞及火花塞的电极都处于冷态,吸入的混合气温度低、雾化不良,压缩时混合气的温度升高不大,加之火花塞电极间可能积有汽油或机油,因此所需击穿电压最高。此外,汽车加速时,由于大量冷的混合气被突然吸入气缸内,也需要较高的电压。

试验表明,发动机正常运行时,火花塞的击穿电压为7~8kV,发动机冷起动时约达19kV。为了使发动机在各种不同的工况下均能可靠地点火,要求火花塞击穿电压应达到15~20kV。

2. 电火花应具有足够的点火能量

为使混合气可靠点燃,火花塞产生的火花应具备一定的能量。发动机稳态工作时,由于混合气压缩时的温度接近自燃温度,因此所需的火花能量较小(1~5MJ),传统点火系统能发出15~50MJ的火花能量,足以点燃混合气。但在起动、怠速以及突然加速时需要较高的点火能量，为保证可靠点火，一般应保证点火系统发出 50～80MJ 的点火能量，起动时应能产生大于 100MJ 的点火能量。由于传统点火系统在这些特殊工况易出现缺火现象，所以被其他先进的点火系统所取代。

3. 点火时刻应与发动机的工作状况相适应

首先发动机的点火时刻应满足发动机工作循环的要求；其次可燃混合气在发动机的气缸内从开始点火到完全燃烧需要一定的时长（千分之几秒），所以要使发动机产生最大的功率，就不应在压缩行程终了（上止点）点火，而应适当地提前一个角度。这样当活塞到达上止点时，混合气已经接近充分燃烧，发动机才能发出最大功率。

四、点火系统的特点

汽车发动机的点火系统与汽车上其他电器设备一样，采用单线制连接，即电源的一个电极用导线与各用电设备相连，而电源的另一个电极则通过发动机机体、汽车车架和车身等金属构件与各用电设备相连，称为搭铁，其性质相当于一般电路中的接地。搭铁的电极可以是正极，也可以是负极。

因为热的金属表面比冷的金属表面容易发射电子，发动机工作时，火花塞的中心电极比侧电极温度高，所以电子容易从中心电极向侧电极发射，使火花塞间隙处离子化程度高，火花塞间隙容易被击穿，击穿电压可降低 15%～20%。因此，无论整车电系统采用正极搭铁还是负极搭铁，点火线圈采用内部连接还是外部接线，都应保证点火瞬间火花塞中心电极为负极，即火花塞电流应从火花塞的侧电极流向中心电极。

国内外早期生产的汽车曾采用正极搭铁，由于汽车电子设备的广泛应用，目前大多数汽车都改为负极搭铁。

第二节　点 火 时 刻

发动机的点火时刻对其工作性能有很大的影响。

可燃混合气燃烧有一定的速度，即从火花塞跳火到气缸内的可燃混合气完全燃烧是需要一定时间的。虽然这段时间很短，不过千分之几秒，但是由于发动机的转速很高，在这样短的时间内曲轴会转过较大的角度。若恰好在活塞到达上止点时点火，则混合气开始燃烧时，活塞已开始向下运动，会使气缸容积增大，燃烧压力降低，发动机功率下降，如图 10-1a 所示。因此，应提前点火，即在活塞到达压缩行程上止点之前火花塞跳火，使燃烧室内的气体压力在活塞到达压缩行程上止点后 10°～12°时达到最大值。这样混合气燃烧时产生的热量，在做功行程中得到最有效的利用，可以提高发动机的功率，如图 10-1b 所示。

若点火过早，则活塞还在向上止点移动时，气缸内压力已达到很大数值，这时气体压力作用的方向与活塞运动的方向相反，于是在示功图上（图 10-1c）出现了套环。此时，发动机有效功率减小，发动机功率也将下降。

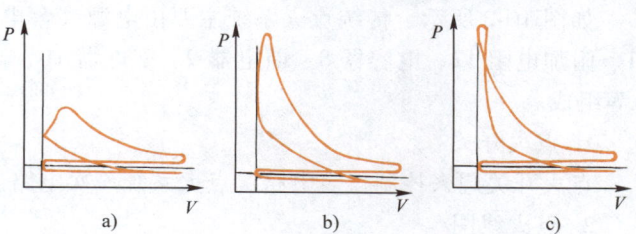

图 10-1　点火时刻对发动机功率的影响
a）点火过迟　b）点火适时　c）点火过早

从点火时刻起到活塞到达上止点,这段时间内曲轴转过的角度称为点火提前角,即点火时曲轴的曲拐所在位置,与压缩行程终了活塞到达上止点时曲拐位置之间的夹角。能使发动机获得最佳动力性、经济性和最佳排放性的点火提前角,称为最佳点火提前角。

发动机工作时,最佳点火提前角不是固定值,它随很多因素而改变。影响点火提前角的主要因素是发动机的转速和混合气的燃烧速度。混合气的燃烧速度又与混合气的品质、空燃比的大小、燃烧室的形状、燃烧室的温度、压缩比的大小、大气压力以及冷却液的温度等因素有关。

当节气门开度一定时,随着发动机转速的升高,单位时间内曲轴转过的角度增大。如果混合气燃烧速度不变,则应适当增大点火提前角,否则燃烧会延续到做功行程,使发动机的动力性、经济性下降。所以,点火提前角应随发动机转速的升高而增大。但是,当发动机转速达到一定值以后,由于燃烧室内的温度和压力增高,扰流增强,混合气燃烧速度加快,最佳点火提前角增大的幅度减慢,并非呈线性关系。

当发动机转速一定时,随着负荷增加,节气门开度增大,单位时间内吸入气缸内的可燃混合气数量的增加,压缩行程终了时燃烧室内的温度和压力增高。同时残余废气在气缸内混合气中所占的比例减少,混合气燃烧速度加快,点火提前角应适当减小。反之,当发动机负荷减小时,点火提前角应适当加大。

在汽车运行中,发动机的转速和负荷是经常变化的。为了使发动机在各种工况下都能适时点火,在汽车汽油机传统点火系统或电子点火系统中设有两套自动调节点火提前角的装置。其中一套是离心点火提前调节装置,它能随发动机转速的变化自动调节点火提前角;另一套是真空点火提前调节装置,它可以随发动机负荷的变化自动调节点火提前角。而在微机控制点火系统中,则可以由微机系统根据各种传感器采集到的发动机工况信息,直接实现最佳点火提前角的实时控制,不需要再匹配其他点火提前调节装置。

此外,最佳点火提前角还与所用汽油的抗爆性有关。使用辛烷值较高即抗爆性较好的汽油时,点火提前角应适当增大。因此,当发动机换用不同牌号的汽油时,点火提前角也必须做适当调整。为此,设计点火系统的结构时,还应考虑在必要时能手动调节点火提前角,如有些车型的点火系统中配有辛烷值校正器,可以在进行手动调节时指示调节的角度。

第三节　传统点火系统组成与工作原理

一、传统点火系统的组成

如图10-2所示,传统点火系统主要由电源(蓄电池和发电机)、点火开关1、点火线圈11、附加电阻12、电容器8、断电器9、配电器10、高压导线5、高压阻尼电阻6和火花塞7等组成。

1. 点火开关

点火开关用来控制仪表电路、点火系统一次电路以及起动机继电器等电路的开断。

2. 点火线圈

点火线圈主要由一次绕组10、二次绕组8、铁心11等组成(图10-3)。它相当于自耦变压器,用来将12V或24V的低压直流电转变为15~20kV的高压直流电。

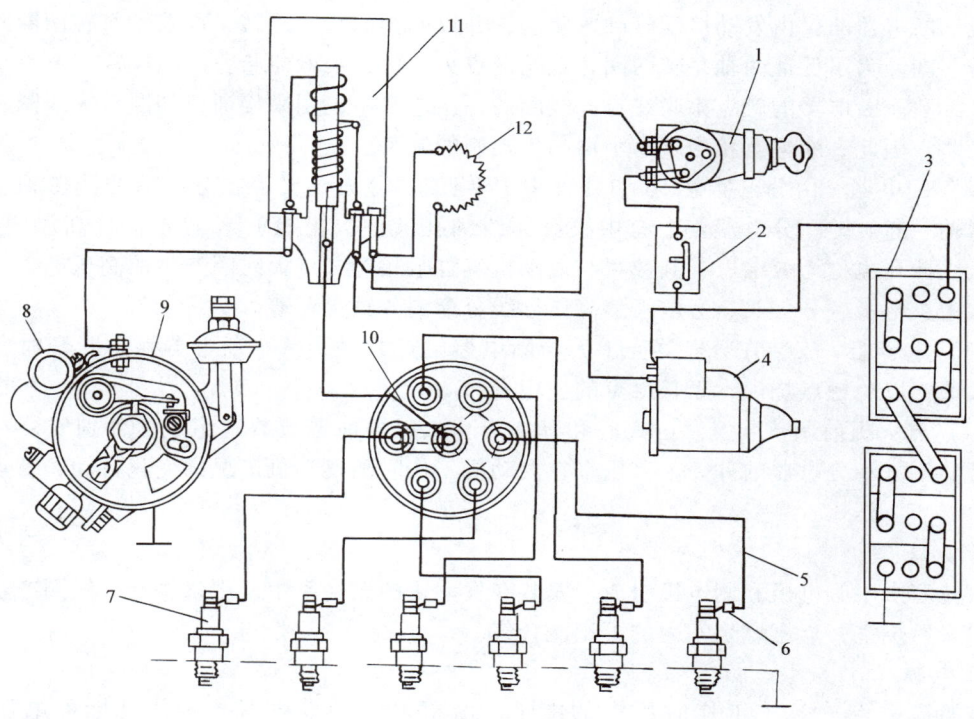

图 10-2 传统点火系统的组成

1—点火开关　2—电流表　3—蓄电池　4—起动机　5—高压导线　6—高压阻尼电阻
7—火花塞　8—电容器　9—断电器　10—配电器　11—点火线圈　12—附加电阻

3. 分电器

分电器由断电器、配电器、电容器和点火提前调节装置等组成。它用来在发动机工作时接通与切断点火系统的一次电路，使点火线圈的二次绕组中产生高压电，并按发动机要求的点火时刻与点火顺序，将点火线圈产生的高压电分配到相应气缸的火花塞上。

（1）断电器　主要由断电器凸轮 15（图 10-3）、断电器活动触点臂 12 和断电器触点 14

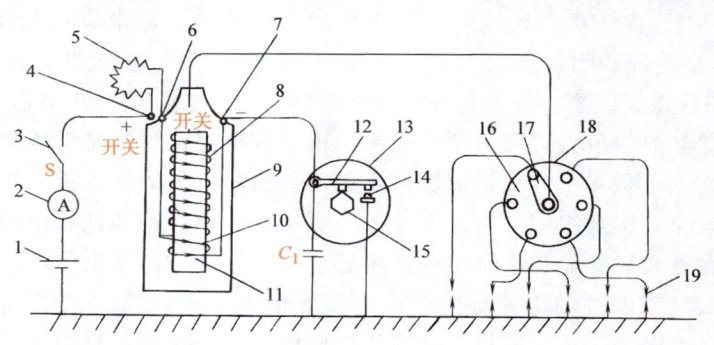

图 10-3 点火系统电路图

1—蓄电池　2—电流表　3—点火开关　4—点火线圈接点火开关接线柱　5—附加电阻　6—点火线圈接起动机接线柱　7—点火线圈接分电器接线柱　8—点火线圈二次绕组　9—点火线圈　10—点火线圈一次绕组　11—铁心　12—断电器活动触点臂　13—断电器　14—断电器触点　15—断电器凸轮　16—分电器盖　17—分火头　18—配电器　19—火花塞

233

等组成。断电器凸轮由发动机配气凸轮驱动，并以同样的转速旋转，即曲轴每转两圈断电器凸轮转一圈。为了保证曲轴每转两圈各缸轮流点火一次，断电器凸轮的凸棱数一般等于发动机的气缸数。断电器的触点串联在点火线圈的一次电路中，用来接通或切断点火线圈一次绕组的电路。因此，断电器相当于一个由凸轮控制的开关。

（2）配电器　由分电器盖16和分火头17组成。分火头安装在分电器的凸轮轴上，与分电器轴一起旋转。分电器盖上有中央高压线插孔（中央电极）和若干个分高压线插孔，分高压线插孔也称为旁电极，其数目与发动机气缸数相等。点火线圈产生的高压电，经分电器盖的中央电极、分火头、旁电极、高压导线分配到各缸火花塞。

（3）电容器　安装在分电器壳上，与断电器触点并联，减小断电器触点断开时所产生的电火花，以免触点烧蚀，延长触点的使用寿命。

（4）点火提前调节装置　由离心和真空两套点火提前调节装置组成，分别安装在断电器底板的下方和分电器的外壳上，用来在发动机工作时随发动机工况的变化自动调整点火提前角。

4．火花塞

火花塞由中心电极和侧电极组成，安装在发动机的燃烧室中，用来将点火线圈产生的高压电引入燃烧室，点燃燃烧室内的可燃混合气。

5．电源

电源提供点火系统工作时所需的能量，由蓄电池和发电机构成，其标称电压一般为12V。

二、传统点火系统的基本工作原理

如图10-3所示，点火线圈一次绕组10的一端经点火开关3与蓄电池1相连，另一端经分电器壳上的接线柱6、7接断电器活动触点臂12，固定触点14通过分电器壳体接地，触点弹簧作用于断电器活动触点臂上，使活动触点与固定触点保持闭合的趋势。电容器C_1并联在断电器触点之间。点火线圈二次绕组8的一端在点火线圈内与一次绕组相连，另一端经高压导线接分电器盖16的中心电极。

接通点火开关3，发动机开始运转。发动机运转过程中，断电器凸轮15不断旋转，使断电器触点14不断地开、闭。当断电器触点14闭合时，蓄电池1的电流从蓄电池正极出发，经点火开关3、点火线圈一次绕组10、断电器活动触点臂12、断电器触点14、分电器壳体搭铁，流回蓄电池的负极，形成闭合回路。由于该电路流过的是低压电流，所以称为低压电路或一次电路。于是在一次绕组周围产生磁场。当断电器的触点被凸轮顶开时，一次电路被切断，点火线圈一次绕组中的电流迅速下降到零，线圈周围和铁心中的磁场也迅速衰减以至消失，因此在点火线圈的二次绕组中产生感应电压，称为二次电压。其中通过的电流称为二次电流，二次电流流过的电路称为二次电路。由于点火线圈二次绕组的匝数多、导线细，因此二次绕组中产生高感应电压。此高压电经配电器分送到各缸的火花塞，作用于火花塞的中心电极和侧电极之间。当该电压达到火花塞间隙的击穿电压时，火花塞的间隙被击穿，产生电火花，点燃可燃混合气。

传统点火系统虽然历史悠久，但却存在着如下缺点：

1）触点容易烧蚀。在传统点火系统中，断电器触点控制电流的通断。当触点打开瞬间，触点间易形成火花，将触点氧化、烧蚀；加之触点反复开闭，触点顶块与凸轮长期摩擦而磨损，触点间隙变化，易导致点火正时不稳，影响点火系统的正常工作。

2）由于受触点有允许电流的限制，一般不超过5A，因此二次电压及火花能量的提高受到限制。

3）一次电流和二次电压的大小随发动机转速的升高和气缸数的增多而下降，使多缸发动机高速时点火不可靠。

4）二次电压上升速率比较慢，对火花塞积炭和污染比较敏感。

近年来，汽车发动机向着多缸、高转速、高压缩比的方向发展，人们还力图通过改善混合气的燃烧状况，以及燃用稀混合气，以达到减少排气污染和节约燃油的目的。这些都要求汽车的点火系统能够提供足够高的二次电压、火花能量和最佳点火时刻。传统点火系统已经不能满足这些要求，于是便出现了电子点火系统。

第四节　点火系统主要元器件的结构

一、点火线圈

点火线圈是将蓄电池或发电机输出的低压电转变为高压电的升压变压器，它由一次绕组、二次绕组和铁心等组成。按其磁路的形式分为开磁路点火线圈和闭磁路点火线圈两种。

1. 开磁路点火线圈

开磁路点火线圈根据低压接线柱数目的不同，分为两接线柱式和三接线柱式两种。

三接线柱式点火线圈（图10-4）配有附加电阻8，其低压接线柱分别标有"-"开关、"+"开关的标记，附加电阻接在"-"开关和"+"开关之间。

两接线柱式点火线圈无附加电阻，只有标有"+""-"标记的两个接线柱。例如EQ1090型汽车上装用的DQ125型点火线圈即为两接线柱式点火线圈，其中"-"接线柱接至分电器触点，而"+"接线柱接有两根导线，其中一根蓝色导线接至起动机电磁开关的附加电阻短路接线柱上，另一根白色导线接至点火开关。这根白色导线就是附加电阻线，电阻值为1.7Ω，相当于三接线柱式点火线圈的附加电阻。

无论开磁路点火线圈是三接线柱式还是两接线柱式，其内部结构都是一样的。如图10-4所示，点火线圈的中心是涂有绝缘漆的硅钢片叠成的铁心6，二次绕组4和一次绕组5都套装在铁心上。

二次绕组用直径为 $\phi 0.06 \sim \phi 0.10$mm 的漆包线在绝缘纸管上绕 11000~23000 匝；一次绕组则用 $\phi 0.5 \sim \phi 1.0$mm 的漆包线绕 240~370 匝。点火线圈之所以能将车上的低压电变成高压电，主要是由于二次绕组比一次绕组的匝数多。例如CA1091型汽车用DQ42型点火线圈，其一次绕组用 $\phi 0.72$mm 的漆包线绕 330 匝，而二次绕组用 $\phi 0.08$mm 的漆包线绕 22000 匝。由于发动机工作时，流过一次绕组的电流大，发热量大，所以一次绕组绕在二次绕组之外，以利于散热。两个绕组的外面都包着绝缘纸层。在一次绕组之外还套装一个导磁钢套3，以减小磁路的磁阻，并使一次绕组的热量易于散出。两个绕组连同铁心浸渍石蜡和松香的混合物后装入外壳2中，并支撑于瓷质绝缘座7上。在外壳内填充防潮的绝缘胶状物或变压器油之后，用胶木盖12盖好，并加以密封。

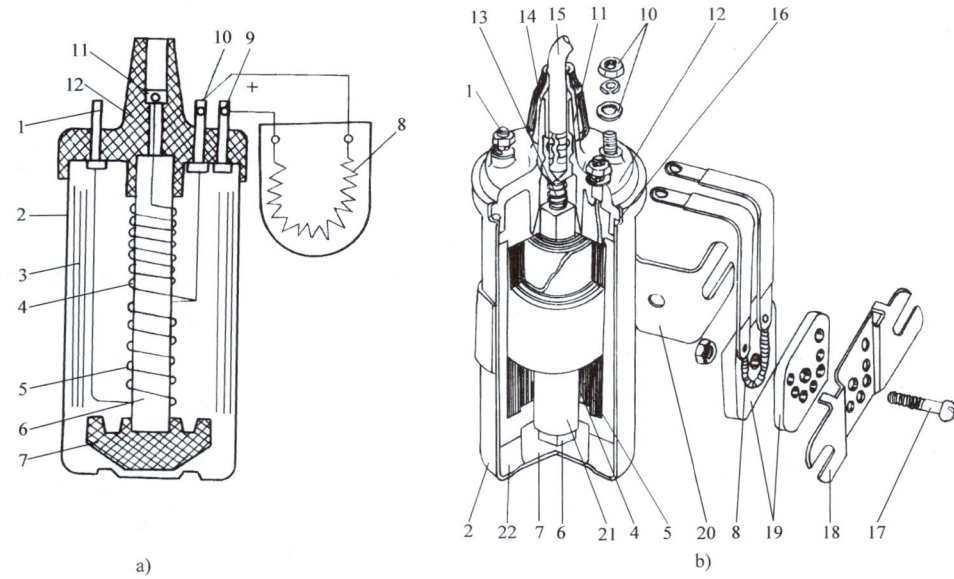

图 10-4 开磁路点火线圈
a) 电路原理 b) 结构示意图
1—"-"接线柱 2—外壳 3—导磁钢套 4—二次绕组 5—一次绕组 6—铁心 7—绝缘座 8—附加电阻
9—"+"接线柱 10—"+"开关接线柱 11—高压线接头 12—胶木盖 13—弹簧 14—橡胶罩
15—高压阻尼线 16—橡胶密封圈 17—螺钉 18—附加电阻盖 19—附加电阻瓷质绝缘体
20—附加电阻固定架 21—绝缘纸 22—封料

二次绕组的一端与一次绕组的一端焊接在一起，焊接点在点火线圈的内部，二次绕组的另一端则连接在胶木盖 12 中央的高压线接头 11 上。一次绕组的两端分别与低压接线柱 1 和 10 相连。

2. 闭磁路点火线圈

传统的开磁路点火线圈采用柱形铁心（图 10-5a），一次绕组在铁心中产生的磁通，通过导磁钢套 7 构成磁回路，而铁心上部和下部的磁力线从空气中穿过，磁路的磁阻大，泄漏的磁通量多，转换效率低，一般只有 60% 左右。而闭磁路点火线圈则有更高的能量转换效率，如图 10-5b 所示。与开磁路点火线圈相比，其铁心为一带有小气隙的"口"或"日"

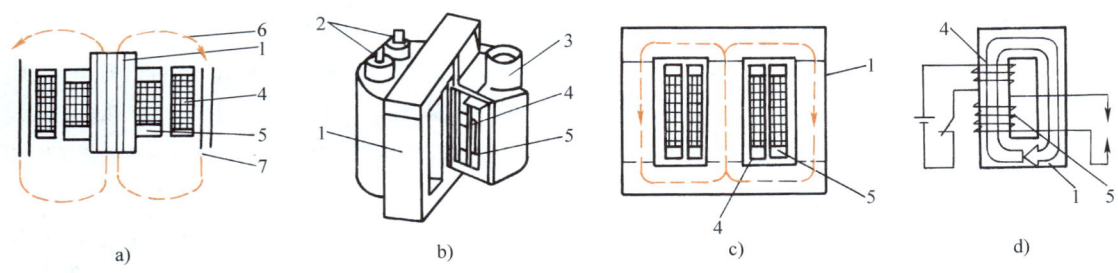

图 10-5 点火线圈的磁路
a) 开磁路 b) 闭磁路点火线圈外形 c) "日"字形铁心的磁路 d) "口"字形铁心的磁路
1—铁心 2—低压接线柱 3—高压插孔 4—一次绕组 5—二次绕组 6—磁力线 7—导磁钢套

字的形状，其磁路如图10-5c、d所示。一次绕组在铁心中产生的磁通通过铁心形成闭合磁路，减少了漏磁损失，所以转换效率较高，可达75%。另外，闭磁路点火线圈还具有体积小、质量小、对无线电的干扰小等优点。

二、分电器

分电器是点火系统中控制一次电路通断，并按顺序分配火花到各缸火花塞的部件。分电器主要应用于传统点火系统和普通电子点火系统。

分电器由断电器、配电器、电容器和点火提前调节装置等组成。图10-6所示为FD642型分电器的构造。

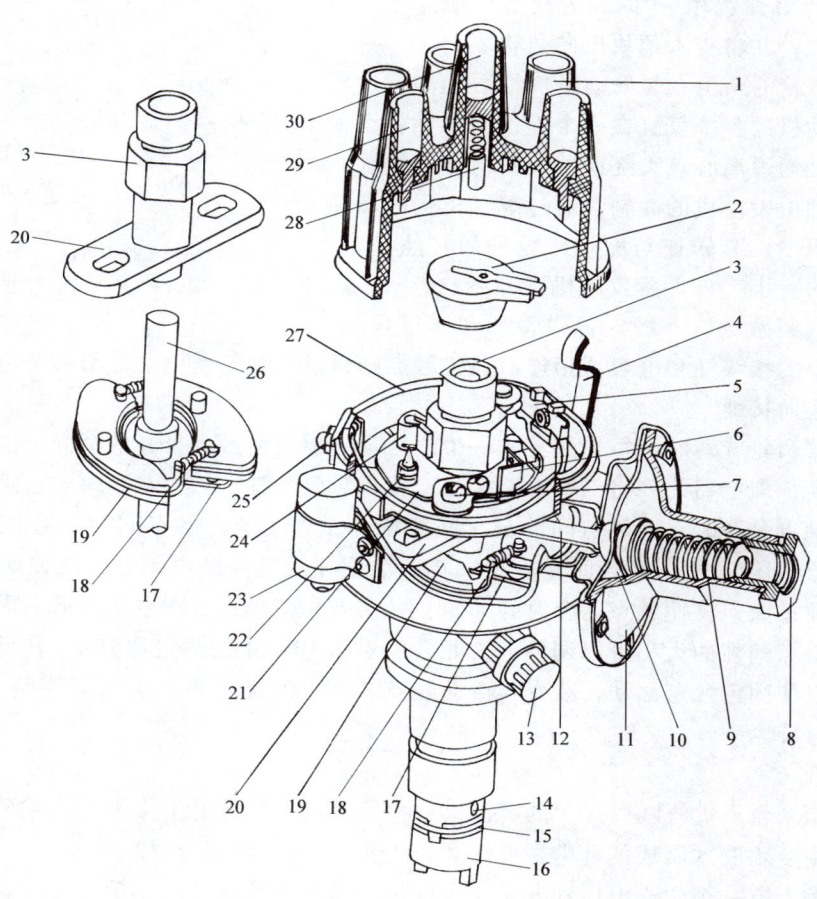

图10-6 FD642型分电器构造

1—分电器盖 2—分火头 3—断电器凸轮和离心调节器横板 4—分电器盖弹簧夹 5—断电器活动触点臂弹簧及固定夹 6—固定触点及支架 7—调整螺钉 8—接头 9—弹簧 10—真空点火提前调节器膜片 11—真空点火提前调节器外壳 12—拉杆 13—油杯 14—固定销及联轴器 15—联轴器钢丝 16—扁尾联轴器 17—离心点火提前调节器底板 18—离心调节器弹簧 19—离心调节器重块 20—横板 21—断电器底板 22—真空点火提前调节器拉杆销及弹簧 23—电容器 24—油毡 25—断电器接线柱 26—分电器轴 27—分电器外壳 28—中心电极 29—分高压线插孔 30—中央高压线插孔

1. 断电器

断电器的功用是<mark>周期性地接通和切断点火线圈的一次电路，使一次电流发生变化，以便在点火线圈的二次绕组中产生高压电。</mark>断电器的构造如图10-7所示。

断电器由一对钨质的断电器触点和断电器凸轮8组成。固定触点与支架3固定在断电器活动底板6上。活动触点固定在活动触点臂上，活动触点臂的另一端通过孔套装在销轴12上，并由卡簧限位使活动触点可以绕销轴转动。触点臂的中部固定着夹布胶木顶块11，触点臂弹簧片13的弹力使活动触点与固定触点保持闭合，并将胶木顶块压向凸轮。

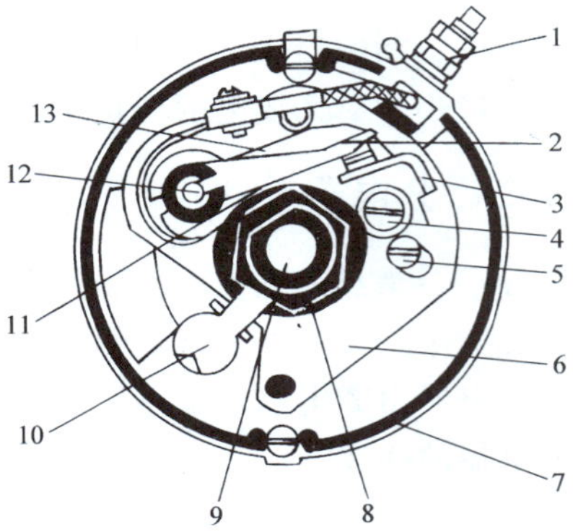

<mark>断电器凸轮的凸角数与发动机气缸数相等</mark>，这样可以保证发动机的各个气缸在一个工作循环中各点火一次。凸轮轴通过离心点火提前调节器与分电器轴相连。分电器轴由发动机的曲轴，通过配气机构的凸轮轴上的齿轮驱动，其转速与配气凸轮轴的转速相等，为曲轴转速的一半（四冲程发动机）。

图10-7 断电器构造

1—接线柱 2—活动触点臂与活动触点
3—固定触点与支架 4—固定螺钉
5—偏心调整螺钉 6—断电器活动底板
7—分电器壳 8—断电器凸轮
9—分电器轴 10—油毡
11—夹布胶木顶块 12—销轴
13—触点臂弹簧片

活动触点经触点臂、触点臂弹簧片和连接导线，与分电器壳上的接线柱和电容器相连；固定触点则通过支架、断电器底板和分电器壳，与发动机机体相连而接地。

当断电器凸轮旋转时，每当凸轮的一个凸角顶起顶块使触点分开的瞬间，二次电路中产生的电压最高，配电器此刻将二次电路接通，使相对应气缸中的火花塞跳火，点燃混合气。

断电器触点分开时，其触点间的最大间隙称为<mark>触点间隙</mark>。触点间隙一般规定为0.35~0.45mm。触点间隙过小，触点间易出现火花，会使一次电路断电不良，并使触点氧化和烧蚀；触点间隙过大，将使触点闭合时间缩短，一次电流减小，二次电压降低。因此，从结构上必须保证触点间隙的大小可以调整。为此，旋松图10-7中的固定螺钉4，转动偏心调整螺钉5时，可以使固定触点移动，改变与活动触点之间的间隙。将触点间隙调整为规定值后，再将固定螺钉旋紧。

2. 配电器

配电器用来<mark>将点火线圈中产生的高压电，按发动机各气缸的工作次序轮流分配到各缸的火花塞。</mark>它主要由胶木制成的分电器盖1和分火头2（图10-6）组成。

分电器盖上有一个中心电极和若干个旁电极，旁电极的数目与发动机气缸数相等。分火头安装在断电器凸轮的延长轴上，与分电器一起旋转。在发动机工作过程中，当分火头与某一旁电极接通时，点火线圈二次绕组中产生的高压电经分电器盖上的中心电极、分火头、旁电极、高压导线送到与该旁电极连接的气缸的火花塞。

3. 电容器

电容器的作用是<mark>减小断电器触点分开瞬间，在触点之间产生的火花。</mark>它安装在分电器壳上，与断电器触点并联。目前发动机点火系统所用的电容器一般均为纸质电容器。如图10-8所示，其极片为两条狭长的金属箔带2，用两条同样狭长的很薄的绝缘纸带1与极片交错重

图 10-8　电容器

1—纸带　2—箔带　3—软导线　4—外壳　5—引线

叠，卷成圆筒形，在浸渍蜡绝缘介质后，装入圆筒形的金属外壳中，加以密封。一个极片与金属外壳在内部接触，另一个极片与引出外壳的引线 5 连接。

从图 10-6 可以看出，安装电容器时，将电容器 23 的引线与断电器接线柱 25 相连，电容器外壳固定在分电器壳上，并经壳体接地，使电容器与断电器触点并联。

4. 点火提前调节装置

为了实现点火提前，必须在压缩行程接近终了、活塞到达上止点之前使断电器触点分开。从触点分开到活塞到达上止点这段时间越长，曲轴转过的角度越大，即点火提前角越大。因此，调节断电器触点分开的时刻，即改变触点与断电器凸轮或断电器凸轮与分电器轴之间的相对位置，便可以调节点火提前角，如图 10-9 所示。

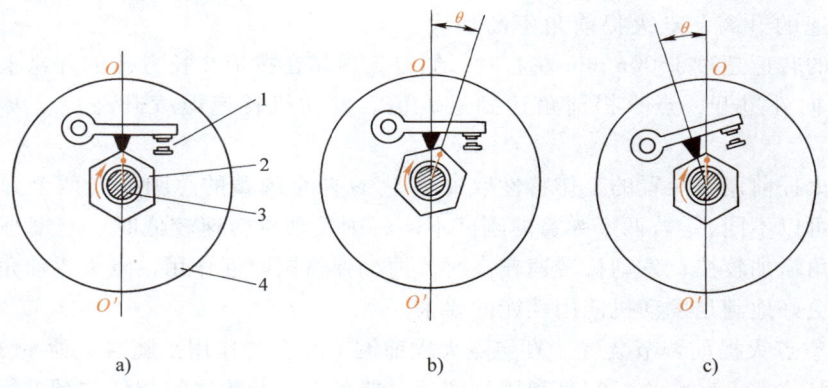

图 10-9　点火提前角的调节方法

a) 点火提前角为零　b) 改变凸轮与轴的相对位置　c) 改变触点与凸轮的相对位置

1—触点　2—凸轮　3—凸轮轴　4—断电器底板　θ—点火提前角

调节点火提前角的方法有两种，一种调节方法是保持触点不动，将断电器凸轮相对于分电器轴顺旋转方向转过一个角度 θ，凸轮提前将触点顶开，使点火提前（图 10-9b）。凸轮相对于轴转过的角度越大，点火提前角越大。另一种调节方法是保持凸轮不动（不改变凸轮与轴的相对位置），使断电器触点相对于凸轮逆着旋转方向转过一个角度 θ，也可使点火提前（图 10-9c）。触点相对于凸轮转过的角度越大，点火提前角越大。

（1）离心点火提前调节装置　离心点火提前调节装置的作用是<u>根据发动机转速的变化自动调节点火提前角</u>，其作用原理如图 10-10 所示。

托板 7 固定在分电器轴 8 上，重块 4 和 10 分别松套在托板的两个轴销 6 上，两个重块的小端与托板7之间借弹簧3、9相连。当托板随分电器轴旋转时，重块的离心力能使重块克服弹簧拉力而绕轴销转过一个角度，使重块的小端向外甩开一定距离。

与断电器凸轮制成一体的轴套11，松套在分电器轴8的上部。轴套的下端固定有带孔拨板2，其两个长方孔分别套在两个重块的销钉5上。可见分电器轴8不是直接驱动凸轮的，而是分别通过托板7、重块10、带孔拨板2、轴套11带动凸轮旋转。

发动机不工作时，弹簧3和9将重块的小端向内拉到图中双点画线所示位置。

发动机工作时，当曲轴的转速达到200～400r/min（开始转速因车型不同而有所不同）后，重块的离心力克服弹簧拉力的作用向外甩开。此时，两重块上的销钉推动拨板连同凸轮，顺着旋转方向相对于分电器轴转过一个角度，将触点提前顶开，使点火提前角加大。随着发动机转速的升高，点火提前角不断加大。

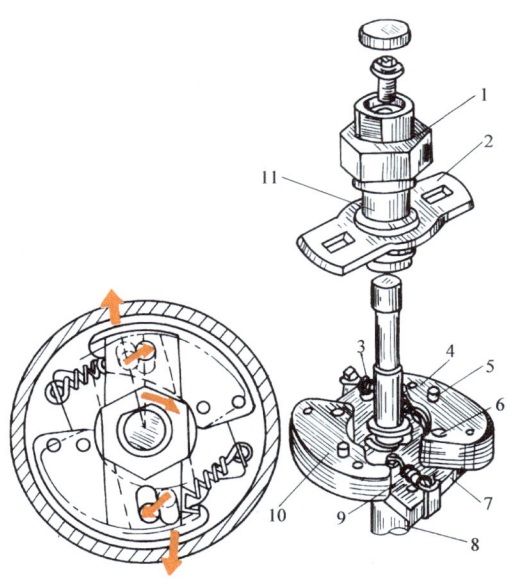

图10-10　离心点火提前调节装置

1—断电器凸轮　2—带孔拨板　3、9—弹簧
4、10—重块　5—销钉　6—轴销　7—托板
8—分电器轴　11—轴套

当分电器轴的转速超过1500r/min左右时，销钉5顶靠在拨板2长方孔的外缘上，重块4和10不能继续向外甩开，点火提前角达到最大值。发动机转速继续升高，点火提前角不再增大。

离心点火提前调节装置的工作特性取决于3、9两个弹簧的总刚度（两个弹簧的刚度可以相同，也可以不同）。若两个弹簧的刚度不同，则发动机转速较低时，刚度小的弹簧先起作用，提前角增加较快；发动机转速较高时，两个弹簧同时起作用，点火提前角增大的幅度减慢，以便更好地满足发动机使用性能的要求。

（2）真空点火提前调节装置　真空点火提前调节装置的作用是随着负荷（节气门开度）的变化自动调节点火提前角。它是利用改变断电器触点与凸轮之间相位关系进行调节的，在发动机负荷增大时自动地减小点火提前角。其结构和工作原理如图10-11所示。

真空点火提前调节装置安装在分电器壳1的侧面，其内腔被膜片7分割成左、右两个气室，左气室通大气，右气室为真空室，借真空连接管5连接到化油器下体节气门6旁的专用通气孔上。拉杆8一端固定在膜片7的中央，另一端通过孔套在断电器底板的销轴上。

发动机小负荷运行时，节气门开度小，节气门后方的真空度大，并从小孔经真空连接管作用于调节装置的真空室，使膜片右方真空度增大，在大气压力的作用下，膜片克服弹簧张力向右拱曲，带动拉杆向右移动。与此同时，断电器底板连同触点，相对于凸轮逆着旋转方向转过一个角度，使点火提前角加大（图10-11a）。

发动机转速一定时，节气门后方的真空度只取决于节气门的开度。节气门开度越小（负荷越小），节气门后方的真空度越大，点火提前角也越大。

发动机全负荷工作时，节气门全开，上述通气孔处的真空度不大，真空提前调节装置不

第十章 发动机点火系统

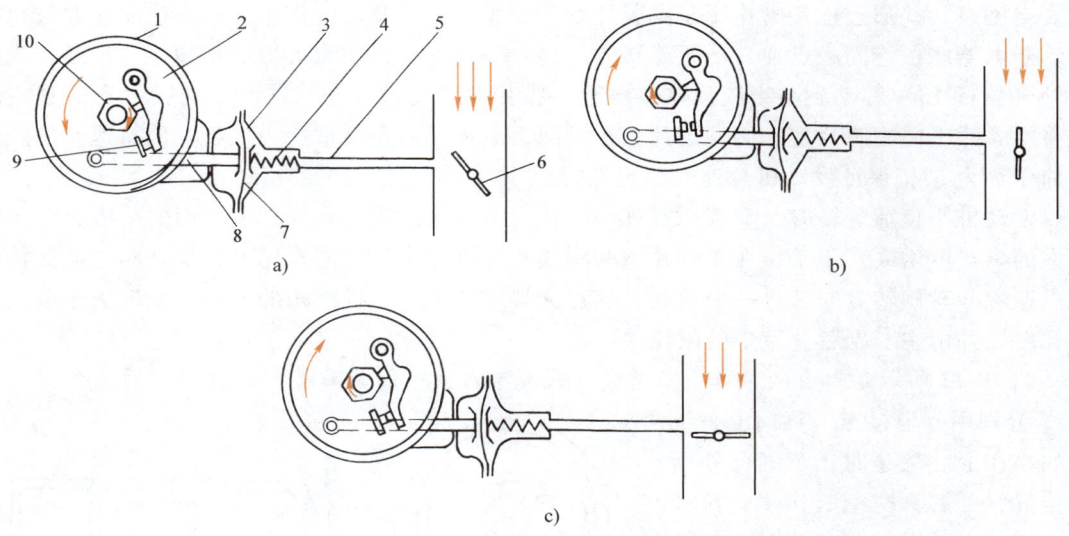

图 10-11 真空点火提前调节装置结构和工作原理
a) 节气门部分开启 b) 节气门全开 c) 节气门全闭
1—分电器壳 2—断电器底板 3—真空点火提前调节装置外壳 4—弹簧 5—真空连接管
6—节气门 7—膜片 8—拉杆 9—断电器触点 10—断电器凸轮

起作用。弹簧 4 张力的作用使膜片 7 向左拱曲,并通过拉杆 8 顺着凸轮旋转方向转动断电器的底板及触点,使点火提前角很小(图 10-11b)。

发动机怠速运转时,节气门接近关闭,发动机负荷几乎为零,此时通气孔位于节气门的前方,其真空度几乎为零,弹簧 4 的张力使膜片 7 拱曲到最左的位置,并通过拉杆 8 顺着凸轮旋转方向,转动断电器的底板及触点,使真空点火提前调节量最小或为零(图 10-11c)。

真空点火提前调节装置有多种形式。图 10-12 所示是双膜片式真空点火提前调节装置。它有主、副两个膜片和膜片室(真空室)。在发动机怠速运转时主要靠副膜片的作用来调节点火提前角;而在发动机正常运转时,则靠两个膜片的共同作用来实现。

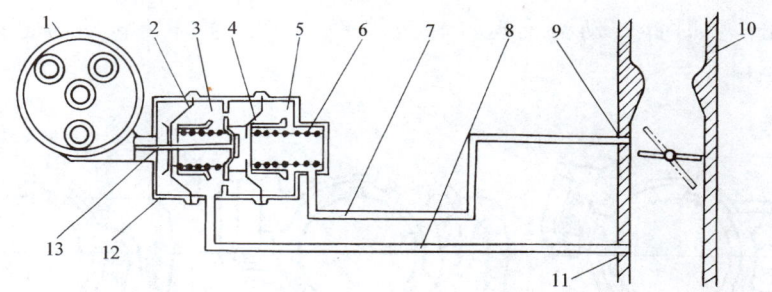

图 10-12 双膜片式真空点火提前调节装置
1—分电器壳 2—副膜片 3—副膜片室 4—主膜片 5—主膜片室 6—弹簧 7—接化油器吸气孔
8—接进气歧管的真空管 9—主膜片室真空提前孔 10—化油器
11—副膜片室真空提前孔 12—壳体 13—拉杆

发动机怠速运转时,节气门几乎关闭,接主膜片室的吸气孔处于节气门的前方,真空度几乎为零,主膜片室内的压力接近大气压力,不起真空点火提前调节作用。但此时节气门后方真空度高,并通过连接管作用于副膜片室,副膜片在真空度的作用下向右拱曲,通过拉杆拉动断电器底板连同触点逆着凸轮旋转方向转过一个角度,使点火提前角加大。但是,当膜片轴(拉杆13)移动到与主膜片体接触时,膜片的移动被限位。同时,副膜片室的真空度也将主膜片吸向副膜片室一侧,膜片轴被推回,点火提前角又被适当减小,使怠速时的点火提前角约为5°,保证发动机怠速时稳定运转。

发动机小负荷运转时,节气门开度小,接主膜片室的吸气孔处于节气门的后方,使主膜片室的真空度增大。于是,在主膜片室和副膜片室真空度的共同作用大,拉动断电器底板及触点逆着凸轮旋转方向转过一个角度,使点火提前角增大。提前角的大小主要取决于节气门的开度,并由主、副膜片室中的限位块限位。

图10-13所示是具有两个真空室单膜片式真空点火提前调节装置。其前、后两个真空室1、2分别用管道接至节气门上、下两侧的小孔上。怠速时,节气门处于实线位置,延迟真空室起作用,拉杆左移,使点火延迟;非怠速时,节气门开启,提前真空室起作用,拉杆右移,使点火提前。

(3)点火提前角的手动调节装置 为适应燃油品质的改变或发动机技术状况的变化而需要改变点火提前角时,可以旋松分电器总成固定螺钉,将分电器外壳顺着或逆着

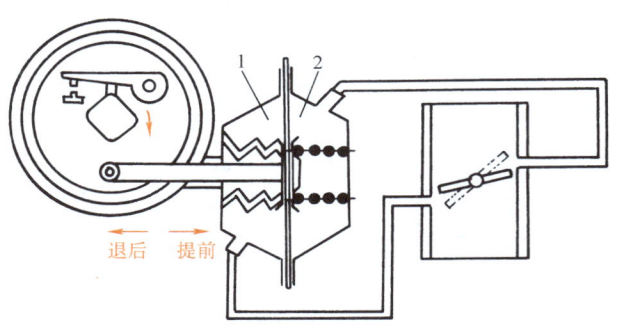

图10-13 双真空室单膜片式真空点火提前调节装置
1—延迟真空室 2—提前真空室

旋转方向微微转动一个角度,适当减小或增大点火提前角,调整后再将固定螺钉旋紧。为了在调整时能看到调整的角度,有些分电器的下部装有辛烷值校正器。不同形式的分电器,其辛烷值校正器的结构也不同,但基本原理相同。即逆着凸轮旋转方向转动分电器外壳时,点火提前角增大;反之,则点火提前角减小。壳体转动多少,一般可以从刻度板上看出。每转动一个刻度相当于曲轴转角2°。调整时,先旋松调整托架的固定螺钉,而后转动外壳,顺时针转动为推迟(转至"-"号),逆时针转动为提前(转至"+"号),如图10-14所示。

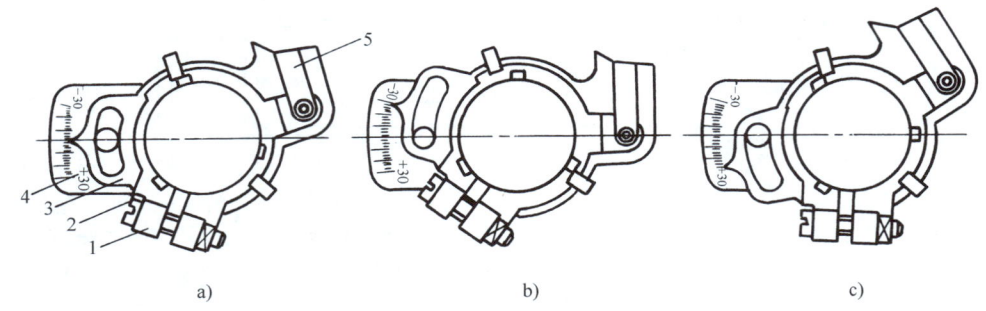

图10-14 辛烷值校正器
a)标准位置 b)顺时针转动外壳 c)逆时针转动外壳
1—调节臂 2—夹紧螺钉及螺母 3—托架 4—调节底板 5—拉杆

三、火花塞

火花塞的功用是将点火线圈或磁电机产生的脉冲高压电引入燃烧室，并在其两个电极之间产生电火花，点燃可燃混合气。火花塞的构造如图10-15所示，在钢质壳体5的内部固定有刚玉陶瓷（氧化铝质量分数在90%以上）制成的绝缘体2；在绝缘体中心孔的上部有金属接线螺杆3，接线螺杆的上端旋有接线螺母1用来接高压导线；在绝缘体中心孔的下部装有中心电极11。接线螺杆与中心电极之间用由导电玻璃制成的密封剂6密封，铜制内垫圈4和8起密封和导热作用。壳体的上部制成便于拆装的六方形，下部是螺纹以便旋装在发动机气缸盖内，壳体下端固定有弯曲的侧电极9。火花塞安装时，与气缸盖的接触处有铜包石棉密封垫圈7以保证密封。

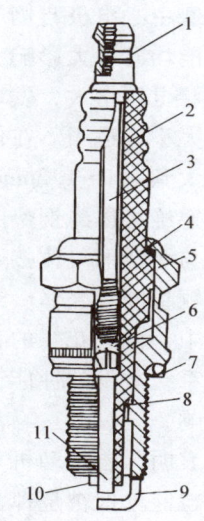

图 10-15　火花塞结构

1—接线螺母　2—绝缘体　3—接线螺杆
4—垫圈　5—火花塞壳体　6—密封剂
7—密封垫圈　8—纯铜垫圈　9—侧电极
10—绝缘体裙部　11—中心电极

中心电极要求具有良好的耐高温、耐腐蚀性能，因此一般采用含少量铬、锰、硅的镍基合金制成，其中以镍锰合金应用最多。为了提高耐热性能，也有采用镍包铜电极材料的。

火花塞电极的结构有多种，常用的结构类型如图10-16所示。

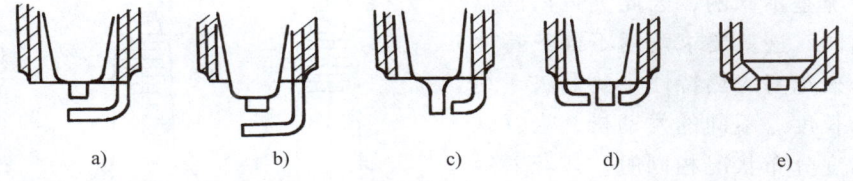

图 10-16　常用的火花塞电极结构示意图

a) 标准型　b) 凸出型　c) 细电极型　d) 多极型　e) 沿面跳火型

标准型：绝缘体裙部略缩入壳体端面，侧电极全遮盖中心电极，是使用最广泛的一种电极，如图10-16a所示。

凸出型：绝缘体裙部较长，凸出于壳体端面之外，具有吸收热量大、抗污能力好的优点。又由于绝缘体能直接受到进气的冷却而降低温度，因而不易引起炽热点火，热适应范围较宽，在现代轿车发动机上被广泛采用，如图10-16b所示。

细电极型：其电极很细，特点是火花强烈，点火性能好，在严寒季节也能保证发动机迅速可靠地起动，热范围较宽，能满足多种用途，如图10-16c所示。

多极型：一般有两个以上的侧电极，增加了电极间相对面积，可减少电极烧蚀，点火可靠，间隙不需经常调整，适用于电极容易烧蚀和火花塞间隙不能调节的发动机上，如图10-16d所示。

沿面跳火型：侧电极为环状，中心电极位于侧电极中心，必须与点火能量大、电压上升快的电容放电式电子点火系统配合使用。在有污染积炭的情况下也能正常点火。它的缺点是可燃气体不易接近电极，并由于点火能量增大，中心电极容易烧蚀，如图10-16e所示。

火花塞中心电极与侧电极之间的间隙，称为**火花塞间隙**。火花塞间隙对火花塞及发动机的工作性能均有很大影响。间隙过小，则火花微弱，并容易产生积炭而漏电；间隙过大，则火花塞击穿电压增大，发动机不易起动，且在高速时容易发生"缺火"现象。因此，火花塞间隙的大小应适当。在传统点火系统中，火花塞间隙一般为 0.6~0.7mm，电子点火系统间隙则增大到 1.0~1.2mm。电极间隙的调整可通过扳动侧电极来实现。

火花塞绝缘体纯铜垫圈 8 以下的锥形部分 10 称为绝缘体裙部。绝缘体裙部在发动机工作时直接与燃烧的气体接触，周期性地被加热，使绝缘体裙部的温度升高，吸入的热量又不断地经纯铜垫圈、壳体、绝缘体、中心电极、金属杆等传递到气缸盖、缸体和冷却系统并散发到大气中，使火花塞的各部分保持一定的温度。发动机工作时，火花塞发火部位吸收热量并向冷却系统散发的性能，称为**火花塞的热特性**。火花塞的热特性对发动机的性能具有十分重要的影响。

试验表明，若发动机工作时火花塞绝缘体裙部的温度保持在 500~600℃，则落在绝缘体裙部的油粒能立即被烧掉，不容易产生积炭。这个温度称为**火花塞的自净温度**。若裙部温度低于自净温度，则落在绝缘体裙部的油粒不能立即烧掉，会形成积炭而漏电，进而使火花塞间隙不能跳火或火花微弱。若裙部温度过高超过 800~900℃ 时，当混合气与炽热的绝缘体接触时，可能在火花塞间隙跳火之前自行着火，称为**炽热点火**。炽热点火将使发动机出现早燃、爆燃、化油器回火等不正常现象。

因此，无论哪一种类型的发动机，在发动机工作时，火花塞裙部的温度都应该保持在自净温度的范围内。但是，各种发动机气缸内的燃烧状况是不同的，因此气缸内的温度也不尽相同，这就要求配用不同热特性的火花塞。火花塞的热特性主要取决于绝缘体裙部的长度。不同的发动机，当气缸内温度及温度分布状况相同时，火花塞绝缘体裙部越长，其受热面积越大，且传热距离越长（散热困难），火花塞裙部的温度越高，这种火花塞称为**热型火花塞**，如图 10-17c 所示，它适用于低速低压缩比的小功率发动机。相反，火花塞绝缘体裙部越短，其受热面积越小，且传热距离缩短（容易散热），火花塞裙部的温度越低，这种火花塞称为**冷型火花塞**，如图 10-17a 所示，它适用于高速高压缩比大功率的发动机。裙部长度介于冷型与热型之间的火花塞，称为**普通型火花塞**，如图 10-17b 所示。

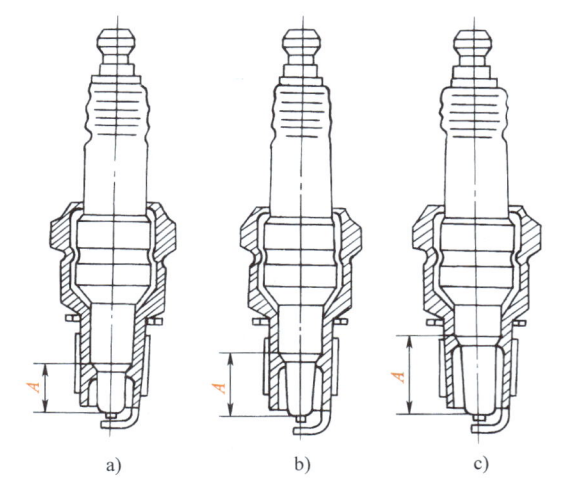

图 10-17　火花塞的形式
a）冷型　b）普通型　c）热型

火花塞热特性的标定方法有多种：美国 SAE 规定用一特定的单缸发动机试验，以火花塞不引起炽热点火极限时刻的气缸最大平均指示压力来标定，即火花塞开始出现炽热点火时，气缸的平均指示压力越大，所承受的热负荷也越大，则火花塞为冷型；反之为热型。博世公司则是以在特定的单缸发动机上测得火花塞开始产生炽热点火所经历的时间来标定的，所经历的时间越长，火花塞承受的热负荷越大，则为冷型；反之则为热型。我国是以火花塞绝缘体裙部的长度来标定的,并分别用热值(1~11 的自然数)来表示,1、2、3 为低热值火花塞;4、5、6 为中热值火花塞;7 以上者为高热值火花塞。热值小的为热型火花塞,热值大的为冷型火花塞,见表 10-1(热值为 1、2 和 10、11 的火花塞几乎不用)。

表 10-1 裙部长度与热值

裙部长度/mm	15.5	13.5	11.5	9.5	7.5	5.5	3.5
热值	3	4	5	6	7	8	9
热特性	热 ←						→ 冷

不同形式的发动机可选用不同的火花塞。火花塞的热值选择得是否合适,其**判断方法是**:如火花塞经常由于积炭而断火,则表示它太冷,应改用热值较小的火花塞;如发生炽热点火,则表示太热,应改用热值较大的火花塞。

四、点火开关

点火开关又称为钥匙式开关,它控制着全车电路的工作,通常按接线柱多少可分为两接线柱式、三接线柱式和四接线柱式。目前,国产汽车使用较多的是三接线柱式点火开关和四接线柱式点火开关。

图 10-18 所示的三接线柱式点火开关有三个接线柱,一个接电源,一个接点火线圈的低压电源开关,另一个接起动机的继电器。四接线柱式点火开关则多了一个接线柱,用来控制其他的用电设备(如电器仪表等)。

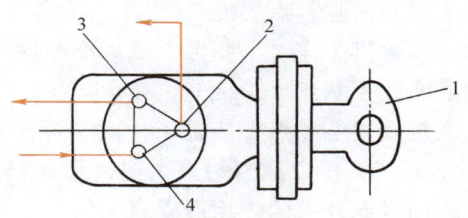

图 10-18 三接线柱式点火开关
1—点火钥匙 2—起动机接线柱
3—点火线圈低压电路接线柱 4—电源接线柱

第五节 电子点火系统

电子点火系统与传统点火系统相比具有以下优点:

1)可以减少触点火花,避免触点烧蚀,延长触点的使用寿命;无触点式电子点火系统可以克服与触点相关的一切缺点,改善点火性能。

2)可以不受触点的限制,增大一次电流,提高二次电压,改善发动机高速时的点火性能。一般传统点火系统的低压电流不超过 5A,而电子点火系统可提高到 7~8A,高电压一般可达 30kV。

3)由于二次电压和点火能量的提高,使其对火花塞积炭不敏感,且可以加大火花塞电极间隙,点燃较稀的混合气,从而有利于改善发动机的动力性、经济性和排气净化性能。

4)大大减少了对无线电的干扰。

5)结构简单,质量小,体积小,使用和维修方便。

电子点火系统主要分为**有触点电子点火系统**和**无触点电子点火系统**两大类。无论是哪一类电子点火系统,都是利用电子元件(晶体管)作为开关来接通或断开点火系统的一次电路,通过点火线圈来产生高压电。

一、有触点电子点火系统

有触点电子点火系统是使用最早的一种电子点火系统，通过减小触点电流的方式减小触点火花，改善点火性能，它是一种半导体辅助点火装置，如图 10-19 所示。除了与传统点火系统一样具有电源、点火开关、分电器、点火线圈、火花塞之外，还在点火线圈一次绕组的电路中，增加了由晶体管 VT 和电阻、电容等组成的点火控制电路，断电器的触点串联在晶体管的基极电路中，控制晶体管的导通与截止。其工作过程如下：

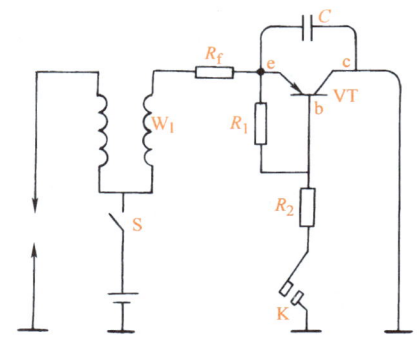

图 10-19 有触点电子点火系统的电路原理

接通点火开关 S，当断电器触点 K 闭合时，晶体管的基极电路被接通，使晶体管饱和导通，接通了点火线圈的一次电路。

当断电器触点 K 分开时，晶体管的基极电路被切断，晶体管由导通变为截止，切断了点火线圈一次绕组的电路，一次电流迅速下降到零，在点火线圈二次绕组中产生高压电，击穿火花塞间隙，点燃混合气。

发动机工作时，断电器触点不断地开闭，控制晶体管的导通与截止，从而实现一次电路的通断，控制点火系统的工作。

触点式电子点火装置工作时，流过触点的电流是晶体管的基极电流，它是一次电流的 1/5～1/10，可以减少触点火花，延长触点的使用寿命。但是，由于这种电子点火装置仍然是利用触点开关的作用产生点火信号，控制点火系统工作，因此它克服不了触点式点火装置的固有缺点，因此目前已很少使用。

二、无触点电子点火系统

无触点电子点火系统利用传感器代替断电器触点，产生点火信号，控制点火线圈的通断和点火系统的工作，有效克服了与触点相关的所有缺点。

1. 无触点电子点火系统的结构组成

无触点电子点火系统的结构组成如图 10-20 所示，主要由火花塞 1、分电器 2、点火信号发生器（传感器）3、点火控制器 4、点火线圈 5、点火开关 6 和蓄电池 7 组成。

点火信号发生器取代了传统点火系统断电器中的凸轮，用来判定活塞在气缸中所处的位置，并将非电量的活塞位置信号转变成脉冲电信号输送给点火控制器，从而保证火花塞在恰当的时刻点火。因分电器轴随配气机构凸轮轴同步旋转，且与曲轴之间有确定的相对位置，分电器轴转角位置可以准确地反映出活塞在气缸中的位置，所以，大多数点火信号发生器安装在分电器内（分火头下

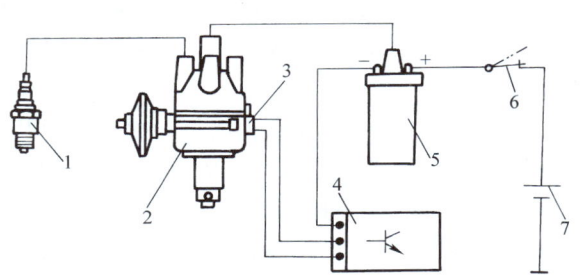

图 10-20 无触点电子点火系统的结构组成

1—火花塞 2—分电器 3—点火信号发生器
4—点火控制器 5—点火线圈 6—点火开关 7—蓄电池

方），成为分电器的一部分，也有个别发动机直接装于配气机构凸轮轴前端或后端。

电子点火控制器取代了原来的断电器中的触点，可以根据点火信号发生器送来的脉冲电信号控制点火线圈一次电路的通断。比较完善的点火控制器还具有恒电流控制、闭合角控制、停车断电保护等多项功能。

分电器主要包括配电器、离心提前调节机构和真空提前调节机构。配电器用来将点火线圈产生的高压电，按发动机各气缸的工作次序轮流分配给各缸火花塞；离心提前调节机构用来随发动机转速的变化调整点火提前角；真空提前调节机构则用来随发动机负荷的变化调整点火提前角。点火线圈、火花塞、点火开关和电源等部分的作用与传统点火系统相同。

2. 无触点电子点火系统的工作原理

虽然各种发动机的点火信号发生器和点火控制器的结构不同，但其工作原理基本是相同的。

图 10-21 所示为一种无触点电子点火系统的工作原理图。接通点火开关 2，当点火信号发生器发出点火信号时，就会触发点火控制器 6，使其功率晶体管导通，于是点火线圈的一次电路接通。一次电流由电源 1 的"+"极→点火开关 2→点火线圈的"+"接线柱→点火线圈的一次绕组 W_1 →点火线圈的"-"接线柱→点火控制器 6→搭铁→电源的"-"极。由于点火线圈一次绕组中有电流通过，便在点火线圈中形成磁场，将电能转变为磁场能储存起来。

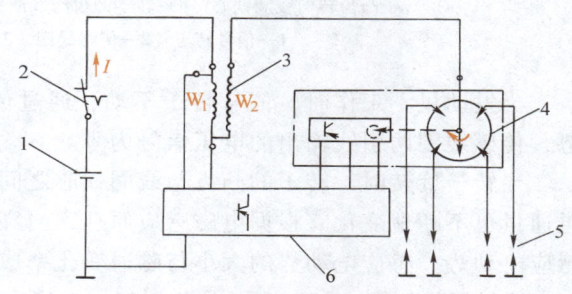

图 10-21 无触点电子点火系统的工作原理图
1—电源 2—点火开关 3—点火线圈
4—带点火信号发生器的分电器
5—火花塞 6—点火控制器

随着发动机的不断转动，当点火信号发生器产生的信号由正脉冲变为负脉冲并使点火控制器 6 触发功率晶体管截止时，点火线圈的一次电路断路，一次绕组 W_1 中的电流迅速降为零，点火线圈周围和铁心中的磁场也迅速减小直至消失，于是在匝数较多的二次绕组 W_2 中便感应出很高的电动势（可达 25kV 左右）。该高压电经分电器 4，根据发动机的点火次序分送到各缸火花塞 5，将火花塞的电极间隙击穿，产生电火花，点燃可燃混合气，使发动机实现做功。

3. 主要元器件的结构及工作原理

（1）点火信号发生器 点火信号发生器实际就是一种感知发动机工作状况，发出点火信号的传感器。它的类型很多，目前应用较多的主要有磁感应式、霍尔效应式和光电效应式。

1）磁感应式点火信号发生器。磁感应式点火信号发生器是依靠电磁感应原理制成的。它一般安装在分电器的内部，由信号转子和感应器两部分组成，如图 10-22 所示。信号转子 6 由分电器轴驱动，其转速与分电器轴相同；感应器固定在分电器底板上，由永久磁铁 5、铁心 4 和绕在铁心上的传感线圈 3 组成。

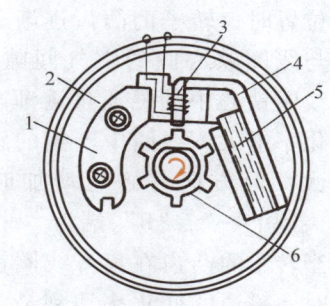

图 10-22 磁感应式点火信号发生器
1—底板 2—活动底板 3—传感线圈
4—铁心 5—永久磁铁 6—信号转子

信号转子的外缘有凸齿，凸齿数与发动机的气缸数相等。永久磁铁的磁力线从永久磁铁的 N 极出发，经空气间隙穿过转子的凸齿，再经空气间隙、传感线圈的铁心回到永久磁铁的 S 极，形成闭合磁路，如图 10-23 所示。

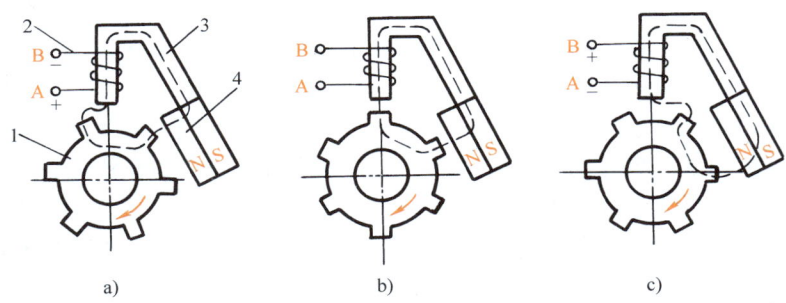

图 10-23　磁感应式点火信号发生器的工作原理
a) 转子凸齿转向线圈铁心　b) 转子凸齿与线圈铁心中心线对齐　c) 转子凸齿转离线圈铁心
1—信号转子　2—传感线圈　3—线圈铁心　4—永久磁铁

当发动机不工作时，信号转子不动，通过传感线圈的磁通量不变，不会产生感应电动势，传感线圈两引线输出的电压信号为零。

当转子旋转时，转子的凸齿与线圈铁心之间的空气间隙不断地改变，穿过线圈铁心中的磁通量也不断地变化。根据电磁感应原理，当穿过线圈的磁通量发生变化时，线圈中将产生感应电动势。感应电动势的大小与磁通变化率成正比，其方向则是阻碍磁通的变化。

当转子转到图 10-23a 所示的位置时，转子的凸齿逐渐转向线圈铁心，与线圈铁心间的空气间隙越来越小，穿过线圈铁心中的磁通量则逐渐增多。当转子的凸齿在接近铁心的某一位置时，磁通的变化率达到最大值，因此在线圈中产生的感应电动势也达到最大值（图 10-24 中的 a 点）。根据楞次定律，此时感应电动势的方向，"A" 端为 "+"，"B" 端为 "-"。

当转子转到图 10-23b 所示的位置时，转子的凸齿与线圈铁心中心线正好对齐，转子凸齿与线圈铁心间的空气间隙最小，穿过线圈铁心中的磁通量最多，但磁通的变化率为零（图 10-24 中的 b 点）。

转子继续转动，当转子转到图 10-23c 所示位置时，转子的凸齿逐渐远离线圈铁心，与线圈铁心间的空气间隙越来越大，穿过线圈铁心中的磁通量逐渐减小，磁通的变化率增大，线圈中产生的感应电动势又增大，但方向与磁通增加时相反，即 "A" 端为 "-"，"B" 端为 "+"。

当转子的凸齿在离开线圈铁心的某一位置时，磁通的变化率达到最大值，线圈中产生的感应电动势也反向达到最大值（图 10-24 中的 c 点）。转子继续旋转，穿过铁心中的磁通逐渐减小到零，线圈中的

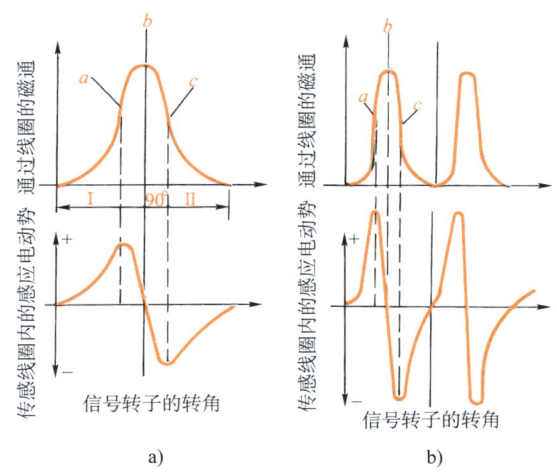

图 10-24　不同转速时传感线圈内磁通及磁感应电动势的变化情况
a) 低速　b) 高速

感应电动势也下降到零。转子的凸齿每在铁心旁边转过一次，线圈中就产生一个一正一负的脉冲信号。

如此，发动机工作时转子不断地旋转，转子的凸齿交替地在线圈铁心的旁边扫过，使线圈铁心中的磁通不断地发生变化，在传感器的线圈中感应出如图10-24所示的、大小和方向不断变化的感应电动势。传感器则不断地将这种脉冲型电压信号输入点火控制器，作为发动机工作时的点火信号。

当转速升高时，传感线圈中磁通量的变化速率增大，因而感应电动势成正比例增加，如图10-24b所示。可见，磁感应式点火信号发生器输出的交变信号受发动机转速的影响很大。转速越高，信号越强，对点火控制器电路的触发越可靠，但可能造成电路中有关元件的损坏。为此，电路中需增设稳压管等元件来限压。但是，转速过低时，磁感应式点火信号发生器输出的交变信号过弱，造成对点火控制器电路的触发不可靠，容易引起发动机起动困难、怠速转速不能调低等问题。因此设计上应保证发动机最低转速运转时，点火信号发生器输出的信号足够强。一般情况下，转速变化时，磁感应式点火信号发生器输出的信号电压的变化范围可达0.5~100V。这一信号除用于点火控制外，还可用作转速等其他传感信号。

磁感应式点火信号发生器结构简单，成本较低，因而应用最为广泛。

丰田轿车、三菱汽车、切诺基汽车等的点火系统均采用类似于图10-22所示的磁感应式点火信号发生器。而标志、菲亚特、沃尔沃、奥迪等汽车多采用的是德国博世公司生产的电磁感应式点火信号发生器。这种类型的点火信号发生器采用了一个扁平圆环形永久磁铁，磁铁的顶面装有一个圆环形导磁铁片，导磁铁片上有弯曲的凸齿形成磁极，凸齿个数与气缸数目相等。信号转子有同样数量的凸齿与导磁铁片的磁极对应。这样，磁通经导磁铁片磁极、信号转子、磁通底板及转子凸齿与导磁铁片等之间的空气间隙形成回路。传感线圈呈圆环形，装在信号转子内圆外侧和磁铁内圆之间，使磁通回路穿过了传感线圈中心。当信号转子凸齿与定子凸齿之间空气间隙发生变化时，磁通回路总磁阻随之发生变化，于是穿过传感线圈中心的磁通量也发生变化，传感线圈中产生感应电动势信号并输送给点火控制器，从而控制点火系统的工作。

传感线圈与分电器轴同心，整个装置呈对称状，这样可以提高抗振能力和减少分电器轴及轴套等的磨损。

2) <u>霍尔效应式点火信号发生器（霍尔传感器）</u>。霍尔效应式点火信号发生器安装在分电器内，用来在发动机工作时产生点火信号。

霍尔效应式点火信号发生器由霍尔触发器3、永久磁铁1和由分电器轴驱动的带缺口的转子2组成，其工作示意图如图10-25所示。

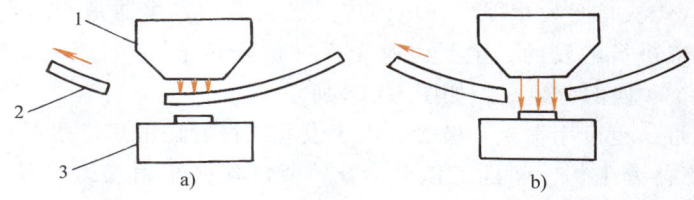

图10-25 霍尔效应式点火信号发生器工作示意图
a) 转子叶片处于永久磁铁和霍尔触发器之间 b) 转子缺口处于永久磁铁和霍尔触发器之间
1—永久磁铁 2—带缺口的转子 3—霍尔触发器

霍尔触发器（也称霍尔元件）是一个带集成电路的半导体基片。当电流 I 通过放在磁感应强度为 B 的磁场中的半导体基片（即霍尔元件），并且电流方向与磁感应强度的方向垂直时，在垂直于电流和磁感应强度的半导体基片的横向侧面上即产生一个与电流和磁感应强度成正比例的电压，称为霍尔电压 U_H，表达式为

$$U_H = \frac{R_H}{d} IB$$

式中，R_H 为霍尔系数，由霍尔元件的材料决定；d 为基片厚度；I 为外加电流；B 为外加磁场的磁感应强度。

霍尔元件的材料和厚度确定后，如果电流 I 为定值，则 U_H 大小完全由磁感应强度 B 决定，并且与磁感应强度成正比。如果用带缺口的转子周期地遮挡磁力线，改变通过霍尔元件的磁感应强度大小，则霍尔电压也将周期地产生。霍尔效应式点火信号发生器便是根据这个原理，将霍尔元件与放大器运用集成电路技术集中于同一极板上制成的，所以又称之为霍尔发生器。

霍尔发生器的工作原理如图 10-26 所示，当转子叶片进入永久磁铁与霍尔触发器之间时，永久磁铁的磁力线被转子叶片旁路，不能作用到霍尔触发器上，通过霍尔元件的磁感应强度近似为零，霍尔元件不产生电压；随着信号转子的转动，当转子的缺口部分进入永久磁铁与霍尔触发器之间时，磁力线穿过缺口作用于霍尔触发器上，通过霍尔元件的磁感应强度增大，在外加电压和磁场的共同作用下，霍尔元件的输出端便有霍尔电压输出。发动机工作时，转子不断旋转，转子的缺口交替地在永久磁铁与霍尔触发器之间穿过，使霍尔触发器中产生变化的电压信号，并经内部的集成电路整形为规则的方波信号，输入点火控制电路，控制点火系统工作。

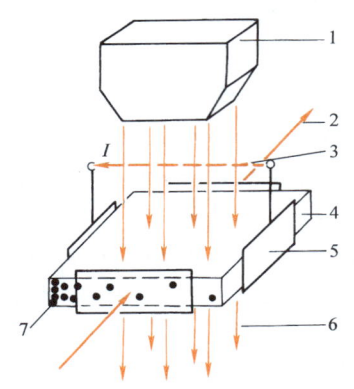

图 10-26　霍尔发生器的工作原理
1—永久磁铁　2—外加电压
3—霍尔电压　4—霍尔触发器
5—接触面　6—磁力线　7—剩余电子

霍尔效应式点火信号发生器比磁感应式点火信号发生器的性能稳定，耐久性好，寿命长，点火精度高，且不受温度、灰尘、油污等影响，特别是输出的电压信号不受发动机转速的影响，使发动机低速点火性能良好，容易起动，因而其应用日益广泛。

我国一汽大众的奥迪、上汽大众的帕萨特等轿车均采用霍尔效应式无触点电子点火装置，其组成如图 10-27 所示。

3）光电效应式点火信号发生器。光电效应式点火信号发生器是利用光电效应原理、以红外线或可见光光束进行触发的，主要由遮光盘（信号转子）1、遮光盘轴 2、光源 3、光接收器（光敏元件）4 四部分组成，如图 10-28 所示。

光源可用白炽灯，也可用发光二极管。由于发光二极管比白炽灯耐振动、耐高温，能在 150℃ 的环境温度下持续工作，而且工作寿命长，所以现在车用光源大多采用发光二极管。发光二极管发出的红外线光束一般还要用一只近似半球形的透镜聚焦，以便缩小光束宽度，增大光束强度，有利于光接收器接收，提高点火信号发生器的工作可靠性。

光接收器可以是光敏二极管，也可以是光敏晶体管。光接收器与光源相对，并相隔一定

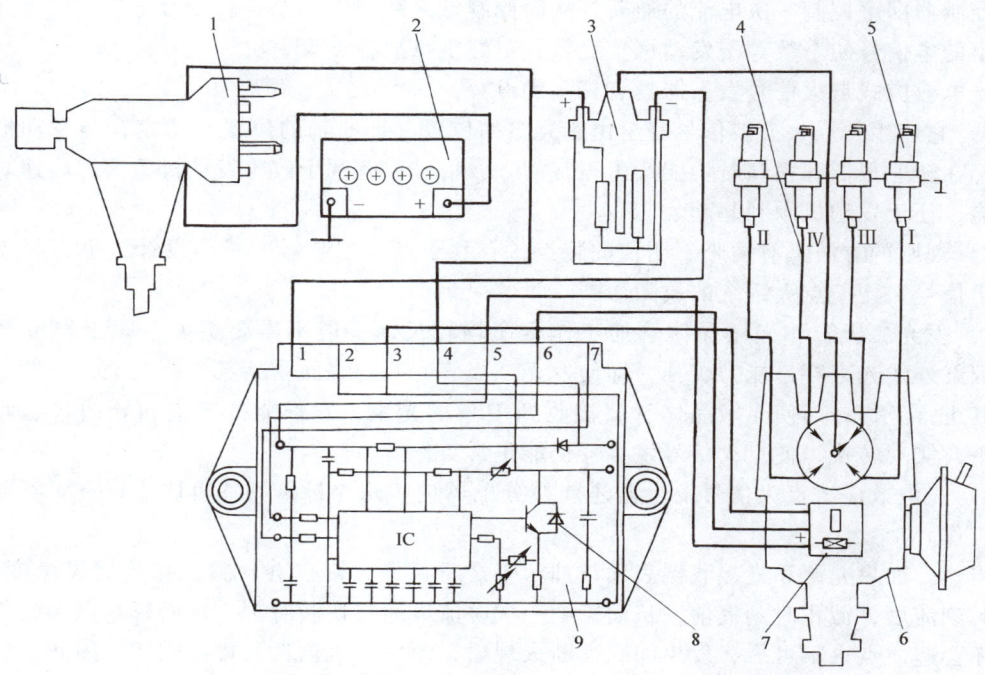

图 10-27 霍尔效应式无触点电子点火装置的组成示意图

1—点火开关 2—蓄电池 3—点火线圈 4—高压阻尼线 5—火花塞
6—霍尔分电器 7—霍尔传感器 8—达林顿管 9—点火控制器

的距离,以便使光源发出的红外线光束聚焦后照射到光接收器上。

遮光盘一般用金属或塑料制成,安装在分电器轴上,位于分火头下面,如图 10-29 所示。遮光盘的外缘介于光源与光接收器之间,遮光盘的外缘上开有缺口,缺口数等于发动机气缸数。缺口处允许红外线光束通过,其余实体部分则能挡住光束。

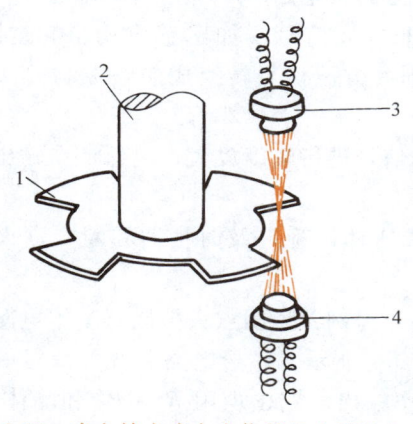

图 10-28 光电效应式点火信号发生器的组成

1—遮光盘 2—遮光盘轴 3—光源 4—光接收器

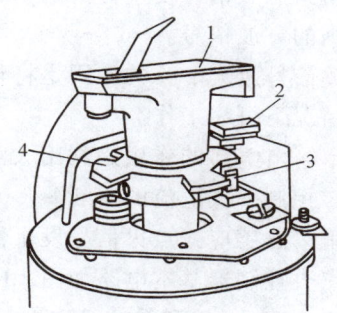

图 10-29 光电效应式点火信号发生器结构

1—分火头 2—光源 3—光接收器 4—遮光盘

当遮光盘随分电器轴转动时,光源发出的射向光接收器的光束被遮光盘交替挡住,因而光接收器(光敏二极管或光敏晶体管)交替导通与截止,形成电脉冲信号。该电信号引入点火控制器即可控制一次电流的通断，从而控制点火系统的工作。遮光盘每转一圈，光接收器输出的电信号的个数等于发动机气缸数，正好供每缸各点火一次。

光电效应式点火信号发生器具有许多优点：

1) 它产生的点火方波信号完全由遮光盘的位置（即曲轴的位置）决定，与发动机转速无关，在转速很低和很高时均能产生正常的方波信号，有利于改善发动机低速和高速时的点火性能，便于发动机顺利起动。

2) 规则的方波具有清晰、明快的特点，有利于点火控制器电路的设计，也有利于检测其输出信号，便于点火系统的故障诊断。

3) 发光二极管和光敏晶体管的工作寿命均较长，一般不需要更换，即工作可靠性较高。因红外线光束穿过能力较强，即使发光二极管光源的表面受到灰尘等污染，一般也不会影响其正常工作；即使光敏晶体管只接收到10%的光束，它都能处于饱和导通状态而输出低电平，实现转换，使点火信号发生器仍能正常工作。

4) 光电效应式点火信号发生器还能在分电器内积水结冰或在100℃以上的环境温度下持续工作。

当然，如果光源和光接收器表面被油污等严重污染，则也会导致光接收器灵敏度下降，导通时刻滞后，截止时刻提前，从而影响一次电流导通与切断时刻，进而影响点火时刻，严重时还会造成点火不可靠，发生间断性断火现象，使发动机油耗及排污剧增。因此，仍需要经常清洁光源和光接收器表面，给使用带来不便。鉴于此光电效应式点火信号发生器的应用不如磁感应式和霍尔效应式应用广泛。

（2）点火控制器　点火控制器的基本功用是将点火信号发生器输出的点火信号整形、放大，转变为点火控制信号，控制点火线圈一次绕组中电流的通、断，以便在二次线圈的绕组中产生高压电，供火花塞点火。

点火控制器是由点火系统专用的集成电路芯片、电阻、电容、稳压管、达林顿管等组成的混合集成电路点火控制模块，安置在点火线圈上。图10-30是点火控制器的电路原理图。

点火控制器的基本电路包括整形电路、开关信号放大电路、功率输出电路等。

整形电路的作用是将点火信号发生器送来的非方波信号（如磁感应式、电磁振荡式、磁敏电阻式点火信号发生器的输出信号）或不规则的方波信号转换成能够控制一次电流通断的规则的方波信号。

开关信号放大电路的作用是将整形电路的输出信号进行幅度放大，以保证在输出功率足够大的情况下可靠工作。

功率输出电路的作用是利用大功率晶体管（或达林顿管）及时接通和断开点火线圈一次电路，控制一次电流的通断。

这里以磁感应式点火信号发生器输出的交变信号为例，说明点火控制器基本电路的工作原理。点火控制器基本电路如图10-31中点画线框部分所示，整形电路和开关信号放大电路由电阻 R_1、R_2、R_3 和晶体管 VT_1、VT_2 组成，功率输出电路由电阻 R_4、R_5 和晶体管 VT_3、VT_4 组成。

发动机转动时，点火信号发生器产生交变信号并输入给点火控制器，加在晶体管 VT_1 基极上。当加在 P 点的信号电压高于 VT_1 的"门坎电压"（即死区电压）U_{be_1} 时，VT_1 饱和导通。由于 VT_1 的"钳位"作用，使 VT_2 基极电压过低而截止，同时由于 R_3 的偏置作用，

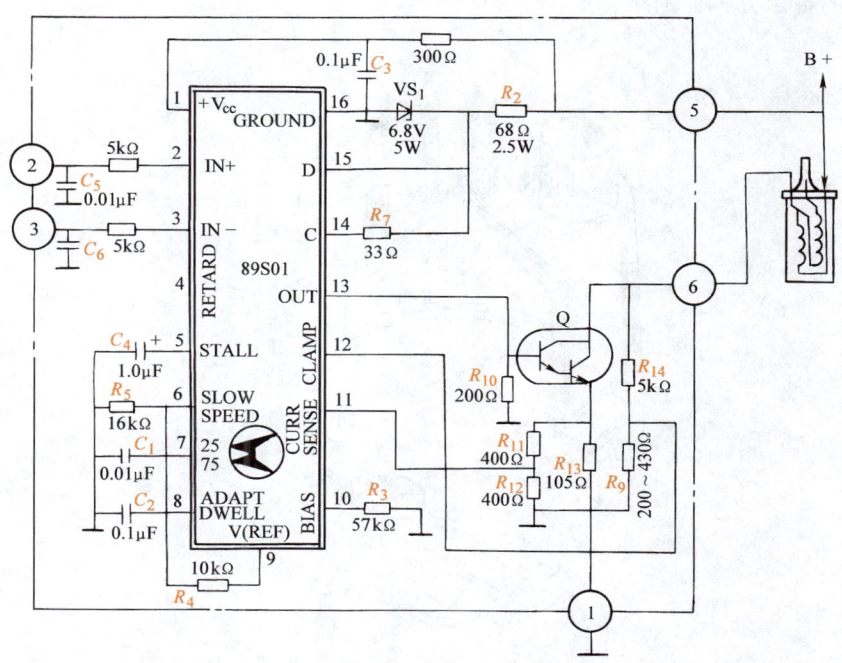

图 10-30 点火控制器电路原理图

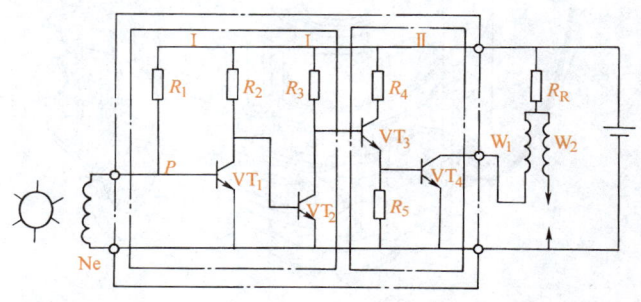

图 10-31 磁感应式电子点火控制器基本电路

使 VT_3、VT_4 饱和导通,接通点火线圈一次电路。

当加在 P 点的信号电压低于 VT_1 的"门坎电压"时,VT_1 截止,在偏置电阻 R_2 的作用下,使 VT_2 正向导通饱和,VT_2 的"钳位"作用,使 VT_3、VT_4 截止,切断点火线圈一次电路,引起一次电流急剧下降,在点火线圈的二次线圈产生高压使火花塞跳火。

随着人们要求的不断提高,点火控制器逐步增加了其他一些功能,如自动断电保护、导通角(闭合角)控制、恒电流控制、点火时间校正等,使电路越来越复杂,性能也更加完善。

(3)分电器 电子点火系统的分电器与传统点火系统的分电器不同,主要区别在于电子点火系统取消了断电器(触点和凸轮)和电容器,增加了点火信号发生器(信号转子和传感部分)。有些点火控制器能够随着发动机转速变化自动调节点火提前角,所以这些分电器去掉了离心提前调节机构,只保留真空提前调节机构,配电器的结构则无变化。电子点火系统中所用的霍尔分电器的结构如图10-32所示。

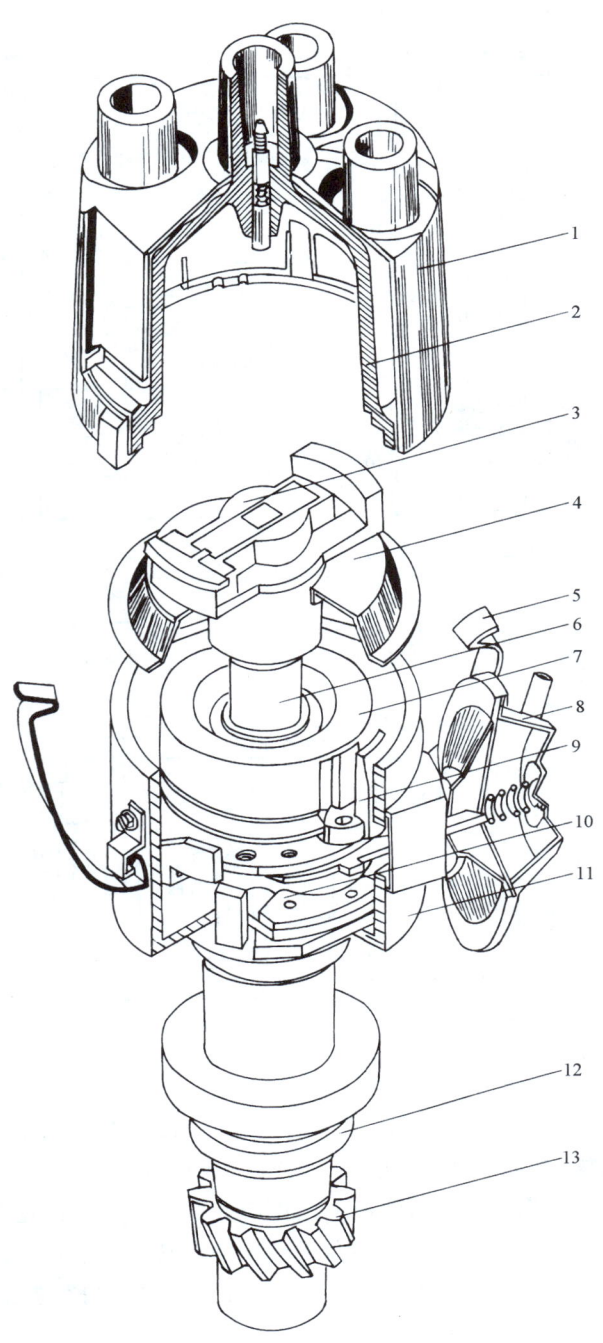

图10-32 霍尔分电器结构

1—抗干扰屏蔽罩 2—分电器盖 3—分火头 4—防尘罩 5—分电器盖弹簧夹 6—分电器轴
7—带缺口的转子 8—真空点火提前调节装置 9—霍尔传感器及托架总成
10—离心点火提前调节装置 11—分电器外壳 12—密封圈 13—斜齿轮

(4) 点火线圈　用点火控制器控制一次电路的通断，使点火线圈的一次电流可以增大，所以普通电子点火系统采用的点火线圈的电感和电阻一般均较小，多采用闭磁路点火线圈。因此，一般情况下点火线圈不能和传统点火系统点火线圈互换。

(5) 火花塞　由于电子点火系统的点火能量提高，所以其火花塞电极间隙一般为 0.8~1.0mm，为了适应稀薄混合气燃烧，有的甚至达到 1.0~1.2mm，比传统点火系统的火花塞电极间隙大，另外，不同车型该值差异也较大，在检查、调整、维修时，应严格根据原车说明书进行。

(6) 高压线　为了减少无线电干扰，电子点火系统采用的高压线为有一定电阻的高压阻尼线，阻值一般在几千欧至几十千欧不等；火花塞插头和分火头也都有一定的电阻，一般为几千欧。

第六节　微机控制点火系统

前述的电子点火系统解决了触点烧蚀问题，而且具有较高的二次电压和点火能量，有些电子点火系统的控制电路还相当完善，具有导通角控制、恒电流控制、停车断电保护、过电压保护等多种功能，与传统点火系统相比，既改善了点火系统的工作性能，提高了点火系统工作的可靠性，又延长了其自身的使用寿命。但是，电子点火系统对点火时刻的调节与传统点火系统一样，基本上仍采用离心提前和真空提前两套机械式点火提前调整装置进行调节。它们只能根据发动机转速和负荷的变化来调节点火提前角，且调节特性为线性（或不同线性的组合）规律，如图 10-33 中的曲线 3 所示。而发动机的最佳点火提前角除了随转速和负荷变化外，还受诸多因素的影响，如环境状况、车辆的技术状况、使用状况等，而且最佳点火提前角随发动机转速和负荷变化的规律也不是线性的。因此，各种电子点火系统都存在着考虑的控制因素不全面、点火提前角控制不精确的缺陷，影响发动机性能的充分发挥。此外，在离心提前调节机构和真空提前调节机构中，机械运动部件的磨损、老化和脏污等，都会引起点火提前角调节特性的改变，使发动机性能下降。

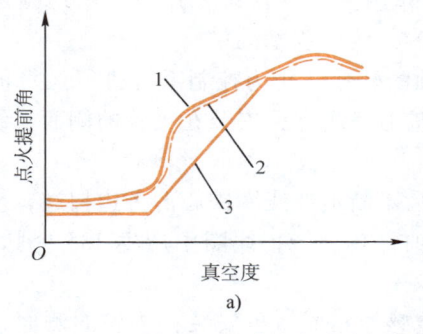
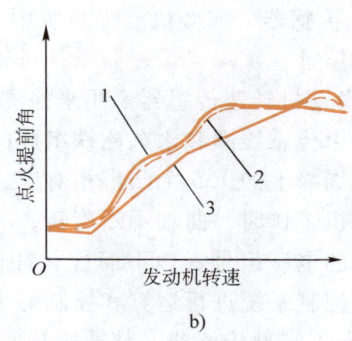

图 10-33　点火提前角随转速和真空度的变化规律和调节特性

a) 点火提前角随进气歧管真空度的变化规律　b) 点火提前角随发动机转速的变化规律
1—理想点火正时曲线　2—微机控制点火正时曲线　3—机械调节装置点火正时曲线

由于计算机具有响应速度快、运算和控制精度高、抗干扰能力强等优点，通过微机控制点火提前角要比机械式的离心提前调节机构和真空提前调节机构的精度高得多，如图 10-33

中的曲线 2 所示；并且微机控制点火系统可以通过各种传感器综合多种因素对点火提前角的影响，使发动机在各种工况和使用条件下的点火提前角都与对应的最佳点火提前角接近，还不存在机械磨损等问题，克服了离心提前调节机构和真空提前调节机构的缺陷，使点火系统的性能更趋完善，使发动机的性能得到进一步的改善和更加充分的发挥。因此，微机控制点火系统是点火系统的发展方向，得到了非常广泛的应用。

微机控制点火系统按是否配有分电器分为有分电器微机控制点火系统和无分电器微机控制点火系统两种。

一、有分电器微机控制点火系统

1. 有分电器微机控制点火系统的组成

有分电器微机控制点火系统一般由传感器、微机控制器（ECU）和点火执行器三部分组成。图 10-34 所示为常用的有分电器微机控制点火系统组成框图。发动机不同，其点火系统的结构也有所不同，但其工作原理相似。图 10-35 所示为某型轿车五缸涡轮增压发动机微机控制点火系统结构示意图，其主要组成部分及作用如下：

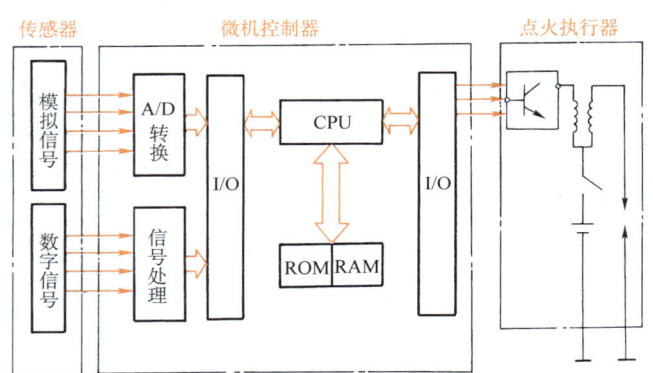

图 10-34 有分电器微机控制点火系统组成框图

（1）传感器　在微机点火系统中，传感器的作用是在发动机工作时不断地检测发动机工况相关信息。该信息是控制系统进行运算和控制的依据或基准。

1）发动机转速传感器。用来检测发动机曲轴的转速，作为控制系统进行运算的主要依据。它是由传感线圈和永久磁铁组成的磁脉冲式信号发生器，安装在飞轮的侧面，线圈的铁心与飞轮周缘上的 135 个凸齿相对应。

发动机工作时，曲轴不断旋转，飞轮上的凸齿不断地在线圈铁心的旁边扫过，使线圈中产生交变的电压信号（以下简称脉冲信号）。曲轴每转一转，线圈中产生 135 个脉冲信号。该信号是控制系统进行运算和控制的主要依据。

2）点火基准传感器。其结构与发动机转速传感器相同，也安装在飞轮的侧面，线圈的铁心与固定在飞轮上的一个圆柱销相对应。发动机工作时，当第一缸活塞到达压缩行程上止点前 62°时产生信号，以此信号作为点火控制的基准信号。

3）霍尔传感器。霍尔传感器安装在分电器内，其转子上只有一个缺口，分电器每转一转只产生一个脉冲信号，信号的宽度为 35°。在安装分电器时，应使该信号出现在一缸压缩行程上止点前 80°。霍尔传感器的信号也输入控制器，并使来自点火基准传感器的第二个信

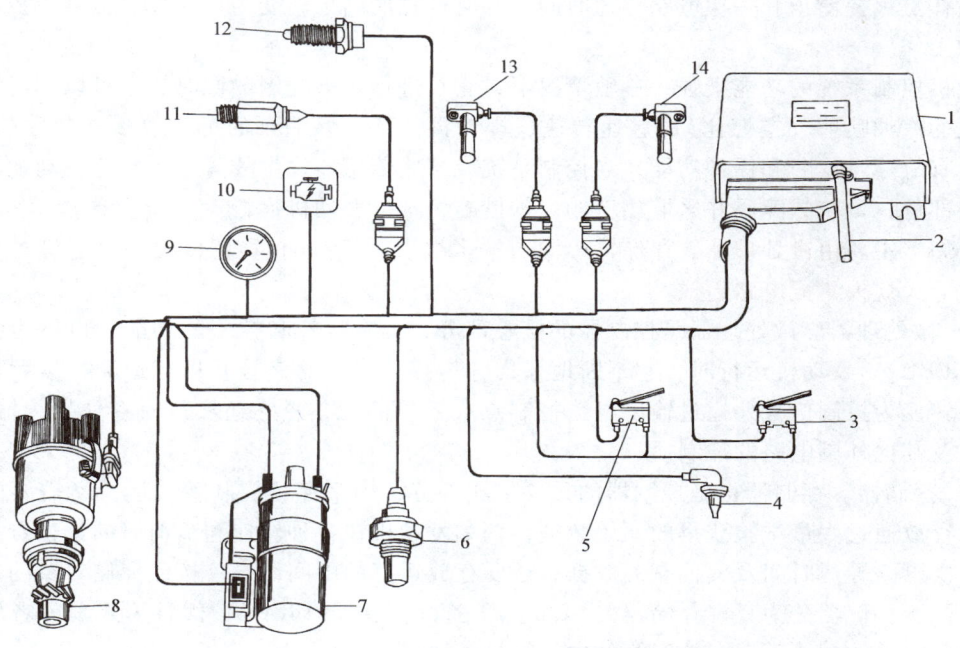

图 10-35　某型轿车五缸涡轮增压发动机微机控制点火系统结构示意图
1—微机控制器　2—增压传感器连接管　3—全负荷开关　4—进气温度传感器　5—怠速及超速燃油
阻断开关　6—冷却液温度传感器　7—点火线圈　8—霍尔分电器　9—速度表　10—故障灯
11—爆燃传感器　12—制动灯开关　13—发动机转速传感器　14—点火基准传感器

号被抵消,从而曲轴每转两转得到一个第一缸压缩行程时活塞到达上止点前62°的信号,作为点火控制的实际基准。

4) 增压传感器。增压传感器是一种压电晶体型负压传感器,安装在微机控制器内,通过胶管连接到节气门后方的进气道。它将进气管内的压力转变为电压信号(反映发动机负荷的大小),输入控制器以作为控制系统进行运算的主要依据。

5) 冷却液温度传感器。冷却液温度传感器采用热敏电阻型温度传感器,安装在发动机的冷却水道上。发动机工作时,该传感器检测冷却液的温度信号并将其输入控制器,作为控制系统根据冷却液温度修正点火时刻的主要依据。

6) 爆燃传感器。因为发动机工作时的最佳点火提前角与发动机爆燃时的点火提前角极其接近,所以发动机工作时容易产生爆燃。爆燃传感器可以检测到发生爆燃时的点火提前角,并输入控制器,以便在发生爆燃时,控制系统自动地推迟点火提前角以消除爆燃。

7) 怠速及超速燃油阻断开关。该开关安装在节气门体总成的底部。怠速时节气门关闭的电压信号被输入控制器,作为怠速点火时刻和怠速转速控制的依据,也作为发动机怠速状态超速运行时切断燃油供给的依据。

8) 全负荷节气门开关。该开关安装在节气门体总成的顶部。发动机全负荷运行时节气门全开的信号被输入控制器,用于发动机全负荷时点火时刻控制和混合气加浓控制。

(2) 微机控制器　微机控制器简称控制器,或称电子控制单元(ECU),**是控制系统的中枢**。在发动机工作时,控制器根据各传感器输入的反映发动机工况的信息,按特定的程序计算最佳点火提前角和一次电路导通时间，并将计算的结果转变为点火控制信号，控制点火系统的工作。

微机控制系统的功能很强，一般情况下，它在进行点火控制的同时，还可以同时实现对发动机的汽油喷射（空燃比）、怠速转速、排气再循环、燃油泵的工作等多项参数的控制。它还具有故障自诊断和保护功能，当控制系统或某些传感器发生故障时，它能自动地检测到故障的部位，记录故障码并采取相应的保护措施，维持发动机运行。

控制器主要<u>由微处理器、存储器、输入输出接口、模/数转换器以及信号滤波整形、驱动放大等大规模集成电路组成</u>。

1) 微处理器。微处理器是控制器的核心部分，具有运算和控制的功能，也称为中央处理器（CPU）。发动机运行时，它不断地采集各传感器输入的信号并进行运算，然后将运算的结果转变为控制信号，通过输出电路控制点火系统的工作；它还实行对存储器、输入/输出接口及其他外围电路的控制。

2) 存储器。存储器也是控制器的重要组成部分，用来存放控制系统运行所需要的全部程序，存放通过大量试验获得的原始数据，例如发动机在各种转速和负荷时的最佳点火提前角、一次电路导通时间及其他有关数据；还要存放运算的中间结果。按照存储对象的性质和要求不同，存储器分为只读存储器（ROM）和随机存储器（RAM）两种形式。前者用来存放程序和原始数据，后者存放运算的中间结果。

3) 输入/输出接口。用英文名称的缩写 I/O 表示，也称为 I/O 接口。由于 CPU 的工作速度极快，而传感器等外部电路的速度又很慢，因此它们之间不能直接进行数据交换。I/O 接口的作用是协调 CPU 与外部设备之间的工作。

4) 模/数转换器。模/数转换器简称为 A/D 转换器。一些传感器输入的信号是连续变化的电流或电压信号，称为模拟信号。而 CPU 只能接受用 0 或 1 表示的数字信号，A/D 转换器是用来将模拟信号转变为数字信号的集成电路芯片。

5) 整形与信号处理电路。该电路用来将传感器输出的信号滤波整形、放大，转变为计算机能接受的理想的波形。

（3）点火执行器。<u>点火执行器是微机控制器的执行机构</u>，可将微机输出的点火信号进行功率放大，驱动点火线圈工作。

2. 有分电器微机控制点火系统的工作原理

如图 10-34 所示，接通点火开关，电源电压加到点火执行器上，起动发动机，各传感器开始将发动机的各种工况信息转换为电信号，经接口电路输入微机控制器。控制器根据发动机的转速和负荷信号，按存储器中存储的程序，以及与点火提前角和一次电路导通时间等有关的数据，计算出与该工况相对应的最佳点火提前角和一次电路导通时间，并根据冷却液的温度加以修正。最后根据计算结果和点火基准信号，在最佳的时刻向点火控制电路和点火线圈发出控制信号，接通点火线圈的一次电路；经过最佳的导通时间后，再发出控制信号，切断点火线圈的一次电路，使点火线圈的二次电路中产生高压电，并经分电器送往火花塞，点燃混合气。曲轴每转两圈，各缸火花塞按点火次序轮流跳火一次。发动机工作时，上述过程周而复始，若要停止发动机工作，只要断开点火开关、切断一次电路即可。

3. 点火提前角的控制

在微机控制点火系统中，点火提前角按发动机起动与正常运行两种基本工况进行控制。

第十章 发动机点火系统

（1）发动机起动工况　发动机刚起动时，其转速较低（一般认为在 500r/min 以下），且进气歧管压力信号或进气量信号不稳定。此时可由 ECU 根据所控制的发动机工作特性预置一个固定的点火提前角，称为初始点火提前角。也就是说，ECU 检测到发动机处于起动工况，就按预置的初始点火提前角控制各缸点火，此时 ECU 检测的控制信号主要是发动机转速信号（n_e）和起动开关信号（STA）。初始点火提前角的设定因发动机而异，但一般为压缩行程中活塞到达上止点前 10°左右。

（2）发动机正常运行工况　发动机正常运行期间，ECU 要根据实测的发动机相关工况信息确定最佳点火提前角。

1）基本点火提前角。在 ECU 内存中，存放有与发动机转速和进气流量相对应的点火提前角数据表。发动机正常运行时，ECU 根据实测的发动机转速信号和进气流量信号（或进气歧管压力信号），在内存数据表中查找出相应的角度，该角度称为这一工况下的基本点火提前角。基本点火提前角随发动机转速的升高而增大，随进气流量（或进气歧管压力）的增加而减小。在怠速工况下，节气门开度传感器怠速触点闭合，此时 ECU 根据发动机转速和空调开关是否接通确定基本点火提前角，如图 10-36 所示。

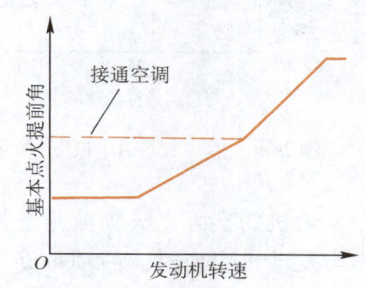

图 10-36　怠速时的基本点火提前角

2）修正点火提前角。发动机正常运行时，最佳点火提前角还与发动机冷却液温度、进气温度、混合气空燃比、爆燃、废气中氧的含量等诸多因素有关，因此 ECU 还要根据实测到的这些信号对点火提前角进行修正。

① 暖机修正。如图 10-37 所示，当发动机起动后，若冷却液温度较低，则应增大点火提前角，以使发动机尽快暖机。控制暖机修正量的主要信号有冷却液温度信号、进气流量信号和节气门开度信号。

② 过热修正。发动机正常运行时，若冷却液温度过高，为了避免发动机过热产生爆燃，应减小点火提前角。但当发动机处于怠速工况时，若冷却液温度过高，为了避免发动机长时间过热，则应增加点火提前角。其过热修正特性如图 10-38 所示。控制过热修正量的主要信号有冷却液温度信号和节气门开度信号。

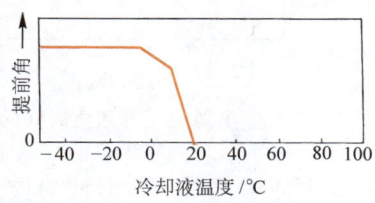

图 10-37　点火提前特性的暖机修正特性

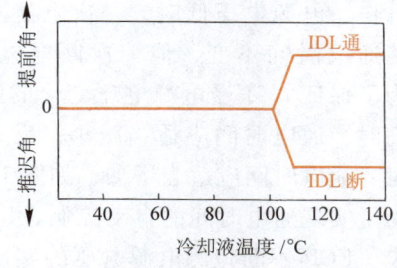

图 10-38　点火提前角的过热修正特性

③ 怠速稳定修正。发动机在怠速运行期间，发动机负荷的变化会引起发动机转速改变而偏离怠速下设定的目标转速。为了能保证发动机在怠速下稳定运转，就必须相应地修正点火提前角。如图 10-39 所示，当检测到的实际转速低于怠速目标转速时，应相应增大点火提前角；相反，当检测到的实际转速高于怠速目标转速时，应相应减小点火提前角。控制怠速

稳定性修正量的主要信号有发动机转速信号、节气门开度信号、车速信号和空调信号等。

④ 空燃比反馈修正。当装有氧传感器的电控燃油喷射系统进入闭环控制时，ECU 通常根据氧传感器的反馈信号对空燃比进行修正。随着修正喷油量的增加或减少，发动机的转速在一定范围内波动。为了提高发动机转速的稳定性，当反馈修正油量减少而导致混合气变稀时，点火提前角应适当地增大，反之则减小。其反馈修正特性如图 10-40 所示。

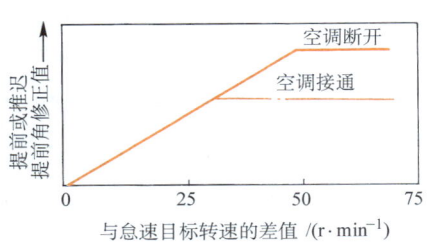

图 10-39　点火提前角的怠速稳定修正特性

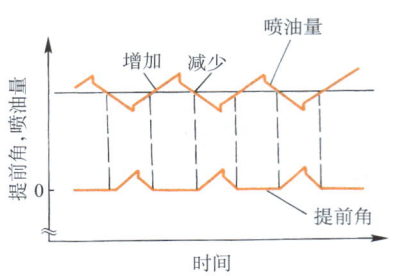

图 10-40　点火提前角的空燃比反馈修正特性

发动机的实际点火提前角是初始点火提前角、基本点火提前角和修正点火提前角三者之和。当发动机工作时，曲轴每旋转一圈，ECU 就会根据所测得的参数值确定点火提前角并发出点火信号，并随着发动机的转速和负荷变化进行实时控制。当发动机的初始点火提前角设定之后，受 ECU 控制的点火提前角只有基本点火提前角和修正点火提前角，此两项之和最大为 35°~45°，最小为 -10°~0°。ECU 设置有点火提前角限值调整功能，若点火提前角超过限值范围，ECU 就会把实际点火提前角调整到最大或最小允许提前角。

4. 一次电路导通时间的控制

对于电感储能式点火系统，点火线圈一次绕组的通电时间直接影响一次断电电流 I_p 和点火能量。为了确保点火可靠，必须控制最佳通电时间。控制通电时间的主要信号是发动机转速信号和电源电压信号。在电源电压一定时，采用闭合角控制后，在转速变化时闭合角相应调整，使通电时间不随转速变化。但是，当电源电压变化时，一次电流上升速率将发生变化：电源电压高时，一次电流上升快，电源电压低时，一次电流上升慢。其结果是虽然通电时间不变，但一次断电电流 I_p 发生了变化。为了保证 I_p 不受电源电压变化的影响，当电源电压升高时，通电时间应适当减小；反之，当电源电压降低时，通电时间应适当增加，如图 10-41 所示。

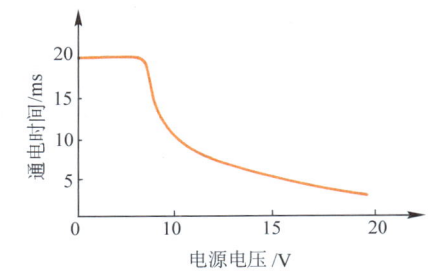

图 10-41　电源电压与通电时间的关系

为了实现通电时间的自动控制，ECU 在内存中存放有电源电压与通电时间对应关系的数据表。ECU 不断检测电源电压的实际值，从数据表中查找到相应的通电时间，并将通电时间换算成曲轴转角，然后用 1° 曲轴转角的指令精度进行控制。为了进行这样精确的计时控制，需要有能够准确检测曲轴转角位置的曲轴位置传感器和高速运算的微机。如四缸四冲程发动机，通断点火线圈一次绕组电流的功率开关管导通周期（按曲轴转角计）为 180°（即分电器转角为 90°），当发动机曲轴转速 n 为 2000r/min 时，开关管的导通周期（按微秒计）为

$$T = \frac{60 \times 10^6}{360° n} \times 180° = 1.5 \times 10^4 \mu s$$

故曲轴每转 1°所需的时间为 $T/180 \approx 83\mu s$，微机应能在 $83\mu s$ 的时间内，完成信号的接收、运算处理及指令输出的整个过程。

表 10-2 给出了当电源电压为额定值 12V 时，发动机不同转速下闭合角 β 的变化情况。如当电源电压为 12V、曲轴转速为 2000r/min 时，闭合角 $\beta = 42°$（曲轴转角 84°），通电时间 $t_D = \frac{T}{180} \times 84 = 7ms$。图 10-41 给出了当发动机转速不变时，通电时间随电源电压变化的趋势，如当发动机转速保持为 2000r/min 时，若电源电压仍然为 12V，此时 ECU 从内存数据表中读出的通电时间为 7ms，换算成曲轴转角应为

$$曲轴转角 = \frac{360° n}{60 \times 10^3} t_D = \frac{360° \times 2000}{60 \times 10^3} \times 7 = 84°$$

即开关管的导通角为 84°，然后 ECU 按 1°的控制精度，从开关管导通的时刻开始，计数曲轴 84 个 1°的控制信号后令开关管截止，从而保证这种工况下一次绕组的通电时间。

表 10-2 不同发动机转速下的闭合角

发动机转速/(r/min)	600	1000	1500	2000	2500	3000	3500
闭合角 β/(°)	17	24	33	42	51	60	68

若发动机转速仍为 2000r/min，而电源电压上升到 15V，此时 ECU 从内存数据表中读出的通电时间降为 5ms，换算成曲轴转角应为 60°。而电源电压下降到 10V 时，此时 ECU 从内存数据表中读出的通电时间升为 9.5ms，换算成曲轴转角应为 114°，然后按 1°的转角精度实现通电时间随电源电压变化而改变的准确控制。

二、无分电器微机控制点火系统

无分电器微机控制点火系统，又称为<u>直接点火系统</u>，它除了具有有分电器微机控制点火系统的优点以外，因取消了分电器总成，还具有以下优点：

1) 在不增加电能消耗的情况下，进一步增大了点火能量。有分电器点火系统中，机械分火头与侧电极之间存在一定的间隙，分火头上的高压电需跳过该间隙才能经高压线传至需点火气缸的火花塞，因而必然在该间隙处产生附加电火花。采用无分电器点火系统，则可以完全避免这部分能量损失，使有效点火能量进一步提高，从而利于采用混合气燃烧来降低排放污染物含量和油耗量。

2) 对无线电的干扰大幅度降低。机械分火头与侧电极之间的附加电火花会向周围辐射频带较宽的电磁波，形成危害较大的无线电污染。无分电器点火系统，则消除了这种干扰波，减轻了无线电干扰。当采用无高压线直接点火系统时，还可以消除高压线辐射的无线电干扰波，将无线电干扰几乎降到零水平。

3) 避免了与分电器有关的一些机械故障，如分电器盖裂损、炭棒磨损、分电器轴及衬套磨损、分电器盖和分火头受潮漏电等造成的点火失常等故障将不复存在，使点火系统的故障率降低，工作可靠性提高。

4) 高速时点火能量有保证。无分电器点火系统采用多个点火线圈轮流点火，使得每个

点火线圈的一次绕组都有足够的通电时间，保证了高速情况下充足的点火能量，以适应现代高速发动机的点火要求。

5) 节省了安装空间，有利于发动机的合理布置，为汽车车身的流线型设计提供了有利条件。

6) 无须进行点火正时方面的调整，使用、维护方便。

由于无分电器点火系统具有上述突出特点，所以 20 世纪 80 年代问世以来，在美、日以及欧洲发达国家得到迅速发展和广泛应用，带来了点火系统发展的又一次飞跃，进入 90 年代后，无分电器点火系统在发达国家的应用已经比较普遍，我国一汽大众生产的部分奥迪轿车和捷达轿车、上汽大众汽车公司生产的部分桑塔纳 2000 型轿车等也相继采用了无分电器点火系统。无分电器点火系统正逐步成为点火系统的主流。

1. 无分电器微机控制点火系统的组成

无分电器微机控制点火系统由低压电源、点火开关、微机控制单元（ECU）、点火控制器、点火线圈、火花塞、高压线和各种传感器等组成，如图 10-42 所示。有的无分电器点火系统还将点火线圈直接安装在火花塞上方，取消了高压线，如图 10-43 所示。

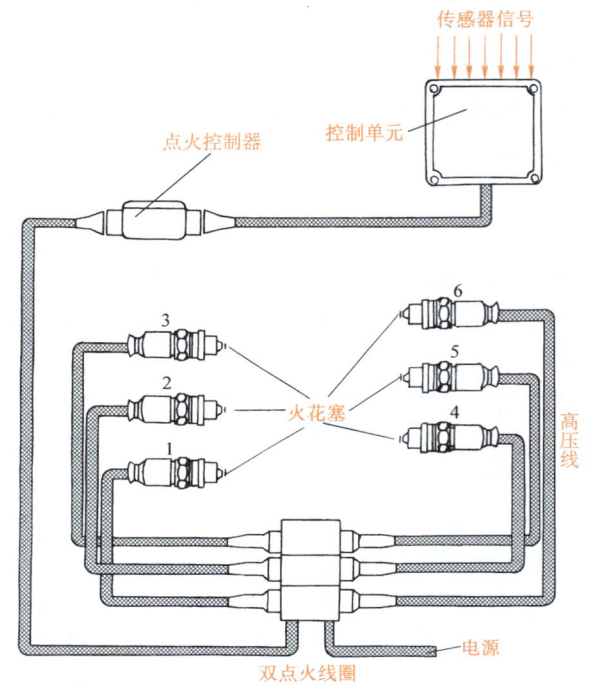

图 10-42 无分电器微机控制点火系统组成

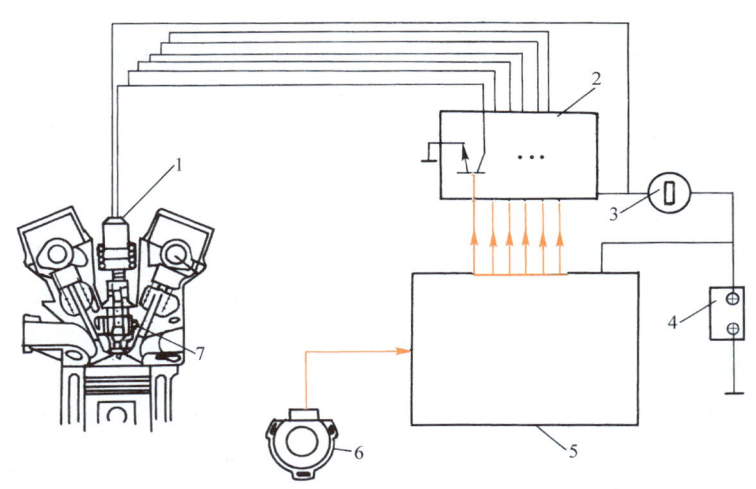

图 10-43 无高压线微机控制点火系统组成

1—点火线圈 2—点火控制器 3—点火开关 4—蓄电池 5—微机控制单元（ECU） 6—传感器 7—火花塞

2. 无分电器微机控制点火系统的工作原理

无分电器微机控制点火系统根据高压配电方式的不同分为单独点火方式和同时点火方式两种,其工作原理也各不相同。

单独点火方式是一个缸的火花塞配用一个点火线圈,各个单独的点火线圈直接安装在火花塞上,单独向火花塞提供高压电,各缸直接点火。这种结构的特点是去掉了高压线,因此可使高压电能的传递损失和对无线电的干扰降低到最低水平;且由于一个线圈向一个气缸提供点火能量,因此在发动机转速相同时,单位时间内线圈中通过的电流要小得多,线圈不易发热,所以一次电流可以设计得较大,高速时点火性能也很可靠。

单独点火方式因车型的不同,其控制电路也存在一定的差异,有些采用一个点火控制器,如图 10-44 所示,有些则采用多个点火控制器(图 10-45),但其工作原理相同。发动机工作时,微机控制单元(ECU)不断检测传感器的输入信号,根据存储器存储的数据计算并求出最佳点火提前角和通电时间,以点火基准传感器为标准,按照发动机各缸的做功顺序,确定每一缸点火线圈的接通时间和通电时间,并将其转换为该缸点火线圈的控制信号 IG_i(i 指第 i 个气缸)。当某缸的控制信号为低电平时,点火控制器中对应此缸的功率晶体管导通,点火线圈通电;当该缸的控制信号变为高电平时,对应的晶体管截止,线圈中电流被切断,二次线圈产生高压电,将火花塞电极击穿

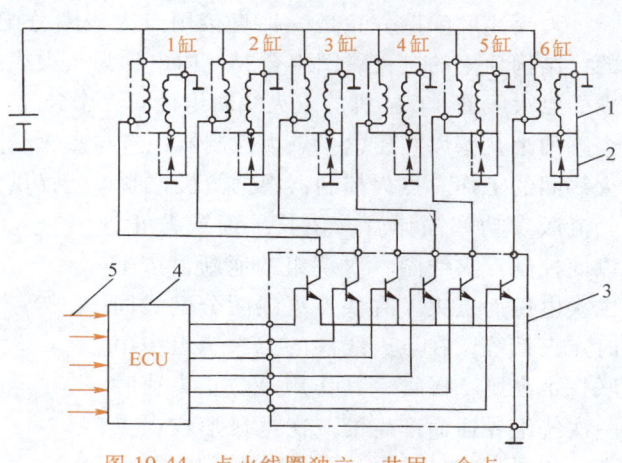

图 10-44 点火线圈独立、共用一个点火控制器的点火系统工作原理

1—点火线圈　2—火花塞　3—点火控制器
4—微机控制单元　5—传感器信号

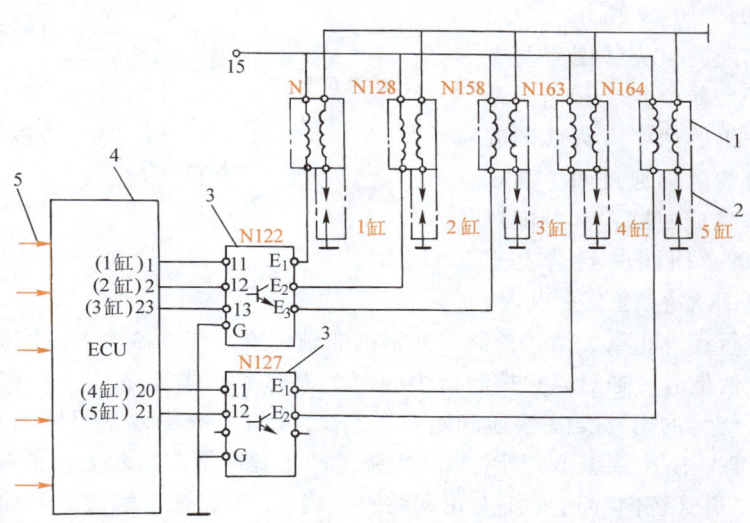

图 10-45 点火线圈独立、分组共用点火控制器的点火系统工作原理

1—点火线圈　2—火花塞　3—点火控制器　4—微机控制单元　5—传感器信号

点火。单独点火的点火控制器需要判别的点火气缸的数目多,因此气缸判别电路较复杂。

同时点火方式是利用一个点火线圈对活塞接近压缩行程上止点和排气行程上止点的两个气缸同时进行点火的高压配电方法。其中,活塞接近压缩行程上止点的气缸点火后,混合气燃烧做功,该气缸火花塞产生的电火花是有效火花;活塞接近排气行程上止点的气缸,火花塞产生的电火花是无效火花。由于排气气缸内的压力远低于压缩气缸内的压力,排气气缸中的火花塞的击穿电压也远低于压缩气缸中火花塞的击穿电压,因而绝大部分点火能量主要释放在压缩气缸的火花塞上。同时点火方式中,由于点火线圈仍然远离火花塞,所以点火线圈与火花塞之间仍然需要高压线连接。同时点火方式又分为点火线圈配电方式和二极管配电方式两种。

点火线圈配电方式是一种直接用点火线圈分配高压电的同时点火方式。几个相互屏蔽的、结构独立的点火线圈组合成一体,称为点火线圈组件。4缸机的点火线圈组件有两个独立的点火线圈,6缸机的点火线圈组件有三个独立的点火线圈。每个点火线圈供给配对的两个缸的火花塞以高压电。点火控制器中有与点火线圈数量相等的功率晶体管,各控制一个点火线圈的工作。点火控制器根据微机控制单元提供的点火信号,由气缸判别电路按点火顺序轮流激发功率晶体管,使其导通或截止,以此控制点火线圈一次绕组的通断,产生二次电压而点火。有些点火线圈分配式同时点火系统,在点火线圈的二次绕组中串联一个高压二极管,其作用是防止高速时一次绕组导通而产生的二次电压形成误点火,如图10-46所示。还有的无分电器点火系统点火线圈的二次绕组与火花塞之间的高压电路中留有3~4mm的间隙,其作用与二次绕组中串联的高压二极管的作用一样,也是防止一次电路接通时的误点火。

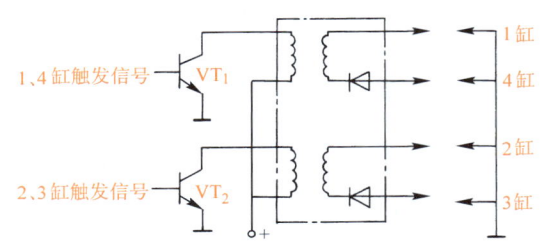

图10-46 点火线圈配电方式

二极管配电方式是利用二极管的单向导通特性,对点火线圈产生的高压电进行分配的同时点火方式,如图10-47所示。与二极管配电方式相配的点火线圈有两个一次绕组、一个二次绕组,相当于是共用一个二次绕组的两个点火线圈的组件。二次绕组的两端通过四个高压二极管与火花塞组成回路,其中配对点火的两个活塞必须同时到达上止点,即一个处于压缩行程上止点时,

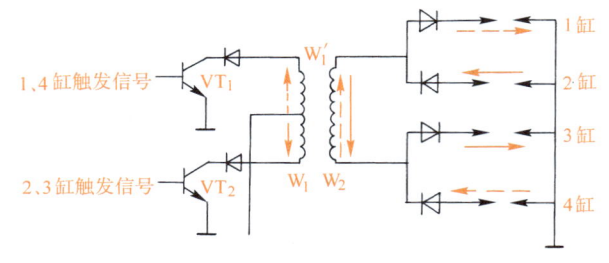

图10-47 二极管配电方式

另一个处于排气行程上止点。微机控制单元根据曲轴位置等传感器输入的信息,经计算、处理,输出点火控制信号,通过点火控制器中的两个大功率晶体管(VT_1和VT_2),按点火顺序控制两个一次绕组的电路交替接通和断开。当1、4缸点火触发信号输入点火控制器时,大功率晶体管VT_1、一次绕组W_1断电,二次绕组产生虚线箭头所示方向的高压电动势,此时1、4缸高压二极管正向导通而使火花塞跳火。当2、3缸点火触发信号输入点火控制器时,大功率晶体管VT_2截止,一次绕组W_1断电,二次绕组产生实线箭头所示方向的高压电动势,此时2、3缸高压二极管导通,故2、3缸火花塞跳火。二极管配电方式的主要特点是

一个点火线圈组件为四个火花塞提供高压电，因此特别适用于四缸或八缸发动机。

3. 主要元器件的结构及原理

无分电器微机控制点火系统与有分电器微机控制点火系统相比，火花塞、高压线和主要传感器的结构和原理基本相同，但是微机控制单元、点火控制器和点火线圈在结构和原理方面存在一些差异。

（1）微机控制单元　由于无分电器点火系统取消了机械式高压配电而改为电子式高压配电，因此，微机控制单元不再只控制一个点火线圈一次绕组的通断，而是要根据曲轴的不同位置，按一定顺序控制两个或多个点火线圈一次绕组，以实现电子式高压配电。

微机控制单元（图 10-48）除了包括输入接口电路、A/D 转换器、中央处理单元（CPU）、只读存储器（ROM）、随机存储器（RAM）等组成部分外，还增加了气缸判别电路（又称为分电电路），以根据曲轴位置传感器或判缸信号传感器确定需要控制的点火线圈一次绕组。同理，输出接口电路也不只输出一路点火控制信号，而是依次输出多路点火控制信号，分别控制点火控制器中与各点火线圈一次绕组对应的大功率晶体管的通断；或者输出接口电路在输出一路点火控制信号的同时输出一路判缸信号，由点火控制器根据点火控制信号和判缸信号控制与各点火线圈一次绕组对应的大功率晶体管的通断，使需要点火气缸的火花塞适时跳火。

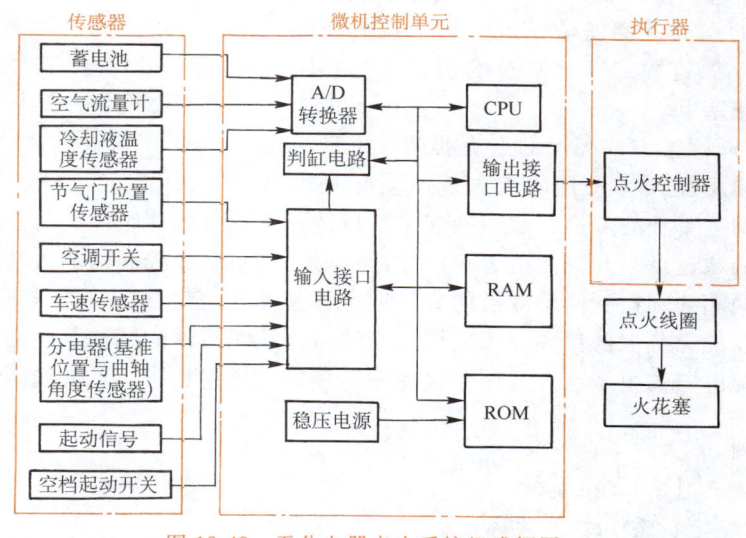

图 10-48　无分电器点火系统组成框图

（2）点火控制器　由于无分电器点火系统有两个或多个点火线圈或点火线圈一次绕组，所以点火控制器一般除了具有自动断电功能、导通角控制、恒流控制等电路外，还有气缸判别电路和多个大功率晶体管及相应的控制电路等。

如果微机控制单元输出的是点火控制信号和气缸判别信号，点火控制器就必须设置气缸判别电路，电路就比较复杂。

如果微机控制单元直接输出的是与确定气缸对应的点火控制信号，点火控制器不需要进行点火气缸的判别，电路就比较简单。

由于大功率晶体管工作电流大、温度高，故障率相对较高，为了便于散热、检修，许多无分电器点火系统将点火控制器分为两部分：控制电路和大功率晶体管输出电路。控制电路直接合入微机控制单元，大功率晶体管输出电路则自成一体，成为结构单一的点火控制器。或与点火线圈集成在一起。

（3）点火线圈　由于无分电器点火系统有两个或多个点火线圈一次绕组，一个发动机的工作循环，每个点火线圈一次绕组只通断一次（单独点火）或两次（同时点火），所以点火线圈一次绕组能够有较长的通电时间，点火线圈可以采用完全的闭磁路结构，提高能量利用率。点火线圈具体结构因高压配电方式的不同而不同。

1）单独点火方式配电用的点火线圈。采用单独点火方式时，发动机每个气缸都有自己的点火线圈，每个点火线圈的结构完全相同，如图10-49所示。

单独点火方式特别适合在双凸轮轴发动机上配用，点火线圈安装在两根凸轮轴中间，每一点火线圈压装在各缸火花塞上，在布置上很容易实现。而且这种点火线圈由于省去了高压导线，使点火能量的损失和点火系统的故障率进一步降低。图10-50为某型轿车四气门五缸发动机的点火线圈安装情况，每个点火线圈通过导向座用四个螺钉固定在气缸盖的盖板上，然后再扣压到各缸火花塞上。

2）点火线圈配电方式配用的点火线圈。发动机采用点火线圈配电方式时，配用的点火线圈实际是由若干个相互屏蔽的、单独的点火线圈组装起来形成的一个点火线圈组件。每个单独的点火线圈一次绕组的一端通过点火开关与电源正极相连，另一端由点火控制器的大功率晶体管控制搭铁；二次绕组两端分别接到两个气缸的火花塞上，使两个气缸的火花塞同时跳火。图10-51所示为六缸发动机无分电器单独点火系统采用的点火线圈组件的结构及电路图。

点火线圈配电方式由于点火线圈与火花塞直接通过导线相连，点火线圈一次电路导通瞬

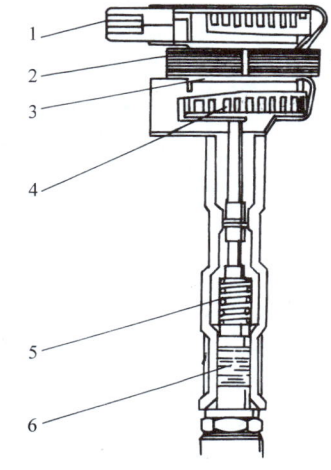

图10-49　单独点火方式配电用的点火线圈

1—低压线插头　2—铁心　3—一次线圈
4—二次线圈　5—高压线插头　6—火花塞

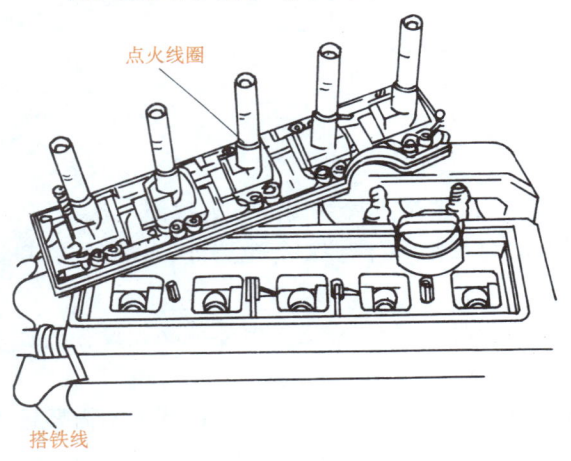

图10-50　某型轿车四气门五缸发动机点火线圈的安装情况

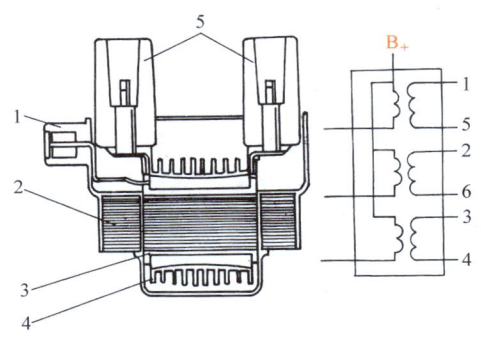

图10-51　点火线圈组件结构及电路图

1—低压线插头　2—铁心　3—一次线圈
4—二次线圈　5—高压线插头

间二次电路所产生的感生电压（约1000V）直接加在火花塞两电极间，如果该火花塞所在的气缸是处于进气终了或压缩行程开始等气缸压力较低且又有可燃混合气的行程，就可能会误点火。如果在高压回路中串联一个高压二极管（图10-52），利用其单向导电性，使点火线圈一次电路导通瞬间二次电路中产生的电压不能加在火花塞电极上，从而消除了误点火的可能性。在一些无分电器电子控制点火系统中，点火线圈与火花塞的连接电路中，有一个3~4mm的间隙，其目的也是为了防止点火线圈一次通路瞬间的误点火。

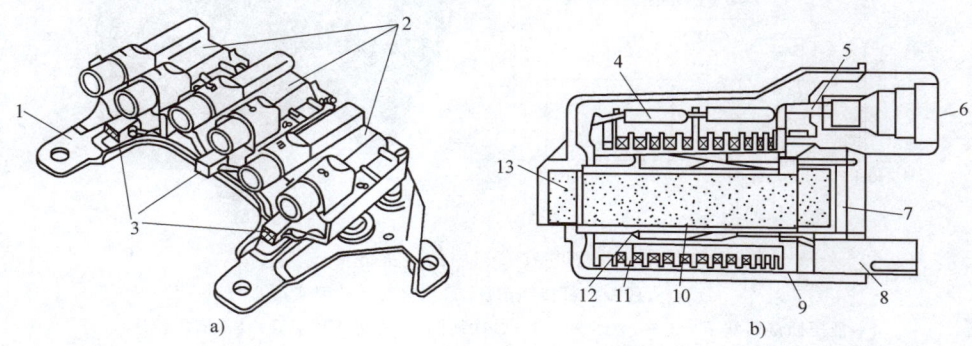

图10-52 配用高压二极管避免误点火的点火线圈结构图
a）点火线圈外形 b）点火线圈内部结构
1—支架 2—点火线圈 3—低压插座 4—高压二极管 5—高压引线 6—盖 7—填充材料
8—低压线接线柱 9—外壳 10、13—铁心 11—二次线圈 12—一次线圈

3）二极管配电方式配用的点火线圈。二极管配电方式配用的点火线圈有两个一次绕组（或一个一次绕组被中心抽头分成两个部分，组成两个一次绕组）和一个二次绕组。二次绕组有两个输出端，每个输出端又分别接两个方向相反的高压二极管，这样二次线圈通过四个高压二极管与火花塞组成回路；两个一次绕组的电路由点火控制器中的两个大功率晶体管控制轮流接通和断开。点火线圈有两种形式：一种是高压二极管外接式，即点火线圈只包含一次绕组和二次绕组，不包含高压二极管，高压二极管装在火花塞上方，便于高压二极管检修，点火线圈有两个高压插座，如图10-53所示；另一种是高压二极管内接式，即点火线圈既包含一次绕组和二次绕组，又包含四个高压二极管，点

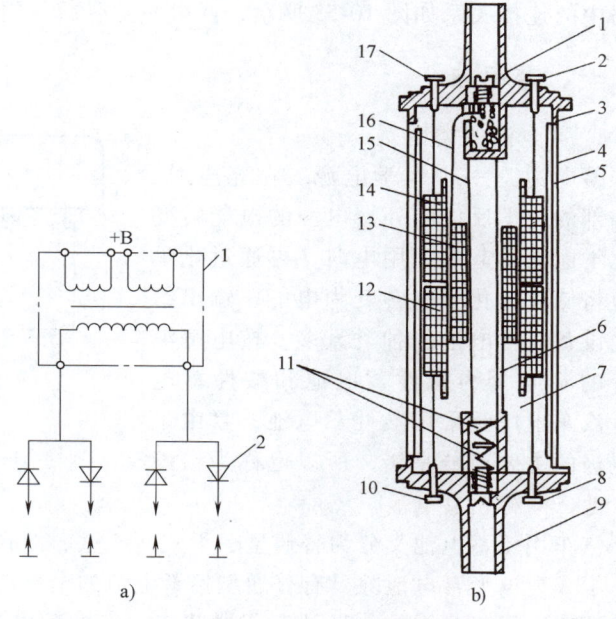

图10-53 二极管配电方式配用的点火线圈（外接式）
a）点火线圈连接线路 b）点火线圈内部结构
1、9—高压插座 2、10—组件接线柱 3—外壳 4—导磁板
5—衬纸 6、16—高压导线 7—变压器油 8、17—电源接线柱
11—弹簧 12、14—一次绕组 13—二次绕组 15—铁心

火线圈有四个高压插座,这种结构有利于简化线路结构,高压线连接简便,但是一旦有一个高压二极管损坏,点火线圈就需要更换,如图10-54所示。

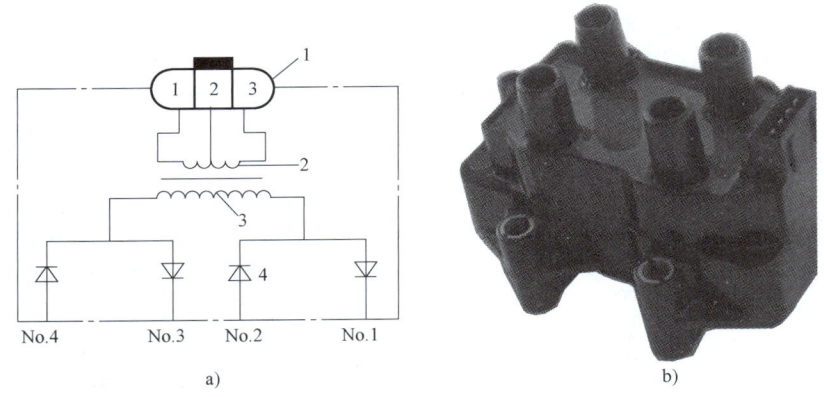

图 10-54 二极管配电方式配用的点火线圈（内接式）
a）点火线圈内部接线图　b）点火线圈外部实物
1—低压插接器端子　2—一次线圈　3—二次线圈　4—高压二极管　5—高压接线柱

第七节　汽车电源

汽车上的点火系统及全车电器设备的电源由蓄电池、发电机及其调节器组成,其在汽车电路中的连接关系如图10-55所示,两电源并联后与用电设备相连。

一、蓄电池

1. 蓄电池的类型

蓄电池是一个化学电源。在充电时,其内部的化学反应将外接电源的电能转变为化学能储存起来;用电时,再通过化学反应将储存的化学能转变为电能,输出给用电设备。蓄电池的种类繁多,按电解液成分的不同分为碱性蓄电池和酸性蓄电池。汽车上广泛采用酸性蓄电池,且由于其电极的主要成分是铅,所以也称为铅酸蓄电池,简称铅蓄电池。

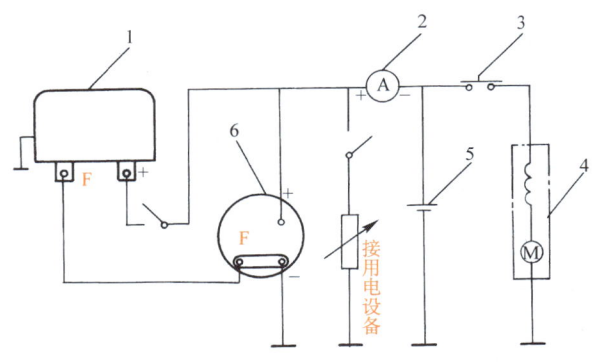

图 10-55 汽车电源电路
1—调节器　2—电流表　3—起动按钮
4—起动机　5—蓄电池　6—发电机

汽车用铅蓄电池又分为普通型、干式荷电型、湿式荷电型和免维护型。

干式荷电型蓄电池除具有普通型铅蓄电池的全部功能外,其主要特点是蓄电池内部无电解液储存,极板是干的,且处于荷电状态,新的蓄电池不必经过长时间的初充电即可投入使用。

湿式荷电型蓄电池的极板为荷电状态,蓄电池内部有少量的电解液,大部分电解液被极板和隔板吸收并储存起来。

免维护型蓄电池是在汽车合理使用过程中,不需要添加蒸馏水的一种新型蓄电池。免维护蓄电池的电解液，由制造厂一次性加注，并密封在壳体内，因此电解液不会泄漏、不会腐蚀接线柱和机体，在使用中不需加注蒸馏水或补充电解液来调节液面高度，无须保养与维护。同时，它具有耐振、耐高温、自放电少、使用寿命长等许多优点，是车用蓄电池的发展趋势。图10-56所示为免维护蓄电池的结构图。

2. 蓄电池的功用

蓄电池是汽车电器系统的心脏，在一定情况下（如发动机未运转时）蓄电池供给用电设备所需的全部电能。

在发动机工作时，用电设备所需的电能主要由发电机供给，而铅蓄电池的主要用途有：

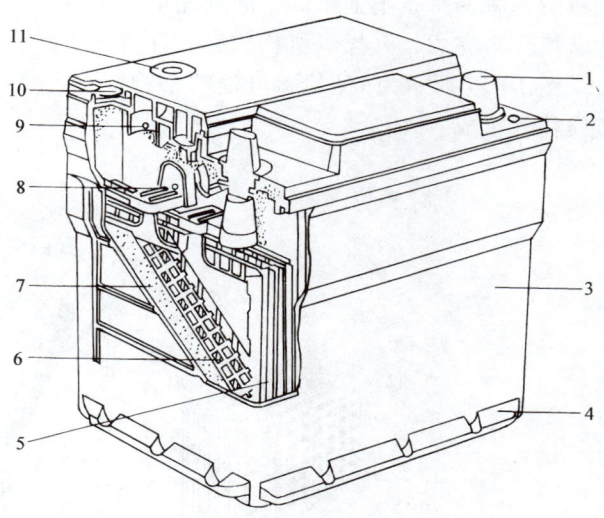

图10-56 免维护蓄电池的结构图

1—电池接线柱 2—模压代号 3—壳体 4—用于安装的下滑面 5—带状隔板 6—铅钙合金的栅架 7—高密度的活性物质 8—极板连接夹和单格连接器 9—液、气隔板 10—安全通气孔 11—电解液密度观测孔

1) 汽车发动机起动时，蓄电池向起动机和点火装置供电。

2) 在发电机不发电或电压较低发动机处于低速时，蓄电池向点火系统及其他用电设备供电，同时向硅整流发电机供给他励电流。

3) 当用电设备同时接入较多、发电机超载时，蓄电池协助发电机共同向用电设备供电。

4) 当蓄电池存电不足而发电机负载又较少时，可将发电机的电能转变为化学能储存起来。

5) 蓄电池还有稳定电网电压的作用。当发动机运转时，交流发电机向整个系统提供电流。蓄电池起稳定电器系统电压的作用。蓄电池相当于一个较大的电容器，可吸收发电机的瞬时过电压，保护电子元件不被损坏，延长其使用寿命。

3. 对蓄电池的要求

由于发动机起动时，蓄电池必须能够为起动机提供200～600A的电流，有些大功率柴油机起动机的起动电流高达1000A，且要持续10s以上的时间；在发电机发生故障不能工作时，蓄电池的容量应能维持车辆行驶一定的时间。所以要求汽车用蓄电池有尽可能小的内阻和足够的容量。铅蓄电池虽然比能较低，但其内阻小、电压稳定、在短时间内能提供较大的电流，并且结构简单、原料丰富，因而在汽车上得到广泛的应用。

4. 铅蓄电池的结构

蓄电池由三只或六只单格电池串联而成，每只单格电池的电压约为2V，串联后电压为6V或12V。目前，国内外汽油发动机汽车均选用12V蓄电池。在使用柴油机的汽车上，因起动电压一般为24V，故常将两个12V蓄电池串联使用。有些柴油机的汽车，只有起动机的电压为24V，其他用电设备的电压仍为12V。因此，车上装有两个12V的蓄电池，在起动发动机时，将两个蓄电池串联；起动完毕后，再将两个蓄电池并联。串联与并联的转换由专用的转换器来完成，其操纵机构与起动开关联动。

图10-57所示为6V铅蓄电池的结构，它主要由极板、隔板、电解液、壳体、连接条和接线柱等组成。

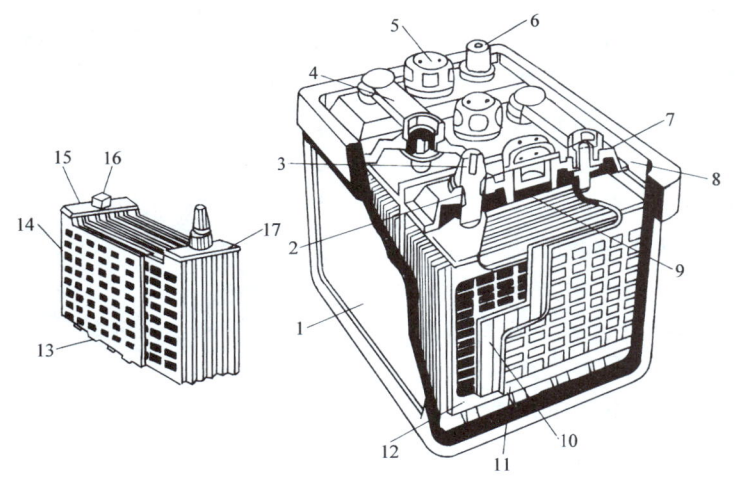

图10-57　6V铅蓄电池的结构

1—外壳　2—密封环　3—正极接线柱　4—连接条　5—加液孔盖　6—负极接线柱　7—蓄电池盖　8—封口料　9—护板　10—隔板　11—负极板　12—正极板　13—支撑凸起　14—负极板组　15—横条　16—电桩　17—正极板组

为了提高蓄电池的容量，每一个单格蓄电池中有多片正极板12和多片负极板11。所有正极板或负极板分别用铅焊接在横板上，形成正极板组和负极板组。两片极板之间留有间隙，横板上部连有接线柱。正极板组和负极板组穿插在一起，使每片正极板都插在两片负极板之间，因此负极板比正极板多一片。为了防止极板之间短路，相邻两片极板之间夹有一片多孔性的（木质或塑料）隔板10，组成正负极板组。

蓄电池的极板是在用铅锑合金铸成的栅架上涂敷活性物质而成的。活性物质的主要原料是四氧化三铅和一氧化铅，经过处理后，正极板上的活性物质转变为红棕色的二氧化铅，负极板上的活性物质则转变为青灰色的海绵状铅。这种活性物质具有多孔性的结构，电解液可以自由渗入活性物质的孔隙中，从而使参加化学反应的活性物质的表面积增加。

硬橡胶或塑料制成的外壳1分成三个或六个单格，每一个单格中装入一个正、负极板组，外壳的底部有凸棱支撑极板，防止极板上脱落下来的活性物质将极板短路。壳体的上部用盖密封，并用特殊胶质塑料填充所有接缝。三个或六个单格蓄电池用连接条4串联，并在两端的正负电桩上分别焊接正极接线柱3和负极接线柱6。

蓄电池盖上每个单格电池有一个加液孔，用来加注电解液、检查和调节电解液的密度、检查充电状况等。每个加液孔都用加液孔盖5封闭，加液孔盖上有通气孔，以便使化学反应中产生的气体能自由溢出。

蓄电池的电解液是化学上的纯净硫酸（H_2SO_4）和蒸馏水（H_2O），按一定比例配制成的硫酸水溶液，从加液孔加入蓄电池内。充足电的蓄电池电解液的密度为$1.24\sim1.31g/cm^3$

每个蓄电池的端电压在充足电时约为 2.1V，完全放电时的电压约为 1.7~1.75V。

二、发电机

1. 发电机的功用

发电机是在发动机的驱动下，将机械能转变为电能的装置。它作为汽车的主要电源，主要作用如下：

1）在发动机怠速以上转速运行时，为电气设备供电。

2）不断地给蓄电池补充能量，即充电。

2. 对发电机的基本要求

1）为了满足蓄电池充电的要求，汽车用发电机的输出电压必须是直流电压。

2）为了向蓄电池充电和向电气设备供电，在汽车运行中，发电机的端电压必须保持恒定，且保持发电机的输出电压既不低于蓄电池电压，又不高于电气设备的允许电压。

3）发动机怠速运行时，发电机输出的电压应不低于蓄电池的端电压，并具有一定的带载能力。

4）在发动机中高速运转时，发电机应能满足大多数电气设备同时用电的要求。

3. 汽车用发电机的分类

目前，国内外汽车使用的发电机几乎都是交流发电机。这是因为交流发电机与直流发电机相比，具有体积小、重量轻、结构简单、维修方便、寿命长、发动机低速时充电性能好、配用的调节器结构简单、产生的无线电干扰信号弱、能节省大量铜材等优点，因此，自诞生后即得到迅速普及。

汽车用交流发电机通过二极管整流，使其输出直流电，由于整流二极管是硅材料的，所以也称为硅整流发电机。

（1）按总体结构不同分类　交流发电机可分为：

1）普通交流发电机。普通交流发电机指无特殊装置和特殊功能的汽车交流发电机，如 JF132 交流发电机。

2）整体式交流发电机。整体式交流发电机指内装电子调节器的交流发电机，如一汽大众奥迪、高尔夫、捷达和上汽大众桑塔纳等轿车用 JFZ1613Z 型交流发电机。

3）带泵交流发电机。带泵交流发电机指带真空泵的交流发电机，如 JFB1712 系列交流发电机。

4）无刷交流发电机。无刷交流发电机指无电刷和集电环结构的交流发电机，如 JFW1913 型交流发电机。

5）永磁交流发电机。永磁交流发电机指转子磁极采用永磁材料的交流发电机。

（2）按整流器结构不同分类　交流发电机可分为：

1）六管交流发电机。六管交流发电机指整流器是由六只硅整流二极管组成的三相桥式全波整流电路的交流发电机，如 JF1522A、JF1518、JF1526 型 14V、55A 交流发电机和 JF1326 型 14V、35A 交流发电机。

2）八管交流发电机。有些发电机为了利用中性点电压，增加了两个中性点二极管，如图 10-58a 所示，将发电机中性点电压整流后汇入发电机输出端，可以提高发电机的功率，则其整流器总成有八只二极管。如天津夏利 TJ7100、TJ7100U 微型轿车所用的 JFZ1542 型硅

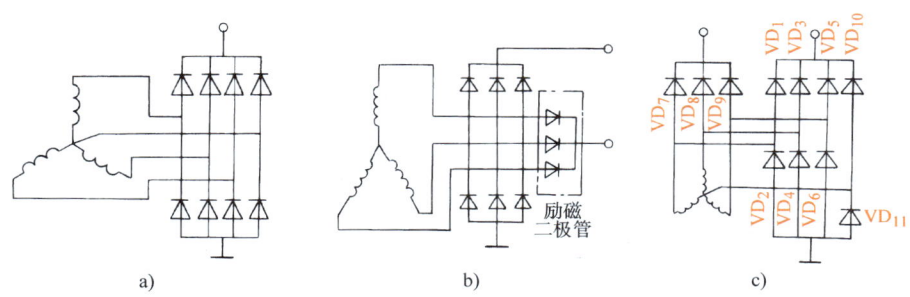

图 10-58 具有中性点二极管和励磁二极管的整流电路

a) 具有中性点二极管 b) 具有励磁二极管 c) 既具有中性点二极管又具有励磁二极管

整流交流发电机。

3) 九管交流发电机。有些发电机为了向励磁绕组供电,还装有三个励磁二极管,与整流器的三个负极二极管形成另一个全波整流电路,因此其整流器有九个二极管,如图 10-58b 所示。日本尼桑公司生产的蓝鸟（Blue bird）牌高级豪华型轿车配用的 LR106-708 硅整流交流发电机和德国奔驰（Benz）2026A 型汽车配用的 KIRL 硅整流交流发电机都是九管交流发电机。

4) 十一管交流发电机。有些发电机的整流器中既有中性点二极管,又有励磁二极管,则其整流器具有十一个二极管,如图 10-58c 所示。一汽大众奥迪、上汽大众桑塔纳等轿车配用的 JFZ1913Z、JFZ1813Z 型交流发电机和日本丰田皇冠等轿车配用的 10211-0530 型交流发电机均为十一管硅整流交流发电机。

(3) 按励磁绕组搭铁方式不同分类 交流发电机可分为：

1) 内搭铁交流发电机。内搭铁交流发电机指励磁绕组一端通过发电机外壳直接搭铁,另一端通过调节器接电源的交流发电机,如 JF132N 交流发电机。

2) 外搭铁交流发电机。外搭铁交流发电机指励磁绕组一端直接接电源,另一端通过调节器搭铁的交流发电机,多数采用电子调节器的发电机都是这种类型。

4. 硅整流交流发电机的结构与工作原理

硅整流交流发电机由一台三相同步交流发电机和硅二极管整流器组成。发电机产生的三相交流电通过整流器进行三相桥式全波整流后转变为直流电。

硅整流交流发电机由转子、定子、整流器、端盖、风扇叶轮等组成。图 10-59 所示为硅整流交流发电机的结构。

1) 转子用来建立发电机的磁场。它由压装在转子轴上的两块爪形磁极 5、两块磁极之间的励磁绕组 6 和压装在转子轴上与轴绝缘并彼此绝缘的两个集电环 7 组成。

2) 定子用来在发电机工作时,与转子的磁场相互作用产生交流电压。它由内圆带槽的硅钢片叠成的铁心和对称地安装在铁心上的三相定子绕组组成。三相定子绕组按星形或按三角形联结。按星形联结时,三相绕组的首端分别与整流器的硅二极管相连,三相绕组的尾端连在一起作为发电机的中性点。按三角形联结时,将三相绕组中一相绕组的首端与另一相绕组的尾端相连,并将联结点接整流器的硅二极管。

3) 整流器是由 6 个（8 个、9 个或 11 个）硅二极管组成的三相桥式全波整流电路。它将三相定子绕组中产生的交流电转变为直流电。在负极接地的发电机中,3 个（或 4 个）二

第十章 发动机点火系统

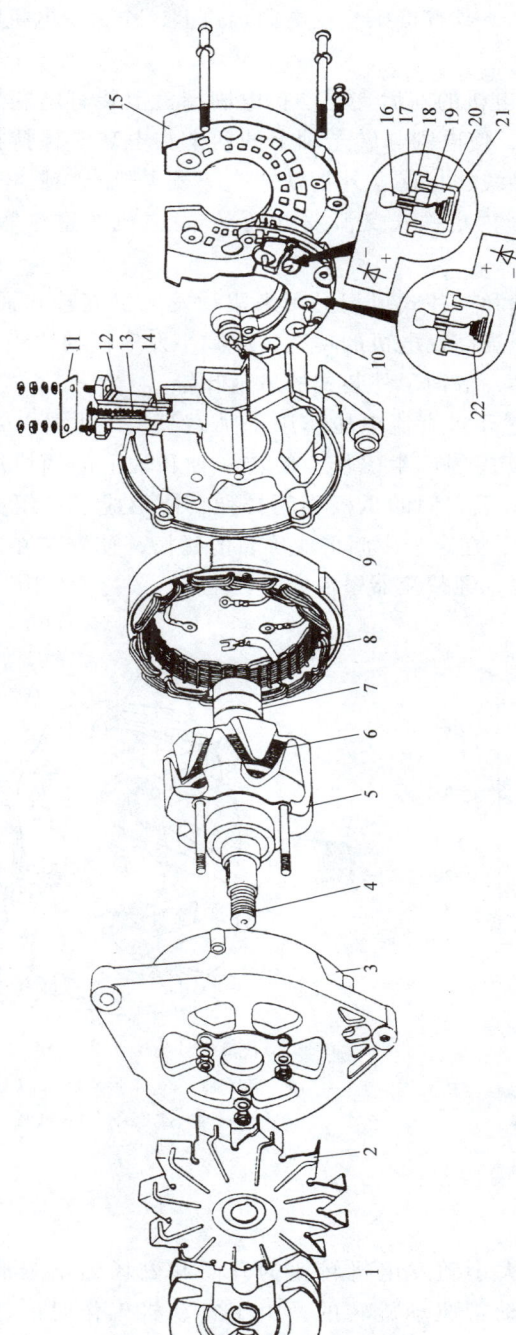

图 10-59 硅整流交流发电机的结构

1—带轮 2—风扇叶轮 3—驱动端盖 4—转子轴 5—爪形磁板 6—励磁绕组 7—集电环 8—定子总成 9—电刷端盖 10—整流器总成 11—电刷弹簧盖板 12—电刷架 13—电刷弹簧 14—电刷 15—防护罩 16—硅二极管电极 17—绝缘体 18—盖 19—引出线（二极管的一个电极） 20—硅组合体 21、22—外壳（二极管的另一个电极）

极管的壳体为负极，压装在与发电机机体绝缘的元件板上，并与发电机的输出端（正极）相连，其引线为二极管的正极，称为正极二极管；另外3个（或4个）二极管的壳体为正极，压装在不与机体绝缘的元件板上，或直接压装在电刷端盖上，作为发电机的负极，其引线为负极，称为负极二极管。

4) **驱动端盖和电刷端盖**用作发电机的前后支撑。在电刷端盖上装有电刷架和两个彼此绝缘的电刷14，并通过电刷弹簧13，使电刷与转子轴上的两个集电环7保持接触，电刷的引线分别与电刷端盖上的两个磁场接线柱相连（外搭铁式交流发电机），或一个与磁场接线柱相连，另一个在发电机内部搭铁（内搭铁式交流发电机）。发电机的整流器总成10也安装在驱动端盖上，以有利于检修。

此外，发电机的前端还装有带轮和叶片式风扇，用来驱动发电机旋转和强制通风散热。为了提高发电机的散热强度，有效地提高发电机的功率，或减小发电机的体积，有些发电机在转子的爪形磁极上加工出风扇叶片，取消了外装式的风扇叶轮。

发电机工作时，通过电刷和集电环将直流电压作用于励磁绕组1（图10-60）的两端，则在励磁绕组中有电流通过，并在其周围产生磁场，使转子轴和轴上的两块爪形磁极被磁化，一块为N极，另一块为S极。由于它们的爪极相间排列，便形成了一组交错排列的磁极，如图10-61所示。当转子旋转时，在定子中间形成旋转的磁场，使安装在定子铁心上的三相定子绕组中感应生成三相交流电，经整流器整流为直流电。

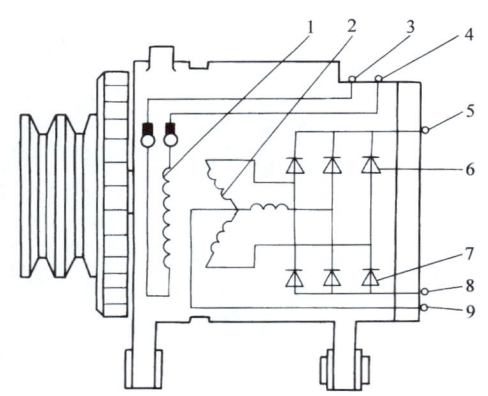

图 10-60 硅整流交流发电机电路原理
1—励磁绕组 2—三项定子绕组 3—磁场接线柱（F_1）
4—磁场接线柱（F_2） 5—输出接线柱（"+"）
6—正极二极管 7—负极二极管 8—搭铁接线柱（E） 9—中性点接线柱（N）

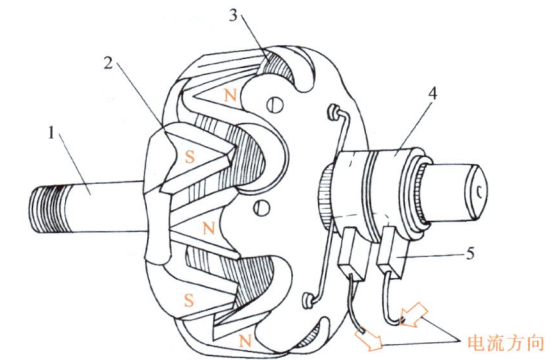

图 10-61 交流发电机的磁极
1—转子轴 2—爪形磁极 3—励磁绕组
4—集电环 5—电刷

发电机工作时，其输出电压的大小随发电机转速的升高和磁场的增强而增大。汽车上的发电机是由发动机通过风扇传动带驱动旋转的，由于发动机工作时的转速在很宽的范围内变化，使发电机的转速随之变化，发电机的电压也将在很宽的范围内变化。汽车用电设备的工作电压和对蓄电池的充电电压是恒定的，一般为12V、24V或6V。为此，要求在发动机工作时，发电机的输出电压也保持恒定，以便使用电设备和蓄电池正常工作。因此，汽车上使用的发电机，必须配用电压调节器，以便在发电机转速变化时，保持发电机端电压恒定。

三、发电机的电压调节器

发电机工作时，电压调节器在发电机电压超过一定值以后，通过调节经过励磁绕组的电流强度来调节磁场磁通的方法，在发电机转速变化时，保持其端电压为规定值。发电机的调节电压一般为 13.5~14.5V（或 13.8~14.8V）。

常用的电压调节器有<u>触点振荡式电压调节器</u>、<u>晶体管电压调节器</u>和<u>集成电路电压调节器</u>等多种形式。

1. 触点振荡式电压调节器

触点振荡式电压调节器简称为<u>触点式电压调节器</u>，是一种机械式电压调节器，它分为单级触点式电压调节器、双级触点式电压调节器和具有充电继电器的触点式电压调节器等多种形式。其基本原理都是以发电机的转速为基础，通过改变触点的开闭时间，改变励磁电流，维持发电机电压的恒定。

（1）双级触点式电压调节器　它是一种与硅整流交流发电机配用最多的调节器。图 10-62 所示为双级触点式电压调节器的结构图。动触点在两个静触点中间形成一对常闭的低速触点 K_1，另一对常开的高速触点 K_2 能调节两级电压，故称为双级触点式。高速静触点与金属底座直接搭铁。对外只有点火（或火线、电枢、A、S、+）和磁场（或F）两个接线柱。

低速触点 K_1 和加速电阻（助振电阻）R_1、调节电阻（附加电阻）R_2 并联；高速触点 K_2 与发电机励磁绕组并联；温度补偿电阻 R_3 串入磁化线圈电路中。另外，还有电磁铁心、磁化线圈、活动触点臂衔铁、拉力弹簧等。

硅整流发电机端电压的高低取决于转子的转速 n 和磁极磁通 Φ。保持电压恒定的调控原理，只能在转速升高时，相应减弱磁通，而磁通的减弱又只能以减少励磁电流来实现。反之亦然。

双级触点式电压调节器与发电机接线电路原理如图 10-63 所示。

1）闭合点火开关 S，此时，由于发电机转速很低，调节器火线接线柱对地的电压小于 14V，磁化线圈 3 产生的电磁力不能克服弹簧 4 的拉力，所以低速触点 K_1 仍然闭合，K_2 断开。

此时，由蓄电池向励磁绕组 6 提供励磁电流称为他励。

他励电路为：蓄电池正极→电流表 7→点火开关 S→调节器火线接线柱 B→静触点支架 12→低速触点 K_1→衔铁 2→磁轭 11→调节器磁场接线柱 F→发电机 F 接线柱→电刷和集电环→励磁绕组 6→集电环和电刷→发电机"－"接线柱→搭铁→蓄电池负极。

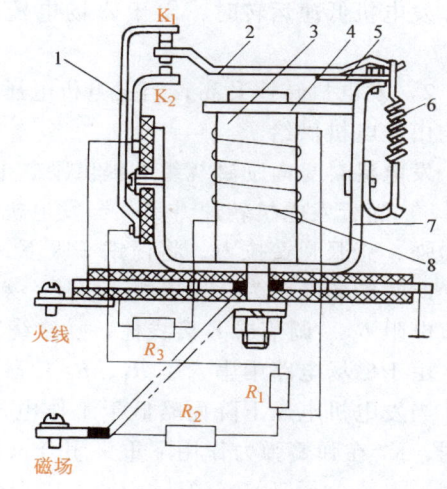

图 10-62　双级触点式电压调节器的结构图
1—固定触点和支架　2—活动触点臂　3—铁心
4—磁分路　5—弹性片　6—弹簧　7—磁轭
8—磁化线圈　K_1—低速触点
K_2—高速触点　R_1—加速电阻
R_2—调节电阻　R_3—补偿电阻

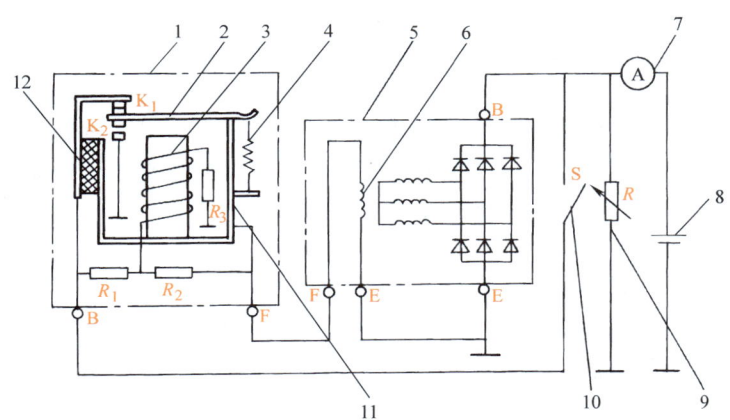

图 10-63 双级触点式电压调节器与发电机接线电路原理
1—电压调节器 2—衔铁 3—磁化线圈 4—弹簧 5—交流发电机 6—励磁绕组
7—电流表 8—蓄电池 9—用电设备 10—点火开关 11—磁轭 12—静触点支架

发电机低速运转时,由于磁场电流由蓄电池供给,使转子磁场增强,于是电压很快升高。

2) 发电机转速升高,当发电机电压高于蓄电池电压时,则磁场电流和磁化线圈中的电流均由发电机供给。

发电机自身向励磁绕组 6 提供励磁电流,称为自励。自励电流由发电机 B 端输出。

3) 随着发电机转速升高,当发电机电压达到一级工作电压 14V 时,磁化线圈 3 的电磁力增强,克服弹簧拉力,将衔铁 2 吸下,使 K_1 打开,处于中间悬空位置。

此时磁场电路为:发电机正极 B→点火开关 10→调节器火线接线柱 B→加速电阻 R_1→调节电阻 R_2→调节器 F 接线柱→励磁绕组 6→衔铁。

由于磁场电路中串入了 R_1、R_2 使磁场电流减小,所以发电机电压降低。

当发电机电压下降而略低于工作电压 14V 后,通过磁化线圈 3 的电流减小,电磁吸力减弱,K_1 在弹簧弹力作用下重又闭合,R_1、R_2 被短路,使磁场电流增加,发电机电压再度升高。

当发电机电压升至略高于工作电压 14V 时,K_1 又被打开,处于悬空位置,发电机电压又降低,如此反复,K_1 不断振动,使发电机电压保持在一级调压值(14V)。

4) 发电机高速运转时,即使 K_1 打开,因串入的 R_1、R_2 数值很小,发电机电压仍会继续升高,此时电压升到二级调压值 14.5V。因电磁吸力远远大于弹簧弹力,使 K_2 闭合,从而励磁绕组的两端均搭铁而短路,于是发电机电压急剧下降。与此同时,磁化线圈吸力减小,衔铁又使活动触点处于悬空位置,K_1、K_2 均打开,磁场电路中又串入 R_1、R_2,电压重又升高。如此重复,K_2 不断开闭,使发电机保持在二级调压值 14.5V 上稳定工作。

(2) 单级触点式电压调节器 对于高速大功率交流发电机而言,双级触点式电压调节器基本可以满足使用要求,但还存在着触点间隙过小(0.2~0.4mm)、易烧蚀;从一级电压到二级电压有一失控区间,使工作电压上升 0.5V,对蓄电池充电不利;调节电压受负载影响大等缺陷。为了克服这些不足,便产生了带有灭弧系统的单极触点式电压调节器,图 10-64 所示是 FT111 型单级触点式电压调节器的结构原理图。

(3) 具有充电继电器的触点式电压调节器 单级或双级触点式电压调节器在汽车蓄电池充电系统中,发电机的磁场电路和调节器的磁化线圈电路都由点火开关(或电源开关)控制。当点火开关接通,发动机不起动或处于熄火工况,这种状态维持时间过长,将对蓄电池造成损坏。九管交流发电机可以通过其中专设的励磁二极管来克服这一缺陷,除此以外,还可以采用在调节器上安装充电继电器来克服这一不足。图 10-65 是具有充电继电器的电压调节器的结构图,图 10-66 所示为其电路原理图。

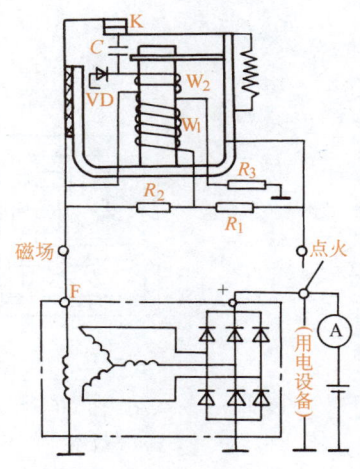

图 10-64 FT111 型单级触点式电压调节器的结构原理

R_1—加速电阻 R_2—调节电阻 R_3—补偿电阻
W_1—磁化线圈 W_2—扼流线圈 VD—二极管
C—电容 K—触点

2. 晶体管电压调节器

触点振荡式电压调节器存在体积大、触点易电蚀、机械惯性大使被调电压起伏幅度大等缺点,已有逐步被电子电压调节器取代的趋势。目前比较成熟的有晶体管电压调节器和集成电路电压调节器。

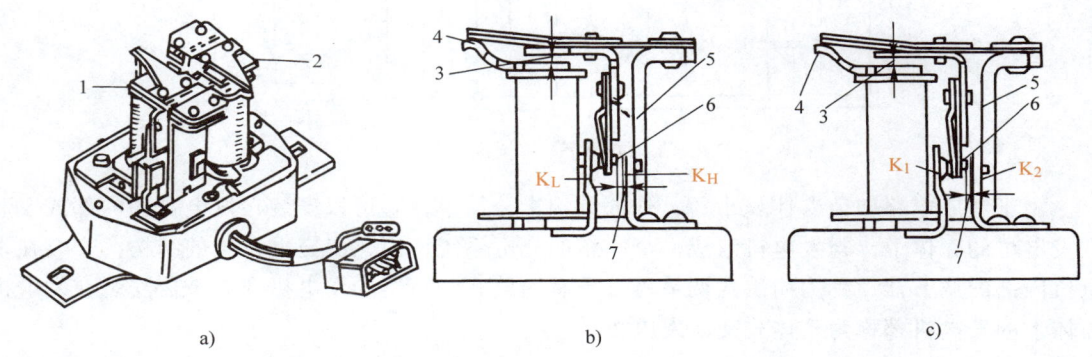

图 10-65 具有充电继电器的电压调节器结构
a) 调节器总成 b) 电压调节器结构示意图 c) 充电继电器结构示意图
1—电压调节器 2—电压继电器 3—空气间隙 4—调整臂 5—磁轭 6—动触点 7—触点间隙
K_H—高速触点 K_L—低速触点 K_1—常闭触点 K_2—常开触点

图 10-67 所示为 JFT-106 型晶体管电压调节器电路原理图。JFT-106 型调节器为 14V 的负极搭铁调节器,可与 750W 的九管交流发电机配用,也可与 1000W 以下的六管交流发电机配用,调节电压为 13.8~14.6V。

3. 集成电路电压调节器

集成电路电压调节器的组成和工作原理与晶体管电压调节器相似,但集成电路电压调节器中的所有元件都制作在同一个半导体基片上,形成一个独立的、相互不可分割的电子电路。集成电路调节器具有体积小、工作可靠、不需维护等特点,在现代汽车上应用十分广泛。

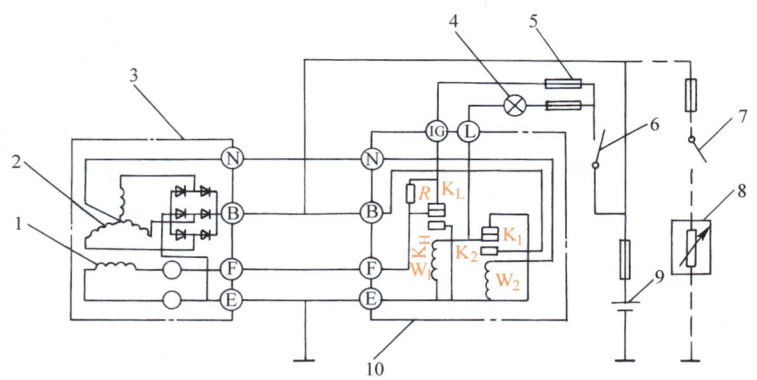

图 10-66 具有充电继电器的电压调节器电路原理

1—转子线圈 2—定子线圈 3—交流发电机 4—充电警告灯 5—熔丝
6—点火开关 7—开关 8—负载 9—蓄电池 10—调节器

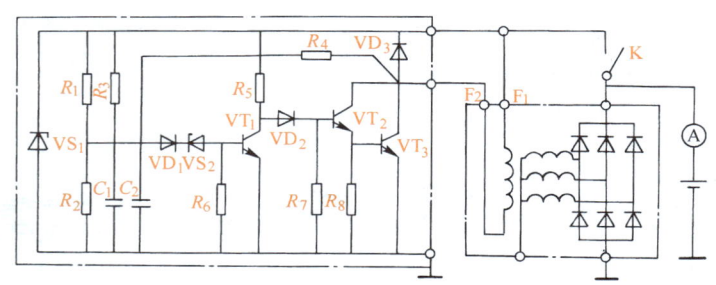

图 10-67 JFT-106 型晶体管电压调节器电路原理

由于集成电路调节器体积小巧,外部结构十分简单,它可以安装在发电机的内部或安装在发电机的壳体上,与发电机组成一个完整的充电系统,简化了充电系统的结构。安装在发电机内部的调节器,称为内装式调节器。具有内装式调节器的发电机和调节器安装在发电机壳体上的发电机都称为整体式交流发电机。

图 10-68 和图 10-69 所示分别为整体式交流发电机的结构图和电路原理图。采用的 JFZ1913Z(长沙汽车电器厂生产)和 JFZ1813Z(上海汽车电器厂生产)整体式外搭铁十一管交流发电机,额定功率为 1.2kW。

发电机共有两个接线柱,输出接线柱 10 直接与蓄电池正极相连对外供电;磁场接线柱 9 通过二极管、充电指示灯、熔断器和点火开关与蓄电池正极连接,为发电机提供他励电流、控制充电指示灯。

调节器采用发电机电压检测法,通过三个端子分别与发电机的励磁二极管输出端、电刷和壳体连接。

工作过程如下:

接通点火开关,蓄电池点火开关 7、熔断器 6、充电指示灯 5、二极管 4 给发电机提供他励电流和为调节器检测控制部分提供电压。由于蓄电池电压低于调节器的调节电压上限值,调节器使励磁电路接通,同时充电指示灯亮。他励电路和充电指示灯电路为:

蓄电池正极→点火开关 7→熔断器 6→充电指示灯 5→二极管 4→励磁绕组→调节器→搭

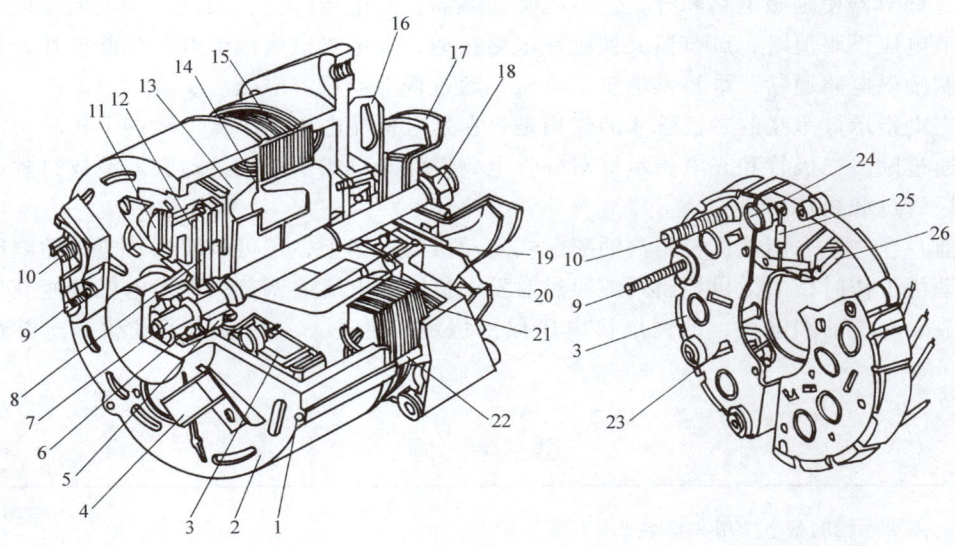

图 10-68 整体式交流发电机的结构

1—联接螺栓 2—后端盖 3—元件板 4—防干扰电容器 5—集电环 6、19—全封闭轴承 7—转子轴 8—电刷 9—磁场接线柱 10—输出接线柱 11—电压调节器 12—电刷架 13—磁极 14—定子绕组 15—定子铁心 16—风扇叶轮 17—带轮 18—紧固螺母 20—励磁绕组 21—前端盖 22—定子槽楔子 23—电容器插接片 24—输出整流二极管 25—励磁整流二极管 26—电刷架压紧片

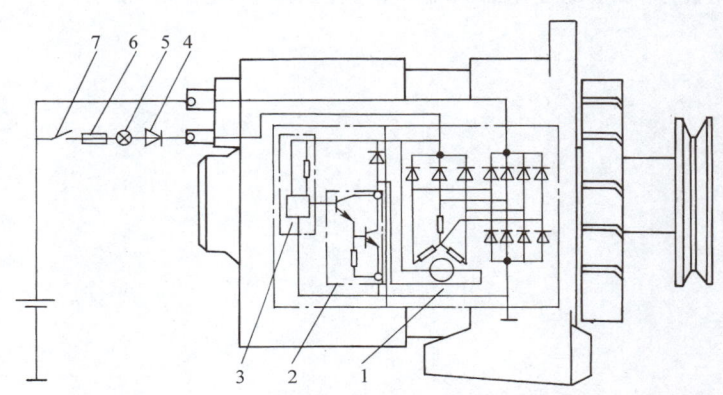

图 10-69 整体式交流发电机的电路原理

1—交流发电机 2—内装式调节器 3—调节器的检测控制部分 4—二极管 5—充电指示灯 6—熔断器 7—点火开关

铁→蓄电池负极。

随着发动机转速升高，当发电机端电压超过蓄电池的端电压时，发电机开始自励并给负载供电，给蓄电池充电，以及为调节器检测控制部分提供电压。充电指示灯5因两端的电压几乎为零而熄灭，指示发电机正常工作。如果发电机端电压还未升高到调节器的调节电压上限值，则调节器使励磁电路接通。发电机自励电路为：发电机定子绕组→励磁二极管→励磁绕组→调节器→搭铁→负极管→发电机定子绕组。当发电机端电压高于调节器的调节电压上

限值时，调节器使励磁电路断开，发电机磁通减弱，端电压降低；当发电机端电压低于调节器的调节电压下限值时，调节器又使励磁电路接通，发电机电解液上升。如此循环，调节器不断控制励磁电路通断，维持发电机端电压不超过调节器调节电压。

与充电指示灯串联的二极管 4 的作用是：在发电机端电压高于蓄电池端电压时，保证发电机不通过励磁二极管和充电指示灯对外供电，以免充电指示灯亮给驾驶人造成错觉，以及励磁二极管过载损坏。

目前，在一些采用微机控制汽油喷射式发动机的汽车上，还可以取消发电机的电压调节器。发动机工作时，由微机控制系统通过对发电机励磁电流的调节，在发电机转速变化时自动地调节发电机的端电压，使发电机电压保持恒定，更进一步地简化了发动机充电系统的结构。

思 考 题

10-1 点火系统的基本功用和基本要求有哪些？
10-2 电子点火系统由哪些部分组成？各组成部分的作用是什么？
10-3 什么是点火提前角？影响点火提前角的因素有哪些？
10-4 点火过迟或过早会对发动机造成哪些危害？
10-5 无触点式电子点火系统由哪些部分组成？各组成部分的作用是什么？
10-6 无触点式电子点火系统常用的传感器有哪些类型？说明它们的结构和工作原理。
10-7 试述无分电器微机控制点火系统的组成，并简述其工作原理。
10-8 车用发电机为什么要配用电压调节器？它们是怎样进行电压调节的？

第十一章 发动机起动系统

第一节 概　述

为了使静止的发动机进入工作状态，必须先用外力转动发动机曲轴，使活塞开始上下运动，气缸内吸入可燃混合气，并将其压缩、点燃，体积迅速膨胀产生强大的动力，推动活塞运动并带动曲轴旋转，发动机才能自动地进入工作循环。发动机的曲轴在外力作用下开始转动到发动机自动怠速运转的全过程，称为发动机的起动过程。完成起动所需要的装置称为起动系统。发动机可靠起动的条件为：

1）气缸吸入可燃混合气。
2）压缩终了混合气达到一定温度和压力。
3）点火装置发出足够能量的火花。

起动系统的作用就是在正常使用条件下，通过起动机将蓄电池储存的电能转变为机械能带动发动机以足够高的转速运转，以顺利起动发动机。

发动机起动时，必须克服气缸内被压缩气体的阻力和发动机本身及其附件内相对运动的零件之间的摩擦阻力，克服这些阻力所需的力矩称为起动转矩。

能使发动机顺利起动所必需的曲轴转速，称为起动转速。车用汽油发动机在温度为 0~20℃时，最低起动转速一般为 30~40r/min。为了使发动机能在更低的温度下迅速起动，要求起动转速不低于 50~70r/min。若起动转速过低，压缩行程内的热量损失过多，气流的流速过低，将使汽油雾化不良，导致气缸内的混合气不易着火。

对于车用柴油机的起动，为了防止气缸漏气和热量散失过多，保证压缩终了时气缸内有足够的压力和温度，还要保证喷油泵能建立起足够的喷油压力，使气缸内形成足够强的空气涡流，要求的起动转速较高，可达 150~300r/min，否则柴油雾化不良，混合气质量不好，发动机起动困难。此外，柴油发动机的压缩比比汽油机大，因此起动转矩也大，所以起动柴油发动机所需要的起动机功率也比汽油机大。

为了保证起动机具有足够大的起动电流和必要的持续时间，要求蓄电池必须有足够的容量，且起动主电路的导线电阻和接触电阻要尽可能小，一般在 0.01Ω 左右，所以起动主电路中导线的截面积比普通导线大得多。

一、起动方式

发动机常用的起动方式有人力起动、辅助汽油机起动和电力起动机起动等多种形式。

（1）人力起动　即手摇起动或绳拉起动。其结构十分简单，主要用于大功率柴油机的辅助汽油机的起动，或在有些装用中、小功率汽油发动机的车辆上作为后备起动装置。手摇起动装置由安装在发动机前端的起动爪和起动摇柄组成，用于起动机或起动电路出现故障，或在检修、调整发动机时转动曲轴。人力起动采用绳拉或手摇的方式，简单但不方便，而且劳动强度大，只适用于一些小功率的发动机，在一些汽车上仅作为后备方式保留着。

（2）**辅助汽油机起动** 起动装置的体积大、结构复杂，只用于大功率柴油发动机的起动。

（3）**电力起动机起动** 以电动机作为动力源。当电动机轴上的驱动齿轮与发动机飞轮周缘上的环齿啮合时，电动机旋转时产生的电磁转矩，通过飞轮传递给发动机的曲轴，使发动机起动。

电力起动机简称起动机。它以蓄电池为电源，结构简单、操作方便、起动迅速可靠。目前，几乎所有的汽车发动机都采用电力起动机起动。

二、起动预热

在寒冷地区和严寒季节起动发动机时，由于机油黏度增高，起动阻力矩增大，同时燃料汽化不良，蓄电池内阻增加，起动性能变坏，使发动机起动困难。为此，在冬季起动时应设法将进气、润滑油或冷却液加以预热。起动预热装置主要有进气预热装置、电热塞、起动预热锅炉、起动液喷射装置以及起动减压装置等。

1. 进气预热装置

为了改善发动机的起动性能，一些化油器式发动机的进气道上装有进气预热装置。它在进气温度或冷却液的温度（依车型而异）低于一定值时通电，使进气管中的空气迅速加热，以利于发动机起动和混合气燃烧。进气预热装置一般由电混合气预热器、进气预热温控开关、进气预热继电器等组成。

图 11-1 所示为进气预热装置示意图。电混合气预热器由电热丝（康铜丝或镍-银导体）和陶瓷载体组成，安装在进气歧管上。预热器的工作由温控开关和继电器控制。当发动机冷却液的温度或进气温度低于一定值时，温控开关的触点闭合，继电器的线圈通电，触点吸合，接通电混合气预热器的电路，实现进气预热。例如某轿车进气预热装置的温控开关在进气温度低于 60℃ 时触点闭合，接通电混合气预热器的电路，由于预热器电热丝的电阻值很小，电路

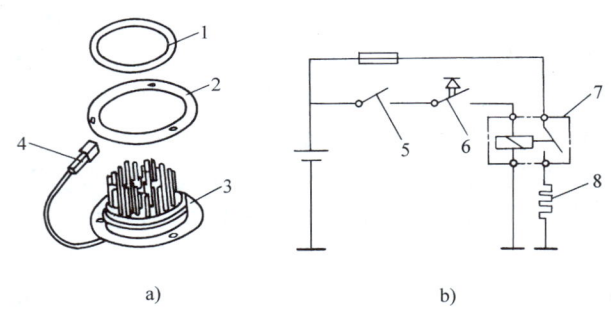

图 11-1 进气预热装置示意图
a) 电混合气预热器 b) 进气预热装置电路示意图
1—密封圈 2—隔热垫 3—预热器 4—接线插头
5—点火开关 6—温控开关 7—继电器 8—电混合气预热器

接通后电流很大，可达 20~50A，产生大量的热量使进气管的空气迅速加热。当进气温度高于 70℃ 时温控开关的触点分开，电混合气预热器断电，停止预热。

图 11-2 所示为用于中、小功率柴油发动机冷起动预热装置的进气预热器。空心阀体 2 由热膨胀系数大的金属材料制成，其一端与油管接头 5 相连，另一端通过内螺纹与阀芯 3 相连。在预热器不工作时，阀芯的锥形端将进油管的进油孔堵塞。阀体的外侧绕有外表面绝缘

的电热丝1。

起动发动机时，接通预热器开关后，电热丝通电，温度升高并将阀体加热。阀体受热伸长并带动阀芯下移，其锥形端离开进油孔。燃油流入阀体内腔因受热而汽化，从阀体内腔喷出，并被炽热的电热丝点燃生成火焰喷入进气管道，使进气得到预热。切断预热开关时，电热丝断电，阀体温度降低而收缩，阀芯上移使锥形端堵住进油孔，火焰熄灭，停止预热。

2. 电热塞

采用涡流室式或预燃室式燃烧室的柴油发动机，由于燃烧室表面积大，在压缩行程中的热量损失比直接喷射式大，更难以起动。为此，在涡流室式或预燃室式柴油机的燃烧室中可以安装预热塞，在起动时对燃烧室内的空气加以预热。

常用的电热塞有开式电热塞、密封式电热塞等多种形式。图11-3所示为密封式电热塞的结构示意图。螺旋形电阻丝2用铁镍铝合金制成，其一端焊接于中心螺杆9上，另一端焊接在用耐高温不锈钢制成的发热体钢套1的底部，中心螺杆通过高铝水泥胶合剂8固定于瓷质绝缘体7上。外壳5上端翻边，将绝缘体、发热体钢套、密封垫圈6和外壳相互压紧。在发热体钢套内填充具有绝缘性能、导热好、耐高温的氧化铝填充剂3。

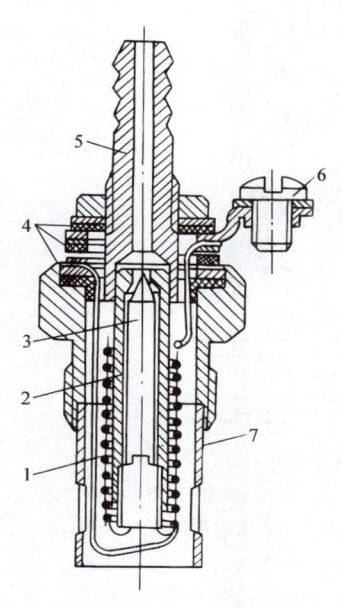

图11-2　进气预热器

1—外表绝缘的电热丝　2—阀体　3—阀芯
4—绝缘垫圈　5—油管接头
6—接线螺钉　7—稳焰罩

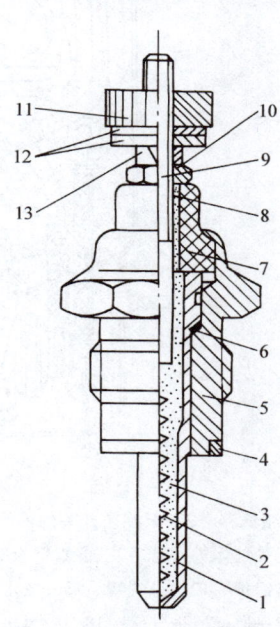

图11-3　密封式电热塞的结构示意图

1—发热体钢套　2—电阻丝　3—填充剂　4、6—密封垫圈
5—外壳　7—绝缘体　8—胶合剂　9—中心螺杆　10—固定
螺母　11—压紧螺母　12—压紧垫圈　13—弹簧垫圈

每缸一个电热塞，每个电热塞的中心螺杆并联与电源相接。发动机起动前首先接通电热塞的电路，电阻丝通电后迅速将发热体钢套加热到红热状态，使气缸内的空气温度升高，从而可提高压缩终了时的温度，使喷入气缸的柴油容易着火。电热塞通电时间一般不应超过1min。发动机起动后，应立即将电热塞断电。若起动失败，应停歇1min后再进行第二次起动，否则将降低电热塞的使用寿命。

3. 起动预热锅炉

有些重型汽车使用起动预热锅炉作为起动预热装置，将冷却液和机油加以预热。图 11-4 是某 8 缸柴油发动机的起动预热锅炉的组成与工作示意图。它由起动预热锅炉 11、电动机 16 驱动的泵组及燃烧器 26 等组成。

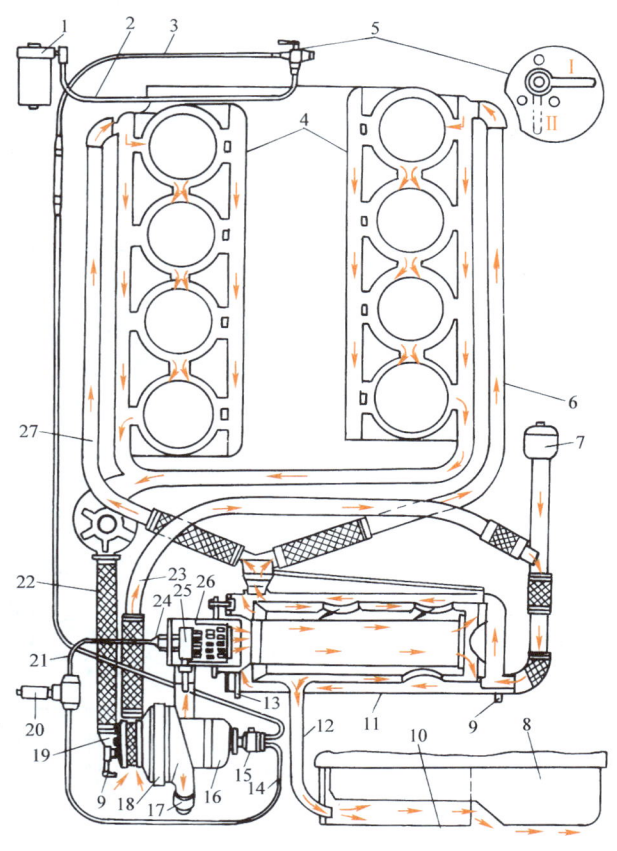

图 11-4 起动预热锅炉组成与工作示意图

1—燃油粗滤器 2—至旋塞开关的油管 3—旋塞开关至喷油泵的油管 4—冷却水套 5—旋塞开关 6—左列气缸体进水管 7—注水口 8—发动机油底壳 9—放水开关 10—气体导向器 11—起动预热锅炉 12—排气管 13—放水管 14—喷油泵至电磁阀油管 15—喷油泵 16—电动机 17—燃烧器进气管 18—鼓风机 19—水泵 20—电磁阀 21—电磁阀至喷油器的油管 22—发动机至预热器水泵的出水管 23—预热器锅炉进水管 24—喷油器 25—电热塞 26—燃烧器 27—右列气缸进水管
Ⅰ—开关打开时的手柄位置 Ⅱ—开关关闭时的手柄位置

预热锅炉内有 4 个炉膛、烟道及冷却水套，其冷却水套与发动机冷却水套相通。起动发动机需要使用预热锅炉预热时，应按规定的操作步骤进行。首先起动电动机 16，使鼓风机 18 工作以吹扫炉膛和烟道，然后接通电热塞 25 的电路，使之达到炽热状态。当电磁阀 20 的电流接通后，电磁阀开启接通喷油泵 15 至喷油器 24 的油路 14、21。喷油器 24 将燃油喷入炉膛，燃油被电热塞点燃，在炉膛内燃烧，将锅炉水套内的水加热，并输入发动机的冷却水套 4。燃烧的废气经排气管 12、发动机油底壳 8 的下方将机油加热后排出。发动机的冷却液和机油温度升高后即可起动发动机。发动机起动后,应立即切断电磁阀和电动机的电路,使起动预热锅炉停止工作。

4. 起动液喷射装置

图11-5所示是起动液喷射装置示意图,它主要用于某些柴油发动机的起动预热。

喷嘴3安装在发动机进气管4上,起动液喷射罐1内充有压缩气体氮气和乙醚、丙酮、石油醚等易燃燃料。当低温起动柴油机时,将喷射罐倒置,罐口对准喷嘴上端的管口,轻压起动液喷射罐,打开其端口上的单向阀2,起动液即通过单向阀、喷嘴喷入发动机进气管,并随着吸入进气道的空气一道进入燃烧室。由于起动液是易燃燃料,可以在较低的温度下迅速着火,点燃喷入燃烧室内的柴油。

5. 起动减压装置

图11-6所示是起动减压装置的组成和工作示意图,它采用降低起动转矩、提高起动转速的方法来改善柴油机的起动性能。

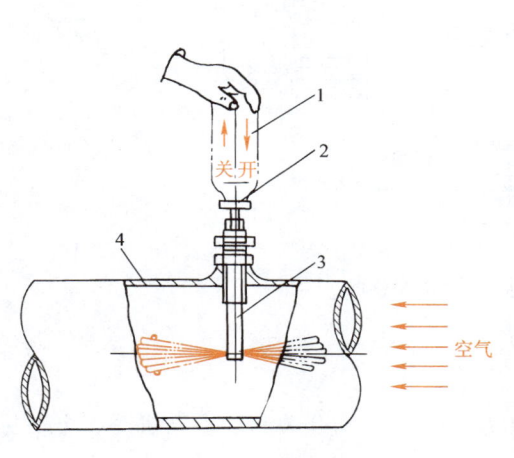

图11-5 起动液喷射装置示意图
1—起动液喷射罐 2—单向阀
3—喷嘴 4—发动机进气管

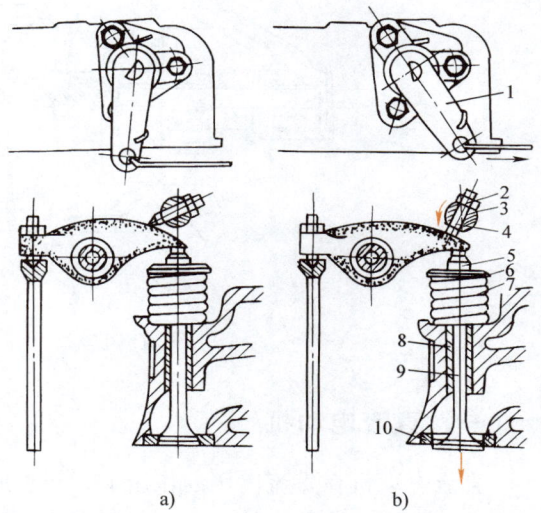

图11-6 起动减压装置的组成和工作示意图
a) 非减压位置 b) 减压位置
1—转换手柄 2—锁紧螺母 3—调整螺钉 4—轴
5—气门顶帽 6—气门弹簧座 7—气门弹簧
8—气门导管 9—气门 10—气门座

起动发动机时,将转换手柄1转到减压位置,使调整螺钉3按图中箭头方向转动,并微微顶开气门(气门一般压下1~1.25mm),以降低压缩行程的初始阻力,使起动机转动曲轴时的阻力矩减小。此后,将手柄扳回原位,发动机即可顺利起动。

发动机各缸的减压装置是一套联动机构。中、小型柴油机的联动机构一般采用同步式,即各减压气门同时打开,同时关闭。大功率柴油机减压装置的联动机构一般为分级式,即起动前各减压气门同时打开,起动时各减压气门分级关闭,使部分气缸先进入正常工作,发动机预热后其余各缸再转入正常工作。

减压的气门可以是进气门,也可以是排气门。用排气门减压会由于炭粒吸入气缸,加速机件的磨损,一般多采用进气门减压。

第二节　起　动　机

用电力起动机起动发动机几乎是现代汽车唯一的起动方式。电力起动机简称起动机,它由直流电动机1、传动机构2、控制机构3等组成,如图11-7所示。

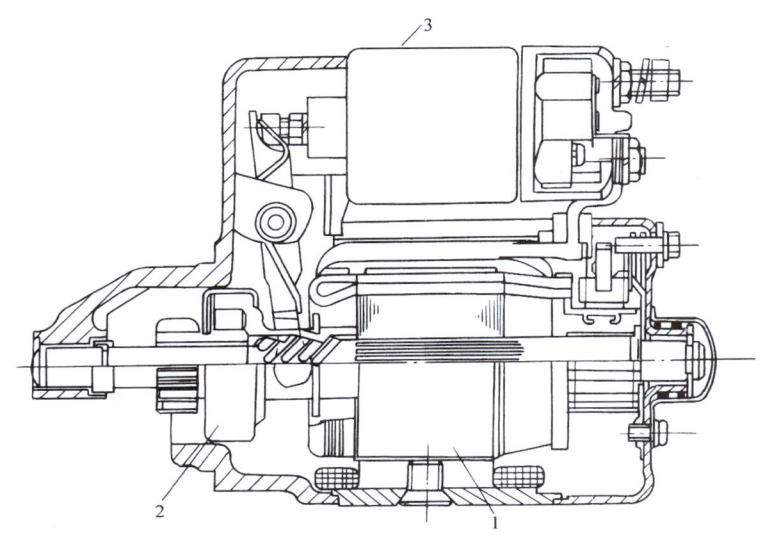

图 11-7　起动机的组成

1—直流电动机　2—传动机构　3—控制机构

一、直流电动机

直流电动机在直流电压的作用下,产生旋转力矩。接通起动开关起动发动机时,电动机轴旋转,并通过驱动齿轮和飞轮的环齿驱动发动机曲轴旋转,使发动机起动。

起动机的直流电动机按磁场产生方式的不同分为永磁电动机和励磁电动机,励磁电动机又根据磁场绕组和电枢绕组连接方式的不同分为串励电动机、并励电动机和复励电动机。其中串励电动机在起动机的直流电动机中应用最多,它由电枢7、磁极铁心4、换向器6、机壳5、端盖1和8等组成,如图11-8所示。

电枢是直流电动机的转子部分,用来在起动机通电时,与磁场相互作用而产生电磁转矩。如图11-9所示,电枢由换向器1、铁心2、绕组3和电枢轴4组成。电枢铁心由外圆带槽的硅钢片叠成,压装在电枢轴上;电枢绕组一般都采用较粗的矩形截面的裸铜线绕制而成,并且多采用波绕法,以便结构紧凑,并可通过较大的电流,获得较大的电磁力矩。由于绕组嵌装在硅钢片的槽中,为了防止电枢绕组搭铁和匝间短路,在电枢绕组与铁心之间和电枢绕组匝间用绝缘性能良好的绝缘纸隔开。高速时,为了避免电枢绕组由于离心力的作用而甩出,在铁心槽口的两侧用轧纹将绕组压紧。

换向器的结构如图11-10所示,它由一定数量的燕尾形铜片1组成,并用轴套2和压环3组装成一个整体,压装在电枢轴上,各铜片之间以及铜片与轴套、压环之间均用云母或硬

第十一章 发动机起动系统

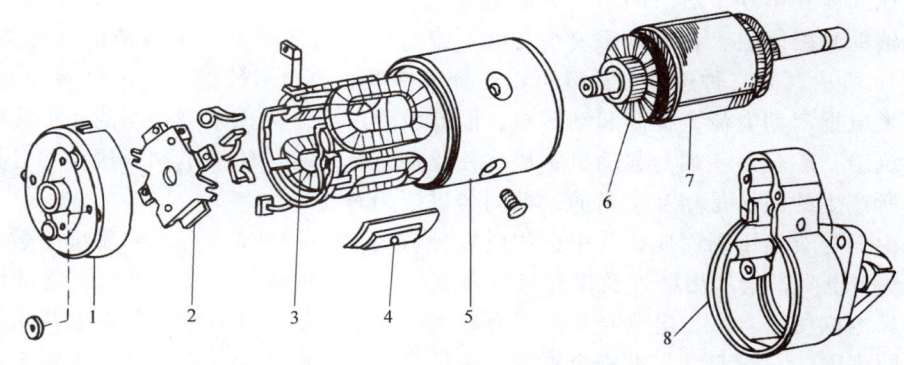

图 11-8 串励直流电动机
1—前端盖 2—电刷和电刷架 3—励磁绕组 4—磁极铁心 5—机壳
6—换向器 7—电枢 8—后端盖

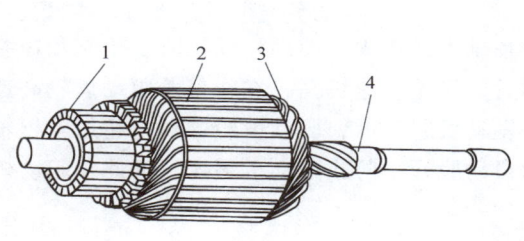

图 11-9 电枢总成
1—换向器 2—铁心 3—绕组 4—电枢轴

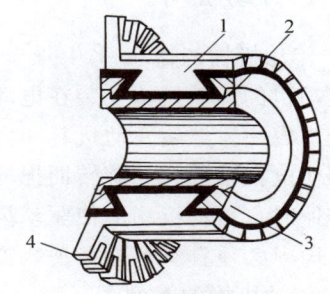

图 11-10 换向器的结构
1—铜片 2—轴套 3—压环 4—接线凸缘

塑料片绝缘。电枢绕组各线圈的两端焊接在相应铜片的接线凸缘4上，经过绝缘电刷和搭铁电刷分别与起动机磁场绕组一端和起动机壳体连接。电枢轴除了铁心和换向器外，还制有螺旋槽或花键槽，以便安装传动装置，电枢轴两端通过轴承支撑在起动机前后端盖上。

磁极用来产生电动机运转所必需的磁场，它由磁极铁心4和励磁绕组3组成，如图11-8所示。多数起动机有4个磁极，少数有6个磁极。铁心用低碳钢制成，并用螺钉固定在电动机外壳上，通过外壳构成磁回路。励磁绕组套装在每个磁极铁心上，它通常也是用较粗的矩形截面的裸铜线绕制，匝间用绝缘纸绝缘，外部用玻璃纤维带包扎。有的起动机将所有励磁绕组的所有线圈串联在一起，然后再与电枢绕组串联，其连接方法及相应的电路原理如图11-11a所示；多数起动机是将励磁绕组的线圈分成两

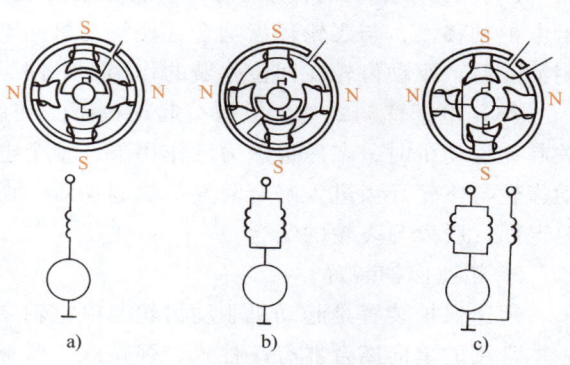

图 11-11 励磁绕组与电枢绕组的连接
方法和相应的电路原理
a) 各励磁绕组串联后与电枢绕组串联
b) 两个串联的励磁绕组并联后与电枢绕组串联
c) 主励磁绕组与电枢绕组串联再与辅助励磁绕组并联

组，每组线圈相互串联，然后两组再并联起来与电枢绕组串联，如图 11-11b 所示；有些起动机采用辅助励磁绕组，在主励磁绕组与电枢绕组串联的基础上，再与辅助励磁绕组并联，如图 11-11c 所示。第二种连接方法既可以充分发挥铁心的导磁性能，又可以减少电能损耗，有利于增大电枢起动电流，提高起动转矩，因此应用广泛。无论励磁绕组的各个线圈怎样连接，励磁绕组一般总是一端与起动机主接线柱连接，另一端与绝缘电刷连接，并且保证通电后各磁极所产生的磁场是相互交错的，即同名磁极相对。

电刷由铜与石墨压制而成，其中铜的质量分数为 80%~90%，石墨的质量分数为 10%~20%，以减小电阻，增加耐磨性及提高机械强度。为了尽量减小电刷与换向器之间的接触电阻，并延长电刷使用寿命，电刷与换向器有较大的接触面积，并且电刷靠电刷弹簧压紧在换向器的外圆表面。一般起动机电刷个数等于磁极个数，也有的大功率起动机电刷个数等于磁极个数的两倍。有些小功率高速起动机的电刷弹簧采用螺旋弹簧，多数起动机采用碟形弹簧。

二、传动机构

1. 传动机构的作用

起动机的传动机构安装在电动机电枢的延长轴上，用来<u>在起动发动机时，将驱动齿轮与电枢轴连成一体，使发动机起动</u>。发动机起动后，飞轮转速提高，它将带着驱动齿轮高速旋转，会使电枢轴因超速旋转而损坏。因此，在发动机起动后，驱动齿轮的转速超过电枢轴的正常转速时，传动机构应使驱动齿轮与电枢轴自动脱开，防止电动机超速。为此，<u>起动机的传动机构中必须具有超速保护装置</u>。

2. 传动机构的类型

车用起动机的传动机构也称为啮合机构，有如下类型：

（1）<u>惯性啮合式传动机构</u>　接通点火开关起动发动机时，驱动齿轮靠惯性力的作用，沿电枢轴移出与飞轮啮合，使发动机起动；发动机起动后，当飞轮的转速超过电枢轴转速时，驱动齿轮靠惯性力的作用退回，脱离与飞轮的啮合，防止电动机超速。

（2）<u>强制啮合式传动机构</u>　接通起动开关起动发动机时，驱动齿轮靠杠杆机构的作用沿电枢轴移出，与飞轮环齿啮合，使发动机起动；发动机起动后，切断起动开关，外力的作用取消后，驱动齿轮在回位弹簧的作用下退回，脱离与飞轮环齿的啮合。

（3）<u>电枢移动式啮合机构</u>　起动机不工作时，起动机的电枢与磁极错开。接通起动开关起动发动机时，在磁极磁力的作用下，整个电枢连同驱动齿轮移动与磁极对齐的同时，驱动齿轮与飞轮环齿进入啮合。发动机起动后，切断起动开关，磁极退磁，电枢轴连同驱动齿轮退回，脱离与飞轮的啮合。

3. 超速保护装置

超速保护装置是起动机驱动齿轮与电枢轴之间的离合机构，也称为<u>单向离合器</u>。

常用的单向离合器有滚柱式、弹簧式、摩擦片式等多种形式。

（1）<u>滚柱式单向离合器</u>　图 11-12 是滚柱式单向离合器的组成与工作示意图。它由外座圈 2、内座圈 3、滚柱 4 以及装在内座圈孔中的柱塞 5 和弹簧 7 等组成。驱动齿轮 1 与外座圈 2 连成一体。花键套筒 6 与内座圈 3 连成一体，并通过花键套装在起动机电枢的延长轴上。

第十一章 发动机起动系统

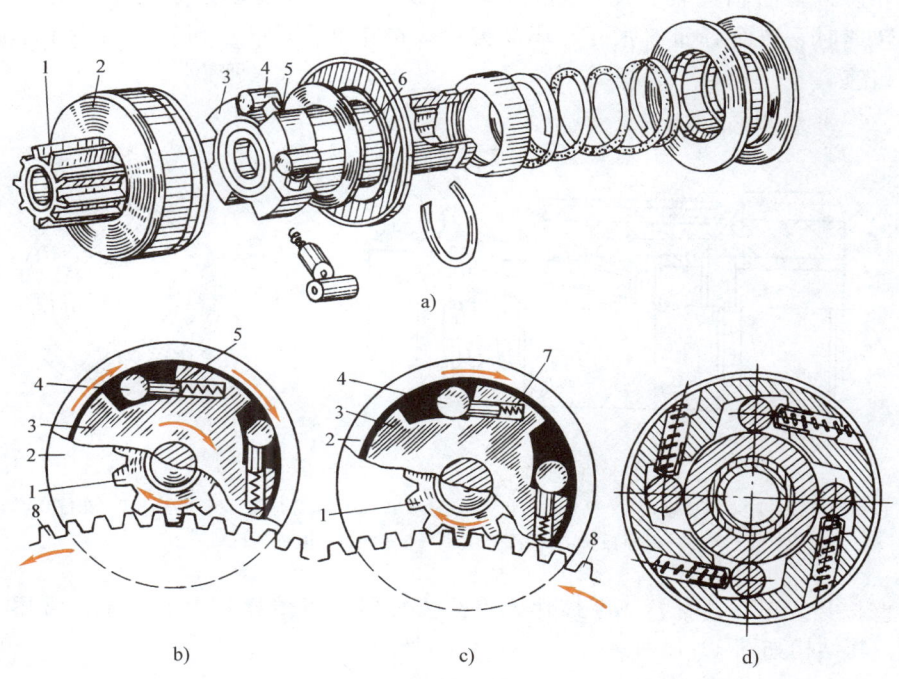

图 11-12 滚柱式单向离合器的组成与工作示意图
a) 零件分解图 b) 起动时 c) 起动后 d) 楔形缺口开在外座圈上的单向离合器
1—驱动齿轮 2—外座圈 3—内座圈 4—滚柱 5—柱塞 6—花键套筒 7—弹簧 8—飞轮齿圈

接通起动开关起动发动机时，起动机的电枢轴连同内座圈按图 11-12b 中所示的箭头方向旋转，由于摩擦力和弹簧张力的作用，滚柱 4 被带到内、外座圈之间楔形槽窄的一端，将内、外座圈连成一体，于是电枢轴上的转矩通过内座圈、楔紧的滚柱传递到外座圈和驱动齿轮，驱动齿轮与电枢轴一起旋转使发动机起动。

发动机起动后，曲轴转速升高，飞轮齿圈将带着驱动齿轮高速旋转。虽然驱动齿轮的旋转方向没有改变，但它由被动轮变为主动轮。当驱动齿轮和外座圈的转速超过内座圈和电枢轴的转速时，在摩擦力的作用下，滚柱克服弹簧张力的作用滚向楔形槽宽的一端，使内、外座圈脱离联系而可以自由地相对运动，高速旋转的驱动齿轮与电枢轴脱开，防止电动机超速。

如图 11-12d 所示的滚柱式单向离合器，其楔形缺口开在外座圈上，工作原理与上述单向离合器相同。

（2）弹簧式单向离合器　图 11-13 是弹簧式单向离合器的结构图。它安装在电枢的延长轴上，驱动齿轮 2 的右端空套在花键套筒 7 左端的外圆面上，两个扇形块 4 装入驱动齿轮右端的相应缺口中，并深入花键套筒 7 左端的环槽内，使驱动齿轮与花键套筒之间，既可以一起做轴向移动，又可以相对滑转。离合弹簧 5 在自由状态下的内径小于齿轮 2 和花键套筒 7 相应外圆面的外径，在安装状态下弹簧紧套在外圆面上，弹簧 5 与护套 6 之间有间隙。起动时，起动机的电枢轴带动花键套筒旋转，有使弹簧 5 收缩的趋势，弹簧被箍紧在相应外圆面上。于是，起动机的转矩靠弹簧与外圆面之间的摩擦传递给驱动齿轮，通过飞轮环齿带动曲轴旋转,使发动机起动。发动机一旦起动,驱动齿轮的转速超过花键套筒的转速时,离合弹簧5张开,驱动齿轮2在花键套筒7上滑转,与电枢轴脱开,防止电动机超速。

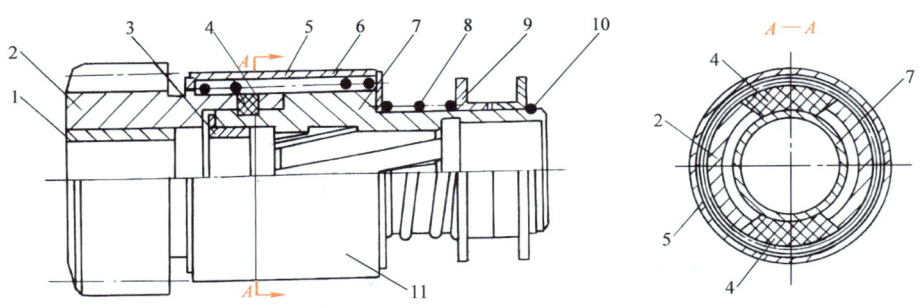

图 11-13　弹簧式单向离合器的结构图

1—衬套　2—起动机驱动齿轮　3—限位套　4—扇形块　5—离合弹簧　6—护套　7—花键套筒
8—缓冲弹簧　9—滑套　10—卡环　11—电枢延长轴

（3）**摩擦片式单向离合器**　摩擦片式单向离合器可以传递较大的转矩,常用于大功率起动机上,其结构如图 11-14 所示。

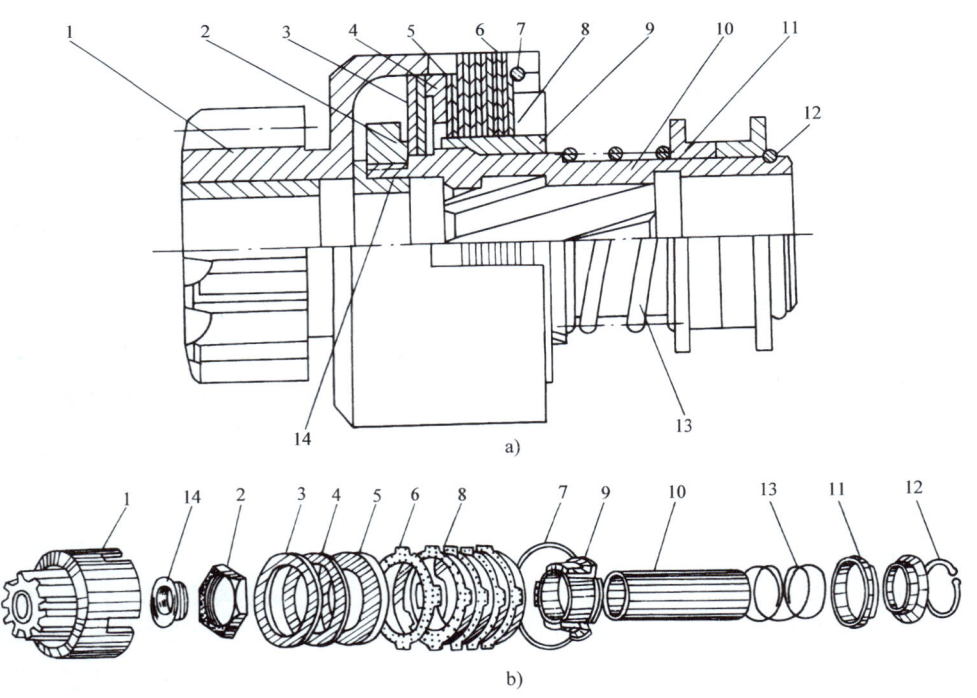

图 11-14　摩擦片式单向离合器的结构
a）结构图　b）零件分解图

1—起动机驱动齿轮　2—螺母　3—弹性垫圈　4—压环　5—调整垫圈　6—从动摩擦片　7—卡环
8—主动摩擦片　9—内接合鼓　10—花键套筒　11—滑套　12—卡环　13—弹簧　14—限位块

驱动齿轮1与离合器的外接合鼓成一体,内接合鼓9靠三线螺旋花键套装在花键套筒10的左端,花键套筒则通过内螺旋花键套装在电枢轴的花键部分。主动摩擦片8的内圆有4个凸起,嵌入内接合鼓9外圆的4个直槽中。从动摩擦片的外圆有4个凸起,嵌入外接合鼓内圆的4个直槽中。摩擦片之间的压力可通过调整垫圈5调整。

接通起动开关起动发动机时,起动机的电磁转矩通过电枢轴传递给花键套筒,由于内接合鼓与花键套筒之间的转速差,内接合鼓沿花键套筒左移,将从动片与主动片压紧使外接合鼓与内接合鼓连成一体,即驱动齿轮与电枢轴连成一体,起动机的转矩通过驱动齿轮和飞轮传递给发动机的曲轴,使发动机起动。

发动机起动后,飞轮带着驱动齿轮和外接合鼓高速旋转,外接合鼓的转速超过电枢轴和花键套筒的转速时,内接合鼓沿花键右移,从动片与主动片分开,使驱动齿轮与电枢轴脱开,防止电动机超速。

三、控制机构

起动机的控制机构也称为操纵机构,它的作用是控制起动机主电路的通、断和驱动齿轮的移出和退回。

起动机的控制机构分为直接操纵式和电磁操纵式两种。直接操纵式控制机构检修方便,且不消耗电能,有利于提高起动转速。但驾驶人劳动强度大,不易远距离操纵,所以目前已很少应用。

电磁操纵式控制机构,俗称电磁开关,其使用方便,工作可靠,并适合远距离操纵,所以目前应用广泛。电磁操纵式控制机构的结构如图11-15中的点画线框内部分所示。作为操纵元件的活动铁心4由驾驶人用开关通过电磁线圈进行控制。多数起动机的电磁线圈由保持线圈5和吸拉线圈6两部分组成,既使活动铁心移动有力,驱动齿轮啮合容易,又可以提高起动转速。主接线柱14、15和接触盘13组成主开关。在黄铜套11上绕有吸拉线圈6和保持线圈5,两线圈的绕向相同,吸拉线圈和电动机电枢绕组串联(主电路未接通时),保持线圈的一端搭铁,另一端与吸拉线圈接在同一接线柱7上;在黄铜套内装有活动铁心4和挡铁12,活动铁心的后端与拨叉3的上端相连接,挡铁12是固定不动的,其中心孔内穿有推杆,推杆端部的接触盘13用以接通起动机的主电路。拨叉3通过销钉支撑在起动机上,拨叉下端插入单向离合器的移动衬套中。

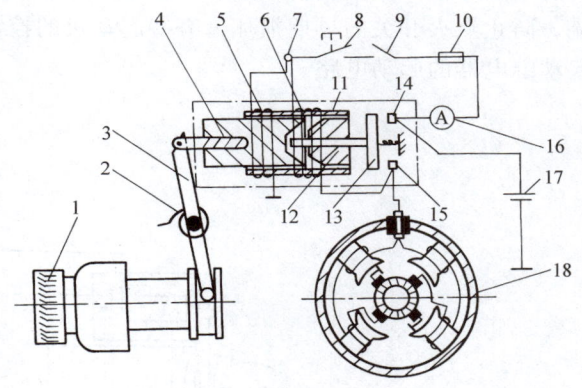

图11-15 电磁操纵式控制机构的结构示意图
1—单向离合器 2—回位弹簧 3—拨叉 4—活动铁心
5—保持线圈 6—吸拉线圈 7—接线柱 8—起动按钮
9—总开关 10—熔断器 11—黄铜套 12—挡铁
13—接触盘 14、15—主接线柱 16—电流表
17—蓄电池 18—电动机

起动发动机时,接通总开关,按下起动按钮,吸拉线圈和保持线圈的电路被接通,其电流通路为:

蓄电池正极→主接线柱 14→电流表→总开关→起动按钮→接线柱 7→
{吸拉线圈→主接线柱 15→电动机
保持线圈} →搭铁→蓄电池负极

这时吸拉线圈和保持线圈产生的电磁力方向相同，互相叠加，使活动铁心很容易地克服回位弹簧的弹力而右行，一方面带动拨叉将单向离合器推出，使驱动齿轮与飞轮齿圈可靠啮合；另一方面通过推杆推动接触盘与主接线柱 14、15 接触，接通主开关。

主开关接通后，吸拉线圈被短路，电磁开关的工作位置靠保持线圈的吸力来维持，同时蓄电池经过主开关给电动机的励磁绕组和电枢绕组提供大的起动电流，使电枢轴产生足够的电磁力矩，带动曲轴旋转而起动发动机，其电流通路为：

蓄电池正极→主接线柱 14→{电流表等→接线柱 7→保持线圈
接触盘→主接线柱 15→电动机}→搭铁→蓄电池负极

发动机起动后，在松开起动按钮的瞬间，吸拉线圈和保持线圈是串联关系，两线圈所产生的磁通方向相反，互相抵消，于是活动铁心在回位弹簧的作用下迅速回位，驱使驱动齿轮退出啮合，接触盘在其右端小弹簧的作用下脱离接触，主开关断开，切断了起动机的主电路，起动机停止运转。

许多汽油发动机的起动机的控制装置中还装有短路点火线圈附加电阻的接触片，控制装置外壳上对应的接线柱通过导线与点火线圈一次绕组相连。主开关接通时，短路点火线圈附加电阻的接触片与蓄电池正极直接接通，将点火线圈附加电阻短路，改善起动时的点火性能。

电磁操纵式控制机构的起动开关通常与点火开关制成一体，为了减少流过点火开关的电流，防止点火开关的早期损坏，有些起动机的控制电路中接有继电器。图 11-16 所示为具有起动继电器的起动电路。

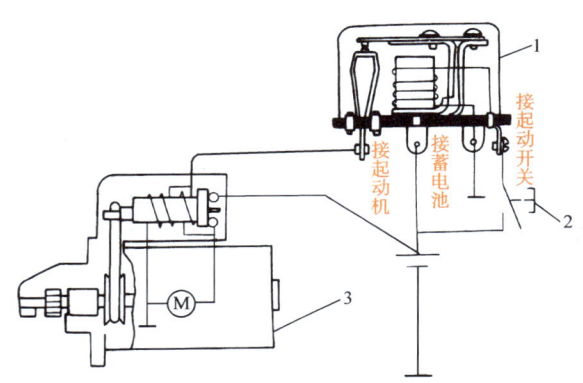

图 11-16　具有起动继电器的起动电路
1—起动继电器　2—起动开关　3—起动机

图 11-17 所示为具有组合继电器的起动电路。组合继电器由起动继电器和充电继电器组成，它利用发动机中性点电压，在发动机起动后尚未切断起动开关时，自动停止起动机的工作。

此外，为了在起动发动机时，曲轴能获得足够的起动转矩和必要的起动转速，使发动机能迅速可靠地起动，除选用足够功率的起动机和简单可靠的控制电路外，还必须正确选择驱动齿轮和飞轮齿圈的齿数，以获得适当的传动比，该传动比一般为 10~15。

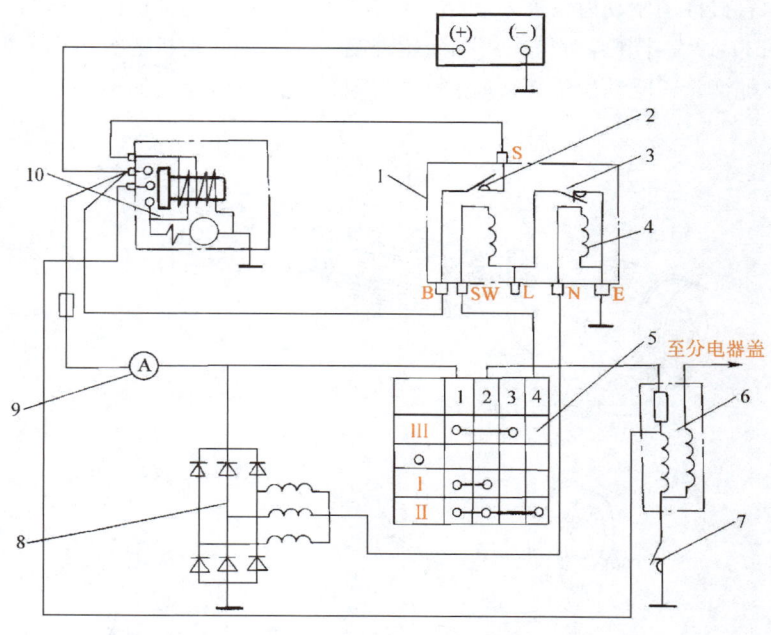

图 11-17 具有组合继电器的起动电路

1—组合继电器 2—起动继电器 3—充电继电器 4—充电继电器线圈 5—点火开关
6—点火线圈 7—断电器触点 8—发动机 9—电流表 10—起动机

第三节 减速起动机和永磁起动机

一、减速起动机

在起动机的电枢轴与驱动齿轮之间装有齿轮减速器的起动机，称为减速起动机。

串励式直流电动机的功率与电动机的转矩和转速的乘积成正比，可见，当提高电动机转速的同时降低其转矩时，可以保持起动机功率不变，故当采用高速、低转矩的串励式直流电动机作为起动机时，在功率相同的情况下，可以使起动机的体积和质量大大减小。但是，起动机的转矩过低，不能满足起动发动机的要求。为此，在起动机中采用高速、低转矩的直流电动机时，在电动机的电枢轴与驱动齿轮之间安装齿轮减速器，可以在降低电动机转速的同时提高其转矩。

减速起动机的齿轮减速器有外啮合式、内啮合式、行星齿轮式三种不同形式，如图 11-18 所示。

外啮合式减速起动机，其减速机构在电枢轴和起动机驱动齿轮之间利用惰轮作中间传动，且电磁开关铁心与驱

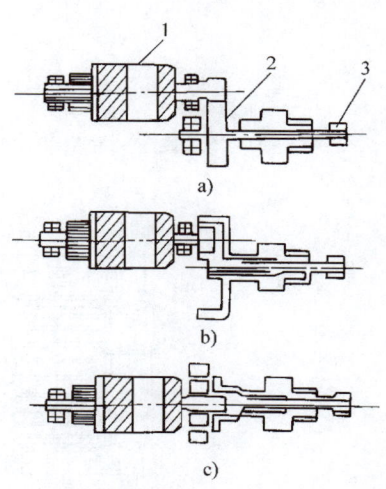

图 11-18 减速起动机的三种形式
a) 外啮合式 b) 内啮合式
c) 行星齿轮式
1—电动机 2—齿轮减速器
3—驱动齿轮

动齿轮同轴心，直接推动驱动齿轮进入啮合，无须拨叉。因此，起动机的外形与普通的起动机有较大的差别。图 11-19 是丰田系列汽车用有惰轮外啮合式减速起动机的分解图。但有些外啮合式减速机构中间不加惰轮，驱动齿轮必须通过拨叉拨动才能进行啮合，如图 11-20 所示。

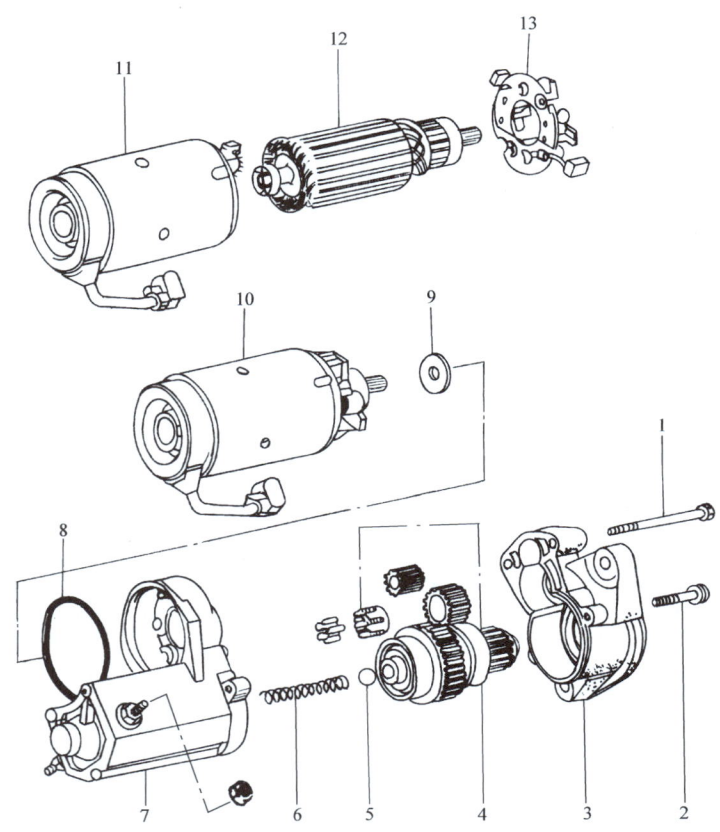

图 11-19　有惰轮外啮合式减速起动机的分解图

1、2—联接螺栓　3—驱动端盖　4—单向离合器及齿轮减速器　5—钢球　6—回位弹簧　7—电磁开关
8—O 形橡胶圈　9—毡垫圈　10—直流电动机　11—电动机外壳　12—电枢　13—电刷及电刷架

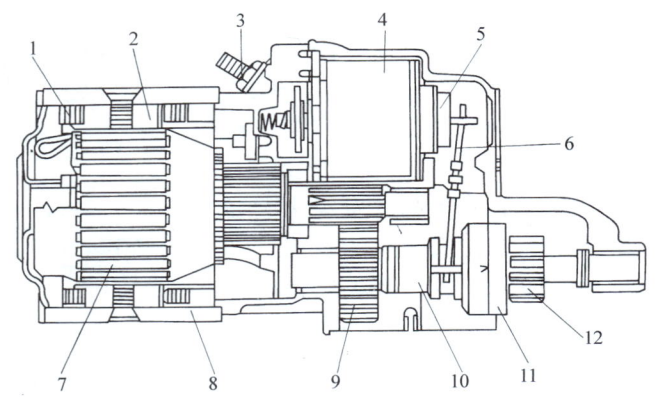

图 11-20　无惰轮外啮合式减速起动机

1—励磁绕组　2—磁极　3—主接线柱　4—电磁线圈　5—活动铁心　6—拨叉　7—电枢　8—外壳
9—减速齿轮　10—花键轴　11—单向离合器　12—驱动齿轮

外啮合式减速机构的传动中心距较大,因此受起动机构的限制,其减速比不能太大,一般不大于5,多用在小功率的起动机上。

内啮合式减速起动机,其减速机构传动中心距小,可有较大的减速比,故适用于较大功率的起动机。但内啮合式减速机构噪声较大,驱动齿轮仍需拨叉拨动进行啮合,因此,起动机的外形与普通起动机相似。图11-21所示的是国产QD254型内啮合式减速起动机。

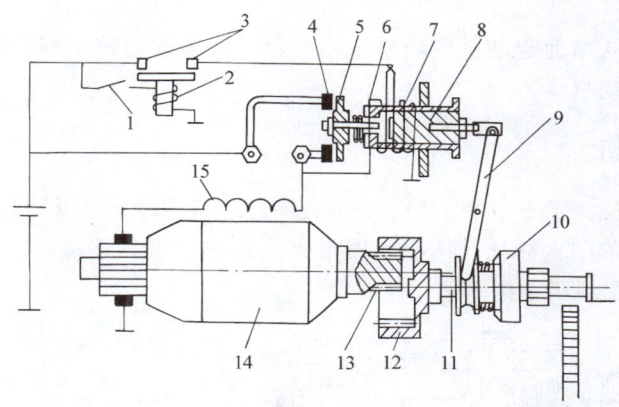

图11-21　国产QD254型内啮合式减速起动机

1—起动开关　2—起动继电器线圈　3—触点　4—主接线柱　5—接触盘　6—吸拉线圈　7—保持线圈　8—活动铁心　9—拨叉　10—单向离合器　11—螺旋花键轴　12—内啮合减速齿轮　13—主动齿轮　14—电枢　15—磁场绕组

图11-22所示的是行星齿轮式减速起动机。**行星齿轮式减速起动机**减速机构结构紧凑、

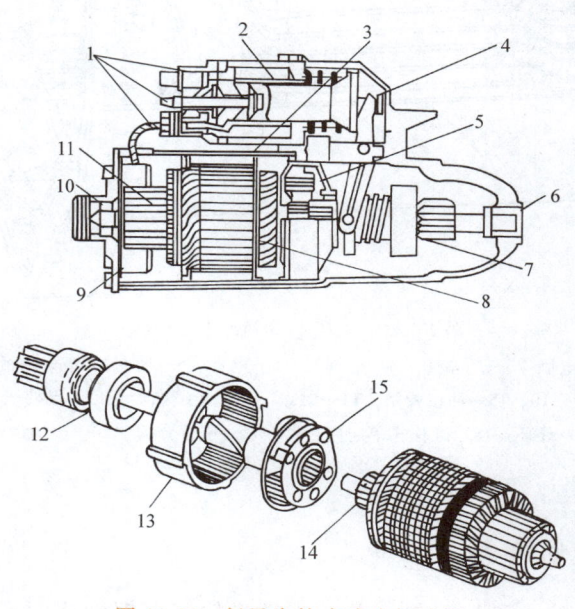

图11-22　行星齿轮式减速起动机

1—接线柱　2—活动铁心　3—磁极　4—拨叉　5—行星齿轮减速器　6、10—轴承　7、12—单向离合器　8—电枢　9—电刷　11—换向器　13—固定内齿圈　14—行星齿轮架　15—主动齿轮

传动比大、效率高。由于输出轴与电枢轴同轴线、同旋向，电枢轴无径向载荷，振动轻，整机尺寸减小。另外，行星齿轮式减速起动机还具有如下优点：

1) 负载平均分配在三个行星齿轮上，可以采用塑料内齿圈和粉末冶金的行星齿轮，使质量减小、噪声降低。

2) 尽管增加了行星齿轮减速机构，但是起动机的轴向其他结构与普通起动机相同，所以配件可以通用。

因此，行星齿轮式减速起动机应用越来越广泛，许多奥迪轿车和丰田系列轿车也都采用了行星齿轮式减速起动机。

二、永磁起动机

以永磁材料作为磁极的起动机，称为永磁起动机。它取消了传统起动机中的励磁绕组和磁极铁心，使起动机的结构简化，体积和质量大大减小，可靠性提高，并节省了金属材料。图 11-23 所示为永磁起动机结构示意图。

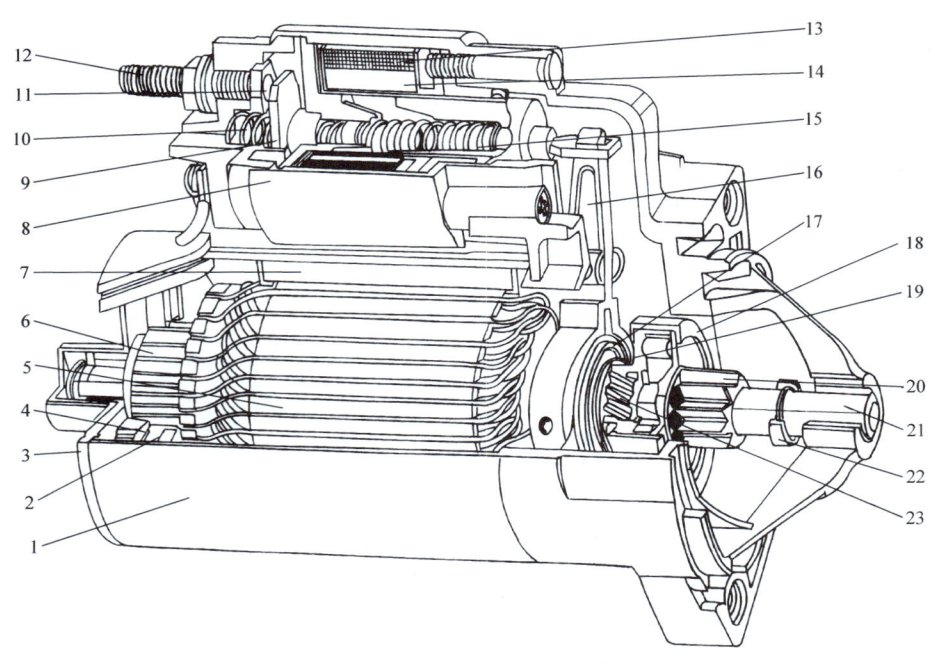

图 11-23 永磁起动机结构示意图

1—起动机外壳 2—电刷 3—后端盖 4—电刷架 5—电枢 6—换向器 7—磁极 8—电磁开关外壳 9—电磁开关接触盘 10、15—回位弹簧 11—触点 12—接线螺栓 13—保持线圈 14—吸引线圈 16—传动叉 17—导环 18—滚柱式单向离合器 19—啮合弹簧 20—驱动齿轮 21—电枢轴 22—止推垫圈 23—螺旋花键

三、永磁减速起动机

采用高速、低转矩的永磁电动机，并在驱动齿轮与电枢轴之间安装齿轮减速器的起动机，称为永磁减速起动机。永磁减速起动机的体积和质量可以进一步减小，目前已得到广泛应用。图 11-24 所示为永磁减速起动机示意图。

第十一章 发动机起动系统

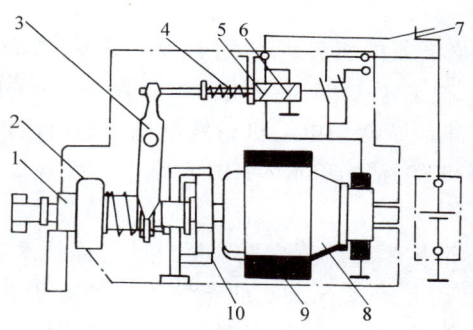

图 11-24 永磁减速起动机示意图

1—驱动齿轮 2—单向离合器 3—传动叉 4—回位弹簧 5—吸引线圈 6—保持线圈
7—起动开关 8—电枢 9—磁极 10—行星齿轮减速器

第四节 发动机自动起停系统

发动机自动起停就是在车辆行驶过程中临时停车（如等红灯）时，自动熄火；当需要继续前进时，系统自动重起发动机的一套起停系统。英文名称为 STOP&START，简称 STT。其核心在于自动控制发动机熄火和重起，以减少不必要的燃油消耗、降低排放、提高燃油经济性。这项功能主要适用于城市交通中等待信号灯或是堵车时，尽量减少发动机怠速运转时间，并且在发动机熄火后，蓄电池电驱动系统能够取代发动机实现对发动机冷却风扇及车内空调运转的驱动。

一、发动机自动起停技术的发展

发动机起停技术的想法早在 20 世纪 30 年代就出现过，但直到 2006 年前后，由于日益严苛的环境法规限制，自动起停技术才开始在汽车上逐渐普及。

1. 日系汽车

早在 20 世纪 70 年代，丰田公司已经涉足发动机自动起停技术。当时尝试在丰田皇冠轿车上安装一种电子装置，可在汽车静止 1.5s 后关闭发动机。试验结果发现在东京市繁忙的交通中，运用这种新技术可使节油率提升 10%。

除了丰田汽车外，马自达汽车也开发出 i-Stop 系统，在汽车停止发动机处于怠速工况时，发动机曲轴会停在适当位置且气缸内完成扫气行程；当系统判断将重新起动时，发动机喷射燃料快速点火燃烧，起动过程耗时约 0.35s，而且相当平顺。

2. 德系汽车

在 20 世纪 80 年代，发动机自动起停系统开始装备于大众汽车第二代 Polo 的量产车型上。随后，1994 年第三代大众 Golf、Lupo（3L 车型）以及 1999 年奥迪 A2（3L 车型）都装备有该技术，不过因售价高昂这些车型的销售不是很理想。

宝马公司将自动起停技术应用于旗下的多款车型，包括 2008 年后的 mini 系列车型。其采用博世公司的加强型起动电动机，在频繁关闭、起动的环境下比一般起动电动机能完成更多的起动次数，可靠性更高。

3. 法系汽车

2006年法国标致学铁龙集团的雪铁龙公司开发了名为"start-stop"的怠速熄火系统，搭载于雪铁龙C2和C3上。这套系统结合了该公司研发的SensoDrive自动变速器与电子控制的ISG可逆发电机（ISG集成了起动电动机与发电机，是由法雷奥与日本电装公司共同研发而成），后续搭载于2011年的标致3008 e-HDi车型上，配合1.6L柴油发动机以及制动能量回收系统，可节省燃油15%。

随着排放法规和能耗标准越来越严苛，发动机自动起停技术正逐渐普及。目前市场上已经有许多车型搭载发动机自动起停系统，欧洲车装备自动起停技术的车型较多，如奥迪从A1到A8L、Q3/Q5/Q7，奔驰E级、S级等车型，宝马1系到7系、X1/X3等车型，沃尔沃几乎全系新车型，保时捷几乎全系新车型；大众旗下各品牌的蓝驱系列也都装备了该系统，如一汽大众高尔夫1.4TSI蓝驱版、速腾1.4TSI蓝驱版、迈腾1.4TSI蓝驱版、上汽大众的帕萨特1.4TSI蓝驱版、途观1.4TSI手动两驱蓝驱版、斯柯达速派1.4TSI DSG绿动版；另外，马自达CX-5、荣威550、帝豪EC7、长城C30、铃木锋驭等也装备了类似系统。

二、发动机自动起停系统的工作原理

发动机自动起停系统的工作原理如图11-25所示，当车辆因为拥堵或者红灯路口停止行进时，驾驶人踩下制动踏板，停车摘档（采用无级变速器的车型无须此操作）。此时，start-Stop系统自动检测：发动机空转且变速器没有挂档（采用无级变速器的车型无须检查此项目）、防锁定系统的车轮转速传感器显示为零、电池传感器显示有足够的能量进行下一次起动。满足这三个条件后，发动机自动停止转动。

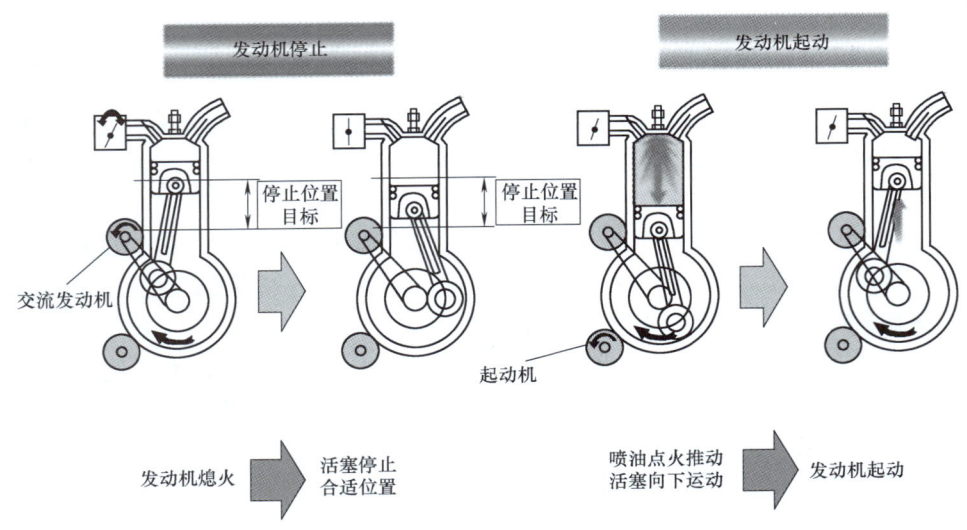

图11-25 发动机自动起停系统工作原理

而当信号灯变绿时，驾驶人踩下离合器，自动起停系统即刻起动"起动停止器"，并快速地起动发动机；驾驶人挂档，踩加速踏板，车辆快速起动。采用无级变速器的车型，只要松开制动踏板，或者转动转向盘，发动机就会马上自动点火，踩加速踏板汽车起步运行，整个过程变速器都处于D位状态。

三、四种常见的发动机自动起停形式

1. 分离式起动机/发电机起停系统

分离式起动机/发电机起停系统是最常见的一种起停系统，该系统的起动机和发电机是独立设计的，发动机起动所需的功率由起动机提供，而发电机通过为蓄电池充电，来保证起动机的电能。博世是这种起停系统的主流供应商，优点是系统零件少、安装方便、系统的部件与传统部件尺寸保持一致、应用门槛低。

2. 集成起动机/发电机起停系统

集成起动机/发电机是一个通过永磁体内转子和单齿定子来激励的同步电机，能将驱动单元集成到混合动力传动系统中。这套装置采用了可逆变原理，即将传统汽车上的发电机和起动机功能合成在一起，当汽车行驶时充当发电机，产生电能，当汽车起动时又充当起动机，实现发动机起动。

3. 马自达 SISS 智能起停系统

前面介绍的两种起停系统是单纯用起动机来起动发动机的，而马自达的 SISS 智能起停系统（现称为 i-stop 技术），主要是通过在气缸内进行燃油直喷，借助燃烧瞬间的推力推动活塞，与起动机一起使发动机重新起动，发动机上的传统起动机在发动机起动时起到辅助作用。

据官方数据，采用 SISS 技术，发动机在 0.35s 的时间内就能实现起动，比单纯使用起动机实现起动的系统速度快一倍。

4. 滑行起停系统

目前的起停系统只有在车辆完全停下来时才关闭发动机，而滑行起停系统在车辆滑行时即可关闭发动机（如高速下坡），同时在自动档车型中使用控制系统自动控制离合器，将发动机与传动系统分离，以延长滑行距离。当滑行中驾驶人操作加速或制动踏板时，发动机会迅速起动。虽然现有的发动机控制系统可以使发动机在车辆带档滑行时停止喷油，但由于发动机和传动系统并未分离，滑行距离不长；而在空档滑行时，发动机仍会喷油，尽管可以长距离滑行但并不能达到节油的目的。因此，滑行起停系统可以将这两种工况的优势结合起来，通过熄火的方式达到节油的目标，同时使车辆滑行距离更长，节油效果更明显。

四、发动机自动起停系统的优缺点

1. 优点

自动起停功能的最大优点，就是能够在一定程度上减少尾气排放，减少车辆油耗，原理是尽量降低发动机怠速空转时间，并且在发动机熄火后其电源能取代带轮对发动机冷却风扇及车内空调提供运转动力。

2. 缺点

1）虽然车辆在倒档状态下起停技术不会起动，但是如果车辆需要反复进出，如在倒车入库或者进停车位时，在车辆调整距离的过程中发动机常会自动起停，会耽误时间并且对汽车有一定损害。

2）在坡道上临时停车，起停系统起动较慢，容易在松开制动踏板时发生溜车，导致安全事故的发生。

3）大部分带有起停系统的汽车在发动机熄灭时，空调只能送风并不能制冷，从而影响汽车的乘坐舒适性。

4）车辆涉水过程中停下，发动机熄火，此时排气压力突然减少，水很容易从排气管倒流进入发动机内，导致发动机无法起动。

思 考 题

11-1　为什么发动机低温起动困难？为使发动机在低温下迅速可靠地起动，常采用哪些辅助起动装置？

11-2　车用起动机为什么采用串励直流电动机？

11-3　串励直流电动机由哪些基本部分构成？

11-4　为什么必须在起动机中安装离合机构？常用的起动机离合机构有哪几种？

11-5　试述滚柱式单向离合器的结构及工作原理。

11-6　在不影响起动机功率的情况下，如何减小起动机的体积和质量？

11-7　什么是发动机自动起停系统？自动起停系统的优缺点是什么？

第十二章 新型车用发动机

新型发动机是指在热能与动力机械的发明和发展过程中，在一定的历史阶段，对当时流行结构以外的热能动力装置的统称。自从1883年戴姆勒研制成功第一台四冲程往复活塞式汽油机、1897年德国人鲁道夫·狄塞尔研制成功完全靠压缩着火燃烧的柴油机以来，汽油机和柴油机作为内燃机的典型代表，替代了当时作为车用发动机的蒸汽机、电动机，并作为新型的车用发动机逐渐占据了车用发动机的统治地位。近年来，随着汽车排放控制法规要求及节能或控制 CO_2 要求的不断严格，对现生产的车用发动机（柴油机和汽油机）采取一系列排放控制技术，力图将排放量控制在最低限度的同时，开发研究出一些其他类型的发动机，形成了现代的新型发动机。本章主要介绍转子发动机、燃气轮机以及其他具有代表性的新型发动机。

第一节 转子发动机

一、概述

三角活塞旋转式发动机简称为转子发动机，是由德国工程师 F. 汪克尔（Felix Wankel）发明的，所以又称汪克尔发动机。

1954年，F. 汪克尔经过长期研究解决了转子发动机气体密封的重大技术难题，并于1958年成功地制成了第一台转子发动机。1964年，德国NSU公司首先把转子发动机装在轿车上作为正式产品。从此，世界上许多国家都开始研究、发展和生产转子发动机。日本东洋工业公司从1967年开始成批生产转子发动机轿车。

往复活塞式发动机的主要特征之一是工作循环（包括进气、压缩、做功、排气等四个行程）是通过活塞、曲柄连杆机构来实现的。其最大的优点是热效率高、工作可靠，具有良好的气密性和功率传递的可靠性，因而得到广泛应用。但这种往复式结构的缺陷是活塞组的往复运动所引起的往复惯性力和惯性力矩不能得到完全平衡，而且这个惯性力随转速的平方成正比变化，所以不利于发动机向高速化发展，使得往复活塞式发动机进一步发展受到了很大的限制。与往复活塞式发动机相比，转子发动机具有以下突出的特点：

1) 有利于发动机转速的提高。由于转子发动机的活塞在气缸内做旋转运动，因此摆脱了往复式发动机活塞组往复运动而引起的往复惯性力的影响，有利于发动机转速的大幅度提高和升功率的改善。

2) 质量小，体积小，升功率高，比质量小。由于转子发动机取消了曲柄连杆机构和气阀机构，所以结构简单，零件数少。与同功率的往复活塞式发动机相比，转子发动机的零件数约少40%~60%，比质量约小30%~50%，因此升功率几乎比往复式发动机大一倍。

3）由于活塞做旋转运动，使发动机运转平稳，振动噪声小。此外，由于零件数少，故拆装方便，维修简单。

进入20世纪80年代后，转子发动机有了很大的发展，其中包括转子发动机的废气涡轮增压、电控燃油喷射、排气净化技术，以及分层燃烧和微机控制系统等技术的应用，使转子发动机的经济性、动力性和排放特性均达到较高的水平。

二、转子发动机的分类

转子发动机按其运动形式分为匀速型、差速型和行星型三大类。

（1）**匀速型** 这种形式的转子发动机结构比较简单，其主要特点是旋转件绕固定中心按均匀的角速度旋转。常见的匀速型转子发动机是刮片式转子发动机。其结构示意图如图12-1所示，气缸体2一般采用椭圆形，旋转活塞3的几何中心和缸体的几何中心一致，活塞上开有沟槽，密封片6（刮片）依靠槽内的弹簧和旋转时的离心力紧压在缸体的内表面上。当活塞在缸体内旋转时，刮片在承受压力的同时在活塞的刮片槽内做相对滑动。当刮片旋转到椭圆形气缸的长轴位置时，伸出活塞较长，呈悬臂状态。因此，其润滑、磨损以及刮片强度都存在问题，直接影响发动机的密封性。

（2）**差速型** 差速型转子发动机是指在同一气缸中，有同轴旋转但角速度不同的两个活塞做相对运动而产生工作容积的变化。如图12-2所示，气缸为圆环形，内装两对扇形活塞，其中一对是动力活塞4，主要与动力输出轴相连接，以匀角速度向一个方向旋转；另一对活塞即差速活塞6与一根与动力输出轴同心的空心轴相连接。动力活塞4带动行星齿轮2旋转时，通过专用曲柄连杆机构8使差动活塞做不等速运动。由于两对活塞之间形成"追追离离"的相对运动，使得工作容积发生变化。两组活塞的相对运动可通过特定的齿轮机构和连杆机构或凸轮机构控制。

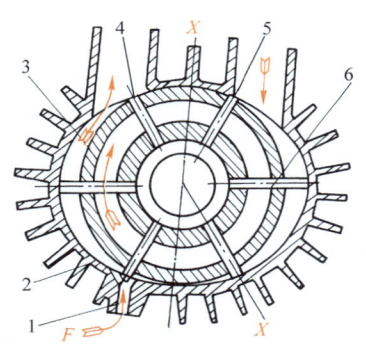

图12-1 匀速型刮片式转子发动机结构示意图
1—喷油孔 2—气缸体 3—旋转活塞 4—排气孔
5—进气孔 6—密封片

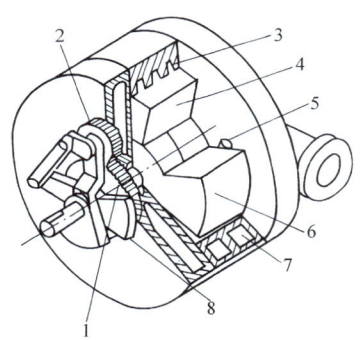

图12-2 差速型转子发动机结构示意图
1—传动齿轮 2—行星齿轮 3—排气孔
4—动力活塞 5—进气孔 6—差速活塞
7—冷却水套 8—曲柄连杆机构

差速型转子发动机的特点是，由于差动活塞做不匀速运动而产生惯性力，使传动机构齿轮和连杆等零件承受较大的冲击力，噪声大，所以发动机转速的提高受到限制。虽然径向密封和端面密封相对比较容易解决，但两对活塞结合部位的密封仍存在较大的问题。

（3）**行星型** 行星型转子发动机的特点是，活塞在固定的气缸体内做行星运动，即活塞在绕固定的轴心公转的同时，绕其自身的回转中心自转，此时气缸容积发生变化。为了使活塞在连续运转时不与气缸发生干扰，并始终保持活塞与气缸接触，以造成不间断的密封，要求采用一定速比的行星齿轮机构，形成特殊型线的气缸和特殊型线的活塞。可以用来作为气缸型线和活塞型线的有内旋轮线、外旋轮线及其内、外包络线。这两种型线可按不同齿轮比形成多种组合。但行星型转子发动机中最成功的是由 F. 汪克尔发明的以双弧外旋轮线为气缸壁型线和以三弧内包络线为活塞型线的转子发动机。该发动机亦称为汪克尔发动机，进行了批量生产，并得到了较广泛的应用。行星型转子发动机根据转子活塞的形状又分为梅花形和三角形等。但近 50 多年来，在行星型转子发动机中，三角转子发动机占很大的比例。之所以这样，是因为三角转子发动机（以下简称转子发动机）突破了转子发动机的重大技术问题，找到了一种简单可行的密封系统；将转子发动机的应用范围延伸到汽车、摩托车、船用舷外机、轻型发电机组、坦克、装甲车、伐木机械以及飞机动力等。

三、转子发动机的基本结构

转子发动机主要由转子、前后端盖、气缸体、密封件和主轴等零件组成。此外，汽油转子发动机还有进排气、燃油供给、点火、润滑和冷却等基本系统。图 12-3 所示为国产 GZ2-900

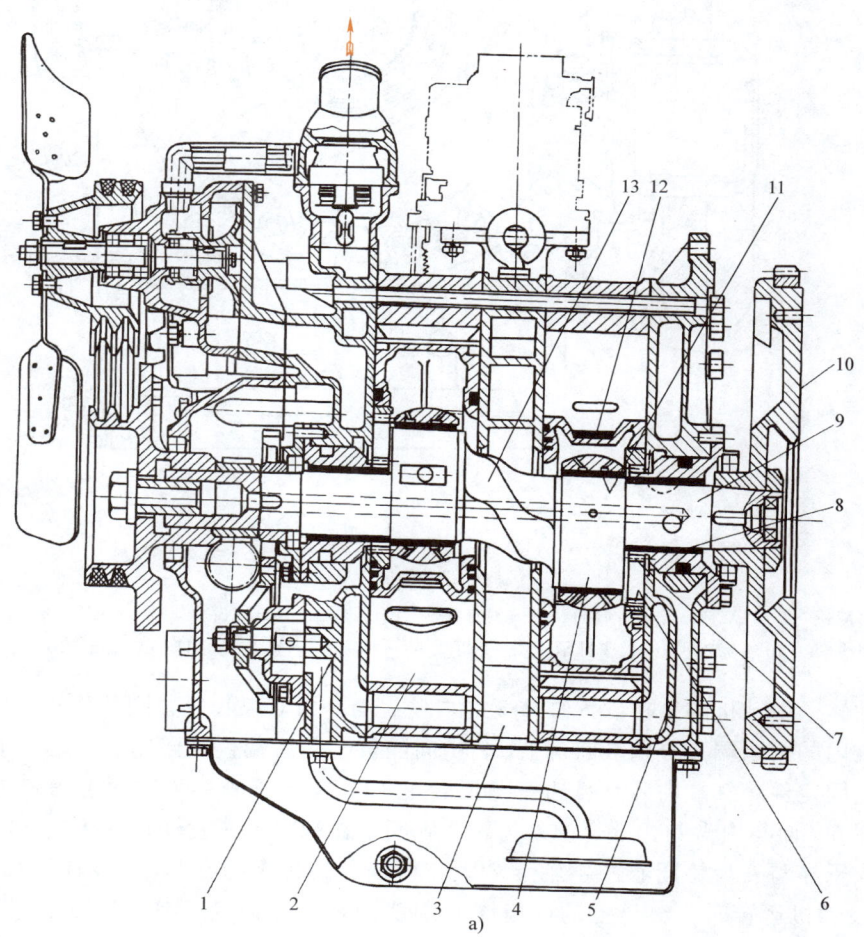

图 12-3　国产 GZ2-900 型双缸汽油转子发动机的结构
a）纵剖视图

303

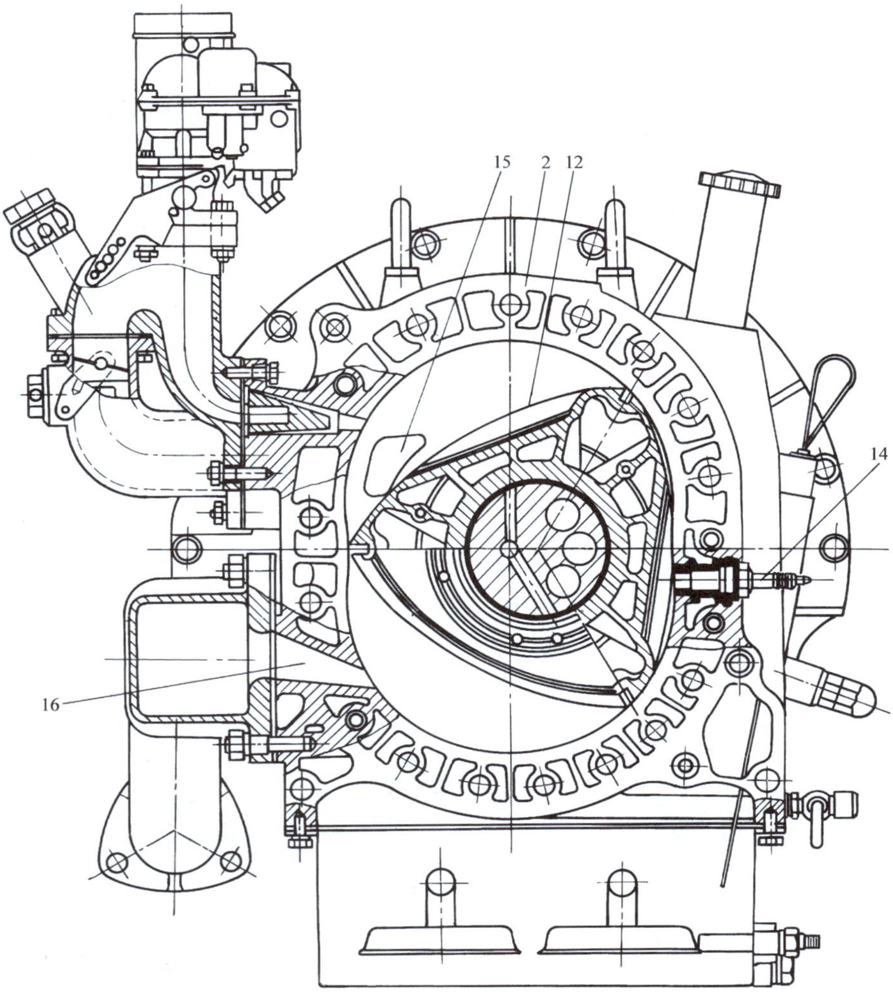

b)

图 12-3　国产 GZ2-900 型双缸汽油转子发动机的结构（续）

b) 横剖视图

1—前端盖　2—气缸体　3—中间隔板　4—偏心轴颈　5—后端盖　6—内齿圈　7—外齿轮　8—主轴承
9—主轴颈　10—飞轮　11—转子轴承　12—转子　13—主轴　14—火花塞　15—进气孔　16—排气孔

型双缸汽油转子发动机的结构。气缸体 2 的内壁表面是由双弧长短幅圆外旋轮线构成的特殊型面。气缸内的两个端面分别被前端盖 1、中间隔板 3 和后端盖 5 封闭。气缸、前后端盖及中间隔板是固定件。气缸内装有弧边三角形转子 12。在转子的一个端面上固定着与转子同心的内齿圈 6，而与内齿圈相啮合的外齿轮 7 则固定在端盖上。发动机的主轴 13 是偏心轴，其主轴颈支承在与外齿轮同心的主轴承 8 上，而偏心轴颈则套在与内齿圈同心的转子轴承 11 内。当发动机运转时，转子上的内齿圈 6 围绕固定的外齿轮 7 啮合旋转，做行星运动，即转子不仅绕固定的外齿轮中心（主轴承中心）公转，同时又绕其自身的回转中心（偏心轴颈中心）自转。由于内、外齿轮的齿数比为 3∶2，因此，转子自转速度与公转速度之比为1:3，即主轴13的转速为转子12自转转速的3倍。

三角转子的三个角顶与气缸型面紧密接触，三个弧面与气缸型面之间形成三个工作腔。转子转动时工作腔的容积发生变化，其变化规律恰好符合四冲程内燃机对气缸容积变化的要求。在气缸体的一侧装置火花塞14，另一侧设置进气孔15和排气孔16。当发动机工作时，气体的爆发压力通过转子传给偏心轴颈，并推动主轴旋转。

四、汽油转子发动机的工作原理

1. 四行程工作过程

转子发动机的工作循环与往复活塞式发动机相同，即由进气、压缩、做功及排气等4个行程组成。图12-4所示为转子发动机四行程工作原理。图中以三角转子的一个弧面 AB 与气缸型面之间形成的工作腔（AB 工作腔）为例，说明转子发动机的四行程工作原理。当三角转子的角顶 B 转到进气孔左边的边缘时，AB 工作腔开始进气。在位置1，进、排气孔连通，即进、排气重叠。这时 AB 工作腔的容积最小，相当于往复活塞式发动机的上止点位置。随着转子继续转动，AB 工作腔的容积逐渐增大，可燃混合气不断被吸入气缸。当转子自转90°（主轴转270°）到达位置4时，AB 工作腔的容积达到最大，相当于往复活塞式发动机的下止点位置，进气行程结束。三角转子继续转动，AB 工作腔的容积逐渐减小。到位置5时，转子的角顶 A 越过了进气孔右边的边缘，这时 AB 工作腔被完全封闭，开始压缩行程。当转子自转180°（主轴转540°）到达位置7时，AB 工作腔的容积最小，相当于往复活塞式发动机的上止点位置，压缩行程结束。这时火花塞跳火点燃混合气，开始膨胀做功行程。当转子自转270°（主轴转810°）到达位置10时，AB 工作腔的容积又达到最大，相当于往复活塞式发动机的下止点位置，做功行程结束。三角转子的角顶 B 转过排气孔左边的边缘时，AB 工作腔即开始排气，位置11、12为排气行程。转子自转360°（主轴转三周）时，AB 工作腔又回到位置1，排气行程结束。实际上，排气要延续到角顶 A 转过排气孔之后。至此，AB 工作腔完成了一个工作循环。与此同时，BC 及 CA 两个工作腔也分别完成一个工作循环。

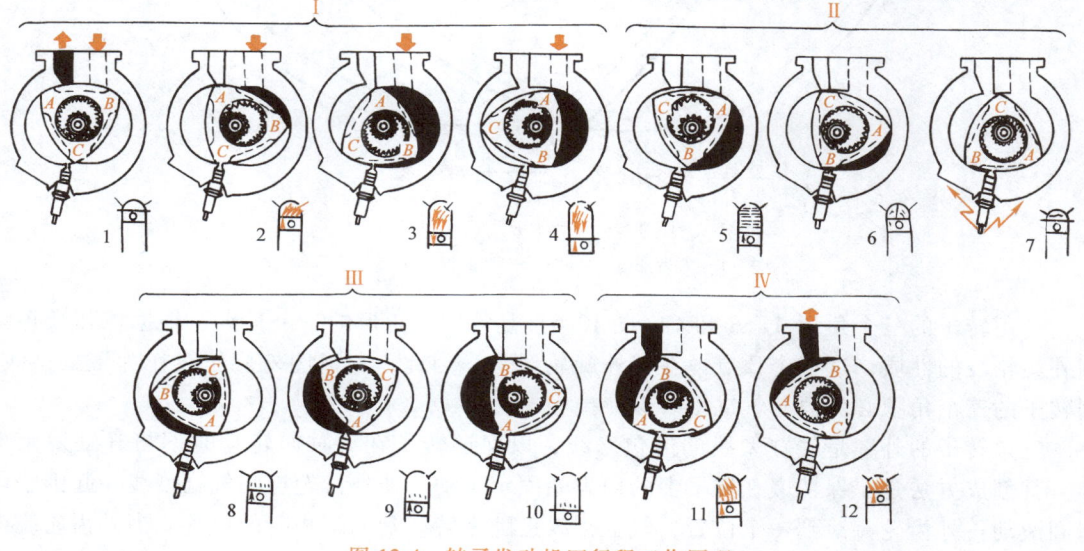

图12-4 转子发动机四行程工作原理

Ⅰ—进气行程　Ⅱ—压缩行程　Ⅲ—做功行程　Ⅳ—排气行程

综上所述，转子每自转一周，主轴转三周，三角转子与气缸型面之间形成的三个工作腔各完成一个四行程工作循环，每一个行程所对应的主轴转角为270°。

2. 气缸型线的创成及三角转子外廓

转子发动机气缸内壁的理论型线是双弧长短幅圆外旋轮线，如图12-5所示，是由一个嵌在转子上的内齿圈1（动圆）围绕与其相啮合的固定外齿轮2（定圆）做纯滚动而创成的。当内齿圈与外齿轮的齿数（或节圆直径）之比为3∶2时，位于内齿圈外的任意点A（相当于三角转子的角顶）所画出的轨迹便是双弧长短幅圆外旋轮线，如图12-5中的双点画线所示。由于这种理论型线是一个点的轨迹，若气缸内壁的型线按照理论型线加工制造，则三角转子角顶上的径向密封片必然是尖片，这样将使密封片迅速磨损而丧失密封能力。为了减小径向密封片的磨损，实际上均采用半径为 a 的圆头密封片。这时则需以理论型线上的点为圆心，以 a 为半径，作无数个小圆，并以这些小圆的外包络线或称理论型线的等距曲线作为气缸内壁的实际型线，如图12-5中的实线所示。

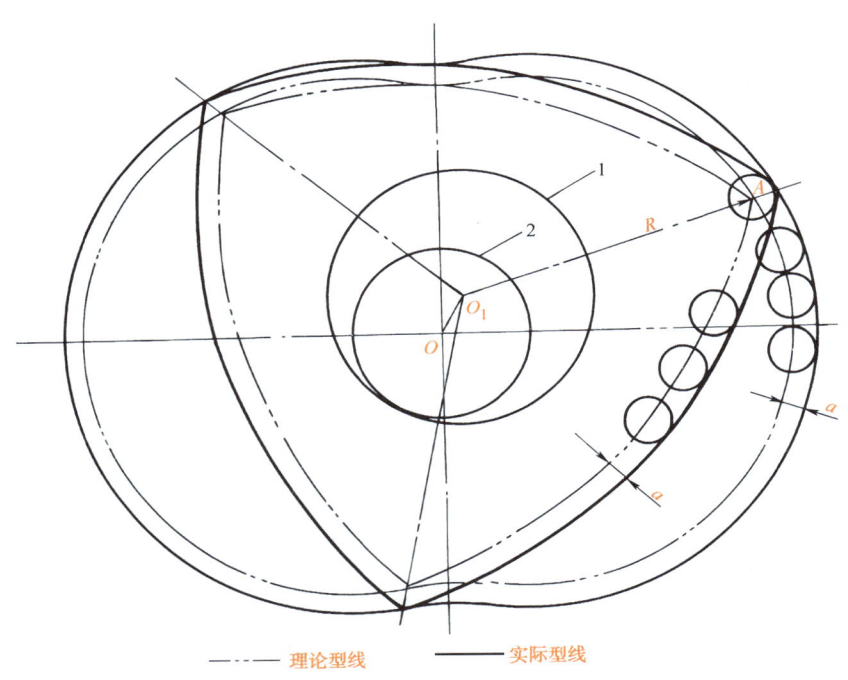

—·— 理论型线　——— 实际型线

图12-5　气缸型线的创成

1—内齿圈（动圆）　2—外齿轮（定圆）

三角转子的三个角顶 A、B 和 C（图12-6）是等边三角形的三个顶点。根据双弧长短幅圆外旋轮线的性质，这三个顶点恒在圆外旋轮线上。因此，若以圆外旋轮线作为气缸型线，则转子的三个角顶必然恒与气缸型线保持接触。

三角转子的外廓是气缸型线的内包络线，以保证转子在气缸内转动时不与气缸发生干涉。其创成方法是：保持嵌在转子上的内齿圈固定不动，使外齿轮连同气缸型线一起围绕内齿圈滚动。外齿轮每滚到一个位置，气缸型线也随之转移到一个相应的位置。当外齿轮绕内齿圈滚动一周时，便得到一系列形状相同、位置各异的气缸型线。所有这些型线的内切线便是气缸型线的内包络线。按内包络线加工转子的三个弧边，需在专用机床上进行。有时为了便于制造，用适当半径的圆弧来代替内包络线。

在图12-5中，点 A 到滚动的内齿圈中点 O_1 的距离 R，称为创成半径；内齿圈中心 O_1 与外齿轮中心 O 的距离 OO_1，称为偏心距 e；密封片圆头半径 a，称为等距半径；创成半径 R 与偏心距 e 的比值，称为形状系数 k。

创成半径 R、偏心距 e、等距半径 a 和形状系数 k 等参数，都是长短幅圆外旋轮线型转子发动机的基本参数。气缸型线、转子弧边形状以及其他性能指标都与这些参数有关。

3. 转子发动机的密封系统

转子发动机的密封包括气体密封及油密封。

（1）**气体密封**　转子发动机的气体密封系统由转子角顶的径向密封片1、角片2、密封销5及设置在转子端面上的端面密封条6组成（图12-7）。在每个密封件的底部都装有弹簧。径向密封片用来防止相邻工作腔的气体泄漏。端面密封条和密封销用以防止工作腔内的气体通过端面相互泄漏。上述气体密封件在每个工作腔的周围构成封闭的密封线，可以有效地起到气体密封作用。

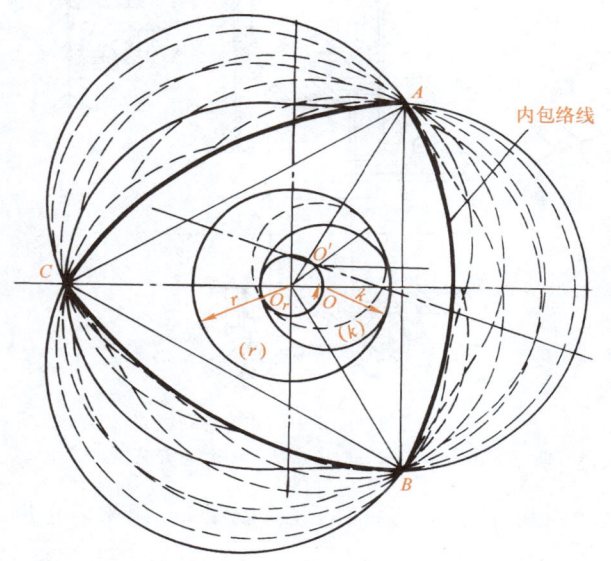

图 12-6　三角转子弧边形状的创成

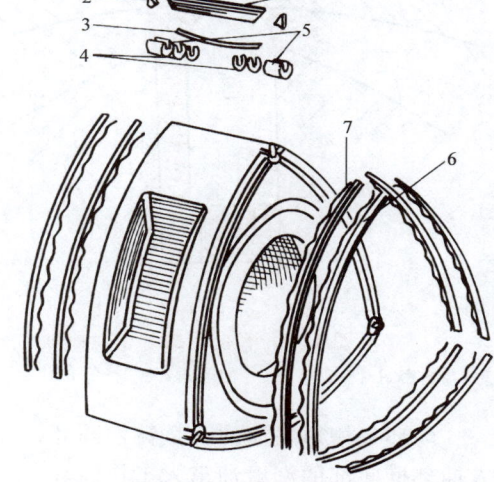

图 12-7　转子发动机的气体密封件

1—密封片　2—角片　3—径向密封片弹簧
4—密封销弹簧　5—密封销　6—端面密封条　7—端面密封条弹簧

转子发动机气体密封件的工作原理与往复活塞式发动机的气环相似。在发动机工作时，径向密封片在离心力和密封片底部气体压力的共同作用下压向气缸型面。同时，进入密封片槽内的气体还将径向密封片压向密封片槽的一侧，从而实现了工作腔的径向密封（图12-8）。当径向密封片移动到气缸型面的短轴部位时，密封片的惯性力由离心方向转为向心方向，这时径向密封片有脱离气缸型面的倾向。为了克服向心力的作用，在径向密封片底部装有弓形片状弹簧，即径向密封片弹簧3（图12-7）。发动机起动时，弓形片状弹簧还可保证气缸工作腔的密封性。

在发动机工作时，进入端面密封条底部的气体将密封条压向端盖的工作表面；而在发动机起动时，借助端面密封条底部的波形弹簧使端面密封条与端盖工作表面贴紧，以实现端面密封。密封销 5 的底部装有片状弹簧，即密封销弹簧 4（图 12-7），以保证密封销与端盖工作表面贴紧。

径向密封片的材料应与气缸体材料配对选择，如合金铸铁气缸体可配用氮化硅（Si_3N_4）径向密封片。氮化硅是一种新型工程陶瓷材料，高温力学性能好，有自润性，耐磨损，是比较理想的径向密封片材料之一。端面密封条通常用合金铸铁或球墨铸铁制造。

(2) 油密封　在润滑各轴承及冷却三角转子的同时，不免会有少量润滑油溅入转子端面与端盖工作表面之间的间隙中。为了防止润滑油通过端面间隙窜入工作腔，在转子每个端面上的两个同心的油环槽内，安装了两道油环 1（图 12-9）。在油环槽的底部装有波形弹簧 3，用来使油环的刮油刃 4 压紧在端盖的工作表面上，以便将溅到工作表面上的润滑油刮下来。

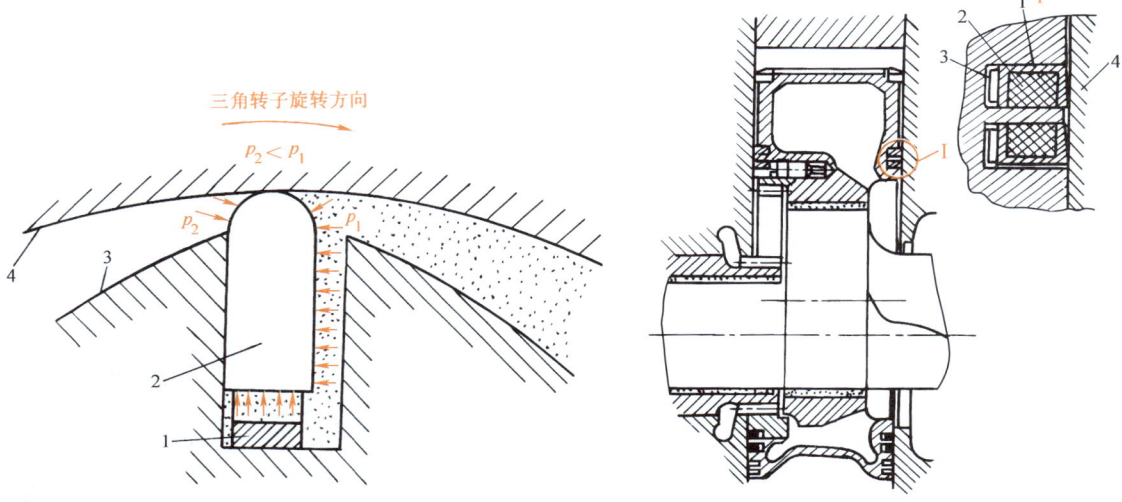

图 12-8　径向密封片密封原理
1—径向密封片弹簧　2—径向密封片　3—三角转子　4—气缸体

图 12-9　润滑油的密封
1—油环　2—硅橡胶圈　3—波形弹簧　4—刮油刃

油环是槽形断面的合金铸铁圆环，在其槽内装有耐热、耐油的硅橡胶圈 2，用来阻止进入油环槽底部的润滑油窜入工作腔。

4. 转子发动机的进、排气

转子发动机利用进、排气孔实现进、排气过程，而进、排气孔的开启与关闭是由三角转子的轮廓来控制的。

转子发动机有三种进气方式：①进气孔布置在气缸型面上的，称为周面进气（图 12-10a）；②进气孔布置在端盖工作表面上的，称为端面进气（图 12-10b）；③兼有周面与端面进气的，称为混合进气（图 12-10c）。

(1) 周面进气　其进、排气孔的开闭由转子角顶的径向密封片控制。由于进、排气的方向与气缸内气体的流动方向基本一致，因此进、排气阻力较小，可以获得良好的充气。采用周面进气的转子发动机高速性能好。但是，周面进气的进、排气孔同时开启的重叠角较大，发动机在低速时，排气工作腔内的废气可能窜入进气工作腔内，影响充气，致使发动机低速性能较差。

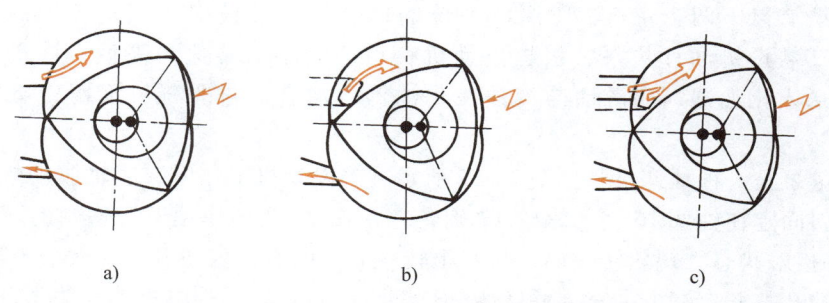

图 12-10 转子发动机进气孔的布置

（2）**端面进气** 其进气孔的开闭由转子的弧边轮廓来控制。端面进气的进、排气孔同时开启的重叠角较小，所以发动机的低速性能有所改善。但是，由于进气阻力大，因此发动机高速性能稍差。

（3）**混合进气** 保留了上述两种进气方式的优点，并在一定程度上弥补了它们的不足。

五、转子发动机的冷却系统

转子发动机气缸体及端盖工作表面的不同部位，其热状况迥然不同。进气及压缩区段的温度比较低，称冷区；燃烧及排气区段的温度比较高，称热区。冷、热区段的温度相差悬殊，将使气缸体及端盖发生热变形乃至热损坏。因此，转子发动机冷却系统的任务是，既要降低受热零件的温度，又要减小气缸体及端盖工作表面的温差。为此，需要合理地组织循环冷却液的流动。

目前，水冷转子发动机多采用轴流式冷却液循环方式。冷却液从前端盖进入热区，然后沿发动机轴向在气缸体及端盖的水套中往返流动（图 12-11），并从热区流向冷区，最后仍从前端盖流出。

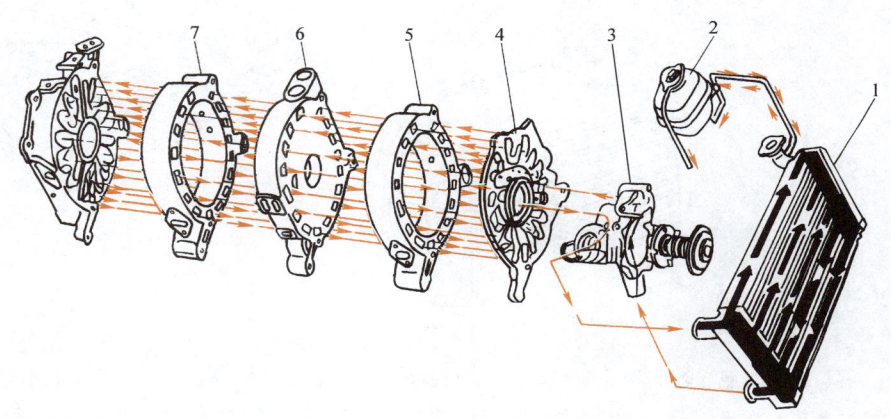

图 12-11 转子发动机的冷却系统

1—散热器 2—补偿水桶 3—水泵 4—前端盖 5—气缸体 6—中间隔板 7—后端盖

六、转子发动机的润滑系统

转子发动机润滑系统的作用及其组成与往复活塞式发动机大体相同。不过转子发动机的润滑系统有以下两个特点：①润滑系统的部分润滑油被引入三角转子的内腔，用来冷却转子；②装设机油计量泵，根据发动机负荷的大小及转速的高低，计量泵将一定数量的润滑油送入化油器，润滑油与汽油在化油器内混合后进入气缸润滑气缸密封件和气缸型面。

机油计量泵是一种柱塞泵。如图12-12所示，当发动机工作时，主轴驱动蜗杆14旋转，蜗杆带动倾斜固定在柱塞15上的蜗轮12旋转。在弹簧13的作用下，蜗轮的下端面始终与挺杆11保持接触状态。蜗轮转一周，柱塞也转一周，同时柱塞还升降一次。当柱塞升起时，其下端将进油孔打开，润滑油充入柱塞腔。柱塞下降时，其下端将进油孔关闭，这时柱塞上的豁口与出油孔对正，润滑油从柱塞腔经出油孔被挤送到化油器内。机油计量泵的控制杆9与节气门的控制杆联动。当节气门开大时，控制杆9带动控制凸轮10转动，挺杆11被顶起，柱塞相应地被举升到较高的位置，柱塞下端将进油孔打开得较大，充入柱塞腔的润滑油量增多；当发动机转速升高时，供油次数相应增加，即机油计量泵能随发动机负荷及转速的变化自动调节供油量。

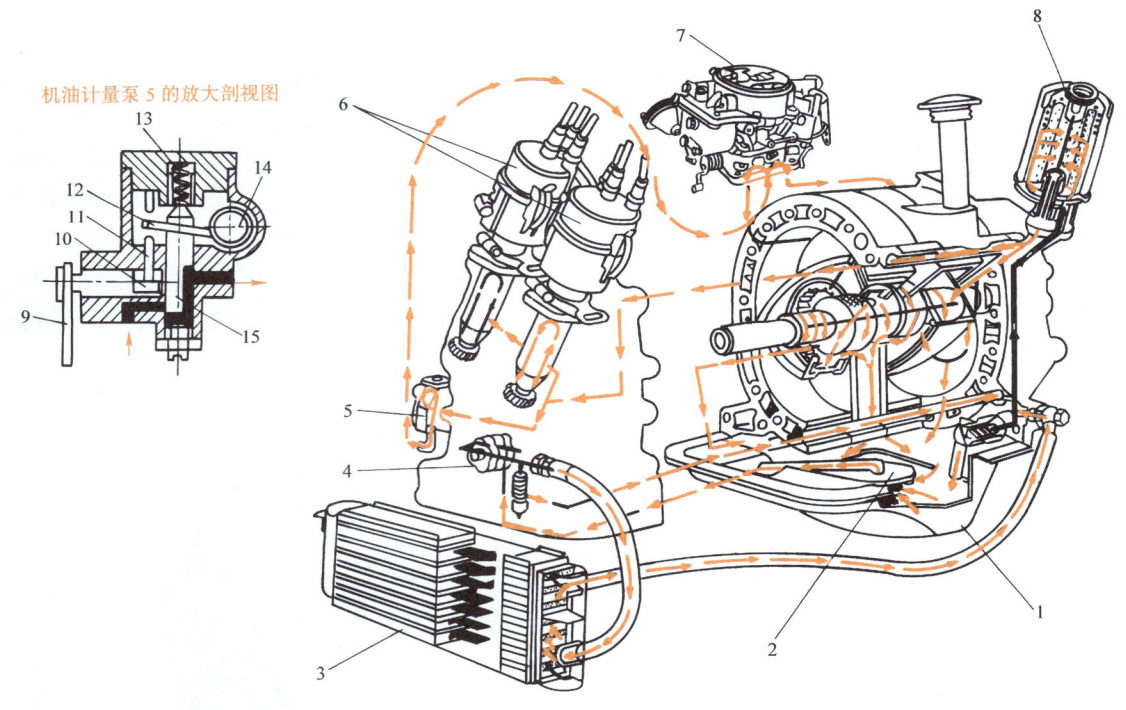

图 12-12 转子发动机的润滑系统

1—油底壳 2—集滤器 3—机油冷却器 4—机油泵 5—机油计量泵 6—分电器 7—化油器
8—机油滤清器 9—控制杆 10—控制凸轮 11—挺杆 12—蜗轮 13—弹簧 14—蜗杆 15—柱塞

七、转子发动机的点火系统

与四冲程往复活塞式发动机相比，转子发动机点火有如下许多不利因素：

1）转子发动机转速高，主轴每转一转需要点火一次，因此点火频率高，火花塞受热严重。

2) 为避免径向密封片与火花塞电极碰触，火花塞必须缩进气缸型面以内，通过连通孔与气缸工作腔相通。在这种情况下，火花塞得不到新鲜混合气的冲刷及冷却，电极温度高。另外，连通孔内残存有较多的废气，不利于点火。

3) 连通孔周围气流速度很高，点火后火焰中心散热快，容易灭火。

4) 采用一般的蓄电池点火系统，由于点火频率高，断电触点闭合时间短，感应电动势下降，致使点火能量不足。

针对上述问题，通常采取下列技术措施来改善转子发动机的点火性能：

1) 采用炽热数较大的冷型火花塞。

2) 装用两个火花塞，装在气缸体短轴前方的称前火花塞，装在短轴后方的称后火花塞。双火花塞既能改善火花塞工作条件，又有利于火焰的形成和传播。

3) 采用无触点高能点火系统，以提高点火能量。

图12-13所示为用于双缸转子发动机的双点火线路、双火花塞点火系统。其中一个点火线路连接两个前火花塞6，另一个点火线路则与两个后火花塞5连接。这种系统的优点是可以分别调整前、后火花塞的点火定时，但线路复杂。

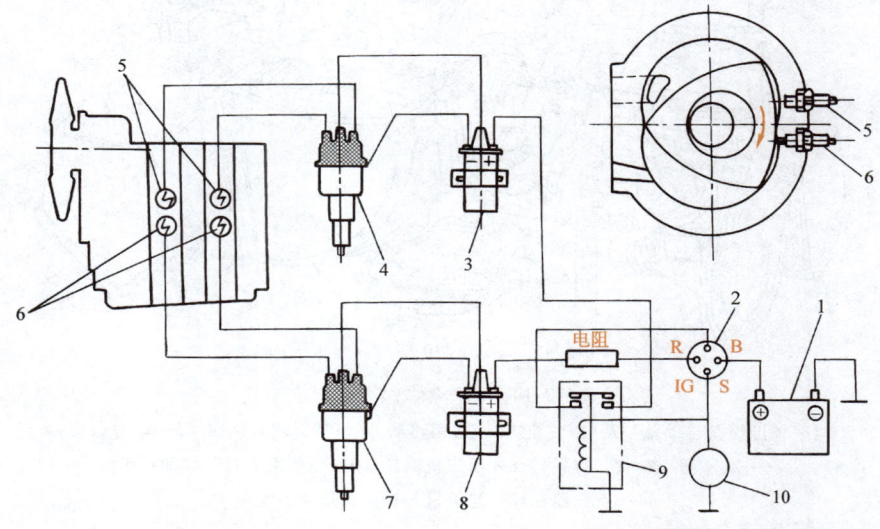

图12-13 用于双缸转子发动机的双点火线路、双火花塞点火系统

1—蓄电池 2—点火开关 3—后点火线路 4—后分电器 5—后火花塞
6—前火花塞 7—前分电器 8—前点火线路 9—继电器 10—起动机

第二节　燃气涡轮发动机

一、概述

燃气涡轮发动机简称燃气轮机，是另一种旋转式内燃机。

从1939年第一台电站燃气轮机在瑞士新堡正式运行起，至今不过80多年。由于它具有质量小、体积小、操作灵活、维修简便及制造费用低等优点，自问世以来发展非常迅速。

燃气轮机的应用几乎遍及整个国民经济领域。1950 年，英国的罗弗（Rover）公司制成世界上第一辆燃气轮机汽车。此后，该公司又制成第一辆燃气轮机竞赛汽车，并在 1963 年和 1965 年的莱曼斯汽车大赛中取得了惊人的成绩。与此同时，美国的福特（Ford）及克莱斯勒（Chrysler）公司相继制成燃气轮机轿车，并都取得了令人瞩目的成就。目前，国外在重型货车及长途客车上已较多地采用燃气轮机。

图 12-14 所示为一台汽车燃气轮机的结构实例。它主要由压气机、涡轮机、燃烧室及回热器等四大部件组成。此外，还包括燃油供给系统、速度调节装置、起动装置及各种辅助设备等。

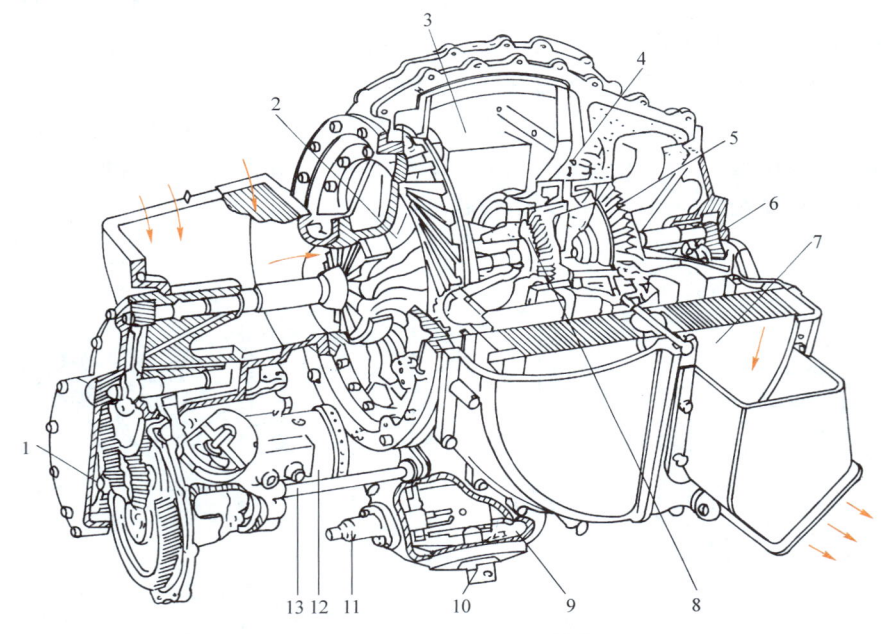

图 12-14　汽车燃气轮机结构

1—辅助设备传动轴　2—压气机　3—右回热器　4—喷管调节机构　5—动力涡轮
6—减速器　7—左回热器　8—压气机涡轮　9—燃烧室　10—燃油喷嘴
11—点火器　12—起动机　13—回热器传动轴

汽车燃气轮机一般有两根相互独立的传动轴。压气机与压气机涡轮安装在一根轴上，而动力涡轮与减速装置则安装在另一根轴上。减速装置与汽车变速器相连。双轴汽车燃气轮机的基本工作原理如图 12-15 所示。当起动机 3 接通电源后，驱动压气机 4 旋转，空气经进气道 1 被吸入压气机。压缩后的空气流过扩压管 5，压力进一步增高。高压空气沿压缩空气流道 6 进入回热器 10，在回热器中空气与流经回热器的燃气进行热交换，空气吸收燃气的余热，温度进一步升高。高温、高压的空气供入燃烧室 9，与此同时，燃油经燃油泵 2 及燃油管 7 并通过燃油喷嘴 8 喷入燃烧室。燃油与空气在燃烧室内混合形成可燃混合气，并借助点火器 16 将混合气点燃。当燃烧室内形成稳定的火焰之后，切断点火器的电源，后续的混合气与火焰接触而燃烧。高温、高压的燃气流过喷管 15 提高流速后，推动压气机涡轮 14 旋转，并带动压气机工作。从压气机涡轮流出的燃气仍有很高的温度和压力，再使其通过喷管 13 提高流速后，冲击动力涡轮 12，推动其旋转。动力涡轮的旋转运动通过减速装置及汽车

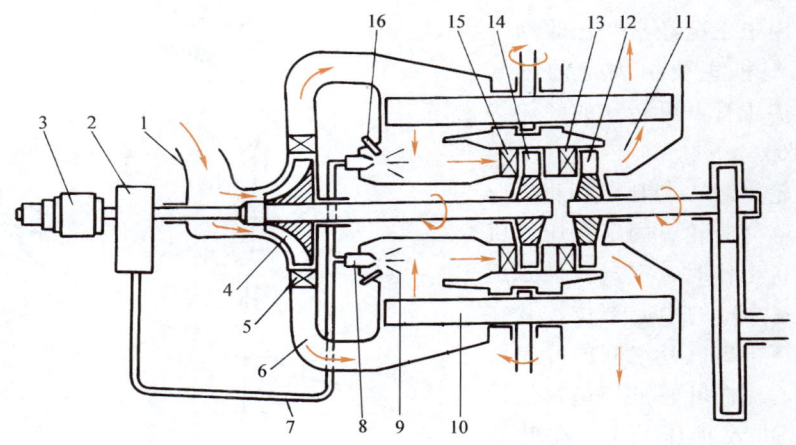

图 12-15 双轴汽车燃气轮机的基本工作原理
1—进气道 2—燃油泵 3—起动机 4—压气机 5—扩压管 6—压缩空气流道
7—燃油管 8—燃油喷嘴 9—燃烧室 10—回热器 11—燃气流道
12—动力涡轮 13、15—喷管 14—压气机涡轮 16—点火器

变速器来驱动汽车行驶。从动力涡轮流出的燃气沿燃气流道 11 进入回热器，在回热器中，燃气放热降温后排入大气。

综上所述，燃料燃烧产生的高温、高压燃气所包含的能量，一部分在压气机涡轮中转变为机械功，用来驱动压气机及其他辅助设备；另一部分则在动力涡轮中转变为机械功，用来驱动汽车行驶。当然，在能量转换及传输过程中，还会损失部分能量。

燃气轮机作为汽车动力，与往复活塞式发动机相比具有下列优点：

1) 燃气轮机没有往复运动件，因而平衡性好，振动轻微。

2) 转速高（一般为 25000~40000r/min），单位功率质量不超过 0.35~0.5kg/kW。当功率相同时，在外形尺寸及质量方面都优于往复活塞式发动机。

3) 摩擦副少，机械效率高（达 0.92~0.94）。摩擦表面不与燃气接触，使润滑问题简化，润滑油消耗率低。

4) 燃料适应性好，可以燃用气体燃料和各种液体燃料。

5) 起动性好，用功率较小的起动装置可以在环境温度为 -50°C 的情况下顺利起动。

6) 排气中有害排放物少。在带负荷工作时，仅为柴油机的 1/7~1/3。

7) 转矩特性好，可以减小汽车变速器的档数。在汽车行驶时，可以减少换档次数。

目前，汽车燃气轮机尚存在加速性能差、突然减小负荷时有超速危险以及空气消耗量大、对空气纯净度要求高等缺点。

二、压气机

压气机的功用是将涡轮传输的机械功在其中转化为气流的动能，进而转化为压力能。

广泛应用于燃气轮机中的压气机分为轴流式和径流式两类，后者通常称为离心式。汽车燃气轮机多采用离心式压气机。离心式压气机结构简单，紧凑轻巧，稳定运转的转速范围比轴流式压气机大；且当转速一定时，允许的气体流量变化范围比较大。离心式压气机的上述特点，非常适用于工况经常变化的汽车燃气轮机。

离心式压气机主要由固定的进气道、排气道、扩压管及可转动的叶轮等组成（图12-16）。

压气机叶轮轮毂1与压气机叶片3铸成一体，通称为叶轮，固定在压气机轴上。当压气机工作时，空气在进气道8的引导下进入叶轮的中心部位，并在离心力的作用下沿着叶片之间的叶轮流道4由叶轮中心流向叶轮的周边，然后以很高的速度进入扩压管6。在叶轮中，由于向心加速度的作用，空气的静压增高。高速气流在扩压管中降速，压力进一步增高，最后经排气道7供入燃烧室。

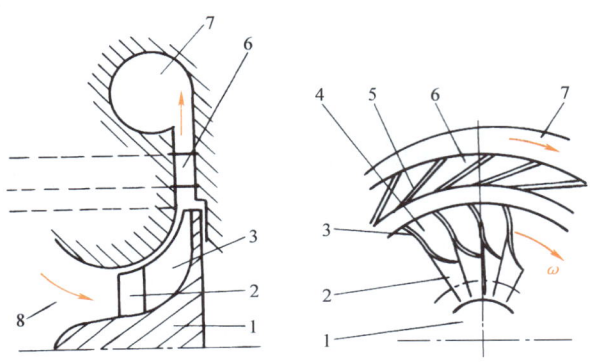

图12-16 离心式压气机示意图

1—叶轮轮毂 2—压气机叶片导流段 3—压气机叶片
4—叶轮流道 5—扩压管叶片 6—扩压管
7—排气道 8—进气道

在叶片的进口端有一段压气机叶片导流段2，其作用是引导气流平缓地流进叶片，以减少流动损失。扩压管是压气机中的固定部件，其功用是将气流的动能转换为静压。

叶轮及扩压管是影响离心式压气机性能的主要构件。叶轮的结构应具有良好的气体动力性、机械强度和可铸性。压气机叶片应有光滑的表面及符合气体动力学要求的几何形状，以减小气体流动损失和提高压气机效率。汽车燃气轮机采用后掠式压气机叶片，如图12-16所示。

三、涡轮机

涡轮机的功用是将燃气的能量转换为机械功。涡轮机与来自燃烧室的高温燃气直接接触，因此温度很高。另外，涡轮机在每分钟几万乃至十几万转的高速下运转，因此旋转部件承受巨大的离心力。

涡轮机按照燃气流动方向分为：①径流式——燃气沿涡轮机的径向流动；②轴流式——燃气沿涡轮机的轴向流动。这两种类型的涡轮机在汽车燃气轮机中均得到应用。

1. 径流式涡轮机

径流式涡轮机结构与离心式压气机相似，但工作过程相反。如图12-17所示，高温燃气首先沿进气道1流过安装在叶轮3周围的喷管2，然后沿着由涡轮机叶片4构成的流道径向地由叶轮周边流向叶轮中心，并从叶轮中心部位排出。燃气流经喷管，其速度增加，高速气流冲击叶轮使其旋转而做功。

为了减轻叶轮的质量，以减小其转动惯量，通常在叶片之间的轮毂外缘上去掉一些轮毂质

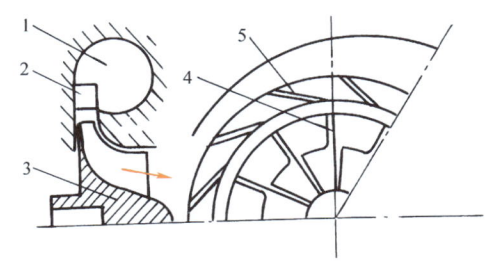

图12-17 径流式涡轮机示意图

1—进气道 2—喷管 3—叶轮
4—涡轮机叶片 5—喷管叶片

量。因此，涡轮机叶片的长度总是超出轮毂的半径（图 12-18）。

涡轮机叶轮的温度很高（可达 1100~1200℃），需用耐热材料制造。现代汽车燃气轮机多采用碳化硅（SiC）或氮化硅（Si_3N_4）一类陶瓷材料制造涡轮机叶轮。

径流式涡轮机的优点是结构简单，制造容易，坚固耐用。

2. 轴流式涡轮机

如图 12-19 所示，轴流式涡轮机主要由涡轮机外壳 1、喷管 2、涡轮叶片 3、涡轮毂 4、涡轮轴 7、轴承 6 及防止燃气泄漏的密封装置 5 等组成。

涡轮机外壳的功用是引导燃气流动。在涡轮机工作时，涡轮机外壳承受高温燃气的压力，因此其结构应保证在高温下具有良好的强度及刚度。一般将涡轮机外壳制成双层结构，内层与高温燃气接触，用耐热薄板镶衬。在内、外层之间用冷空气吹拂，以降低外壳的温度。

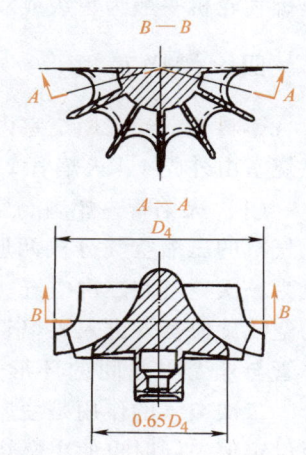

图 12-18 径流式涡轮机叶轮

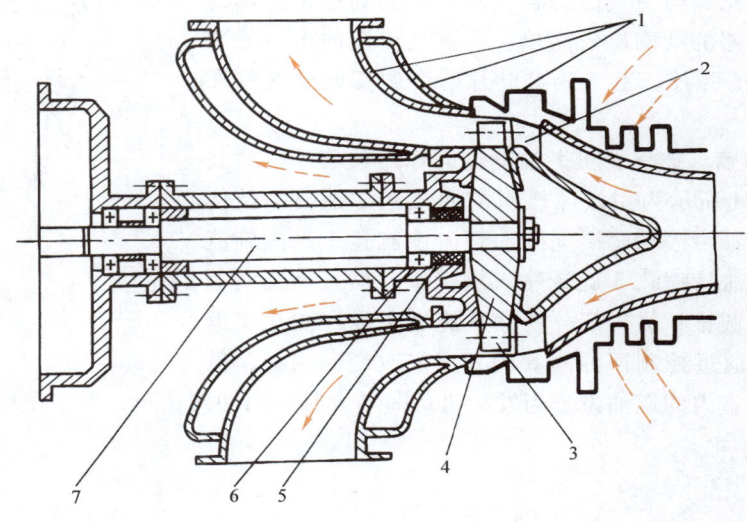

图 12-19 轴流式涡轮机结构示意图
1—涡轮机外壳 2—喷管 3—涡轮叶片 4—涡轮毂 5—密封装置 6—轴承 7—涡轮轴

喷管又称静叶，固定在涡轮机外壳内壁圆周上。燃气流过喷管时降压、增速，并以一定的方向冲击涡轮叶片。

涡轮叶片又称动叶，安装在涡轮毂的外圆周上。燃气冲击涡轮叶片后，沿着相邻两个涡轮叶片所构成的流道流动，并按照涡轮叶片的形状改变其流动方向。燃气在改变方向的同时对涡轮叶片作用以力，使涡轮转动。

静叶及动叶的断面均为翼形断面，有良好的气体动力性，可以获得较高的涡轮机效率。现代汽车燃气轮机的叶片用陶瓷材料制造，有足够的耐热、抗氧化、耐腐蚀及耐磨损的能力，可以保证涡轮机有较长的使用寿命。

轴流式涡轮机的基本工作单位称为"级"，一列喷管与一列涡轮叶片组成一级。现代汽车燃气轮机一般为单级或双级。

四、燃烧室

燃料与空气在燃烧室内混合并燃烧，所放出的热量加热燃气使其温度达到给定的温度。燃烧室由外壳1、火焰管2、空气旋流器3、点火器及其他辅助设备等组成（图12-20）。

（1）火焰管 燃料与空气在火焰管2内混合燃烧。来自压气机的压缩空气分成两股进入火焰管2，分别称这两股空气为一次空气和二次空气。一次空气经过安装在火焰管顶部的空气旋流器3进入火焰管内的主燃烧区，二次空气则从火焰管与外壳1之间的环形通道进入火焰管的尾端与燃气混合。二次空气的作用是使燃烧室出口的温度趋于均匀并降低至设定值，同时也使主燃烧区内未完全燃烧的可燃物质继续燃烧完全。火焰管的温度很高，多用陶瓷材料制造。

（2）空气旋流器 空气通过旋流器产生旋转运动。旋转的气流可以促进燃料与空气的混合，同时也起到稳定火焰的作用。空气旋流器的结构比较简单，在空气流道的出口处装设8～10片扭曲的叶片，空气流过叶片时产生切向分速度而使气流旋转。

（3）燃油喷嘴 燃气轮机燃油喷嘴的作用与柴油机喷油器相同。图12-21所示为用液体燃料的回流式燃油喷嘴结构和工作原理。燃油沿喷嘴套筒周围的切向旋流孔1进入旋流室2，一部分燃油从喷孔3旋转喷入燃烧室，喷入燃烧室的油雾形成空心的圆锥；另一部分燃油从旋流室经回油孔4返回到回油室5。通过控制回油阀6的开度来改变回油量，借以调节喷入燃烧室内的燃油量。当发动机负荷增大时，回油阀关小，回油量减小，喷油量便随之增多。

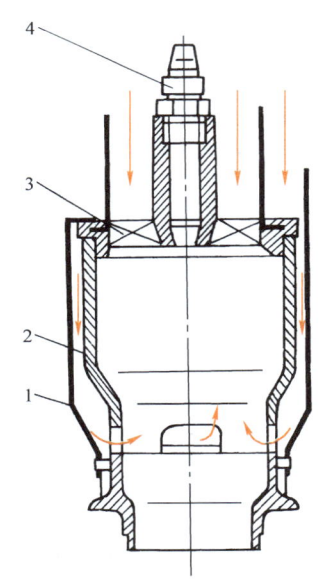

图12-20 汽车燃气轮机燃烧室
1—外壳 2—火焰管
3—空气旋流器 4—燃油喷嘴

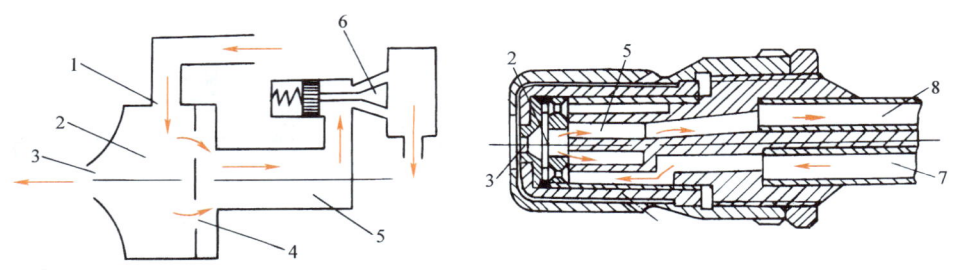

图12-21 用液体燃料的回流式燃油喷嘴结构和工作原理
1—切向旋流孔 2—旋流室 3—喷孔 4—回油孔 5—回油室
6—回油阀 7—进油道 8—回油道

（4）点火器 在燃气轮机起动时，用点火器点燃混合气；当燃烧室内形成稳定的火焰后，点火器便停止工作。点火器通常采用电热塞或火花塞，近来更多的是采用火焰点火器。

火焰点火器是利用火花塞产生的电火花将起动喷嘴喷出的轻质燃料点燃,形成小火焰,再用此小火焰点燃主喷嘴喷出的燃油。

五、回热器

回热器是一种换热设备。燃气在离开动力涡轮排入大气之前温度还很高,利用回热器将排气中的余热回收,可以显著地提高燃气轮机的热效率。实践证明,有回热器的现代汽车燃气轮机的燃油消耗率低于柴油机的水平。

现代汽车燃气轮机多采用旋转盘再生式回热器。这种回热器的蓄热元件是用粉末冶金(金属-氧化铝-硅)制成的圆盘或称转子。沿着圆盘的轴向制成无数个蜂窝状小孔,形成微小的气体通道。圆盘在固定的燃气及空气流道中缓慢旋转。来自涡轮机的燃气穿过圆盘时将圆盘加热,然后排放到大气中。当被加热的圆盘转到空气流道时,空气穿过圆盘并被圆盘加热,从而实现了热量由燃气到空气的传递。

第三节 代用燃料发动机

人类历史上出现的三次石油危机,表明了地球石油能源的有限性。为了开发应用新能源,缓解石油能源的紧张局面,同时作为排气污染的防范措施,车用发动机上逐渐开发应用了代用燃料。到目前为止,具有代表性的车用代用燃料有醇类燃料、液化石油气(LPG)、压缩天然气(CNG)、氢气等。

一、醇类燃料

醇类燃料作为车用发动机的代用燃料,主要指甲醇和乙醇。

甲醇燃料是石油危机以后最初被注目的代用燃料。近年来,甲醇和乙醇燃料作为降低CO_2排放量的可再生燃料,已受到关注。乙醇汽油是我国推行新能源汽车过渡期内推出的清洁能源。按照标准,乙醇汽油中乙醇含量在10%左右,对汽车使用性能影响较小,可有效降低有害气体排放。另一方面,我国是富煤、贫油、少气的国家,煤制甲醇保证了甲醇燃料供给充足,因此,目前我国在大力推行甲醇发动机。

甲醇燃料的分子式是CH_3OH,其氢和碳的比例(H/C)大,而且质量的50%为氧气,所以单位质量的发热量,即热值小于汽油的一半。甲醇燃料的特点是,由于其含有氧气,所以燃烧时几乎不排出烟,同时在燃烧产物中水分较多,可以降低燃烧温度,抑制NO_x的生成。

甲醇燃料发动机有两种类型,即从进气管供给预混合气,然后用火花点燃的点燃式甲醇燃料发动机以及将甲醇燃料直接喷入气缸内,并用着火装置使其着火的柴油机式甲醇发动机。由于甲醇的辛烷值高,所以很适用于点燃式发动机。但仅用甲醇燃料时,由于其蒸气压力低,所以低温起动性较差。为了提高甲醇燃料的蒸气压力,以改善甲醇发动机的低温起动性能,在甲醇燃料中常添加一定比例的汽油而形成甲醇-汽油混合燃料。对柴油机式甲醇发动机,由于甲醇的十六烷值比较低,不易自行着火,因此需要电热塞2等着火装置,如图12-22所示,或采用EGR阀5进行排气再循环,同时燃烧室1实现了高压缩比,以提高着火性。对柴油机式甲醇发动机,为了提高排气催化转化装置6的排气净化效果,一般采用纯甲醇燃料。图12-22所示为具有代表性的柴油机式甲醇发动机的示意图。

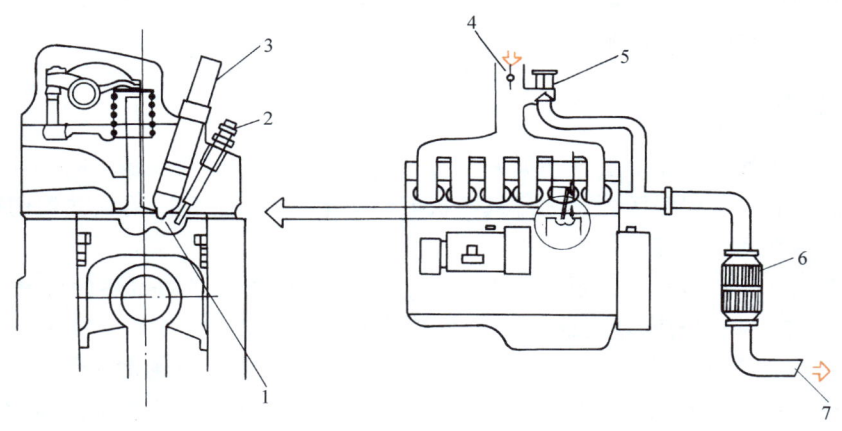

图 12-22 柴油机式甲醇发动机示意图
1—高压缩比燃烧室 2—电热塞 3—喷油器 4—进气孔 5—EGR 阀
6—催化转化装置 7—排气孔

二、压缩天然气

压缩天然气（CNG）汽车是目前普及率较高的一种汽车。CNG 燃料的主要成分为甲烷（CH_4），根据 CNG 燃料的 C 原子和 H 原子的组成比例，其 CO_2 排放量比汽油机可降低 28% 左右。

CNG 发动机的燃烧方式有预混合燃烧方式和用轻柴油高压压燃方式两种。前者是将 CNG 燃料和空气在气缸外部混合后经进气管向气缸供给，然后用电火花点燃的燃烧方式；而后者是从进气管同时供给 CNG 燃料和空气，然后以轻柴油为火种，如同柴油机高压压燃的方式。

CNG 供给系统的基本组成如图 12-23 所示。CNG 储存于容量为 50L 的车用气瓶 1 内，压力为 20MPa。通过每个气瓶上的连通阀 2 及 CNG 高压管路 4 将各气瓶连通。CNG 从最后一个气瓶上的输出阀 5 流出，经预热器 6、截止阀 15 及滤清器 11 进入减压器 10。在减压器内，CNG 的压力下降到大气压力。低压的天然气经计量器 9 和 CNG 低压管路 8 进入混合器 7，与空气混合后进入气缸。系统中设有两个压力表，一个是高压表 13，指示车用气瓶及高压管路中的压力，以及车用气瓶中的储气量；另一个是低压表 12，用来测量一级减压后的天然气压力。充气阀 3 是向车用气瓶充入天然气的阀门。

当 CNG 流过减压器之后，压力大幅度降低，温度也随之急剧下降，CNG 中的水分可能结冰。预热器的作用便是预先对 CNG 加热，使其增温，以防止其减压后温度降到冰点以下。

滤清器的作用是滤除 CNG 中的杂质。

输出阀阀体 28 内装有柱阀 26，柱阀下端嵌有密封垫 27，弹簧 25 作用在柱阀的上端，保持柱阀常开，CNG 从车用气瓶经柱阀不断流出。当转动手轮 20 时，心轴 21 向下压迫膜片 23 并推动柱阀向下压在阀座上，使输出阀关闭，终止 CNG 的输出。膜片由薄钢片或黄铜片制造，其作用是防止 CNG 通过心轴向外泄漏。

截止阀的结构与输出阀相似，不同的是在心轴上外接一加长轴 29，以便于驾驶人在驾驶室内操纵截止阀的开闭。

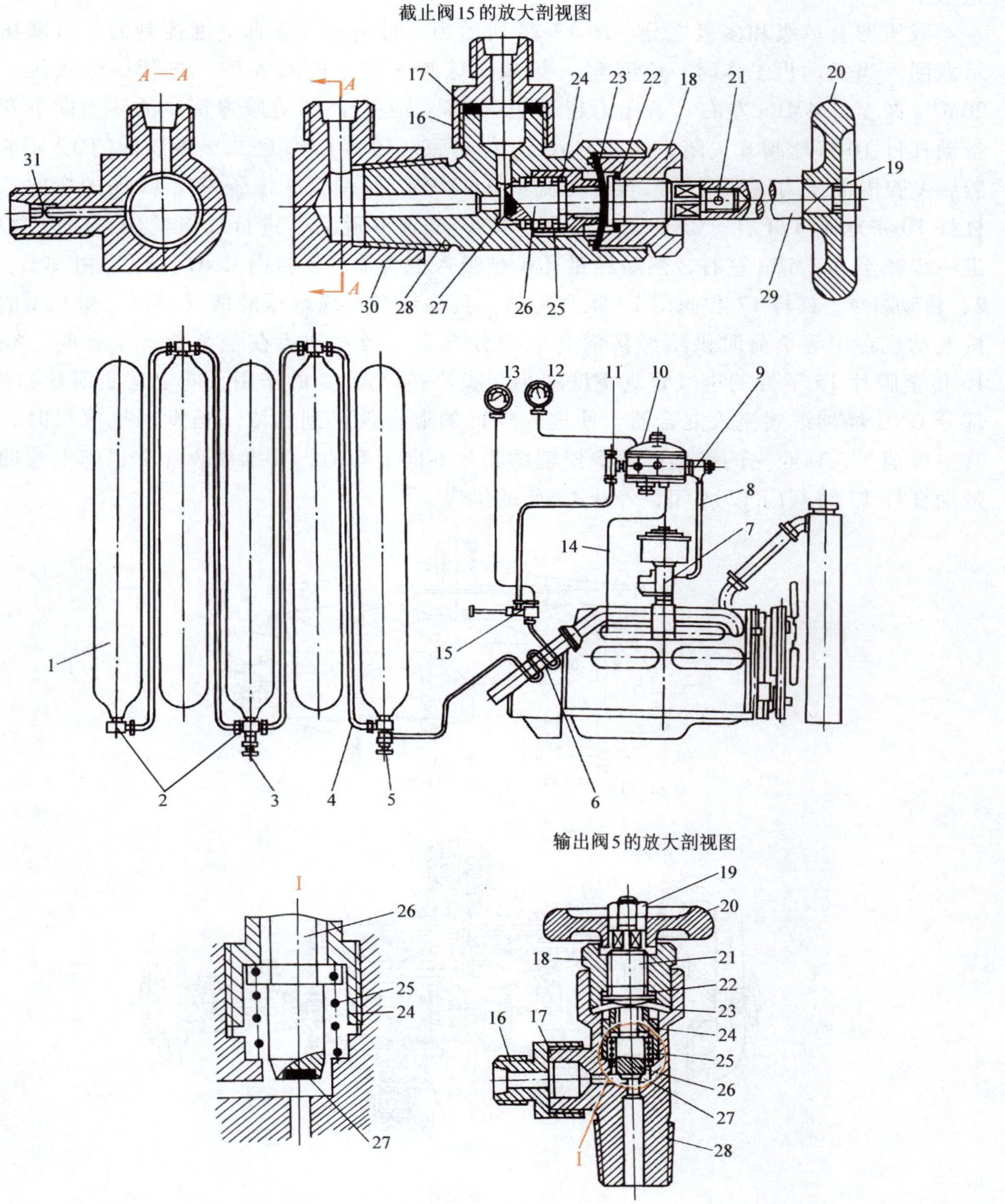

第十二章 新型车用发动机

图 12-23 CNG 供给系统的基本组成

1—车用气瓶 2—连通阀 3—充气阀 4—CNG 高压管路 5—输出阀 6—预热器 7—混合器 8—CNG 低压管路 9—计量器 10—减压器 11—滤清器 12—低压表 13—高压表 14—真空软管 15—截止阀 16—接头 17、22—垫圈 18—紧固螺母 19—螺母 20—手轮 21—心轴 23—膜片 24—压紧螺母 25—弹簧 26—柱阀 27—密封垫 28—阀体 29—加长轴 30—三通接头 31—量孔

减压器的作用是：①将车用气瓶中 CNG 的压力由 20MPa 降至 0.1MPa 左右；②在发动机停止运行时，自动停止 CNG 的输出；③当发动机运行工况急剧变化时，能保证向发动机

正常供气。

减压器有单级和多级之分。图12-24所示为一种由进气管真空度控制的二级减压器结构示意图。当发动机工作时,CNG经一级减压球阀8首先进入A腔,进行一级减压,压力由20MPa减至0.4MPa左右,若压力超过0.4MPa,则膜片11克服弹簧9的压力向下弯曲,并带动杠杆10将球阀8关闭,终止CNG流入A腔。随着CNG经二级减压阀门12不断流入B腔,A腔内的压力逐渐降低。若压力低于0.4MPa,则弹簧9推压膜片11向上弯曲,并带动杠杆10将球阀8开启,CNG充入A腔。CNG进入B腔后,进行二级减压,压力由0.4MPa进一步减至0.1MPa左右,然后经量孔1被吸入混合器。B腔内CNG的压力由弹簧3、膜片2、传动杆4、杠杆17和阀门12联合控制,其动作与一级减压的情况类似。量孔1的截面积按发动机在中等负荷时供给经济混合气成分选定。当发动机在全负荷下工作时,经真空管16传至膜片15下方的进气管真空度减小,膜片在弹簧14的作用下向上弯曲顶开加浓阀13,部分CNG经加浓阀流入混合器,使进入气缸的混合气得到加浓。当发动机停机时,进气管真空度消失,D腔内的锥形弹簧5使辅助膜片6向上弯曲,并推动膜片2也向上弯曲,同时带动杠杆17将阀门12关闭,停止CNG的供应。

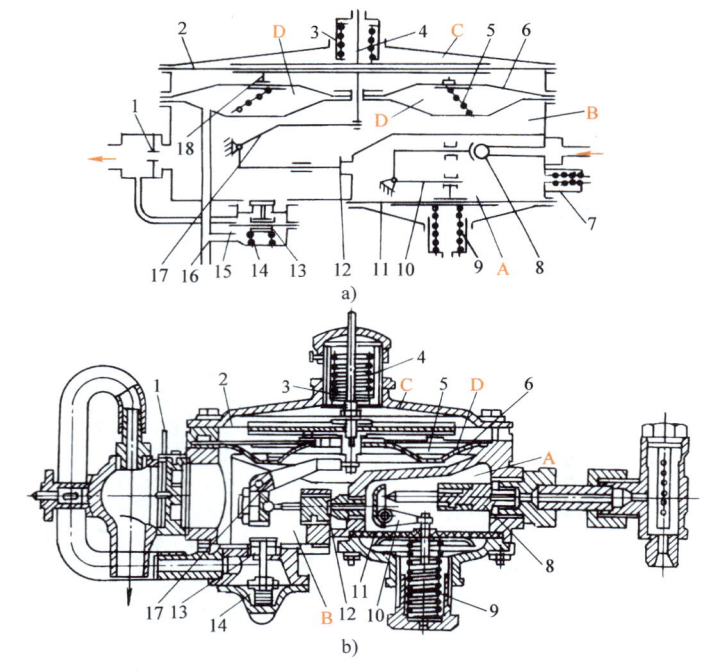

图12-24 二级减压器结构示意图

1—量孔 2、11、15—膜片 3、9、14—弹簧 4—传动杆 5—锥形弹簧 6—辅助膜片
7—溢流阀 8—一级减压球阀 10、17—杠杆 12—二级减压阀门
13—加浓阀 16—真空管 18—膜片夹

经减压器供给的CNG,在图12-25所示的混合器中与空气混合形成可燃混合气。混合器主要由阻风门1、CNG主喷口2、喉管3以及节气门4等组成。阻风门的作用主要是在起动时提高进气真空度,而在发动机正常工作时处于全开位置。空气从混合器上方流入,流经喉管时加速,对由CNG主喷口喷入的CNG,具有冲散搅拌的作用,有利于混合气的形成。

虽然CNG发动机具有降低有害排放物的特性，但与柴油机相比热效率低。因此，为了提高CNG发动机的热效率，正在开发研究气缸内直喷式CNG发动机。

三、液化石油气

液化石油气（LPG）的主要成分有丙烷、丙烯以及丁烷，具有在常温下加压到0.5~1.0MPa程度时容易液化的特性。n-丁烷的沸点为-0.5℃，而丙烷的沸点为-42.1℃，所以夏季使用廉价的丁烷系列LPG，冬季使用混入低沸点的丙烷LPG。使用LPG燃料的优点是，LPG中不含硫黄成分，所以发动机腐蚀及磨损减小，有利于提高排气催化转化装置的耐久性；同时可减轻对机油的稀释作用。LPG供给系统的基本组成如图12-26所示。气瓶5内的LPG从LPG蒸气输出阀20及LPG液体输出阀21流经供给阀6进入蒸发器17。

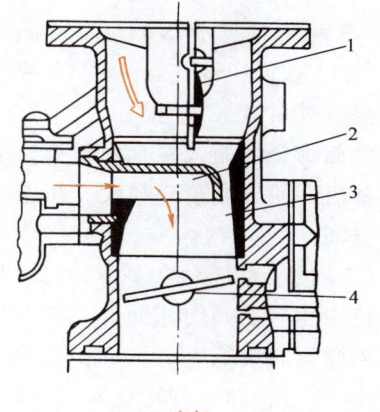

图 12-25　混合器的结构
1—阻风门　2—CNG主喷口
3—喉管　4—节气门

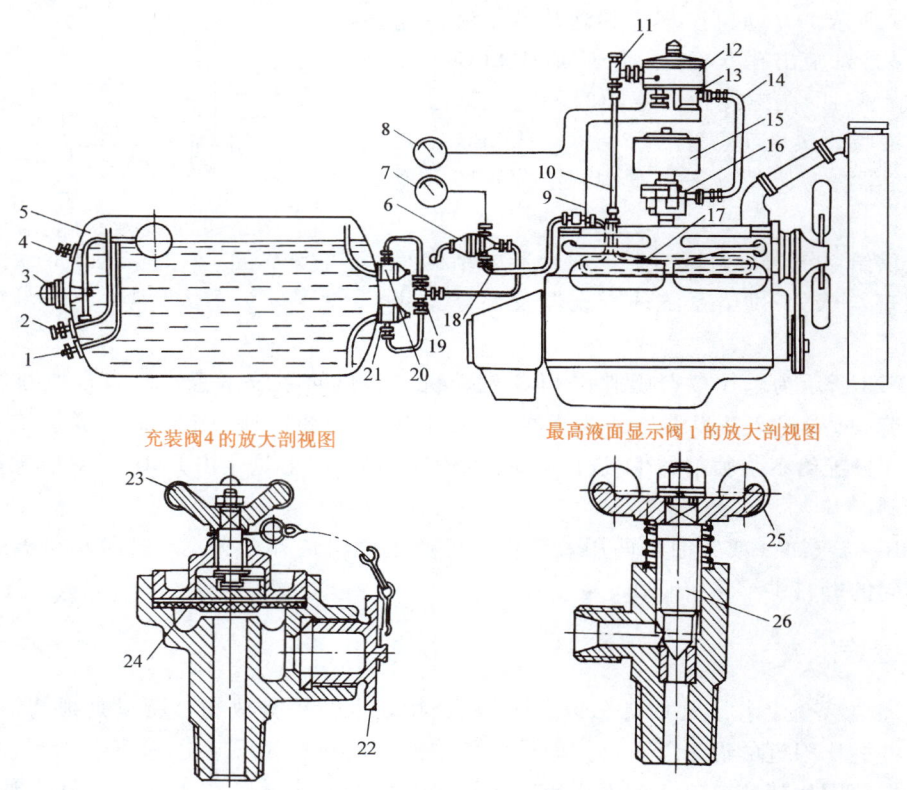

图 12-26　LPG供给系统的基本组成
1—最高液面显示阀　2—卸压阀　3—液位计　4—充装阀　5—气瓶　6—供给阀　7、8—压力表　9—真空管　10—输气软管　11—LPG滤清器　12—压力调节器　13—计量部件　14—低压输气管　15—空气滤清器　16—混合器　17—蒸发器　18—接管　19—三通管接头　20—LPG蒸气输出阀　21—LPG液体输出阀　22—充装口盖　23、25—手轮　24—充装阀门　26—针阀

在蒸发器中，LPG由于受到发动机循环冷却液的加热而蒸发汽化。汽化后的LPG经输气软管10进入LPG滤清器11，滤除其中的杂质，然后经压力调节器12降至大气压力，再经计量部件13和低压输气管14进入混合器16。在混合器中，LPG蒸气与吸入的空气混合形成可燃混合气后进入气缸。

气瓶为金属瓶或复合材料瓶，工作压力为1.6MPa。当瓶内压力超过1.68MPa时，卸压阀2开启，使气瓶顶部与大气相通。气瓶一般不能充满LPG，留出10%的容积作为LPG的蒸发空间。

LPG供给系统设有多种阀门，其中供给阀6及输出阀20、21的作用和结构均与CNG供给系统中相应的阀门相似。充装阀4及最高液面显示阀1的结构如图12-26放大剖视图所示。当向气瓶内充入LPG时，先将充装口盖22取下，接上充液管，再转动手轮23使充装阀门24开启，即可进行充液。当开始充液后，转动最高液面显示阀手轮25，使针阀26开启。当发现有液体从显示阀流出时，表示气瓶中的液面已达到最高位置，应立即停止充液，并转动手轮使针阀关闭。

液位计3通过浮子、杠杆和指针来指示气瓶中的液面高度。

压力调节器之前设有蒸发器17，其结构示意图如图12-27所示。发动机循环冷却液从冷却液进孔1流进，从冷却液出孔6流出。LPG则从LPG进孔5流进螺旋管4，在螺旋管内流动时不断地通过管壁从冷却液吸收热量而蒸发，LPG蒸气从LPG出孔2流出蒸发器。螺旋管一般由黄铜制造，管壁厚度约1mm。

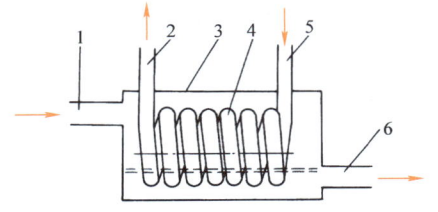

图12-27　LPG蒸发器结构示意图
1—冷却液进孔　2—LPG出孔　3—蒸发器壳体
4—螺旋管　5—LPG进孔　6—冷却液出孔

LPG供给系统的压力调节器、混合器的结构及其工作原理与CNG供给系统的减压器及混合器基本相同。

图12-28所示为电控多点喷射式LPG发动机燃料供给系统示意图。来自燃料箱的LPG燃料经节流阀7，进入蒸发器压力调节器6，使LPG压力调整到一定值后，通过步进电动机式分配器8分配给各缸喷射器11进行喷射。LPG燃料的喷射量是由ECU1，对应发动机的工况自动控制。

对LPG与汽油（或柴油）两用发动机，可通过燃料选择开关3，根据发动机的工况要求选择不同的燃料供给系统工作。

四、氢气

氢气燃烧后变成水，无CO、CO_2、HC化合物及微粒等排放物，所以是很清洁的燃料。但在理论空燃比附近的混合气下燃烧时，空气中的氮气和氧气反应生成NO_x；氢气的另一特征是其可燃范围比较宽，氢气的着火界限用过量空气系数表示，约为0.4~7（汽油为0.3~1.4左右），所以氢气发动机与汽油机相比，在很宽的稀薄混合气范围内组成稀薄燃烧。

氢气发动机的燃烧方式有预混合火花点火方式和缸内直喷方式两种。预混合点燃式氢气发动机有以下特点：在低负荷时，可进行超稀薄燃烧（空气过剩率可达4），由此抑制NO_x的生成，同时由于比热容增大，所以热效率提高；超稀薄燃烧时可大幅度减小节气门的节流

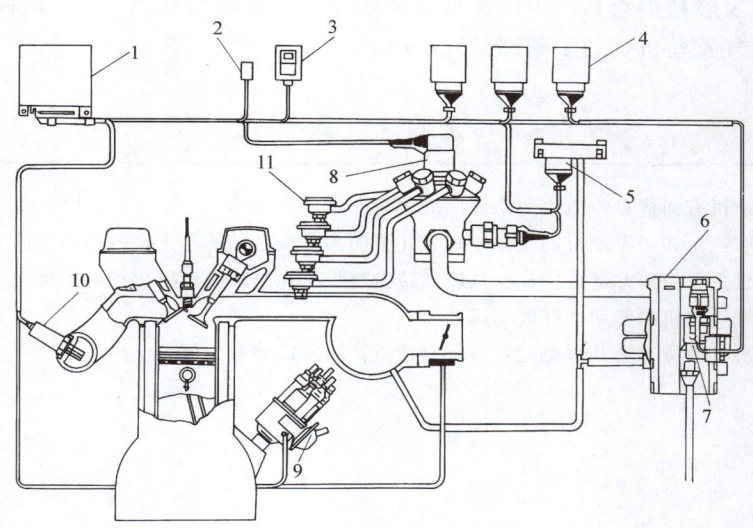

图 12-28 LPG 发动机燃料供给系统示意图

1—ECU 2—诊断插头 3—燃料选择开关 4—继电器 5—进气压力传感器 6—蒸发器压力调节器 7—节流阀 8—分配器 9—转速传感器 10—氧传感器 11—喷射器

量,所以可减轻泵气损失,有利于提高热效率;在高负荷时,混合气接近理论混合气,所以易发生早燃或回火现象。为避免此现象发生,正在开发研制缸内直喷式转子氢气发动机。

图 12-29 所示为一种氢燃料发动机的燃料供给系统示意图,主要由液态氢燃料罐 9、加液态氢和供气态氢的阀体 1、氢供给管路 2、液态氢蒸发器 3、动力调节用控制计量阀 4、氢气喷嘴 5、自动监测氢燃料泄漏传感器 8 以及过流阀和溢流阀 10 等组成。氢燃料发动机工作时,燃料罐中的氢燃料(气液混合状)经阀体 1 和氢供给管路 2,送到液态氢蒸发器 3,使液态氢气变成气态后,通过计量阀 4 计量,将一定的氢燃料由氢气喷嘴 5 进行喷射,与进入气缸的空气混合。喷射量是根据发动机的工况,由 ECU 通过计量阀 4 来控制。此外,为

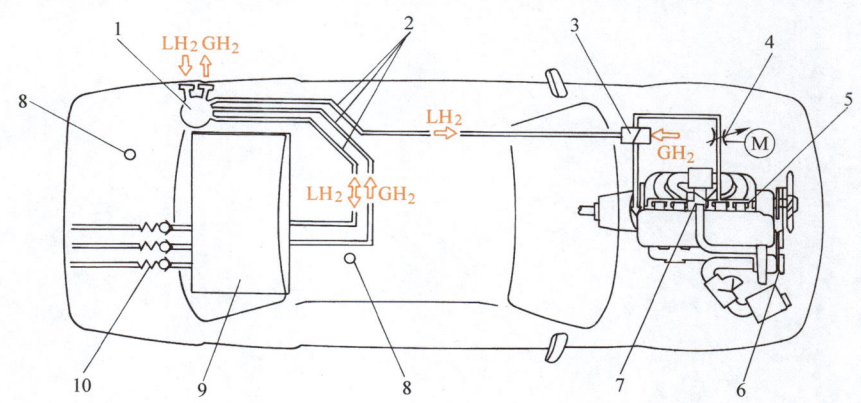

图 12-29 氢燃料发动机的燃料供给系统示意图

1—加液态氢和供气态氢的阀体 2—氢供给管路 3—液态氢蒸发器 4—动力调节用控制计量阀 5—氢气喷嘴 6—变速离心增压器 7—节气门 8—自动监测氢燃料泄漏传感器 9—液态氢燃料罐 10—过流阀和溢流阀

了保证安全，在氢燃料供给系统中设置自动监测氢燃料泄漏传感器 8、过流阀和溢流阀 10。到目前为止，氢气发动机仍处于基础研究阶段。

思 考 题

12-1 转子发动机有何优点？但为何未能广泛普及？

12-2 简单说明三角转子发动机的工作原理，并说明为什么主轴的转速是转子转速的 3 倍？

12-3 燃气轮机主要由哪几部分构成？其能量转换过程与往复式内燃机比较有何特点？

12-4 为什么燃气轮机的起动性好而加速性差？

12-5 代用燃料发动机有哪几种类型？各有何特点？其发展前景如何？

参 考 文 献

[1] 陈家瑞. 汽车构造：上册 [M]. 3 版. 北京：机械工业出版社，2009.
[2] 陈家瑞. 汽车构造：下册 [M]. 3 版. 北京：机械工业出版社，2009.
[3] 林学东. 车用发动机电子控制技术 [M]. 2 版. 北京：机械工业出版社，2020.
[4] 张西振，黄艳玲. 汽车发动机电控技术 [M]. 北京：机械工业出版社，2017.
[5] 吴森译. 汽油机管理系统 [M]. 北京：北京理工大学出版社，2009.
[6] 巴斯怀森. 汽油机直喷技术 [M]. 宋进桂，李栋，于京诺，等译. 北京：机械工业出版社，2012.
[7] 崔心存. 车用替代燃料与生物质能 [M]. 北京：中国石化出版社，2007.
[8] 吴金星. 能源工程概论 [M]. 2 版. 北京：机械工业出版社，2019.
[9] 康拉德莱夫. BOSCH 汽油机管理系统与组件 [M]. 魏春源，张幽彤，译. 北京：北京理工大学出版社，2018.
[10] 邓东密，邓萍. 柴油机喷油系统（机械控制与电子控制）[M]. 北京：机械工业出版社，2009.